개정판

C.G.Jung의 회상, 꿈 그리고 사상

개정판

C. G. Jung의 회상, 꿈 그리고 사상

아니엘라 야훼 엮음 | 이부영 옮김

집문당

옮긴이 **이부영**

서울대 의대와 동 대학원 졸업, 의학박사, 신경정신과 전문의
스위스 취리히 체. 게. 융(C.G. Jung)연구소 수료(Jung학파 분석가)
현재 서울대학교 의과대학 명예교수, 한국융연구원장 및 이사장

개정판
C. G. Jung의 회상, 꿈 그리고 사상

1판 1쇄 2012년 4월 30일
1판 4쇄 2022년 8월 15일

엮은이 | 아니엘라 야훼
옮긴이 | 이부영
발행인 | 임동규
발행처 | **(주)집문당**
등 록 | 1971. 3. 23. 제2012-000069호
주 소 | 03134 서울시 종로구 돈화문로 82, 5층
전 화 | +82-1811-7567
이메일 | sale@jipmoon.com
홈페이지 | www.jipmoon.com

편 집 | 유주이
디자인 | 임용우

ISBN 978-89-303-1549-4 93180
가격 28,000원

(주)집문당 이순신돋움체B (저작권자 아산시, 무료글꼴)

C. G. Jung

한국의 독자에게

이번에 엮은이가 펴낸 융의 회상록이 한국에 소개되는 것을 무한히 기쁘게 생각합니다. 특히 이것이 취리히에서 수련하여 한국 분석심리학계에서 활약하고 있는 이부영 교수의 손으로 번역된 것을 환영하며 마음 든든하게 생각합니다.

이것을 계기로 융의 사상이 한국의 독자에게 널리 전달되게 된 것을 진심으로 축하드립니다.

1989년 3월 취리히에서

아니엘라 야훼

머리말

> 그는 자신의 혼魂을 망원경으로 바라보았다. 모두 불규칙한 듯 보이면서도 아름답게 배열되어 있음을 분명히 보았다. 그리하여 그는 세계 속에 숨어 있는 또 하나의 세계를 의식의 세계에 추가하였다.
>
> — 콜러리지Coleridge 노트에서 —

1956년 여름 — 아스코나에서 에라노스 학회가 열리던 무렵이었다 — 출판인 쿠르트 볼프Kurt Wolff가 처음으로 취리히의 친우들과 칼 구스타브 융의 전기를 뉴욕의 판테온 출판사에서 간행했으면 하는 뜻을 밝혔다. 융의 협조자인 욜란드 야코비Jolande Jacobi 여사는 전기의 책임을 나에게 맡기는 것이 좋겠다고 제안했다.

그 일이 결코 쉬운 일이 아님을 모두 잘 알고 있었다. 왜냐하면 융이 자신과 그의 삶을 세상 사람에게 노출시키는 것을 싫어한다는 사실은 잘 알려진 일이었기 때문이다. 짐작한 대로 융은 오랫동안 주저한 끝에 마침내 이를 승낙해 주었다. 그러나 일단 승낙한 뒤에는 매주 하루의 오후를 공동작업을 위해서 내주었다. 그것은 꽉 짜여진 그의 작업계획과 피로해지기 쉬운 그의 나이로 미루어 볼 때 매우 많은 시간이었다.

우리는 1957년 초에 일을 시작했다. 쿠르트 볼프는 나에게 그의 계획을 제시하기를, 이 책이 "전기"가 아니고 "자서전"의 형태를 취해야 한다고 하였다.

즉, 융 자신이 말을 해야 한다는 것이다. 이것이 책의 형태를 결정하였고, 나의 첫 과제는 그저 질문을 던지고 융의 대답을 기록하는 것이었다. 그는 처음에는 좀 주저했지만 곧 상당히 관심을 보이면서 그 자신에 관하여, 그의 성장과정, 꿈 그리고 그의 사상에 관해 이야기하였다.

우리의 공동작업에 대한 융의 적극적인 자세는 1957년 말 결정적인 진전을 보게 하였다. 내적인 불안정의 시기가 지나간 뒤, 오래전에 잠겨버린 어린 시절의 상像들이 떠올랐다. 융은 그것이 그의 만년의 저작에 나타난 사상과 관계를 가지고 있음을 짐작하고 있었다. 그러나 아직은 그것을 분명하게 파악할 수 없었다. 어느 날 아침 나를 만나자 그는 그의 어린 시절에 관해서는 몸소 집필하겠노라고 말했다. 그는 벌써 그것에 관해 많은 것을 말했지만 아직 전부 말한 것은 아니었다.

이 결정은 뜻밖이었고 또한 반가운 일이었다. 그러나 나는 직접 쓰는 일이 융에게 얼마나 힘든 일이며, 그가 이런 일을 안에서 우러나오는 "주문注文"으로 느끼지 않았다면 결코 하지 않았을 것임을 잘 알고 있었다. 그의 이런 계획은 이 책을 ≪자서전≫이라 부를 수 있는 내적인 자격 부여를 증명해 준 것이라 여겨진다.

이와 같이 새로운 전기가 있은 지 얼마 뒤에 나는 그의 다음과 같은 말을 기록하였다. "나에 관한 책은 언제나 하나의 숙명적인 사건이다. 거기에는 무언가 예기치 않은 것이 있다. 나는 아무것도 나에게 어떻게 쓰도록 지시하거나 미리 계획할 수가 없다. 자서전은 이미 내가 처음 예상한 것과는 다른 길을 취하고 있다. 내가 나의 어린 시절의 추억을 적어 내려가는 것은 나에게는 필요 불가결의 것이 되었다. 하루라도 내가 그것을 중단하면 금세 불쾌한 신체증상이 생긴다. 내가 그것에 관해 일하기 시작하자마자 그런 증상은 없어지고 머리가 맑아진다."

1958년 4월, 융은 소년시절, 학창시절, 대학시절에 관한 세 개의 장章을 끝냈다. 그는 그것을 〈나의 삶의 초기 사건들〉이라고 이름하였다. 이것은 의학 공부의 종결과 더불어 1900년에 끝맺고 있다. 그러나 이것만이 융이 이 책에 쏟은 유일한 공헌은 아니다. 1959년 1월 그는 볼링겐의 그의 시골집에 머무르고 있었다. 매일 오전 그는 그 사이에 생긴 우리 책의 장을 읽는 데 시간을 보냈다. 그가 〈죽음 뒤의 생에 관하여〉라는 장을 나에게 되돌려주면서 말하기를 "내 안의 무엇인가가 와 닿았습니다. 마음의 흐름에 낙차落差가 생겼어요. 그러니 나는 쓰지 않을 수 없습니다." 이렇게 해서 〈만년의 사상〉이라는 장이 생겼는데 그 속에서 그는 원대하면서도 심오한 사상을 진술하였던 것이다.

같은 1959년 여름, 융은 볼링겐에서 〈케냐와 우간다〉에 관한 장을 썼다. 푸에블로 인디언에 관한 부분은 1926년에 썼으나 아직 발표되지 않은 단편적인 원고에서 나온 것인데 원시심리학의 일반적인 문제를 다루고 있다.

〈지그문트 프로이트〉와 〈무의식과의 대면〉의 장을 보충하기 위해서 나는 1925년 융이 지도한 세미나 내용에서 여러 가지 문장을 골라 넣었다. 그 당시 융은 세미나에서 처음으로 그의 내적인 발전에 관해서 몇 가지를 우리에게 알려 주었다.

〈정신의학적 활동〉은 1956년에 취리히의 부르크횔츨리 정신병원의 젊은 조무의사들과 융과의 대화를 바탕으로 해서 이루어진 것이다. 당시 그의 조카 중 한 사람이 그곳에서 정신과의로 일하고 있었다. 대화는 퀴스나흐트의 융의 집에서 이루어졌다.

융은 원고를 통독하고 이를 승인하였다. 때로는 군데군데 수정하거나 보충할 것을 제의하거나 몸소 추가하였다. 반대로 나는 그가 쓴 장을 우리의 대화기록으로 보충하였고 그가 자주 단편적으로 말한 간단한 암시들을 다듬었고, 반복되는 말은 줄였다. 책이 진척될수록 그와 나의 작업 사이에 유대도 강해졌다.

이 책이 이루어진 방식은 어느 정도 그 내용을 결정했다. 대화나 자연스런 이야기는 즉흥성의 특징을 띠고 있고 그런 특징을 이 ≪자서전≫은 지니고 있다. 장들은 잠깐 비치는 섬광과 같은 것이어서 융의 외적인 삶이나 그의 저작을 그저 잠깐 비출 뿐이다. 그 대신 그것들은 정신세계의 분위기와 심혼을 가장 참다운 진실로 삼았던 한 인간의 체험을 전해 준다. 나는 그의 외부적인 것들에 대해서 여러 번 물어보았지만 허사였다. 체험된 것의 정신적인 정수만이 그에게 잊혀질 수 없는 것이며 공들여 이야기할 가치가 있는 것이었다.

이 책의 체재를 맞추는 형식상의 어려움보다 더 근본적인 것은 융의 개인적인 성격이었다. 대학시절의 친구에게 보낸 편지에서 융은 이에 관해 언급하고 있다. 그 친구는 융에게 그의 청년시절의 추억을 써달라고 부탁했었다. 편지 왕래는 1957년 말에 있었다.

"… 자네의 말이 절대 옳다고 생각하네! 늙으면 안에서든 밖에서든 청년시절의 추억을 불러들이지. 벌써 30년 전에 내 제자들이 내가 어떻게 지금의 나의 무의식관에 도달했는지를 발표하도록 권한 일이 있네. 그때 나는 이것을 세미나 형태로 실현했지. 최근 나는 여러 곳에서 ≪자서전≫ 같은 것을 내도록 권유받고 있네. 나는 그런 걸 상상도 할 수 없었네. 나는 자서전이라는 게 어떤 것인지, 그 자기기만과 고의적인 거짓말을 너무도 잘 알고 있고 자신을 기술한다는 것이 불가능하다는 것을 너무나 잘 알고 있네. 그래서 내 스스로 이런 방면의 시도를 감히 할 수가 없었네.

그런데 요즈음 나는 자서전적 정보에 관해 질문을 받고 있는데 이 기회에 한 가지 발견한 사실이 있네. 그것은 나의 추억자료에 어떤 객관적인 문제들이 숨어 있고, 그것을 자세히 관찰한다는 것은 가치있는 일일 것이라는 점일세. 그래서 나는 그런 것을 쓸 가능성을 곰곰이 생각했고, 결국 최소한 나의 생애의 가장 최초의 기억을 객관적으로 관찰하는 일을 성사시키기 위해 나의 그 밖의 책무를 멀리하기로 결정했네. 이 과제는 너무도 어렵고 희귀한 것이어서 나는 스스로 다짐하기를 이 결과를 내 생전에는 공개하지 않기로 했네. 스스로 마음을 편안히 하고, 관찰 대상에서 거리를 두기 위해서는 이런 조치가 필요했다고 나는 믿네. 다시 말해서 나는 지금도 생생하게 남은 온갖 나의 추억들은 내 마음에 불안과 격정을 일으키는 감정적 체험에 해당된다는 것을 알게 된 것일세. 이것은 나의 추억을 객관적으로 묘사하는 데는 매우 불리한 전제조건이지! 자네 편지는 물론 내가 이 일을 착수하기로 작정한 그 순간에 왔네.

그런데 숙명이 원하는 것은 — 언제나 그래 왔듯이 — 나의 삶에서 모든 외부적인 것은 우연한 것이며 다만 내적인 것만이 실질적인 것으로 쓸 만한 것이라는 점이네. 그 결과 외부적인 사건에 관한 모든 기억이 모두 퇴색해 버렸다네. 아마도 외부적인 체험이란 한 번도 완전한 내 것이 된 일이 없거나, 다만 내적인 발전단계와 일치될 때만 나의 것이었는지 모르네. 나의 존재의 이런 외적인 발현 가운데서 끝없이 많은 것이 기억에서 사라졌는데 아마도 그것은 내가 온 정력을 다해서 그 일에 참여했기 때문일지도 모르네. 그러나 누구나 이해할 만한 전기라고 한다면 바로 이런 일들이 중요한 부분을 이루겠지. 즉, 그가 만난 인물들, 여행, 모험, 알력, 숙명의 충격 등등, 그 밖에도 많을 줄 아네. 그러나 그 추억들은 거의 예외없이 겨우 회상될 만한 도식이 되어 버렸고, 그것들은 내가 아무리 노력해도 나의 환상의 날개를 더 이상 펴게 만들지 않는다네.

나의 내적인 체험에 대한 회상은 더욱더 생생하고 화려해지고 있네. 그런데 이제는 어떻게 묘사하느냐의 문제가 제기되는데, 이 문제를 해결할 만한 힘이, 적어도 현재로는, 나에게 없다고 생각되네. 그런 이유에서 매우 유감스럽지만 자네 소원을 충족시켜 줄 수가 없네 ….”

이 편지 내용은 융의 태도의 특징을 보여 주고 있다. 그가 이미 “이 일을 착수하기로 결심하기”는 하였지만 편지는 거절로 끝맺고 있다! 이 문제에 관한 긍정과 부정 사이의 갈등은 그의 죽음에 이르기까지 한 번도 완전한 평정에 이르지 못했다. 언제나 일말의 회의와 미래의 독자층에 대한 부끄러움이 남아 있었다. 그는 회상록을 학문적인 저작이나 그에 관한 책으로 보지 않고 다만 그가 기여한 ≪아니엘라 야훼의 기획≫에 관해서 말하고 또한 썼다고 생각했다. 그의 희망에 따라 이 책은 그의 ≪전집≫에는 포함되지 않는다.

융은 이름이 알려진 인물들이든, 그와 가까이 지내던 사람들, 즉 친구들이든 간에 이들과의 만남을 보고할 때는 특히 조심스러워했다. “나는 나의 시대의 많은 유명인들, 학계의 거인들, 탐험가들, 예술가와 문필가, 군주들, 경제계의 대가들과 이야기를 나누었습니다. 그러나 솔직히 말하자면 그러한 만남 가운데 나에게 하나의 체험으로 남은 경우란 얼마 되지 않습니다. 우리는 마치 파도치는 바다 위에서 서로의 경의의 표시로 깃발을 내리는 배와 같았습니다. 이들은 대부분 내게 부탁할 일이 있었는데 나는 거기 대해서 언급할 수도 없고 언급해서도 안 됩니다. 이리하여 이들이 이 세상의 눈으로는 어떤 인물로 보였든 상관없이 아무런 추억도 남은 게 없습니다. 이 만남은 별일없이 지나갔고 곧 퇴색해 버렸으며 아무런 깊은 흔적을 남기지 않고 지나쳤습니다. 내게 어떤 의미가 있었고 마치 아득한 시간의 추억처럼 내게 다가온 관계에 관해서는 이야기할 수가 없습니다. 왜냐하면 그것은 나의 가장 내면의 삶일 뿐 아니라 그들의 삶이기도 하기 때문입니다. 언제나 닫혀 있는 문을 세상의 시선 앞에 여는 권한이 나에게는 없습니다."

그러나 외부적인 사실이 부족하고 완전무결하지 못한 점은 다른 것, 즉 융의 내적인 체험과 풍부한 사상에 관한 보고로써 충분히 상쇄되었다. 그것은 그 자신이 말한 것처럼 전기적인 것이라고 규정될 수 있는 것들이다. 이러한 것들은 융에게 매우 전형적인 것이어서 그의 삶의 토대를 이루고 있었다. 첫째로 중요한 것은 무엇보다도 종교적 사상이다. 이 책은 융의 종교적 고백을 내포하고 있다.

융이 종교적 문제와 대결해 나간 데는 여러 가지 다양한 길이 있었다. 그것은 어릴 때부터 이미 종교적 체험의 현실 속에 그를 들어서게 하였고 그의 생의 마지막까지 그를 따라다닌 그 자신의 경험들, 즉 마음과 그 내용, 그 표현에 관련되는 것은 무엇이든 온갖 것을 붙잡고 탐구해 간 그의 학자다운, 억제할 수 없는 인식에의 충동, 그리고 이에 못지 않게 중요한 의사로서의 양심, 바로 그것이었다. 융은 일차적으로 자기가 의사임을 느끼고 있었다. 종교적인 태도가 정신적으로 고통받는 사람의 치료에서 하나의 결정적인 역할을 한다는 사실을 간과하지 않았다. 이것은 인간의 마음이 종교적 내용을 지닌 상像, image들을 자율적으로 산출한다는 것, 마음이 "본래 종교적"이라는 것에 대한 그의 인식과 일치된다.

종교적인 것에 관한 융의 개념은 여러 가지 면에서 전통적인 기독교와 다르다. 무엇보다도 악惡에 관한 물음에 대한 그의 회답과, 좋기만 하거나 "사랑스런" 것이 아닌 하나님의 상像의 관념에서 그러하다. 도그마적 기독교의 관점에서 본다면 융은 국외자Outsider이다. 이 점을 그는 그가 지닌 세계적 명성에도 불구하고 그의 저작에 대해 종교인이 보인 반응에서 언제나 느꼈다. 그는 이 때문에 괴로워했다. 그리고 또한 이 책의 문맥 속에도 자신의 종교적 사상을 남김없이 이해받지 못했다고 느낀 연구자의 실망이 여기저기에 뒤섞여 표명되고 있다. "중세 같으면 아마 나를 화형에 처할 거야!" 그가 격렬한 어조로 이런 말을 한 적이 한두 번이 아니다. 그의 사후에 비로소 융이 우리 세기의 교회 역사에서 결코 빗나간 것이 아니라는 신학자들의 목소리가 커지고 있다.

융은 분명히 기독교를 신봉하고 있었고 그의 저작 가운데서 가장 유명한 저작들은 기독교 신앙을 가진 사람의 종교적 문제를 다루고 있었다. 그런 인간을 그는 심리학의 견지에서 보았고 신학적 문제 제기로부터 의식적으로 경계지었다. 그렇게 함으로써 그는 기독교의 마음에의 요청에 대하여 이해하고 숙고하는 것이 필수적이라는 사실을 제기하였다. 그에게는 그것이 당연하고도 삶의 불가결의 것이었다. "마치 별들이 태양 주위를 돌듯 나의 생각이 신의 주위를 맴돌며, 별들이 태양에 어쩔 수 없이 끌리는 것처럼 나의 생각도 신에 끌리고 있다는 사실을 발견합니다. 만약 내가 이런 힘에 저항한다면 나는 그것을 대단한 죄악이라 느꼈을 것입니다." 그는 이 글을 1952년 한 수도회의 젊은 신부에게 보내는 편지에 적었다.

회상록에서 융은 처음으로, 그리고 꼭 한 번 신에 관해서, 그리고 그의 개인적인 신의 경험을 이야기하고 있다. 그가 교회에 대한 청년기의 반항을 적고 있을 무렵, 이렇게 말한 적이 있다.

"당시, 나는 신이야말로 나에게 가장 확실하고 직접적인 경험임을 분명히 알게 되었습니다." 융은 학문적인 저술에서는 신에 관하여 말하지 않고 "인간의 마음속의 신상神像"이라고 말하고 있다. 이것은 전혀 모순이 아니다. 하나는 주관적인 체험을 토대로 한 말이고 다른 하나는 객관적 · 학문적인 언급인 것이다. 인간은 어떤 때는 그의 생각을 말할 때 열정적인 감정과 직관, 그리고 하나의 길고 풍부한, 인생의 내적이고 외적인 경험을 통해서 말하고 어떤 때는 연구자가 자기의 인식론적 경계를 넘지 않고 의식적으로 사실과 설명 가능한 것에 국한하여 말하기도 한다. 학자로서 융은 경험론자였다. 그의 회상록을 위해서 그가 자신의 개인적인 종교적 감정과 경험을 이야기할 때 그가 전제로 한 것은 독자도 그의 주관적인 경험의 길을 좇으려는 마음가짐을 가져야 한다는 점이었다. 그러나 비슷한 경험을 한 사람만이 융의 주관적 표명의 가치를 인정할 수 있다. 다시 말해서 그의 신神의 상像이 그 독자의 마음속에서 서로 비슷하거나 같은 특징을 지니는 경우에 가능하다는 말이다.

융이 자서전을 만드는 데 그토록 적극적이고 긍정적으로 참여하기는 했지만 그 책의 발행에 대해서는 오랫동안 부정적인 태도를 가지고 있었는데 이것은 이해할 만한 일이다. 그는 대중의 반응을 두려워하고 있었다. 그것은 그가 자신의 종교적 체험과 생각을 솔직하게 표명했기 때문만은 아니었다. 그의 저서 ≪욥에의 회답≫으로 인해 사람들로부터 적대시되던 경험을 겪은 지도 얼마 되지 않은 때여서 세상의 몰이해와 오해는 그에게 너무도 괴로운 일이었다. "나는 이 자료를 내 일생 동안 숨기고 세상에 노출되지 않도록 하려 했습니다. 왜냐하면 무슨 일이 생기면 다른 책의 경우보다 더 많이 당하게 되기 때문입니다. 화살이 나에게 더 이상 다다르지 않고 부정적인 반응을 참을 수 있을 만큼, 내가 그때 이 세상과 거리를 둔 곳에 있게 될지를 장담할 수 없었습니다. 나는 사람들의 몰이해에 싫도록 고통을 받았습니다. 그리고 내가 무슨 말을 할 때 사람들이 알아듣지 못할 경우 찾아오는 고립도 겪을 만큼 겪었습니다. 욥기가 그렇게 많은 몰이해에 부딪쳤으니 나의 회상은 더 부정적인 반응을 일으킬 것입니다. 자서전은 내가 학문적으로 노력해서 얻은 것이라는 관점에서 나의 삶입니다. 이 양자는 하나입니다. 그래서 나의 사상을 모르거나 이해하지 못하는 사람들에게는 이 책을 읽는 것이 힘들 것입니다. 나의 삶은 어떤 의미에서는 내가 글로 써온 것의 정수이며 그 역이 아닙니다. 내가 어떻게 존재하느냐와 어떻게 쓰느냐 하는 것은 하나입니다. 나의 모든 생각과 나의 온 정성, 그것이 바로 나입니다. 그러니 자서전은 다만 바위에 찍힌 작은 점에 불과합니다."

회상록이 체재를 갖춰 나가는 그 몇 해 동안에 융은 일종의 변환과 객관화

과정을 완수했다. 하나하나의 장마다 그는 계속, 말하자면 그 자신으로부터 거리를 두기 시작했고 마지막에는 그의 인생이나 저작의 가치를 먼 거리에서 볼 수 있게 되었다. “내가 나의 인생의 가치를 자문한다면 그것은 다만 지난 수 세기의 생각을 근거로 평가할 수 있을 뿐이다. 그럴 때 나는 이렇게 말할 수 있다. 그래, 뭔가 뜻이 있었다고. 오늘의 생각으로 평가한다면 그것은 이미 아무 의미도 없다.” 이런 진술에 나타난 비개인성, 동시에 이 말에서 풍기는 역사적인 연속성의 감정은 융에게 특징적인 것이며 그것은 하나하나의 장의 흐름에 따라 더욱 강하게 나타나고 있다.

사실 융의 회상록은 그의 학문적 사상과 밀접하게 연결되고 있다. 그가 어떻게 그의 사상에 도달하게 되었는지를 이야기하고 그의 인식의 배경에 있는 주관적 체험을 보고하는 것 이상으로 독자를 연구자의 정신세계로 인도하는 데 좋은 방도가 없을 것이다. 감정적인 인도라는 목적을 융의 ≪자서전≫은 고도로 충족시키고 있다.

〈나의 저작이 이루어지기까지〉의 장은 마찬가지로 하나의 단편이다. 20권 이상이나 되는 전체 저작의 경우에 무슨 다른 수가 있었겠는가? 또한 융은 그의 사상세계의 요약된 조감을 말이나 글로 준비할 마음이 없었을 것이다. 그가 한번은 그런 요청을 받았을 때 그의 특유한, 좀 격렬한 어투로 이렇게 쓴 일이 있다. “… 나는 이와 같은 것은 전적으로 나의 활동반경 밖에 놓여 있는 일이라는 것을 확실히 말해야겠습니다. 내가 그렇게 공들여 자세히 표현한 것을 짧은 형식의 글로 내놓는 일을 도무지 할 수가 없습니다. 만약 그렇게 하려면 나의 생각을 증명할 수 있는 온갖 자료를 제쳐 놓아야 할 것이고 의심의 여지가 있을 수 없는 틀에만 따라야 할 것입니다. 이렇게 한다면 그렇지 않아도 다른 사람들이 나의 연구결과를 이해하는 것이 어려운 터에 그 어려움을 조금도 덜어 주지 못할 것입니다. 이미 먹은 것을 되먹는 유제류有蹄類 동물의 특징적인 되새김 작업은 내 식욕을 돋구기는커녕 오히려 그 반대입니다 ….”

그러니까 독자는 〈나의 저작이 이루어지기까지〉의 장을 단지 노장에게 순

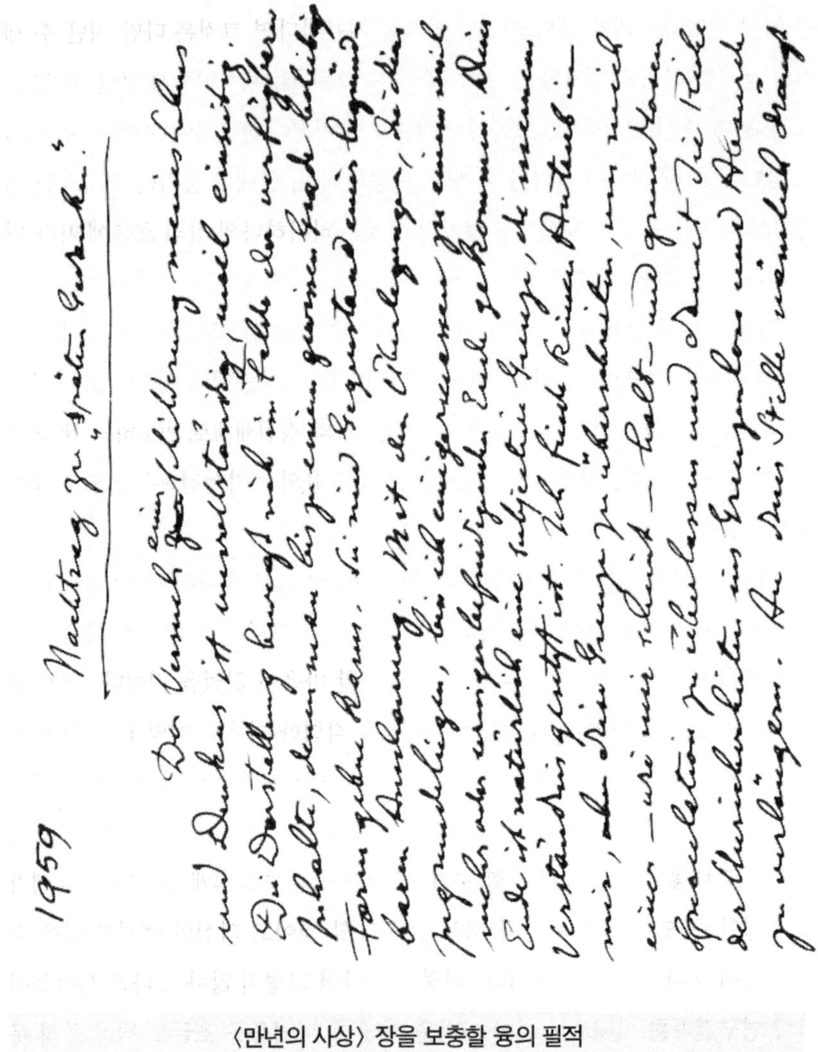
1959

Nachtrag zu „späten Gedanken"

〈만년의 사상〉 장을 보충할 융의 필적

간적으로 스쳐 지나가는 회고로 알고 명심하기 바란다.

출판사의 요청으로 내가 책의 말미에 첨가한 어휘해석은 융의 저술과 용어에 익숙치 않은 사람에게 인문적인 설명을 전달할 것이다. 가능한 한 나는 융 심리학의 개념을 그의 저작을 인용하는 것으로 대신했다. 그러나 그 인용은 단지 참고가 될 개요에 지나지 않는다고 볼 수 있다. 융은 그가 사용한 개념을 항상 새롭게, 그리고 다르게 옮겨 썼고 정신적 현실에 따라다니는 설명 불가능한 것은 수수께끼나 비밀로 남겨 두었다.

많은 사람이 이 훌륭하고도 어려운 과제에 임해서 나를 도와주었다. 이들은 일이 천천히 진행되는 것을 관심을 갖고 수행하기도 했고 자극과 비평으로 작업을 촉진시켜 주기도 했다. 이들 모두에게 감사를 보낸다. 이 자리에서 언급하고 싶은 이름들은 책의 아이디어를 실현하도록 도왔던 로카르노의 헬레네 및 쿠르트 볼프 씨, 여러 해에 걸쳐 이 책을 만들어 가는 동안에 충고와 행동으로 나를 도와준 퀴스나흐트의 마리안느 및 발터 니후스 융, 그리고 결코 지치지 않는 인내심을 가지고 늘 나를 즐겨 도와준 팔마 드 말로르카Palma de Mallorca의 리처드 F. C. 헐이다.

1961년 12월

아니엘라 야페

차례

제1장

프롤로그

나의 생애는 무의식이 그 자신을 실현한 역사이다. 무의식에 있는 모든 것은 사건이 되고 밖의 현상으로 나타나며, 인격 또한 그 무의식적인 여러 조건에 근거하여 발전하며 스스로를 전체로서 체험하게 된다. 이러한 형성의 과정을 묘사함에 있어 나는 과학적인 언어를 사용할 수가 없다. 왜냐하면 나는 나 자신을 과학의 문제로서 경험할 수 없기 때문이다.

내적인 경지에서 본 우리들의 존재, 인간이 그 **영원히 본질적인 성질**에서sub specie aeternitatis 우리에게 보여 주는 것, 그것은 오직 신화로써 묘사될 수 있다. 신화는 보다 개성적이며 과학보다도 더욱 정확하게 삶을 묘사한다. 과학은 평균개념을 가지고 작업을 하는데, 이것은 너무 일반적이어서 한 개인의 특유한 인생이 지니고 있는 주관적인 다양성을 올바르게 파악하기 어렵다.

그리하여 나는 이제 여든세 살의 나이에 나의 인생의 신화를 이야기하기 위해 이 작업을 맡았다. 그러나 내가 할 수 있는 것은 다만, 직접 확인한 바를 말하는 것, 다시 말해서 "지나온 이야기를 하는 것"뿐이다. 그 이야기가 진실이냐 아니냐는 아무런 문제가 안 된다. 문제는 다만 그것이 **나의** "옛이야기Märchen"냐, **나의** 진실이냐 하는 것이다.

자서전을 쓰는 데 어려운 일은 판단할 근거가 되는 객관적인 평가기준을 갖지 못한다는 데 있다. 여기에는 적절하게 비교할 만한 것이 없다. 나는 내가 여러 가지로 남들과 다르다는 것을 알고 있다. 그러나 나는 내가 진실로 어떤 사람인지 모른다. 인간은 무엇으로도 비교가 안 된다. 그는 원숭이도 아니고 젖소도 아니고 나무도 아니다. 나는 사람이다. 그러나 그것은 무엇인가? 다른 모든 존재와 마찬가지로 나도 끝없는 신격神格에서 떨어져 나온 존재이다. 그러나 나는 어떤 짐승과도, 어떤 식물과 어떤 돌과도 대질시킬 수가 없다. 오직 신화적 실재만이 인간을 넘어선다. 그러니 어떻게 사람이 자신에 관한 어떤 결정적인 의견을 가질 수 있겠는가.

인간은 하나의 정신적 과정이다. 인간은 그 과정을 지배하지 못한다. 지배한다고 하더라도 부분적으로 지배할 수 있을 뿐이다. 그러므로 인간은 자신이나 자신의 인생에 대하여 아무런 최종적인 판단을 내릴 수 없다. 그럴 수 있다면 우리는 우리에 관한 모든 것을 알 수 있을 것이다. 그러나 사람은 고작해야 그런 종국적인 판단을 할 수 있다고 상상할 따름이다. 궁극적으로 우리는 어떻게 모든 것이 일어나게 되었는지 결코 알지 못한다. 한 사람의 인생의 역사는 그 사람이 기억할 수 있는 바로 그 지점에서 시작하는데, 벌써 여기에 고도로 복잡한 문제가 얽혀 있다. 인생이 어떻게 되어 나갈 것인지 우리는 모른다. 그러므로 지나온 이야기는 시작이 없고 그 목표는 그저 막연하게 제시될 수 있을 뿐이다.

인생이란 하나의 어설픈 실험이다. 그것은 다만 숫자상으로만 거창한 현상이다. 그것은 너무나 일시적이고 불충분하며 무엇이 존재할 수 있고 발전할 수 있다는 것만으로도 바로 기적이라고 할 것이다. 나는 이미 젊은 의학도일 때 이 사실을 절감하였다. 내가 조기에 파괴되지 않은 것만도 기적인 듯싶다.

나는 인생이 자신의 뿌리를 통해서 살아가는 식물과 같다고 생각해 왔다. 식물 고유의 삶은 눈에 보이지 않는다. 그것은 뿌리에 숨어 있다. 땅 위에서 보이는 것은 오직 여름 동안만 지탱한다. 그리고는 말라 버린다. 하루살이 같은 현상이다. 우리가 우리의 삶과 문화의 끝없는 생성과 소멸을 생각하면 전적으로 공허한 인상을 얻게 된다. 그러나 나는 영원한 변환 속에서도 살아서 지속되는 어떤 것이 있다는 느낌을 한 번도 잃은 적이 없다. 우리가 보는 것은 꽃이다. 꽃은 사라진다. 그러나 뿌리는 계속된다.

사실 내게 이야기할 만한 가치가 있는 것이 있다면 그것은 불멸의 무한한 세계가 유한한 세계 속으로 뛰어든 사건들뿐이다. 그러므로 나는 여기서 주로 내적인 체험들을 이야기하고자 한다. 나의 꿈과 명상들이 이에 속한다. 그것은 동시에 나의 과학적인 작업의 원료를 이루고 있다. 그것은 마치 앞으로 거기서 연금술사의 돌이 응결될, 불을 뿜는 액체인 현무암과 같은 것이었다.

여행, 인간, 환경 같은 것에 관한 다른 추억들은 내적인 사건 앞에서 모두 빛을 잃고 만다. 시대적 역사는 많은 사람이 겪었고 그것에 관해 글을 썼다. 그런 서적을 읽든지 거기 관해 다른 사람에게 이야기하라고 하면 될 것이다. 나의 인생의 외부적인 사실들에 관한 추억은 대부분 퇴색했고 소멸되었다. 그러나 다른 현실과의 만남, 무의식과의 부딪침은 나의 기억 속에 잊혀질 수 없는 인각을 남겼다. 거기엔 언제나 풍성함과 충족함이 있었다. 그리고 다른 모든 것은 그 뒤로 밀려나고 마는 것이었다.

이리하여 또한 많은 사람들이 오직 나의 운명의 목록 속에 이미 오래전부터 등록되어 있었다는 상황으로 인하여 잃어버릴 수 없는 추억이 되었고 그들과 알게 됨은 동시에 일종의 기억의 되살림과 같은 것이었다.

또한 젊은 날에, 또는 그 뒤에 밖에서부터 나에게 다가와 의미를 갖게 된 것들도 이미 나의 내적인 체험의 인각 속에 들어 있던 것이었다. 나는 상당히 일찍부터 삶의 복잡한 문제에 당면하여 안으로부터 아무런 해답이나 아무런 해결책이 나오지 않으면 결국 그런 문제들은 별 의미가 없는 것이라는 사실을 알게 되었다. 밖의 상황이 안의 상황을 대치할 수 없다. 그러므로 내 인생은 외부 사건의 면에서는 빈곤하다. 나는 거기 관해 많이 이야기할 수 없다. 왜냐하면 그것만 말하면 공허하며 본질을 잃은 것 같이 느낄 것이기 때문이다. 나는 오직 내적인 현상을 통해서 나 자신을 이해할 수 있을 뿐이다. 그것이 나의 인생의 특이성을 이루며 나의 ≪자서전≫은 그런 내적인 현상을 다루고 있다.

제2장

소년시절

내가 태어난 지 반년 만에 나의 부모는 보덴 호숫가의 케스빌투르가우주 마을에서 라인 폭포 상류의 라우펜 성의 목사관으로 이사했다.

나의 추억은 두 살인가 세 살 적부터 시작된다. 나는 목사관, 정원, 세탁소, 교회, 성城, 라인 폭포, 뵈르트의 작은 성, 메스머의 농가 등이 기억에 남아 있다. 많은 기억의 섬들이 어렴풋한 바다 위를 떠다니지만 서로 연결이 되지 않는 듯하다.

그 가운데서 아마 내 생애에서 가장 최초의 기억이라고 할 만한 것이 머리에 떠오르는데 너무 오래되어 무척 흐릿한 인상을 지니고 있을 뿐이다. 나는 나무 그늘에 놓인 유모차에 누워 있다. 푸른 하늘에 맑고 더운 여름날이다. 황금의 햇빛이 푸른 잎사귀 사이에서 뛰놀고 있다. 유모차의 차덮개는 젖혀 있었다. 이 멋진 아름다움 속에서 나는 방금 깨어나 눈을 뜬 참이었다. 나는 말할 수 없는 쾌적함을 느끼고 있다. 나는 나무의 잎사귀와 꽃들 사이로 햇빛이 반짝이는 것을 바라보고 있다. 모든 것이 생생한 색채를 띠고 있어 멋있고 황홀했다.

또 다른 기억이 있다. 나는 우리 집 서쪽에 있는 식당의 한 높은 아기의자에 앉아 빵부스러기가 들어 있는 따끈한 우유를 마시고 있다. 우유는 맛이 좋고 독특한 냄새를 풍기고 있다. 냄새를 의식적으로 지각하기는 이것이 처음이다. 내가 이를테면 후각을 깨달은 것은 한순간이었다. 이 추억도 꽤 오랜 과거에 속한다.

혹은 아름다운 여름날 저녁, 한 아주머니가 “네게 지금 보여줄 게 있어” 하고는 나를 데리고 집 앞 ‘닥흐젠’으로 가는 거리로 나갔다. 저 멀리 아래편 지평선에 알프스의 산줄기가 불타오르는 저녁노을 속에 놓여 있었다. 그날 저녁 그것은 유난히 뚜렷하게 보였다. “저것 봐, 산이 모두 빨갛지?” 이때 나는 처음으로 알프스 산을 보았다. 그런데 닥흐젠 아이들이 내일 취리히의 유뜰리 산으로 학교에서 소풍을 간다고 한다. 나도 함께 가겠다고 했다. 그러나 유감스럽게도 나처럼 작은 아이는 같이 갈 수 없다, 어쩔 도리가 없다는 것이었다. 이때부터 취리히의 유뜰리 산은 번득이는 눈덮인 산 가까이의, 도달할 수 없는 꿈나라가 되었다.

조금 뒤의 시기에 일어났던 일: 내 어머니가 나를 데리고 친지를 방문하고자 투르가우로 갔다. 그 친지는 보덴 호숫가에 성을 가지고 있었다. 나는 물가에서 떠날 줄을 몰랐다. 태양은 물 위에 번득이고 증기선이 지나가면서 생긴 파도가 기슭으로 밀려와 모래 위에 무늬를 만들었다. 호수는 끝없이 멀리 펼쳐지고 이 광활함은 상상할 수 없는 즐거움, 비길 데 없는 환희를 내게 안겨 주었다. 당시 나는 호숫가에 살아야겠다는 생각을 굳혔다. 물 없이는 사람이 아무것도 아니라고 생각했다.

또 다른 추억: 낯선 사람들, 어수선한 흥분된 분위기, 일하는 아이가 달려나왔다. “어부들이 시체를 건져냈대요, 라인 폭포 아래로. 그것을 세탁장으로 가져가려 한답니다.” 내 아버지는 “그래, 그래” 하고 있었다. 나는 시체를 곧장 보고 싶어했다. 어머니가 나를 말리려 뜰로 나가는 것을 엄하게 금하였다. 사나이들이 나간 뒤 나는 몰래 뜰을 지나 세탁장으로 서둘러 갔다. 그러나 문이 잠겨 있었다. 그래서 집 주위를 빙빙 돌았다. 집 뒤편에 언덕 밑으로 흘러가는 유출구가 열려 있었다. 거기 물과 핏방울이 조금씩 번져나오고 있었다. 굉장한 호기심에 사로잡혔다. 당시 나는 아직 네 살도 채 못 된 나이였다.

다른 기억의 상像이 머리에 떠오른다.: 나는 불안하고 열이 나서 잠을 못 이루고 있다. 아버지가 나를 안고 방을 왔다갔다 한다. 그러면서 옛날 대학생의 노래를 부르고 있다. 유달리 내 마음에 들었고 또 내 마음을 늘 편안하게 해준 노래가 하나가 생각난다. 그것은 이른바 "나라의 어른"에 관한 노래였다. "알레스 슈봐이게, 예더 나이게 … (모두 조용히, 각자 고개 숙여 …)." 이렇게 시작하는 노래였다. 나는 밤의 고요 속에서 내게 노래를 들려 준 아버지의 목소리를 지금도 기억하고 있다.

내 어머니가 뒤에 들려 준 말에 의하면 내가 그때 흔한 습진을 앓고 있었다고 한다. 부모들의 결혼생활의 여러 가지 어려움에 대한 어두운 전조前兆가 내 주변에 깔려 있었다. 내 병은 아마 부모의 일시적인 이별1878과 관련해서 생긴 듯하다. 내 어머니는 그때 여러 달을 바젤의 병원에 입원해 있었다. 아마 그녀의 병은 결혼생활의 실망에서 나온 결과인 듯하다. 당시 내 어머니보다 스무 살이나 더 나이를 먹은 아주머니가 나를 돌봐주고 있었다. 어머니의 오랜 부재는 나를 무척 괴롭혔다. 이때부터 나는 "사랑"이라는 말만 들어도 불신감에 사로잡혔다. "여성"이라는 말로 연상되는 감정은 오랫동안 불신과 같은 것이었다. 그러나 "아버지"는 나에게 신뢰감과 무기력을 의미하였다. 이것이 내가 처음부터 짊어져야 했던 부담이었다. 뒤에 이 첫인상은 고쳐졌다. 나는 친구를 가지고 있다고 믿었다가 그들에게 실망했지만, 여인들은 신용하지 않은 만큼 실망하지도 않았다.

어머니가 나가서 없을 때, 하녀가 나를 맡았다. 그녀가 나를 안아 들어 올리고 내가 그녀의 어깨에 머리를 기댔던 생각이 난다. 그녀는 검은 머리에 올리브빛 피부색을 하고 있어 내 어머니와는 전혀 달랐다. 머리카락의 선, 강하게 색소침착이 된 피부를 가진 목덜미와 귀가 기억난다. 그것이 모두 너무나 낯설면서도 또 기묘하게도 친숙했다. 마치 그녀가 가족에 속하지 않고 내게만 소속되어 있고, 그녀가 내가 알아볼 수 없는 방법으로 내가 이해하지 못하는 다른 신비로운 것들과 관계를 맺고 있는 것 같았다. 이 유형의 소녀는 나중에 내 아니마의 한 측면이 되었다. 낯선 것, 그러면서도 태초부터 알고 있던 것, 그녀가 나에게 전달한 이러한 감정은 뒤에 나에게 여성적인 것의 본질을 나타낸 여성상의 특징이었다.

부모가 헤어졌던 시기의 또 다른 추억의 이미지가 떠오른다. 한 젊고 무척 예쁘고 다정한, 파란 눈의 금발머리 소녀가 어느 맑은 가을날 황금빛 단풍나무와 카스타니아 나무 밑으로 나를 데리고 산책을 했다. 우리는 라인강을 따라 뵈르트의 작은 성 옆의 폭포 아래로 갔다. 해가 잎 사이로 비치고 황금의 잎사귀들이 땅 위에 깔려 있었다. 이 소녀는 뒤에 나의 장모가 되었다. 그녀는 내 아버지를 존경하고 있었다. 21세에 비로소 나는 그녀를 다시 볼 수 있게 되었다.

이것들이 내 "외부적"인 추억이다. 이제부터 이야기되는 것은 이보다 더 강력하고 압도적인 것인데, 그저 그 일부만이 어렴풋이 생각날 뿐이다. 나는 계단 밑으로 굴러서 각진 난로다리에 떨어졌다. 아프고 피가 났던 기억이 난다. 의사가 내 머리의 상처를 꿰맸다. 그 흉터가 김나지움대학예비교 후기까지도 눈에 띄었다. 어머니가 들려 주기를, 내가 일하는 아이와 함께 라인 폭포 다리에서 노이하우젠 쪽으로 가다가 갑자기 넘어져 난간 아래로 한 발이 미끌어졌다고 한다. 그 소녀는 마지막 순간에 나를 붙잡고 끌어올릴 수 있었다. 이런 것들은 무의식적인 자살충동이나 이 세상에서의 삶에 대한 숙명적인 저항을 가리키는 것들이다.

그 당시 막연한 불안이 밤마다 있었다. 여러 가지 것들이 집 주위를 돌아다녔다. 언제나 라인 폭포의 음산하고 성난 울부짖음이 들려왔다. 그리고 여기저기 위험지역이 도사리고 있었다. 사람들이 물에 빠졌고, 한 시체가 바위 위에 걸렸다. 가까이에 있는 묘지에 교회당의 잡일꾼이 구덩이를 판다. 갈색으로 파헤친 땅, 까만 프록코트를 입고 높은 모자를 눌러 쓰고 반질반질하게 닦은 까만 구두를 신은 엄숙한 남자들이 까만 상자를 가져온다. 내 아버지도 긴 예복을 입고 거기서 말하는데, 그 목소리가 사방에 울린다. 부인들이 운다. 누군가를 이 구덩이 속에 묻는다고 한다. 전에 여기 있던 사람이 갑자기 없다는 것을 발견한다. 이들은 땅에 묻혔다고 하기도 하고 예수님이 데리고 갔다고 하기도 했다.

어머니가 나에게 매일 저녁 기도하라고 기도문을 하나 가르쳐 주었다. 그 막연한 불안이 도사리고 있던 밤에 이것이 좀 위안을 주었기 때문에 나는 즐겨 그

기도문을 외웠다.

두 날개를 펼쳐 주소서
오, 예수님. 나의 기쁨.
당신의 작은 아기 큐에클리를 드소서.
사탄이 그를 삼켜 버리려거든
아기천사에게 노래하게 하여 주소서.
이 아기는 해쳐서는 안 된다 하소서.

예수님은 호감을 주는 "님"이었다. 상냥하고 인자하며 그 성에 살던 뷔겐슈타인 씨와 같이 밤을 맞이하는 아이들에게 힘세고 부자이고 존경받으며 보살펴 주는 님이었다. 왜 그가 새처럼 날개를 가져야 하는지 처음에는 조금 놀랐지만 그 생각은 더 이상 나를 괴롭히지 않았다. 그보다 더 중요하고 많이 생각한 것은 작은 아기가 왜 "큐에클리Chüechli"[1]에 비유되고 이것을 "예수님"이 원치 않는데도 쓴 약처럼 삼켜야 하는가 하는 사실이었다. 이것은 무척 이해하기 어려운 것이었다. 그러나 사탄이 그 과자를 좋아하니까 그것을 먹는 것을 막아야 한다는 사실은 쉽게 이해할 수 있었다. 예수님은 그것을 그리 좋아하지 않지만 사탄이 먹지 않도록 하기 위하여 그것을 먹는다. 이렇게 생각하는 동안 나의 논증은 만족할 만한 것이었다. 그런데 "예수님"이 다른 사람들을 "자기 곁으로 데려간다"는데 그것이 바로 땅에 구덩이를 파는 것과 같은 뜻이었다.

이런 좋지 않은 비유가 불행한 결과를 낳고 말았다. 나는 예수님을 불신하기 시작했다. 그는 그의 위대한, 편안한, 그리고 인자한 새의 측면을 잃고 음산한, 검은 예복과 높은 모자, 까만 반들거리는 신을 신고 까만 십자를 다루던 사나이들을 연상하게 하기 때문이었다.

이러한 생각을 속으로 되풀이하는 가운데 처음으로 그것이 의식된 마음에

1) 스위스의 작은 과자.

상처를 준 일이 있었다. 어느 더운 여름날 나는 보통 때와 마찬가지로 혼자 집 앞의 길거리에 앉아서 모래장난을 하고 있었다. 그 길은 집 앞을 지나 언덕으로 향하고 있었는데, 언덕에서 곧장 위쪽으로 뻗어 숲 속으로 사라지고 있었다. 그래서 집에서 그 기다란 길을 한눈에 바라볼 수 있었다. 이 길에서 챙이 넓은 모자를 쓰고 기다란 검은 가운을 입은 모습이 숲에서 내려오는 것을 나는 보았다. 그는 마치 일종의 여자옷을 입은 남자 같았다. 이 형상이 천천히 가까이 오자 그것이 정말 남자라는 것을 확인할 수 있었는데, 그는 발 밑까지 내려오는 검은 가운을 입고 있었다. 그를 보자 나는 무서워지기 시작하여 금방 죽을 것 같은 경악을 느끼게 되었다. 왜냐하면 나는 공포에 질려 이런 생각을 확인하게 되었기 때문이다. '저게 예수회 수도사구나!' 바로 얼마 전 나는 아버지가 동료 목사와 "예수회원들"의 음모에 대하여 이야기를 나누는 것을 엿들었던 것이다. 그의 논평에서 풍기는 조금 짜증스런, 그리고 불안한 감정적 색조에서 나는 예수회원들이 특히 내 아버지에게까지도 위험한 인물들이라는 인상을 받았다. 사실 나는 "예수회원"이 무엇인지 몰랐다. 그러나 "예수"라는 이름은 내 작은 기도문을 통해 알고 있었다.

그 길을 걸어내려온 저 사나이는 분명 변장한 사람임에 틀림없다고 나는 생각했다. 그래서 그는 여자옷을 입은 것이다. 아마 그는 나쁜 생각을 하고 있을 게다. 그런 생각이 들자 나는 너무 무서워 급히 집 안으로 뛰어들어가 지붕 밑 방까지 계단을 올라가서 대들보 밑의 어두운 구석에 숨어들었다. 얼마나 오래 거기 있었는지 모른다. 내가 일층으로 다시 내려가 아주 조심스럽게 창 밖으로 고개를 내밀자 검은 모습은 아무리 둘러보아도 흔적조차 없었던 것으로 미루어 보아 아마 상당히 오랜 시간이 지났던 것 같다. 그러나 지독한 공포감이 하루종일 온몸에 남아서 나는 집 안에 머물러 있어야 했다. 그 뒤 내가 길거리에서 놀 때 그 숲의 경계를 보면 마음이 불안해지고 하는 것이었다. 물론 뒷날 나는 그 검은 모습이 조금도 해롭지 않은 가톨릭 사제라는 것을 알게 되었다.

비슷한 시기에 — 그것이 지금 말한 사건 이전에 일어난 일인지 아닌지 분명히 말하기는 어렵지만 — 나는 내가 기억할 수 있는 나의 첫 꿈을 체험하였다. 나는 그것을 일생 동안 생각해야 했다. 그것은 세 살이나 네 살 때 일이었다.

목사관은 라우펜 성 옆에 홀로 서 있었고 교회 일꾼의 농가 뒤에는 넓은 초원이 있었다. 나는 꿈에 이 초원 위에 서 있었다. 거기서 문득, 어두운 네모진 울타리로 에워싼 구멍이 나 있는 것을 발견했다. 그전에는 본 일이 없는 것이었다. 나는 호기심에서 가까이 가 구멍 아래를 내려다보았다. 거기에 돌층계가 3층으로 이어져 있는 것이 보였다. 주저하고 두려워하면서 나는 그 층계로 해서 아래로 내려갔다. 밑에 내려와 보니 원형의 아치가 있는 문이 있었고 거기에 초록색 커튼이 닫혀 있었다. 커튼은 크고 무거운 비단 같은 것이었는데 무척 호화스러웠다. 그 뒤에 무엇이 숨겨져 있을지 궁금하여 내가 그 커튼을 젖혔더니 약 10미터 크기의 네모난 공간이 어렴풋이 보였다. 둥근 천정은 돌로 이루어져 있었고 바닥도 돌이 깔려 있었다. 중앙에는 붉은 양탄자가 입구에서 나지막한 석단石壇까지 깔려 있었다. 그 단에 한 놀랄 만치 호화스런 황금의 왕좌가 있었다. 확실치는 않으나 그 위에 아마 붉은 쿠션이 있었던 것 같다. 의자는 동화 속의 의자 같이 화려했다. 정말 왕의 의자였다. 그런데 그 위에 무엇이 있었다. 그것은 거의 천정까지 닿을 정도로 거대한 형상이었다. 처음에 나는 그것이 큰 나무통이라고 생각했다. 직경이 50 내지 60센티미터가 되고 높이는 4 내지 5미터 정도였다. 그 형상은 묘하게 만들어져 있었다. 그것은 피부와 살아 있는 살로 이루어졌고 꼭대기에는 둥근 공 모양의 머리가 있었는데 얼굴도 없고 머리카락도 없었다. 다만 꼭대기에 단 한 개의 눈이 움직이지 않은 채 위를 쳐다보고 있는 것이었다.

창도 없고 등불도 없는데도 방은 비교적 밝은 편이었다. 그 물건의 머리 부분 위에 조금 환한 빛이 있었다. 그 물건은 움직이지 않았지만 금방 꿈틀거리는 애벌레처럼, 그 왕좌에서 내려와 내게로 다가올 것 같은 기분이었다. 너무 무서워 몸이 마비되는 것 같았다. 이 견딜 수 없는 순간에 갑자기 어머니의 목소리를 들었는데 밖에서 울리는 것 같기도 하고 위에서 들리는 것 같기도 했다. "저것을 잘 보아라. 저게 사람 잡아먹는 것이란다." 이때 나는 심한 공포에 질려 잠에서 깼다. 나는 식은 땀에 젖어 있었다. 그뒤부터 여러 날 나는 또 비슷한 꿈을 꿀까 봐 잠들 때마다 불안에 떨었다.

여러 해 동안 나는 이 꿈을 생각했다. 훨씬 뒤에 비로소 나는 그 이상한 모양이 남근임을 알았고 10여 년 뒤에야 그것이 종교의식적인 남근이라는 것을 발견하였다. 어머니가 그때 "**그것이** 사람 잡아먹는 것이란다"라고 했는지 "그것은 **사람 잡아먹는 것**이란다"라고 했는지를 아직도 분간할 수 없다. 첫째 경우 같으면 "예수"나 "예수회원"이 아이를 잡아먹는 것이 아니고 남근이 아이를 잡아먹는 것이라는 뜻이었겠고, 둘째 경우 같으면 사람 잡아먹는 것은 보통 남근으로 표현된다는 것, 그러니까 저 불분명한 "예수님"이나 "예수회원"이나 "남근"이나 모두 동일하다는 뜻이 된다.

남근이 스스로 "이티활리쉬수직으로"로 자리잡고 있다는 사실이 남근이 지닌 추상적 의미의 특징을 나타내고 있다. 들판의 구멍은 무덤을 표시하고 있음에 틀림없다. 무덤 자체는 지하의 사원이고 그 초록빛 커튼은 초원을 연상하게 한다. 그러니까 그것은 푸른 초목으로 덮인 대지의 비밀을 묘사하고 있다. 양탄자는 피빛처럼 붉다. 그런데 어디서 둥근 천장이 나왔을까? 당시 내가 이미 샤후하우젠의 망대望台인 무노트에 올라간 일이 있었던가? 그랬을 것 같지 않다. 세 살짜리 아이를 거기까지 데려갔을 리 없다. 그러니 이것은 기억의 흔적과는 상관이 없을 듯하다. 마찬가지로 해부학적으로 정확한 수직남근Ityphallus이 어디서 나왔는지 알 수 없다. 눈으로 보이는 요도 입구, 그리고 그 위에 있는 것으로 보이는 광원光源은 활루스Phallus=남근의 어원(빛나는)을 가리키고 있다.[2)]

이 꿈의 음경은 어쨌든 보통 말하는 신이 아니라 지하의 신인 것 같다. 청년 시절 동안 나는 그것을 내내 이런 뜻으로 받아들였다. 누군가 다른 사람들이 예수그리스도를 너무 강조해서 말할 때면 나는 늘 이것이 생각났다. 예수님은 내게 현실성 있는 존재가 아니었고 전적으로 받아들일 수도, 전적으로 사랑할 만

2) ≪*Symbole der Wandlung*≫, C. G. Jung, 1952, p. 370, ≪융 전집≫(Walter출판) 5권, 1973, p. 279.

한 가치가 있는 것도 아니었다. 왜냐하면 나는 언제나 예수님의 지하의 대역을 생각하게 되었기 때문이다. 이것은 내가 구하지도 않았는데 내게 나타난 무시무시한 계시였다.

예수회원의 "위장"은 내가 배운 그리스도의 가르침에 그늘을 던졌다. 그것은 나에게 가장무도회나 일종의 장례식과도 같았다. 사람들은 거기서 심각하거나 슬픈 표정을 지었지만 다음 순간 은근히 속으로 웃는 것 같고 조금도 슬퍼 보이지 않았다. "예수님"은 죽음의 신처럼 느껴지기도 했다. — 밤의 유령들을 내쫓으며 나를 도와주면서도 그 자신은 십자가에 매달린 피투성이의 시체가 되니 좀 섬뜩했다. 그의 사랑과 은혜를 찬양하는 말을 늘 들어왔지만 그것은 내게 의심쩍은 것이었다. 왜냐하면 사랑하는 "예수님"에 관해 말하던 사람들은 주로 내게 늘 장례식을 연상하게 한, 저 까만 예복에 반들거리는 구두를 신은 사람들이었기 때문이다. 내 아버지의 동료와 여덟 명의 숙부가 있었다. 모두 목사였다. 그들은 내게 여러 해 동안 불안을 불어넣어 주었다. 나에게 공포감을 주었던 "예수회원"을 연상하게 했던 가톨릭 신부들은 말할 것도 없다. 예수회원은 내 아버지에게조차 불안과 짜증을 일으켰다.

그 뒤 견진성사 때까지 사람들이 요구하는 그리스도에 대한 긍정적인 관계를 억지로 가지려고 무척 애를 썼다. 그러나 나의 남모르는 불신이 그리 쉽게 극복될 것 같지는 않았다. "검은 옷의 남자"에 대한 불안은 어린이면 누구나 가질 법한 불안이다. 그러나 나의 그 당시의 체험의 본질적인 것은 그런 불안이 아니었다. 그것은 어지럽게 나의 어린 뇌 속에 파고든 인식, "저것이 예수회원이다"라는 인식이었다. 그러므로 꿈에서도 본질적인 것은 그 특이한 상징적인 구성과 "사람 잡아먹는 것"이라는 놀랄 만한 해석이었다. 아이들의 유령으로서의 "사람 잡아먹는 것"이 아니라 이것이 지하의 황금의 왕좌 위에 앉아 있다는 것이 문제였다. 그 당시의 어린 마음으로는 먼저 왕이 왕좌에 앉고 그리고는 그보다 훨씬 곱고 높은, 그보다 훨씬 황금빛이 찬란한 왕좌가 푸른 하늘 위에 있어 거기 하나님과 예수님이 황금의 관과 흰 옷을 입고 앉아 있는 것이라 생각했었다. 그러나

이 예수님에서 까만 여자치마를 두르고 챙이 넓은 까만 모자를 쓴 예수회원이 산 속에서 내려온 것이다. 나는 자주, 혹시 또 위험이, 닥쳐오지 않을까 두려움에 찬 눈으로 산 쪽을 바라보아야 했다.

꿈에서 나는 굴 속으로 내려갔고 거기 왕좌 위에서 다른 존재를 발견했다. 그것은 인간이 아니며 지하계적인 것, 그것은 위를 응시하며 사람의 살肉과 비슷했다.

만 50년 뒤에야 종교의식에 대한 논평 가운데 한 대목이 비로소 내 눈에 띄었다. 그것은 성찬의 상징 가운데 식인喰人의 기본 주제에 관해 말한 것이었다. 나는 여기서 비로소 나의 이 두 가지 체험에서 의식화되려고 솟아나기 시작했던 생각이 얼마나 어린이답지 않은, 얼마나 성숙하며 심지어 지나치게 어른스런 생각이었던가를 알게 되었다. 그 무렵 도대체 무엇이 내 안에서 말했단 말인가? 누구의 정신Geist이 이런 체험을 꾸며 냈을까? 얼마나 탁월한 통찰이 여기 작용하고 있는가? 속물이면 누구나 "검은 옷의 남자", "사람 잡아먹는 것", "우연", "뒤에 끼어든 해석"에 관해서 허튼소리를 지껄이고 싶은 유혹을 느낄 것임을 나는 잘 알고 있다. 그래서 거북한 것을 빨리 없애 버리고 어린이에게 친숙한 천진난만성이 결코 어지럽혀지지 않도록 배려할 것이다. 아, 이 얌전한, 유능하고 건장한 사람들, 이들은 마치 빗물받이에 잔뜩 몰려서 즐겁게 꼬리치며 햇볕 아래 누워 있는 천진난만한 올챙이들처럼 보인다. 어느 물보다도 얕은 곳에 있으면서 내일이면 빗물받이가 말라 버릴 것을 짐작조차 못하고 있다.

무엇이 그 당시 내 속에서 말하였을까? 누가 그 탁월한 문제성을 표현한 언어들을 말해 주었을까? 누가 저 위와 아래를 통합하여, 이로써 나의 인생의 하반기를 열정적인 성격의 폭풍으로 채우게 된 기초를 마련했을까? 누가 저 때묻지 않은 천진난만한 어린 시절을 지극히 성숙한 인생에의 심각한 예감으로 괴롭혔을까? 위에서도 오고 아래에서도 온 저 낯선 손님 말고 누구였겠는가?

이 어릴 적 꿈을 통해 나는 대지의 신비에 정통하게 되었다. 그때 이를테면 땅속으로 들어가는 매장이 거행된 것이다. 그리고 내가 거기서 다시 밖으로 나오기까지 여러 해가 지나간 것이다. 오늘에야 나는 그것이 최대한의 빛을 어둠 속에 가져다 주기 위하여 일어났었음을 알았다. 그것은 어둠의 왕국에서 일어난 일종의 성인식이었다. 그때 내 영적인 삶이 그 무의식적인 첫발을 내디딘 것이다.

1879년 바젤 근처의 클라인 휴닝겐으로 이사할 무렵에 관하여는 별로 기억에 남는 일이 없다. 단지 그 몇 해 뒤에 일어난 한 가지 사건이 생각난다. 어느 날 저녁 아버지가 나를 침대에서 끌어내어 안고 우리 집의 서쪽으로 향한 현관으로 데리고 가서 내게 저녁하늘을 보여 주었다. 화려한 푸르름 속에 그 하늘이 그윽이 빛나고 있었다. 그것은 1883년 크라카타우의 폭발이 있은 뒤의 이야기이다.

내 아버지는 나를 밖으로 데리고 나가 동쪽 수평선 위에 있는 큰 혜성을 보여준 일도 있다.

언젠가는 큰 홍수가 있었다. 마을 가운데를 흐르는 비제강의 뚝이 무너졌다. 오버라우프에서는 다리가 끊어졌다. 14명이 물에 빠져 누런 물살에 실려 라인강으로 흘러내려갔다. 물이 빠지자 모래사장에 시체가 놓여 있다고들 하였다. 나는 주저하지 않고 그리로 갔다. 거기서 까만 예복을 입은 한 중년신사의 시체를 발견하였다. 그는 아마 바로 교회에서 오는 길인 듯했다. 그는 반쯤 모래에 덮힌 채 팔을 눈에 얹고 누워 있었다. 마치 돼지를 잡을 때처럼 내가 그것을 보는 데 매혹을 느끼는 것을 보고 어머니는 기겁을 했다. 이런 모든 것들은 그 당시 나에게 큰 관심거리였다.

조형예술에 관한 가장 초기의 추억도 그 클라인 휴닝겐 시절로 거슬러 올라간다. 18세기의 목사관인 내 부모의 집에는 화려하고도 어두운 방이 있었다. 거기에는 좋은 가구가 놓여 있었고, 벽에는 옛날 그림들이 걸려 있었다. 다윗과 골리앗을 그린 한 이탈리아 화가의 그림이 무엇보다도 기억에 남는다. 그것은 기도 레니Guido Reni의 작업장에서 나온 모사품이었는데, 원화는 파리 루브르 미술관에 걸려 있다. 어떻게 해서 이 그림이 우리 집까지 오게 되었는지는 모른다. 그 밖의 또 다른 옛날 그림이 거기에 걸려 있었는데 그것은 지금 내 아들 집에 보관되어 있다. 그것은 19세기 초의 바젤 풍경이다. 나는 자주 그 떨어진 곳에 있는 어두운 방에 몰래 들어가서 그 아름다움을 감상하려고 그림 앞에 몇 시간이고 앉아 있었다. 그것은 아름다움에 관해 내가 알고 있던 유일한 것이었다.

한 번은 — 나는 그 때 무척 어렸다. 여섯 살쯤 되었을 게다 — 내 고모가 나를 바젤로 데려가 나에게 박물관의 박제로 된 동물들을 보여 주었다. 내가 무엇이든 정확하게 보고자 했기 때문에 우리는 꽤 오랫동안 박물관에 머물렀다. 4시에 박물관의 문을 닫는 종소리가 들려왔다. 고모는 가자고 재촉했으나 나는 진열장에서 떠날 수가 없었다. 그래서 그동안 그 방문이 잠겨 버렸고 우리는 다른 길로 해서 어느 계단에 다다랐는데 그것은 고대 그리스의 회랑이었다. 나는 불현듯 이 훌륭한 모습 앞에 발을 멈추고 말았다. 나는 엄청난 감동으로 눈을 크게 떴다. 일찍이 이렇게 아름다운 것을 본 일이 없었던 것이다. 그러나 나는 충분히 볼 수가 없었다. 고모는 내 손을 잡아끌고 출구 쪽으로 가며 — 나는 언제나 그녀 뒤에 처졌고 — 소리질렀다. "망할 놈 같으니. 눈 감어. 망할 것, 눈 감으라니까!" 얼핏 보니 그 형상은 벌거벗고 무화과 나무 잎사귀를 걸치고 있지 않은가! 나는 그런 것을 전에 본 일이 없었다. 이렇게 나는 처음으로 아름다운 예술과 맞닥뜨린 것이다. 고모는 마치 음화전시장 속을 지나가야 했을 때처럼 자못 화를 내고 있었다.

내가 여섯 살 때 부모는 나와 함께 알레스하임으로 소풍을 갔다. 이때 어머니가 어떤 옷을 입었는데 그것은 내게 잊을 수 없는 추억이 되었고 내가 그녀를 기억하는 유일한 것이 되었다. 그것은 까만 옷감에 작은 초록빛 반달모양을 인쇄한 것이었다. 이 가장 초기의 추억상 속에서 어머니는 날씬한 젊은 여성으로 비쳐지고 있다. 나의 다른 추억 속에서는 어머니는 늘 늙고 뚱뚱했다.

우리는 교회에 다다랐다. 어머니가 말하기를 "이건 가톨릭 성당이야." 불안이 섞인 호기심에서 열린 문으로 안을 들여다보려고 나는 어머니 곁을 살짝 빠져나와서 달려갔다. 화려하게 장식한 제단(부활주간이었다) 위에 큰 초가 놓여 있는 것을 얼핏 보았는데 이 순간 나는 그만 계단에 걸려 쇳조각에 턱을 들이받쳤다. 나는 그저 내 부모가 상처에서 심하게 피가 흐르는 나를 찾아 안아올린 사실을 알 뿐이다. 나는 묘한 기분이었다. 한편으로는 소리를 질렀기 때문에 성당에 미사드리러 온 사람들의 시선을 끌었다는 사실이 부끄러웠고 다를 한편으로는 금지된 일을 저지른 것 같은 기분이었다. 예수회 — 초록빛 커튼 — 사람 잡아먹는 자의 비밀 …. 그러니까 그곳은 그 예수회원과 관계를 가진 가톨릭 성당이다. 내가 넘어지고 소리지르게 된 것은 그들 탓이다!

여러 해 동안 나는 가톨릭 성당에 발을 들여놓을 때마다 피흘리며 넘어진 것, 그리고 예수회원에 대한 남모르는 두려움을 느끼지 않을 수 없었다. 이것이 가톨릭 교회에 얽힌 어떤 분위기였다. 그러나 그것은 또한 나에게 매혹적인 것이기도 했다. 가톨릭 신부 근처에 있으면 아직 기분이 좋지 않았다. 30대에 비엔나의 성 슈테판 대성당 안에 들어갔을 때 비로소 나는 어머니인 교회Mater Ecclesia를 별 부담 없이 느낄 수 있었다.

여섯 살에 나는 아버지로부터 라틴어를 배우기 시작했다. 학교에 가는 것이 싫지 않았다. 언제나 남보다 뛰어났기 때문에 마음이 가벼웠다. 학교에 가기 전에 나는 이미 글을 읽을 수 있었다. 내가 아직 읽을 줄 모르던 시절의 생각이 나는데 그때 나는 어머니에게 옛날 어린이 그림책[3]인 ≪오르비스 픽투스*Orbis pictus*, 그림백과≫를 읽어달라고 졸랐다. 이 책에는 이교에 관한 묘사, 특히 인도종교에 관한 이야기가 들어 있었다. 거기에는 브라마Brahma, 비슈누Vishnu와 시바Shiva의 그림들이 있었는데, 그것들이 내 마음을 사로잡았다. 어머니는 후에 내게 말하기를 내가 그때 몇 번이고 그 이야기를 되돌아가 듣고 싶어했다고 한다. 나는 이때 내가 아무에게도 말하지 않은 '원초적 신현'이 이것과 연관되고 있다는 막연한 느낌을 가지고 있었다. 그것은 아무에게도 누설할 수 없는 나의 비밀이었다. 어머니가 이교도에 관해 말할 때 나는 그 어조에 가벼운 경멸이 섞여 있음을 놓치지 않았다. 만일 그녀가 나의 "계시"를 들었더라면 기절초풍하여 배격할 것임을 나

3) J. A.Comenius(1592~1670)의 ≪*Orbis Pictus*≫.

는 잘 알고 있었다. 나는 그렇게 상처받을 일에 노출되고 싶지 않았던 것이다.

이런 어린애답지 않는 태도는 한편으로는 나의 과민하고 지나치게 섬세한 성격과 관계되지만 다른 한편으로는 특히 나의 어린 시절의 커다란 고독감에 결부되어 있다(내 여동생은 나보다 아홉 살이나 어렸다). 나는 혼자 내 방식대로 놀았다. 유감스럽게도 무엇을 하고 놀았는지 기억은 없지만 단지 생각나는 것은 누구한테서도 방해를 받고 싶지 않았다는 사실이다. 나는 나의 놀이에 깊이 몰두하고 있어서 누가 옆에서 본다든지 뭐라고 평가하는 것을 참을 수 없었다. 무슨 놀이를 했는지는 대개 잊어버렸지만 일곱 살에서 여덟 살 사이에는 나무조각을 쌓아올리는 놀이를 아주 즐겨했고 그것으로 탑을 세워 놓고는 "지진"을 일으켜서 허물어뜨리는 데 쾌감을 느끼곤 했다. 여덟 살에서 열한 살 사이에 나는 전쟁 그림들, 성을 포위해서 쳐들어간다든가 총을 쏜다든가, 또 해전에 관한 그림들을 한없이 그렸다. 그리고는 노트 가득히 잉크의 오점을 채워 놓고는 그것에 환상적인 해석을 내리며 혼자 좋아했다. 학교에서는 오랫동안 갈구했던 놀이친구들을 사귈 수 있었으니 학교 가는 것이 좋았다.

그러나 그 밖에도 나는 내 마음속에서 어떤 특이한 반응을 발견했다. 거기 관해 이야기하기 전에 밤마다의 분위기가 점차 농축되어 무거운 압력을 지니기 시작했다는 사실을 먼저 말하지 않을 수 없다. 불안이 자아내는 것들과 어떤 알 수 없는 것들, 여러 가지 일이 일어났다. 부모는 당시 각기 다른 방에서 잤고, 나는 아버지 방에서 잤다. 어머니 방의 문에서는 불안을 자아내는 영향들이 스며 나오고 있었다. 어머니는 밤에는 신비스럽고도 무시무시한 존재였다. 어느 날 밤 나는 그 문에서 분명치 않은 허연 모습이 나오는 것을 보았다. 목에서 머리가 앞쪽으로 분명히 드러나면서 공중으로 마치 달처럼 떠올랐다. 그러자 곧 또 다른 새 머리가 거기서 모습을 드러냈다. 이 과정이 여섯 번 내지 일곱 번 되풀이 되었다. 나는 커졌다 작아졌다 하는 물건이 나타나는 악몽에 시달렸다. 예컨대 멀리 떨어져 있는 작은 공이 차차 가까이 다가와서 짓누르는 모습으로 엄청나게 커진다든가 새가 앉아 있는 전선이 점점 두꺼워지고 나도 점점 무거워져서 그만

잠에서 깬다든가 하였다.

이 꿈은 물론 사춘기의 생리적 준비에 기인한 꿈이었지만 나는 일곱 살 때 이미 같은 것을 미리 경험했었다. 그 당시 나는 질식발작을 수반하는 가성후두염을 앓고 있었다. 숨이 막히는 발작 때 나는 침대 다리에 서서 침상 쪽으로 몸을 굽히고 아버지는 나를 팔로 지탱해 주었다. 나는 그때 푸른 보름달 크기의 빛나는 구를 내 앞쪽에서 보았고 그 속에서 금빛의 모습이 움직이는 것을 보았는데, 그것을 나는 천사라고 생각했다. 이 환상을 볼 때마다 질식의 공포가 누그러지곤 하였다. 그러나 이것들은 꿈에 다시 나타났다. 심인성 동기가 이때 결정적인 역할을 했던 것 같다. 정신적인 분위기는 숨을 쉴 수 없을 지경이 되기 시작한 것이다.

교회에 가는 것을 나는 별로 즐기지 않았다. 크리스마스 날만은 유일한 예외였다. 크리스마스 합창, "오늘은 주님이 만드신 날"은 무척 내 마음에 들었다. 저녁에 크리스마스 나무가 집에 도착했다. 이것은 내가 열렬히 참여한 유일한 크리스마스 축제였다. 다른 축일은 모두 내 마음을 움직이지 않았다. 두 번째로 마음에 든 축일은 그믐날 저녁이었다. 강림절은 뭔가 다가오는 크리스마스와 잘 조화가 안 되는 것 같았다. 그것은 밤과 폭우와 바람, 집의 어둠에도 상관되는 것이었다. 뭔가 속삭이고, 뭔가 에워싸는 것이 있었다.

그 소년시절에 나는 내 시골학교 친구와의 교제에서 한 가지 발견한 것이 있다. 그들은 나를 나 자신으로부터 떼어놓았다. 내가 그들과 놀 때는 내가 집에 혼자 있을 때와는 달랐다. 나는 그들과 어리석은 짓도 하고 집에서는 생각도 못했던 것들을 고안해 냈다. 물론 내가 혼자 집에 있으면 온갖 것을 생각해 냈을 것임을 잘 알고 있었다. 그러나 나의 성격 변화는 내 친구들 덕분인 듯했다. 이들은 내가 그렇게 있고자 생각한 것과는 다르게 되도록 유혹하고 강요했다. 부모 이외의 사람들을 알게 된 그 넓은 세계로부터의 영향은 전적으로 수상하다고 할 수는 없다 하더라도 의혹에 찬 것이었으며 적대적인 것이었다. 나는 저 "푸른 잎사귀 사이로 햇살이 뛰노는" 밝은 낮 세계의 아름다움을 더욱더 인식하게 되었다. 그러나 동시에 불안하고 해답이 없는 의문에 사로잡힌 채 거절할 수 없는 어둠의 세계를 예감하고 있었다. 그러나 나의 밤의 기도는 낮을 차단하고 밤의 수면을 시작하도록 인도하는 제의적인 방패였다. 그러나 새로운 위협이 낮에도 배회하고 있었다. 마치 내가 내 자신의 분단을 느끼고 두려워한 것 같았다. 나의 내적인 신뢰가 위협을 받고 있었다.

나는 이 시기에(7세에서 9세 사이에) 불장난을 좋아했던 생각이 난다. 우리 집 뜰에 큰 돌덩이로 된 오랜 울타리가 있었는데 그 중간중간에 굴이 이루어져 있었다. 여기서 나는 작은 불을 피우고 그것을 보존하는 일을 했고 다른 아이들이 그것을 도와주었다. 그 불은 항상 타오르므로 늘 보존되어 있어야 했다. 그렇게 하기 위해서는 필요한 나무를 모으는 우리들 공동의 노력이 필요했다. 나 말고 아무도 이 불을 돌보아서는 안 되었다. 다른 아이들은 다른 굴에서 다른 불을 피울 수 있었다. 그러나 그 불은 세속적인 것이었으므로 나하고는 상관이 없었다. 내 불만이 살아 있고 거룩하다는 의도가 명백했다. 이것은 그 당시 내가 제일 좋아했던 놀이다.

이 울타리 앞은 비탈져 있었는데 거기에 조금 튀어나온 돌이 파묻혀 있었다. 그것은 내 돌이었다. 흔히, 내가 혼자 있을 때면 나는 그 위에 앉아 생각의 유희를 시작했는데 그 생각이란 이런 것이다. '나는 이 돌 위에 앉아 있다. 나는 위에 있고 돌은 아래에 있다.' 그러나 돌도 "나"라고 하며 이렇게 생각할지 모른다. '나는 여기 비탈에 누워 있다. 그리고 그는 내 위에 앉아 있다.' 그러자 의문이 생겨난다. '돌 위에 앉아 있는 것이 나인가, 아니면 내가 돌이고 그 위에 그가 앉아 있는가?' 이 물음이 나를 그때마다 혼란에 빠뜨렸다. 그래서 나는 내 자신에 회의를 느끼며 누가 무엇인지 고민하면서 자리에서 일어나곤 하였다. 그것은 늘 불확실한 채였고 내 마음의 동요에는 신기하고 매혹적인 어둠의 기분이 따라다녔다. 의심할 여지가 없는 것은 이 돌이 나와 신비로운 관계를 가지고 있다는 사실이다. 나는 여러 시간을 그 위에 앉아서 그가 나에게 건네준 수수께끼에 매달려 있었다.

30년 후 나는 다시금 그 비탈진 언덕에 섰다. 나는 결혼했고 아이와 집을 가지고 있었고, 세상에 한 자리를 차지했고, 머릿속에는 온갖 이념과 계획이 있었다. 그런데 별안간 나는 다시 온갖 비밀스런 의미에 불을 붙인 채 돌 위에 앉아 돌이 나인지 내가 그인지를 분간하지 못했던 아이로 돌아가 있었다. 취리히에서의 나의 생활이 갑자기 머리에 떠올랐다. 그것은 마치 다른 세계와 시간에서 온 기별같이 낯설었다. 그것은 유혹적이면서도 끔직했다. 내가 깊이 잠겼던 나의 어린 시절의 세계는 영원했다. 나는 거기서 떨어져 나가 계속해서 굴러가며 멀리 떠나가는 시간 속에 계속 빠져들었다. 나는 나의 미래를 잃지 않기 위하여 이 장소에서 몸을 돌려야 했다.

그것은 내게 잊을 수 없는 순간이었다. 왜냐하면 나는 그때 번개같이 나의 어린 시절의 영원성을 깨달았기 때문이다. 이것이 무슨 뜻을 의미하는지는 그 뒤에 곧 내가 열 살이 되자 밝혀졌다. 커다란 세계에 대한 나 자신과의 분열과 동요는 그 당시 나로서도 이해할 수 없던 행위를 하도록 하였다. 나는 그 당시 초등학교 학생들이 보통 가지고 있는 노란 래커 칠을 하고, 작은 열쇠가 달린 가죽으로 된 곽을 사용하고 있었다. 그 속에는 자가 한 개 들어 있었다. 그 끝을 깎아서 약 6센티미터 정도의 "예복과 챙이 넓은 원형 모자를 쓰고 반질반질한 구두를 신은" 남자를 만들었다. 나는 그것을 잉크로 까맣게 칠하고는 자에서 잘라내서 펜을 넣어두는 통에 잠자리를 마련하고 눕혔다. 나는 그것에 모직 조각으로 코트를 만들어 입히기까지 하였다. 그 옆에다가 매끈하고 길쭉하고 까만, 라인강에서 나온 자갈 한 개를 놓아두었는데 나는 그것을 물감으로 그 윗부분과 아랫부분을 분간하여 여러 색으로 칠을 했다. 나는 오랫동안 그 돌을 내 호주머니 속에 넣고 다녔다. 그것은 그의(남자인형의) 돌이었다. 이 모든 것이 나에게는 큰 비밀이었다. 그러나 나는 그것이 무슨 뜻을 가지고 있는지를 몰랐다. 나는 이 남자인형이 있는 곽을 몰래 통행이 금지된 다락방에다 갖다 놓고(마룻바닥이 벌레가 먹고 썩어서 위험하기 때문에 들어가지 못하도록 금지된 곳이다), 지붕의 뼈대를 받치는 대들보 위에 숨겨 놓았다. 아무도 보지 못할 것이기 때문에 큰 만족감을 느꼈다. 아무도 이것을 발견해 내지 못할 것임을 나는 알고 있었다. 나는 나 자신에 자신감을 느꼈고 나 자신의 분단의 괴로움이 이로 인해 소실되었다.

내가 무엇을 저질렀거나, 내 예민한 성격이 상처를 입거나, 아버지의 신경질이나 어머니의 병약함이 나를 우울하게 만드는 등 여러 어려움이 닥칠 때마다 나는 그 조심스럽게 감싸 눕혀 둔 작은 남자와 화려하게 색칠한 그의 돌을 생각하곤 하였다. 때때로 — 흔히 매주마다 — 나는 아무도 나를 보지 못할 때만 이 다락으로 몰래 올라갔다. 나는 거기서 대들보 위에 올라가 이 곽을 열고 작은 남자와 돌을 들여다보았다. 이때마다 나는 미리 몇 글자 써놓은 작은 종이말이를 그 곽 속에 넣어 두었다. 수업시간에 나는 내가 고안해 낸 비밀글자로 그 종이말이에 글을 쓰고는 하였다. 그것은 작은 종이조각이었는데 가득히 써 넣고는 돌돌 말아서 그 작은 남자에게 보관하도록 전달된 것이다. 새로운 종이말이를 합하는 작업은 언제나 장엄한 의식의 성격을 띠고 있었다고 기억된다. 그러나 내가 그때 그 작은 남자에게 무슨 말을 전하고자 했는지는 유감스럽게도 생각이 안 난다. 나는 단지 내 "편지"가 그에게는 일종의 도서실을 의미하는 것이었음을 알 뿐이다. 그저 특히 내 마음에 드는 문장을 적어 넣지 않았는가 하는 막연한 추측을 할 뿐이다.

이런 행위의 의미, 혹은 이에 대해 내가 어떻게 해명했을까 하는 것은 그 당시로서는 아무 문제도 되지 않았다. 아무도 모르고 가까이할 수 없는 것을 소유하고 있다는 데서 얻은 새로운 확신과 만족감으로 족했다. 그것은 나에게는 침해될 수 없는 비밀이었다. 왜냐하면 나의 존재의 확신이 여기에 달려 있었기 때문이다. 그러면 왜 그렇게 해야 하는지는 묻지 않았다. 그것은 무조건 그러했다.

비밀을 소유한다는 것이 당시 나의 성격에 깊은 인각을 남겼다. 내가 보기로는 이것이 내게는 가장 뜻깊은 사춘기 초기의 본질을 말해 주는 것이었다. 나의 소년시절의 남근의 꿈에 대해서 누구에게도 이야기하지 않았다. 예수회원 역시 비밀스런 세계에 속하는 것이어서 거기에 관해 말해서는 안 되는 것이었다. 그 작은 나무형상과 돌은 그 비밀을 형상화하려 했던 최초의, 아직 무의식적인 어린애 같은 시도였다. 나는 언제나 그 일에 깊이 빨려들었다. 그러면서 그 까닭을 알아야겠다는 느낌이 들었지만 내가 표현하고자 한 것이 무엇이었는지는 몰랐다. 언제나 나는 그 비밀이 어디에 있고 무엇인지 해명하거나 가르쳐 주는 것을 찾을 수 있기를 원했다. 아마 자연 속에서 찾을 수 있지 않을까 생각했다. 그 당시 나는 식물, 동물, 돌에 대한 관심이 커졌다. 나는 항상 신비스러운 것을 찾고 있었다. 의식에서는 기독교적인 의미에서 종교적이었다 — 그러나 "그렇지만 그건 그리 확실치 않다"는 유보와 혹은 "지하에 있는 것은 무엇이겠는가?"라는 물음이 있었다. 그리고 언제나 종교교육의 세례를 받으면서 사람들이 내게 "그건 좋은 것이다"라고 말할 때 나는 속으로 생각했다. '그렇지만 더 신비로운 것이 있어. 사람들이 그걸 모르고 있지.'

나무를 깍아 만든 작은 남자의 에피소드는 나의 소년시절의 정점이자 종결이었다. 이 작업은 약 1년 걸렸다. 그 뒤에는 이 사건에 대하여 전혀 회상하지 않았고 그것은 35년간이나 지속되었다. 내가 ≪리비도의 상징과 변환*Wandlungen und Symbole der Libido*≫이라는 책의 준비에 골몰하면서 알레스하임Arlesheim의 영혼의 돌의 카쉐Cache4)나 오스트레일리아의 쿠링가Churingas에 관해 읽었을 때 이 어린 시절 기억의 단편이 비로소 안개 속에서 뚜렷이 드러났다. 나는 비로소 불현듯, 한 번도 그런 그림을 본 적이 없는 내가 바로 그런 돌의 상이미지을 만들었다는 것을 알게 되었다. 나의 상상 속에서 나의 윗부분과 아랫부분이 분리되도록 칠한 매끈한 돌을 본 것이다. 나는 그 상像이 어쩐지 친숙하다고 느꼈고 거기 그 노란 가죽통이라든가 작은 남자에 대한 추억이 끼어들게 된 것이다. 그 작은 남자는 고대 그리스의 작은 외투를 입은 신, 텔레스포로스Telesphoros로서 많은 옛날 그림 속에 아스클레피우스 신 옆에 서서 그에게 책두루미를 읽어 주고 있는 신이다.

이런 기억의 재현을 통하여 나는 처음으로 문화적 전통과 상관없이 개별적

---

4) 일종의 은닉처.

인 사람의 마음속에 침투해 들어올 수 있는 고태적인 영혼의 요소가 존재한다는 확신을 가지게 되었다. 훨씬 뒤에 내가 샅샅이 뒤져본 내 아버지의 서재에는 이런 정보가 들어 있는 책은 한 권도 없었다. 아버지도 이에 관해서는 아무것도 모르고 있었다는 사실이 뒤에 증명되었다.

1920년 영국에 갔을 때 나는 얇은 나뭇가지로 두 개의 비슷한 모습을 깎아냈는데, 당시에는 어린 시절의 체험이 조금도 기억에 없었다. 그중의 한 모습은 좀 확대해서 뒤에 돌에다 새겼는데 이 형상은 퀴스나흐트의 내 정원에 있다. 이때 비로소 나의 무의식이 여기에 이름을 붙여 주었다. 그 이름은 "아트마빅투Atmavictu, 삶의 입김"였다. 그것은 내 어린 시절에서 나온 흡사 성적인 대상에서 좀 더 발전한 것으로 뒤에 "생명의 입김"이 창조의 충동임이 명백히 드러난 것이다. 이 모든 것을 사실 외투에 감싸여 "상자" 속에 덮여 있고 생명력을 표시하는 길고, 까만 돌이 그 속에 준비되어 있는 카비르Kabir[5] 신들이다. 그러나 나는 이런 연관성을 훨씬 후에야 비로소 알게 되었다. 내가 어릴 적에 그것은 뒤에 아프리카 원주민에게서 관찰한 것과 꼭 같은 식으로 내게서 일어났었던 것이다. 사람들은 우선 행동을 하지만 무엇을 하는지 아무것도 모르고 있다. 훨씬 뒤에야 비로소 거기에 관해 생각해 본다.

5) 카비르 신들, ≪위대한 제신≫이라고도 불리는데 이들은 어떤 때는 난쟁이로, 어떤 때는 거인으로 묘사되며 자연에 가까운 소박한 신격들이다. 이들의 제의는 주로 데메터(Demeter) 여신과 관계를 가지고 있고 이 신들은 창조적인 것, 생명의 발생과 관계가 있는 것으로 되어 있다.

제3장

학창시절

I

내가 열한 살이 된 해는 바젤 시의 김나지움대학예비교에 들어간 뜻있는 해이다. 나는 이로써 시골 소꿉친구로부터 떨어져 나가 정말로 "큰 세계"로 왔다. 거기에는 내 아버지보다 세력 있는 많은 사람들이 커다랗고 화려한 집에 살면서 멋진 말이 이끄는 고급 마차를 타고 다니며 기품 있는 말솜씨로 독어와 불어를 구사하고 있었다. 그들의 아들들도 좋은 옷을 입고 섬세한 태도와 풍부한 용돈을 지니고 있었는데 그들이 나의 급우들이었다. 놀라움과 격렬한 선망의 마음으로 나는 이들이 방학 동안에 취리히 근처의 저 "불타는 눈덮인 산들," 알프스 산에 갔던 이야기를 들었고 심지어 바다에 갔다왔다는 말을 들었는데, 이 말을 들으니 나는 더 이상 견딜 수가 없었다. 나는 이들이 마치 저 붉게 불타는 눈덮인 산의 내가 다다를 수 없는 화려한 세계, 헤아릴 수 없는 먼 거리에 있는 상상할 수 없는 바다의 세계, 그런 다른 세상에서 온 사람들처럼 놀라움에 찬 눈으로 바라보았다. 나는 이때 우리가 가난하다는 사실, 내 아버지가 가난한 시골 목사이고 나는 그보다 더 가난한 목사의 아들이었다는 사실을 깨달았다. 구두바닥은 구멍이 나서 젖은 양말을 신은 채 여섯 시간의 수업시간 동안 앉아 있어야 했다.

나는 나의 부모를 다른 눈으로 보게 되었고 그들의 걱정을 이해하기 시작했다. 아버지에게는 특히 동정을 느꼈다. 이상하게도 어머니에게는 별로 동정을 느끼지 않았다. 그녀는 좀 더 강한 사람처럼 보였다. 그러나 아버지가 신경질을 참지 못할 때는 그녀의 편임을 느꼈다. 이것은 나의 성격 형성에 별로 유익하지 못했다. 이런 갈등에서 나 자신을 해방시키기 위해 나는 어쩔 수 없이 부모를 판단해야 할 탁월한 중재재판소 판사의 역할을 떠맡아야 했다. 이것이 일종의 자신감을 일으켜서 내가 지니고 있던, 그렇지 않아도 흔들리는 자신감의 동요를 한편으로 더욱 부채질했고 동시에 그것을 완화시켰다.

아홉 살 적에 어머니는 여동생을 낳았다. 아버지는 흥분하여 좋아했다. "오늘밤 넌 누이동생을 갖게 되었다." 그는 이렇게 내게 말했다. 나는 깜짝 놀랐다. 그것을 전혀 예측하지 못했기 때문이다. 어머니가 자주 침대에 눕는 것을 별로 이상하게 생각하지 않았던 것이다. 나는 그것을 그녀의 용서받을 수 없는 약점이라고 늘 생각해 왔다. 아버지는 나를 어머니 침대 곁으로 데려갔다. 그녀는 작은 아기를 팔에 안고 있었는데 그 아이의 모습은 무척 실망을 주는 것이었다. 붉고 쭈글쭈글한 얼굴이 꼭 눈을 감고 있는 늙은이같이 보였는데, 강아지처럼 장님이 아닌가 생각했다. 그 작은 것은 등에 몇 가닥의 붉은 블론드 머리카락이 있어 사람들이 내게 그것을 보라고 가리켰는데 원숭이가 되려고 했던 게 아닌가? 나는 충격을 받고 어떻게 느껴야 할지조차 몰랐다. 갓난아이는 모두 그렇게 보이는 것인가? 사람들은 황새가 아이를 가져다 준다고들 수근댔다. 그러면 개나 고양이 뱃속의 새끼는 어떻게 되는가? 그 새끼가 완성될 때까지 몇 번이나 황새가 왔다갔다 해야 하나? 소의 경우는 어떻게 될까? 황새가 송아지를 주둥이에 물고 다닐 수 있다고는 도저히 상상할 수 없었다. 농사꾼들은 말하기를 황새가 송아지를 가져다 주는 게 아니고 소가 송아지를 낳는다고 했다. 이런 이야기들은 분명히 내게 그때까지 건네 준 계략 중에 하나였다. 나는 어머니가 또다시 내가 알아서는 안되는 것을 저질렀다고 확신했다.

내 여동생의 돌연한 출현은 내게 막연한 불신감을 남겼고 이로 인해 내 호기심과 관찰이 극도로 날카로워졌다. 무언가 유감스러운 것이 이 출생과 결부된다는 나의 추측은 뒷날 어머니가 보여준 의심쩍은 반응에 의해 증명되었다. 이 사건은 더 이상 나를 괴롭히지 않았지만 열두 살 때 일어난 한 체험을 한층 격렬하게 하는 데 이바지하였다.

어머니는 내가 누구를 방문한다든지 초대받아 갈 때는 내 등 뒤에서 온갖 충고를 퍼붓는 기분 나쁜 버릇을 가지고 있었다. 나는 그때 보통 때보다 좋은 옷을 입고 반질반질하게 닦은 구두를 신었을 뿐 아니라 내가 앞으로 할 일과 내가 여러 사람들 앞에 나타난다는 사실에서 긍지를 느끼고 있었다. 그러나 어머니가 등 뒤에서 나의 명예를 훼손시키는 다음과 같은 말들을 하는 것을 거리에 있는 사람들이 들을 것이므로 나는 굴욕을 느꼈다. “아빠 엄마의 안부 전하는 것을 잊지 말아라. 그리고 코 닦는 것을 잊어선 안 돼. 너 손수건 가졌니? 손 씻었어?” 등등. 내가 이미 자애심과 자부심에서 될 수 있는 대로 나무랄 데 없이 보이기 위해 잘 배려를 하고 있는데 이렇게 나의 자아 팽창에 수반된 열등감을 세상에 폭로하는 것은 전적으로 부적절한 것이라고 느꼈다. 이런 기회는 내게 큰 의미가 있었다. 초대받은 집으로 가는 도중 나는 늘 내 자신이 중요하고 기품 있는 사람처럼 느껴졌다. 보통날에 일요일에만 입는 좋은 옷을 입을 때는 늘 그러했듯이. 이런 나의 이미지는 그 낯선 집이 보일 만한 거리에 다가오면 현저하게 변했다. 이때는 이 사람들의 힘과 크기가 주는 인상이 나의 마음을 어둡게 하였다. 나는 그들이 두려웠다. 벨을 울릴 적에 나는 조그마하게 되어 열네 발이나 되는 깊은 땅 속에 가라앉는 기분이었다. 집 안에서 울리는 벨소리는 내 귀에 마치 커다란 액운처럼 울렸다. 나는 마치 달려 내려온 강아지처럼 소심하고 불안했다. 어머니가 내가 여기 오기 전에 미리 “똑바로” 예습시켰을 때는 더욱 심했다. ‘내 신은 더럽다. 내 손도 더럽다. 나는 손수건을 안 가졌다. 내 목은 까맣다.’ 내 귀에 이런 소리가 울렸다. 그러면 나는 반항심에서 부모님의 안부를 전하지 않거나, 필요 이상으로 고집을 부리거나, 부끄럼을 탔다. 상황이 아주 악화될 때면 나는 다락에 있는 비밀의 보배를 생각해 냈고 그것이 나로 하여금 사람의 기품을 다시 되찾는 데 도움을 주었다. 나는 내가 허전함을 느낄 때면 저 돌과 예복과 원형모자를 쓴 작은 남자의 아무도 침해할 수 없는 비밀을 가진 "다른 사람"일 수도 있다는 것을 생각해 냈던 것이다.

나는 청소년시절에 "예수님"이나 "예수회원"을 까만 예복, 무덤 옆에 있던 예복과 원형 모자를 쓴 남자들과 연관짓거나 혹은 벌판에 있던 무덤 같은 구멍이나 지하의 남근전당과 가죽통 속의 남자와의 관련 가능성을 생각한 적이 있는지 기억에 없다. 남근상의 신에 관한 꿈은 나의 최초의 커다란 비밀이었다. 작은 남자인형은 두 번째의 비밀이었고, 오늘 생각해보면 내가 그때 "영혼의 돌Seelenstein"과 "나"이기도 했던 돌 사이의 공통성을 어렴풋이 느꼈던 것처럼 보인다.

지금 여든세 살 된 나이에 내 추억을 적고 있는 오늘까지 나의 가장 초기의 추억들이 어떤 연관성들을 가지고 있는지 아직 분명치 않다. 그것들은 마치 지하에서 서로 얽혀서 하나가 된 큰 뿌리에서 솟아난 하나하나의 싹과 같은 것이었다. 그것들은 마치 하나의 무의식적인 발전궤도의 정거장들 같은 것이었다. "예수님"과의 긍정적인 관계를 찾는 것이 점점 더 불가능해지자 열한 살쯤부터 신의 관념에 관심을 가지기 시작했던 기억이 난다. 나는 신에게 기도하기 시작했다. 신은 별로 모순이 없는 존재 같았고 그 기도는 나에게 어쨌든 만족감을 주었다. 신은 나의 불신감 때문에 분규를 일으키지 않았다. 게다가 그는 까만 옷 입은 사람도 아니었고 그림 속에서 화려한 옷을 걸친 예수님도 아니었다. 사람들은 예수님과 그렇게 친하게 굴었지만, 그(신神)는 이보다 더욱 특유한 존재로서 내가 듣기로는 그에 관해 뚜렷한 상상을 할 수 없는 존재였다. 그는 아주 힘센 늙은이와도 같은 존재이기는 했지만 사람들이 이렇게 말하는 것을 들을 때는 마음이 흡족했다. "너는 그에 관해 아무 형상도 생각해서는 안 되고 아무런 비유도 해서는 안 돼." 사람들은 결코 "신비"스럽지 않은 "예수님"한테 하듯 그와 친숙해질 수 없었다. 나의 다락방의 비밀과의 어떤 비유가 어렴풋이 움트기 시작했다 ….

학교생활은 나를 지루하게 하였다. 그것은 너무 많은 시간을 빼앗았다. 차라리 그 시간에 나는 전투 장면의 그림이나 불놀이를 하고 싶었다. 종교시간은 말할 수 없이 지루했다. 수학시간에는 긍정적인 불안을 느꼈다. 선생은 산술이란 자명한 것처럼 태도를 취했지만 나는 아직 수 그 자체가 무엇인지 몰랐다. 그것들은 꽃도 아니요, 동물도 화석도 아무것도 상상할 만한 것이 아니었다. 단지 헤아림으로써 생긴 숫자에 불과했다. 이 수는 소리를 의미하는 표음문자로 대치되어 들을 수 있도록 되어 있는데 이것이 나를 혼란에 빠뜨렸다. 더욱 놀란 것은 나의 이 어려움을 이해하는 사람이 아무도 없었다는 사실이다. 선생은 내게 이해할 수 있는 수를 소리로 바꾸는 이 기묘한 조작의 목적을 설명해 주려고 애썼고 그 노고는 나도 인정하지 않을 수 없었다. 결국 나는 그것이 일종의 단축체계를 기도하는 것임을 이해하게 되었다. 그렇게 해서 많은 수가 단축된 공식 속에 묘사될 수 있도록 하기 위함이라고 생각한 것이다.

그러나 이런 것은 전혀 흥미없는 일이었다. 수를 소리로 표현하는 것은 완전히 인위적인 것이다. 그런 식이라면 사과나무Apfelbaum를 아(a), 배나무Birnbaum를 베(b), 의문부를 익스(x)라고 표시할 수 있지 않겠는가? A, b, c, y, 그리고 x는 비구상적이다. 그것은 사과나무의 경우와 마찬가지로 숫자의 본질을 조금도 설명해주지 못한다. 가장 나를 화나게 한 것은 a=b이고 b=c이니, 그러므로 a=c라는 공식이었다. 엄격히 정의해서 a는 b와 같이 취급할 수 없는, 어떤 다른 것을 의미해야 한다. c는 말할 것도 없다. 만일에 모두 동일하다면 a=a, b=b라고 해야지 a=b라는 것은 곧장 거짓말이나 속임수처럼 내게는 생각되었던 것이다. 이와 마찬가지로 화를 낸 것은 선생이 자기 자신이 내렸던 평행선의 정의에 반해서 그것이 무한 속에서는 교차한다고 말했을 때이다. 그것은 시골사람을 속이는 유치한 사기극처럼 보였다. 나는 그런 것과 함께 일할 수도 없고 하고자 하지도 않았다. 나의 지적인 도덕률이 수학에 대한 나의 이해의 길을 막는, 장난질 같은 모순 앞에서 저항했다. 만일에 내가 그 당시 내 학교친구들처럼 별 갈등 없이 a=b이고 해=달, 개=고양이 하는 식으로 받아들일 수 있었다면 수학이 나를 끝없이 속였을 것이라는 느낌을 이 고령에 이르기까지 갖고 있다. 얼마나 내가 거기 속았을지는

83세의 나이에 이르러 좀 짐작이 된다. 그러나 내 전 생애에 걸쳐 내가 적절하게 셈을 할 수 있었는데도 어째서 수학과의 관계를 찾지 못했는지 수수께끼였다. 내가 가장 이해하지 못한 것은 수학에서의 나의 **도덕적 의혹**이었다.

나는 방정식을 그때마다 문자에 일정한 수치를 주고 구체적으로 셈을 하여 이 조작의 의미를 증명함으로써 이해할 수 있었다. 수학시간이 진행됨에 따라 나는 수학을, 내용을 모르는 수학공식을 그대로 묘사해서 어느 문자의 종합이 칠판의 어느 장소에 있었는지를 머리 속에 집어넣음으로써 통과할 수 있었다. 검산만으로는 해낼 수가 없었다. 왜냐하면 선생이 "이제 우리는 여기에 '표식'을 넣는다"라고 하면서 칠판에 한 쌍의 문자를 그리는 일이 종종 생겼기 때문이다. 나는 어디서, 그 글자가 무슨 목적으로 나왔는지 몰랐다. — 선생 자신을 만족시키는 진행결과를 가능하게 하려고 그랬던 것같이 생각했다. 나는 내가 이해를 못한다는 사실에 깊은 수치감을 느끼고 있었으므로 감히 물어 보고자 하지도 않았다. 수학시간은 내게 공포와 고통의 시간이었다. 다른 과목은 쉬웠고 수학에서도 내 좋은 시각기억능력 덕분에 오래도록 속일 수가 있어서 대체로 나는 좋은 성적을 올렸다. 그러나 내 무능에 대한 불안, 나를 둘러싸고 있는 세계의 거대함 앞에서의 내 존재의 하잘 것 없음에 나의 마음은 불쾌감뿐 아니라 은밀한 일종의 회의에 사로잡혀 학교를 극도로 싫어하게 되었다. 게다가 나는 전적으로 무능력하다는 이유로 미술학습에서 제외되었다. 시간을 얻어서 환영할 일이기는 했지만 그것은 또 하나의 새로운 패배를 의미했다. 나는 미술에 약간 소질이 있었다. 그러나 이것은 근본적으로 내 기분에 따라 다르다는 것을 몰랐다. 나는 오직 내 환상이 작동하는 것만을 그릴 수 있었다. 그러나 나는 장님눈을 한 그리스 신들의 모형을 그대로 그려야 했다. 그것이 잘 안 되는 것 같으니까 선생은 아마 내가 자연의 상을 필요로 한다고 생각했는지 염소머리의 모상을 내 앞에 놓았다. 이 과제에서 나는 완전히 실패하였다. 그리고 이것이 내 미술시간의 마지막이 되었다.

열두 살은 나에게는 숙명의 해가 되었다. 1887년 이른 여름 어느날, 나는 학교가 끝난 뒤 열두 시에 뮌스터 광장에 서서 나와 함께 학교를 다니던 친구를 기다리고 있었다. 갑자기 나는 다른 소년으로부터 한 방 얻어 맞고 쓰러졌다. 나는 보도의 모서리에 있는 돌에 머리를 부딪쳤고 그 충격으로 정신이 몽롱했다. 한 30분쯤 나는 약간 얼얼했다. 얻어맞은 순간 내 머리에 번개 같은 생각이 떠올랐다. '이제 넌 학교에 안 가도 돼!' — 나는 반쯤 정신이 든 상태였는데 주로 나의 음흉한 공격자에 대한 복수심에서 필요 이상으로 조금 더 누워있었다. 그러자 사람들이 나를 근처에 있는 혼자 사는 두 늙은 고모집에 데려갔다.

이때부터 학교에 가야 할 때가 오기만 하면 기절하는 일이 생겼다. 또 부모가 학교숙제를 끝내도록 재촉하면 비슷한 발작이 일어났다. 반년 이상이나 나는 학교를 멀리하였다. 그것은 내가 "간절히 바라던 것"이었다. 나는 자유로울 수 있었다. 나는 사나운 전쟁 장면이나 옛 성이 공격받고 불타오르는 그림을 그리거나 전체 지면을 만화로 메꾸곤 하였다(요즘도 아직 잠잘 무렵 그런 만화가 머릿속에 나타난다. 즉 이빨을 드러낸 광대가 쉴 새 없이 표정을 바꾸는 모습, 흔히 그것은 내가 아는 사람들의 얼굴이었는데 나타났다간 곧 죽어 버렸다). 무엇보다도 나는 신비로운 세계 속에 깊이 빠질 수 있었다. 나무들, 물, 늪, 돌, 짐승들, 내 아버지의 서재 등이 이에 속했다. 이 모든 것은 경이로운 것이었다. 그러나 나는 점점 더 이 세계에서 멀어져 갔다. 그리고 그렇게 되는 것에 대하여 가벼운 죄책감을 느꼈다. 나는 내 시간을 방랑하며, 읽고, 수집하고, 놀이를 하는 것으로 빈둥빈둥 보냈다. 그러나 나는 그러면서 결코 행복하지 않았고 내가 나 자신으로부터 도피하고 있음을 어렴풋이 알고 있었다.

나는 이 모든 것이 어떻게 일어났는지 잊어버렸지만 부모에게 근심을 끼친 것을 송구스럽게 생각했다. 부모님은 여러 의사에게 의논하였는데 의사들은 머리를 긁적이고는 나를 빈터투어의 친척에게 휴가를 보냈다. 거기에는 내게 끊없는 황홀감을 준 기차역이 있었다. 그러나 내가 집에 돌아오자 모든 것은 전과 같았다. 한 의사는 간질이 아닐까 추측했다. 나는 당시 벌써 간질발작이 무엇인지 알고 있었다. 나는 속으로 허튼소리라고 웃었다. 그러나 부모는 반대로 그 이야기를 들은 뒤에 전보다도 더 걱정을 했다. 이 무렵 아버지의 한 친구가 아버지를 방문했다. 두 사람은 뜰에 앉아 있었고 나는 그들 뒤에 있는 깊은 숲 속에 있었다. 왜냐하면 나는 억제할 수 없는 호기심에 사로잡혀 있었기 때문이다. 나는 방문객이 아버지에게 말하는 것을 들었다. "그래, 아들은 좀 어떤가?" 아버지는 대답하기를 "참, 언짢은 일이야. 의사들은 어디가 나쁜지 몰라. 간질이라고들 생각해. 그 애가 고칠 수 없는 병에 걸렸다면 끔직한 일이야. 나는 내 재산을 좀 없앴지. 그 애가 평생 돈을 벌 수 없게 된다면 그 애는 어떻게 되겠나?"

나는 벼락을 맞은 기분이었다. 그것은 현실과의 충돌이었다. '아, 그러니 일해야겠구나.' 이 생각이 머리를 쳤다. 이때부터 나는 진지한 아이가 되었다. 나는 조용히 빠져나와 아버지의 서재로 가서 내 라틴어 문법책을 꺼내서 공부하기 시작했다. 10분 뒤에 기절발작이 있었다. 나는 거의 의자에서 떨어질 뻔했다. 그러나 몇 분 뒤에 나아져서 다시 계속 공부했다.

'망할 것, 기절 같은 건 없다.' 나는 이렇게 내게 말하며 뜻한 바를 계속하였다. 그것은 15분쯤 계속되고 두 번째 발작이 일어났다. 첫 번 것처럼 이것도 지나갔다. '이제야 비로소 정말 일하라!' 나는 끈질기게 달라붙었다. 한 30분 뒤에 세 번째 발작이 일어났다. 나는 굽히지 않고 발작이 극복되었다는 느낌이 들 때까지 한 시간 더 공부했다. 갑자기 여러 달 전보다도 더 기분이 좋아졌다. 발작은 실제로 더 이상 되풀이되지 않았고 이때부터 나는 매일 문법책과 학교 노트를 가지고 공부했다. 몇 주일 뒤에 나는 다시 학교에 갔다. 거기서도 더 이상 발작이 일어나지 않았다. 모든 마술은 사라졌다. 나는 이것으로 무엇이 노이로제인지를 배웠다.

차츰 어떻게 이 모든 것이 생기게 되었는지 어렴풋이 생각나기 시작했다. 나는 이 모든 불명예스러운 사건을 조종한 것은 나 자신이었다는 것을 분명히 알게 되었다. 그러므로 나는 나를 때린 그 급우에게 한 번도 심각하게 화를 내지 않았다. 그가 이를테면 "도발했다"는 것을 알고 있었지만 내 속에서는 악마 같은 준비가 되어 있었다. 두 번 다시는 이런 것이 일어나서는 안 되는 것이었다. 나는 나 자신에 대하여 통분하였고 동시에 나 자신에 대한 수치감을 느꼈다. 왜냐하면 내 자신이 나에게 옳지 못한 일을 했기 때문이며 내 자신에게 웃음거리가 되었기 때문이다. 다른 아무도 잘못이 없다. 내 자신이 저주스런 도망병이었다! 그때부터 나는 부모님이 나에 대한 근심을 표시하거나 측은한 목소리로 내게 말을 걸 때는 그것을 참을 수 없었다.

노이로제는 또 하나의 나의 비밀이 되었다. 그러나 그것은 굴욕적인 비밀이며 하나의 패배였다. 그러나 그것은 결국 나를 철저하게 엄격한 사람으로 만들었고 특히 부지런한 성격으로 변하게 하였다. 이때부터 나는 성실해지기 시작했다. 그것은 그렇게 해서 무슨 덕을 보려는 외견상의 성실성이 아니라 내 자신에 대한 성실성이었다. 규칙적으로 다섯 시에 일어나 공부하였고, 새벽 세 시부터 일어나 일곱 시까지 학교 가기 전에 공부하는 일도 자주 있었다.

나로 하여금 길을 빗나가게 한 것은 혼자 있고 싶은 열정, 고독이 주는 황홀감이었다. 자연은 내게 놀라움에 찬 것이었고 나는 그 속에 나를 심화시키고자 했다. 돌 하나, 식물 하나, 모두가 생명에 찬 형용할 수 없는 것이었다. 당시 나는 자연 속에 빠졌었고, 이를테면 자연의 본질 속에 숨어들어 모든 인간세계로부터 멀리 떨어져 있었던 것 같다.

그 당시 나는 또 하나의 중요한 체험을 했다. 우리가 살고 있는 클라인휴닝겐에서 바젤로 가는 긴 등교 길에서 일어난 일이다. 어느 한순간, 나는 마치 짙은 안개 속에서 방금 빠져나온 것 같은 엄청난 감동에 사로잡혔다. 동시에 지금 여기에 내가 존재한다는 의식을 느꼈다. 나의 등 뒤에는 마치 안개의 벽과도 같은 것이 있었다. 그러나 거기서 나온 그 순간, 나에게 **내**가 생겨난 것이다. **전**에도 나는 존재했었다. 그러나 모든 것은 그저 우연히 일어났을 따름이다. 그러나 지금 나는 **내**가 여기 있다. 여기 내가 존재한다는 것을 알았다. **전**에는 그것이 나와 함께 행하였다. 그러나 이제는 **내**가 하고자 했다. 내게는 이 체험이 엄청나게 중요하고도 새로운 것으로 여겨졌다. 그것은 내 안에 있는 "권위자"였다. 이상하게도 나는 그 당시, 외상성 신경증에 걸렸던 그 여러 달 동안 어린 시절 다락 안에 두었던 보배에 대한 기억을 완전히 잊고 있었다. 내가 그때 그것을 기억했다면 이미 그 당시 그 보배가 나의 마음에 일으킨 가치감정과 나의 그 당시의 권위감정이 비슷하다는 사실에 주목했을 것이다. 그러나 이 경우는 그렇지 않았다. 가죽통에 대한 모든 추억은 그 당시 소실되어 있었다.

한 번은 휘어발트슈텟터 호반에 집을 가지고 있는 아는 가족으로부터 방학 동안 초대를 받았다. 그 집은 바로 호숫가에 있었고 보트장과 한 척의 노젓는 보트가 있어 나는 무척 기뻐했다. 집주인은 그의 아들과 나에게 보트를 쓰도록 허용하기는 했으나 경솔한 짓을 하지 말도록 엄히 경고했다. 불행히도 나는 이미 어떻게 바이들링곤돌라 형의 배을 대놓고 노를 젓는지, 다시 말해 서서 노를 젓는 법을 알고 있었다. 우리 집에서는 바덴강 기슭의 휴닝겐의 아바투치 보루에 이런 종류의 다 낡은 작은 배를 가지고 있었다. 거기서 우리는 온갖 경솔한 장난을 실험해 보았던 것이다. 내가 이 호숫가의 집에서 처음 저지른 일은 보트의 선미에 발을 들여놓고 노 한 개로, 조정간을 쓰지 않고 자유롭게 호수로 밀어내는 일이었다. 이것만으로도 벌써 집주인의 눈에는 너무 지나친 일이었다. 그는 휘파람을 불어 우리를 돌아오게 하였고 내게 단호한 힐책을 내렸다. 나는 무척 무기력했다. 나는 내가 바로 그가 금한 것을 저질렀음을 시인하지 않을 수 없었고 그의 힐난은 지극히 합당한 것이었다. 그러나 동시에 이 뚱뚱한, 교양 없는 멍청이가 **나를** 감히 모욕하다니 하는 분노가 치밀어 올랐다. 이 **나를**, 했을 때의 나는 그저 성장한 나에 그치지 않고 무척 중요한 권위자요, 지위와 위엄을 지닌 한 나이 든 남자요, 존경과 외경의 대상으로서의 나였다. 그런데 그것이 현실과 너무도 기괴한 대조를 이루어서 나는 문득 내 분노를 거두었다. 왜냐하면 이런 의문이 들었기 때문이다. "그래, 넌 누구냐? 넌 마치 네가 뭐가 되기나 한 것처럼 반응하는구나! 다른 사람이 옳다는 것을 잘 알면서! 넌 이제 열두 살밖에 안 된 학생이고 그는 아버지인 데다 세력 있고 돈 많은 남자이고 집을 두 채나 갖고 여러 마리의 훌륭한 말을 가지고 있어."

그러자 내가 사실은 두 개의 서로 다른 인간이라는 생각이 들어 당황하였다.

하나는 수학을 이해하지 못하고 자기 자신에 대해서조차 확신이 없는 학생이며, 다른 하나는 중요하고 위대한 권위의 소유자인 한 남자로서 아무도 농담을 걸기를 허용치 않는 남자, 제조업자보다도 강하고 영향력 있는 남자였다. 그는 18세기에 살며 조임쇠가 있는 구두를 신고, 흰 가발을 쓰고, 높고 오목한 뒷바퀴와 그 사이에 용수철과 가죽테두리에 차체가 걸린 마차를 타고 다니는 늙은 남자였다.

나는 이상한 체험을 한 적이 있다. 우리가 바젤 옆의 클라인 휴닝겐에 살 때 어느 날 아주 고풍스러운 초록빛 마차 한 대가 슈바르츠발트에서 우리 집으로 향해 지나가는 것을 보았다. 그것은 고색창연한 18세기 때 마차 같아 보였다. 그것을 보자 나는 흥분된 감정을 느꼈다. '아, 저기 있구나! 저것이 바로 **내** 시대 때 차다!' 마치 내가 그것을 재인식한 것 같은 느낌이었다. 왜냐하면 그것은 내 자신이 타고 달리던 차와 같은 차였던 것이다! 그리고는 가슴속에서 메스꺼움을 느꼈다. 마치 누군가가 내게서 무엇을 훔쳐간 것처럼, 혹은 누구한테 속은 것 같은, 즉 내 사랑하는 전 시대를 사기당한 것 같은 느낌이었다. 마차는 그 시대의 유물이었던 것이다. 나는 당시 무엇이 내 마음속에 일어났는지, 나를 그렇게 강력하게 감동시킨 것이 무엇인지를 기술할 수가 없다. 아마도 그것은 어떤 그리움, 고향에의 그리움, 또는 하나의 재인식의 과정이었던 것 같다. '그래, 그랬어! 그랬구말구!' 같은 ….

그 밖에 또 다른 추억이 있다. 열여덟 살 때였던 것 같다. 나는 고모집에서 18세기의 조각상을 본 일이 있다. 두 개의 형상으로 된 색칠한 토기였다. 그것은 18세기 말 바젤 사람들에게 잘 알려진 슈툭켈베르거Stückelbeger 박사를 묘사한 것이었다. 다른 형상은 그의 여환자 중의 한 사람이었다. 그녀는 혀를 내밀고 눈을 감고 있었다. 여기에는 전설이 얽혀 있었다. 이야기에 의하면 그 늙은 슈툭켈베르거가 한 번은 라인강 다리를 지나가는데 늘 그를 짜증나게 하던 이 환자가 와서 또다시 뭔가 호소했다. 그 노인은 말했다. "그래 그래, 뭔가 잘못된게 확실해. 한 번 혀를 내밀어 봐요. 그리고 눈을 감아요!" 그녀는 그렇게 하였다. 이 순간 그는 도망쳤고 그녀는 거기 혀를 내민 채 남아 있었다. 그래서 사람들의 웃

Johann Paul Achilles Jung(1842~1896). 아버지.

음거리가 되었다.

그런데 이 노박사의 조임쇠가 달린 구두의 형상이 이상스럽게도 내 것 같은, 또는 내 것이 그것 같은 인식을 했다. '이것은 내가 신고 다니던 구두다'라고 확신하였다. 그 당시 이와 같은 확신이 나를 완전히 혼란에 빠뜨렸다. '그래, 그건 정말 내 구두야!' 나는 내가 이 구두를 신은 것처럼 느꼈다. 어째서 내가 이런 기묘한 감정을 느끼게 되었는지 설명할 수 없었다. 어째서 내가 18세기에 속하는가? 나는 당시 자주 1886년 대신에 1786년이라고 쓰는 일이 있었고 이것은 늘 설명할 수 없는 회향에의 감정을 동반하며 일어났다.

그때 내가 위어발트슈텟터 호숫가의 보트 실수로 당연히 받을 만한 벌을 받은 뒤 내 생각을 추적해 갔을 때 그때까지 단편적으로 얻은 인상이 하나의 통일된 상像으로 완성되었다. 즉, 나는 두 시대에 살며, 서로 다른 두 인격이라는 것이다. 나는 이 결과에 당황했고 극도로 깊은 생각에 잠겼다. 결국 다음과 같은 인식에 도달했는데, 그렇게 인식하니 실망이 되었다. 나는 지금 매우 작은 학생에 불과하다는 사실, 처벌을 받아 마땅하고 나이에 어울리게 행동해야 한다는 사실이다. 나의 다른 측면은 의미가 없는 것이었다. 나는 그 또 하나의 측면이 내가 부모님과 친척으로부터 많은 이야기를 들어온 조부님과 관계된다는 추측을 해 보았다. 그러나 그것도 꼭 들어맞지 않는 것이 그는 1795년에 태어났으니 19세기에 살았던 것이다. 게다가 그는 내가 세상에 나오기 훨씬 전에 죽었다. 내가 그와 동일시했을 수는 없다. 이러한 생각은 당시 그저 막연한 예감이고 꿈이었을 뿐이다. 내가 그때 벌써 괴테와의 전설적인 친족관계를 알고 있었는지 더 이상 기억이 나지 않으나 그렇다고는 생각되지 않는다. 왜냐하면 이런 소식을 내가 모르는 사람들로부터 먼저 들었기 때문이다. 내 할아버지가 괴테의 서자였다는 소문이 있었던 것이다.[1)]

수학과 미술에서의 패배에 세 번째 패배가 겹쳤다. 그건 체조였다. 체조는

---

1) 부록 p. 496 참조.

처음부터 내가 싫어했다. 아무도 어떻게 내 몸을 움직여야 하는지 내게 가르쳐 준 사람이 없다. 나는 학교에 무엇을 배우러 갔지, 쓸데없는 곡예를 하고자 간 것이 아니었다. 게다가 나의 이전 사고의 후유증으로 신체적인 것에 대한 일종의 소심증이 생겼고 내가 이를 극복할 수 있었던 것은 훨씬 뒤의 일이었다. 그것은 또 세계와 그 가능성에 대한 불신과도 연관되는 것이었다. 세계는 나에게 아름답고 탐스러운 것이기는 했지만 불확실한 위험과 무의미한 것들로 가득 차 있었다. 그러므로 나는 언제나 내게 닥쳐온 것, 내가 신뢰하는 사람을 먼저 알고 싶어했다. 이런 경향이 여러 달 떠나 있던 나의 어머니와 무슨 관계가 있는 건 아닌지 모르겠다. 의사가 내 상처 때문에 체조를 금지했을 때 나는 아주 만족스러웠다. 나는 이 부담을 벗어 버렸고 또 하나의 패배를 견디었다.

같은 해1887 어느 화창한 여름날 나는 점심 때 학교에서 나와 뮌스터 광장으로 갔다. 하늘은 유난히 파랗고 햇빛이 찬란하게 비쳤다. 성당의 지붕이 햇빛 속에 번쩍였다. 그리고 해는 새로 화려하게 윤을 입힌 기와에 반사되고 있었다. 나는 이 아름다운 광경에 큰 감동에 젖은 채 생각에 잠겼다. '이 세상은 아름답다. 교회는 아름답다. 신이 이 모든 것을 만들었다. 그리고 저 멀리 푸른 하늘 위에, 황금의 왕좌 위에 앉아 있다. 그리고 …' 생각이 이에 미치자 생각에 큰 구멍이 뚫렸다. 그리고는 질식할 것 같은 느낌이 들었다. 나는 마치 온몸이 마비된 것 같았다. 다만 더 이상 생각하지 말자는 생각뿐이었다. 뭔가 두려운 것이, 내가 생각하고 싶지 않은 것이, 그 근처에 가까이 가서는 안 되는 무엇이 있었다. 왜 안 되는가? 네가 큰 죄를 저지를 것이니까. 무엇이 큰 죄악이냐? 살인? 아니야, 그것일 리가 없어. 가장 큰 죄는 성령에 반하는 것이다. 이것은 용서 받을 수 없다. 그 죄를 저지르면 영원히 지옥에 떨어져 저주 받는 몸이 된다. 오직 하나밖에 없는 의지하는 아들이 영원한 저주에 떨어진다면 그건 부모님에게 너무나 슬픈 일일 것이다. 나는 내 부모에게 그런 슬픔을 안겨 줄 수 없다. 나는 어떤 일이 있어도 더 이상 그것에 관해 생각해서는 안 된다!

생각은 쉽지만 행하기는 어려운 것, 집으로 돌아오는 도중 긴 시간을 나는 온갖 다른 것들을 생각해 보려고 애썼지만 내 생각은 항상 내가 그렇게 좋아하던 아름다운 성당과 왕좌에 앉아 있는 하나님 생각으로 돌아오는 것이었다. 그리고는 전기충격 같은 충격을 받고는 다시 다른 생각으로 회피하곤 했다. 나는 반복해서 '그것만은 생각하지 말자, 그것만은 생각하지 말자!' 결심했다. 나는 상당히 마음이 어지러운 상태에서 집에 돌아갔다. 어머니는 내게 무슨 일이 생긴 것을 눈치채고 물었다. "왜 그래? 학교에서 무슨 일이 있었니?" 나는 어머니에게 학교에서는 아무 일도 없었다고 거짓말이 아닌 확언을 할 수 있었다. 내가 만일 어머니에게 괴로움의 진실한 이유를 고백한다면 아마 나에게 도움이 될 수 있으리라는 생각을 하기는 했지만 그랬다면 내 생각을 끝까지 해야 하는데 그건 거의 불가능한 일이다. 그녀는 짐작조차 못하고 있다. 그 착한 분이 내가 용서받을 수 없는 죄를 저지르고 지옥에 떨어질 커다란 위험 앞에 서 있음을 알 까닭이 없다.

나는 잠을 못 이루었다. 내가 아직 모르는 금지된 생각이 엄습해 들어와 나는 그것을 막느라 결사적으로 안간힘을 썼다. 그 후 이틀 동안은 무척 괴로웠다. 어머니는 내가 아프다고 확신했다. 나는 고백하고 싶은 유혹을 이겨냈고, 그때마다 내가 그 유혹에 따를 때 부모에게 큰 근심을 안겨준다는 생각이 이를 이겨내는 데 도움을 주었다.

사흘째 되는 밤에는 괴로움이 너무나 커서 어떻게 해야 할지 몰랐다. 나는 어지러운 잠에서 깨어났다. 그러자 또다시 뮌스터 성당과 사랑하는 하나님 생각에 사로잡혔다. 거의 그 이상의 생각을 할 뻔했다! 내 저항력이 감소되는 것을 느꼈다. 나는 불안하여 식은 땀을 흘렸다. 잠을 떨쳐버리려고 침대 위에 일어나 앉았다. '이제 오는구나. 이제는 문제가 심각하다! **나는 생각해야 한다**. 먼저 충분히 생각해 두어야 한다. 왜 내가 나도 모르는 것은 생각해야 하나? 나는 생각할 마음이 전혀 없다. 그건 명백하다. 그럼 누가 그걸 원하나? 나도 모르고 내가 원치도 않는 것을 누가 내게 무엇인가 생각하라고 강요하나? 어디서 이런 무시

무시한 의지가 생겨나는가? 왜 하필이면 내가 그 알 수 없는 의지에 지배받아야 하는가? 나는 찬양의 마음으로 이 아름다운 세계의 창조주를 생각했다. 나는 이 끝없는 그의 선물에 감사했다. 그런데 왜 하필 내가 상상할 수 없는 나쁜 생각을 해야 할까? 나는 정말 그것이 무엇인지 모르겠다. 왜냐하면 나는 이 생각 근처에 갈 수도 없고 감히 가서도 안 되기 때문이다. 그렇게 한다면 곧 그것을 생각해야 하기 때문에. 나는 이런 것을 만들지도 원하지도 않았다. 그것은 마치 악몽처럼 내게로 온 것이다. 어디서 그런 것이 왔을까? 그것은 나와는 상관없이 내게 일어난 것이다. 그러면 어떻게? 나는 나를 창조하지 않았고 이렇게 세상에 온 것이다. 하나님이 나를 만드셨듯이, 다시 말해 내가 부모로부터 태어나게 되었듯이. 아니면 내 부모가 그런 것을 원했을까? 그러나 내 선량한 부모님은 그런 것을 생각한 적이 없었을 것이다. 그런 극도로 불경스러운 것은 그들 마음에 한 번도 떠오르지 않았을 것이다.'

나는 이런 생각이 참으로 우스꽝스러운 것임을 발견했다. 그러자 내가 그들의 초상화를 통해서 알고 있을 뿐인 조부님 생각을 했다. 그들은 내 생각이 장차 일으킬지도 모르는 가책을 물리칠 만큼 충분히 인자하고 위엄이 있어 보였다. 나는 내가 모르는 조상의 긴 계보를 모두 섭렵하여 결국은 아담과 에바에 도달했다. 그리하여 이 생각과 더불어 결정적인 생각이 생겨났다. 아담과 에바는 최초의 인간이다. 이들은 부모가 없었다. 하나님으로부터 직접 그의 의도에 따라 그들이 그러했던 대로 그렇게 만들어졌다. 그들은 선택할 수 없었다. 단지 신이 그들을 만든 것처럼 그렇게 있어야 했다. 어떻게 그들이 달리 될 수 있는지조차 전혀 몰랐다. 그들은 신의 완전한 피조물이었다. 왜냐하면 신은 완전한 것만을 창조해 내기 때문이다. 그런데도 최초의 죄악을 저질렀다. 신이 원치 않는 것을 했기 때문이다. 어떻게 그럴 수가 있었을까? 신이 그 가능성을 그들 속에 불어넣지 않았던들 그렇게 할 수가 없었을 것이다. 아담과 에바 이전에 신이 이미 뱀을 만든 것을 보아도 알 수 있다. 신은 분명 아담과 에바를 설득하도록 할 목적으로 뱀을 만들었다. 전지전능한 신이 모든 것을 그렇게 설정해서 최초의 부모가 죄악을 저지르지 않으면 안 되게 한 것이다. **그러니까 그들이 죄짓지 않으면 안 되었던 것은 신의 의도였다.**

이런 생각이 나의 가장 최악의 고뇌를 해소시켜 주었다. 왜냐하면 이제 나는 신 자신이 나를 이런 상태에 빠뜨렸음을 알았기 때문이다. 나는 처음에 그(신)가 그렇게 함으로써 나로 하여금 죄를 지으라는 의도를 가졌는지, 짓지 말라는 생각을 했는지를 알 수가 없었다. 나는 구원을 위한 기도를 더 이상 생각하지 않았다. 왜냐하면 신은 나를 내 의지와 상관없이 이 상황에 갖다 넣고 나를 도와주지 않고 내버려 두었던 것이다. 나는 그의 뜻대로 혼자서 해결점을 찾아야 한다고 확신하였다. 이로써 새로운 논란이 일기 시작했다.

"신은 무엇을 원하는가? 그것을 하라는 것인가, 하지 말라는 것인가? 나는 신이 무엇을 하고자 하는지를, 그것도 지금 당장 나와 더불어 어떻게 하겠다는 것인지를 알아내야 한다." 나는 예부터 내려오는 도덕에 따라 죄를 피하는 것은 자명한 일임을 알고 있기는 했다. 지금까지 내가 해온 것이 바로 그런 것이었는데 나는 그것을 더 이상 할 수 없다는 것을 알고 있었다. 나의 수면장애와 영혼의 위기는 나를 여지없이 손상시켜 나의 생각하지 않으려는 의지는 참을 수 없는 압력이 되었다. 이렇게는 더 견딜 수가 없었다. 그러나 내가 신의 의도가 무엇이며 그의 목적이 무엇인지를 이해하기 전에는 양보할 수 없었다. 나는 그가 이와 같은 절망적인 난관을 마련한 근원임을 확신하고 있었다. 이상스럽게도 나는 마귀가 내게 속삭이고 있을지도 모른다는 생각을 한 순간도 하지 않았다. 그는 나의 그 당시의 정신상태에서는 별로 큰 역할을 하지 않았고 마귀는 신 앞에서는 어떻든 맥을 못쓰는 존재였다. 안개 속에서 빠져나와 자아를 확립한 순간부터 신의 통일성, 위대함, 그리고 초인성은 내 환상을 자극하기 시작했다. 그러므로 나에게 결정적인 시험을 내리는 것이 신이며 모든 것이 신을 제대로 이해하는 데 달려 있다는 것에 의문의 여지가 없었다. 나는 내가 결국 양보하도록 강요될지도 모른다는 것을 알고 있었다. 그러나 내가 그것을 이해하지 않고는 그렇게 될 수 없다. 왜냐하면 문제는 나의 영원한 영혼의 구제이기 때문이다. '신은 내가 더 이상 오래 버틸 수 없다는 것을 알고 있다. 내가 용서 받을 수 없는 죄악을 저지르지 않으면 안 될 찰나에 있는데도 나를 돕지 않는다. 그의 전능한 힘으로 그는 내게서 이 강박성을 쉽게 제거해 줄 수 있을 것이다. 그러나 그는 이것을 하지 않는다. 나는 영원한 저주가 두려워 이에 대해 온갖 힘을 다하여 저항했는데 그는 내게 이 심상치 않은 과제를 주고 무엇인가 하도록 하여 내 복종심을 시험하려 했던 것일까? 내가 무엇인가 했다면 나는 내 자신의 도덕적 판단과 내 종교의 가르침, 심지어는 신 자신의 율법에 반해서 일을 저질렀을 것이다. 내 신앙과 깨우침이 지옥과 저주로써 나에게 충격을 주고 있는데도 신이 과연 내가 그의 뜻을 지킬 수 있는지를 보고자 함일까? 정말 그런 것 같다! 그러나 그건 단지 내 생각일 뿐이다. 내가 잘못 생각할 수도 있다. 나는 내 개인의 생각에 나를 이토록 내맡기는 일을 감히 할 수가 없다. 나는 다시 한번 이것을 철저히 생각해야 한다!'

그러나 나는 다시금 똑같은 결론에 도달했다. '신은 분명히 내가 용기를 보여 주기를 원한다'고 생각했다. '만일 그렇다면 그리고 내가 그것을 한다면 그는 내게 은혜와 구원을 줄 것이다.'

나는 마치 지옥의 불 속에 뛰어들 듯이 정신을 바짝 차렸다. 그리고 생각이 우러나오도록 하였다. 그러자 내 눈앞에는 그 아름다운 뮌스터가 서 있었다. 그 위에 푸른 하늘이 있고 신은 황금의 왕좌에, 아득히 높은 세계에 앉아 계시고 그 왕좌 밑에서 엄청난 배설물이 그 화려한 새 교회 지붕 위로 떨어져 그것을 부수고 교회의 벽을 산산이 갈라놓는다.

그래, 이것이었구나. 나는 굉장히 마음이 가벼워지며 말할 수 없는 해탈감을 느꼈다. 기다렸던 저주 대신에 은혜가 내 위에 내렸다. 이로써 내가 일찍이 느끼지 못한 말할 수 없는 축복감에 젖었다. 행복과 감사의 마음이 북받쳐 나는 울었다. 나는 내가 그의 가혹한 준엄함에 쓰러진 뒤에 이 지혜와 신의 자애에 감싸이게 되었음을 감사했다. 이것은 하나의 깨달음의 체험이었다. 이전에 이해할 수 없었던 많은 것이 내게 분명해졌다. 내 아버지가 이해하지 못한 것을 나는 경험하였다. 그것은 신의 의지이다. 아버지는 최선의 이유와 가장 깊은 신앙심에서 이 신의 의지에 저항하였다. 그러므로 그는 또한 모든 것을 치유하며 모든 것을 이해시키는 은혜의 기적도 체험할 수가 없었다. 그는 성서의 계율을 행동규범으로 삼았다. 그는 성서에 쓰여 있는 대로, 그의 조상들이 가르쳐 준 대로 신을 믿었다. 그러나 그는 살아 있는 직접적인 신을, 성경과 교회 위에 자유롭게 전능한 힘을 가지고 서 있는 신, 인간에게 그의 자유를 호소하며, 그의 개인적인 의견이나 확신을 신의 요청을 무조건 충족시키기 위해서 포기하도록 강요할 수 있는 신을 알고 있지 않았다. 신은 인간의 용기를 시험하는 데 있어 전통의 영향을 받기를 거부한다. 그것이 아무리 거룩한 것이라 하더라도 그는 이미 그의 전능한 힘으로 그런 용기의 시험에서 정말 악한 것이 생기지 않도록 잘 보살필 것이다. 사람이 신의 의지를 충족시키면 그는 바른 길을 간다는 데 확신을 가질 수 있다.

신은 또한 아담과 에바를 그들이 전혀 생각하고 싶지 않은 것을 생각하지 않으면 안 되도록 그렇게 만들었다. 그는 그들이 순종하는지를 알기 위하여 그렇게 하였다. 신은 또한 내가 종교적인 전통에 따라 거부하고 싶은 것을 요구할 수 있다. 순종심은 내게 은혜를 가져다 주는 것이었다. 나는 그 체험 이래로 무엇이 신의 은혜인지를 알게 되었다. 나는 내가 신에 의탁되어 있음을 경험했고 중요한 것은 다른 아무것도 아닌 그의 뜻을 충족시키는 것임을 경험하였다. 그렇지 않다면 아무 의미도 없는 일에 나를 내맡긴 셈이 된다. 그 당시 나의 진정한 책임이 시작되었다. 내가 생각해야 했던 생각은 내게는 끔찍한 것이었다. 그리고 이 생각과 함께 신은 무서운 것일 수 있다는 예감이 내 속에서 눈을 떴다. 그것은 내가 경험한 무서운 비밀이었다. 그리고 내게는 그것이 불안에 찬 음울한 일임을 뜻하는 것이었다. 그것이 내 인생에 그늘을 던졌다. 나는 자주 생각에 잠기는 사람이 되었다.

나는 그 체험을 통해 또한 내 열등성을 감득하였다. 나는 내가 마귀나 돼지 등 어떤 흉측한 것이라고 생각했다. 그리고는 내 아버지의 성서를 몰래 탐색하기 시작하였다. 약간의 만족감을 느끼며 나는 복음서에서 바리새인과 세리에 관한 부분을 읽었다. 그리하여 바로 그 흉측한, 배은망덕한 사람들이 선택된 사람임을 발견하였다. 불성실한 집주인이 칭찬을 받고 변덕쟁이 베드로가 바위라고 명명되는 것이 오래 인상에 남았다. 내 열등감이 크면 클수록 신의 은혜는 더욱 끝없이 보였다. 나는 내 자신에 자신이 없었던 것이다. 내 어머니가 "너는 언제나 좋은 청년이었어"라고 할 때 나는 이것을 도저히 이해할 수가 없었다. 내가 좋은 젊은이라고? 그것은 처음 듣는 말이었다. 나는 늘 내가 타락한 또는 못난 사람이라고만 생각했었다.

뮌스터 성당의 체험을 통해서 나는 드디어 어떤 구체적인 사실을 소유하게 되었고 그것은 위대한 신비에 속하는 것이었다. 그것은 마치 내가 항상 하늘에서 떨어지는 돌에 관해 말하다가 이제 그것을 손에 쥔 것과도 같은 것이었다. 그러나 그것은 부끄러운 체험이기도 했다. 나는 괴로움에 빠져들었다. 어떤 좋지 않은 것, 암울한 것에 사로잡혔다. 그러면서도 동시에 그것은 영예로운 것이기도 했다. 나는 자주 무엇에 관해서 말해야 할지 모르면서도 무엇인가 말하고 싶은 이상한 충동에 사로잡혔다. 나는 다른 사람도 그런 경험을 했는지 알고 싶었다. 아니면 우리가 알지 못하는 이상한 것들이 존재한다는 사실을 암시하고 싶었다. 그러나 다른 사람에게서 거기에 관한 흔적도 찾아낼 수 없었다. 그러자 버림받은 느낌과 선택된 느낌, 저주 받는 느낌과 축복 받은 느낌을 번갈아 갖게 되었다.

내 체험에 관해서, 지하의 사원에서의 남근에 관한 꿈이나 기억에 남아 있던 나무를 깎아 만든 작은 남자에 관해서, 누구에게 직접 말할 생각이 한 번도 떠오르지 않았다. 나는 내가 말할 수 없으리라는 것을 알고 있었다. 남근의 꿈에 대해서는 내가 65세 때 비로소 말을 했다. 다른 체험들은 아마 내 아내에게 이야기한 듯하나 훨씬 후년에야 비로소 말을 했다. 어릴 적부터 수십 년간 여기에 대한 엄격한 금기가 도사리고 있었다.

나의 청년시절은 신비의 개념으로 파악될 수 있다. 이를 통하여 나는 거의 참을 수 없는 외로움에 잠겼다. 나는 오늘날 내가 누구와 그 비밀에 관해 이야기하고 싶은 유혹을 이겨낸 것은 큰 성과였다고 본다. 이렇게 나와 세계와의 오늘의 관계는 이미 당시에 미리 준비되어 있었다. 나는 지금에 와서도 외롭다. 왜냐하면 남이 모르는, 또 대부분 전혀 알고자 하지도 않는 것들을 내가 알고 있고 이를 암시해야 하기 때문이다.

어머니의 가족 중에는 여섯 명의 목사가 있었다. 그리고 내 아버지뿐 아니라 그의 두 형제도 목사였다. 그래서 나는 많은 종교적인 대화와 신학적 토론과 설교를 들었다. 그때마다 언제나 이런 기분이었다. '그래 그래, 그건 참 좋아. 그렇지만 그것이 신비로움과 어떤 관계에 있지? 그것은 은혜의 비밀이기도 하지 않은가. 그대들은 그것을 몰라. 그대들은 신이 나로 하여금 그의 은혜를 체험하게 하기 위하여 심지어 부당한 것을 하게 하고 저주받을 일을 생각하기를 원한다는 것을 몰라.' 다른 사람들이 말한 모든 다른 것들은 모두 정곡을 찌르진 못했다. 나는 생각하기를, '참, 한심하다. 누군가 그것을 아는 사람이 있어야 할 텐데. 어딘가에 진리가 있을 텐데.' 나는 아버지의 서재를 뒤져서 내가 신과 삼위일체, 영혼, 의식에 관해서 찾을 수 있는 책을 다 찾아 읽었다. 책을 몽땅 삼켜 버리다시피 했지만 더 현명해지지는 않았다. 나는 여러 차례 다시 생각하지 않으면 안 되었다. '이들도 모르는구나!' 나는 내 아버지가 지니고 있는 루터의 성경도 읽었다. 불행히도 욥기의 통상적이고 교화적인 해석이 내가 이 책을 멀리하는 계기가 되었다. 그렇지 않았다면 거기서 내가 위로를 받았을 것이었다. 즉 9장 30절에 "내가 비록 눈 녹은 물로 나를 씻더라도 … 그대는 나를 곧 똥 속에 담글 것이다"라고 쓰여 있는 것이다.

어머니는 뒷날 내게 말하기를 내가 그 당시 우울했었다고 한다. 사실은 그렇지 않았다. 나는 비밀을 생각하기에 바빴던 것이다. 그때 저 돌 위에 앉는 것이 내 마음에 이상한 축복된 편안감을 안겨 주었다. 돌이 온갖 의혹에서 나를 해방시켜 주었다. 내가 돌이라고 생각하자 갈등은 종식되었다. '돌은 아무런 의심도, 자기를 표현하고 알리고자 하는 아무런 충동도 갖지 않는다. 그러면서 수천 년을 영원하게 살아가고 있다'고 나는 생각했다. '나 자신은 이에 비해서 단지 일시적인 현상에 불과하다. 마치 급하게 불타올랐다가 꺼져 버리는 불길처럼 온갖 감정에 사로잡혀 있다.' 나는 나의 감정의 총화이며, 내 속에 있는 또 하나의 타자는 영원한 시간 속의 돌이었다.

II

그 당시 아버지가 말한 모든 것에 깊은 회의를 느끼게 되었다. 그가 하나님의 은혜에 관해 설교하는 것을 들을 때면 나는 늘 나의 체험을 생각했다. 그의 말은 내 귀에 맥 빠지고 공허하게 들렸다. 마치 자신도 믿을 수 없고 그저 들어서 아는 역사를 이야기하는 것 같았다. 나는 그를 돕고 싶었지만 실상 어떻게 도와야 할지 몰랐다. 그에게 내 체험을 전한다든가 그의 개인적인 기성관념을 간섭하는 것은 소심한 탓으로 주저되었다. 그렇게 하기에는 내 자신이 너무나 작다고 느꼈고 다른 한편 나의 "두 번째 인격"이 내게 심어 놓은 권위의식을 주장하게 될 것이 두려웠다.

나는 뒤에, 내가 열여덟 살이 되었을 때 아버지와 많은 토론을 했다. 그러면서 늘 마음속으로는 기적을 낳는 은혜를 그에게 전하고 양심의 가책을 느끼고 있는 그를 돕기를 희망했다. 만일에 그가 신의 의지를 충만시킨다면 모든 것이 최선의 방향으로 바뀌어지리라는 것을 확신하고 있었다. 그러나 우리의 토론은 늘 불만족스럽게 끝났다. 이 토론은 그를 자극했고 우울하게 하였다. 그는 늘 이렇게 말하곤 했다. "아, 참, 넌 언제나 생각하려 드는구나. 사람은 생각하지 말고 믿어야 해." 나는 속으로 생각하기를, '아니다. 우리는 경험해야 한다. 그리고 알아야 한다.' 그러나 말로는 "내게 그 믿음을 주십시오" 했다. 아버지는 그때마다 양 어깨를 으쓱해 보이곤 체념한 듯 돌아앉았다.

나는 주로 수줍음이 많은 평범한 집안 출신의 젊은이들과 교제하기 시작했다. 내 학교성적이 좋아졌다. 그 다음 해에는 심지어 반에서 수석을 했다. 그러나 나는 내 아래로 나를 부러워하고 어떻게든 나를 이겨볼 기회를 찾는 아이들이 있음을 알았다. 그것이 내 기분을 망쳤다. 모든 경쟁이 나는 싫었다. 누군가가 단순한 놀이를 나와 경쟁할 기회로 삼으려 들면 나는 등을 돌렸다. 그때부터 나는 2등에 머물렀고 그것이 내게는 훨씬 편했다. 학교숙제는 아주 귀찮았다. 그것이 또 경쟁심을 불러일으켜 공연한 부담을 내게 주고 싶지 않았다. 내가 늘 감사한 마음으로 기억하는 몇몇 선생은 나를 특히 신뢰하였다. 그 가운데서도 라틴어 선생이 그랬고 나는 그를 즐겨 회상한다. 그는 대학교수였고 머리가 아주 좋은 사람이었다. 나는 아버지로부터 라틴어를 배웠기 때문에 라틴어를 여섯 살 때부터 알고 있었다. 그래서 이 선생은 자주 나를 라틴어 연습시간에 대학 도서관에 보내서 책을 가져오도록 시켰다. 나는 될 수 있는 대로 천천히 돌아오면서 황홀감에 사로잡혀 이 책들을 이것저것 읽었다.

대부분의 선생들에게 나는 바보 같으면서도 교활한 놈으로 통했다. 학교에서 뭐가 잘못되면 제일 먼저 나를 의심했다. 어디서 싸움이라도 일어나면 내가 충동질한 것으로 추측들을 했다. 실제로는 꼭 한 번 싸움에 말려들었는데 그때 나는 내게 적대감을 품고 있는 몇 사람의 급우가 있다는 것을 발견했다. 그 가운데 일곱 명이 매복하고 있다가 나를 갑자기 공격했다. 열다섯 살의 나는 벌써 키도 크고 힘이 센 데다가 쉽게 욱하는 경향이 있었다. 나는 갑자기 눈에서 불이 튀었다.

한 놈을 두 팔로 휘어잡고 휘두르면서 그의 양 다리로 다른 애들을 때려눕혔다. 이 사실이 선생들에게 알려졌다. 무슨 벌을 받았는지 잘 기억이 나지 않지만 그 처벌은 옳지 않은 것 같이 느껴졌다. 그러나 그 뒤부터는 아무도 나에게 대들려 하지 않았기 때문에 편안히 지낼 수 있었다.

내게 적이 있었다는 것, 그리고 사람들이 나를 부당하게 의심했다는 것은 뜻밖의 일이기는 했으나 아주 이해 못하는 일은 아니었다. 사람들이 내게 퍼붓는 모든 비난에 화를 내기는 했지만 자신의 마음에 비추어 그것을 아주 부인할 수는 없었다. 나는 내 자신에 관해서 아는 것이 너무나 적었고 그것 또한 너무도 모순에 찬 것이어서 어떤 힐책도 양심에 거리낌 없이 물리칠 수 없었다. 나는 늘 떳떳하지 못했다. 그리고 실제로 또는 잠재적으로 잘못을 느끼고 있었다. 그래서 나는 비난에 대해 특히 예민했다. 왜냐하면 그 비난은 대개 급소를 찌르는 것이었기 때문이다. 내가 그것을 실제로 행하지 않았다 하더라도 나는 그렇게 행동했을 수 있는 것이다. 나는 여러 번, 심지어 내가 고소된 경우를 생각하여 알리바이 서를 작성하기도 하였다. 내가 정말로 뭔가 저질렀을 때는 오히려 마음이 편했다. 그때는 최소한 나의 양심의 가책이 어디에 속하는지를 알고 있었다.

물론 나는 나의 내적인 불확실성을 외적 확실성으로 보상하고 있었다. 또는 — 더 좋은 표현을 쓰면 — 결점이 내 의지와 상관없이 그 스스로를 보상하고 있었다. 나는 내 자신에 책임이 있는데도 동시에 아무 잘못이 없기를 원하는 사람임을 발견하였다. 나는 언제나 속으로는 내가 둘임을 알고 있었다. 그 하나는 부모님의 아들로서 학교에 가고, 별로 다른 아이들보다 머리가 좋지 못하고, 똑똑하거나 부지런하거나 얌전하거나 또는 깨끗지 못한 아들이고 다른 또 하나의 나는 성장한, 심지어 늙은, 회의에 찬, 의심 많은, 인간세계와는 동떨어진 사람이었다. 그러나 그 대신 그는 자연에 가까이 있는 사람이었다. 대지와 태양과 달과 날씨와 생명 있는 피조물들과, 무엇보다도 밤과 꿈과 "신"이 내게 직접 작용해 오는 모든 것과 친밀했다. 나는 여기서 "신"이라는 말에 인용부호를 붙인다. 자연은 내 자신과 마찬가지로 신으로부터 떼 놓은 비신이다. 물론 그것은 신으로부터 그 자신을 묘사하는 것으로써 창조된 것이지만. 신의 모상이 단지 인간에만 관계된다는 사실을 나는 납득할 수 없었다. 내게는 높은 산과 강과 호수와 아름다운 나무와 꽃과 동물이 우스꽝스런 옷을 걸치고 비열하며 어리석고 나태하며 위선적이고 추악한 이기심에 찬 인간보다 훨씬 더 신의 본질을 명확히 하는 것처럼 여겨졌다. 이런 인간의 성질들은 모두 내 자신을 통해서, 즉 제1의 인격, 1890년의 젊은 학생을 통해서 너무나 잘 알고 있었다. 그 제1의 인격 이외에 또 다른 하나의 영역이 있었다. 그것은 마치 그곳에 들어선 사람은 누구나 변환시키는 하나의 성소聖所와도 같은 곳이었다. 전 우주를 관조하는 데 압도되어 자신을 잃은 채 그는 오직 놀라며 감탄할 뿐이었다. 이곳에, 신을 은밀하고도 개인적이며 동시에 초개인적인 신비로서 알고 있는 저 "타자"가 살았다. 여기에는 인간을 신으로부터 분리시킬 아무것도 없었다. 그렇다. 그것은 마치 인간의 영혼이 신과 함께 창조의 과정을 바라보는 것과도 같았다.

내가 오늘 문장으로 전개하여 표현하고 있는 것들은 당시에는 물론 그렇게 분명하게 의식된 것은 아니었으나 엄청난 예감과 깊은 감동으로 체험한 것은 사실이다. 나는 내가 혼자 있게 될 때면 언제나 그런 상태로 들어설 수 있었다. 그럴 때면 나는 늘 내가 위엄 있는 인간이며 본래의 인격임을 확신했다. 그래서 나는 저 제2호 인격의 독자성과 아무도 방해할 수 없는 상태를 갖추고자 하였다.

제1호와 제2호 인격 사이의 대항은 내 전 생애를 통해서 진행되었거니와 그것은 통상적인 의학적 의미에서의 "해리"와는 관계없는 것이었다. 오히려 반대로 그것은 누구에게서나 일어나고 있는 것이다. 무엇보다도 종교는 오래전부터 인간의 제2호, "내적 인간"에 대해 언급해왔다.

나의 생애에서 제2호는 주역을 연출해 왔다. 그리고 나는 언제나 안에서부터 내게 접근하고자 하는 것에 길을 열어 주려고 애써왔다. 제2호는 하나의 전형적인 상像이지만 대개 의식이 가지고 있는 이해력으로는 그것을 알아차리지 못하는 경우가 많다.

교회는 차츰 내게 괴로움을 주는 곳으로 변했다. 왜냐하면 거기서는 소리높여 — 차라리 이렇게 말하고 싶다. 염치없이 — 신에 관해서 그가 무엇을 의도하며 무엇을 하는지를 설교하고 있었다. 설교에서는 가장 깊은 곳에 있으며 가장 가까이 있고 어떤 언어로도 밝혀낼 수 없는 확실한 것이라고, 내가 알고 있던 저 비밀을 믿어서는 안 된다고 경고하였다. 이것으로 미루어 아마 아무도, 목사조차도 이 비밀을 알고 있지 못하다는 결론을 얻을 수 있었다. 왜냐하면 그들이 그것을 알고 있었다면 공개적으로 신의 비밀을 폭로하여 말로 표현할 수 없는 감정을 몰취미한 감상으로 통속화해 버리지는 않을 것이다. 게다가 나는 이것이 신에게 가까이 가는 데는 잘못된 길임을 알고 있었다. 왜냐하면 나의 경험을 통하여 나는 이 은혜가 오직 신의 의지를 무조건 충족하는 사람만이 나눠어가질 수 있는 것이라는 사실을 알고 있었던 것이다. 그런 이야기도 설교되기는 했지만 늘 신의 의지는 신현을 통해서 알려진다는 전제를 붙이곤 했다. 그러나 내게는 이와는 반대로 신의 의지란 가장 알 수 없는 것인 듯했다. 나는 신의 의지란 우리가 매일매일 탐색해 나가야 하는 것이 아닐까 생각했다. 나는 물론 그렇게 하지 않았지만 이렇게 해야 할 화급한 계기가 내게 생긴다면 그렇게 하리라는 확신이 있었다. 내 인격의 제1호가 내게 너무 많은 것을, 너무 자주 요구했었다. 나는 사람들이 신의 의지 대신에 종교적 계율을 갖다 놓고, 그것도 너무나 예기치 않게 찾아와 사람을 놀라게 하는 신의 의지를 이해할 필요가 없도록 할 목적으로 계율을 내세우는 게 아닌가 하는 생각을 하게 되었다. 나는 더욱더 회의를 느끼게 되었고 내 아버지나 다른 목사의 설교를 듣는 것이 무척 거북해졌다. 내 주위의 모든 사람들이 목사님의 설교의 은어와 그것이 풍기는 짙은 불분명성을 마치 자명한 것처럼 느끼고, 아무런 깊은 생각 없이 온갖 모순을 통째로 삼켜 버리고 만 듯한 느낌이었다. 예컨대 사람들은 신이 전지전능하며 따라서 당연히 인류의 역사를 미리 내다보았던 것처럼 여기는 것 같았다. 신은 인간이 죄를 짓지 않으면 안 되게 만들었음에도 불구하고 인간에게 죄짓기를 금하고 심지어 그들을 지옥의 불 속에 영원한 저주로써 벌하기조차 한다.

나의 머릿속에서 마귀는 오랜 기간 동안 아무 역할도 하지 않았다. 그는 내게는 힘센 사나이의 집에 있는 못된 개같이 보였다. 이 세상에 대해서 책임을 질 것은 신 이외에 아무도 없다. 신은 무서운 존재이기도 하다는 것을 나는 너무나도 잘 알고 있었다. "사랑하는 하나님," 인간에 대한 하나님의 사랑, 그리고 하나님에 대한 인간의 사랑이 내 아버지의 감정 어린 설교에서 찬양되고 권장될 때 나는 더욱더 깊은 의문을 느꼈고 기분이 언짢아졌다. 내 마음속에서 의혹이 눈을 떴다. 그가 무엇에 관해 말하고 있는지 과연 알고 있을까? 그는 과연 그의 아들,

나를 구약의 "이삭Isaak"처럼 신에 대한 제물로 내던질 수 있을까, 혹은 과연 그는 예수처럼 나를 부당하게 법정에 내맡겨 십자가에 못박히게 할 수 있을까? 아니다. 그는 그렇게 못할 것이다. 그러니 그는 성서에 나타난 바와 같이 그렇게 무서울 수 있는 신의 의지를 때로는 충족시키지 못할 것이다. 다른 사람에게 사람보다 하나님을 더 따르라고 경고한 말은 그저 높은 강단 위에서 별 생각 없이 한 말임이 내게 분명해졌다. 사람들은 하나님의 뜻이 무엇인지를 전혀 모르고 있었음에 틀림없다. 만일에 알고 있다면 이 핵심적인 문제를 거룩한 두려움으로 다룰 것이며 이미 내가 경험했듯이 그의 강력한 충격적인 의지를, 의지할 데 없는 인간에게서 철저히 실현하려는 신에 대한 거룩한 두려움만으로도 벌써 그 문제에 두려움으로 임했을 것이다. 신의 의지를 아는 것처럼 말하는 자 가운데 신이 나에게 무엇을 하라고 시켰는지 미리 알 수 있는 사람이 있었겠는가? ≪신약성서≫에는 어쨌든 그런 것이 전혀 보이지 않는다. 구약, 특히 욥기는 내게 이와 관련된 통찰을 주었겠지만 그 당시 나는 이 책을 너무나 잘 몰랐다. 또한 그 당시 내가 받은 경신례의 종교교리에서는 이와 비슷한 것을 들은 일이 없다. 신에의 거룩한 두려움은 물론 언급되기는 했지만 그것은 "유다야적"인 것이며 구식으로 간주되고 그리스도의 사랑의 고지와 신의 인자함이 오래전에 이것을 능가한 것으로 알려져 있다.

나의 소년시절의 종교체험에 나타난 상징성과 그 이미지들이 지닌 광폭성은 나를 극도로 괴롭혔다. 나는 스스로 물었다. "도대체 누가 그렇게 말하는가? 누가 그 남근을 그렇게 벌거숭이로 드러낸 채 예배당에 세워 놓는 파렴치한 짓을 했는가? 누가 나로 하여금 신이 그렇게 흉측하게 그의 교회를 파괴한다는 생각을 갖게 하였던가? 그렇게 꾸며 놓은 것이 마귀였던가?" 나는 그렇게 말하고 그렇게 행한 것이 신이거나 마귀였음을 한 번도 의심한 적이 없다. 왜냐하면 그 생각과 이미지들을 창안해 낸 것이 결코 내가 아니라는 것을 나는 분명히 느끼고 있었기 때문이다.

내 인생의 결정적인 사건들은 바로 이런 것들이었다. 나는 당시 모든 책임이 내게 있으며 내 인생의 숙명을 어떻게 만들어 가느냐 하는 것은 순전히 내게 달렸다는 생각에 깊이 잠겨 있었다. 한 과제가 나에게 제기되었고 나는 거기에 회답을 해야 했다. 그러나 누가 그 과제를 제기했는가? 아무도 내게 이에 대한 해답을 주지 않았다. 나는 내 고유의 내면세계를 통하여 스스로 대답해야 함을 알고 있었다. 나는 신 앞에 홀로 있었다. 신만이 내게 이 충격적인 것들을 물어왔다. 처음부터 숙명적으로 결정된 듯한 느낌이 들어 마치 내가 인생에서 그 과제를 채우지 않으면 안 되는 것처럼 생각되었다. 나로서는 한 번도 증명할 수 없었던 하나의 내적인 확신이 있었다. 그러나 이제 그것이 증명되었다. 내 자신이 확신을 가진 적은 한 번도 없다. 그러나 그 확신이 나를 사로잡아 그와 반대되는 모든 설득에 대항했다. 내가 원하는 것이 아니고 신이 원하는 것을 내가 하도록 되어 있다는 나의 확신을 아무도 나로부터 빼앗을 수 없었다. 이래서 흔히 온갖 중대한 일에서 인간과 더불어가 아니라 오직 신과 더불어 있다는 느낌을 나에게 주었다. 언제나 내가 더 이상 혼자가 아닌 "그곳"에 있을 때 나는 구체적인 시간 너머에 있었다. 나는 수백 년의 세월 속에 있었다. 그리고 회답을 준 "그"는 언제나 거기 있었고 언제나 거기 있는 "그"였다. 저 "타자"와의 대화는 나의 가장 깊은 체험으로서 한편으로는 피비린내 나는 싸움이요, 다른 한편으로는 최고의 희열이었다.

이상의 사실들에 관해서 나는 물론 아무에게도 말할 수 없었다. 내 주변에는 이것을 전할 만한 사람이 없었다. 경우에 따라 어머니에게나 전할 수 있었을지 모른다. 어머니는 나와 비슷하게 생각하는 듯했다. 그러나 나는 곧 어머니와의 대화로는 충분치 않음을 알았다. 어머니는 무엇보다도 내 생각에 경탄했는데 그것이 내게는 좋지 않았다. 그래서 나는 내 생각을 혼자만 지니고 있었고 그렇게 하는 것이 또 제일 좋았다. 나는 혼자 놀고, 혼자 산책하고, 꿈꾸고, 신비스러운 세계를 나 혼자 지니고 있었다.

내 어머니는 아주 좋은 어머니였다. 그녀는 크나큰 동물적인 따뜻함을 지니고 있으며 엄청나게 포근하고 아주 뚱뚱했다. 그녀는 누구의 말이나 즐겨 들었고 말하기도 좋아했는데, 그것은 마치 활발히 철벙거리는 물소리 같았다. 그녀는 탁월한 문학적 소질, 취미와 깊이를 지니고 있었지만 그것은 어디서도 제대로 표현되지 않았다. 그것은 손님을 좋아하고 요리를 썩 잘하고 해학적 감각이 풍부한, 진정으로 사랑스런 뚱뚱한 늙은 부인상 뒤에 숨어 있었다. 그녀는 사람들이 보통 가질 수 있는 온갖 인습적인 생각들을 가지고 있었지만 갑자기 상상할 수 없을 만치 강력한 — 침해할 수 없는 권위를 지닌 어둡고 위대한 모습 — 미지의 성격이 나타나고는 했다. 그녀 역시 두 개의 인격으로 이루어져 있음이 분명했다. 그 하나는 인간적이고 별 탈을 일으키지 않는 인격이고, 다른 하나는 이에 반해서 섬찟한 부분이다. 이것은 그저 가끔 드러났지만 언제나 예기치 않게 충격적으로 나타났다. 그때 그녀는 마치 혼잣말하듯 했지만 그 말은 내게 적용될 수 있는 말이었고 보통 나의 가장 깊은 곳을 찌르는 말이어서 나는 대개 그때마다 말문이 막히곤 했다.

내가 기억하는 첫 번째 사건은 내가 여섯 살쯤 되었을 때인데 아직 학교에는 가지 않을 때 일이다. 우리에게는 당시 어지간히 유복한 이웃이 있었다. 그들에게는 세 아이가 있었다. 첫째는 내 나이 또래의 아이였고 두 어린 누이동생이 있었다. 이들은 도시 사람들로서 아이들을 일요일마다 내가 보기에 우스꽝스러울 정도로 깨끗이 닦아내곤 했다. 즉, 반짝이는 구두, 뾰족하게 날이 선 바지, 하얀 장갑, 보통날도 깨끗이 씻기고 머리를 빗기곤 했다. 이 아기씨들은 찢어진 바지, 구멍 뚫린 구두, 더러운 손을 한 키 큰 장난꾸러기 소년을 불안스러워하며 멀리하였고 그들의 태도는 아주 섬세했다. 내 어머니는 이들과 나를 비교하며 내게 경고하여 나를 화나게 만들었다. "저 착한 애들을 봐라. 교양 있고 점잖은데 너는 버르장머리 없는 애야. 너하곤 무얼 해볼 수가 없구나." 그런 경고를 내게 자주 하곤 하여 나는 그 아이들을 모조리 패주기로 결정하였다. 그 뒤에 어떻게 되었겠는가! 이 불상사에 화가 머리끝까지 치민 그의 어머니가 내 어머니에게 와서 감동적인 말로 나의 폭행을 항의하였다. 내 어머니도 그만큼 놀래서 내가 일찍이 경험하지 못한, 오랜 눈물 섞인 훈계를 내렸다. 나는 조금도 죄책감을 느끼지 않았을 뿐 아니라 만족스럽게 내 행위를 되돌아보고 있었다. 왜냐하면 마치 외부 사람은 이 마을에 소속될 수 없음을 결정적으로 가르쳐 준 것으로 생각되었기 때문이다. 나는 어머니가 흥분한 것에 깊은 충격을 받고 뉘우친 나머지 우리 집의 낡은 오르간 뒤의 내 작은 책상 앞으로 물러나 나무조각 장난을 시작했다. 한동안 아무 소리도 없이 조용했다. 어머니는 그녀가 늘 잘 가는 창가의 자리로 되돌아가 뜨개질을 하고 있었다. 이때 그녀가 중얼거리는 몇 마디 말이 내 귀에 들어왔는데 그 말로 미루어 어머니가 그 사건을 깊이 생각하고 있으며, 그러나 이번에는 반대의 뜻으로 생각하고 있다는 사실을 알게 되었다. 어쩐지 그 내용은 그녀가 나를 변호하고 있는 듯이 들렸다. 갑자기 그녀는 큰 소리로 말했다. "물론 그런 자식들을 두지 말아야지 않겠나!" 나는 곧 그녀가 깨끗이 닦은 "원숭이 새끼들"에 관해 말한다는 사실을 알아차렸다. 그 집 어머니의 총애하는 동생은 사냥꾼으로 개를 거느리고 있고 개의 사육 — 잡종이니 순종이니, 한 배 새끼니 하는 말들을 언제나 했다. 나는 그녀 역시 이 괴상한 아이들을 열등한 잡종처럼 보고 있고 그녀의 훈계를 곧이곧대로 심각하게 받아들이지 않아도 된다는 사실을 확인하고 안심하였다. 그러나 나는 이미 내가 쥐죽은 듯이 가만히 있어야지 그것 보라는 듯이 어머니에게 이런 말로 항의해서는 안 된다는 사실을 알고 잘 알고 있었다. 즉 "그것 봐, 엄마도 내 생각과 똑같지?" 왜냐하면 그랬다면 아마 분노에 찬 말로 호되게 당할 것이 뻔했다. "고약한 자식, 어떻게 엄마에게 그런 거친 소리를 할 수 있느냐!" 이것으로 보아 이와 비슷한 일련의 경험을 그 전에도 했을 것 같은데 지금은 다 잊어버렸다.

이 이야기를 하는 까닭은 내가 회의를 느끼기 시작한 시기에 다시 내 어머니의 이중성이 드러난 다른 사건이 일어났기 때문이다. 식사 중에 찬송가 중의 어떤 곡조가 얼마나 단조로운가 하는 말이 나왔다. 사람들은 찬송가 책의 개편 가능성을 이야기하였다. 그때 어머니가 중얼거렸다. "오, 내 사랑의 사랑, 그대 저주받은(본래는 erwünschte(바람직한)이지만 verwünschte(저주받은)로 잘못 말한 것임:

Emile Jung-Presiwerk(1848~1923). 어머니.

역주) 거룩함이여." 전처럼 나는 아무것도 안 들은 것처럼 했지만 속으로는 쾌재를 불렀다. 겉으로 흥분하여 떠들지 않도록 조심했다.

내 어머니의 두 개의 성격 사이에는 현저한 차이가 있었다. 그래서 내가 어릴 적에 자주 그녀에 관한 악몽을 꾸는 일이 있었다. 낮에는 사랑스런 어머니이지만, 밤에는 이상하게도 두려운 존재였다. 그녀는 마치 예언자이자 희귀한 짐승으로 곰의 굴 속에 있는 여자사제 같은 존재였다. 고태적이고 잔인함은 마치 진리와 그 진리가 지닌 성격에 비길 수 있었다. 그때도 그녀는 내가 "자연 그대로의 마음"2)이라 규정한 것의 화신이었다.

나는 이러한 고태적인 성질을 내 마음속에서도 발견한다. 그것은 나에게 인간과 사물을 있는 그대로 보도록 하는 소인를 부여하였는데, 그것이 반드시 편안감만을 주는 것은 아니었다. 나는 내가 어떤 것을 인지하기 싫으면 물론 내 스스로를 속이고 사물을 있는 그대로 보지 않게 할 수도 있다. "진정한 인식"은 본능에 기인한다. 혹은 타자와의 신비적 융합에 그 토대를 둔다. 그것은 "뒷면의 눈"이라 할 수 있다. 그 눈은 비개인적인 관조의 행위를 통하여 본다.

뒷날 내게 이상한 일들이 일어났을 때 나는 이런 사실을 더 잘 이해할 수 있었다. 즉, 언젠가 내가 알지 못하는 어떤 남자의 생활사를 이야기했을 때와 같은 경우다. 내 아내의 여자친구의 결혼식이었다. 그 신부나 그녀의 가족을 나는 전혀 알지 못했다. 식사 중에 내 건너편에 멋진 수염을 가진 신사가 있었는데 그는 변호사라고 내게 소개되었다. 우리는 서로 범죄심리학에 대해서는 열띤 대화를 나누고 있었다. 그의 어떤 질문에 답하기 위해서 나는 한 증례의 역사를 머리 속에서 생각해 내고 그 이야기를 했는데 많은 부분을 세밀하게 꾸며서 말했다. 내가 아직도 말하고 있는데 그 사람의 얼굴빛이 변하기 시작하더니 식탁에 묘한 침묵이 감도는 것을 느꼈다. 당황해서 나는 말을 그쳤다. 다행히도 식사가 거의

2) "자연스런 마음이란 본성에서 유래되며 책과는 아무 관계가 없는 정신을 말한다. 그것은 인간의 본성에서 마치 대지의 샘처럼 솟아나며 본성 고유의 지혜를 말한다. 그는 사물을 거침없이 말한다(미간행 세미나 원고, 1940, 영어판에서 독일어번역, A. J. 야훼)."

끝나 후식 차례가 왔다. 그래서 나는 곧 식탁에서 일어나 호텔의 다른 홀로 갔다. 거기 한 구석에서 물러서서 시가에 불을 붙이고 이 상황을 곰곰이 생각하고자 했다. 이 순간 내 앞에서 식사를 같이 한 그 신사가 다가와서 내게 비난을 퍼부었다. "어찌 그런 경솔한 짓을 할 수 있단 말이오!" "경솔하다니요?" "그럼요, 당신이 이야기한 그 사건 말이오!" "그 이야기는 내가 꾸며낸 이야기인데요!" 내가 내 앞에 앉은 사람의 과거를 낱낱이 이야기했다는 사실을 알고 나는 크게 놀랐다. 게다가 나는 이 순간 내가 말한 그 이야기 가운데 한 마디도 생각나는 게 없다는 사실을 발견했다. 지금까지도 그때 무슨 이야기를 했는지 기억해 낼 수가 없다. 하인리히 초케[3]는 그의 ≪자기관조*Selbstschau*≫라는 책에서 비슷한 체험을 기술하고 있다. 그는 어느 음식점에서 한 미지의 청년이 도둑임을 폭로했다. 그는 그의 도둑행위를 그의 내안內眼으로 바라보았던 것이다.

내 인생에서는 내가 전혀 알 리가 없는 어떤 것을 갑자기 알게 되는 일이 자주 생겼다. 아는 것, 지知, Wissen가 마치 내 자신의 착상인 것처럼 내게 오는 것이다. 내 어머니의 경우도 비슷했다. 어머니도 그녀가 무슨 말을 했는지 몰랐다. 그것은 마치 그 상황에 맞는 바로 그것을 말하는 절대적인 권위를 지닌 말소리와 같았다.

내 어머니는 대개 나를 내 실제 나이보다 더 많은 것처럼 대했고 나와는 마치 어른과 이야기하듯 했다. 어머니는 아버지에게 말할 수 없는 것을 모두 내게 말했음에 틀림없다. 그리고 나를 너무 일찍 그녀와 여러 가지 걱정거리를 나눌 친권자로 만들어 버렸다. 내가 열한 살쯤 되었을 때 그녀는 아버지에 관련된 일을 내게 전하며 나를 놀라게 했다. 나는 어떻게 그 일에 대처해야 할지 고민하다가 결국 내가 듣기에 영향력 있는 사람으로 알고 있는 아버지의 친구뻘 되는 사람을 찾아가 의논을 하기로 결정했다. 어머니에게 아무 말도 하지 않고 학교수업이 없는 어느 날 오후 도시로 가서 그분의 집 벨을 울렸다. 문을 열어 준 그 집

---

3) Heinrich Zschoke, 1771~1848, 스위스의 역사소설가이며 정치가.

하녀가 주인이 외출하고 없다고 했다. 실망하여 우울해진 채 나는 다시 집으로 왔다. 그러나 그가 집에 없었던 것은 하나의 특별 배려였다고 할 수 있다. 곧 그 뒤 어머니와 그 일에 관해 다시 말하게 되었는데 그녀는 이번에는 전혀 다르게, 아무렇지도 않게 묘사하여 모든 걱정거리가 무산돼 버리고 만 것이다. 내 마음은 깊이 상했다. 그것을 믿은 내가 바보였다고 생각했다. 내가 어리석게도 곧이 듣는 바람에 하마터면 불행을 좌초할 뻔했구나! 그때부터 나는 어머니가 일러준 말을 두 개로 나누기로 결심했다. 어머니를 그저 제약된 범위 안에서 신뢰하였고, 그렇게 하니 내가 진정으로 심각하게 생각하는 것을 그녀에게 전하는 것이 어려워졌다.

그러나 흔히 어머니의 두 번째 인격이 뛰쳐나오는 순간이 있었다. 어머니가 그때 말하는 것은 "정곡을 찌르는" 것이었고 진정으로 사실에 부합되게 말하는 것이어서 나는 그 앞에서 벌벌 떨었다. 그때 어머니를 거기서 붙잡아 둘 수만 있었더라면 나는 대화의 상대를 가졌을 것이다.

아버지의 경우는 물론 좀 달랐다. 나의 종교적인 불만을 즐겨 그에게 말하고 충고를 구할 수도 있었을 것이다. 그러나 그렇게 하지 않은 까닭은 목사라는 지위 때문에 존경받을 만한 근거에서 그가 무엇을 대답하리라는 것을 내가 이미 알고 있다고 생각했기 때문이다. 이런 가정이 얼마나 옳은 것이었는지는 얼마 뒤에 증명되었다. 아버지는 나에게 견신례의 설교를 개인적으로 해주었는데 굉장히 지루한 것이었다. 한 번은 내가 교리문답서를 뒤적이면서 내게는 감상적으로 들리거나 아니면 뜻을 알 수 없고, 흥미 없는 예수님에 관한 설명 말고 무슨 다른 것을 거기서 찾고자 했다. 그때 신의 삼위일체에 관한 대목이 눈에 띄었다. 이것은 내 흥미를 끌 만한 것이었다. 단일성이 동시에 삼위성이라는 것이다. 이 내적인 모순을 지닌 문제가 내 마음을 사로잡았다. 나는 우리가 이 문제에 언급하게 되는 순간을 간절히 고대하였다. 이것에 관해 서로 말하게 될 즈음, 아버지는 이렇게 말했다. "이제 우리는 삼위일체를 이야기할 차례가 됐다. 그러나 이것은 생략하겠다. 나는 사실 여기에 관해 아무것도 모른다." 나는 한편으로는 아버지의 솔직함에 경탄하였지만 다른 한편으로는 깊이 실망하여 이렇게 생각했다. '그것 봐라. 그들은 거기에 관해 알지도 못하고 또 생각도 않는구나. 어떻게 내가 거기에 관해 말할 수 있겠는가?'

나는 좀 더 생각이 깊어 보이는 몇몇 학교친구들에게 이 문제에 관한 암시적인 시도를 해보았지만 소용이 없었다. 나는 아무런 반응을 못 얻었을 뿐 아니라 오히려 혐오감을 느끼게 해서 조심스러웠다.

지루함에도 불구하고 나는 힘을 다하여 이해하려 하지 않고 그저 믿도록 — 내 아버지의 입장에 어울리는 듯싶은 태도를 갖도록 — 애를 썼고 나의 마지막 기대를 걸고 있던 성찬식을 위해 준비를 하고 있었다. 그것은 단순한 추도식사, 1890－30=1860년 전에 죽은 "예수님"을 기억하는 잔치였다. 그러나 거기에는 그래도 몇 가지 시사를 주는 것이 있었다. 즉 "받아 먹어라. 이것은 내 몸이니라"와 같은 것인데, 이로써 우리가 성찬의 빵을 그의 몸인 듯 먹어야 하는 것임을 나타내고 있었다. 그런데 그 몸은 본래 살이었다. 마찬가지로 포도주를 마셔야 했는데, 그것은 본래 피였다. 나는 우리가 "그"를 이렇게 육화해야 한다는 사실을 이해하였다. 그러나 그것은 너무나 현실적인 가능성이 없는 것처럼 생각되어 필시 그 뒤에 무슨 큰 비밀이 숨어 있을 것이라 생각했다. 내 아버지가 매우 중요하게 여기고 있는 듯한 성찬식Communion에서 나는 그 비밀을 경험하리라 생각했다. 성찬식에 대한 내 준비는 이런 기대 속에서 이루어졌다.

관습대로 나는 교회 장로 한 사람을 대부로 삼았는데 그는 내가 호감을 느끼고 있던 늙은, 말수가 적은 남자로 마차 대목이었다. 나는 그의 일터에서 자주 그가 선반이라든가 대목의 손도끼를 익숙하게 놀리며 일하는 것을 보았다. 그는 예복에 원형 모자를 씀으로써 축제 차림으로 변해가지고 나타나서 나를 교회로 데려갔는데 거기에서 아버지가 잘 알려진 제복을 입고 제단 위에 서서 전례의 기도문을 읽었다. 제단 위에는 크고 작은 빵 조각들이 놓인 쟁반이 있었다. 보니까 그 빵은 별로 좋지 않은, 맛없는 빵을 구워 내는 빵집에서 공급된 것이다. 주석으로 만든 통에 든 포도주가 주석의 잔에 부어졌다. 아버지는 한 조각의 빵을 먹고, 포도주를 한 모금 마셨다. 나는 그 포도주를 어느 술집에서 미리 갖다 놓은 것인지 알고 있었다. 아버지는 술잔을 늙은 남자에게 차례로 건네주었다. 모두 딱딱하고 의식적이고 무관심한 듯 보였다. 나는 긴장하여 바라보았지만 그 사람들에게 무슨 특별한 것이 일어나고 있는지 어쩐지 알아차릴 수도, 볼 수도 없었다. 그것은 마치 세례, 장례 등의 온갖 교회 의식에서와 다를 바 없었다. 여기서는 이미 계획되고, 인습적으로 틀림없는 방법으로 진행되고 있다는 인상이었다. 아버지 역시 일을 무엇보다도 법칙에 맞게 수행하려고 애쓰는 것 같았다. 적당한 말을 특히 강조하여 말하거나 읽어내리는 것도 이에 속하는 일이었다. 다른 추도식에서는 모두 강조되는데도 이제 예수가 죽은 지 1860년이 되었다는 말은 전혀 언급되지 않았다. 나는 슬픔도 즐거움도 느끼지 못했고 내 느낌으로는 이 축제는 축하객이 엄청나게 중요한 사람들임에 비추어 놀랄 만치 빈곤했다. 그것은 세계적인 기념 축전과는 비교도 되지 않았다.

별안간 내 차례가 왔다. 나는 빵을 먹었다. 생각한 대로 맛이 없었다. 조금밖에 마시지 않았지만 포도주는 연하고 신맛이 났다. 좋은 술이 아닌 듯했다. 그러자 마지막 끝맺는 기도가 있었고 모두 밖으로 나갔다. 아무도 우울해 하지도 즐거워하지도 않고 모두 '자, 이제 끝났다' 하는 얼굴을 하고 있었다.

나는 아버지와 함께 집에 갔다. 나는 내가 까만 새 중절모를 쓰고 벌써 예복에 가까운 까만 새옷을 입고 있다는 사실을 강력하고 의식하고 있었다. 그것은 일종의 늘어뜨린 자켓 같은 옷이었는데 이 아래로 두 개의 날갯죽지로 확대되고 그 사이에 찢어진 틈이 있어 손수건을 넣는 호주머니를 이루고 있었다. 이 모든 것이 남성적인 성숙한 몸짓처럼 보였다. 나는 사회적으로 지위가 한층 높아진 것 같이 느꼈고 넌지시 사나이들의 사회에 받아들여진 것처럼 느꼈다. 또한 오늘 낮 식사는 특히 성찬이었다. 나는 하루종일 새옷을 입고 여기저기 두루 산책하리라 생각했다. 이런 일 말고는 허전해서 내가 어떤 감정을 느낄는지조차 모를 지경이었다.

다음 날이 경과하면서 나는 아무 일도 내게 일어나지 않았다는 사실을 천천히 어렴풋이 느끼기 시작했다. 나는 종교적인 입사식의 절정에 있었고 거기서 무엇인지는 모르지만 무엇을 기대했었다. 그러나 아무 일도 일어나지 않았다. 나는 신이 나에게 엄청난 일을 가할 수 있다는 것을 알고 있었다. 이를테면 불이라든가 초속적인 빛 같은 것들을 줄 수 있었을 것이다. 그러나 이 축제에서는 최소한 나에게는 신의 흔적도 남아 있지 않았다. "그"에 관해서 말은 했지만 그것은 단지 단어의 나열에 불과했다. 성찬식에 참여한 다른 사람에게서도 나는 걷잡을 수 없는 회의라든가 엄청난 감동, 넘쳐흐르는 은혜 같은 것을 발견할 수 없었는데 이런 것들은 나에게는 바로 신의 본질을 의미하는 것이었다. 융합도 합일도 발견할 수 없었다. 누구와 하나가 되는 것인가? 예수와? 그는 1860년 전에 죽은 한 인간이지 않은가. 왜 사람들이 그와 하나가 되어야 하는가? 사람들이 그를 "신의 아들"이라 불렀으니 그는 그리스의 영웅들처럼 반신인가 보다. — 그러면 평범한 사람이 어떻게 그와 하나가 될 수 있는가? 사람들은 "그리스도의 종교"라 부르지만 그것은 모두 내가 경험한 "그" 신과는 아무 상관이 없다. 이에 대해서 사람인 예수가 신과 관계를 가지고 있다는 사실은 말할 것도 없이 분명했다. 그는 신의 사랑과 자애를 좋은 아버지의 속성처럼 가르친 뒤에 겟세마네에서, 십자가에서 회의에 빠졌다. 그러니까 그는 신의 무서움을 인식했던 것이다. 이것은 내가 이해할 수 있는 부분이었다. 그러나 빵과 포도주를 가지고 실시한 이 빈약한 추도식은 어디에 목적이 있는가, 성찬식이 내게는 불운한 체험이었음이 차차 분명해졌다. 그것은 공허하게 지나갔다. 아니 그것은 하나의 상실이었다. 나는 내가 다시는 이 의식에 참여할 수 없음을 알고 있었다. 나에게는 그것이 종교가 아니고 신의 부재를 의미했다. 교회는 내가 더 이상 가서는 안 되는 곳이었다. 내게는 그곳이 생명이 아닌 죽음이 있는 곳이었다.

내 아버지에 대한 강한 동정이 나를 사로잡았다. 갑자기 나는 그의 직업이 지닌 비극을 이해할 수 있었다. 그는 그가 인지할 수 없는 죽음과 씨름을 하고 있었던 것이다. 그와 나 사이에 깊은 심연이 열렸다. 내게는 이 끝없는 틈바구니 사이의 다리를 이어 줄 아무런 가능성도 보이지 않았다. 나는 나의 사랑하는 관대한 아버지, 내게 그렇게 많은 것을 하도록 맡겨 주고 한 번도 나를 무리하게 지배하려 하지 않은 그를 신의 은혜의 체험에 필요한 저 회의와 모독에 빠지도록 할 수는 없었다. '오직 하나의 신만이 그것을 할 수 있다. 나는 그것을 해서는 안 된다. 그것은 비인간적인 것임에 틀림없다. 신은 인간적이 아니다'라고 나는 생각했다. 그의 위대함은 바로 인간적이 아닌 것이 "그"에게 미칠 수 있다는 데 있다. 그는 인자하면서 동시에 무섭다. 둘 다 가지고 있는 것이다. 그러므로 하나의 커다란 위협이며 사람들이 그 앞에서 자신을 구하려고 시도하는 것은 당연하다. 사람들은 외곬으로 "그"의 사랑과 자애에 매달림으로써 유혹자와 파멸자의 손아귀에 빠지지 않도록 하려 한다. 예수 역시 그것을 알아차렸다. 그러니까 "우리를 시험에 들지 말게 하옵소서"를 가르치고 있다.

지금까지 나의 교회와 주위의 인간들과의 일치감은 이제 내게서 무너졌다. 나는 나의 인생의 가장 큰 패배를 맛본 듯했다. 내게 전체와의 관련성을 가진 것으로, 유일하게 의미 깊은 것으로 보인 종교관이 무너져 버린 것이다. 다시 말해서 나는 통속적인 신앙에 참여할 수 없었다. 나는 오히려 내가 아무에게도 말할 수 없었던 "나의 비밀," 설명할 수 없는 그것에 말려들고 있는 자신을 발견했다. 그것은 끔찍한 일이었고 더욱 최악의 것은 천하고 우스꽝스러운 것, 마귀 같은 간악한 웃음소리였다.

나는 고민하기 시작했다. 신에 관해서 무엇을 생각해야만 하는가? 신과 뮌스터에 관하여 내가 겪었던 저 지나간 착상은 내가 스스로 만든 것이 아니었다. 더구나 세 살 적에 꾼 저 꿈은 내가 만들지 않았다. 나의 의지보다도 강한 의지가 그 두 가지 경험을 강요했던 것이다. 내 속의 본성本性, die Natur이 그것을 시켰는가? 그러나 본성이란 창조자의 의지에 불과한 것이다. 마귀를 여기에 갖다 놓아도 도움이 되지 않았다. 왜냐하면 그도 역시 신의 피조물이기 때문이다. 신만이 현존한다. — 파괴하고 황폐하게 하는 불이요 형용할 수 없는 은혜이다.

성찬식의 실패? 그것은 나의 실패였던가? 나는 온 정성을 다해서 준비했고 은혜와 구원의 체험을 기대하였다. 그러나 아무 일도 일어나지 않았다. 신은 결석한 채였다. 하필이면 교회와 내 아버지의 믿음과 기독교를 대변하는 모든 그 밖의 것들로부터 떨어져 나간 나를 발견하였다. 나는 교회 밖으로 떨어져 나갔다. 그것이 나를 슬픔으로 가득 차게 하였고 대학공부가 시작되기까지의 여러 해 동안을 우울하게 하였다.

III

나는 그 당시 제법 책이 많아 보였지만, 비교적 작은 내 아버지의 서재에서 신에 관해 아는 바를 내게 말해 줄 수 있는 책을 구했다. 나는 무엇보다도 전통적인 견해만을 찾았다. 그러나 내가 찾는 것이 없었다. 즉 스스로 숙고하여 쓴 저자를 찾았는데, 마침내 1869년에 쓴 비더만Biedermann의 ≪기독교 도그마론≫이 눈에 띄었다. 이 책에는 스스로 생각하고 자기의 의견을 내놓은 사람의 말이 있는 듯했다. 나는 그로부터 종교가 "인간이 신에 대하여 독자적 관계를 맺는 영적인 행위"라는 것을 알게 되었다. 이것이 나의 반대의견을 자극했다. 왜냐하면 나는 종교가 신이 나와 더불어 하는 것으로 알았었기 때문이다. 그것은 그의 편에서 하는 행위이며 나는 그 행위에 덮어놓고 위임되어 있을 뿐이다. 왜냐하면 "그"는 나보다 강한 존재이기 때문이다. 나의 "종교"는 바로 신에 대한 인간적인 관계를 알고 있지 않았다. 어떻게 우리가 별로 알지 못하는 신과 같은 존재와 그렇게 관계를 맺을 수 있단 말인가? 그러므로 나는 신과의 관계를 발견하기 위해서 신에 관해 보다 많은 것을 알고 싶었다.

〈신의 본질〉이라는 장에서 나는 신 자신이 "인격Persönlichkeit"으로서 스스로를 증명하며 "인간적인 자아의 비유에 따라 상상될 수 있으며 그것도 고유의 초세계적 자아로서 전 세계를 포괄하는 것으로서" 증명 된다는 사실을 발견했다.

내가 성서에 관해 아는 한 이런 정의는 맞는 것 같았다. 신은 인격Persönlichkeit을 가지고 있으며 내가 나의 정신적・신체적 표현방식의 자아Ich이듯, 우주의 자아이다. 그러나 나는 여기서 엄청난 장애에 부딪쳤다. 인격이란 것도 하나의 성격Charakter일 것이다. 성격이란 "저것과 다른 이것이다"라고 할 수 있는 것이다. 즉 그것은 일정한 특질을 가지고 있다. 그러나 신이 모든 것이라면 어찌하여 "그"는 남과 구별되는 성격을 소유할 수 있는 것인가? "그"가 하나의 성격을 가졌다면 "그"는 다만 주관적인, 제약된 세계의 자아일 수 있을 뿐이다. 그리고 어떤 종류의 성격, 어떤 종류의 인격을 "그"는 가졌는가? 모든 것은 거기에 달렸다. 왜냐하면 그렇지 않다면 우리는 "그"와 관계를 가질 수 없을 것이다.

나는 신을 나의 자아와의 유추에 따라 상상한다는 것에 가장 강한 저항을 가지고 있었다. 그것은 나에게 반드시 신을 모독하는 것과 같은 것은 아니더라도 끝없는 오만처럼 보였다. "자아"라는 것 자체가 벌써 내게는 파악하기 힘든 사실처럼 보였다. 첫째, 한때 나에게는 이 자아라는 요소에 두 개의 서로 모순되는 측면이 있었다. 자아 제1호와 자아 제2호의, 그리고는 이런저런 형태의 자아는 어딘가 무척 제약된 것이었다. 그것은 온갖 자기기만과 착오, 변덕, 여러 가지 감정, 열정과 죄악의 지배를 받았고 자아는 성공보다는 실패를 맛보았으며, 그 자아는 유치했고, 허영심에 찬 이기적이며, 고집스럽고, 정에 굶주린, 탐욕스럽고 불공정하며, 예민하고 게으르며 무책임함 등등에 사로잡힌 것이었다. 그 자아라는 것은 유감스럽게도 덕도 재능도 부족했다. 나는 그것을 다른 사람들에게서 찾았으며 선망과 경탄의 눈으로 그들을 보고 있었다. 그런데 이런 유추로 신의 본질을 상상해야 한단 말인가?

나는 열심히 신의 다른 성질을 찾았다. 그리고 내가 이미 견진교육에서 배운 모든 속성을 발견했다. 172절에 "신의 초 세계적 존재의 직접적인 표현은 1. **부정적: 그**의 인간 앞에서는 불가시성(볼 수 없음) 운운, 2. 긍정적: 하늘에서의 '그'의 주거 운운"은 정말 가망이 없었다. 내 머리에는 곧장 신이 내게 직접 또는 간접으로(마귀를 통해서) 나의 의지에 반해서 강요했던 저 신을 모독하는 따위의 이미지가 떠올랐다.

183절은 "도덕적 세계에 대한 초세계적인 본체"가 그의 "정의"에 있으며 그의 정의는 단지 "사법적인" 것이 아니라 "그의 거룩한 본체의 표현"이라는 것을 가르쳐 주었다. 나는 이 절에서 내가 골몰했던 신의 은밀한 면에 관해서 무엇인가를 들을 수 있기를 기대했었다. 예컨대 "그"의 복수심, "그"의 위험한 격분, 전능한 "그"가 만들어 낸 피조물에 대한 "그"의 이해할 수 없는 태도 같은 것 말이다. 그의 전능한 힘으로써 "그"는 그의 피조물이 얼마나 쓸모없는 것인지를 알고 있었을 게다. 그러나 그런 피조물을 유혹하려는 욕심이 "그"에게 생겼다. 그래서 "그"는 그들을 시험에 들게 하였다. "그"가 그 실험이 어떻게 끝을 맺게 될지를 이미 처음부터 알고 있었는데도 말이다. — 그렇다 무엇이 신의 성격인가? 그렇게 행동하는 인간적 인격이란 무엇인가? 나는 그것을 감히 끝까지 생각하고자 하지 않았다. 이러자 이런 글이 눈에 띄었다. 즉, "신이 비록 자족하여 당신 이외의 아무것도 필요한 것이 없지만" 이 세상을 "당신의 만족감에서" 창조하였으며 "그 세계를 자연의 세계로서 당신의 선함으로 가득 채웠고 도덕적인 세계로서는 당신의 사랑으로서 가득 채우고자 하였다"는 것이다.

먼저 나는 "만족감"이라는 낯선 단어 때문에 골치를 썩혔다. 무엇에 대한, 또 누구에 대한 만족감인가? 아마도 세계에 대한 것인 듯하다. 왜냐하면 "그"는 그의 하루의 작업을 찬양했던 것이다. 그러나 바로 그것을 나는 이해할 수 없었다. 물론 이 세상은 무척 아름답다. 그러나 동시에 참혹하기도 하다. 사람들이 많이 살지 않고 사건도 별로 없는 시골 조그만 마을의 사람들은 "노쇠, 질병, 죽음"을 다른 곳보다 훨씬 심하게, 더 낱낱이, 적나라하게 겪고 있다. 아직 열여섯 살이 되지 않았지만 나는 인간과 동물의 삶의 현실을 많이 보았고 교회와 강론에서 너무나 많은 이 세상의 타락과 고통에 관해서 들었다. 신은 고작 천국에서 만족감을 느낄 수 있을지 몰라도 거기서조차 "그"는 위험한 독사, 마귀를 설치해 놓음으로써 천국의 화려함이 결코 오래 지속될 수 없도록 주선해 놓았지 않은가. 그는 여기서도 만족감을 느꼈는가? 나는 비더만이 이런 뜻에서 말한 것이 아님을 확신하고 있었다. 그는 일반적인 종교강론에서 볼 수 있듯이 깊이 생각함이 없이 그저 교화적인 목적에서 지껄였고 자기가 무슨 엉터리 같은 소리를 했는지 전혀 깨닫고 있지 않았던 것이다. 나 자신도 신이 인간과 동물이 겪는 무고한 고통을 보고 잔인한 쾌감을 느끼고 있다고는 가정하지 않았다. 그러나 "그"가 대극의 세계를 창조하여 하나가 다른 것을 잡아먹고 삶이 죽기 위한 탄생이도록 기도했다는 생각이 결코 무의미한 것 같지는 않았다. 자연법칙의 "놀란 말한 조화"란 내게는 겨우 억제된 자연의 혼돈과 너무나 동떨어진 것으로 보였고 "영원한" 별의 세계와 그 항로는 질서도 의미도 없는 우연성의 축적에 불과한 것으로 내게는 보였다. 왜냐하면 사람들이 말하던 별의 이미지들은 아무것도 실제로 볼 수 있는 것들이 아니었기 때문이다. 그것은 단지 인공적인 결합에 지나지 않았다.

신이 자연세계를 어느 만큼 "그"의 선함으로 채웠는지는 분명치 않았고 그 진의가 극도로 의심스러웠다. 그것은 또한 사람들이 생각해서는 안 되고 오직 믿기만 해야 할 것들 중의 하나임에 틀림없다. 만일 신이 "최고의 선"이라면 어찌하여 "그"의 세계 "그"의 피조물이 그토록 불완전하며, 그토록 타락했으며, 그렇게 가련한가? — 아마도 마귀에 찔려 엉망이 되었음에 틀림없다고 나는 생각했다. 그러나 마귀 역시 신의 피조물이다. 그래서 나는 마귀에 관하여 읽어 보지 않으면 안 되었다. 그 역시 무척 중요한 존재 같았다. 나는 비더만의 도그마론을 다시 한 번 펼치고 고통, 결핍과 악의 근거라는 다급한 물음에 대한 해답을 구했으나 아무것도 발견할 수 없었다. 모든 게 허사였다. 그의 도그마론은 잘 지껄인 요설에 불과할 뿐 아니라 그것을 넘어 진리를 호도할, 보기 드문 바보짓이었다. 나는 실망하였고 화가 나기까지 했다.

그러나 언젠가, 어디엔가 나처럼 진리를 찾으며, 이성적으로 생각하며, 자신과 다른 사람을 속이지 않고 이 세상의 고통에 찬 현실을 부인하지 않으려는 사람들이 있었을 것이다. 내 어머니가, 즉 그녀의 제2의 인격이 아무 서두도 없이 느닷없이 내게 "넌 괴테의 ≪파우스트≫를 읽어 보았어야 했다"라고 말한 것은 이 무렵이었다. 우리에게는 최신판의 훌륭한 괴테 전집이 있다. 나는 거기서 ≪파우스트≫를 찾아냈다. 내 마음에 마치 기적의 향유가 흐르는 것 같았다. 마침내 한 인간이 있어 마귀를 진지하게 받아들였을 뿐 아니라 완전한 세계를 만들고자 하는 신의 의도를 방해하는 이 적수와 혈맹을 맺기까지 한다고 생각했다. — 나는 파우스트의 행동양식을 유감스럽게 생각했다. 왜냐하면 내 생각으로는 그가 그렇게 외곬으로 마귀에 현혹되어서는 안 되는 것이었다. 그는 좀 더 영리하게, 그리고 보다 도덕적이었어야 했다. 그가 그의 영혼을 그렇게 경솔하게 도박하는 것이 내게는 유치하게 보였다. 파우스트는 분명 허풍쟁이였음에 틀림없다! 또한 나는 이 책의 초점이 주로 메피스토 쪽에 쏠려 있다는 인상을 받았다. 파우스트의 영혼이 지옥에 떨어졌다 해도 나는 그것을 유감스럽게 생각하지 않았을 것이다. 그랬다 하더라도 그에게 한이 될 것이 없었을 것이다. 책의 끝머리에 나오는 "속은 마귀"는 별로 내 마음에 들지 않았다. 메피스토는 바보 같은 천사아기에 의하여 속임을 당할 정도의 어리석은 마귀는 아니기 때문이다. 메피스토가 속임을 당한 것은 전혀 다른 뜻에서 이해되어야 할 만한 것이 아닌가 여겨졌다. 그가 그의 보호권을 행사하지 못한 것이 아니라 허황하고 특색 없는 친구인 파우스트가 그의 기만을 저승에까지 행사했던 것이다. 거기서 그의 소년다운 면이 노출되었지만 위대한 비의에서의 축성은 얻지 못한 듯했다. 나 같으면 그를 연옥의 불에 던지기를 원했을 게다! 나는 메피스토에게서 근본적인 문제를 발견했다. 그의 모습이 내 머리 속에서 떨어지지 않았다. 나는 거기서 모성비의와의 관련성을 어렴풋이 짐작했다. 어쨌든 책 끝의 메피스토와 위대한 축성은 나의 의식세계 변두리에서의 멋진 신비로운 체험으로 남아 있었다.

드디어 나는 악과 그의 세계를 포괄하는 힘을 인식했고 더 나아가 어둠과 고통으로부터의 인간의 구원에서 그것이 지닌 신비로운 역할을 발견한 사람이 있었고 지금까지 있어 왔다는 사실을 증명할 수 있었다. 그런 뜻에서 괴테는 나에게 하나의 예언자였다. 그러나 나는 그가 메피스토를 단순한 놀이나 속임수로 해치운 것을 용서할 수 없었다. 그것은 내게 너무 지나치게 신학적이고 너무 경솔하고 무책임한 것이었다. 나는 괴테조차도 — 아, 그렇게도 신뢰성 없는 위선적인 주장 — 악이 해롭지 않다는 주장에 빠져 버렸다는 것을 깊이 유감스럽게 생각했다. 나의 책에서 나는 파우스트가 일종의 철학자였다는 것을 발견했고 비록 그가 철학에서 방향을 돌렸지만 철학에서 진리에의 공명정대성을 배웠음에 틀림없다는 것을 발견했다. 나는 그때까지 철학에 관해서 아무것도 듣지 못했다. 하나의 새로운 희망이 차츰 내 속에 움트기 시작했다. — 아마도 내 물음을 숙고했고 이 문제에 빛을 던져 줄 수 있는 철학자가 과거에 있었을 것이라고 나는 생각했다.

내 아버지의 서재에서는 철학자가 나타나지 않았으므로 — 그들은 생각했기 때문에 의심스러운 존재였다. — 나는 크루그Krug의 ≪철학사전≫(제2편, 1832년 간행)으로 만족해야 했다. 나는 곧 신에 관한 논문에 몰두했다. 이 논문은 불만족스럽게도 "신"이라는 단어의 어원부터 시작했다. 그 말은 논란의 여지없이 "좋은gut"이라는 말에서 나왔으며 최고의 실재물, 또는 완벽한 실재물이라 규정된다고 했다. 계속하여 말하기를 신의 현존은 증명할 수 없으며 신의 관념에 내적인 성격 역시 증명되지 않는다고 했다. 후자는 행위로서는 아니라 하더라도 적어도 잠재력으로는 본래부터 인간에게 존재했을 수 있다. 어쨌든 우리의 "정신적 능력"이 그런 고매한 관념을 지니려면 "어느 일정한 수준으로 발전되어야 한다"는 것이었다.

나는 이런 설명에 적지 않게 놀랐다. 이 철학자들은 도대체 어떻게 된 셈인가? 나는 스스로에게 물었다. 그들은 신을 다만 견문으로만 아는 것이 분명했다. 신학자는 이 점에서 이들과는 다르다. 그들은 "그"에 관한 모순된 진술을 하기는 하지만 최소한 신이 존재한다는 것을 확신하고 있다. 이 사전은 매우 완곡하게 표현하고 있지만 신의 존재에 대하여 필자가 충분한 확신을 가지고 있다는 사실을 주장하고자 한다는 것이 분명했다. 그러면 그는 왜 그렇게 직접 말하지 않는가? 그는 왜 이렇게 마치, 사람이 신의 관념을 "만들어 내며" 그러기 위하여 어떤 성장단계에 이르러야 한다는 것을 그가 진정으로 생각하고 있는 것처럼 행동하는가? 내가 알기로는 벌거벗고 숲 속을 헤매는 원시인들도 그런 신의 관념을 가지고 있다. 이들은 "신의 관념을 만들어 내기 위하여" 도사린 "철학자"가 아니었다. 나 역시 "신의 관념을 만들어" 낸 적이 없다. 물론 우리는 신을 증명할 수 없다. 왜냐하면 예컨대 오스트레일리아 산의 무명을 파먹는 좀이 다른 것에게 오스트레일리아가 존재한다는 것을 어떻게 증명해 줄 수 있겠는가? 신의 현존은 우리의 증명에 의존하는 것이 아니다. 그러면 나는 어째서 신을 확신하기에 이르게 되었는가? 사람들은 물론 나에게 이에 관하여 온갖 것을 이야기해 주었다. 그러나 나는 믿을 수 없었다. 아무것도 나를 설복할 수 없었다. 나의 관념은 결코 그런 남의 이야기에서 나온 것이 아니다. 또한 그것은 관념이나 생각해 낸 것이 아니었다. 그것은 사람이 무엇을 상상하고 깊이 숙고하고 그 뒤에 믿게 되는 그런 것이 아니었다. 예를 들면 "예수님"의 이야기는 내게 언제나 의심쩍은 것으로 보였고 나는 그것을 한 번도 진실이라고 믿은 적이 없다. 그러나 사람들은 그 예수님 이야기를 그 배경에서 내게 암시된 "신"보다도 더 강하게 "신"으로서 믿기를 강요했다. 그런데 어째서 신이 내게 자명한 것이 되었는가? 어째서 이 철학자들은 신이 마치 기왓장이 머리에 떨어지듯 자명한 것인데도 불구하고 신이 하나의 관념이며 인간이 "만들어" 낼 수 있다든가 없다든가 하는 인위적인 가정인 듯 설명하려 드는가?

그 당시 신은 나에게는 최소한 가장 확실하며 직접적인 경험임이 분명해졌다. 뮌스터 성당에 얽힌 저 끔직한 사건은 내가 발명해 낸 것이 아니었다. 그 사건은 이와 반대로 내게 엄습하여 내가 잔인하도록 그것을 생각하게 강요한 것이다. 그러나 그런 뒤에 나는 말할 수 없는 은혜를 얻었던 것이다.

나는 철학자들이 틀림없이 뭔가 잘못 생각하고 있다는 결론에 도달했다. 왜냐하면 그들은 신이 어떤 의미에서 하나의 가정이며 사람들이 토론할 수 있는 대상이라는 묘한 관념을 가지고 있었기 때문이다. 또한 내가 극도로 불만이었던 것은 내가 그 속에서 신의 은밀한 행위에 관해 아무런 견해도, 설명도 발견하지 못했다는 점이다. 이런 것이야말로 특수한 철학적 관심과 관조의 대상으로 가치가 있는 일일 텐데도 말이다. 나는 그 문제가 신학자에게는 납득하기 어려운 문제들을 제기할 것이라는 점을 잘 알고 있었다. 그러나 그런 생각을 하면 할수록 철학자들이 거기에 관해 모르고 있었던 것 같다는 사실에 더욱 실망이 컸다.

그리하여 나는 그 책의 다음 부분, 즉 마귀에 관한 장으로 넘어갔다. 거기에 쓰여 있기로는 만일에 우리가 마귀를 본래부터 악한 것이라 생각한다면 우리는 명백한 모순, 즉 이원론에 말려들어갈 것이다. 그러므로 마귀는 본래 좋은 것으로 만들어졌지만 그의 교만 때문에 타락한 존재라고 받아들이는 편이 좋을 것이라 하였다. 그러나 이런 주장은 이미 그가 설명하고자 하는 악, 즉 교만을 전제로 하고 있다는 저자의 지적을 읽고 나는 속으로 흡족하게 느꼈다. 그 밖에 악의 기원은 "설명이 안 되고, 설명될 수도 없는 것"이라고 하였는데 나는 이를 그도 신학자들과 마찬가지로 거기에 관해서 깊이 생각하고 싶지 않다는 뜻으로 받아들였다. 악과 그 기원에 관한 부분은 다른 부분과 마찬가지로 별로 깨우쳐 주는 바가 없었다.

여기 소개한 여러 가지 이야기들은 여러 해 동안에 걸쳐 진행되고 발전된 것인데 중간중간 오랜 시간 중단되었다가는 다시 진행된 사색의 결과들이다. 이런 작업은 주로 나의 제2호 인격에 의해 이루어졌고 다른 사람에게는 엄격히 비밀에 부쳐온 일이었다. 나는 아버지의 서재를 아무에게도 묻지 않고 몰래 이용했다. 그러나 나의 성격 제1호는 그 사이에 공개적으로 게르스텍커Gerstäcker의 소설전집과 영국 고전소설의 독일어 번역을 읽고 있었다. 또한 나는 독일문학을 읽기 시작했다. 고전문학 가운데서도 학교에서 당연한 것인데도 필요 이상 어렵게 설명하여 싫증을 느끼게 된 것은 빼고 읽었다. 그 밖에는 별 계획 없이 극작품, 서정시, 역사 그리고 나중에는 자연과학 저술을 대량으로 읽었다. 강의는 내게 재미도 있었고 적당한 기분전환이 되어 좋았다. 종교적인 문제의 영역에서 나는 닫힌 문 앞에 서 있는 나를 발견할 수밖에 없었고 우연히 문이 열렸어도 실망에 부딪쳤기 때문에 나의 제2호 인격으로서의 정신적 작업은 우울한 기분이 점점 더 가중되어 왔던 것이다. 다른 사람들의 관심은 정말 모두 어디 다른 곳에 있는 듯했다. 나는 완전히 혼자라는 것을 확실히 느끼지 않을 수 없었다. 거기에 관해 누구와 이야기하고 싶었지만 어디서도 접촉할 만한 구석을 찾지 못했을 뿐 아니라 나는 다른 사람들이 불신과 두려움을 가지고 나를 대하는 것처럼 느꼈으므로 아무 말도 할 수 없었다. 그것이 나를 우울하게 했다. 왜 아무도 나와 비슷한 체험을 한 일이 없는지 나는 그것을 어떻게 생각해야 할지 몰랐다. 왜 학식있는 사람들의 책에 거기에 관한 것이 아무것도 쓰여 있지 않을까? 내가 그런 경험을 한 유일한 사람일까? 왜 내가 그 유일한 사람이어야 하는가? 나는 내가 미친 사람이 아닌가 하는 따위는 전혀 생각한 일이 없었다. 왜냐하면 신의 밝은 면과 어두운 면은 나에게 하나의 사실로서, 비록 그것이 내 감정에 부담을 주기는 했으나 이해할 수 있는 것으로 보였다.

내가 말려들어간 그 "유일성"을 나는 위협적인 것으로 느꼈다. 왜냐하면 그것은 고립을 의미했고, 더욱 불쾌했던 것은 부당하게 내가 속죄양처럼 보였기 때문이었다. 게다가 내게 두고두고 인상을 남긴 일이 한 가지 생겼다. 독일어 시간에 나는 그저 중간 정도였다. 교재, 특히 독일어 문법과 구문에 전혀 흥미가 없었던 것이다. 나는 게을렀고 지루해 하였다. 작문 제목은 보통 무미건조할 뿐 아니라 유치해 보일 정도였고 나의 작문도 거기에 맞추어 건성으로 흘려 썼거나 혼란스러웠다. 나는 중간 성적으로 통과되었고 그것으로 족했다. 이것이 아무한테도 눈에 띄지 않았으면 하는 내 일반적인 성향에 잘 맞았다. 왜냐하면 나는 여러 측면에서 강요된 이 "저주할 유일성에서의 고립"에서 무슨 수를 써서라도 빠져 나오고자 했기 때문이다. 나는 나처럼 아무것도 가진 것이 없이 태어난 가난한 가정 출신의 소년들과 지능이 낮은 아이들의 어리석음과 버릇없는 행동이 신경에 거슬리기는 했으나 그들에게 호감을 느끼고 있었다. 다른 한편 그들은 내가 아무 생각도 없는 것처럼 보이고 내게서 아무것도 특이한 것을 눈치재치 않게 하는 데 무척 유익한 존재였고, 그것은 내가 간절히 바라던 것이었다. 나의 "특이성"은 차츰 탐탁치 못한, 심지어 불쾌한 감정을 일으켰고 나는 의식하지 못한 아니꼬운 성질을 지니게 된 듯했으며 이것은 내 선생이나 급우들이 내게 반발심을 갖게 하였다.

이런 상황에서 마치 청천벽력 같은 다음 사건이 일어났다. 우리는 작문 제목을 받았는데 이것은 이례적으로 내 흥미를 끄는 것이었다. 그래서 나는 열심히 그 일에 착수하여 내가 보기에는 치밀하고 성공적인 글을 만들어 냈다. 나는 최소한 상위권의 하나가 되기를 기대했다. 1등을 하는 것은 원치 않았는데, 그것은 너무 눈에 띄기 때문이었고 2등은 하리라 생각했다.

우리 선생은 잘된 순서대로 작문의 논평을 하기 시작했다. 제일 첫 번으로 반에서 1등을 한 아이의 논문이 언급되었다. 그것은 잘된 일이었다. 그 다음에도 계속 다른 아이들의 논문이 언급되었는데 나는 내 이름이 나오기를 기대했으나 허사였다. 내 이름은 도무지 나오지 않았다. 내 작문이 그렇게 나빠서 다른 논문들보다도 하위가 될 리가 없다고 나는 생각했다. 어떻게 된 셈인가? 결국 나는 "열외例外"가 되어, 그러니까 기분 나쁘게 남들 눈에 띄어서 또 고립되는 것은 아닐까?

모든 작문이 논평되고 나자 선생은 잠시 숨을 돌이키더니 이렇게 말했다. "또 한 개의 논문이 남아 있다. 그건 융의 것이야. 그건 뛰어나게 최고로 잘된 논문이야. 나는 그에게 1등을 줄 수 있었을 것이야. 그러나 유감스럽게도 그것은 사기다. 너는 어디서 그것을 베꼈느냐? 바른대로 말해라!"

나는 깜짝 놀라 화가 나서 소리쳤다. "난 그것을 베끼지 않았어요. 오히려 좋은 논문을 쓰려고 애썼어요!" 그러자 선생은 소리질렀다. "거짓말 마라! 그런 논문을 넌 쓸 수 없어. 그걸 믿는 사람은 아무도 없다. 자, 어디서 베껴썼느냐?"

나는 내 무죄를 맹세코 단언했으나 소용이 없었다. 선생은 꼼짝도 하지 않고 말했다. "네게 말해 주마. 어디서 베꼈는지 내가 알기만 하면 넌 학교에서 쫓겨난다." 그리고는 몸을 돌렸다. 내 급우들은 내게 의심어린 시선을 던졌고 나는 그들이 '아하, 그렇구나' 하고 생각하는 것을 보고 놀랐다. 내 확언은 아무런 메아리도 얻지 못했던 것이다.

나는 이제 낙인이 찍혔다는 느낌을 받았고 "특이성"에서 빠져나올 수 있는 모든 길이 막힌 것을 느꼈다. 나는 깊이 실망했고 마음이 상했다. 나는 그 선생에게 복수하리라 맹세했고 기회가 있었다면 완력권(팔 힘을 쓸 권리: 역주)에 따라 그 당시 무슨 일을 저질렀을 것이다. 도대체 무슨 수로 내가 그 작문을 베끼지 않았다는 증명을 할 수 있었겠는가? 하루 종일 나는 그 생각에 시달렸으나 결론은 언제나 내가 무력하게도, 나를 거짓말쟁이요 사기꾼으로 낙인을 찍은 눈먼 바보 같은 운명에 던져졌다는 생각뿐이었다. 지금은 내가 그전에 이해하지 못했던 것들을 많이 알게 되었다. 예컨대 학교에서의 나의 태도가 어떠한지 묻는 아버지에게 그 선생은 이런 말을 했던 것이다. "아, 그 학생은 그저 중간 성적을 지키고 있습니다. 그러나 제법 노력하고 있습니다." 사람들은 나를 비교적 바보이고 천박하다고 보았던 것이다. 그것은 별로 내 신경을 건드리지 않았다. 그러나 나를 화나게 한 것은 내가 거짓말했다고 추측하여 도덕적으로 짓밟아 버린 사실이었다.

나의 슬픔과 분노는 위험할 정도로 끝없이 커지려 했다. 그러나 내가 여러 번 그전에도 관찰한 것처럼 내 안에 무엇인가 일어났다. 마치 시끄러운 공간에서 방음문을 닫은 것처럼 갑자기 모든 것이 고요해졌다. 그것은 마치 냉정한 호기심이 다음과 같은 물음을 던지며 내게로 찾아온 느낌이었다. 여기에 무엇이 잘못된 것인가? 너는 흥분했지 않느냐! 선생은 물론 네 특질을 이해하지 못한 멍청이다. 바꾸어 말하면 그나 너나 마찬가지로 이해를 잘못한 것이야. 그러니까 그는 너처럼 의심이 생긴 거야. 너는 너 자신이나 다른 사람을 의심하고 있어. 그래서 너는 단순하고 철없이 속이 다 들여다보이는 행동을 하고 있다. 이해를 못하면 사람은 흥분하는 법이야.

이런 생각에 직면하여 집념도 분노도 없이 나는 예전에 내가 교회에서 금기시된 생각을 하지 않으려 할 때 나로 하여금 그렇게도 힘있게 생각하도록 했던 그 일련의 경험이 지금과 유사하다는 느낌을 받았다. 그 당시 나는 아직 인격 제1호와 제2호 사이의 차이를 보지 못했을 뿐 아니라 제2호의 세계를 나의 개인적인 세계라고 주장하고 있었다. 그러나 그러면서도 늘 나 자신 이외의 다른 것이 거기에 있는 것 같은 느낌을 속으로 지니고 있었다. 하늘의 별세계와 끝없는 공간에서 오는 입김이 나에게 와 닿는 것 같은, 혹은 어떤 영Geist이 눈에 띄지 않게 방 안으로 들어선 것 같은 느낌, 아득히 지나간 과거의 것, 그러나 언제나 존재하며 초시간적인 먼 미래에 이르기까지 현존하는 듯한 영의 느낌을 가지고 있었다. 이런 종류의 전환점은 누멘Numen의 후광으로 둘러싸여 있었다.

물론 나는 그 당시 결코 나를 이런 식으로 표현할 수는 없었을 것이다. 그러나 나는 그 당시의 내 의식상황에 지금 무엇을 덧붙이고 있는 것은 아니다. 그저 몽롱한 세계를 현재의 방법으로 밝히고자 시도할 뿐이다.

여기 적은 사건이 있은 지 몇 달이 지난 뒤의 일이었다. 한 급우가 나에게 "태조太祖 아브라함"이라는 별명을 붙였다. 나의 제1호 성격은 그것을 이해할 수 없었고 그것을 어리석고 우습게 여겼다. 그러나 마음속으로는 그것이 어딘가 내 특성을 맞추었다고 느꼈다. 나의 속마음을 암시하는 모든 것은 내게 괴로운 것이었다. 왜냐하면 내가 책을 많이 읽고, 도시의 세계가 내게 알려지면 알려질수록 내가 지금 현실이라고 알고 지견을 넓히고 있는 것은 나와 더불어 시골에서 자라온 그 세계상과는 다른 사물의 질서에 속한다는 인상이 내 마음속에서 커졌기 때문이다. 그 시골의 세계상은 강한 숲 사이에서, 동물과 인간 사이에서, 햇빛이 머무르고 바람과 구름이 지나가는 작은 마을에서 자라났으며 어둡고 막연한 어려운 것들로 가득 채워진 밤으로 에워싸인 세계상이었다. 그것은 지도 위의 단순한 장소가 아니라 신의 세계로서 지정된 것이며 비밀스런 의미로 채워진 것이다. 사람들은 그것을 모르는 것 같았다. 동물조차도 그것을 잊은 듯했다. 젖소의 슬프고 공허한 눈초리, 말의 체념한 듯한 눈, 사람에게 매달리는 개의 복종 속에서, 심지어 집과 건초창고를 주거나 사냥 근거지로 선택한 고양이의 자신감에 찬 몸짓 속에서조차 우리는 그것을 볼 수 있었다. 동물처럼 사람들도 무의식 속에 있는 듯했다. 그들은 땅바닥을 보거나 나무를 쳐다보며 무엇을 어떻게 무슨 목적으로 이용할 수 있을까 알고자 한다. 동물처럼 인간들도 무리를 지어 모이고, 짝을 짓고, 싸우고 하면서 그들이 우주 속에 살고 있으며 신의 세계에, 영원 속에 모든 것이 태어날 것이며 모든 것이 이미 죽어 버린 세계 속에 있음을 알지 못한다.

나는 모든 온혈동물을 좋아했다. 그들은 우리와 가까운 친족관계에 있고 우리의 무지를 나누어 가지고 있기 때문이다. 내가 그들을 사랑한 것은 그들이 우리와 같은 마음Seele을 가지고 있으며 내가 믿기로는 우리가 그들을 본능적으로 이해하기 때문이다. 나는 동물들이 우리가 즐거움과 슬픔, 사랑과 미움, 배고픔과 갈증, 불안과 신뢰 등을 경험하듯 단지 언어, 예리한 의식, 과학을 제외하고는 존재의 온갖 근본적인 내용들을 경험한다고 생각했다. 나는 후자 즉, 언어와 과학 등을 관습대로 경탄의 눈으로 보았지만 그것 속에서 신의 세계로부터 이탈하게 하며 동물조차 할 수 없는 퇴화에의 가능성을 발견했다. 동물들은 사랑스럽고 충실하며 변함없고 신뢰할 만한 것들이었으나 사람들은 나에게 전보다 더 믿을 수 없는 존재였다.

곤충들은 "올바른" 동물이 아니었고 냉혈척추동물은 곤충이 되어가는 과정에 있는 별로 중요시할 만한 것이 못 되는 중간단계였다. 이 범주의 존재는 관찰과 수집 대상이고 호기심의 대상이었는데 그 까닭은 낯설고 비인간적이고 비개인적인 존재의 현상으로서 인간보다도 식물계에 더 가까운 것들이었기 때문이다.

식물의 왕국와 더불어 신의 세계의 지상적 출현이 일종의 직접적인 신의 메시지로서 시작되었다. 그것은 마치 아무도 보는 사람이 없다고 장담하고 있는 신의 어깨 너머로 어떻게 신이 장난감 또는 장식품들을 만들고 있는지를 사람들이 본 것과도 같은 것이다. 여기에 대해서 사람이나 "올바른" 동물들은 자립한 신의 일부이다. 그러니까 그들은 자유롭게 걸어다닐 수 있고 그들의 주거지를 선택할 수 있었다. 식물의 세계는 이와 반대로 성장과 쇠퇴가 그들이 서 있는 장소에 매여 있다. 그들은 무엇을 의도함이 없이 또는 빗나감이 없이, 아름다움뿐 아니라 신의 세계의 생각을 표현하고 있었다. 특히 나무들은 신비스럽고 삶의 불가해한 뜻을 직접 묘사하고 있는 것 같았다. 그러니까 숲은 가장 깊은 뜻과 그 뜻의 무서운 작용이 일어나고 있는 곳으로 사람들이 가장 가까이 느꼈을 곳이었다.

내가 고딕식 사원을 알게 되었을 때 나의 이와 같은 인상은 더욱 강해졌다. 그러나 여기에는 우주의 영원성과 혼돈, 의미와 무의미성, 주체성 없는 의도성과 기계적 법칙성이 돌 속에 휩싸여 있었다. 그 돌은 끝없는 존재의 비밀, 혼의 정수를 내포하고 있었고 동시에 비밀 그 자체였다. 그것은 바로 내가 어렴풋이 돌과의 친족성을 느꼈던 바로 그것이었다. 죽은 자와 살아 있는 자, 양자 속의 신의 성질이었다.

이미 언급한 것처럼 당시 나는 내 감정과 예감을 남이 알 수 있도록 설명할 줄 몰랐다. 왜냐하면 나의 능동적이고 사물을 파악하는 자아인 제1호 인격이 수동적인 태도를 취하는 동안 그런 감성이나 예감 등은 나의 제2호 인격 속에서 일어났고 수백 년 전 세계에 속했던 "늙은 남자"의 영역으로 수용되었기 때문이다. 나는 그 늙은 남자를 체험했고 이상하게도 그가 주는 영향이 어떤 것인지를 반성하지 않았다. 만일에 그 늙은 남자가 나타났을 때는 제1호 인격은 존재하지 않을 정도에 이르고 제1호 인격과 점점 더 동일시된 자아가 상황을 지배할 때는 그 늙는 남자는 기억에 남아 있기는 하지만 아득히 먼 비현실적인 꿈과 같은 존재였다.

16세에서 19세 사이에 천천히 나의 딜레마의 구름이 걷혔다. 이로써 나의 우울한 기분도 호전되었고 제1호 인격이 더욱 뚜렷하게 드러나게 되었다. 학교와 도시의 생활은 많은 시간을 요구했고 또한 나의 증가된 지식이 점차 퍼져나가 예감에 찬 영감을 억압하였다. 나는 의식적 문제제기를 체계적으로 추적하기 시작하였다. 그리하여 나는 철학사의 한 작은 입문서를 읽었고 그를 통하여 이미 지금까지 생각되었던 것들에 관한 일종의 조망을 얻을 수 있었다. 나는 내 영감의 대부분이 역사적인 유래를 지니고 있음을 알았고 이에 만족했다. 무엇보다도 나는 피타고라스Pythagoras, 헤라클릿Heraklit, 엠페도클레스Empedokles와 플라톤Plato의 사상을 소크라테스의 이들에 대한 설명이 장황하기는 했으나 좋아하였다. 그 사상들은 마치 그림전시실처럼 아름답고 학구적이었는데 약간 거리감을 느끼게 하는 점도 있었다. 마이스터 에크하르트Meister Eckhart에 이르러 나는 그를 완전히 이해할 수는 없었지만 비로소 삶의 입김을 느꼈다. 기독교적 스콜라 철학은 나의 흥미를 끌지 못했고 성 토마스의 아리스토텔레스적 주지주의는 사막처럼 생명이 없는 것 같았다. 나는 이들이 모두 영접하지 못했고 진정으로 알고 있지 못한 것을 논리적 곡예로서 억지로 획득하려 든다고 생각하였다. 그들은 하나의 믿음을 증명하고자 하지만 그것은 체험이 뒤따라야 하는 것이다! — 그들은 마치 견문으로 코끼리가 있다는 것을 알고 있었지만 자신들은 아무것도 보지 못한 사람들 같았다. 그리고는 이제 그들은 논리적인 근거에서 이와 같은 동물이 존재해야 한다는 것, 그리고 그 동물이 그렇게 형성되어 있어야 한다는 것을 논란으로서 증명하고자 시도하였다. 18세기의 비판철학은 처음에는 받아들이기 어려웠는데 여기에는 그럴 만한 이유가 있었다. 나는 헤겔Hegel의 지루하고 거만한 말투에 놀랐다. 때문에 불신감을 가진 채 그의 말들을 읽었다. 내게 그는 마치 자신의 언어건물 속에 갇혀 있으면서도 자랑스러운 몸짓으로 감옥 속을 돌아다니는 사람처럼 보였다.

그런데 나의 탐구과정에서 얻은 커다란 소득은 쇼펜하우어Schopenhauer였다. 그는 처음으로 세계의 고통을 말한 사람이었다. 우리를 혼란과 고뇌와 악으로 절박하게 여실히 둘러싸고 있는 이 고통의 세계를 다른 사람들은 별로 주목하지 않았고 언제나 조화와 이해 속에서 해소하려 했던 것이다. 그런데 여기 마침내 세계가 반드시 최선의 것으로만 만들어지고 있지 않다는 사실을 깨달을 만한 용기를 가진 자가 있었다. 그는 창조의 최고의 자비와 최고의 지혜를 지닌 하늘의 뜻을 말하지도 않았고 피조물의 조화에 관해서도 말하지 않았다. 그는 인류 역사의 고통에 찬 과정과 자연의 잔인성에는 하나의 결함이 그 밑바닥에 놓여 있으며, 이는 다시 말해 세계창조의 의지의 맹목성이라고 분명히 말했다. 나는 예전의 자연관찰을 통하여 이 말을 증명할 수 있다는 사실을 알게 되었다. 즉 앓고 죽어가는 물고기, 개선을 앓는 여우, 추위에 얼고 굶주린 새들, 꽃으로 장식된 초원에 감추어진 무자비한 비극, 개미에 의하여 죽도록 괴롭힘을 당하는 도마뱀들, 서로 산산조각으로 찢고 찢기는 곤충들 등등. 또한 나의 인간과의 경험 역시 나에게 인간 본래의 선과 인류에 대한 믿음과는 전혀 다른 측면을 가르쳐 주었다. 나는 내 자신에 관해서도 내가 동물과 그저 어느 정도의 차이를 지니고 있을 뿐임을 너무나 잘 알고 있었다.

쇼펜하우어의 음산한 세계상은 나의 전적인 찬성을 얻었지만 그의 문제 해결은 그렇지 않았다. 그가 말하는 "의지"가 신이며 창조주를 뜻하는 것임은 분명했고 그는 이를 "맹목"이라 규정하였다. 나의 경험으로는 신은 어떠한 신성모독에 의해서도 상처를 입지 않을 뿐 아니라 반대로 그런 모독을 요구하기까지 한다. 그리하여 그는 인간이 밝고 긍정적인 측면뿐 아니라 어둡고 배신적인 측면도 갖도록 요구함을 나는 알고 있었으므로 쇼펜하우어의 견해는 내게 아무런 부담도 주지 않았다. 나는 그것을 사실로써 증명된 판단이라고 생각했다. 그러나 그런 만큼 맹목의 의지를 발전시키기 위해서는 오직 지성이 그 상像을 내보여야 한다는 그의 설은 나를 더욱 실망시켰다. 의지가 맹목이면 어떻게 그것이 이 상을 볼 수 있는가? 그것이 이를 볼 수 있다 해도 어째서 이를 통하여 되돌아서도록 의지를 움직일 수 있는가? 왜냐하면 그 상이란 의지에게, 바로 그 의지가 원하는 바를 보여줄 것이기 때문이다. 그리고 지성Intellekt이란 무엇이었던가? 그는 인간의 마음Seele의 기능이요, 거울이 아니라 미소한 거울 조각으로 아이가 그것을 가지고 태양을 향해 돌면서 태양이 그것으로 눈멀기를 기대하는 것과도 같은 것이다. 이런 것이 내게는 매우 부적절한 것처럼 보였다. 쇼펜하우어가 어째서 그런 생각을 갖게 되었는지 내게는 수수께끼였다.

이것이 내가 쇼펜하우어를 좀 더 철저하게 연구하는 계기기 되었는데 나는 그와 칸트와의 관계에서 더욱 깊은 감명을 받게 되었다. 그래서 나는 이 철학자의 저술, 특히 ≪순수이성비판≫을 고생해 가며 읽었다. 쇼펜하우어의 학문적 체계의 근본결함을 발견했다고 생각했으니 읽은 보람이 있었다. 즉 그는 단순한 누메논Nooumenon, "사물 그 자체"를 실체화하고 그 성질을 규정하려고 형이상학적 진술을 하는 치명적인 잘못을 저지른 것이다. 이것은 칸트의 인식론을 읽은 결과 얻은 발견으로서 이 인식론은 쇼펜하우어의 "염세적인" 세계상보다도 더 큰 깨우침을 준 만큼 내게는 매우 중요한 것이었다.

이와 같은 철학적 발전은 열일곱 살부터 내가 의학을 공부하던 시절까지 확장되었다. 이것은 세계와 인생에 대한 내 입장의 혁명적인 변화를 가져다 주었다. 전에는 수줍어하고 불안해하며 남을 의심하며 창백하게 마르고 병약했던 나는 이제 모든 면에서 엄청난 의욕을 느끼기 시작했다. 나는 내가 원하는 것이 무엇인지 알고 있었고 또한 그것에 손을 뻗쳤다. 나는 또한 분명 붙임성 있고 속이 트인 사람이 되었다. 나는 가난이 손해가 될 수 없음을 알았고 더구나 고통의 주된 원인이 아님을 알게 되었다. 또한 부잣집 아들들이 가난하고 옷을 못 입은 청년들보다 결코 더 나을 것이 없음을 알았다. 행복과 불행에는 용돈의 크기보다 더 깊은 이유가 있었다. 나는 전보다도 더 많은, 더 좋은 친구들을 얻었다. 보다 확고한 지반을 의식했고 나의 생각을 솔직히 말하는 용기조차 갖게 되었다. 그러나 그런 인식은 애석하게도 하나의 착각이었음을 나는 곧 알게 되었다. 나는 조소와 의심쩍은 혐오감뿐 아니라 적의에 찬 배척에 당면하였다. 내가 어떤 사람들에게는 허풍쟁이로 간주되고 있는 것을 발견하고 놀랐고 불쾌했다. 이전의 거짓말쟁이로서의 혐의가 다른 형태를 취하기는 했어도 다시 반복된 것이다. 또 한 번 내가 흥미를 느낀 논문주제가 제기되었다. 그 주제는 내 흥미를 돋우었으므로 나는 그것을 특히 정성들여 썼고 내 문체를 무척 세심하게 가다듬었다. 결과는 처참했다. "여기 융의 논문이 있다." 선생은 이렇게 말했다. "그것은 훌륭하지만 너무 손쉽게 써 갈겨서 거의 진지한 노력을 들이지 않은 것을 알 수 있다. 융, 네게 말해 두는데, 이런 안이한 태도를 가지고는 인생을 성공적으로 살아가기 어려울 게다. 인생에서는 진지함과 성실성, 노력이 필요하다. D의 논문을 보아라. 그건 네 글같이 우수하지는 않지만 그 대신 진지하고 양심적이고 성실해. 그것이 인생을 성공으로 이끄는 길이다."

나의 패배감은 첫 번째처럼 그리 심각하지는 않았다. 왜냐하면 선생은 자신도 모르게 내 논문에 깊은 감명을 받았고, 최소한 내가 그것을 다른 글에서 훔쳐온 것이라고 주장하지는 않았기 때문이다. 나는 물론 그의 비난에 항의했지만 그는 이런 논평으로 내 항의를 막아 버리고 말았다. "≪시학*Ars Poetica*≫에 의하면 그 창조의 노력을 눈치챌 수 없는 시가 가장 좋은 것이기는 하다. 그러나 네 논문은 여기에 해당되지 않아. 결코 나를 속일 수는 없다. 네 논문은 단지 경솔하게, 힘들이지 않고 써 갈긴 것이야." 그 논문에는 내 느낌으로는 몇 가지 좋은 생각들이 들어 있었는데, 여기에 대해 선생은 전혀 언급하고자 하지 않았다.

이 사건은 나를 격분시켰지만 급우들 사이의 나에 대한 불신은 나의 마음을 더욱 무겁게 하였다. 왜냐하면 그들은 나로 하여금 예전의 고립감과 우울증으로 다시 몰아넣을 위협을 주었기 때문이다. 나는 내가 어쩌다가 그런 불명예스러운 비방을 듣게 되었는지를 알고자 무척 고심했다. 조심스럽게 수소문해 본 결과 사람들이 나를 다음과 같은 이유에서 불신한다는 사실을 알게 되었다. 즉 내가 흔히 알 도리가 없는 것들을 논평한다든지 거기에 대한 시사를 한다는 것이다. 예컨대 학교의 과목에는 전혀 들어 있지 않은 칸트와 쇼펜하우어, 또는 고생물학에 관해 알고 있는 듯이 행세한다고 했다. 이런 놀라운 확인은 나에게 다음과 같은 것을 가르쳐 주었다. 즉, 나에게 제기된 모든 화급한 문제들은 나의 어릴 때 비밀처럼 세속적인 일상계에 속하는 것이 아니라 신의 세계에 속하는 것으로 거기에 관해서는 차라리 입을 다무는 것이 좋다는 사실이다.

나는 그때부터 이러한 "비학秘學"을 나의 동료들에게 말하는 것을 삼갔다. 어른들 가운데서도 나를 허풍쟁이라든가 거짓말쟁이라고 하지 않을까 하는 두려움을 갖지 않고 이야기를 나눌 만한 사람을 알고 있지 못했다. 내가 당시 가장 절실하게 느낀 것은 나 자신의 마음속에 분리된 두 세계를 합치고자 하는 나의 노력이 마비되고 저지되었다는 것이었다. 언제나 되풀이하여 사건이 터져서 나는 나의 일상적인 존재에서 끝없이 "신의 세계"로 밀려들어가지 않을 수 없었다.

"신의 세계"라는 표현이 어떤 사람에게는 감상적으로 들리겠지만 나에게는 전혀 그런 감상적인 속성을 지는 것이 아니었다. "신의 세계"는 모든 "초인적인 것", 눈부신 빛, 심연의 어둠, 시공時空의 무한대가 지닌 차가운 무관심, 비합리적인 우연의 세계의 무시무시한 기괴함이 속해 있었다. "신"은 나에게 모든 것이었다. 그러나 나를 감화시키는 것은 아니었다.

IV

나이가 들어갈수록 부모나 다른 사람들은 나에게 장차 무엇이 되고자 하는지를 물었다. 거기에 관해서는 나도 분명한 생각이 없었다. 나의 관심을 끈 분야는 다양했다. 한편으로는 사실에 기초를 두는 진실을 추구하는 자연과학이 나의 흥미를 강하게 끌었고, 다른 한편으로는 비교종교사와 관련되는 것은 무엇이든지 나를 매혹하였다. 첫째 경우에는 동물학, 고생물학, 지리학이었고, 둘째 경우에는 그리스 · 로마, 이집트와 선사시대 고고학이 나의 주된 관심을 끈 분야였다. 당시에는 이런 상이한 학과의 선택이 얼마나 나의 이중성격에 해당되는 것인지 물론 몰랐다. 자연과학에서는 구체적인 사실과 함께 그 역사적인 전 단계가 나를 충족시켰고 종교학에서는 정신적인 문제제기가 나를 사로잡았는데 거기에는 또한 철학이 포함되었던 것이다. 전자에서는 의미의 요소가 없어 서운했고 후자에는 경험의 요소가 결여되어 서운했다. 자연과학은 나의 제1의 성격이 지닌 정신적인 욕구에 무척 합당했고 그에 반해서 정신과학 또는 역사과목은 제2의 성격을 위하여 유익한 관조의 교육에 합당한 것이었다.

이 모순된 상황에서 나는 오래도록 방향을 잡을 수 없었다. 나는 나의 어머니 친정의 원로로서 바젤의 성 알반 교회 목사이며 가족 사이에서는 "이제멜리"라는 별명을 지닌 나의 백부가 내게 은근히 신학을 권장하는 것을 눈치챘다. 그는 그가 모두 신학자인 그의 아들 가운데 한 사람과 식탁에서 전문적인 문제를 토론하고 있을 때 내가 이상할 정도로 열심히 그 토론을 엿듣고 있는 것을 놓치지 않았던 것이다. 그러니까 나는 저 까마득히 높은 곳에 있는 대학과 가까운 관계를 맺고 있어서 나의 아버지보다도 많이 알고 있는 신학자가 결국은 어딘가에 있는 것이 아닐까 무척 궁금했던 것이다. 그런데 이 식탁의 토론에서는 이 사람들이 진정한 체험, 심지어는 나의 체험 같은 것에 신경을 쓰고 있다는 인상을 한 번도 받은 일이 없었다. 그들은 예외 없이 성서의 이야기에 관한 학설을 토론할 뿐이었는데 그 이야기란 믿기 어려운 수많은 기적에 관한 이야기여서 내게는 무척 기분이 좋지 않은 것이었다.

나는 나의 김나지움대학예비교 시기에 매주 목요일 이 백부 댁에서 점심을 먹도록 허용되었었다. 나는 점심을 먹는 그 자체도 고마운 일이었지만 그의 식탁에서 때로는 어른들의 지적인 대화를 들을 수 있는 유일무이한 특권을 누릴 수 있는 것에 감사했다. 이런 것이 존재했다는 것만으로도 내게 하나의 커다란 체험이었다. 왜냐하면 나는 내 주위에서 누군가가 학문적 대상에 관해 대화를 나누는 것을 한 번도 들은 일이 없었기 때문이다. 나는 나의 아버지에게 이야기를 나누도록 요구해 보았지만 언제나 내가 이해하기 어려운 참을 수 없는 불안한 방어에 부딪치곤 했다. 나는 수년이 지나서야 비로소 나의 가엾은 아버지는 생각을 해서는 안 되는 것이었음을 이해하게 되었다. 그는 그 자신이 이미 내적인 의혹으로 지리멸렬해 있었다. 그는 자기 자신으로부터 도피하고 있었으므로 맹목적인 믿음을 주장하여 그것을 쟁취하여야 했고 신경질적인 노력으로 그것을 강행하고자 했다. 그렇기 때문에 그는 그 믿음을 은혜라고 느낄 수가 없었다.

나의 백부와 나의 종형제들은 지극히 침착하게 교부들의 도그마敎義로부터 최근의 신학에 이르기까지 토론할 수 있었다. 그들은 자명한 세계질서에 대한 확고한 이론적 근거를 가지고 있는 듯 보였다. 그러나 그런 논거 가운데 니체의 이름은 전혀 언급되지 않았고 야콥 부르크하르트Jakob Burckhard의 이름도 그저 내키지 않지만 인정한다는 투로 언급되었다. 부르크하르트는 "자유주의적", "좀 너무 자유파적"인 사람으로 불려짐으로써 그가 사물의 영원한 질서에 대하여 좀 빗나갔다는 암시를 주었다. 나의 백부는 내가 얼마나 신학에서 멀리 떨어져 있는지 상상도 못하고 있어서 유감스럽게도 나는 그를 실망시킬 수밖에 없었다. 그러나 나는 그 당시 나의 문제를 감히 꺼내려 하지 않았다. 나는 그렇게 함으로써 어떤 예측할 수 없는 재난이 일어날지를 너무나 잘 알고 있었기 때문이다. 내 수중에는 나를 방어할 것이 아무것도 없었던 것이다. 반대로 나의 제1의 성격은 당시의 학문적 유물론에 완전히 빠져 버린 나의 아직 빈약한 자연과학적 지식과 더불어 결연히 전진하고 있었다. 이 제1의 성격은 내 주위의 아무도 이해하는 사람이 없는 것처럼 보인 ≪순수이성비판≫과 역사의 증언으로써 그저 간신히 그 전진에 쐐기를 박을 수 있었다. 칸트는 백부의 집에 모인 신학자로부터 찬양의 어조로 언급되기는 했으나 그의 근본명제는 단지 반대의견을 반박하는 수단으로 이용되었을 뿐 그 자체로서 언급된 일이 없었다. 여기 관해서도 나는 아무 말도 하지 않았다.

이러한 까닭에 나는 나의 백부와 그의 가족과 함께 식탁에 앉는 것이 점점 괴로워졌다. 나의 습성화된 양심의 가책에서 보자면 목요일은 액운의 날이었다. 거기에 때때로 떨구어진 한 방울의 정신적인 감흥을 애타게 바라고 있었지만 이 사회적・영적인 확고부동성과 유연의 세계에서 나는 언제나 소외감을 느꼈다. 나는 내가 마치 성실치 못한, 버림받은 사람처럼 느껴졌다. 나는 스스로 이렇게 고백하지 않을 수 없었다. "그래 너는 거짓말쟁이야. 너는 네게 잘 대해 주고 있는 사람들을 속이고 있어." 그 사람들이 사회적・정신적 확신 속에 살고 있으며 가난에 대해 아무것도 모르고, 그들의 종교는 동시에 보수를 받는 직업이며 그들이 신이 어떻게 한 인간을 그 자신의 세계질서로부터 내몰아 신을 모독하도록 저주할 수 있는지에 대해 아무 생각도 하지 않는다고 해서 그것이 그들 탓이라 할 수는 없는 것이 아니겠는가. 나는 그것을 그들에게 설명할 방도가 없다. 그러나 나는 내 자신 속에 그 혐오를 스스로 받아들이고 그것을 견디는 법을 배워야 했다. 물론 나는 지금까지도 그런 것을 제대로 성공시키지 못했다.

이런 도덕적인 갈등이 내 마음속에서 날카롭게 심해지자 제2의 성격은 내게 점점 더 불쾌하고 위태로운 것이 되어 이 사실을 내 자시에게 더 이상 숨길 수 없게 되었다. 나는 나의 제2의 성격을 없애 버리고자 했지만 잘 되지 않았다. 나는 그것을 학교에서, 나의 친구들 앞에서는 잊을 수 있었고 자연과학을 공부할 때는 그것이 사라졌지만, 내가 집에 혼자있거나 자연 속에 있기만 하면 쇼펜하우어와 칸트가 그 위대한 "신의 세계"와 더불어 다시 강력하게 나타났다. 나의 자연과학적 지식도 그 속에 내포되어 그 위대한 신의 세계의 회화를 색채와 형상으로 채웠다. 제1의 성격과 그의 직업선택을 위한 걱정거리들은 19세기의 90

년대에 일어난 한 작은 삽화로 지평선 밑에 가라앉고 말았다. 그러나 수백 년 전의 과거로 여행하다가 다시 현실로 돌아왔을 때 그것은 일종의 숙취처럼 씁쓸한 기분을 수반한 채 일어났다. 나, 즉 제1의 성격이 이제 여기에 살고 있었고 조만간 어떤 직업을 내가 택해야 되는가를 분명히 생각하지 않으면 안 되었다.

나의 아버지는 여러 번 진지하게 나와 이야기했다. 나는 어떤 공부도 선택할 수 있으며, 만일 그에게 충고를 구한다면 신학은 차라리 하지 않는 게 좋겠다는 것이었다. "너는 무엇이든 될 수 있다. 신학자만은 안 돼!" 그 당시 우리들 사이에는 이미 불문율처럼 어떤 것에 관해서는 특별한 논평 없이도 말하고 행하고 할 수 있었다. 예컨대 아버지는 내게 왜 내가 그렇게 자주 교회를 빼먹고 성찬식에 한 번도 참여하지 않는지에 대해 나의 답변을 요구한 일이 없었다. 내가 교회에서 멀리 떨어져 있으면 있을수록 내 마음은 편안했다. 내가 교회에 안 나가서 좀 허전했던 것은 결코 "교회공동체"가 아니고 오직 풍금과 합창이었다. 교회공동체에서는 아무것도 상상할 수 없었다. 왜냐하면 습관에 따라 규칙적으로 교회에 나가는 사람들은 서로 "세속적인 사회"보다 "공동체"를 덜 가지는 것처럼 보였다. 후자는 물론 덕이 부족하지만 훨씬 사람들이 친절하고 자연스러운 감정을 지녔고 사교성 있고 명랑하며 따뜻하고 다정했다.

나는 아버지에게 내가 결코 신학자가 되려고 갈구하지 않음을 알리고 그를 안심시킬 수 있었다. 나는 자연과학과 정신과학 사이에서 결단을 못 내리고 동요하고 있었다. 두 가지가 다 나의 마음을 강력하게 끌었던 것이다. 그러나 차차 제2의 성격이 아무런 임시휴게소를 가지고 있지 않다는 것이 내게 분명해지기 시작했다. 그 성격 속에서는 지금, 여기라는 현실성이 면제되었고 나는 그 안에서 천의 눈을 지닌 우주 가운데 하나의 눈인 것처럼 느꼈다. 그러나 지상에서는 조약돌 하나 움직일 능력이 없었다. 제1의 성격이 이에 반항하였다. 그는 행동하고 영향을 주고자 하였다. 그러나 우선 해결할 수 없는 분열에 처해 있었다. 나는 잠시 기다려서 무엇이 일어나게 될지를 바라보아야 할 상황이었다. 누군가 그 당시 나에게 장차 무엇이 되고자 하느냐고 물을 때면 나는 보통 문헌학자가 된다고 말하면서 속으로는 아시리아와 이집트의 고고학을 생각하고 있었다. 그러나 실제로는 나의 한가한 시간, 특히 어머니와 누이동생과 함께 집에서 보내던 방학 동안에 자연과학과 철학을 공부하고 있었다. 어머니에게 달려가서 "심심해요. 무엇을 해야 할지 모르겠어요!" 하며 호소하던 시기는 이미 지나갔다. 방학은 언제나 내가 혼자서 즐길 수 있는 절호의 기회였다. 게다가 그때는 적어도 여름에는 아버지가 집에 없었다. 그는 휴가를 정기적으로 작젤른Sachseln에서 보내고 있었던 것이다.

단 한 번 나도 휴가여행을 한 일이 있었다. 나는 열네 살이었는데 의사가 나에게 엔틀레부흐Entlebuch에서 휴양할 것을 명하여 당시의 쇠약해진 나의 건강상태와 부진한 식욕을 고쳐 보려고 하였다. 처음으로 나는 혼자서 낯선 어른들 사이에서 가톨릭 신부의 집에 숙박하게 되었다. 그것은 나에게 무시무시하면서도 동시에 매혹적인 모험이었다. 신부의 얼굴을 보는 일은 거의 없었고 그의 가정부는 좀 퉁명스럽기는 했으나 결코 남을 불안하게 하는 성격은 아니었다. 위협을 줄 만한 일은 아무것도 일어나지 않았다. 나는 한 늙은 시골의사의 보살핌을 받고 있었는데, 그는 모든 종류의 회복기 환자를 위한 일종의 호텔요양소를 가지고 있었다. 사람들은 어느 면으로 보나 혼성된 집단이었다. 농사꾼, 말단관리, 상인 그리고 몇몇 바젤의 지식인들, 그 가운데 화학자인 한 박사가 있었다. 나의 아버지도 철학박사였지만 그는 문헌학자이고 언어학자였다. 그러나 화학자란 나에게 아주 새로운 사실이었다. 그는 자연과학자로서 돌의 비밀도 이해하는 사람이었다! 그는 아직 젊은 사람으로 내게 크로켓놀이를 가르쳐 주었지만 그가 가졌을 굉장한 지식에 관해서는 아무것도 말하지 않았다. 그에게 무엇을 묻기에는 내가 너무 수줍음이 많았고 야무지지 못했으며 또 너무 아는 게 없었다. 그러나 나는 그를 내가 처음 만난 사람으로 자연비밀에 관해(혹은 적어도 그 일부를) 살아 있는 지식을 가진 사람으로서 우러러보았다. 그는 같은 주인집 식탁에 앉아 나와 같은 식사를 하고 심지어 가끔 나와 몇 마디 주고받기조차 하였다. 나는 보다 높은 어른의 경지로 올라가 있는 듯한 느낌이었다. 같은 숙소의 사람들과 함께 소풍을 가도록 허용된 것 자체가 나의 지위 향상을 증명하는 것이었다. 우리는 그때 포도주를 시음하도록 초대되어 한 양조장을 방문했다.

> 그러나 이제 심술궂은 반역자가 가까이 오도다.
> 그 음료는 술이었으므로.

라는 고전의 말 그대로 충만감에 사로잡힌 채 나는 그 여러 개의 술잔에 너무도 열중하여 나에게는 전혀 새로운 예기치 못한 의식상태에 내가 옮겨지는 것을 느꼈다. 거기에는 안도 밖도, 나도 너도 없었고, 제1의 성격도, 제2의 성격도, 소심하다든가 주의해야 할 것이라든가 하는 것들도 없었다. 땅과 하늘, 세계와 모든 것, 그 속에서 "기고 달아나고" 하는 온갖 것들이 빙빙 돌고 올라가고 또는 떨어지고, 그리하여 하나가 되었다. 나는 수치스럽게도 승리감에 도취되어 술에 취했다. 그것은 마치 기쁨에 찬 깊은 생각의 바다에 빠진 것과 같았고 세찬 바다의 움직임 때문에 나는 눈과 손과 발로 모든 단단한 대상들을 꽉 붙잡고 물결치는 거리와 서로 기울어진 집들과 나무들 사이에서 중심을 잡으려 하였다. '굉장하구나' 하고 나는 생각했다. 그저 좀 지나친 것이 유감일 뿐이다. 이 체험은 괴로운 결과를 가져왔다. 그러나 애석하게도 내가 바보 같아서 망쳐버리기는 했지만 아름다움과 의미에 대한 예감과 발견은 내 마음속에 길이 남았다.

나의 휴양 기간이 끝나자 아버지가 나를 데리러 와서 함께 루체른Luzern으로 갔는데, 거기서 우리는 — 아, 얼마나 행복했던지 — 증기기선에 올라탔다. 나는 아직 그런 것을 본 일이 없었다. 하지만 나는 증기기관의 작동을 실컷 볼 수도 없었다. 별안간 피츠나우Vitznau에 왔다는 것이다. 이곳에는 큰 산이 있었다. 아버지는 그것이 리기Rign산이라고 했고 기차가 거기에 오른다는 것이었다. 우리는 작은 역사로 갔다. 거기에 일찍이 세상에서 보지 못한 묘한 기관차가 직각으로 서 있는데 증기통은 비스듬히 설치되어 있었다. 차 안의 좌석도 비스듬히 되어 있었다. 아버지는 차표를 손에 쥐어 주며 말하기를, "이제 너 혼자 저기 꼭대기로 가는 거다. 나는 여기 남아 있겠다. 두 사람이 가기에는 차비가 너무 비싸다. 조심해라, 아무 데도 떨어지지 말고."

나는 너무나 기뻐서 말이 안 나왔다. 이 웅장한 산, 내 일찍이 본 일이 없는 그렇게 큰 산! 그것은 내 아득한 어린 시절 멀리서 본 햇살에 불타던 설악과 아주 가까이 있었다. 나는 사실 거의 한 성숙한 남자가 되어 있었다. 나는 여행에 대비하여 참대 지팡이와 영국식 경마기수의 모자를 샀는데 이것은 당시 세계여행자가 으레 지녀야 할 물건들이었다. 이제 나는 이것을 지니고 이 굉장한 산에 있는 것이다! 나는 내가 큰지 산이 더 큰지 알 수 없을 지경이었다. 굉장한 연기와 더불어 이 기적의 기관차는 나를 저 까마득한 높이로 흔들거리며 실어 올렸고 언제나 새로이 멀고 깊숙한 산의 여러 모습이 눈앞에 펼쳐지면서 드디어 나는 산꼭대기에 서게 되었는데 산소가 희박한 것이나, 상상할 수 없는 넓은 조망이 내게는 모두 새로웠다. 나는 생각했다. 그래, 이것이다. 이것이 나의 세계, 내 고유의 세계요 신비의 세계다. 여기에는 선생도 학교도 해답 없는 의문도 없다. 물음을 던질 필요도 없이 그저 그렇게 있는 세계이다. — 나는 조심스럽게 길이 있는 곳을 지키면서 걸었다. 깎아지른 듯한 절벽이 있었다. 그것은 엄숙한 분위기였다. 사람들은 점잖고 조용히 행동해야 했다. 왜냐하면 그것은 신의 세계이기 때문이었다. 그 세계가 여기에 현실화되고 있었다. 그것은 나의 아버지가 일찍이 나에게 준 가장 값지고 가장 좋은 선물이었다.

그때 받은 인상이 너무나 커서 그 뒤에 일어난 것에 대한 추억이 완전히 기억에서 소실되었다. 그러나 제1의 성격 역시 이 여행에서 얻은 바가 많았다. 그의 인상도 나의 대부분의 생애에서 항상 생생하게 남아 있었다. 나는 스스로를 성숙하고 독립된 사람으로 보았다. 딱딱한 까만 모자를 쓰고 비싼 산책용 지팡이를 들고 거창하고 엄청나게 고상한 루체른 선착장 가의 호텔의 테라스에서, 혹은 피츠나우의 화려한 정원에서 아침햇살에 빛나는 파라솔 아래 흰 식탁보를 덮어 새로 마련된 식탁 앞에 앉아 커피를 마시며 크루아상(초승달같이 생긴 빵: 역주)을 황금빛 버터와 여러 가지 잼을 발라 먹으며 긴 여름날의 소풍계획을 궁리하면서 — 커피를 마시고 나선 나는 느긋하게 소요를 떠난다. 흥분하지 않고 가벼운 발걸음으로 기선을 향하여 간다. 그것은 고타르트 쪽으로, 번득이는 빙하로 덮여 있는 저 거대한 산악의 기슭으로 사람들을 실어 나른다.

수십 년 동안 내가 많은 일 때문에 피곤해져서 쉴 자리를 찾을 때면 이러한 이미지가 떠오르곤 했다. 실제 생활에서는 이런 멋진 일을 언제나 자신에게 되풀이해서 약속했지만 나는 그런 약속을 한 번도 지키지 못했다.

나의 이와 같은 첫 번째 의식된 여행이 있은 1, 2년 뒤에 두 번째 여행이 있었다. 아버지가 휴가를 보내고 있는 작젤른에 내가 방문해도 좋다고 한 것이다. 나는 아버지로부터 그곳에 있는 가톨릭 신부와 사귀게 되었다는 새로운 소식을 듣고 깊은 인상을 받았다. 그것은 비상한 모험인 듯싶었고 나는 아버지의 용기에 속으로 감탄했다. 나는 거기서 플뤼얼리Flüeli에 있는 당시 성인의 대열에 있는 클라우스 수도사의 유거幽居와 그의 성골聖骨을 관람하였다. 나는 가톨릭 신도들이 클라우스 수도사가 성스럽다는 것을 어떻게 알게 되었는지 이상하게 생각했다. 아마 그가 돌아다니면서 사람들에게 그렇게 말한 것은 아닐까? 나는 그 지방수호신에 깊은 감명을 받았다. 이렇게 신에게 바쳐진 인생을 살 수도 있다고 상상되었을 뿐 아니라 그런 삶을 이해할 수 있었다. 어떤 내적인 전율과 내가 아무런 해답도 찾지 못한 물음과 함께 — 즉, 어떻게 그의 부인과 아이들이 자기 남편과 아버지가 성인임을 참을 수 있었을까. 내 아버지의 경우를 보면 좀 실수도 하고 부족한 것이 바로 그를 사랑스럽게 만들었는데 말이다. 나는 생각했다. 그래 어떻게 사람들이 성인과 함께 살 수 있겠는가? 그것은 성인인 그에게도 불가능한 것이고, 그래서 그는 은둔자가 되어야 했던 것이다. 어쨌든 그의 암자에서 그의 집은 그리 멀지 않았다. 나는 이런 착상도 괜찮다고 생각했다. 가족은 한집에, 나는 다른 집, 좀 떨어진 막사에서 대량의 책과 책상을 갖추고 벽난로의 불을 지펴 밤을 굽고 그 불 위 삼각받침에 스프통을 걸어놓을 것이다. 거룩한 은둔자로서 나는 교회도 더 이상 나갈 필요가 없을 것이고 내 개인 예배소를 가질 것이다.

플뤼엘리Flüeli에서 나는 생각에 잠긴 채 마치 꿈꾸듯 길을 좀 올라가다가 내려가는 길 쪽으로 몸을 돌리자 바로 그때 왼편에서 한 소녀의 산뜻한 모습이 나타났다. 그녀는 스위스 고유의 옷을 입고 있었으며 예쁜 얼굴을 하고 다정한 푸른 눈으로 인사하고 있었다. 마치 당연한 것처럼 우리는 함께 계곡으로 내려갔다. 그녀는 나와 비슷한 나이 같았다. 나는 내 사촌 말고는 다른 소녀를 알지 못했으므로 어떻게 그녀에게 말을 걸어야 할지 좀 당황스런 기분이었다. 그래서 나는 주저하며 내가 여기 휴가로 며칠 동안 와 있노라고 설명했다. 나는 바젤에서 김나지움에 다니고 있고 뒤에 대학에서 공부할 것이라고 했다. 말하는 동안에 특이한 "숙명적"인 느낌이 마음속을 파고 들었다. — 그녀는 바로 이 순간에 나타났다는 생각을 했다. 그녀는 그렇게 자연스럽게 내 옆을 가고 있다. 마치 우리가 짝을 이루고 있기나 한 것처럼 — 나는 그녀를 옆에서 바라보며 그녀의 약간 부끄러워하고 경탄하는 얼굴표정을 읽었고 그것은 나를 당황하게 하고 어딘가 내 마음에 와 닿았다. — 여기 하나의 숙명이 우리를 위협하고 있을 가능성이 과연 있는 것인가? 아니면 그저 나는 우연히 그녀를 만난 것인가? 한 시골처녀, 그것이 가능할 것인가? 그녀는 가톨릭 신자였다. 아마 그녀의 성당 신부는 나의 아버지와 사귄 바로 그 사람일지 모른다. 그녀는 내가 누군지 아무것도 모르지 않는가. 내가 그녀와 더불어 쇼펜하우어나 의지의 부정에 관해 말할 수는 없지 않은가? 그녀는 물론 섬뜩한 면을 가지고 있지 않다. 그녀의 교회의 신부는 아마 저 위험한 검은 옷의 예수회원에 속하지 않는 모양이다. 나는 그녀에게 내 아버지가 개신교 목사라고 말할 수도 없다. 그녀는 그것을 듣고 놀라거나 모욕감을 느낄지 모른다. 게다가 철학에 관한 이야기를 한다든가 괴테가 그렇게 시시하게 우매한 것으로 만들어 버리긴 했지만 파우스트보다 의미가 큰 마귀에 관해서 그녀와 함께 이야기한다는 것은 생각도 못할 일이었다. 그녀는 아득한, 때묻지 않은 세상에 있고 나는 창세기의 화려함과 잔인함이 들이닥친 현실에 있었다. 그녀가 그것을 어떻게 견딜 수 있겠는가? 우리 사이에는 꿰뚫을 수 없는 담이 서 있었다. 여기에는 아무런 동질성이 없고, 없어도 할 수 없다.

나는 슬픔을 가슴에 품고 대화를 다른 방향으로 끌고 갔다. 그녀가 언제 작젤른으로 내려가는지, 날씨가 좋다, 일기예보도 그렇다는 둥.

이 만남은 겉으로 보기에는 전혀 의미가 없었지만 내적으로는 큰 비중을 차지하고 있어 이 문제는 나를 여러 날 생각하게 하였을 뿐 아니라 그것은 나의 기억 속에 길가에 기념비처럼 언제나 잊혀지지 않은 채 남아 있었다. 그 당시 나는 아직 인생이 서로 연관되지 않는 개별적인 체험으로 구성되는 저 어린애 같은 상태에 있었다. 왜냐하면 성 클라우스로부터 예쁜 소녀로 이끌어 간 운명의 실을 누가 발견할 수 있었겠는가?

그 당시는 생각들의 알력으로 가득찼었다. 한편으로는 쇼펜하우어와 기독교가 서로 일치하고자 하지 않았고 다른 한편으로는 제1의 성격이 제2의 성격에서 오는 압력, 또는 우울함으로부터 뛰쳐나가고자 하였다. 제2호가 우울한 것이 아니라 제1호가 제2호를 추억해 냈을 때는 우울해졌다. 이와 같은 대극 사이의 충돌로부터 나의 인생의 첫 번째 체계적인 환상이 태어나게 된 것은 이 무렵이었다. 그것은 단편적으로 나타났는데 아마도 그 근원은 내가 기억하는 한 나에게 깊은 충격을 준 한 체험에 있었던 듯하다.

세찬 북서풍이 라인강에 거품을 머금은 파도를 일으키던 어느 날이었다. 학교에 가는 길은 강가를 지나갔다. 나는 거기서 별안간 북쪽에서 커다란 야거리돛을 단 배가 폭풍을 받으며 라인강을 거슬러 올라가는 것을 보았다. 그것은 내게는 전혀 새로운 체험이었다. 라인강 위의 돛단배! 그것이 나의 환상에 날개를 달았다. 즉 급류가 아닌 알자스 지방을 덮은 호수였다면 거기서 우리는 요트나 큰 기선을 볼 수 있을 것이다. 그렇다면 바젤은 항구였을 것이고 우리는 바닷가에 있다고 해도 과언이 아닐 것이다. 그렇게 된다면 모든 게 달라질 것이다. 우리는 다른 시간과 다른 세계에 있는 것처럼 살 것이다. 그러면 거기에는 김나지움도 없을 것이다. 긴 등굣길도 없을 것이다. 나는 어른이 되어 있을 것이고 나의 인생을 스스로 구성해 갈 것이다. 호수에는 바위언덕이 있어 육지와 좁고 기다란 곳으로 연결되는데, 이 끝이 넓은 운하로 끊어져서 그곳에 나무다리가 탑으로 측면이 엄호된 문에 연결되며 그리로 하여 산기슭에 세운 한 작은 중세의 도시가 나타난다. 바위 위에는 잘 방어된 성이 성탑 중심의 높은 망루를 갖추고 서 있었다. 그것은 나의 집이었다. 그 속에는 큰 방이라든가 호화스런 장식은 없었다. 방들은 간단한 널빤지를 대고 있었고 오히려 작은 편이었다. 거기에는 무척 매력적인 도서실이 있어 거기서 알만한 가치가 있는 것은 모두 찾을 수 있었다. 그곳에는 또한 무기 수집물이 있었고 능보稜堡는 묵직한 포신의 대포를 장비하고 있었다. 그 작은 성에는 또한 전투력을 갖춘 50명의 사나이로 구성된 수비대가 있었다. 그 소도시는 수백의 주민이 살고 있었고 시장과 원로평의회에 의해 통치되고 있었다. 나는 그저 가끔 모습을 드러내는 중재재판소의 중재관, 평화판사 그리고 고문이었다. 이 작은 도시는 육지 쪽으로 부두가 있었는데 거기에는 나의 쌍돛배가 여러 개의 작은 총포로 무장된 채 놓여 있었다. 이 모든 기억의 배열의 중추와 존재 이유는 망루의 비밀이었다. 그것은 나만이 알고 있었다. 그 생각은 나의 마음에 충격을 주었다. 즉, 탑 속에는 뾰족한 봉우리부터 지하실의 둥근 천장에 이르기까지 한 개의 동제의 기둥, 혹은 한 굵은 쇠줄이 있는데 그 윗부분이 섬세한 가지로 풀려서 마치 나무꼭대기, 혹은 더 잘 표현해서 온갖 작은 뿌리들을 갖춘 공중에 솟아오른 뿌리줄기 같은 모습을 하고 있었다. 그 뿌리 같은 것들은 공중에서 어떤 상상하기 어려운 것을 끌어내며 팔뚝 굵기의 구리기둥을 통하여 지하실로 인도되고 있었다. 거기에는 상상하기 어려운 장치가 되어 있었는데 그것은 일종의 실험실로서 그 속에서 나는 황금을 생산하고 있었고 그것도 구리의 뿌리들이 공기에서 끌어낸 비밀 물질로서 금을 만들어 내고 있었다. 그것은 정말 하나의 비밀이었고 나는 그 성질이 무엇인지 상상하지도 않았고 상상할 수도 없었다. 또한 변화과정의 성격에 관해서도 아무런 상상을 하지 않았다. 이 실험실에서 일어난 것에 관하여는 나의 환상이 아주 능란하게, 아니 좀 더 신경을 곤두세운 채 스쳐 지나가고 말았다. 거기에는 어떤 내적인 금기 같은 것이 있었다. 사람들은 더 자세히 들여다보아서는 안 되고 공기에서 무엇이 끌어들여졌는지도 알고자 해서는 안 된다. 거기는 그러므로 무언중의 당혹이 지배하고 있어 괴테가 "어머니"에 관해 "그들에 관해 말하는 것은 당혹이다"라고 말한 것과 같다.

"영靈, Geist"이란 나에게는 물론 말로 표현할 수 없는 어떤 것이다. 그러나 마음속에서 나는 근본적으로 희석된 공기와 구별하고 있지 않았다. 뿌리가 빨아들이고 줄기가 전달한 것은 일종의 정신적 정수로서 그것이 지하실에서는 다 만들어진 금화金貨로 나타나게 된다. 그것은 결코 단순한 주술적 속임수가 아니고 자연의 존경할 만한 중요성을 신비로서 나는 어떻게 그렇게 되었는지는 몰라도 거기에 간여하게 되었고 이것을 원로평의회 앞에서 숨길 뿐 아니라 어느 면에서는 나 자신에게조차 숨겨야 했다.

나의 길고 지루한 등굣길은 다행히도 단축되기 시작했다. 학교건물에서 나오자마자 나는 벌써 성에 들어가 있었다. 거기서는 개축이 시작되었고 평의회가 개최되어 범죄자를 재판하고 쟁의를 조정하고 대포를 쏘곤 하였다. 요트는 깨끗이 씻어 돛을 단 채 부드러운 바람을 타고 조심스럽게 항구에서 조종되어 나아가 바위 뒤편으로 나오면서 강한 북서풍을 맞아 바람을 향해 지그재그로 달려간다. 그러다 보니 나는 벌써 집에 다다랐고 마치 몇 분밖에 지나지 않은 것 같았다. 나는 마치 나를 힘들이지 않고 집에까지 실어 나른 차에서 내리듯 나의 환상에서 빠져나왔다. 이런 무척 쾌적한 작업은 수개월 동안 지속되었다. 그러다 이것이 싫증이 나게 되자 나는 이 환상이 어리석고 바보스럽다는 것을 발견했다. 나는 한낮의 꿈 대신에 작은 돌과 석회질 흙으로 성들과 예술적으로 축성한 광장을 만들었다. 여기에 대해서는 당시 아직 세부에 이르기까지 보존되어 있는 휴닝겐의 요새가 모델로 이용되었다. 이에 관련해서 나는 내가 얻을 수 있는 화우반의 축성 계획을 연구하여 곧 모든 기술용어에 정통하게 되었다. 화우반으로부터 나는 또한 온갖 종류의 현대 축성방법을 깊이 공부하였고 그것들을 나의 제약된 재료를 가지고 예술적으로 세워 보려고 시도했다. 이런 일에 골몰하는 것이 나의 여가를 2년 이상이나 채웠고 이 시간에 나의 자연과 구체적인 사물에 대한 연구취향이 제2의 성격의 희생 아래 강화되었다.

내가 실제 사물을 잘 알지 못하는 한, 거기에 관해 깊이 생각해 잠길 만한 이유가 전혀 없다고 나는 생각했다. 공상은 누구나 할 수 있지만 정말로 안다는 것은 이와 다른 것이다. 부모님은 내가 자연과학 잡지 한 종류를 신청하도록 허용하였다. 나는 강렬한 흥미를 느끼며 그 잡지를 탐독했다. 나는 유라Jura 지방 화석과 온갖 광석들을 손에 닿는 대로 수집하였다. 또한 곤충도 수집했고 맘모스와 인간의 뼈를, 전자는 라인 평야의 자갈 채취장에서, 후자는 1811년의 휴닝겐에 있던 공동묘지에서 구했다. 식물은 나의 흥미를 끌기는 했으나 그것은 과학적인 것이 아니었다. 나도 왜 그랬는지 그 이유를 모르지만 어쨌든 식물이란 땅에서 뽑아서 말려서는 안 되는 대상이라고 여기고 있었다. 그것들은 살아 있는 존재로서 자라나며 꽃 피는 데 그 뜻이 있었다. 그것은 감추어진 은밀한 의미이며 하나의 신의 뜻이었다. 식물은 두려운 마음으로 바라보아야 하는 것들이며 우리는 그에 관해 철학적인 경탄을 해야 하는 것이다. 생물학자가 거기에 관해 말하는 것은 흥미있기는 했으나 그것은 본질적인 것은 아니었다. 무엇이 본질적인 것인지는 나도 분명히 밝힐 수 없었다. 예컨대 그것이 기독교 신앙에, 또는 의지의 부종에 대하여 어떤 관계가 있는지를 나는 알아낼 수가 없었다. 식물은 분명 사람들이 차라리 방해하지 말고 두어야 할 때묻지 않은 신성한 상태에 속하는 것이었다. 여기 반해서 곤충들은 변조된 식물이요, 꽃이요, 과일이었다. 이들은 불손하게도 감히 기묘한 발로, 혹은 죽마를 타고 사방을 기어다니면서 꽃잎 같은 날개로 여기저기 날며 식물에 대한 해충 노릇을 하고 다니는 것이다. 이런 불법적인 활동 때문에 그들은 집단 처형을 당하게 되었던 것인데 특히 갑충이나 애벌레가 이런 토벌의 대상이었다. "모든 존재에 대한 동정"은 나에게는 오직 온혈동물에 국한되었다. 오직 개구리와 두꺼비만은 사람과 비슷하다고 해서 냉혈동물에서 제외되었다.

제4장

대학시절

자연과학에 대한 나의 관심이 증가했음에도 불구하고 나는 때때로 나의 철학서로 다시 되돌아왔다. 나는 직업을 선택할 때가 가까워져서 불안했다. 그러나 한편 김나지움 시절이 끝나는 것을 간절히 바라고 있었다. 그렇게 되면 나는 대학에서 공부하리라. 물론 자연과학을 공부할 것이다. 그러면 나는 무언가 참된 것을 알게 되리라. 내가 이렇게 소리높이 스스로 약속을 한 순간 벌써 회의가 일어났다. 내가 공부할 것이 역사나 철학이라고 생각해서는 안 되겠는가? 그러자 나는 다시 철저하게 이집트와 바빌론에 관한 것에 흥미를 가지게 되었고 차라리 고고학자가 되고 싶어졌다. 그러나 내게는 바젤 이외에서 공부할 만한 돈이 없었다. 그리고 바젤에는 이 분야의 선생이 없었다. 그래서 이 계획은 곧 끝장이 났다. 오랫동안 나는 결단을 내릴 수가 없어서 나의 결정을 다시 연기하곤 하였다. 아버지는 이에 대해 무척 염려하셨다. 한번은 그가 이렇게 말했다. "얘는 뭐든지 다 흥미를 느끼고 있어. 그러나 무엇을 할지 자기도 모르고 있어." 그의 말은 너무나 지당한 말이었다. 마투라대학입학자격고사가 가까워지고 우리가 어느 단과대학으로 등록해야 할지 결정해야 할 때가 왔을 때 나는 간단히 철학 제2류, 그러니까 자연과학이라고 말해 버렸다. 나의 친우들은 내가 정말 철학I을 말했는지 아니면 II를 가려고 마음먹었는지 의심했다.

이렇게 겉보기에 빠른 결심을 한 데는 그럴 만한 전력이 있었다. 몇 주 전에 내 마음의 제1호와 제2호가 결정을 둘러싸고 다투는 와중에서 나는 두 개의 꿈을 꾸었다. 첫 번째 꿈에서 나는 라인강과 잇닿아 있는 어두운 숲으로 걸어 들어갔다. 나는 한 작은 언덕으로 갔다. 그곳에는 한 고분이 있었다. 나는 그것을 파기 시작했다. 얼마 뒤 놀랍게도 선사시대 동물의 뼈에 부딪쳤다. 그것이 나의 흥미를 깊이 끌었고 이 순간 나는 내가 자연을, 우리가 살고 있는 이 세계를, 우리를 둘러싸고 있는 사물을 알아야 한다는 것을 깨닫게 되었다.

그 다음에는 두 번째 꿈이 있었는데 나는 다시 어느 숲 속에 있었다. 그 숲 속을 수로가 통과하고 있었다. 그리고 가장 어두운 장소에 밀집한 숲에 둘러싸인 한 원형의 연못이 보였다. 물속에 반쯤 잠긴 채 거기에는 아주 희귀하고 훌륭한 형체가 있었는데 그것은 둥근 모양의 어떤 동물로서 여러 색깔로 찬란히 빛나고 있었고 수많은 작은 세포 또는 촉수처럼 생긴 기관으로 구성되어 있었다. 그것은 직경 1미터쯤 되는 거대한 방사선충이었다. 이 멋진 조직이 은밀한 장소에 누구의 훼방도 받지 않은 채 맑고 깊은 물 속에 놓여 있다는 사실이 내게는 말할 수 없이 놀라운 일이었다. 나는 여기서 극도의 지식욕에 사로잡혀 두근거리는 가슴을 안고 잠에서 깨었다. 이 두 개의 꿈을 계기로 나는 자연과학에 우위를 두게 되었고 이에 관한 예전의 고민은 제거되었다.

이 기회에 나는 우리가 먹고 살기 위해 돈을 벌어야 하는 시대와 공간 속에서 살고 있다는 것을 분명히 알게 되었다. 이 목적을 위해서 사람은 이것도 되고 저것도 되어야 했다. 모든 나의 친우들의 마음이 이러한 필요성으로 채워져 있고 전혀 그 밖의 것을 생각하지 않는 것을 보고 나는 깊은 충격을 받았다. 나는 내 자신이 특이한 사람 같이 보였다. 나는 왜 스스로 결정을 못하고 확정을 짓지 못했을까? 저 지진아 D, 독일어 선생으로부터 부지런하고 양심적인 학생이라는 모범상으로 내세워졌던 학생도 자기가 신학을 공부하리라는 것을 알고 있었다. 나는 한 번 차분히 앉아서 이 문제를 심사숙고할 필요가 있다고 보았다. 예컨대 동물학자로서 나는 교사나 기껏해야 동물원 직원이 될 것이다. 아무리 욕심을 덜 부린다 해도 그것은 전망이 없다. 학교선생으로서의 존재는 물론 나의 우선순위 중 가장 뒤끝을 차지하고 있었다.

이 막다른 길에서 내게 번득이는 생각이 있었다. 그것은 내가 의학을 공부할 수 있으리라는 것이었다. 이상하게도 예전에는 그렇게 많은 이야기를 들은 적이 있는 친할아버지도 의사였는데 내가 의학공부를 하리라는 생각은 한 번도 머리에 떠오른 적이 없다. 바로 그 때문에 나는 이 직업에 어떤 저항감마저 가지고 있었다. “모방은 말자.” 이것이 나의 금언이었다.

그러나 지금 나는 의학공부가 적어도 자연과학적인 과목에서 시작된다고 자신에게 말하고 있었다. 그 점에서는 내게 이익이다. 게다가 의학 분야는 너무나 다양해서 어떤 학문적인 방향으로 일할 수 있는 가능성이 언제나 있다. “학문”을 한다는 것은 나에게 확고부동한 것이었다. 문제는 어떻게 하느냐 하는 방법이다. 나는 나의 생활을 위해 돈을 벌어야 한다. 나는 돈이 없으니 나의 학문적인 행로를 준비하기 위해서 외국의 대학을 방문할 수 없다. 그저 기껏 잘 되어야 학문 호사가나 될 수 있을지 모른다. 게다가 나는 동급생들과 윗사람에게 호감을 못 주는 성품을 가지고 있어서 많은 사람들이 나를 의심하고 비난에 찬 의견을 말하게 되었으므로 내가 다른 학문을 할 경우에 나의 희망을 지지해 줄 만한 후원자를 발견할 가망은 전혀 없었다. 그래서 나는 결국 의학공부를 하기로 결정하였으나 자기의 인생을 이와 같은 타협으로 시작해서는 좋지 않다는 느낌 때문에 별로 기쁘지 않았다. 어쨌든 나는 다시는 취소하기 어려운 결단을 내림으로써 훨씬 마음이 가벼웠다.

그러나 이제 괴로운 물음이 고개를 들었다. 즉 어디서 대학공부에 필요한 돈이 나오는가? 나의 아버지는 그저 그 일부를 조달해 줄 수 있을 뿐이다. 그러나 그는 대학에 장학금을 신청하였고 나는 부끄럽게도 그것을 받았다. 내가 부끄러워한 것은 우리의 가난이 이로써 온 세상 앞에서 확실히 증명되었기 때문이기보다 모든 윗사람, 즉 유력자들이 나를 좋지 않게 생각하고 있다는 나의 숨은 확신 때문이었다. 나는 이런 자비를 윗사람으로부터 한 번도 기대하지 않았다. 아마 단순하고 선한 사람이었던 아버지의 명성의 덕을 입었음에 틀림없다. 나는 아버지와 극단적으로 다르다고 느꼈다. 나는 나에 관해서 두 가지 서로 어긋나는 견해를 지니고 있었다. 제1호는 나의 성격을 별로 호감이 가지 않는, 중등도의 재능을 가진 청년, 명예욕에 찬, 조절이 안 된 기질, 그리고 불확실한 자세, 즉 순진하게 열광하는가 하면 곧 어린애같이 실망하며 본질적으로 현실세계에 등을 돌린 염세가라고 보았다. 제2호는 제1호를 다루기 어려운, 배은망덕한 과제, 일종의 종결지어야 할 숙제로 보았다. 이런 과제는 또한 일련의 여러 결함 때문에 부담을 안고 있었다. 즉 때때로 일어나는 게으름, 용기의 상실, 우울증, 아무도 인정하지 않는 것들, 현상에 대한 어리석은 열광, 혼자서만 상상하는 우정, 궁색함, 편견, 어리석음(수학!), 다른 사람에 대한 이해 부족, 불명확성, 그리고 그리스도 교도도 그 밖의 다른 것도 아닌 세계관적 관련에서의 혼란 등 — 제2호는 도대체 무엇이라고 정의할 만한 성격이랄 수 없는 것으로 하나의 비타 페락타 Vita peracta, 투철한 생명력, 태어나고 살고 죽고 온갖 것이 하나 속에 들은 인간 성격의 총람이며 스스로 무정할 만큼 분명하지만 무능하고 의욕이 별로 없는 것이었다. 그런데도 간절히 스스로를 제1호의 밀집된 어두운 매개물을 통해서 나타내고 있었다. 제2호가 지배적인 때 제1호는 그 안에 내포되어 지양되며 반대로 제1호는 제2호를 알 수 없는 어두운 내계內界라고 보고 있었다. 제2호는 자신을 표현할 수 있는 것이 있다면 그것은 세계의 끝에서 내던져져 밤의 무한 속으로 소리 없이 가라앉아 버린 돌이라 느꼈다. 그러나 그 안에(제2호) 빛이 지배하고 있었다. 마치 그것은 햇살을 담뿍 받고 있는 바깥 풍경을 향하여 창문을 열어 놓은 한 왕궁의 넓은 공간과도 같았다. 여기에는 제1호 인생의 연관성 없는 우연성과는 정반대로 의미와 역사적인 연속성이 지배하고 있었다. 제1호 인생은 그의 직접적인 환경 속에서는 아무런 연결점을 찾지 못했던 것이다. 이에 반하여 제2호는 중세와 은밀한 일체감을 느꼈고 이는 흘러간 시간의 유산, 괴테에 의하여 가장 강력하게 인용된 파우스트 속에 인격화하고 있었다. 그러니까 그에게도 — 그것은 나에게 큰 위로를 주었다 — 제2호는 하나의 진실이었다. 파우스트는 — 나는 약간의 충격과 더불어 그것을 예감하였거니와 — 나에게 내가 좋아하는 요한복음보다도 더 큰 의미를 주고 있었다. 내가 직접 공감할 수 있는 어떤 것이 그 속에 살고 있었다. 요한복음적인 그리스도는 내게 낯선 것이었지만 더욱 낯선 것은 공관共觀 복음서 사가史家의 구원자였다. 이에 대하여 파우스트는 제2호의 살아 있는 동격자로서 그는 괴테가 그의 시대의 물음에 부여한 회답을 묘사하고 있었음을 나는 확신하고 있었다. 이러한 통찰은 나에게 위안을 주었을 뿐 아니라 내가 인간사회에 소속하고 있다는 확신과 내적인 보장감을 더해 주는 것이었다. 나는 이제 혼자가 아니었고 단순한 흥밋거리, 이른바 잔인한 자연의 유희 lusus가 아니었다. 나의 대부요 보증인은 저 위대한 괴테 그 자신이었다.

물론 괴테에 대한 감정적인 이해는 여기에서 그쳤다. 경탄을 하기는 했지만 나는 파우스트의 최종적인 해결을 비판하였다. 메피스토를 장난삼아 과소평가하는 것에 마음이 상했고 마찬가지로 파우스트의 천한 불손, 특히 필레몬 Philemon과 바우키스Baucis의 죽음은 내 기분을 상하게 했다.

이 무렵 나는 잊을 수 없는 꿈을 꾸었다. 그 꿈은 나를 놀라게 하는 동시에 나에게 용기를 불어넣어 주었다. 어느 미지의 장소, 그리고 밤이었다. 나는 세찬 폭풍을 받으며 힘들게 앞으로 걸어가고 있었다. 게다가 짙은 안개가 끼어 있었다. 나는 작은 등불을 들고 양손으로 그것을 보호하며 걸어갔는데 그것은 금방이라도 꺼질 듯 위태로웠다. 그러나 모든 것은 내가 이 작은 등불을 살리는 데 달려 있었다. 별안간 나는 무엇인가가 나를 뒤따르고 있다는 느낌을 받았다. 내가 뒤돌아보니 거기에 내 뒤로 다가오는 거대한 검은 형체가 있었다. 그러나 나는 이 순간 — 놀랐음에도 불구하고 — 어떠한 위험이 있더라도 이 불빛을 이 밤이 새도록 폭풍 가운데서 지켜야 한다는 것을 의식하고 있었다. 잠에서 깨자 그것이 "브로켄의 유령(브로켄산 꼭대기의 기후현상으로 인한 거대한 그림자)" 같은 것임을 알았다. 그것은 소용돌이치는 안개에 내가 내 앞에 들고 있던 등불 때문에 생긴 내 자신의 그림자였다. 나는 또한 그 작은 등불이 나의 의식이었음을 알았다. 그것은 내가 지니고 있는 유일한 빛이다. 내 자신의 인식은 내가 소유하고 있는 유일하고도 위대한 보배이다. 그것은 저 어둠의 힘에 비하면 끝없이 작고 약하나 빛임에는 틀림없고 나의 유일한 빛이었다.

이 꿈은 나에게 커다란 깨우침을 주었다. 이제 나는 제1호가 빛을 나르는 자였음을, 그리고 제2호가 마치 그림자처럼 그를 따르고 있었다는 것을 알게 되었다. 나의 과제는 빛을 보존하는 일이며 금지된 다른 종류의 빛의 나라임에 틀림없는 "투철한 생명력"을 되돌아보는 것이 아니었던 것이다. 나를 뒤로 밀어붙이려는 폭풍에 저항해서 나는 앞으로 전진해야 했다. 폭풍은 나를 숨은 비밀의 표면 밖에는 아무것도 지각할 수 없고 아무것도 볼 수 없는 세계의 헤아릴 수 없는 어둠 속으로 끌어들이려 했다. 나는 제1호로서 대학의 학업 속으로, 돈을 버는 일에, 의존, 착종, 혼란, 실수, 굴복과 패배 속으로 들어가야 했다. 나를 향해 불어닥친 폭풍은 시간이었다. 그것은 끊임없이 과거로 흘러가는, 그러나 동시에 끊임없이 그리고 직접 내 뒤를 바짝 따르고 있었다. 그것은 모든 존재하는 것을 탐욕스럽게 끌어들이며 오직 앞으로 나가고자 하는 힘만이 잠시 그 힘을 제어할 수 있을 뿐이다. 과거는 엄청난 현실성을 지니고 현재에 살아 있어 충분한 해답으로써 자신을 지킬 수 없는 자를 끌고 가버린다.

그 당시 나의 세계상은 완전히 바뀌었다. 나는 나의 길이 어쩔 수 없이 외부로, 제약된 것으로, 3차원 세계의 어둠으로 인도되고 있음을 인식했다. 아담이 그 옛날 이런 식으로 천국의 낙원을 버렸던 것이 아닌가 생각되었다. 낙원은 그에게 유령이 되어 버렸고 그의 이마에 땀을 흘리며 돌밭을 가는 곳에 빛이 있었다.

나는 당시 내 자신에게 물었다. "어디서 이런 꿈이 나타났을까?" 그때까지는 그런 꿈이 직접 하나님으로부터 보내져 왔다는 사실을 지극히 당연하게 여기고 있었다. 꿈은 신이 보내준 것, 그러나 지금 나는 많은 인식비판을 몸에 익혔으므로 의혹이 나를 사로잡았다. 물로 우리는 이렇게 말할 수 있을지 모른다. 나의 통찰력이 차츰 발전하여 갑자기 꿈속에서 터져 나왔다고 말이다. 이것도 틀림없이 그런 경우였다. 그러나 이것은 설명이라기보다 단순한 묘사에 불과했다. 문제는 왜 이런 과정이 일어났으며 왜 그것이 의식을 뚫고 나왔는가 하는 것이었다. 나의 의식에서는 이런 발전을 지지하고자 무엇을 한 일이 없었고 오히려 나의 공감은 다른 쪽에 쏠려 있었던 것이다. 그러니 뭔가가 은밀히 작용하고 있을 것이다. 어떤 총명한 것, 어쨌든 나보다도 더 총명한 어떤 것이 말이다. 왜냐하면 의식의 견지에서는 내적인 빛의 나라가 한 거대한 그림자라는 천재적인 관념은 나의 머리에 떠오르지 않았기 때문이다. 이제야 나는 예전에는 분명치 않았던 많은 것을 한꺼번에 이해할 수 있게 되었다. 즉 내가 내적인 왕국을 연상하게 하는 어떤 것을 암시할 때마다 사람들 위에 드리운 낯선 것, 낯설게 하는 것의 저 찬 그림자가 무엇이었던지를 이해하게 된 것이다.

나는 제2호를 내 등 뒤에 남겨 두어야 했다. 그렇게 하는 데는 이론의 여지가 없었다. 그러나 나는 어떤 경우에도 그를 내 앞에서 부인하거나 아무것도 아닌 것처럼 설명할 수는 없었다. 그렇게 한다면 그것은 자해행위이며 게다가 꿈의 출처를 설명할 가능성이 전혀 없게 될 것이다. 제2호가 꿈의 생성과 관계한다는 것은 의심할 여지가 없는 것이었고 그가 보다 높은 지능을 필요로 했음은 쉽게 믿을 수 있는 일이었다. 나 자신은 점점 제1호와 일체감을 느끼게 되었고 그 상태는 이보다 훨씬 범위가 큰 제2호의 단순한 일부임이 판명되었으며 제2호와는 바로 그 이유로 인해 일체감을 느낄 수 없었다. 제2호는 사실 "유령," 즉 그 힘이 세계의 암흑에 필적하게 된 혼이었다. 이것을 나는 예전에는 몰랐다. 그리고 내가 과거를 뒤돌아보고 확인한 바대로 그 당시 그것은 느낌으로는 이미 어쩔 수 없이 의식되고 있었지만 아직 불분명했다.

어쨌든 나와 제2호 사이의 단절이 이루어졌다. 제2호는 나를 제1호에 할당했고 그만큼 제2호로부터 나를 분리하였다. 제2호는 어느 정도 자율적인 인격임을 최소한 시사할 만큼 되었다. 나는 이것을 유령이 가지고 있을 만한 어떤 특정한 개체라는 관념에 결부시키지는 않았다. 물론 내가 시골 태생이므로 이렇게 결부시킬 가능성이 충분히 있었을 텐데도 말이다. 그러니까 시골에서는 이런 것을 믿는 경우가 있어 그런 것이 있다든가 없다든가 말한다. 오직 분명한 것은 이 혼이 지닌 역사적 성격, 그의 시간선상의 확장, 혹은 그의 무시간성이다. 나는 물론 이것을 내 자신에게 이렇게 많은 언어로 말하지도 않았고 또한 그의 공간적 존재에 대하여는 아무런 생각도 하지 않았다. 그는 더 자세히 정의할 수 없는, 그러나 나의 존재의 이면에 엄연히 존재하는 요소로서 역할을 하고 있었다.

인간은 신체적으로나 정신적으로 개성적인 소인을 가지고 이 세상에 나오며 무엇보다 먼저 부모의 환경과 그들의 정신세계를 알게 된다. 그는 그의 개성 때문에 부모의 정신세계와 그저 제약된 범위 안에서 일치할 뿐이다. 가족의 정신은 대개 무의식적인 **시대정신**으로 깊이 인각되어 있다. 이 가족의 정신이 일반적인 동의를 표현할 때 그는 하나의 세계확실성을 의미하게 된다. 그러나 그 정신이 많은 것에 대립되어 스스로 뒤엉키게 되면 여기서 세계불확실감이 생겨난다. 어린이는 어른이 말하는 것에 대해서보다는 주위의 분위기가 주는 헤아릴 수 없는 것에 대해서 훨씬 더 잘 반응한다. 아이는 그것에 무의식적으로 적응한다. 즉 그의 마음속에 보상적 성격의 연관작용이 생겨난다. 소년시절에 이미 나에게 엄습했던 특이한 "종교적" 관념들은 자연발생적으로 생겨난 심상心像으로 그것은 나의 양친의 환경에 대한 반응이라고 이해될 수 있는 것들이다. 나의 아버지는 뒤에 신앙적인 회의에 눈에 띄게 지배받게 되었는데 그러기까지 물론 긴 준비기간이 있었다. 자기의 세계, 그리고 전 세계의 이와 같은 변혁은 그 변혁의 그림자를 오랫동안 미리부터 던졌었고 의식이 절망적으로 이 힘에 대항하면 할수록 더욱 그림자의 투영은 오래 지속되었다. 미리 앞을 내다보는 이러한 예감이 나의 아버지를 불안에 휘말리게 했다는 것은 이해할 만한 일이며 그것이 또한 나에게 전달된 것은 당연하다.

나는 그런 영향이 어머니로부터 왔다는 인상을 한 번도 가져본 일이 없다. 왜냐하면 그녀는 어쩐지 보이지 않는 깊은 대지에 뿌리를 박고 있었기 때문이고 그것은 한 번도 나에게 기독교적 신앙에의 확신처럼 보인 일이 없다. 그런 토대는 나의 느낌으로는 어딘가 짐승, 나무, 산, 들, 폭포 등과 관계되는 것이었다. 이로써 그녀의 기독교적 표층과 인습적인 믿음의 표백은 기묘한 대조를 이루고 있었다. 이와 같은 배경은 나 자신의 입장과 너무나 일치하는 것이어서 그 면에서는 아무런 불안이 생기지 않았다. 오히려 그 반대로 이러한 인식은 나에게 언제나 여기에 단단한 땅이 있어 그 위에 사람들이 서 있을 수 있다는 확실감과 확신을 주었다. 그 경우에 이런 원리가 얼마나 "이교적"인가 하는 생각이 한 번도 내게 떠오르지 않았다. 나의 어머니의 제2호는 부친의 전통과 나의 무의식이 자극되어 만들어 지게 된 기묘한 대상적인 산물 사이에 생긴 갈등 속에서 나에게 강력한 지주가 되어 주었다.

돌이켜볼 때 나는 나의 어린 시절의 발전이 미래의 사건들을 얼마나 앞질러 취하고 있었는지 또한 나의 아버지의 종교적 좌절과 오늘의 세계상의 충격적인 계시를 위한 적응양식을 얼마나 미리 준비하고 있었던가를 알게 된다. 이러한 것이 어제 오늘에 생긴 것이 아니라 그의 그림자를 오래전부터 이미 던지고 있었던 것이다. 우리 인간은 우리 고유의 개인적인 생을 가지고 있지만 다른 한편 우리는 고도의 집단정신의 대변자요, 제물이요, 또한 그 추진자인데 이 집단정신은 수백 년의 수명을 지닌 것이다. 우리는 물론 우리가 자신의 생각에 따라 살았다고 평생을 두고 생각할 수도 있을 것이다. 그러나 우리는 우리가 주로 세계극장의 장에 선 무언의 역할자였다는 사실을 발견하지 못한다. 거기에는 무엇인지는 모르지만 우리의 삶에 영향을 주고 있는 사실들이 있다. 그것이 무의식적일수록 그 영향은 더욱 커진다.

그렇게 우리 존재의 일부는 최소한 수백 년을 살고 있다. 그것은 내가 사적으로 제2호라 이름하였던 부분이다. 그가 결코 개인적인 흥밋거리가 아님은 우리 서구의 종교가 증명해 주고 있다. 서구의 종교는 다시 말해서 이와 같은 내적 인간으로 방향을 돌려서 벌써 2000년 이래 진지하게 그 내적 인간을 의식표층에 올려 놓고 그 인격주의를 알려주고자 시도하였던 것이다. "Non foras ire, in interiore homine habitat veritas!밖으로 나가지 말라. 안의 사람 속에 진리가 들어 있다! "

1892년에서 1894년에 나는 아버지와 일련의 격렬한 토론을 나누게 되었다. 그는 괴팅겐Göttingen에서 동양어를 에발트Ewald 교수로부터 배웠고 그의 학위논문은 찬송가의 아랍어 번역에 관한 것이었다. 그의 영웅적인 시기는 대학의 졸업시험과 더불어 사라졌다. 그 뒤에 그는 그의 언어학적 소질을 잃어버렸다. 라인 폭포 옆 라우펜 촌의 시골목사로서 그는 공명과 학생시절의 추억에 잠겨 아직도 길다란 대학생 파이프를 피우고 있었고 그의 결혼에 실망하고 있었다. 그는 많은 선한 일을 하였다. — 너무 많이 했다. 그 결과 그는 늘 기분이 좋지 않았고 만성적으로 신경질적이었다. 양친은 경건한 인생을 보내려고 무척 애를 썼다. 그러나 그 결과 너무 잦은 소동이 벌어졌다. 이런 어려움 속에서 뒤에 그의 신앙이 무너진 것은 이해할 만한 일이었다.

당시 그의 짜증과 불만이 중대하여 나는 그의 상태가 무척 걱정되었다. 어머니는 그를 자극할 만한 일은 모두 삼갔고 논쟁에 끼어들지 않았다. 나는 그녀의 지혜로운 태도를 인정하지 않으면 안 되었는데도 내 자신의 기질을 굽힐 수 없는 때가 많았다. 그의 감정 폭발에 대하여 나는 물론 수동적인 태도를 취했다. 그러나 그가 어느 정도 상대할 만한 기분에 있는 듯 보이면 나는 그와 대화의 실마리를 찾으려고 자주 시도하였다. 그것은 그의 마음속의 과정과 그의 자기이해에 관해 좀 더 자세한 것을 듣고자 하는 의도에서였다. 그러니까 나는 무슨 특별한 것이 그를 괴롭히고 있다는 것을 확신하고 있었고 이것이 그의 종교적인 세계관과 관계된다고 추측하고 있었다. 일련의 암시를 통해서 나는 그것이 신앙의 회의라는 것을 확신하게 되었다. 그것이 그에게 필요한 경험이 결여되어 있을 때 있을 수 있는 경우일 것으로 추측되었다. 나는 토론을 유도하면서 실제로 그런 문제들이 있을 것이라는 사실을 알게 되었다. 왜냐하면 나의 모든 질문의 결과는 내가 이미 알고 있는 생기 없는 대답이거나 체념적으로 어깨를 으쓱해 보이는 것이어서 이것은 내가 이의를 제기하도록 자극했다. 나는 그가 자기의 상황에 대하여 투사처럼 대결하기 위해 가능한 모든 기회를 포착하지 않는 것을 이해할 수 없었다. 나는 나의 비판적인 물음이 그를 슬프게 한다는 것을 알았지만 그럼에도 불구하고 건설적인 대화를 아직 희구하고 있었다. 그가 온갖 경험 중에서도 가장 명백한 신의 체험을 지니지 않았다는 것은 나에게는 거의 상상할 수 없는 것이었다. 나는 적어도 인식론에 관해서 우리가 이런 인식을 증명할 수 없다는 것 정도는 알고 있었다. 그러나 그런 인식이 아무런 증명도 필요로 하지 않는다는 것은 나에게 이와 마찬가지로 명백한 것이었다. 마치 일출日出의 아름다움이나 내세의 가능성 앞에서의 불안이 나에게 증명되어야 할 필요가 별로 없는 것과 마찬가지였다. 나는 아마 대단히 서툰 방법으로 이러한 당연함을 그에게 전달하고자 한 듯하다. 그것은 그를 돕고 그에게 피할 수 없이 엄습한 특수한 운명을 그가 견딜 수 있도록 하려는 나의 절망적인 시도였다. 그는 물론 누군가와 말다툼을 해야 했던 것이다. 그는 이것을 그의 가족과 그 자신과 더불어 했다. 그는 왜 그것을 이 세계의 고통에 대하여 유일하게 책임을 지고 있는 그 비밀스런 모든 창조의 작자인 신과 더불어 행하지 않았는가? 신은 분명 회답으로 그에게 저 불가사의한 끝없이 깊은 꿈을 보냈을 것이다. 신은 나에게조차 묻지도 않았는데 이 회답을 보냈고 이로써 나의 운명을 확정하였던 것이다. 나는 어째서 그렇게 되는지 몰랐다. 그것은 그저 그랬다. 신, 그는 심지어 나에게 그 자신의 고유한 본체를 들여다볼 수 있는 기회를 주었다. 그것은 물론 커다란 비밀이어서 나는 그것을 나의 아버지에게도 밝힐 수 없었고, 밝혀서도 안 되는 것이었다. 아마 그가 신의 직접적인 체험을 이해할 수 있었다면 나는 그것을 밝힐 수 있었을 것 같다. 그러나 나는 그와의 대화에서 한 번도 그 문제에 가까이 가지 않았을 뿐 아니라 그 문제의 시야에도 들어서지 않았다. 나는 그것을 언제나 무척 비심리학적 · 지적인 양식으로 다루었고 그 감정적 측면은 될 수 있는 대로 피하여 그의 감정을 멀리하였기 때문이다. 그러나 이런 식의 접근은 언제나 투우를 향한 붉은 천처럼 자극적인 반응을 유도하였는데, 그것을 나는 이해할 수가 없었다. 그러니까 나는 어째서 완전히 이성적인 논란이 감정적인 저항에 부딪치는지를 이해할 줄 몰랐던 것이다.

이 결실 없는 토론들이 그와 나를 화나게 했고 우리는 결국 그런 토론에서 모두 자기 특유의 열등감을 안은 채 물러서고 말았다. 신학은 아버지와 나를 멀리하였다. 나는 그것을 다시 한 번 숙명적인 패배라고 느꼈지만 물론 이 패배 속에서 고독감을 느끼지는 않았다. 나는 아버지가 그의 숙명에서 빠져나갈 수 없을 만큼 사로잡혔다는 예감을 암암리에 갖고 있었다. 그는 고독했다. 그에게는 의논할 만한 친구가 없었다. 적어도 나는 우리 주위에서 구원의 말을 발견하리라고 믿을 만한 사람을 아무도 알고 있지 않았다. 한 번은 그가 기도하는 것을 들은 일이 있었다. 그는 결사적으로 믿음을 얻으려고 몸부림치고 있었다. 나는 충격을 받았고 또한 화가 났다. 왜냐하면 나는 그가 얼마나 절망적으로 교회와 신학적 사고에 빠져 있는가를 보았기 때문이다. 교회와 그의 신학적 사고는 그로부터 신에 직접 도달할 수 있는 온갖 가능성을 차단한 뒤에 그를 의리 없이 버렸던 것이다. 이제야 나는 나의 체험을 깊이 이해하게 되었다. 신 자신이 나의 꿈 속에서 신학과 그 토대 위에 세운 교회를 대단치 않은 것으로 부인해 버렸다. 다른 한편 신은 신학이나 그 밖의 많은 것을 허용하였다. 인류가 그러한 발전을 시키는 계기를 마련했다고 가정하는 것은 가소로운 일처럼 보였다. 인류란 대체 무엇이었던가? 그들은 마치 강아지처럼 우매하고 맹목적인 상태로 태어났다. 신의 모든 피조물처럼 그들이 더듬거리며 가고 있는 어둠을 밝히기에는 빈약한 빛을 갖추고 있었다. 그리하여 내가 아는 어느 신학자도 "어둠을 비추는 빛"을 자신의 눈으로 본 사람이 없다는 것을 확고히 믿게 되었다. 그랬다면 그들은 결코 "신학적 종교"를 가르칠 수 없었을 것이다. 나는 "신학적 종교"를 가지고는 아무것도 시작할 수 없었다. 왜냐하면 그것은 나의 신의 체험에 상응하지 않았기 때문이다. 그것은 아는 것에의 기대를 주지 않고 믿도록 요구하고 있었다. 그것을 나의 아버지는 무척 힘들여 시도했고 여기에 좌초되고 말았다. 아버지는 또한 우스꽝스러운 정신과 의사의 유물주의 앞에서 자신을 방어하기가 어려웠다. 유물주의라는 것도 바로 신학과 똑같이 믿어야 하는 것이었다! 어느 때보다도 나는 이 양자에 모두 인식 비판이나 체험이 결여되어 있다고 확신하였다.

나의 아버지는 정신의학자가 뇌 속에서 무엇인가를 발견하여 혼이 있어야 할 자리에 "물질"이 존재하며 "공기 같은 것"이 없다는 것을 증명했다는 인상을 받고 있음에 틀림없었다. 그것은 내가 의학을 공부한다면 절대로 유물론자가 되어서는 안 된다는 그의 여러 경고와 일치된다. 그러나 그의 경고는 나에게는 내가 절대로 아무것도 믿어서는 안 된다는 뜻으로 들렸다. 나는 유물론자가 신학자와 마찬가지로 그들의 정의를 신봉했음을 알고 있었고 또한 나의 가엾은 아버지는 단지 작은 난을 면하고자 큰 난을 덮친 격이 되었음을 알고 있었다. 나는 나에게 언제나 높이 찬양된 믿음이 그에게뿐 아니라 내가 아는 대부분의 교양 있는 진지한 사람들에게도 운명적으로 장난을 걸고 있음을 인식했다. 내가 보기에 신앙의 원죄는 경험을 앞지른 것 같았다. 신학자들은 신이 의도적으로 어떤 것들을 준비해 놓고 어떤 다른 것은 "허락"하는지를 어디서 알았으며 정신의학자는 물질이 인간의 혼의 성질을 지니고 있는지를 어떻게 알았단 말인가? 나는 결코 유물주의에 빠질 위험이 없었다. 그러나 아버지는 그럴 위험을 안고 있다는 것이 점점 분명해졌다. 누군가가 그에게 "암시"에 관해서 귀띔했는지 나는 그가 당시 프로이트가 번역한 베른하임Bernheim의 암시에 관한 책을 읽고 있는 것을 발견했다.[1] 그것은 새로운 사실이고 내게는 의미있는 일이었다. 왜냐하면 지금까지 나는 그가 그저 소설이나 여행기 같은 책을 읽는 것을 보았을 뿐이다. 모든 재치있고 재미있는 책들은 엄격히 금지되어 있는 듯했다. 그러나 독서는 그를 행복하게 해 주지 않았다. 그의 우울한 기분이 증가되고 심화되었고 그의 건강 염려증 역시 심해졌다. 그는 벌써 여러 해 동안 온갖 복부 증상을 호소했지만 의사들은 특별한 것을 발견하지 못했다. 이제 그는 마치 뱃속에 돌이 있는 것 같은 느낌을 호소하게 되었다. 우리는 그것을 오랫동안 별로 대수롭지 않게 여겼다. 그러나 결국 의사는 걱정하게 되었다. 그것은 1895년 여름이 끝나는 때였다.

그해 초에 나는 바젤 대학에서 공부하기 시작하였다. 나의 인생에서 내가 권태를 느낀 유일한 시기였던 중고교시절은 끝났다. 그리고 대학과 학문의 자유를 향한 황금의 문이 내 앞에 열렸다. 나는 자연의 진실을 그 주요 부면에서 들으리라. 나는 인간에 관한 해부학적인, 그리고 생리학적인 모든 것을 경험하리라. 그

---

1) ≪암시와 그 치유작용(*Die Suggestion und ihre Heilwirkung*)≫, Leipzig와 Wien, 1888.

리하여 생물학적인 예외상태, 즉 병에 관한 지식을 거기에 나란히 정렬하리라. 무엇보다도 나는 예전에 나의 아버지가 속했던 초횡기아Zofingia라는 색깔을 띤 학생회에 입회하게 되었다. 내가 풋내기 여우Fuchs일 때 내 아버지는 나와 함께 학생회 소풍을 마르크그라퀜 지방의 바인 촌으로 가기까지 하였고, 그는 거기서 한 번 익살스런 연설을 하였는데 그 연설을 통하여 그 자신의 과거 학생시절의 쾌활한 기운이 나타나는 것을 보고 나는 뛸 듯이 좋아했다. 동시에 나는 불현듯 그 자신의 인생이 대학 졸업과 함께 결정적으로 정지되었음을 알게 되었고 다음과 같은 학생들의 노래가 내 머리에 떠올랐다.

그들은 눈을 내리깔고
대학문 밖의 속인의 나라로
돌아갔다네.
저런, 저런, 저런.
아, 얼마나 달라졌는가!

이 노래의 낱말들이 내 마음에 무겁게 와 닿았다. 아버지는 한때 나와 마찬가지로 대학의 첫 학기에 열광적인 학생이었다. 이 세계는 나에게처럼 그에게 활짝 열려 있었다. 끝없는 지식의 보배들이 내 앞에서처럼 그의 앞에 놓여 있었다. 그의 기를 꺾고 고리타분하게 만들고 가슴을 쓰라리게 한 것은 대체 무엇이었던가? 나는 아무 회답도 발견하지 못했거나 혹은 너무 많은 회답을 찾아냈다. 그가 저 여름날 저녁 술좌석에서 한 연설은 그가 존재했었고 그가 그렇게 되었어야 했던 시간에 대한 유일한 살아 있는 추억이었다. 그 뒤 얼마 안 있어 그의 상태는 악화되었다. 그는 1895년 늦가을에 병상에 누웠다가 1896년 초에 작고하였다.

나는 대학 강의 뒤에 집에 돌아와 아버지에 관해 물었다. "아, 언제나 마찬가지지 뭐. 무척 쇠약해." 어머니는 말하였다. 아버지는 어머니에게 무엇인가를 속삭였다. 어머니는 눈짓으로 그의 섬망상태를 암시하면서 "네가 국가시험에 합격했는지 알고 싶다는구나" 했다. 나는 내가 거짓말을 해야 한다는 것을 알아차렸다. "네. 그건 잘 되었습니다." 그는 안심한 듯 한숨을 쉬고 눈을 감았다. 얼마 지나서 나는 다시 한 번 그에게 갔다. 그는 혼자 있었다. 어머니는 옆방에 무엇인가 할 일이 있었다. 그의 목에서 꼬르륵 소리가 났다. 나는 그가 죽음의 고통을 겪고 있다는 것을 알았다. 나는 그의 침상 옆에 홀린 사람처럼 서 있었다. 나는 아직 사람이 죽는 것을 본 일이 없었다. 별안간 그가 숨쉬기를 그쳤다. 나는 다음 번 숨소리를 기다리고 또 기다렸다. 다시는 소생하지 않았다. 그제야 어머니가 생각나서 옆방으로 갔다. 어머니가 거기 창가에 앉아 뜨개질을 하고 있었다. "아버지가 죽어요." 나는 말했다. 그녀는 나와 함께 침상으로 가서 그가 이미 죽은 것을 발견했다. 그녀는 마치 경탄하듯 "그렇게도 빨리 모든 것이 지나가 버린단 말인가" 했다.

그 다음 날들은 음침하고 괴로운 나날이어서 나의 기억에 남는 것이 별로 없다. 한 번은 어머니가 그녀의 제2의 목소리로 나에게, 혹은 나를 둘러싸고 있는 분위기를 향하여 이렇게 말했다. "아버지는 너를 위해서 지금 죽은 거야." 그것은 이런 뜻으로 들렸다. '너희는 서로 이해하지 못했어. 그는 네게 짐이 될 수 있었을 거야.' 이런 견해는 나의 어머니의 제2호와 일치하지 않는 듯이 보였다.

"너를 위해서"라는 말이 몹시 가슴에 사무쳤다. 나는 이제 한 조각 낡은 시대가 어쩔 수 없이 끝났다는 것을 느꼈다. 다른 한편 그 당시 하나의 남자다움과 자유가 내 속에서 고개를 들었다. 아버지가 돌아가신 뒤에 나는 그의 방으로 옮겼다. 가족 중에서 나는 그의 위치를 차지했다. 예컨대 나는 어머니에게 매주 가사에 쓸 돈을 드려야 했다. 그녀는 가사를 돌보면서 돈을 다룰 수가 없었기 때문이다.

아버지가 죽은 지 6주 정도 뒤에 아버지가 나의 꿈에 나타났다. 갑자기 그가 내 앞에 서서 말하기를 휴가에서 돌아왔다고 했다. 그는 잘 쉬고 이제 집에 돌아왔다는 것이다. 나는 내가 그의 방으로 자리를 옮겼기 때문에 나를 비난할지도 모른다고 생각했다. 그러나 거기에 관해서는 아무 말도 없었다! 그럼에도 불구하고 나는 그가 죽었다고 상상했던 내가 부끄러웠다. 며칠 뒤에 이 꿈이 반복되었다. 아버지는 회복되어 집에 돌아왔고 다시금 나는 그가 죽었다고 생각했던 내 자신을 비난했다. 몇 번이고 나는 자신에게 물었다. "내 아버지가 내 꿈에서 집에 돌아왔다는 것이 무슨 뜻일까? 그가 그렇게 '실감나게' 보이는 까닭은 무엇일까?" 그것은 잊을 수 없는 체험이었고 나로 하여금 처음으로 죽음 뒤의 삶을 골똘히 생각하게 하는 것이었다.

아버지의 죽음으로 내가 대학에서 학업을 계속하는 것에 어려운 문제가 대두되었다. 외가 쪽의 어떤 이들은 될 수 있는 대로 빨리 돈을 벌기 위해 어떤 상점의 점원 자리를 구하라는 의견이었다. 외숙은 자진해서 어머니를 돕겠다고 나섰다. 가지고 있는 것으로는 살아가기에 훨씬 부족했기 때문이다. 백부는 나를 도왔다. 내가 대학을 졸업할 때 나는 그에게 3,000프랑의 빚이 있었다. 나머지를 나는 조수보의 일을 하면서 한 늙은 아주머니로부터 이어받은 작은 골동품 상점에서 한 개 한 개 아주 유리한 값으로 물건을 팔았고 흡족할 만한 이윤이 나에게 떨어졌다.

나는 가난하던 시절을 아쉬워하고 싶지 않다. 사람들은 평범한 것을 귀중히 여기는 법을 배운다. 한 번은 시가 한 통을 선사 받았는데, 그 기억이 지금도 생생하다. 나는 영주가 된 기분이었다. 시가는 1년에 걸쳐 사용되었다. 일요일에만 한 개비를 피웠던 것이다.

회고해 보면 대학시절은 나에게 아름다운 시절이었다고 말할 수 있다. 모든 것은 정신적으로 생동했고 그때는 또 교우의 시절이기도 했다. 초휭기아 회의에서 나는 여러 차례 신학적 · 심리학적 주제의 강연을 했다. 우리는 흥미진진한 토론을 했고 그것은 의학적인 문제에 국한되지 않았다. 우리는 쇼펜하우어와 칸트에 관한 논쟁을 했다. 우리는 키케로Cicero의 여러 가지 문체를 알고 있었고 신학과 철학에 흥미를 느끼고 있었다. 사람들은 무엇보다도 고전적 교양과 잘 키워진 정신적 전통이 어떤 것인지를 가정할 수 있었다.

나와 가장 가까운 친구 중의 한 사람은 알버트 외리Albert Oeri였다. 나는 그가 죽을 때까지1950 그와 친교를 맺고 있었다. 우리의 관계는 사실 우리 자신들보다 20년이나 오랜 것이었다. 벌써 지난 세기의 60년 말에 이 관계는 우리들의 부친들 사이에서 시작되었던 것이다. 그러나 운명이 후년 이 두 사람을 차츰 갈라 놓은 것과는 달리 외리와 나는 서로 만나게 되었을 뿐 아니라 끝까지 신의의 결속으로써 계속 함께하였다.

나는 외리를 초휑기아 회의 회원으로서 알게 되었다. 그는 유머도 많고 쾌활한, 그리고 뛰어난 이야기꾼이었다. 특히 인상 깊었던 것은 그가 야콥 부르크하르트의 큰 조카였다는 사실이었다. 우리들 바젤의 대학생은 부르크하르트를 전설적인 위인으로 섬겼고 그는 우리들의 중심이 되어 우리 속에 살며 영향을 주고 있었다. 그렇다. 외리는 이 희귀한 인간의 외적인 성질의 편린을 그의 얼굴 특징의 어딘가에서, 그의 몸짓, 그의 말투를 통하여 전달해 주고 있었다. 부르크하르트와 마찬가지로 때때로 거리에서 만난 바흐오펜Bachofen에 관해서도 나는 내 친구로부터 많은 것을 들었다. 그러나 이런 외부적인 것 이상으로 나를 매혹시킨 것은 그의 신중한 사색이었고 그의 역사적 과정을 바라보는 방식, 이미 당시에 엿보이던 그의 정치적 판단의 놀랄 만한 성숙성, 시대적 인물들을 파악할 때 그가 보인 깜짝 놀랄 정도의 정확성이었는데 그의 익살은 이들을 정확히 그려내는 데 타의 추종을 불허했다. 그의 회의에 찬 시선은 가장 인상 깊은 옷차림 밑에 숨은 공허와 허영을 보고 있었다.

우리 맹약의 제3의 인물은 유감스럽게도 일찍 죽은 안드레아스 피셔Andreas Vischer였는데 뒤에 소아시아 우르파Urfa의 병원장을 다년간 지낸 사람이다. 우리는 함께 바일Weil의 "아들러," 할팅겐Haltingen의 "히르첸"에서, 한 조끼의 말크그레폴러Markgräfler, 포도주를 마시며 태양 아래서, 변화해 가는 달 아래서 토론했다. 이런 대화는 나의 학생시절의 잊을 수 없는 추억의 장점을 이루고 있었다.

직업과 주거지가 우리를 갈라 놓았으므로 다음 세기에는 그리 자주 만날 수 없었다. 그러나 중년의 장중한 시간이 외리와 나, 두 같은 연배에게 다가왔을 때 운명은 우리를 다시 더욱 합쳐 주었다. 35세가 되었을 때 우리는 뜻밖에도 나의 요트로 길이 기념할 만한 여행을 함께 하게 되었다. 우리의 바다는 취리히 호였다. 요트 승무원으로 당시 내 밑에서 일하던 세 사람의 의사들이 있었다. 우리의 여행은 발렌슈타트에 갔다오는 것이었다. 이것은 나흘이 걸렸다. 우리는 신선한 바람을 맞으며 큰 삼각형의 돛을 달고 나아갔다. 외리는 포스Voß 역 ≪오딧세이*Odyssee*≫를 가지고 와서 항해 중 우리에게 키르케Kirke와 네키아Nekyia의 모험을 읽어 주었다. 번득이는 호수와 은빛 안개 속에 감싸인 기슭 위에 빛이 있었다.

> 이제 순풍에 까만 부리를 지닌 돛단배, 부풀어 오른 입김에 우리를 맡기는도다,
> 착한 수행인으로.
> 키르케여, 곱게 곱슬린 머리카락, 숭고한 아름다운 선율의 여신이여!

그러나 그 빛나는 호머의 영상 뒤에서 미래에의 상념이, 우리 앞에 아직 놓여 있는 세계의 바다 위로 가는 보다 큰 여행의 생각이 불안하게 눈뜨고 있었다. 그때까지 머뭇거리던 외리는 그 뒤 얼마 안 있어 결혼했고 운명은 나에게 오딧세우스Odysseus에게처럼 네키아의 어둠의 나라 하데스Hades에의 하강을 선사하였다.[2] 그러자 전쟁이 일어나 나는 그를 거의 볼 수 없게 되었다. 거창한 대화도 침묵하였다. 사람들은 그저 표면적인 이야기만 하였다. 그러나 우리 사이에는 내적인 대화가 일어났고 나는 그것을 그가 나에게 던진 몇 가지 단편적인 질문을 통해서 알아차릴 수 있었다. 그는 영리한 친구였고 나에 관해 그 나름대로 알고 있었다. 이런 말없는 동의와 그의 변함없는 신의는 나에게 무척 소중한 것이었다. 그의 생애의 마지막 10년 동안 우리는 다시 자주 만났다. 우리 둘은 어두

---

2) νὲκυς(시체)의 네키아(Nekyia)는 ≪오딧세이≫의 11번째 노래의 제목이다. 그것은 하데스(지하계)에서 죽은 자를 불러내기 위한 제사를 말한다. 그러니까 네키아는 죽은 자의 세계로의 하강에 해당되는 말이다. ≪신곡(神曲)≫이나 ≪파우스트≫에서의 "고대 그리스의 발푸르기의 밤"처럼 융은 그것을 비유적인 뜻으로 자신의 무의식의 표상계로의 하강을 암시하고 있다. 이에 관해서는 〈무의식과의 대면〉의 장에서 언급될 것이다. A. J.

운 그림자가 더욱 길어짐을 알고 있었기 때문이다.

종교적인 문제에 관련하여 나는 나의 학생시절에 많은 자극을 받았다. 집에서 나는 작고한 아버지의 부감목인 한 신학자와 이야기를 나눌 절호의 기회를 얻었다. 그는 나를 압도한 놀랄 만한 욕망뿐 아니라 엄청난 학식으로 두드러졌다. 나는 그로부터 교부학과 도그마의 역사에서 많은 것을 배웠으며 특히 나는 개신교신학에 관한 많은 새로운 이야기를 들었다. 리츌Ritschl의 신학은 당시의 화젯거리였다. 그 역사적 견해와 무엇보다 철도열차와의 비유는 나의 신경을 건드렸다.[3] 초휭기아 회에서 내가 함께 토론한 신학생 모두 그리스도의 생에서 연유된 역사적 영향력의 관념으로 만족하고 있는 듯했다. 이런 관점은 나에게 유치하게 보였을 뿐 아니라 생명이 없는 것으로 보였다. 나는 또한 그리스도를 전면에 내세워 그를 신과 인간의 드라마 속의 오직 하나의 결정적인 모습으로 삼으려는 의견에 동조할 수 없었다. 이것은 그리스도 자신의 견해에 전적으로 어긋나는 것이다. 즉, 그리스도는 그를 낳은 성령이 그가 죽은 뒤에는 인간 사이에서 그를 대치하리라고 하였던 것이다.

성령은 상상이 불가능한 신을 적절하게 설명한 것이라 생각되었다. 성령의 작용은 숭고한 성격의 것이었을 뿐 아니라 오묘하고도 수상쩍은 성질의 것으로 야훼의 행적과도 같은 것인데 후자를 나는 나의 견진학습에 따라 순진하게도 기독교적 신의 상과 동일시했었다(당시는 또한 마귀가 기독교와 더불어 비로소 생겨났다는 사실을 나는 모르고 있었다). "예수님"은 나에게 명백히 한 인간이었고 그러므로 갈피를 잡기 어려운 존재, 아니면 단지 성령의 대변자였다. 이러한 극도로 비정통적인 나의 견해는 신학적인 생각과는 90도, 아니 180도로 다른 것이어서 심각한 몰이해에 부딪친 것은 물론이다. 거기서 얻은 실망으로 나는 점차 일종의 체념 섞인 무관심을 갖게 되었다. 여기서는 오직 경험이 이 문제를 결정할 수 있다

3) 리츌은 배열된 철도열차의 비유를 쓰고 있다. 뒤에서 기관차가 충격을 주면 이 충격이 전체 열차를 앞으로 나가게 한다. 그렇게 그리스도의 동인(動因)이 수세기를 간다는 것이다. A. J.

는 확신이 더욱 강해졌다. 그 당시 내가 읽은 칸디드Candide의 글을 빌리면 이렇게 말할 수 있을 것이다. "이 모든 것은 잘 말했다. 그러나 우리의 뜰을 가꾸는 것이 필요하다." 이것은 자연과학을 말하는 것이었다.

나의 대학시절 첫해 동안 나는 자연과학이 무한한 지식을 줄 수 있는 가능성을 열어 놓았지만 그것이 줄 수 있는 통찰은 극히 적고 그것도 주로 전문적인 성질을 띠고 있을 뿐임을 발견했다. 철학 강의를 통하여 나는 그 저변에는 심리적인 것이 깔려 있다는 것을 알고 있었다. 마음 없이는 지식도 통찰도 없었다. 그러나 우리는 마음에 관해서 들은 일이 전혀 없었다. 그것은 어디서고 암암리에 전제되어 있었으나 체. 게. 카루스C. G. Carus에서처럼 그것이 언급된 곳에서도 진정한 지식이 아니라 이렇게도 저렇게도 들을 수 있는 단지 철학적 추론에 불과했다. 이런 기묘한 관찰만으로는 나의 지혜를 계발할 수 없었다.

그러나 제2학기 말에 나는 중대한 발견을 했다. 나는 예술사가였던 동료학생의 아버지의 서재에서 70년대에 나온 귀령에 관한 한 작은 책을 발견했다. 그것은 한 신학자가 심령술의 기원에 관해 보고한 책이었다. 처음에 느꼈던 의혹은 책을 읽어가면서 곧 사라져 버렸다. 나는 그 책에서 다루는 것이 근본적으로는 어린 시절부터 시골에서 언제나 되풀이해서 들어 온 것과 같거나 비슷한 이야기라는 사실을 알았기 때문이다. 그 자료는 의심할 바 없이 신빙성 있는 자료였다. 그러나 커다란 의문, 이 이야기가 물리적으로도 사실일까 하는 의문은 확실한 해답을 얻지 못했다. 어쨌든 나는 이런 이야기들이 어느 시대에서나, 지상의 어느 곳에서나, 언제나 보고된 것임에 틀림없다는 사실을 확인할 수 있었다. 여기에는 무슨 까닭이 있을 것이다. 어디서나 꼭 같은 종교적 전제가 있었다는 사실에서 그 이유를 찾을 수는 없을 것이다. 이 경우는 분명 그렇지 않다. 그러므로 이것은 인간 영혼의 객관적인 행태와 관련할 것이다. 그러나 바로 이런 핵심적인 물음, 즉 영혼의 객관적 성질에 관해서 나는 도저히 철학자들이 말한 것 이상으로 알 수가 없었다.

나에게 그것이 이상하고 막연한 것으로 보인 만큼 심령술사들의 관찰은 객관적 정신현상을 최초로 보고한 것이라 여겨졌다. 죌너Zoellner나 크룩스crookes의 이름이 인상에 남았다. 나는 심령술에 관해서 그 당시 내가 구할 수 있는 책은 모두 읽었다. 물론 나는 친우들에게 거기에 관해 말했다. 그러나 그들은 놀랍게도 조소와 불신, 더러는 불안한 방어로 반응하였다. 나는 한편으로는 그들이 유령이니 책상의 이동 같은 이런 것들은 있을 수 없음으로 거짓말이라고 확신을 가지고 주장하는 것을 보고 놀랐고 불안한 성격을 띤 듯한 그들의 저항을 보고 의아해 하였다. 나 역시 그 보고가 절대적으로 믿을 만한 것인지 확실치는 않았다. 그러나 유령이라는 것이 왜 있어서는 안 되는가? 무엇이 "불가능"하다는 것을 우리는 어디서 안단 말인가? 그리고 무엇보다도 저 불안감은 무엇을 의미하는가? 나 자신은 그런 가능성이 전적으로 흥미롭고 매혹적이다. 그것은 나의 현존을 몇 배 미화한다. 세계는 이로써 심도와 내면을 갖추게 된다. 예컨대 꿈이 귀령들과 관계하는 것일까? 칸트의 ≪귀령을 보는 자의 꿈≫이 때를 맞춘 듯 나의 눈에 띄었고 곧 나는 이 관념을 철학적·심리학적으로 평가한 칼 듀 프레도 발견했다. 나는 에셴마이어Eschenmayer, 파사반Passavant, 유스티누스 케르너Justinus Kerner와 괴레스Görres를 발굴했고 스베덴보리Swedenborg의 일곱 권의 책을 읽었다.

나의 어머니의 제2호는 나의 심령술에의 공명에 전적으로 동조하였으나 그 밖의 주위 사람들은 나를 낙심시켰다. 지금까지 나는 전통적인 관점의 바위에 부딪쳐 왔다. 그러나 이제는 선입견이라는 강철, 비인습적인 가능성에 가치를 부여하지 못하는 절대적인 무능이라는 벽에, 그것도 나의 가장 가까운 친구들에게서 부딪쳤다. 그들에게는 나의 관심이 나의 신학에의 작업보다도 더 이상스럽게 보였다! 나는 세계의 끝으로 밀려난 기분이었다. 나에게 불같이 흥미를 돋군 것들은 남에게는 하잘것없는 것이고 심지어 불안의 근원이었다.

무엇에 대한 불안인가? 나는 이에 대하여 아무것도 설명할 수 없었다. 시간과 공간, 인과론의 제약된 범주를 넘어서는 사건들이 있었을지 모른다는 사실은 그렇게 굉장하지도, 세상을 뒤흔들 만한 것도 아니었다. 날씨와 지진을 미리 알아내는 동물들도 있고 어떤 사람의 죽음을 알리는 꿈, 죽음의 순간에 정지된 시계, 결정적인 순간에 부서진 컵, 나의 지금까지의 세상에서는 당연한 수많은 일들이 있었다. 그런데 이제 나는 그런 일에 관해 이야기를 들은 유일한 사람 같았다! 나는 내가 도대체 지금 어떤 세상에 살고 있는지를 심각하게 자문하게 되었다. 그것은 분명 도시적인 세계였다. 시골의 세계, 산과 숲과 강과 동물, 신의 생각(식물의 수정)의 진실된 세계에 관해 아무것도 모르는 세계였다. 이렇게 설명하니 위안이 되었다. 어쨌든 이런 설명은 우선 나의 자신감을 높여 주었다. 도시의 세계는 학문적인 지식으로 채워져 있음에도 불구하고 정신적으로는 제약되어 있었기 때문이다. 그러나 이런 통찰은 내게 위험스러운 것이 되었다. 그것은 나로 하여금 우월감의 발작을 일으키도록 유혹하여 부적합한 비판욕과 공격성을 유도하여 반감을 자초하였던 까닭이다. 그렇게 되다 보니 그것은 그 옛날의 회의, 열등감, 우울로 되돌아왔다. 내가 무슨 수를 써서든지 끊어 버리기로 작정했던 우울한 주기가 다시 찾아 들었다. 나는 더 이상 세상 밖에 서 있고자 하지 않았고 호기심에 찬 미심쩍은 평판을 얻고 싶지 않았다.

첫 번째 예비과정 뒤에 나는 해부학의 하급조수가 되었고 다음 학기에 해부학 수석조수는 나에게 심지어 조직학 강좌의 지도를 위임했다. 물론 나는 크게 만족했다. 나는 당시 주로 진화론과 비교해부학에 몰두하고 있었고 신활력설을 알고 있었다. 무엇보다도 나를 매혹시킨 것은 광의의 형태학적 견지였다. 생리학은 나에게 이와는 반대쪽이었다. 단지 제시하기 위한 목적으로 실시된 생체해부 때문에 나는 그것을 극도록 싫어했다. 나는 온혈동물이 우리의 친족이며 결코 단순한 뇌자동기계가 아니라는 느낌을 떨쳐버릴 수 없었다. 나는 물론 사람이 동물을 실험하지 않으면 안 된다는 것을 알고 있었지만 그렇다고 해서 그런 실험의 전시가 야만적이고 혐오감을 줄 뿐 아니라 무엇보다도 필요없는 것이라는 느낌은 결코 나아지지 않았다. 그렇게 실제로 보여 주는 과정을 그저 기술하는 것만으로도 그것을 상상할 만한 환상은 충분히 가지고 있었던 것이다. 나의 피조물에 대한 동정은 쇼펜하우어 철학의 불교적인 몸짓에서 시작된 것이라기보다는 깊은 원시적 · 정신적 자세의 바탕, 즉 동물과의 무의식적인 동체시에서 연유된 것이었다. 이런 중요한 심리적 사실은 물론 그 당시의 나는 전혀 몰랐다. 나의 생리학에 대한 싫증은 너무나 커서 이 과목의 시험결과도 그에 따라 좋지 않았다. 어쨌든 그럭저럭 통과는 되었다.

다음 임상의학 학기는 너무나 할 일이 많아서 멀리 떨어진 영역으로 소요할 시간이 거의 없었다. 그저 일요일에만 나는 칸트를 공부할 수 있었을 뿐이다. 나는 또한 열심히 폰 하르트만E. von Hartmann을 읽었다. 니체도 이미 한동안은 계획 속에 들어 있었으나 나는 아직 충분히 마음의 준비가 안 되어 있는 것 같아서 강좌 듣기를 주저했다. 당시 니체는 많은 토론의 대상이 되었으나 대부분의 사람은 그를 배척하였는데 그는 특히 "경쟁적인" 철학도들에 의하여 가장 격렬하게 배척되었다. 이로 미루어 나는 학생들보다 높은 영역에 그에 대한 저항이 지배하고 있다고 추론했다. 최고의 권위자는 물론 야콥 부르크하르트였다. 니체와 관련된 그의 여러 비판적 견해가 퍼졌다. 게다가 니체를 개인적으로 알던 몇몇 사람들이 있어 그에 관한 온갖 흥밋거리를 별로 좋지 않게 보고하였다. 대부분은 그의 책을 하나도 읽지 않았으며 그래서 외부적인 오해에 머물러 있었다. 즉 그의 "신사"놀음, 피아노를 치는 그의 밋부림, 그의 문체의 과장, 온갖 특이성들이 당시의 바젤 사람들의 신경을 건드렸던 것이다. 이런 것들은 물론 내가 니체 강의를 듣는 것을 연기하는 구실이 된 것은 아니다. — 오히려 그것은 내게 가장 강한 동기가 되었을 것이다 — 그보다도 내가 그와 비슷하게 되지 않을까 하는 남모르는 불안에 그 이유가 있었다. 특히 그를 주위에서 고립시켰던 "비밀"이라는 점에서 닮지 않을까 했던 것이다. 그가 내적인 체험을 겪었고 통찰을 하여 이것을 말하고자 했으나 불행히도 누구한테서도 이해받지 못하게 된 것을 누가 알겠는가? 분명 그는 시대착오적인 사람이거나 최소한 그런 사람이라고 간주되었고 자연의 장난이라고 알려졌는데, 어떤 경우에도 나는 그렇게 되고 싶지 않았다. 나는 니체와 같은 "또 하나"라고 인식해야 하는 가능성을 두려워하고 있었다. — 물론 만약 사소한 것을 큰 것과 비교해도 좋다면 — 그는 교수였고 책을 썼고 또한 꿈 같은 높이에 도달했다. 그는 신학자의 집안에서 나오기는 했지만 바다까지 펼쳐진 크고 넓은 독일 땅에서 나왔다. 거기 비해서 나는 그저 스위스 사람이고 작은 국경 마을의 하찮은 목사관 출신이다. 그는 세련된 고지 독일어로 말했고 라틴어, 그리스어, 아마 불어, 이탈리아어, 스페인어까지도 알고 있었을 텐데 나는 그저 백기스・바젤 사투리를 다소 확실하게 쓸 줄 알 뿐이었다. 그는 온갖 이 화려한 것을 소유한 채 일종의 기인 노릇을 해도 괜찮지만 나는 내가 어느 만큼 그와 비슷할 수 있는지도 알아서는 안 되는 것이었다.

나의 두려움에도 불구하고 나는 호기심을 가지고 있었다. 결국 그의 책을 읽기로 결심했다. 제일 먼저 수중에 들어온 것은 ≪시대에 안 맞는 고찰≫이었다. 나는 끝없이 열광하였다. 곧 나는 ≪차라투스트라는 이렇게 말했다≫도 읽었다. 그것은 괴테의 ≪파우스트≫처럼 강렬한 체험이었다. 차라투스트라는 니체의 파우스트였고 제2호는 나의 차라투스트라였다. 물론 이것은 두더지가 파서 쌓아올린 흙더미와 몽블랑을 비교하는 것과 같은 것이었다. 그리고 차라투스트라는 — 내가 확신하기로는 — 병적이었다. 나의 제2호 인격도 병적이었을까? 이 가능성은 나를 경악하게 했다. 나는 이 경악을 오랫동안 지각하려 하지 않았다. 그러나 그것은 그럼에도 불구하고 숨가쁘게 몰아댔고 언제나 다시금 마땅치 않은 때에 나타나서 내 자신에 관해서 생각해 보도록 강요했다. 니체는 자기의 제2호를 그의 생애의 후기, 그러니까 중년 이후에 가서야 발견했다. 이에 대하여 나는 제2호를 이미 이른 청소년기부터 알고 있었다. 니체는 순진하고도 경솔하게 이 아레톤Arrheton, 이름 붙일 것이 아닌 것에 관해서 마치 모든 것이 잘 되어 있는 것처럼 말했다. 그러나 나는 곧 사람들이 그것으로 좋지 않은 경험을 한다는 것을 깨달았다. 그러나 니체는 다른 한편 너무나 천재적이어서 벌써 젊은 나이에 무엇이 그의 앞에 기다리고 있는지 예기치 못한 채 교수로서 바젤에 왔다. 바로 그의 천부의 자질을 이용하여 그는 뭔가 잘못되어 있다는 것을 제때에 알아차려야 했었다. 그러니까 이것이 그의 병적인 오해였다. 다시 말해서 그는 그의 제2호를 거침없이, 아무 생각도 없이 그런 것을 전혀 모르고, 이해하지도 못하는 세계에 꺼내 보인 것이다. 그는 그의 망아경을 함께 느끼고 "모든 가치의 전도"를 이해할 수 있는 사람을 찾을 수 있으리라는 어린애 같은 기대에 사로잡혀 있었다. 그러나 그는 다만 교양 있는 속물을 찾았을 뿐이고 비극적 희극인 것은 그 자신이 다른 사람들처럼 자신을 이해하지 못한 사람이었다는 사실이다. 그 자신이 비의와 하찮은 것에 전락해 버려서 이것을 둔감한, 온갖 신들諸神로부터 버림받은 무리에게 추천하고자 했던 것이다. 그러므로 언어의 팽창, 일상적 궤도를 벗어난 비유, 찬송가적 열광이 있었고 모두 연관성을 잃은 지식에 마음이 팔린 이 세상에 알리고자 하는 부질없는 시도를 한 것이다. 게다가 그 — 줄타는 사람은 그 자신을 넘어서 버렸다. 그는 이 세상에서의 처신을 알지 못했다. 그르므로 그는 빙의된 자요 그의 주위 세계로부터 다만 매우 신중하게 다루어져야 할 사람이었다. 내 친구와 아는 이들 중에 나는 공적으로 니체에 귀의한 두 사람을 알고 있었는데 둘 다 동성애자였다. 한 사람은 자살로 일생을 마쳤고 다른 사람은 이해받지 못한 천재로 전락했다. 다른 사람들은 차라투스트라의 현상 앞에서 당황했다기보다 면역되어 있었다.

파우스트가 나에게 하나의 문을 열어 주었듯, 차라투스트라는 문을 닫아 버렸고 그것도 철저하게, 그리고 오랜 기간에 걸쳐 그렇게 두었나. 마치 저 농부에게 일어난 일과 같은 것을 나는 겪게 되었다. 즉, 그 농부는 "독겔리Doggeli(일종의 스위스 도깨비: 역주)"가 그의 소 두 마리에게 계교를 써서 한 고삐에 두 마리를 끼워 놓은 것을 보았다. 그의 어린 아들이 그에게 어떻게 그런 것이 가능하냐고 물었다. 농부는 대답하기를 "얘야, 그런 것은 말하는 게 아니야"라고 했다.

나는 사람들이 모든 사람이 잘 아는 것을 말해야만 무슨 일이 제대로 된다는 사실을 깨달았다. 이 점에서 순진한 사람은 누구에게 그가 모르는 것을 말할 때 그것이 그 동료에게 얼마나 모욕이 되는지를 이해하지 못한다. 사람들은 이러한 흉폭성을 오직 작가, 신문기자, 아니면 시인에게만 허용한다. 나는 새로운 관념이나 그저 조금이라도 비범한 측면조차도 그것은 오직 사실에 의해 전달될 수 있다는 사실을 알게 되었다. 사실들은 없어지지 않고 남아 있으며 시간이 경과

되면 책상 밑에 방치해 두지 않는다. 언젠가 한 사람이 그 옆을 지나가다가 그가 발견한 것이 무엇인지 알게 된다. 나는 내가 더 좋은 방법을 몰랐던 나머지 사실을 제시하는 대신 다만 말만 하였을 뿐임을 깨달았다. 그리고 바로 그 사실이 내게는 부족했다. 나의 수중에는 아무것도 가진 것이 없었다. 나는 어느 때보다 경험적 지식에의 충동을 느꼈다. 나는 철학자들을 좋지 않게 보았다. 그들이 경험이 불가능한 것에 관해서만 말하고 경험에 따라 대답해야 할 것에 입을 다물었기 때문이다. 내가 언젠가 어디선가 금강석의 계곡을 통과하여 온 것 같기는 했다. 그러나 나는 내가 가져온 광석표본이 자갈돌과 다른 것이었는지 아무에게도 확신시킬 수가 없었고 자세히 보면 나 자신도 확신하기 어려운 것이었다.

1898년 나는 나의 의사로서의 장차의 직업에 직면하게 되었다. 나는 곧 내가 전문의 수업을 해야 한다는 것을 깨닫기에 이르렀다. 그러자면 외과나 내과만이 고려의 대상이었다. 첫째 경우에 끌린 것은 내가 해부학의 전문 수련을 했고 병리해부학에 특히 호감을 가졌던 때문이고 내게 필요한 재정적 수단만 조달되었더라면 아마 그것을 장차의 직업으로 삼을 생각을 했을 것이다. 내가 공부하기 위하여 빚을 져야 했던 일은 몹시 괴로운 일이었다. 나는 졸업시험을 끝내자마자 될 수 있는 대로 속히 생계를 위해 돈을 벌어야 한다는 것을 알고 있었다. 그래서 나는 클리닉보다는 보수를 받는 자리를 기대할 수 있는 주립병원의 조수의 길을 택하리라고 생각하고 있었다. 그러나 임상의 자리는 상당히 윗사람의 개인적인 호의와 후견에 달려 있었다. 나에 관한 의심스런 평판과 내가 너무나 자주 경험한 소외감 때문에 나는 감히 행운의 경우를 생각할 수 없었고 그러므로 최소한 어느 시골 병원의 조교로 들어갈 조촐한 가능성으로 만족하고 있었다. 그렇게 되면 그 나머지는 내 자신의 노력과 능력에 달린 것이었다.

그런데 여름방학에 나에게 심각한 영향을 줄 만한 사건이 일어났다. 어느 날 나는 내 공부방에 앉아 교과서들을 들추며 공부를 하고 있었다. 옆방으로 향하는 문이 반쯤 열려 있었는데, 그곳에는 어머니가 앉아서 뜨개질을 하고 있었다. 그곳은 우리의 식당이었는데 밤나무로 만든 둥근 식탁이 놓여 있었다. 그것은 친할머니의 결혼 혼수감에서 나온 것인데 당시 70년쯤 된 낡은 것이었다. 나의 어머니는 식탁에서 1미터가량 떨어져 창가에 앉아 있었다. 내 누이동생은 학교에 갔고 하녀는 부엌에 있었다. 갑자기 권총을 쏘는 소리 같은 폭음이 울렸다. 나는 뛰어나와 폭음이 들려온 옆방으로 갔다. 어머니는 멍하게 뜨개질거리를 손에서 떨군 채 흔들의자에 앉아 있었다. 그녀는 더듬거리며 말했다. "무슨, 무슨 일이냐? 바로 내 옆에서 일어났는데 …" 그러면서 식탁을 보았다. 우리는 무엇이 일어났는지를 보았다. 식탁의 끝이 중앙을 넘어서까지 짝 갈라져 있었는데 그것은 아교로 붙인 자리가 아니고 생나무판이었다. 나는 말문이 막혔다. 어떻게 이런 일이 일어날 수 있는가? 70년 동안 말린, 통나무판이 늘 그렇듯 비교적 높은 습도의 여름날에 빠개지다니? 춥고 건조한 겨울날, 난로를 땐 경우였다면 물론 그랬을지 모른다. 도대체 이런 폭발이 일어난 까닭은 무엇일까? 결국 희한한 우연들도 있다고 나는 생각했다. 어머니는 머리를 끄덕이고 그녀의 제2호의 목소리로 말하기를 "그래, 그래, 이건 무슨 뜻이 있어." 나는 강한 인상을 받지 않을 수 없었고 거기에 관해 아무것도 말할 수 없는 것이 짜증스러웠다.

14일쯤 지나서 나는 저녁 여섯 시에 집에 돌아왔는데 집안의 가족이, 즉 내 어머니, 내 열세 살 난 누이동생 그리고 하녀가 크게 흥분하고 있는 것을 발견했다. 한 시간쯤 전에 또 한 번 귀가 먹을 정도로 큰 소리가 울렸다는 것이다. 이번에는 폭음이 이미 망가진 식탁이 아니고 조리대 쪽의 무거운 19세기 초 가구에서 나왔다. 그들은 이미 사방을 훑어보았지만 어디서도 갈라진 틈을 찾지 못했다고 했다.

나는 곧 조리대와 그 주변을 살펴보기 시작했으나 소용이 없었다. 그러자 나는 조리대 안과 거기 있는 물건들을 두루 살펴보았다. 빵이 있는 서랍에서 나는 한 덩이 빵과 그 옆에 빵 자르는 칼을 발견했는데 그 칼날이 대부분 부러져 있었다. 손잡이는 그 네 귀퉁이의 한 구석에 놓여 있었다. 그리고 그 밖의 세 귀퉁이에 한 개씩 부러진 칼날 조각들이 놓여 있었다. 이 칼은 오후 네 시의 커피시간에도 사용한 후 챙겨 둔 것이었고 그 뒤에는 아무도 조리대에서 일하지 않았다.

다음 날 나는 그 부러진 칼을 이 도시에서 가장 우수한 도장장이에게 가져갔다. 그는 부러진 칼의 면을 확대경으로 자세히 보더니 고개를 흔들었다. "이 칼은," 그리고는 말했다. "말끔하오. 강철에는 아무 데고 상한 곳이 없어요. 누군가가 이 칼을 조각조각 부러뜨렸소. 예컨대 서랍 틈에 끼워 놓고 부러뜨릴 수도 있지요. 좋은 강철이오. 아니면 아주 높은 데서 돌에 떨어뜨렸을 것이오. 폭발되다니 말도 안 되오. 누군가 당신을 놀리고 있소."[4)]

내 어머니와 누이동생은 방 안에 있다가 그 폭음에 갑자기 놀랐다. 어머니의 제2호는 나를 의미 있게 바라보았다. 나는 그저 잠자코 있을 뿐이었다. 나는 전혀 아무것도 상상할 수 없었다. 그리고 이 사건을 설명할 방도가 없었다. 내가 깊이 감명을 받았음을 시인해야 할 때 나는 더욱 짜증을 느꼈다. 어째서, 어떻게 식탁이 쪼개지고 칼이 부러지는가? 우연이라는 가설은 단연 거리가 먼 이야기였다. 라인강이 우연히 거꾸로 흐른다는 것은 정말 상상할 수 없는 일이다. 다른 가능성들은 자동적으로 제외된다. 그러면 무엇일 수 있단 말인가?

수주일 후에 나는 어떤 친척으로부터 그들이 벌써 오래전부터 책상의 이동 같은 심령술에 몰두해 왔고 열다섯 살쯤 되는 어린 소녀를 영매로 쓰고 있었다는 이야기를 들었다. 이 모임에서는 이미 얼마 전부터 나에게 그 몽유병적 상태와 심령현상을 만들어 낸 영매를 소개할 생각을 가지고 있었다고 한다. 내가 이 말을 들었을 때 나는 곧 우리 집에서 일어난 괴상한 현상을 생각했고 이런 현상들이 그 영매와 관련을 가지고 있다는 추측을 하게 되었다. 나는 그녀와 이에 관심을 가진 사람들과 함께 정기적으로 매주 토요일 저녁마다 모임을 개최하기 시작하였다. 여러 가지 전언, 벽과 책상을 두드리는 소리 같은 결과가 나타났다. 영매와는 별개로 책상이 움직인다는 것은 좀 의심스런 일이었다. 나는 곧 제약적인 조건이 대체로 실험성과를 방해한다는 사실을 알아냈다. 그래서 나는 두드리는 소리가 분명히 자율적으로 일어난다는 점을 받아들인 채 전언의 내용에 주

4) 네 조각난 칼은 융에 의하여 조심스럽게 보존되었다. A. J.

의를 기울였다. 이런 관찰의 결과를 나는 내 학위논문에서 기술했다.[5] 이 실험은 2년쯤 시행하자 침체되었다. 나는 실험 중에 영매가 속임수를 써서 그 현상을 만들어 내는 것을 포착하였다. 그것이 이 실험을 중단하게 했는데, 유감스러운 일이었다. 왜냐하면 나는 그녀의 예에서 어떻게 제2호가 생겨나며 그것이 어떻게 어린 의식에 출현하며 결국 이것을 통합하는 것을 배웠던 것이다. 그 소녀는 하나의 "조기 완성된 자"였다. 26세에 그녀는 폐결핵으로 죽었다. 나는 그녀가 24세 때 그녀를 다시 한 번 보았고 그녀 인격의 자주성과 성숙도에 계속 깊은 감명을 받았다. 그녀가 죽은 뒤 나는 그녀의 친척으로부터 그녀의 생의 마지막 달에 그녀의 성격이 하나하나 그녀로부터 떨어져 나가 결국 두 살 난 아이의 상태가 되더니 그런 상태에서 그녀가 마지막 잠이 들었다는 사실을 들었다.

이것은 이제 통틀어 커다란 경험이었고 이것이 나의 모든 예전의 철학을 지양하고 나에게 심리적 관점을 가능하게 하였다. 나는 인간 영혼의 어떤 객관적인 것을 경험했다. 이 경험은 내가 거기에 관해 아무 것도 말할 수 없는 그런 경험이었다. 나는 이 모든 사태를 나에게 전해 줄 만한 사람을 알지 못했다. 다시금 나는 심사숙고해 볼 만한 것을 해결하지 못한 채 제쳐 두어야 했다. 2, 3년 뒤에 비로소 이 경험에서 나의 학위논문이 나왔다.

내과에는 프리드리히 폰 뮐러Friedrich von Müller가 늙은 임머만Immermann을 대체하였다. 뮐러 교수는 내 마음을 끄는 무엇이 있었다. 한 날카로운 지성이 어떤 문제를 어떻게 파악하고 그 속에 이미 해결의 반이 내포된 질문을 어떻게 구성하는가를 나는 목격했다. 그도 내 속에서 무엇인가를 본 듯했다. 그는 나의 학업이 끝나 갈 무렵 내게 조교로 그와 함께 독일의 뮌헨으로 가자고 제안했다. 그는 뮌헨에서 초청받았던 것이다. 그의 제안은 거의 나로 하여금 내과에 헌신하게 할 만큼 내 마음을 움직였다. 뒤에 장차 전문가로서의 나의 행로에 관한 온갖 회

---

5) ≪이른바 심령현상의 심리와 병리에 관하여(*Zur Psychologie und Pathologie sogenannter occulter Phänomene*)≫, 1902.

의를 제거하는 일이 생기지 않았더라면 아마 그렇게 되었을지 모른다.

나는 정신과 강의와 임상실습에 참여했다. 그러나 당시의 정신과 교수는 별로 나의 흥미를 돋우어 주지 못했고 정신병원에서의, 그리고 나의 아버지의 정신의학에 대한 경험, 특히 그에게 남겨 준 영향을 회상해 보아도 후자를 받아들이게 되지 않았다. 그래서 내가 의사국가고시를 준비할 때도 정신과 교과서는 맨 끝에 착수했다는 것은 특기할 만하다. 나는 거기서 아무것도 기대하는 것이 없었다. 그러나 크라프트 에빙Kraft Ebing의 교과서[6]를 들추고는 '자, 이제 정신의학이 그의 자료에 대하여 무엇을 말하는지를 한 번 보자' 하고 생각했던 기억이 아직 남아 있다. 강의나 임상은 조금도 나에게 어떤 감명을 남기지 않았다. 나는 임상실습으로 소개된 단 한 사람의 증례도 기억할 수 없었고 그저 권태와 싫증만 느꼈던 생각이 날 뿐이다.

나는 크라프트 에빙의 책의 서문부터 읽기 시작하였다. 그것은 정신의학자가 그의 대상을 어떻게 소개하는지, 또는 그의 존재 가치의 근거를 어디에 두는지를 알아내고자 하는 뜻에서였다. 이런 오만을 변명하기 위하여 나는 당시의 의학계에서 정신의학의 주가가 아주 낮았었다는 말을 해야 겠다. 아무도 정신의학에 대하여 제대로 몰랐다. 그리고 인간을 전체로 보고 또한 인간의 병적인 이상까지도 함께 볼 수 있는 심리학이 없었다. 정신병원장이 그의 환자와 더불어 같은 시설에 감금되어 있었듯이 환자들 또한 도시 밖에서 마치 나병환자가 있는 수용소처럼 고립되어 있었다. 아무도 그곳을 즐겨 들여다보지 않았다. 의사는 보통 사람과 거의 마찬가지로 아는 것이 적었고 그래서 그런 기분을 서로 나누어 가지고 있었다. 정신병은 희망이 없는 불길한 일이었고 또한 이 그림자가 정신의학에 짙게 드리우고 있었다. 정신과 의사는 특이한 인물로서 나 또한 곧 내 자신의 경험으로 그것을 깨달아야 했다.

그런데 나는 이 책의 서문에서 이런 말을 읽었다. "학문 분야의 특이성과 그

6) 정신의학 교과서(*Lehrbuch der Psychiatrie*), 4판, 1890.

형성의 불완전성 덕분에 정신과 교과서는 어느 정도 주관적인 인상을 지니고 있다." 몇 줄 건너 저자는 정신병을 "인격의 병die Krankheit der Person"이라 불렀다. 이때 갑자기 내 가슴이 몹시 두근거렸다. 나는 가만히 앉아 있을 수 없었다. 일어서서 숨을 쉬었다. 나는 강한 흥분감을 느끼고 있었다. 왜냐하면 나는 내게 정신의학 이외에 다른 목표가 있을 수 없다는 것을 번개같이 깨달았기 때문이다. 오직 이곳에 나의 관심의 두 가지 흐름이 합류할 수 있었고 그 합친 경사가 그 자체의 강 밑바닥을 팔 수 있었다. 이곳에 생물학적 · 정신적 사실에 관한 경험의 공동의 분야가 있었다. 나는 그것을 사방에서 찾았지만 찾지 못했던 것이다. 마침내 여기에 자연과 영혼의 충돌이 현실사건으로 화하는 장소가 있었다.

나의 격렬한 반응이 시작된 것은 내가 크라프트 에빙의 책에서 정신과 교과서의 "주관적 경향"을 읽었을 때부터였다. 나는 생각했다. 그러니까 교과서는 또한 어느 정도는 저자의 주관적 고백이다. 그것은 그의 선입견, 그의 그렇게 있는 존재를 지닌 채 그의 경험의 객관성 뒤에 서서 "인격의 병"에 대하여 그 자신의 인격의 전체로서 대답하는 고백이다. 나는 나의 정신과 임상 교수로부터 이런 이야기를 들은 일이 없었다. 물론 지금 거론된 이 교과서가 그런 류의 다른 책과 사실 차이가 없었는데도 이 몇 가지 암시는 정신의학의 문제에 빛을 던졌고 정신의학은 어쩔 수 없이 나의 마음을 사로잡았다.

나는 침착하게 결정을 내렸다. 나의 내과 스승에게 이것을 알렸을 때 나는 그의 얼굴에서 실망과 놀라움의 표정을 읽을 수 있었다. 나의 옛날 상처와 소외감이 다시 나를 괴롭혔다. 그러나 지금 나는 왜 그런가를 더 잘 이해했다. 내가 이 동떨어진 세계에 관심을 가지게 되리라고는 아무도 생각하지 못했고 나 자신조차 몰랐다. 나의 친구들은 놀라고 수상쩍게 여겼으며 그들은 나를 바보로 여겼다. 그것은 누구나가 이해하고 나로서도 무척 구미가 당기던, 남들이 부러워하는 내과에서의 출세의 기회를 바로 눈앞에 놓고서도 그것을 이 엉터리의 정신과와 바꾸려고 했기 때문이다.

나는 내가 분명 다시 한 번 아무도 나를 따르고자 하지 않고, 할 수도 없는 옆길로 들어섰음을 인식했다. 그러나 나는 알고 있었다. — 그리고 이 확신을 아무도 흔들 수 없었을 것이다. 나의 결정이 확고한 것이며 하나의 숙명이라는 것을 — 그것은 마치 두 개의 강물이 합쳐져 하나의 커다란 움직임을 이루어 나를 먼 목표를 향하여 이끌어 가는 것과도 같았다. 그것은 "하나가 된 이중성"의 고양된 감정이었고 이 감정은 나를 마치 마술적인 파도 같은 것에 실어 시험을 치르게 함으로써 우수한 성적으로 합격하게 했다. 공교롭게도 너무나도 성공적인 기적들 가운데서 바로 내가 아주 잘하던 과목에서 처졌다. 그것은 병리해부학이었다. 아주 우스운 실수였다. 내게는 표본 속에서 온갖 조각 이외에는 표피세포만 있는 것처럼 보였는데 아구창균이 있던 구석을 간과했던 것이다. 다른 과목에서는 나는 심지어 무엇에 관해 질문을 받게 될지를 이미 직관으로 알고 있었다. 그 덕분에 나는 몇 개의 암초를 "나부끼는 깃발, 북소리, 휘파람 소리"로 피해 갈 수 있었다. 이에 대한 보복으로 내가 가장 확실하게 느꼈던 바로 그곳에서 그로테스크하게도 바보짓을 하게 되었다. 그렇지 않았더라면 나는 국가고시를 최고점으로 합격했을 것이었다.

두 번째 후보자가 나와 같은 점수에 도달했다. 그는 외톨박이였다. 내게는 속을 알 수 없는 의심스런 통속적인 성품으로 보였다. 그와는 "자기전문" 이외에는 도무지 아무것도 시작할 수 없었다. 무슨 일에나 그는 미묘한 미소로 반응했고 그것은 그리스 에기나 예술의 박공에 새긴 상들을 연상하게 했다. 그는 무언가 우월한 것과 동시에 열등한 것 또는 당황스런 것을 지니고 있으면서 한 번도 그때그때 상황에 꼭 맞는 법이 없었다. 나는 그것을 도무지 알 수가 없었다. 오직 하나 그에게서 긍정적이라고 입증될 수 있었던 것은 거의 편집광적인 노력가의 인상이었는데, 의학의 사실이나 지식 이외에는 그 어떤 것에도 관여하지 않은 듯했다. 그는 학업 종결 후 몇 해 안 가서 정신분열증을 앓았다. 나는 이 일치를 사건의 특이한 병행현상으로서 언급하는 것이다. 나의 첫 저서는 조발성 치매정신분열증의 심리학에 바쳐졌다. 거기서 나의 인격의 편중이 "인격의 병"에 대하여 대답했다. 즉 광의의 정신의학은 병든 정신과 "정상"이라고 하는 의사의 정신과의 대화이며 "병든" 사람과 마찬가지로 본래 주관적인 치료자의 인격과의 대결이다. 나는 망상관념과 환각이 정신병의 특수증상일 뿐 아니라 또한 인간적인 의미를 지니고 있다는 사실을 제시하고자 노력하였다.

마지막 시험이 끝난 날 저녁 나는 오랫동안 그리던 사치를 한 번, — 내 생애에서 처음으로 — 극장에 가는 일을 실현하였다. 그때까지는 내 재정이 이런 종류의 무절제를 허락치 않았다. 그러나 내게는 골동품 수집상에서 번 돈이 좀 남아 있었으므로 그 돈으로 나는 오페라를 보러갔을 뿐 아니라 뮌헨과 슈트트가르트로 여행을 갈 수도 있었다.

비제Bizet는 끝없는 바다의 파도처럼 나를 도취시켰고 압도하였다. 다음 날 기차가 나를 국경 넘어 넓은 세상으로 실어갈 때 카르멘의 멜로디가 나를 따라다니고 있었다. 뮌헨에서 나는 처음으로 진짜 고대문화를 보았다. 그리고 이것은 비제의 음악과 합쳐져 내 속에 내가 그 깊이와 의미의 무게를 그저 예감할 수는 있으나 파악할 수는 없는 어떤 분위기를 만들었다. 그것은 하나의 봄과 같은, 결혼의 축제 같은 분위기였다. 그러나 외부적으로는 1900년 12월 1일에서 9일 사이의 흐린 주간이었다. 슈투트가르트에서 나는 (마지막으로) 나의 고모, 라이머 융 박사 부인을 만났다. 그녀는 나의 조부, G.C. 융 교수가 비르기니 드 라쏘와의 첫 번 결혼에서 낳은 딸이었다. 그녀는 매혹적인 늙은 부인으로 빛나는 파란 눈과 재치 있는 기질의 소유자였다. 그녀의 남편은 정신과 의사였다. 그녀는 포착할 수 없는 환상의 세계와 되돌아갈 줄 모르는 추억 — 사라져 가는, 다시는 돌아올 수 없는 태고의 마지막 입김 — 에 에워싸인 듯 보였다. 그녀와의 만남은 나의 어린 시절의 향수로부터의 최종적인 결별이었다.

1900년 12월 10일 나는 부르크횔츨리Burghölzli에 조교로 취직했다. 나는 취리히에 가기를 좋아했다. 여러 해가 지나는 동안 바젤이 내게 협소해졌기 때문이다. 바젤 사람에게는 오직 그들의 도시만 존재한다. 오직 바젤 안에서라야 모든 것이 "제대로 되어 있다." 그리고 비르스강 저편은 "가난"이 시작된다. 내 친구들은 내가 떠나는 것을 이해하지 못했고 내가 얼마 못 있어 곧 되돌아오리라 추측했다. 그러나 바젤에 머무는 것은 불가능했다. 왜냐하면 바젤에서는 나는 목사 파울 융의 아들이고 내 조부, 칼 구스타브 융 교수의 손자라는 딱지가 붙어 있었다. 나는 소위 일종의 지성인 집단에 속해 있었고 특정한 사회적 "무대장치"에 있어, 여기에 나는 저항을 느끼고 있었다. 나는 나 자신을 고착시키고 싶지도 않았고 그렇게 할 수도 없었던 것이다.

정신적인 것과 관련하여 바젤의 분위기는 내가 보기에는 탁월하고도 부러울 만치 개방적이었으나 전통의 압력은 내게 너무나 컸다. 취리히로 오자 나는 큰 차이를 느꼈다. 취리히와 세계와의 관계는 정신이 아니라 기업이었다. 그러나 이곳의 분위기는 자유로웠다. 나는 이것을 무척 높이 평가했다. 사람들은 이곳에서 거무스름한 수 세기의 안개를 어디서도 느끼지 않았다. 물론 풍부한 문화의 배경이 없어 서운했지만. 바젤에 대해서 나는 지금도 항상 어떤 깊은 편애를 느끼고 있다. 물론 나는 바젤이 전 같지 않다는 것을 잘 알고 있다. 나의 추억에는 바흐오펜Bachofen과 야콥 부르크하르트가 있던 그때, 뮌스터 성당 뒤에 오래된 성문장聖文章 회의소가 아직 서 있고 라인강 다리의 반은 나무로 되어 있던 시절이 남아 있다.

어머니에게는 내가 바젤을 떠난다는 것이 괴로운 일이었다. 그러나 나는 내가 어머니의 그 괴로움을 덜어 줄 수 없음을 알고 있었고 그녀도 그것을 용기 있게 받아들였다. 어머니는 나보다 아홉 살이나 아래이고 섬세하고 병약한 성질에다 어느 면에서나 나와는 다른 내 여동생과 함께 살았다. 그녀는 노처녀로서 태어난 듯했고 또한 결혼도 하지 않았다. 그러나 그녀는 특이한 성격을 발전시켰고 나는 그녀의 태도에 탄복하고 있었다. 그녀는 선천적인 "숙녀"였고 또한 그렇게 죽었다. 그녀는 수술을 받아야 했다. 별로 대수롭지 않은 것이었는데도 그녀는 살아남지 못했다. 그녀가 그녀의 용무를 그전에 하나도 남김없이 정리했다는 사실이 알려졌을 때 나는 깊은 충격을 받았다. 나는 그녀를 사실 모른다. 그러나 나는 그녀에게 큰 경의를 품고 있었다. 나는 아주 감정적이었으나 이와 반대로

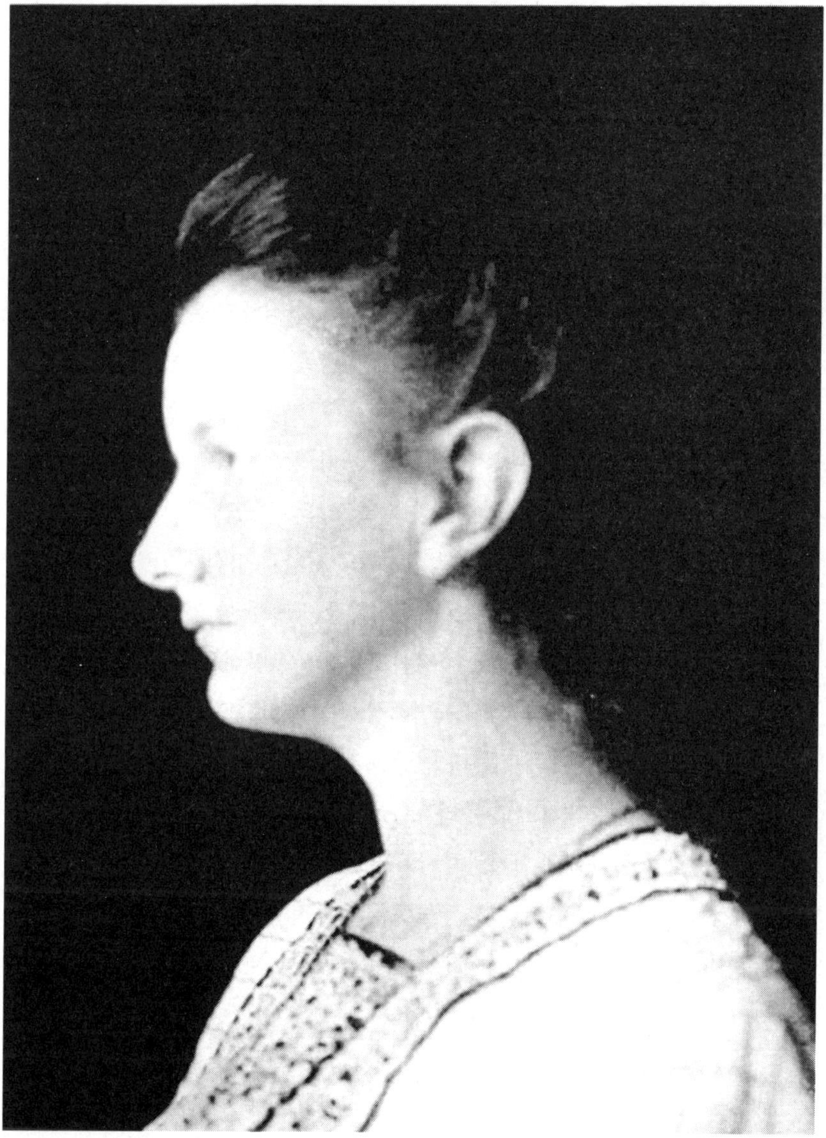

Gertrud Jung(1884~1935). 여동생.

그녀는 본래 성질은 아주 예민했지만 언제나 여유가 있었다. 나는 그녀를 귀족 숙녀원에 있는 사람 정도로 상상할 수 있었을 것이다. 나의 조부의 단 하나의, 그보다 여러 살 아래의 누이동생도 그런 숙녀원에서 살았다.[7)]

부르크휠츨리에서의 일과 함께 나의 인생은, 완전히 분리되지 않은 현실, 오직 의도된 바, 의식성, 의무와 책임감 속에서 시작했다. 그것은 세속의 수도원에 들어간 것과 같아서 개연적인 것, 평균적인 것, 범용한 것과 무의미한 것을 믿으라는 서약, 온갖 낯선 것과 의미 있는 것들을 거절하고 온갖 통상적이 아닌 것들을 통상적인 것으로 환원하라는 서약에의 굴종을 의미하는 것이었다. 거기에 있는 것은 오직 아무것도 감싸지 못하는 표면, 계속되지 않는 시작, 아무 관련 없는 우연들, 점점 더 작아지는 영역으로 제약되는 인식들, 중요한 문제이기를 요구하는 불충분함, 혼잡하고 협소한 수평, 그리고 끝없는 기계적인 일상 업무의 황량함이었다. 반년 동안 나는 정신병원의 생활과 정신에 익숙해지기 위해서 수도원 울타리 속에 틀어박혀서 정신의학잡지Allgemeine Zeitschrift für Psychiatrie 50권을 첫 권부터 읽어내려감으로써 정신의학의 사고방식을 알고자 했다. 나는 인간의 정신이 그 스스로의 파괴에 직면해서 어떻게 반응하는지를 알고 싶었다. 왜냐하면 정신의학은 나에게 이른바 건강한 정신이 정신병에 엄습될 때 일어나는 생물학적 반응을 분명하고도 논리적으로 표현한 것이라고 보았기 때문이다. 나의 대학 동료들은 나에게 환자만큼이나 흥미있는 존재처럼 보였다. 그래서 나는 그 다음 해에 은밀히 나의 스위스 동료들의 유전적 배경에 관한 통계적 조사를 실시하였는데 그것은 나 개인에게도 깨우침을 주는 바가 컸고 정신의학적 반

7) 그의 누이동생이 죽은 직후 융은 다음과 같이 썼다. "1904년까지 나의 누이동생 게르트루트는 어머니와 함께 바젤에서 살았다. 그 뒤에 그녀는 어머니와 함께 취리히 시로 이사 와서 처음에는 1909년까지 촐리콘에서, 그후 죽을 때까지 퀴스나흐트에서 살았다. 1923년 어머니가 돌아가신 뒤 그녀는 혼자서 살고 있었다. 그녀의 생활은 조용하고 사람과의 접촉이 없이, 그저 좁은 범위의 친척이나 친구와 관계를 맺고 있을 뿐이었다. 그녀는 예절 바르고 친절하고 다정했으며 주위 사람들이 호기심에 찬 눈으로 그녀의 내면을 들여다보는 것을 허용하지 않았다. 그녀는 또한 그렇게 조용히 죽었다. 그녀 자신의 숙명을 말함이 없이 완전한 자세로 — 그녀는 누구의 평가도, 어떤 의사전달도 하지 않은 채 안으로 충만한 생을 끝냈던 것이다."

응을 이해하는 데도 교육적인 뜻이 있었다.

나의 전념, 내가 스스로 만들어 낸 나의 밀실이 나의 동료에게 거리감을 주었다는 사실은 말할 것도 없다. 그들은 물론 정신의학이 나에게 얼마나 낯선 것이었는지, 그리고 이 정신의학의 정신을 아는 것이 나에게 얼마나 중요한 일이었는지를 알지 못했다. 당시 나는 치료에 대해서는 아직 큰 관심을 못 가졌지만 이른바 정상이라는 것이 지닌 여러 종류의 병적 유형은 나의 마음을 무척이나 사로잡았다. 그것은 나에게 내가 고대해 온 인간정신의 보다 깊은 인식의 가능성을 열어 주었기 때문이다. 나의 정신의학적 편력은 이와 같은 전제하에 시작되었다. 그것은 나의 객관적 생애를 출범시킨 나의 주관적 실험이었다.

내게는 내 자신을 이토록 노출시켜 나의 숙명을 엄격하게 객관적으로 관찰할 만한 능력도 없고 또한 그렇게 하고 싶은 마음도 없다. 자서전을 쓰는 사람들이 곧잘 빠지기 쉬운 잘못을 나 또한 저지를 가능성이 있다. 즉, 어떻게 되었어야 했느냐에 관해서 하나의 환상을 엮어 내든가, 아니면 "생애를 위한 변경"을 적는 일 따위가 그것이다. 사람이란 결국 하나의 사상事象으로 스스로 평가되는 것이기보다 잘 되었든 못 되었든 다른 사람의 판단에 내맡겨져 있는 것이다.

제5장

정신의학적 활동

취리히 대학 정신과(부르크횔츨리)에서의 몇 년은 나의 수련기였다. 나의 관심과 탐구의 앞길에는 정신병에서 무엇이 일어나고 있는가 하는 화급한 의문이 가로놓여 있었다. 나는 그 당시 그것을 아직 이해하지 못했고 동료 중에서도 이 문제에 신경을 쓰는 사람이 없었다. 정신과 강의가 의도하던 것은 병든 인격을 추상화하고 진단이나 증상 기술과 통계로 만족하는 것이었다. 그 당시의 학풍을 지배하던 이른바 임상적 관점에서 의사에게 중요한 것은 인간으로서, 한 개체로서의 정신병자가 아니었다. 사람들은 길다란 항목의 진단과 증상을 가진 환자 X호를 치료했다. 사람들은 그에게 "딱지를 붙이고," 진단으로 도장을 찍고, 그것으로서 그 경우는 일이 대충 끝나는 것이었다. 정신병에서 심리학이란 전혀 아무런 역할도 하지 않았다.

이러한 상황에서 프로이트는 나에게 중요한 사람이 되었다. 그것은 무엇보다도 그의 히스테리와 꿈에 대한 기초적인 탐구 때문이었다. 그의 견해는 나에게 개별적인 증례를 이해하고 좀 더 넓게 탐구할 수 있는 길을 제시해 주었다. 프로이트는 그 자신이 정신과 의사가 아니라 신경학자였음에도 불구하고 정신의학에 심리학적 문제를 도입했다.

나는 당시 나에게 깊은 인상을 남긴 환자를 아직도 잘 기억하고 있다. 그는 "멜랑콜리우울증"라는 표가 붙여진 채 병원에 입원되어 내 병동에 들어와 있던 한 젊은 부인이었다. 일상적인 정밀한 진찰이 실시되었다. 즉 문진, 검사, 신체진찰 등등.

진단: 정신분열증, 혹은 당시의 말대로 "조발성 치매." **예후:** 불량.

나는 처음에는 진단을 의심하려 들지 않았다. 당시 나는 아직 젊은 의사로서 초심자였으므로 빗나가는 진단을 붙이고자 하지 않았을지 모른다. 그런데도 이 증례에는 어딘가 이상한 데가 있었다. 나는 이 환자에게서 문제되는 것이 정신분열증이 아니라 보통 우울증이라는 인상을 가지고 있었다. 그래서 나는 이 환자를 내 자신의 방법으로 진찰하리라 마음먹었다. 당시 나는 진단적 연상검사에 골몰하고 있었으므로 나는 그녀에게 연상검사를 실시하였다. 게다가 나는 그녀와 함께 꿈에 관해 이야기를 나누었다. 이런 방식으로 나는 그녀의 과거를 밝히고 보통 문진으로는 잘 드러나지 않는 중요한 사실들을 듣게 되었다. 이를테면 나는 정보를 그녀의 무의식에서 직접 얻었다. 그것은 어둡고 비극적인 이야기였다.

이 부인은 결혼하기 전에 한 남자를 알고 있었다. 그는 어떤 대기업 주의 아들이었는데 주위의 모든 소녀들이 그 남자에게 흥미를 느끼고 있었다. 그녀는 무척 예뻤으므로 그가 그녀를 좋아하리라 믿었고 얼마간의 기대를 품고 있었다. 그러나 그가 그녀에게 관심이 없는 것 같았으므로 그녀는 다른 남자와 결혼하였다.

5년 뒤에 옛날 남자친구가 그녀를 방문하였다. 그들이 옛 추억을 나누는 가운데 그 친구가 이런 말을 했다. "당신이 결혼할 때, 그것이 어떤 사람에게는 큰 충격이었지요. 당신의 X씨(대기업 주의 아들)에게 말입니다." 그것이 바로 그 병이 생긴 순간이었다! 이 순간 우울증이 시작되었고 몇 주일 뒤 파국에 이르렀다.

즉, 그녀는 그녀의 아이들을 목욕시켰다. 처음에는 네 살 된 딸을, 다음에는 두 살 난 아들을. 그녀는 시골에 살고 있었는데 그곳의 급수는 위생적으로 완벽하지 못했다. 그곳에는 음료수로 쓸 깨끗한 우물물과 목욕하고 빨래하는 데 필요한 강물이 오염되어 있었다. 그녀는 어린 딸을 목욕시킬 때 그 딸이 목욕할 때 쓰는 수건을 빨고 있는 것을 보았지만 막지 않았다. 그녀의 어린 아들에게는 심지어 한 컵의 오염된 물을 먹이기까지 했다. 물론 그녀는 이것을 무의식적이거나 그저 반의식적으로 행하였다. 그녀는 벌써 시작된 우울증의 그늘 속에 있었던 것이다.

그 뒤 곧 잠복기가 지나자 딸은 장티푸스에 걸려 죽었다. 어머니가 가장 귀여워했던 아이였다. 사내아이는 감염되지 않았다. 그때부터 우울증이 심해져서 병원에 오게 된 것이다.

나는 그녀가 살인자라는 사실, 그리고 많은 그녀의 비밀 하나하나를 연상검사를 통해 얻었으며 그녀의 우울증을 일으킬 만한 충분한 이유가 여기에 있다는 것은 명백한 일이었다. 요컨대 이 경우는 심인성 장애였던 것이다.

그러면 치료는 어떻게 했던가? 지금껏 그녀는 불면증 때문에 수면제를 복용했고 자살할 염려가 있었으므로 감시를 받고 있었다. 그러나 그 밖에는 아무것도 실시되지 않았다. 신체적으로 그녀의 상태는 괜찮았다.

나는 내가 다음과 같은 문제에 직면하고 있음을 깨달았다. 내가 알게 된 사실을 털어놓고 그녀와 이야기할 것인가? 다시 말해서 큰 수술을 감행할 것인가? 그것은 나에게는 중대한 양심의 물음이었고 동시에 의무의 갈등을 의미하는 것이었다. 그러나 나는 그 갈등을 나 혼자서 겪어야만 했다. 만일에 내가 이에 관해서 나의 동료에게 물었더라면 그들은 물론 내게 이렇게 경고했을 것이다. "그 부인에게 그 사실을 절대로 말하지 마시오. 당신은 그녀를 더욱 미치게 만들 뿐이오." 그러나 그 효과는 반대일 수도 있다는 것이 내 의견이었다. 심리학에는 명백한 진리라는 것이 거의 없다. 하나의 물음은 이렇게도 저렇게도 대답될 수 있을 것이다. 사람들이 무의식적인 요소를 함께 고려하느냐 고려하지 않느냐에 따라서 달라진다. 물론 나도 내가 어떤 위험에 처하게 될지를 잘 알고 있었다. 환자가 곤궁에 빠지면 나 역시 마찬가지다.

그럼에도 불구하고 나는 치료를 감행하기로 결심하였다. 물론 그 치료의 전망은 대단히 불확실했다. 나는 연상검사에서 발견한 모든 것을 그녀에게 말했다. 독자들은 그것이 얼마나 어려운 일이었는지 상상할 수 있을 것이다. 어떤 사람에게 그의 살인을 직접 말해 버린다는 것은 결코 간단한 일이 아니다. 또한 환자에게도 그 말을 듣고 받아들인다는 것은 비극적인 것이다. 그러나 그 효과는 14일 뒤에 그녀가 퇴원할 수 있었고 다시는 입원하지 않았다는 것이다. 내가 나의 동료에게 말하지 않게 된 또 하나의 이유는 그들이 이 증례에 대하여 토의하면서 어떤 법적인 문제를 제기할 것이 두려웠기 때문이다. 우리는 이 환자에게서 아무런 증거도 입증할 수 없었지만 그러나 그런 토론은 그 환자에게 큰 재난을 가져다 주었을 것이다. 내게는 그녀가 죄를 삶에서 보상할 수 있도록 생활 속으로 되돌려 보내는 것이 더욱 의미 있는 일이라고 여겨졌다.

그녀는 숙명에 의하여 충분히 벌을 받았다. 퇴원할 때 그녀는 무거운 짐을 지고 떠나갔다. 그녀는 그 짐을 짊어져야 할 것이다. 그녀의 속죄는 이미 우울증과 정신병원의 입원으로 시작되었고 어린 자식의 상실은 그녀에게 깊은 고통을 주었다.

수많은 정신과 환자들의 경우 환자는 하나의 말하지 않은 역사, 대개 아무도 모르는 역사를 지니고 있다. 나에게는 진정한 치료가 이런 개인적인 역사를 탐색하는 데서 시작되는 것이었다. 그 이야기는 환자의 비밀이며 바로 그곳에 좌절의 동기가 숨어 있다. 동시에 그런 역사는 치료의 열쇠를 내포하고 있다. 의사는 어떻게 그것을 들을 수 있는가를 알아야 한다. 그는 증상뿐 아니라 전체 인간에 맞는 물음을 던져야 한다. 대부분의 경우 의식적인 자료만을 알아보는 것으로는 충분치 않다. 때로는 연상검사가 길을 열어 줄 수 있을 것이고 꿈의 해석도 또한 그것을 가능하게 할 수 있을 것이다. 혹은 꾸준하고 인내성 있는 환자와의 인간적인 접촉이 그것을 가능하게 해 줄 수 있을 것이다.

1905년 나는 정신의학의 대학강사로 임명되었고 같은 해에 나는 취리히 대학 정신과의 상급의사가 되었다. 나는 4년간 이 직위에 머물러 있었다. 그리고는 1909년에 일이 너무 많아져서 그만두었다. 해를 거듭할수록 나의 개업이 커져서 대학병원 일을 더 이상 해낼 수가 없었다. 그러나 사강사Privat Dogent로서의 활동은 1913년까지 계속했다. 나는 정신병리학, 그리고 프로이트의 정신분석기초와 함께 원시인 심성론을 강의하였다. 이것이 나의 주요 직무였다. 처음 몇 학기 동안 나는 강의에서 무엇보다도 최면술과 자네Janet와 플루르누아Flournoy의 학설을 다루었다. 뒤에는 프로이트의 정신분석의 문제에 중점을 두게 되었다.

최면술 강의에서도 나는 학생들에게 소개한 환자의 개인력을 살펴보곤 하였다. 아직도 내 기억에 생생하게 남아 있는 증례가 있다.

한 번은 58세쯤 된 중년 부인이 찾아왔는데 종교적 경향을 강하게 가지고 있는 듯했다. 그녀는 지팡이를 짚고 하녀의 부축을 받으며 걷고 있었다. 17년째 그녀는 왼쪽 다리의 동통성마비를 앓고 있었다. 나는 그녀를 편안한 의자에 앉혀 놓고 그녀의 병력을 물었다. 그녀가 입을 열고 넋두리를 시작하자 그녀의 전 병력이 온갖 우여곡절과 함께 쏟아져 나왔다. 나는 결국 그녀의 말을 중단하고 말하였다. "자, 이제 더 이야기할 시간이 없군요. 지금 내가 당신에게 최면을 걸어야겠습니다." 말이 떨어지기 바쁘게 그녀는 눈을 감고 깊은 황홀경에 빠졌다. 최면을 걸지도 않은 채! 나는 놀랐지만 그대로 두었다. 그녀는 쉴 새 없이 말하고 특이한 꿈을 이야기했는데 그것은 상당히 심각한 무의식의 경험을 묘사하고 있었다. 그러나 그 뜻을 이해한 것은 훨씬 뒷날의 일이다. 당시 나는 그것이 일종의 섬망상태일 것이라 가정했었다. 그러나 내게는 그런 상황이 좀 거북했다. 거기에는 내가 최면술을 보여 주고자 한 학생이 20명이나 있었던 것이다.

30분 후에 내가 환자를 다시 깨우고자 했을 때 그녀는 깨어나지 않았다. 나는 섬뜩한 느낌을 받았다. 내가 혹시 잠재성 정신병을 건드린 것이 아닌지 하는 생각이 들었다. 10분 정도 지나 비로소 그녀를 깨울 수 있었다. 이때 나는 나의 불안을 학생들이 눈치채지 않게 할 필요가 있었다! 부인이 제정신을 차릴 무렵 그녀는 어지럽고 혼란에 빠져 있었다. 나는 그녀를 진정시키고자 하였다. "나는 의사입니다. 괜찮습니다." 그러자 그녀가 소리쳤다. "그런데 내 병이 나았어요!" 그녀는 지팡이를 내던지고 걸어갈 수 있었다. 나는 얼굴이 상기되어 학생들에게 말했다. "자, 이제 여러분은 최면술의 효력을 보았습니다." 그러나 나는 이 경우에 무엇이 진정으로 일어났는지 전혀 짐작이 가지 않았다.

그것이 나로 하여금 최면술을 포기하도록 만든 경험 중의 하나였다. 나는 도대체 무엇이 일어났는지를 이해할 수 없었다. 그러나 그 부인은 실제로 치유되었고 기쁜 마음으로 그곳을 떠났던 것이다. 나는 그녀가 자기의 상태를 나에게 다시 전해 주기를 부탁했다. 왜냐하면 늦어도 24시간 안에 재발이 있을 것을 예상했기 때문이다. 그러나 동통은 되돌아오지 않았고 나는 나의 회의에도 불구하고 그녀의 치유 사실을 받아들이지 않으면 안 되었다.

다음 해 여름학기의 첫 강의 때 그녀가 다시 나타났다. 그녀는 이번에는 바로 얼마 전부터 시작된 등 쪽의 심한 동통을 호소했다. 나는 그것이 내 강의가 다시 시작된 사실과 관련되었을 가능성을 생각하지 않을 수 없었다. 아마 그녀는 신문에서 내 강의의 공고를 읽었을지도 모른다. 나는 그녀에게 언제부터 아프기 시작했는지, 어떻게 아프게 되었는지를 물었다.

그러나 그녀는 무엇이 어느 때 일어났는지 기억하지 못했고 하여간 그것에 대해 아무 설명도 못했다. 그러나 결국 나는 그 동통이 정말로 그녀가 내 강의의 공고를 신문에서 읽은 시간부터 생겨났다는 사실을 알게 되었다. 이것은 내 추측에 들어맞았지만 나는 아직 그 기적적 치유가 어떻게 해서 일어났는지 이해할 수 없었다. 나는 또 그때처럼 그녀를 최면에 걸었고 그녀는 역시 그 당시처럼 저절로 황홀경 상태에 빠졌고 그런 뒤에는 동통이 사라졌다.

강의가 끝난 뒤 나는 그녀의 생활사를 자세히 알기 위해서 그녀를 붙들고 물어 보았다. 그녀에게는 정신박약을 앓고 있는 아들이 있는데 현재 우리 병원의 내가 맡고 있는 병동에 있다는 사실을 알게 되었다. 그녀가 둘째 남편의 성을 가지고 있는 데다 아들은 첫 번째 결혼에서 낳은 아이였기 때문에 나는 이 사실을 몰랐다. 그 아이는 그녀의 외아들이었다. 물론 그녀는 머리 좋고 성공적인 아들이기를 바랐다. 그래서 그 아들이 어린 나이에 병들자 크게 실망했다. 그 당시 나는 아직 젊은 의사로서 그녀가 나를 아들처럼 여길 만한 온갖 속성을 갖추고 있었다. 그리하여 영웅의 어머니가 되고 싶은 그녀의 명예욕이 나를 덮친 것이었다. 그녀는 이를테면 나를 양자로 삼아 기적적 치유를 세상에 널리 알려 주었던 것이다.

사실 나의 마술사로서의 지역적인 명성은 그녀 덕분이다. 또한 이야기가 곧 여기저기서 오고 갔으므로 그녀는 나의 첫 개인 환자가 되었다. 나의 정신치료 개업은 한 어머니가 나를 그녀의 정신병에 걸린 아들의 위치에 놓으려는 시도와 함께 시작되었다! 물론 나는 그녀에게 이런 관계를 설명해 주었다. 그리고 그녀는 모든 것을 깊은 이해심으로 받아들였다. 그 뒤에 그녀의 동통은 다시는 재발하지 않았다.

그것은 나의 첫 번째 정신치료 경험이었다. 나의 첫 분석이라고 말할 수 있을지 모른다. 나는 그녀와의 대화를 분명히 기억하고 있다. 그녀는 지성적인 사람으로 내가 그녀를 진지하게 받아들이고 그녀와 그녀 아들의 운명에 관심을 보여 준 것을 무척 고맙게 여기고 있었다. 그것이 그녀를 도왔다.

나의 개인 병원에서도 처음에는 최면술을 이용했지만 나는 곧 그것을 포기했다. 왜냐하면 우리는 최면술로써 암중모색을 하는 격이 되기 때문이다. 우리는 그 치료효과가 얼마나 오래 갈지 알 도리가 없다. 나는 늘 불확실한 상태에서 일하는 것에 저항을 느끼고 있었다. 또한 환자가 무엇을 해야 하는지를 내가 결정하는 것을 별로 좋아하지 않았다. 나에게는 환자가 어디로 자연스럽게 발전해 가게 되는지를 환자 자신으로부터 듣는 것이 훨씬 중요했다. 그러기 위해서는 꿈이나 그 밖의 무의식의 표현을 주의 깊게 분석할 필요가 있었다.

1904년과 1905년 사이에 나는 대학의 정신과에 실험적 정신병리학의 실험실을 설치하였다. 거기에는 몇 명의 제자가 있었는데 그들과 함께 나는 심리적 반응(즉 연상)을 검사하였다. 프란츠 리클린Franz Riklin 1세가 나의 공동연구자였다. 루트비히 빈스방거Ludwig Binswanger는 당시 심리전기 작용과 관련된 연상검사에 관한 학위논문을 썼고 나는 〈심리적 사실진단〉[1]이라는 논문을 썼다. 거기

1) 〈신경치료학과 정신의학(Zentralblatt für Nervenheilkunde und Psychiatrie)〉, 28권, 1905, ≪융

에는 몇몇 미국인이 있었는데 그 가운데서도 칼 페터슨Carl Peterson과 찰스 리크셔Charles Rickshher를 들 수 있다. 그들의 연구는 미국 학술지에 발표되었다. 내가 1909년 클라크 대학에 초빙된 것은 이 연상연구 덕분이었다. 나는 거기서 나의 연구들을 발표하게 되어 있었다. 같은 시기에 이와는 별도로 프로이트가 초대받았다. 우리는 함께 명예법학박사 학위를 받았다.

나의 이름이 미국에 알려지게 된 것은 역시 연상검사와 심리전기검사 때문이었다. 곧 많은 환자들이 그곳에 모여들었다. 첫 환자는 지금도 기억에 남는 환자이다.

미국 동료가 나에게 한 환자를 보냈다. 진단은 "알콜신경쇠약증." 그는 예후를 "불치"라고 보았다. 나의 동료는 이에 따라 미리부터 환자에게 충고하기를 나의 치료가 아무 소용이 없거든 베를린의 신경학 권위자를 찾도록 했다. 그는 면담을 받으러 왔고 내가 그와 잠깐 대화를 나누어 보니 이 사람은 그저 평범한 노이로제를 가지고 있을 뿐임을 알게 되었다. 그는 그 심리적 근원이 무엇인지 전혀 아무것도 상상할 수 없었다. 나는 그에게 연상검사를 실시하고 그가 심한 모성콤플렉스 때문에 고통을 받고 있다는 것을 알게 되었다. 그는 돈 많고 명성 있는 가정에서 태어났고 마음이 맞는 부인이 있었으며 겉으로는 아무런 근심이 없었다. 그는 그저 술을 많이 마셨다. 이것은 그의 우울한 상황을 잊고 자신을 마취하고자 하는 절망적인 시도였다. 물론 그는 이런 식으로는 그의 문제에서 빠져 나올 수 없었다.

그의 어머니는 어떤 큰 기업의 소유주였고 이 비상하게 재능 있는 아들은 거기서 지도적인 지위를 차지하고 있었다. 사실 그는 이런 숨막힌 어머니에의 종속을 벌써 오래전에 청산했어야 했다. 그러나 그는 자신의 화려한 지위를 희생할 결심을 못하고 있었다. 그래서 그는 그에게 자리를 주선해 준 어머니에게 매달린 채 있었다. 언제나 그가 그녀와 함께 있거나 그녀의 간섭을 받게 될 때마다

전집≫ I, 1966.

그는 술을 마시기 시작했다. 그래서 그의 감정을 마비시키거나 그것을 없애려고 했다. 사실 그는 그 어머니의 따뜻한 보금자리에서 빠져나오고자 하지 않았다. 오히려 그 자신의 본능에 거역해서 편안하고 넉넉한 생활에 자신을 떠맡기고 있었다.

단기간의 치료 뒤에 그는 술 마시기를 그쳤고 치유되었다고 생각했다. 그러나 나는 그에게 일렀다. "당신이 이전의 상황으로 되돌아갔을 때 재발되지 않는다는 보장은 못하겠습니다." 그러나 그는 이 말을 믿지 않았다. 그리하여 기분이 좋아서 미국으로 돌아갔다.

그가 어머니의 영향을 받게 되자마자 다시 술을 마시기 시작했다. 그러자 그의 어머니가 스위스에 왔을 때 나는 그녀로부터 상담 요청을 받았다. 그녀는 영리한 부인이었으나 일급 지배욕의 화신이었다. 나는 그 아들이 어떤 힘에 맞서야 하는가를 알게 되었고 그가 저항할 힘이 없다는 것을 알게 되었다. 그는 신체적으로도 약간 나약한 모습이었고 그의 어머니를 당해낼 도리가 없었다. 그래서 나는 강권을 발휘하기로 결정했다. 그도 모르게 나는 그의 어머니에게 알콜중독 때문에 회사의 직책을 더 이상 해낼 수 없다는 진단서를 건네주었다. 그를 퇴직시켜야 한다는 것이었다. 이 권고는 그대로 실시되었고 물론 그 아들은 내게 무척 화를 냈다. 여기서 나는 보통 같으면 의사의 양심이 동의할 수 없는 일을 했지만 환자를 위해서 나는 그 책임을 스스로 받아들여야 했다.

그러면 그는 그 뒤에 어떻게 되었나? 그는 이제 어머니로부터 떠났고 그의 인격을 발전시킬 수 있었다. 그는 멋진 출세를 했다. 냉혹한 치료에도 불구하고, 아니 바로 그것 때문에, 그의 부인은 내게 고마워했다. 왜냐하면 그녀의 남편은 알콜중독을 이겨냈을 뿐 아니라 이제 자기 자신의 길을 가장 성공적으로 걸어갔기 때문이다.

여러 해 동안 나는 그 환자에 대하여 양심의 가책을 느꼈다. 왜냐하면 그도 모르게 그의 진단서를 제출했기 때문이다. 그러나 나는 오직 강권만이 그를 해방시킬 수 있다는 것을 잘 알고 있었다. 그리고 또한 이로써 노이로제도 정복되었던 것이다.

잊을 수 없는 또 다른 한 증례가 있다. 한 부인이 나의 면담시간에 왔다. 그녀는 그녀의 이름을 대기를 거부했다. 이름은 상관이 없다. 왜냐하면 한 번만 자문을 받고 싶을 뿐이니까. 그녀는 분명 상류사회에 속한 사람이었다. 그녀는 여의사였다고 했다. 그녀가 내게 말하고자 한 것은 하나의 고해와 같은 것이었다. 20년 전 그녀는 질투심에서 살인을 했다. 그녀는 그녀의 가장 가까운 여자친구를 독살했다. 그 여자의 남편과 결혼하고 싶었기 때문이었다. 그녀의 견해로는 살인이란 발견되지만 않으면 그녀에게 아무것도 아닌 것이었다. 그녀가 친구의 남편과 결혼하고 싶으면 그 친구를 제거할 수 있다는 것이 그녀의 입장이었다. 도덕적인 고려는 그녀의 관심사가 아니라는 것이다.

그러면 그 뒤에 어떻게 되었을까? 그녀는 그 남자와 결혼하기는 하였다. 그러나 그는 곧 젊은 나이에 죽고 말았다. 그 다음 해에 이상한 일이 생겼다. 이 결혼에서 얻은 딸이 성장하자 곧 이 어머니를 떠났다. 그 딸은 일찍 결혼했는데 점점 세상을 피해 숨어 들어갔다. 결국 그 딸은 어머니의 시야에서 사라지고 어머니는 그녀와의 접촉이 완전히 단절되었다.

이 부인은 열정적인 승마광이어서 그가 무척 아끼는 여러 필의 말을 가지고 있었다. 어느 날 그녀는 말들이 그녀가 타고 있으면 신경질을 부리기 시작하는 것을 발견하였다. 그녀가 가장 좋아하는 말조차도 그녀를 꺼리고 그녀를 등에서 떨어뜨렸다. 결국 그녀는 승마를 포기해야 했다. 그녀는 이제 그녀의 개에 의지했다. 그녀는 특히 훌륭한 사냥개 한 마리를 가지고 있었는데, 그것에 무척 의지하고 있었다. 그런데 우연히도 바로 이 개가 마비를 일으켰다. 이제 더 참을 수가 없었다. 그녀는 "정신적으로 끝장이 났다." 그녀는 고해를 해야 했고 그런 목적으로 나를 찾았다. 그녀는 살인자였으나 이를 넘어서 그녀 자신을 죽였다. 그런 범죄를 저지른 자는 그 자신의 영혼을 파괴하기 때문이다. 죽이는 자는 이미 스스로를 단죄하고 있다. 어떤 사람이 범죄를 저질러 붙잡히면 법정에서 내린 형벌을 받게 된다. 그가 그 범죄를 아무런 도덕적인 지각 없이 남몰래 하고도 탄로가 나지 않았다 할지라도, 위의 경우처럼 징벌이 가해질 수 있다. 결국 백일하에 드러나게 된다. 때로는 마치 동물이나 식물조차 그것을 **알고** 있는 듯 보인다.

이 부인은 살인을 통하여 심지어 동물로부터 소외당했고 참을 수 없는 고독에 사로잡혔다. 그 고독을 떨쳐 버리기 위해서 그녀는 나를 그녀의 공지자共知者로 삼았다. 그녀는 살인자가 아닌 누군가를 공지자로 삼아야 했다. 그녀의 고해를 편견 없이 받아 줄 수 있는 사람을 찾고자 한 것이다. 그렇게 해야 인간과 어느 정도 관계를 맺을 수 있을 것이기 때문이다. 그러나 그 이야기를 들어 줄 사람은 전문적인 고해신부이기보다 의사라야 했다. 직업상 그 이야기를 들어 주었을 고해신부라면 사실을 그대로 받아 주지 않고 도덕적인 판단의 목적으로 받아들였을 것이라 추측했던 것이다. 그녀는 사람과 동물들이 그녀를 버리는 것을 경험했고 그 말없는 판결에 너무도 고통을 받았으므로 더 이상의 저주와 징벌을 견딜 수 없었을 것이다.

나는 그녀가 누구인지를 듣지 못했다. 또한 그녀의 이야기가 진실이라는 증거도 없다. 뒤에 나는 그녀가 어떻게 되었을까 자주 반문했다. 당시 그녀의 역사는 아직 끝나지 않았던 것이다. 아마 그녀는 결국 자살했을지도 모른다. 이러한 극도의 고독 속에서 어떻게 계속 살아 나갈 수 있었겠는지 나는 상상할 수 없다.

임상적 진단은 중요하다. 그것은 어떤 방향감각을 주기 때문이다. 그러나 그것이 환자를 도와주지는 않는다. 결정적인 것은 환자의 "역사"를 묻는 일이다. 왜냐하면 그렇게 함으로써 인간적인 배경과 인간적인 고통을 찾아내고 오직 거기서 의사의 치료가 시작될 수 있기 때문이다. 또 다른 증례가 나에게 이 사실을 분명히 제시해 주었다. 부인 병동의 한 늙은 여자 환자였다. 76세의 부인인데 40년째 병상에 누워 있었다. 거의 50년 전에 그녀는 정신병원에 입원하였다. 그러나 아무도 그녀의 입원을 기억할 수 없었다. 그것을 알 만한 사람들은 모두 죽었다. 오직 35년 전부터 이 병원에서 일해 온 상급 간호사만이 이 환자의 역사를 좀 알고 있었다. 이 할머니는 이제는 말을 하지 못했고 유동식이나 반유동식을 먹을 수 있을 뿐이었다. 그녀는 손가락으로 음식을 먹었는데, 이를테면 음식물을 입에 삽질하듯 퍼넣고 있었다. 한 컵의 우유를 마시는 데 거의 두 시간이나 걸리는 경우가 많았다. 음식을 먹지 않을 때의 그녀는 손과 팔로 이상한 율동적인 움직임을 하곤 했는데 나는 왜 그러는지를 몰랐다. 나는 정신병이 가져다 줄 수 있는 인격 붕괴의 정도가 이처럼 심한 것에 깊은 인상을 받고 있었으나 그것을 설명할 수는 없었다. 임상강의에서 그녀는 조발성 치매, 긴장형의 증례로 제시되었다. 그러나 그것은 내게 아무런 의미가 없었다. 왜냐하면 이 진단명에는 그녀의 이상한 동작이 어떻게 생기게 되었는지, 그것에 무슨 뜻이 있는지에 관한 설명이 조금도 들어 있지 않았기 때문이다.

이 증례가 내게 준 이와 같은 인상은 정신의학에 대한 나의 당시 반응의 특징과 같았다. 내가 대학의 조교가 되었을 때 정신의학이 무엇을 지향하는 학문인지 도무지 모르겠다는 느낌에 사로잡혀 있었다. 나의 윗사람과 동료들 곁에 있으면 무척 마음이 불편했다. 이들은 그렇게도 모든 일이 분명한 듯 행동했으나 나는 어둠 속을 절망적으로 더듬고 있었다. 나는 정신의학의 주요 과제를 병든 정신의 내부에서 일어나고 있는 것들에 관한 인식이라고 보았다. 그러나 나는 거기에 관해 아무것도 몰랐다. 나는 이제 내가 전혀 알지 못하는 것 투성이인 직업에 들이섰던 것이다!

어느 날 저녁 늦게 병동을 지나다가 나는 그 수수께끼 같은 동작을 하고 있는 할머니를 보고 다시 한 번 자문하였다. "왜 그렇게 해야 하는가?" 나는 바로 우리 병원의 늙은 상급간호사에게 가서 그 환자가 전부터 늘 저런지를 알아보았다. "그래요." 그녀는 대답하였다. "그런데 내 선임자의 말로는 그이가 이전에 구두를 만들었답니다." 그 뒤에 나는 다시 한 번 그녀의 낡은 병력을 살펴보았다. 거기에 그녀가 마치 구두를 깁는 것 같은 동작을 한다는 말이 적혀 있었다. 예전에 구두장이는 구두를 무릎 사이에 끼고 이 부인의 동작과 아주 비슷한 동작으로 실을 가죽 속으로 꿰곤 했다. 시골 구두방에서는 아직도 이것을 볼 수 있었다. 그 환자가 얼마 뒤에 사망하자 그녀의 오빠가 장례식에 왔다. "어쩌다가 당신의 여동생이 병들게 되었습니까?" 나는 그에게 물었다. 이때 그는 이런 이야기를 해 주었다. 그녀는 한 구두장이를 사랑했는데 그는 무슨 까닭인지 그녀와 결혼하려고 하지 않았다고 한다. 그때 그녀는 "실성했다." — 그 구두장이 동작은 그녀의 애인과의 동일성을 가리키고 있었고 이것이 죽을 때까지 지속되었던 것이다.

그 당시 나는 이른바 "조발성 치매"의 심리적 근원을 처음으로 어렴풋이 예감할 수 있었다. 이때부터 나는 모든 정력을 정신병의 의미관련을 찾는 데 바쳤다.

나의 기억에 아직도 생생한 여자 환자가 있다. 환자의 생활사에서 정신병의 심리적 배경, 무엇보다도 "무의미한 망상관념"의 심리적 배경이 밝혀진 경우가 이 환자의 경우이다. 나는 이 환자에서 그때까지 무의미하다고 설명되던 정신분열증 환자의 언어를 처음으로 이해할 수 있었다. 그것은 증례 바베트Babette S.로서 그 이야기를 나는 이미 책으로 출간하였다.[2] 1908년 나는 취리히 시 공회당에서 그녀에 관한 강연을 하였다.

환자는 취리히 시 구시가지의 좁고 더러운 골목 출신이었는데, 그곳의 가난한 집안에서 태어나 성장하였다. 언니는 창녀였고 아버지는 알콜중독자였다. 그녀는 39년 동안 전형적인 과대망상을 지닌 조발성 치매의 망상형을 앓고 있었다. 내가 그녀를 알게 되었을 때 그녀는 이미 20년째 이 병원에 있었다. 수백 명의 의과대학생이 그녀에게서 정신적 붕괴의 끔찍한 과정에 관한 인상을 얻었다. 그녀는 병원의 전형적인 증례였다. 바베트는 완전히 미쳐서 사람들이 도무지 이해할 수 없는 것들을 지껄이고 있었다. 무척 힘들여 일하는 가운데 나는 그녀의 횡설수설하는 말의 내용을 이해하기 위한 시도를 하였다. 예컨대 그녀가 "나는 로렐라이다"라고 말한다. 그 이유는 의사들이 그녀의 상태를 설명하고자 시도할 때 늘 "나는 그것이 무슨 뜻인지 몰라요"라고 말하니까. 혹은 그녀가 다음과

---

2) 〈조발성 치매의 심리학에 관하여(Über die Psychologie der Dementia praecox)〉, Halle, 1907와 〈정신병의 내용(Der Inhalt der Psychose)〉, Wien, 1908, ≪융 전집≫ I , 1966, (Walter).

같은 호소를 한다. "나는 소크라테스 대변인이다." 그것은 "나는 소크라테스와 마찬가지로 부당하게 박해받고 있다"는 뜻이라는 것을 나는 발견한 것이다. 다음의 우스꽝스러운 말들, 즉 "나는 이중공업대학 불가결이다", "나는 옥수수가루 바닥 위의 자두과자다", "나는 전적으로 달콤한 버터로 된 게르마니아요, 헬베치아Helvetia다", "나폴리와 나는 이 세계에 국수를 공급하여 돌봐 주어야 한다." 이것들은 가치의 고양, 즉 어떤 열등감의 보상을 뜻하는 것이었다.

바베트나 이와 비슷한 그 밖의 환자와 작업하는 가운데 나는 우리가 그때까지 정신병에서 아무 의미가 없다고 보았던 많은 것이, 겉으로 보이는 것처럼 그렇게 "미친" 것이 아니었다는 확인을 가지게 되었다. 그런 환자들도 그 배면에 정상이라고 규정되어야 할 인간, 또 그렇게 간주될 만한 것을 간직하고 있다는 사실을 알게 된 것이 한두 번이 아니다. 때때로 그 건강한 부분의 인격은 — 주로 환청이나 꿈을 통하여 — 무척 이치에 맞는 논평이나 반문을 할 수 있고 그런 건강한 부분이 환자가 신체질환에 걸린 경우에 다시 나타나 환자를 아주 정상처럼 보이게 하는 일조차 있다.

나는 한 늙은 분열증 여환자를 치료한 일이 있는데 그녀에게서 그 뒷면의 "정상인"이 분명히 드러난 일이 있다. 그 환자는 치료한다기보다 그저 보호할 수 밖에 없는 환자였다. 다른 의사들과 마찬가지로 나에게도 또한 치유의 희망 없이 죽음에 이르기까지 동반하지 않을 수 없는 환자들이 있었다. 그 부인은 온몸에서 나오는 말소리를 듣고 있었다. 그리고 가슴 한가운데서 나오는 소리는 "신의 소리"였다. "그 소리에 우리는 의지해야 합니다." 나는 그녀에게 이렇게 말을 했다. 그리고는 내 자신의 대담성에 스스로 놀랐다. 대체로 이 소리는 무척 이성적인 논평을 했다. 그리고 그 소리의 도움으로 나는 환자와 잘 어울렸다. 한 번은 그 소리가 말했다. "그 사람으로 하여금 너에게 성경에 관해 묻도록 하라!" 그녀는 낡고 너무 읽어서 닳아 버린 성경책을 한 권 가지고 왔고 나는 매번 한 장을 정해서 읽도록 했다. 다음 번에는 내가 그녀에게 이에 관해 질문하는 것으로 되어 있었다. 나는 이일을 14일에 한 번씩 7년 동안 하였다. 나의 이런 역할이 처음에는 물론 좀 기묘하게 느껴졌지만 얼마 지나자 이 연습이 무슨 의미가 있는지를 나는 분명히 알게 되었다. 이런 방법으로 환자의 주의력을 환기시킴으로써 그것이 무의식의 혼란된 환상으로 더 이상 깊이 빠져들지 않도록 하였던 것이다. 그 결과 약 6년 뒤, 이전에는 온몸에 분포되었던 소리가 왼쪽 반신으로 물러가고 오른쪽은 완전히 소리가 없어졌던 것이다. 왼쪽 소리의 강도가 그렇다고 두 배로 강해진 것이 아니라 전과 마찬가지의 정도였다. 우리는 이 환자를 최소한 "반측성 치유"라고 말할 수 있을지 모른다. 그것은 전혀 예기치 못한 성공이었다. 왜냐하면 나는 우리들의 성경시간이 치료적인 효과가 있으리라고는 한 번도 생각해 본 적이 없었기 때문이다.

환자와의 작업을 통해서 나는 피해망상과 환각이 하나의 의미의 핵을 지니고 있음을 분명히 알게 되었다. 하나의 인격이 그 뒤에 있고 하나의 생활사, 하나의 희망과 욕구가 있다. 우리가 그 뜻을 이해하지 못한다면 그것은 우리의 문제다. 정신병에는 하나의 보편적인 인격심리학이 숨어 있다는 것, 여기서도 오랜 인류의 갈등이 재발견된다. 멍청하고 감정이 없거나 바보처럼 보이는 환자일지라도 겉으로 보이는 것보다 훨씬 의미있는 것, 훨씬 더 많은 것이 일어나고 있다는 사실이 나에게 처음으로 밝혀졌다. 엄격히 말해서 우리는 정신병에서 새로운 것이라든가 미지의 것을 발견하는 것이 아니라 우리 자신의 존재의 바탕을 거기서 만나는 것이다. 이런 깨달음은 당시의 나에게는 무척 강렬한 감정체험이었다.

정신의학이 정신병의 내용에 관심을 보이기까지 얼마나 오랜 세월을 필요로 했는가를 생각할 때마다 나는 놀라움을 금치 못했다. 아무도 환자의 환상이 무엇을 의미하는지, 왜 어떤 환자가 다른 환자와는 전혀 다른 환상을 가지고 있는지, 다시 말해서 한 환자는 예수회 수도사로부터 박해를 받는다고 생각하고 다른 사람은 유태인이 그를 독살하려 한다고 하고 제3의 환자는 경찰이 뒤따른다고 하는가에 한 번도 의문을 제기하는 사람이 없었다. 사람들은 환상의 내용을 진지하게 받아들이지 않고 그저 통상적으로 "피해망상"이라고 말한다. 기묘한 것은 또한 나의 당시의 연구가 오늘날 거의 망각에 묻혀 있다는 사실이다. 나는 이미 20세기 초에 정신분열증을 정신치료적으로 치료하였다. 이 방법은 오늘날에 비로소 발견된 방법이 아니다. 그러나 사람들이 심리학을 심리요법(정신치료) 속에 받아들이기 시작하기까지는 더 많은 시간이 필요했다.

내가 아직 병원에 근무할 때 나는 정신분열증 환자를 아주 조심스럽게 다루지 않으면 안 되었다. 몽상이라는 비난을 받지 않으려면 무척 조심해야 했다. 정신 분열증, 그 당시에 "조발성 치매"라고 부르는 것은 불치라고 되어 있었다. 어떤 정신분열증 환자가 성공적으로 치료되면 사람들은 그건 정신분열증이 아니었다고 말할 정도였다. 프로이트가 1909년 취리히로 나를 찾아왔을 때 나는 바베트의 증례를 보여 주고 나의 의견을 설명하였다. 뒤에 그는 내게 이렇게 말했다. "보시오, 융. 당신이 이 환자에게서 발견한 것은 정말 흥미있는 일이오. 그러나 당신은 이 추한 여인과 몇 시간이고 며칠이고 시간을 보내는 것을 어찌 그리 참을 수 있었단 말이오?" 나는 좀 멍해져서 그를 쳐다보았던 것 같다. 왜냐하면 그런 생각은 한 번도 해본 적이 없었기 때문이다. 내게는 그녀가 그저 친한 할머니였다. 왜냐하면 그녀는 그렇게 훌륭한 망상을 가지고 있었고 재미있는 이야기들을 했기 때문이다. 그리고 결국 그녀에게서도 기괴하고 헛된 구름 속에서 인간적인 모습이 나타났던 것이다. 치료상으로는 바베트에게서 아무것도 일어나지 않았다. 그러기에는 너무 오래 앓고 있었다. 그러나 나는 이런 종류의 주의 깊은 추구가 뒤에 치료적 효과를 남기는 경우를 다른 증례에서 보았다.

겉으로 보면 정신병 환자에게서는 오직 비극적인 파괴만이 보인다. 그러나 우리의 눈에 띄지 않는 영혼의 다른 측면의 인생을 보는 경우란 거의 없다. 우리는 환자들이 우리에게 보여주는 외관에 속는 수가 흔히 있다. 한 젊은 긴장형 여환자에게서 나는 이것을 경험하고 무척 놀란 일이 있다. 그녀는 18세였고 교양 있는 가정 출신이었다. 15세에 그녀는 오빠의 유혹을 받은 데다가 학교 동료들로부터 폭행당했다. 16세 때부터 그녀는 혼자 있기 시작했다. 그녀는 사람을 피하여 숨어들었고 결국 그녀의 유일한 감정관계는 어떤 농가의 못된 개뿐이었다. 그 개는 남의 소유였는데 그녀는 개를 자기 편으로 끌어들이려고 비위를 맞추고자 했다. 그녀는 점점 이상해져서 17세에 정신병원에 왔는데 거기서 그녀는 1년 반을 지냈다. 그녀는 소리를 듣고 있었고 음식을 거부했고 완전히 함구증에 걸려 있었다. (즉 말을 하지 않았다.) 내가 그녀를 처음 보았을 때 그녀는 전형적인 긴장상태에 있었다.

몇 주가 경과하는 동안 나는 그녀의 말문을 차차 열게 하는 데 성공하였다. 세찬 저항이 극복된 뒤 그녀는 자기가 달에 살고 있었다고 말했다. 거기에는 사람들이 살고 있었다. 그러나 처음에는 남자들만 보였다고 한다.

남자들은 그녀를 맞이하여 "달 밑"의 주거지로 데려갔는데 거기에는 그 남자들의 아이들과 부인들이 머물고 있었다. 높은 달 산 위에는 아낙네와 아이들을 약탈하고 죽이는 흡혈귀가 서식하고 있어서 달의 주민들이 말살될 위협을 받고 있었던 것이다. 반쪽 여성 인구가 달 밑에 존재하는 이유가 여기에 있었다.

나의 환자는 이제 달의 주민을 위해서 무엇인가를 하기로 결정하고 그 흡혈귀를 죽이려고 하였다. 오랜 준비 끝에 그녀는 흡혈귀를 어느 탑의 망대에서 기다리고 있었다. 그 탑도 그런 목적으로 세운 것이었다. 며칠 밤이 지나자 드디어 그녀는 그 괴물이 한 마리의 커다란 검은 새의 모습으로 이쪽을 향하여 날아오는 것을 멀리서 보았다. 그녀는 긴 제도祭刀(제사 때 쓰는 칼: 역주)를 옷자락 속에 숨기고 그가 도착하는 것을 기다렸다. 갑자기 그가 그녀 앞에 우뚝 섰다. 그는 여러 쌍의 날개를 지니고 있었다. 그의 얼굴과 온몸이 그것으로 덮혀 있어서 그녀는 깃털 이외에는 아무것도 볼 수 없었다. 그녀는 놀랐다. 그리고는 그가 어떻게 생겼는지 갑자기 알고 싶은 호기심에 사로잡혔다. 그녀는 손에 칼을 쥔 채 그에게 다가갔다. 이때 갑자기 날개가 걷혀지더니 한 초속적인 아름다운 남자가 그녀 앞에 섰다. 그는 그녀를 냉혹하게 움켜잡으며 그녀를 그의 날개팔로 감쌌다. 그래서 그녀는 칼을 쓸 수가 없었다. 게다가 그녀는 흡혈귀의 눈초리에 홀려

버려서 꼼짝도 못했으니 칼로 찌를 수도 없었을 것이다. 그는 그녀를 땅에서 들어올려서 함께 날아가 버렸다.

이런 비밀을 폭로한 뒤에 그녀는 다시 주저 없이 말할 수 있게 되었는데 이제 또다시 그녀의 저항이 나왔다. 즉 내가 그녀의 달로 돌아갈 길을 막아 버렸다는 것이다. 그녀는 이제 지구에서 떠날 수가 없다, 이 세상은 아름답지 못하다, 그러나 달은 아름답고 그곳의 삶은 의미 깊다고 그녀는 말했다. 얼마 뒤 그녀의 긴장증은 재발했고 얼마 동안 그녀는 광란을 일으켰다.

그녀가 2개월 만에 퇴원할 때 사람들은 그녀와 다시 말할 수 있게 되었다. 그녀는 지상에서의 삶이 불가피하다는 사실을 차츰 깨닫게 되었다. 그러나 그녀는 이런 불가피성과 그 결과를 받아들이기를 부질없이 주저하고 있었고 또 한 번 병원의 보호를 받아야 했다. 한 번은 내가 그녀의 병실에 찾아가 그녀에게 말했다. "그건 당신에게 아무 소용도 없어요. 당신은 달에 돌아갈 수가 없습니다!" 그녀는 잠자코 완전히 무관심한 채 이 말을 받아들였다. 이번에는 그녀는 더 짧은 시일 뒤에 퇴원하였고 그녀의 운명이니 할 수 없다고 단념하게 되었다. 그녀는 어느 요양소의 간호보조원 자리를 얻었다. 거기서 한 조무의사가 그녀에게 좀 조심성 없이 접근하려 하자 그녀는 이에 권총사격으로 응답하였다. 다행히도 가벼운 상처를 냈을 뿐이었다. 그러니 그녀는 권총을 조달했던 것이다! 벌써 그 전에도 그녀는 탄환이 든 권총을 몸에 지니고 있었다. 치료 종결시간에 그녀는 내게 그것을 갖다 주었다. 내가 놀라서 묻자 그녀가 대답했다. "당신이 치료에 실패했더라면 내가 그것으로 당신을 쏘아 버렸을 거예요."

총격사건 때문에 물의가 빚어지자 그녀는 다시 고향으로 돌아갔다. 그녀는 결혼했고 여러 자녀를 두었으며 동부에서 두 번의 세계대전을 아무런 재발 없이 견디어 냈다.

그녀의 환상의 해석을 어떻게 해야 할 것인가? 어린 소녀로서 근친상간의 고통을 당했던 그녀는 이승의 눈으로는 멸시받는 느낌이었으나 환상의 세계에서는 자신을 높이게 되었다. 그녀는 이를테면 신화의 왕국에 옮겨진 것이다. 왜냐

1904년의 융.

하면 근친상간이란 전통적으로 왕과 여러 신들의 특권이다. 그러나 이로써 세계로부터의 완전한 단절, 즉 정신병이 생겼다. 그녀는 이를테면 이 세상과는 다른 존재가 되어 인간과의 접촉을 잃었다. 그녀는 우주적인 거리로, 하늘의 공간에 들어가 날개 달린 귀신을 만난다. 치료 중에 그녀는 일반적인 법칙대로 그 귀신의 모습을 나에게 옮겨 놓았다. 이로써 나는 자동적으로 죽음의 위협을 받았다. 그녀를 정상적인 인간적 존재가 되도록 설득할 수 있었던 사람이라면 누구에게나 그런 위험이 따랐을 것이다. 그녀는 그녀의 이야기를 통하여 그 귀신을 내게 누설한 셈이고 그렇게 함으로써 스스로 지상의 인간과 맺어지게 되었다. 그래서 그녀는 삶으로 다시 돌아올 수 있었고 심지어 결혼까지 할 수 있었던 것이다.

나는 그 뒤부터 환자의 고뇌를 다른 눈으로 보게 되었다. 이제 그들의 내적인 체험의 의미 있는 현상들도 알게 되었기 때문이다.

사람들은 흔히 나의 정신치료적인, 혹은 분석방법에 관해 묻는다. 여기 대해서 나는 아무런 분명한 대답을 줄 수가 없다. 치료란 환자에 따라 모두 다르다. 만일에 어떤 의사가 그가 엄격한 하나의 또는 다른 하나의 "방법을 따른다"고 내게 말한다면 나는 그 치료효과를 의심한다. 사람들은 문헌 속에서 흔히 환자의 저항에 관해서 자주 말한다. 치유라는 것은 환자로부터 자연스럽게 자라나야 하는 것인데도 마치 사람들은 환자에게 심지어 무엇인가를 강요하려 드는 것 같다. 정신치료와 분석은 인간 개체와 마찬가지로 다양하다. 나는 모든 환자를 가능한 한 개별적으로 치료한다. 왜냐하면 문제해결은 항상 개별적인 것이기 때문이다. 보편타당한 법칙은 다만 조심스럽게 설정해야 한다. 심리적 진리는 가역적일 수 있을 때라야만 유효한 것이다. 내게 전혀 문제가 되지 않는 해결책도 다른 어떤 사람에게는 바로 올바른 것일 수 있다.

물론 의사는 소위 "방법"이라는 것을 알아야 한다. 그러나 어떤 일정한 규격화된 양식을 확고하게 만들지 않도록 주의해야 한다. 이론적 전제란 다만 조심스럽게 응용될 수 있을 뿐이다. 아마 그것이 오늘은 유효할지 모르지만 내일은 다를 수 있을 것이다. 내 분석에서 그런 이론적 전제들은 아무런 역할도 하지 않는다. 나는 상당히 의도적으로 체계적인 것을 무시한다. 나에게는 한 개체를 대면해서 오직 개별적인 이해가 있을 뿐이다. 우리는 모든 환자에서 각기 다른 언어를 필요로 한다. 그러므로 사람들은 내가 어떤 분석시간에는 아들러 학파처럼 말하는 것을 들을 것이고 어떤 분석시간에는 프로이트 학파 같이 말하는 것을 들을 것이다.

결정적인 점은 내가 인간으로서 한 다른 인간 앞에 서 있다는 사실이다. 분석이란 대화이며 여기에 두 사람의 동반자가 속해 있는 것이다. 분석가와 환자는 서로 마주보고 앉아 있다. 의사는 무엇인가 말해야 한다. 그러나 환자 역시 그렇다.

정신치료에서는 어떤 "방법을 적용"하는 것이 중요한 것이 아니기 때문에 정신의학 공부만으로는 불충분하다. 나 자신도 정신치료에 필요한 정신적 장비들을 확보하기까지 정신의학을 공부하고도 더 오랜 기간을 이에 관해 일해야 했다. 나는 이미 1909년에 상징학을 이해하지 못한다면 잠재적 정신병을 치료할 수 없다는 사실을 깨달았다. 당시 나는 신화를 연구하기 시작했다.

교양 있는 지성적인 환자를 치료하려면 정신과 의사는 단순한 전문지식 이상의 것을 알고 있어야 한다. 그는 온갖 이론적인 진제에 구애받지 말고 무엇이 실제로 그 환자를 감동시키는지를 알아야 한다. 그렇지 않다면 부질없는 저항만 자극할 뿐이다. 중요한 것은 어떤 이론을 증명하는 일이 아니라 환자가 자신을 개별적으로 이해하는 일이다. 이것은 물론 집단적 견해와의 구별 없이는 가능하지 않고 이런 집단적 견해에 관해서 의사는 알고 있어야 하는 것이다. 그러려면 의학 교육만으로는 부족하다. 왜냐하면 인간의 마음의 지평은 의사의 면담실이 갖추고 있는 시야보다 끝없이 많은 것을 포괄하기 때문이다.

마음이란 신체보다도 훨씬 복잡하고 접근하기 어려운 것이다. 그것은 이를테면 우리가 그것을 의식할 수 있을 때 비로소 존재하는 세계의 반쪽이다. 그러므로 마음이란 개인적인 것일 뿐 아니라 세계의 문제이며 정신과 의사는 전체 세계와 관계를 가지는 것이다.

오늘날 우리는 예전과는 달리 우리를 위협하는 위험이 자연으로부터가 아니라 인간으로부터, 개인 개인의, 그리고 많은 사람들의 마음으로부터 나오고 있다는 사실을 알 수 있다. 위험한 것은 바로 인간의 정신적 변질이다! 모든 것은 우리의 정신이 올바로 기능을 발휘하고 있는지 아닌지에 달려 있다. 만약 오늘날 몇몇 사람들이 정신을 잃는다면 수소폭탄이 폭발할 것이다! 그런데 정신치료자는 환자만을 이해해서는 안 된다. 그만큼 중요한 것은 그가 그 자신을 아는 것이다. 그러므로 수련의 필수조건은 자기 자신의 분석, 즉 이른바 교육분석이다. 말하자면 환자의 치료는 의사에게서 시작된다. 즉, 그가 자기 자신과 자신의 문제를 다룰 줄 알게 될 때 그는 그것을 환자에게도 나누어 줄 수 있다. 그렇지 못할 때는 줄 수 없다. 교육분석에서 의사는 자신의 마음을 인식하고 이를 진지하게 살펴보는 법을 배워야 한다. 그가 그것을 할 수 없으면 환자도 그것을 배울 수 없다. 자기가 모르는 마음의 한 부분을 의사가 잃은 것과 마찬가지로 환자도 자기 마음의 한 조각을 잃어버리고 마는 것이다. 그러므로 의사가 교육분석에서 개념체계를 자기 것으로 취하는 것만으로는 충분치 않다. 피분석자로서 그는 분석이 그 자신에 관계된다는 것을, 분석이 생생한 삶의 부분이며 결코 무조건 암기해서 배우는 방법이 아니라는 것을 인식해야 한다. 이것을 그들의 교육분석에서 파악하지 못한 의사나 치료자는 뒤에 그것 때문에 비싼 대가를 치뤄야 할 것이다.

물론 소위 "작은 정신치료"라는 것도 있다. 그러나 본래의 분석에서는 전체 인간이, 의사와 환자 모두가 문제된다. 치료자가 자신을 희생하지 않고서는 치유될 수 없는 환자들이 많이 있다. 만일 중요한 치료상의 사건이 관여될 때 결정적인 것은 의사가 자신이 바로 드라마의 일부라는 것을 이해하고 있는가, 그가 그의 권위의 탈 뒤에 숨어 버리는가 하는 데 있다. 인생의 위기에서 존재냐 비존재냐가 문제되는 저 최고의 순간에서 암시적 잔꾀는 환자에게 아무런 도움을 주지 않는다. 왜냐하면 의사는 그때 그의 전체 존재를 내던지도록 요청받고 있기 때문이다.

치료자는 언제나 그가 환자와의 대결에서 스스로 어떻게 반응하는지를 설명할 수 있어야 한다. 사람은 의식만으로 반응하는 것이 아니다. 우리는 항상 이렇게 자기 자신에게 물어야 한다. "나의 무의식이 이 상황을 어떻게 체험하고 있는가?" 하고. 그러니까 우리는 꿈을 이해하도록 노력해야 하고 세심한 주의를 기울이고 환자를 관찰하듯이 자기 자신을 관찰해야 한다. 그렇게 하지 않을 때 전체 치료가 빗나가는 수가 있다. 한 가지 예를 여러분들에게 이야기하겠다.

나는 한 여자 환자를 치료한 적이 있다. 무척 지적인 부인이었는데 내게는 여러 가지 이유에서 좀 수상쩍은 구석을 가지고 있는 듯한 인상이었다. 분석은 처음에는 잘 진행되었으나 얼마 뒤에 나는 내가 꿈의 해석에서 정곡을 맞추지 못하고 있다고 느끼게 되었고 대화도 어딘가 흥이 나지 않는다는 사실을 깨닫게 되었다. 그래서 나는 환자에게 이에 관해 말하리라 마음먹었다. 그녀 자신도 역시 뭔가 잘 되어가고 있지 않다는 느낌을 가지고 있었다. 그녀와 다음 시간에 만나기 전날 밤에 나는 다음과 같은 꿈을 꾸었다.

나는 해질 무렵에 어느 계곡 사이의 시골길을 걷고 있었다. 오른쪽에는 가파른 언덕이 있었다. 그 위에 성이 있고 성탑 꼭대기에 한 부인이 난간 같은 것 위에 앉아 있었다. 그녀를 잘 보기 위해서 나는 고개를 무척 뒤로 젖혀야 했다. 나는 목의 경련감을 느끼며 잠에서 깨었다. 꿈 속에서 나는 그 여인이 나의 환자임을 알고 있었다.

이 꿈의 뜻은 분명했다. 내가 꿈에서 이런 식으로 그 환자를 올려다보았다면 실제로는 아마 그녀를 내려다보았을 것이다. 꿈은 의식의 태도에 대한 보상이니 말이다. 나는 그녀에게 이 꿈과 이에 대한 나의 해석을 들려주었다. 이것이 상황을 즉시 변화시켜 치료가 다시 본 궤도에 오르게 되었다.

의사로서 나는 늘 환자가 나에게 어떤 임무를 제공하는지를 자신에게 물어야 한다. 환자는 나에게 무엇을 의미하는가? 그가 나에게 아무 뜻도 없다면 나는 아무런 공격표적을 가질 수 없다. 오직 의사 자신이 겪고 고통받은 부분에서 그는 치료효과를 낼 수 있다. "오직 상처 입은 자만이 치유시킨다." 의사가 페르소나체면 철갑을 두르고 있다면 그는 결코 효과 있는 치료를 할 수 없다. 나는 환자를 중히 여긴다. 아마 나도 환자와 똑같은 문제에 당면해 있을지도 모른다. 흔히 환자가 의사의 약점을 덮어 주는 고약일 때도 있는 것이다. 여기에서 여러 가지 어려운 상황들이 생길 것이다. 그런 상황은 물론 의사에게도, 아니 바로 그에 대해서 일어나는 것이다.

모든 치료자는 제삼자로부터 지도를 받아야 한다. 그렇게 함으로써 그는 다른 관점을 갖게 된다. 교황조차도 고해신부를 가지고 있다. 나는 분석가에게 늘 권고한다. "고해신부들을 가지든지 고해어머니를 갖도록 하시오!"라고. 여성들은 그런 일에 아주 유능하다. 그녀들은 흔히 탁월한 직관과 적절한 비판력을 지니고 있고, 남자들이나 경우에 따라서는 그 남자들의 아니마 — 모략의 속셈을 알아차릴 수 있다. 그들은 남자가 보지 못하는 측면을 본다. 그러므로 그녀의 남편이 초인이라고 확신하는 부인은 한 사람도 없는 것이다!

어떤 사람이 노이로제를 가지고 있다면 그가 분석을 받는다는 것은 이해할 만한 일이다. 그러나 그 사람이 "정상"이라면 분석을 강요할 이유가 없다. 그러나 나는 여러분에게 내가 이른바 정상성에 관해 놀랄 만한 경험을 했다는 사실을 증명할 수 있다. 언젠가 나는 아주 "정상적"인 문하생을 만난 일이 있다. 그는 의사였고 어떤 선배 동료의 최고의 추천서를 가지고 내게로 왔다. 그는 그의 조교였고 그의 병원을 인계받은 사람이다. 그는 정상적인 성공을 거두었고 정상적인 개업, 정상적인 부인, 정상적인 자녀들이 있었고 정상적인 소도시에 있는 정상적인 작은 집에서 살고 있었으며, 정상적인 수입에 아마도 정상적인 식사를 하고 있었다! 그는 분석가가 되고자 했다. 나는 그에게 말했다. "분석가가 된다는 것이 어떤 것인지 압니까? 당신이 먼저 당신 자신을 알아야 합니다. 치료의 도구는 당신 자신입니다. 당신이 올바르지 않다면 어떻게 환자가 바르게 되겠습니까? 당신이 확신을 가지고 있지 않으면 어떻게 환자로 하여금 확신을 갖도록 하겠습니까? 당신 자신이 진정한 재목이 되어야 합니다. 그러나 당신이 그렇지 못하면 큰일입니다! 당신은 환자를 오도하게 됩니다. 그러니 먼저 당신 자신이 분석을 받도록 하십시오." 그 사람은 이에 동의했으나 즉시 이렇게 말했다. "나는 당신에게 문제될 만한 것을 말할 것이 없습니다!" 이런 말이 하나의 경고가 될 줄은 몰랐다. 나는 말하기를 "그러면 좋습니다. 당신의 꿈을 봅시다." "나는 꿈을 꾸지 않는 걸요." 그의 대답이었다. "아마 곧 꿈을 꾸게 될 것입니다." 나는 그에게 이렇게 말했다. 다른 사람 같으면 다음 날 밤에 꿈을 꾸었을 것이다. 그러나 그는 꿈을 조금도 기억할 수 없었다. 이런 상태가 14일쯤 지속되어 나는 좀 섬뜩한 느낌을 받았다.

드디어 한 인상 깊은 꿈이 나타났다. 그는 기차를 타고 가는 꿈을 꾸었다. 기차는 어떤 도시에서 두 시간 동안 정차하였다. 그는 이 낯선 도시를 좀 알고 싶어서 도심지로 향해 길을 나섰다. 그곳에서 그는 중세풍의 집을 발견했는데 아마 시청인 듯했다. 그는 그 속으로 들어갔다. 긴 낭하를 거쳐 여기저기 돌아다니다가 한 화려한 방에 들어섰는데, 벽에 옛날 그림과 그림을 짜 넣은 양탄자인 고블랭 직물이 걸려 있었다. 값진 골동품들이 여기저기 놓여 있었다. 불현듯 그는 해가 저물었음을 알게 되었다. 그는 이제 기차역으로 되돌아가야겠다고 생각했다. 이 순간 그는 그가 길을 잘못 들어서서 출구가 어딘지를 모르게 되었다는 사실을 발견했다. 그는 놀랐다. 그리고 동시에 이 집안에서 아무도 만난 사람이 없었다는 사실을 인식했다. 그는 섬뜩한 느낌에 사로잡힌 채 발걸음을 재촉했다. 누군가 만나게 되기를 기대하면서. 그러나 아무도 만날 수 없었다. 그러자 그는 커다란 문 앞에 도착했다. 그는 안도의 숨을 내쉬며 '여기 출구가 있구나!' 하고 생각했다. 그는 문을 열었다. 그것은 굉장히 큰 방이었다. 방은 너무 어두워서 맞은 편 벽을 뚜렷이 볼 수 없었다. 그는 깊은 충격을 받고 비어 있는 넓은 방으로 달려갔다. 그는 출구가 방의 다른 쪽에 있으리라 기대했던 것이다. 그러자 그 방의 한복판에 희끄무레한 것이 바닥에 있는 것을 보았다. 가까이 가서 보니 그것은 두 살쯤 되는 백치 아이였다. 그 아이는 요강 위에 앉아 있었는데 똥을 몸에 칠하고 있었다. 이 순간 그는 공포에 질려 소리치며 잠에서 깨었다.

나는 알고도 남음이 있었다. 그는 잠재성 정신병자였던 것이다! 내가 그를 꿈에서 현실로 끌어내려고 시도할 때 얼마나 진땀을 흘렸는지 말로 다 할 수 없다. 나는 그 꿈을 될 수 있는 대로 대수롭지 않은 것처럼 묘사해야 했다. 나는 꿈의 세부는 전혀 언급하지 않았다. 꿈이 이야기하고 있는 것은 대략 다음과 같은 것이다. 꿈에서 그가 시작한 여행은 취리히를 향한 여행이었다. 그는 거기에 그저 잠깐 머물러 있을 뿐이다. 방의 중앙에 있는 아이는 두 살 난 아이로서의 그 자신의 모습이다. 아이들에게 똥을 몸에 칠하는 것 같은 나쁜 버릇이 흔한 것은 아니지만 그래도 있을 수는 있다. 똥은 아이들의 호기심을 끌만 하다. 왜냐하면 똥은 색깔도 있고 냄새도 나니까! 아이가 도시에서 자라고 게다가 엄격한 집안에서 성장했다면 그런 일은 한 번쯤 일어날 것이다.

그러나 그 꿈을 꾼 의사는 아이가 아니라 성인이다. 그러므로 그 방 한가운데의 꿈의 이미지는 불길한 상징이다. 그가 내게 꿈을 이야기할 때 그의 정상성이 하나의 대상작용의 결과였음이 분명해졌다. 나는 마지막 순간에 그를 붙잡은 것이다. 왜냐하면 하마터면 잠재성 정신병이 폭발해서 외부로 나타날 뻔한 것이다. 이것을 막아야 했다. 그의 꿈의 도움으로 결국 나는 그의 교육분석의 이유 있는 종결을 찾은 셈이다. 이 종결에 대해서 우리 둘은 모두 무척 다행스럽게 여겼다. 나는 그에게 나의 진단을 알리지 않았지만 그도 꿈이 그에게 이야기해 줄 때 아마 절망적인 공포가 다가오고 있고 한 위험한 정신병자가 그를 뒤쫓고 있는 것을 알아차렸을 것이다. 바로 그 뒤에 그는 고향으로 돌아갔다. 그는 무의식을 다시는 건드리지 않았다. 그의 정상화 경향은 하나의 인격에 해당되는 것으로 그것은 무의식과의 대면으로는 발달되지 않고 오직 폭파되고 말 것이었다. 이러한 "잠재성 정신병"은 정신치료자가 다루기 어려운 대상이다. 왜냐하면 그것을 알아차리기는 무척 어렵기 때문이다. 이런 경우에는 꿈을 이해하는 것이 특히 중요하다.

여기서 우리는 비전문의의 분석의 문제에 직면하게 된다. 나는 의사가 아니라도 정신치료를 배워서 이를 수행할 수 있다는 입장은 옹호해 왔다. 그러나 이들은 잠재성 정신병을 쉽게 간과한다. 그러므로 비전문의가 분석가로 일하더라도 전문의의 감독 아래 하기를 권한다. 이들이 조금이라도 불확실하다고 느끼게 되면 바로 전문의의 자문을 받아야 한다. 의사에게조차 잠재성 정신분열증을 인식하고 치료하는 것이 어려운데 하물며 비전문가에 있어서랴. 그러나 나는 비전문의도 여러 해 동안 정신치료에 종사했고 스스로 분석을 받은 사람은 그것을 조금은 알고 또한 조금은 치료할 수 있다는 사실을 거듭 경험하고 있다. 게다가 정신치료를 이용하는 의사 수가 결코 충분치 못하다는 것이 문제다. 이 직업은 아주 오랜 기간의 철저한 수련과 전반적인 교육을 필요로 하며 그것은 그저 극소수의 사람들만이 갖추고 있을 뿐이다.

의사와 환자의 관계는 특히 환자의 전이나 어느 정도의 의사와 환자 사이의 무의식적인 동일시가 간여할 때는 때때로 심령심리학적 성질을 지닌 현상을 일으키게 되는 수가 있다. 나는 이것을 자주 경험하였다. 나에게 특히 인상 깊었던 환자가 있었다. 나는 그가 심인성 우울증에서 빠져 나오도록 도와주었다. 그 뒤에 그는 고향으로 돌아가서 결혼했다. 그런데 그 부인이 나의 마음에 들지 않았다. 그녀를 처음 보았을 때 나는 섬뜩한 느낌을 받았다. 나는 나에게 감사한 마음을 지니고 있는 그녀의 남편에게 영향을 미치고 있는 내가 그녀에게는 눈엣가시와 같은 존재임을 알아차렸다. 남편을 진정으로 사랑하지 않는 부인들은 질투심이 많으므로 그들이 남편의 친우관계를 깨뜨리는 경우란 흔히 일어나는 일이다. 그 여자들은 남편이 그들에게 전적으로 종속하기를 원한다. 왜냐하면 그녀 자신이 그에게 속하지 않기 때문이다. 모든 질투심의 핵을 이루는 것은 결핍된 사랑이다.

이 부인의 태도는 환자에게 적지 않은 부담이 되었고 그에게는 이것을 감당할 만한 능력이 부족했다. 결혼한 뒤 1년 만에 그는 이 압력으로 다시 우울증에 걸렸다. 이렇게 될 것을 미리 알고 나는 그와 약속하기를 그가 기분이 침체되는 것을 느끼면 지체 없이 나에게 보고하도록 하였었다. 그러나 그는 그것을 하지 않았다. 그가 그렇게 하지 않은 데는 그의 우울증을 대수롭지 않게 말한 부인의 간섭이 전혀 작용하지 않았다고 할 수는 없다. 그는 어쨌든 아무 소식도 전해 주지 않았다.

그 당시 나는 B지역에서 강연을 하도록 되어 있었다. 한밤중이 되어 나는 호텔로 돌아왔다. 강연 뒤에 몇몇 친구들과 함께 식사를 했던 것이다. 그리고 바로 잠자리에 들었다. 그러나 나는 꽤 오래 깨어 있었다. 새벽 두 시경 — 아마 깜박 잠이 들었던 것 같다 — 나는 깜짝 놀라서 깨어났다. 누군가가 내 방에 들어왔다고 확신했다. 마치 급히 문이 열린 것 같았던 것이다. 나는 곧 불을 켰다. 그러나 아무도 없었다. 나는 누군가가 아마 길을 잘못 들어섰나 보다 생각하고 복도 쪽을 내다보았으나 쥐 죽은 듯한 고요함이 있을 뿐이었다. '이상하다, 분명히 누군가가 들어왔는데!' 나는 이렇게 생각했다. 그리고는 곰곰이 돌이켜 생각해 보았다. 그러자 나는 내가 그때 무언가가 내 이마를 치고 그 뒤에는 두개골의 뒷벽에 부딪친 것처럼 멍멍한 아픔 때문에 깨어났다는 사실이 생각났다. 다음 날 나는 그 환자가 자살을 했다는 전보를 받았다. 그는 자신에게 총을 쏜 것이다. 뒤에 나는 총알이 두개골 뒷벽에 박혀 있었다는 이야기를 들었다.

이런 체험에서 볼 수 있는 것이 진정한 동시성 현상이다. 원형적 상황과의 관련에서 — 여기서는 죽음과 관련 — 이런 것을 목격하는 것은 드문 일이 아니다. 무의식에서의 시간과 공간의 상대화로써 나는 실상은 전혀 다른 곳에서 일어나고 있는 것을 지각했던 것이다. 집단적 무의식은 모든 것에 공통된 것이다. 그것은 고대에서 "사물의 공감Sympathie aller Dinge"이라고 규정했던 것의 기반이다. 이 경우에는 나의 무의식이 환자의 상태를 알고 있었다. 나는 벌써 그날 저녁 내내 이상하도록 불안하고 짜증스러운 느낌을 가졌었는데 이것은 평소의 나의 기분과는 반대였던 것이다.

나는 어떤 환자에게 무슨 신앙을 가지도록 강요한 적이 없다. 나에게 중요한 것은 환자가 그 자신의 견해에 도달하는 일이다. 그것이 그의 숙명에 부합되는 것이라면 이교도는 나에게 이교도이고 기독교인은 기독교인이며 유태교도는 유태교도가 될 것이다.

나는 자기의 신앙을 잃은 한 유태인의 경우를 잘 기억하고 있다. 그녀의 치료는 내가 꾼 꿈과 함께 시작되었다. 그 꿈은 미지의 젊은 소녀가 환자로서 나를 찾아오는 꿈이었다. 그녀는 자기의 문제를 나에게 털어놓았다. 그녀가 이야기하는 동안 나는 생각했다. '나는 그녀를 도무지 이해할 수가 없다. 도대체 무엇이 문제인지 모르겠다!' 그런데 갑자기 그녀가 이상한 부성콤플렉스를 가지고 있다는 생각이 들었다. 이것이 그 꿈의 내용이다.

다음 날 나의 수첩에는 상담, 4시라는 글자가 적혀 있었다. 작은 소녀가 나타났다. 유태인인데 부유한 은행가의 딸이었다. 예쁘고 우아하고 무척 머리가 총명했다. 그녀는 이미 분석을 받은 일이 있었다. 그러나 의사가 그녀에게 역전이逆轉移를 가지게 되어 결국 그대로 계속하면 그의 결혼생활이 파괴될 것이기 때문에 그가 그녀에게 오지 말도록 간청했다.

이 소녀는 몇 년째 심한 불안신경증을 앓고 있었는데 그것이 위의 경험을 겪고 나서 더 나빠진 것은 물론이다. 나는 생활사부터 묻기 시작했다. 그러나 아무것도 특별한 것을 발견할 수 없었다. 그녀는 잘 적응된 서구적인 유태인이며 뼛속까지 계몽된 사람이었다. 처음에 나는 그녀의 경우를 이해할 수 없었다. 별안간 나는 그 꿈이 생각났다. '아니, 꿈의 그 소녀가 바로 이 작은 사람이란 말인가!' 하고 생각했다. 그러나 나는 그녀에게서 부성콤플렉스의 흔적도 찾을 수 없었으므로 내가 보통 그런 경우에 하듯 할아버지에 관해서 물었다. 이때 그녀가 잠깐 동안 눈을 감는 것을 보고 나는 곧 알아차렸다. 바로 그게 문제구나! 그래서 나는 그녀에게 그녀의 조부에 관해 말해 달라고 했고 그가 랍비율법박사였으며 유태교의 한 파에 속했다는 사실을 듣게 되었다. "하씨딤 파 말입니까?" 그녀는 그렇다고 했다. 나는 더 물었다. "그가 랍비라면 혹시 그는 자딕 파였을지도 모르겠군요?" "네. 사람들은 그가 일종의 성인이었다고 하고, 천리안도 지니고 있었다고 합니다. 그러나 모두 헛소리에요! 그런 게 있을 턱이 없어요!" 그녀의 대답이었다.

나는 이것으로 생활사 청취를 끝냈고 그녀의 노이로제의 역사를 이해했으며 이를 그녀에게 설명해 주었다. "이제 내 말을 들어 보시오. 아마 당신이 받아들일 수 없는 것일지도 모르지만 당신의 할아버지는 자딕 파였습니다. 당신 아버지는 유태교 신앙에 등을 돌렸습니다. 그는 비밀을 누설했고 신을 잊었습니다. 그리고 당신은 신의 저주라는 고통을 받고 있기 때문에 노이로제를 가지고 있습니다!" 이 말이 청천벽력같이 그녀에게 충격을 주었다.

다음 날 밤 나는 다시 꿈을 꾸었다. 내 집에서 초대연이 있었다. 그런데 그 작은 소녀도 거기에 있었다. 그녀가 내게 와서 묻기를 "우산이 없을까요? 비가 몹시 오고 있어요" 했다. 실제로 나는 우산 하나를 발견했다. 그것을 펼치느라고 이리저리 풀어 놓고는 그것을 그녀에게 주고자 했다. 그런데 이게 웬일인가? 나는 그 우산을 그녀에게 마치 신 앞에서 하듯 무릎을 꿇고 바쳤던 것이다!

나는 이 꿈을 그녀에게 이야기했고 8일 뒤에 그녀의 노이로제는 사라졌다.[3] 그 꿈은 그녀가 그저 경박한 사람이 아니라 그 뒤에는 하나의 성녀가 숨어 있다는 사실을 나에게 가르쳐 주었다. 그러나 그녀는 전혀 신화적인 관념을 가지고 있지 않았으므로 그녀 속에 있는 본질적인 것이 전혀 표현될 수 없었다. 그녀의 모든 관심거리는 남자들과 희희덕거리는 것과 예쁜 옷과 성적 매력에 있었다. 그 밖에는 아무것도 몰랐기 때문이다. 그녀는 지성만을 알고 있었고 보람 없는 삶을 살 수 있을 뿐이었다. 그러나 사실은 그녀는 하나님의 딸이었다. 그녀는 하나님의 숨은 뜻을 충족시켜야 했다. 나는 그녀 안에 있는 신화적·종교적 표상들을 불러일으켜야 했다. 왜냐하면 그녀는 영적인 활동이 요청되는 그런 사람들에 속해 있었기 때문이다. 이로써 그녀의 생이 의미를 지니게 되었고 노이로제란 흔적도 남기지 않았다.

이 환자에게 나는 아무런 "방법"도 이용하지 않았으며 다만 누멘Numen, 신성력의 현존을 보았을 뿐이다. 그것을 나는 그 환자에게 설명했고 그것이 치유력을 발휘했다. 여기에는 어떤 방법이 있을 수 없었다. 여기서 중요했던 것은 "신의 외경"이었다.

---

3) 이 증례는 같은 종류의 대부분의 다른 환자와는 그 치료기간이 짧은 점에서 다르다. A. J.

나는 사람들이 인생의 물음에 대한 불충분한 또는 그릇된 해답에 안주하고 있을 때 노이로제에 걸리는 것을 자주 보아왔다. 그들은 사회적 지위, 결혼, 명성 그리고 외적인 명예와 돈을 추구한다. 그러면서 불행하며 신경증적인데 그들이 찾던 것을 얻었을 때도 또한 여전히 그러하다. 그런 사람들은 대부분 엄청나게 협소한 정신적 시야에 사로잡혀 있다. 그들의 생은 충분한 내용을 지니고 있지 않으며 아무런 의미를 갖고 있지 않다. 그들이 보다 포괄적인 인격으로 발전할 수 있을 때, 대개 노이로제는 없어진다. 그러므로 나에게는 언제나 인간의 "발전"이라는 관념이 가장 중요한 의미를 지닌 것이었다.

내 환자의 대부분은 믿음이 깊은 사람들이라기보다 그들의 믿음을 잃어버린 사람들로 이루어져 있었다. "잃어버린 양"이 나에게 왔던 것이다. 신앙인은 오늘날에도 교회에서 그의 생활 속에서 상징을 경험할 기회를 가지고 있다. 미사의 체험, 세례, 그리스도 모방Imitatio Christi 그리고 그 밖의 많은 것들을 생각해 보면 알 것이다. 상징의 그와 같은 삶과 체험은 신앙인의 살아 있는 참여를 전제로 한다. 그런데 오늘날 바로 이것이 결여되어 있는 사람들이 무척 많이 있다. 신경증적 인간에서 주로 그것이 결핍되어 있다. 그런 경우에는 혹시 그 결함을 대치할 만한 상징을 무의식이 자율적으로 보내 주지 않는지를 관찰할 필요가 있다. 그러나 그렇다 하더라도 이에 해당되는 꿈이나 환상을 본 사람이 그 뜻을 이해할 수 있고 그 결과를 스스로 받아들일 수 있느냐 하는 문제가 해결되지 않은 채 남는다.

나는 그런 경우를 〈집단적 무의식의 원형에 대하여〉[4]라는 논문에서 기술하였다. 한 신학자가 자주 되풀이되는 꿈을 꾸고 있었다. 그는 꿈에서 산비탈에 서 있었는데 거기서 울창한 숲이 있는 깊은 골짜기 쪽으로 펼쳐지는 조망이 무척 아름다웠다. 그는 지금까지 그곳으로 가고 싶은데도 늘 무슨 일이 생겨서 못 가게 된 것을 알고 있었다. 이번에야말로 그의 계획을 실천에 옮기고자 했다. 그가

4) 〈집단적 무의식의 원형에 대하여〉, ≪의식의 뿌리에 관하여(*Von den Wurzeln des Bewnβtseins*)≫, 1935, ≪융 전집≫ IX/1, 1976에 수록된 논문.

호수에 가까이 다가가자 섬뜩한 느낌이 들더니 별안간 바람이 일어 수면이 음산하게 물결쳤다. 그는 공포에 질려 소리치며 잠에서 깨었다.

처음에는 이 꿈이 이해할 수 없는 것으로 여겨졌다. 그러나 신학자로서 그는 저 베데스다의 "연못"을 상기했어야 했을 것이다. 즉, 별안간 부는 바람에 물결치는 연못, 그리고 그 속에 사람들이 병자의 몸을 담그게 하는 "연못"을 말이다. 천사가 내려와 그 물에 접촉하면 이로써 그 물은 치유의 힘을 얻게 된다. 가볍게 부는 바람은 "푸노이마(기: 역주)"이며 어디든지 원하는 대로 부는 바람이다. 그리고 바로 이것이 꿈을 꾼 자에게 지옥 같은 공포를 일으킨 것이다. 보이지 않는 어떤 현존이 암시되어 있으며 그것은 어떤 누멘Numen으로서 스스로의 힘으로 살고 있으며 인간은 그 앞에서 몸서리치는 두려움에 엄습된다. 그의 꿈에 나오는 호수에 대한 "베데스다 연못"의 연상을 꿈을 꾼 사람은 별로 시인하려 들지 않았다. 그는 그런 연못을 지니고자 하지 않았다. 왜냐하면 그와 같은 것은 성경에나 나오거나 기껏해야 일요일 오전의 설교에서나 나오는 것이기 때문이다. 심리학과는 아무 상관도 없는 것들이다. 성령에 관해서 사람들은 그저 제례의 경우에서나 말하는 것이다. 그것은 경험되는 현상은 결코 아니라는 것이다.

그 꿈을 꾼 사람이 그 경악을 극복하고 이를테면 그의 공포의 뒤쪽에 도달했어야 함을 나는 알고 있다. 그러나 나는 어떤 사람이 자기 자신의 길을 가서 그 책임을 스스로 걸머지기를 원하지 않을 때 그를 강요하지는 않는다. 그것이 평범한 저항에 불과하다는 값싼 가정을 내릴 준비가 내게는 안 되어 있다. 저항이 완강할 때 그 저항은 주의해서 살펴볼 가치가 있는 것이다. 왜냐하면 흔히 저항은 간과되어서는 안 될 경고를 의미하기 때문이다. 치유적인 것은 독일 수도 있고 누구나 이를 견딜 수는 없는 것이다. 혹은 어떤 수술은 그것이 금기일 때 실시하면 사람을 죽인다.

문제가 내적인 체험, 가장 개인적인 것일 때 그것은 많은 사람에게 음침한 느낌을 주게 되어 많은 사람들이 도망쳐 버린다. 그 신학자도 그랬다. 물론 이 신학자가 다른 사람들보다도 어려운 처지에 있는 것을 나는 잘 알고 있다. 한편으로 그들은 종교적인 것에 가까이 있으나 다른 한편 교회와 도그마를 통하여 밀접하게 맺어져 있다. 내적인 체험이 갖는 위험성, 영적인 모험은 많은 사람들에게 거리가 먼 일이다. 정신적인 현실이 있을 수 있을 것이라는 가정은 파문감이다. 그것은 "초자연적"이거나 최소한 "역사적"으로 근거가 있어야 한다. 그러나 "정신적"인 경우는 어떨까? 이런 문제에 직면할 때 사람들은 곧잘 심혼에 대해 심각하고도 예기치 않은 경멸을 불쑥 표명하는 수가 있다.

현대 정신치료에서 의사나 정신치료자는 환자와 그들의 감정과 글자 그대로 "함께 가야" 한다고들 요구하고 있다. 나는 이것이 언제나 옳은 것은 아니라고 본다. 의사 쪽에서 적극적으로 간여할 필요가 있는 경우도 흔하다.

한 번은 명문 출신의 귀부인이 나에게 왔는데 그녀는 고용인들의 — 그녀의 의사들을 포함해서 — 뺨을 때리기를 일삼아왔다. 그녀는 강박신경증을 앓고 있었고 어느 병원에서 치료를 받은 일이 있다. 그녀는 물론 곧 그 병원의 수석의사의 뺨에 의무적인 주먹을 먹였다. 그녀의 눈에 그 의사는 그저 남보다 좀 나은 종업원에 불과했다. 게다가 그녀는 그에게 돈을 지불하고 있지 않았던가! 그는 그 뒤에 그녀를 다른 의사에게 보냈고 거기서 똑같은 일이 벌어졌다. 이 부인이 정말 미친 것은 아니지만 신중하게 다스려야 할 것이었으므로 의사는 좀 당황하여 그녀를 내게 보냈다.

그녀는 무척 당당하고 위압적인 인물이었다. 키가 6피트 — 정말이지 그만하면 누굴 칠 만도 했다! 하여간 그녀가 나타났고 우리는 아주 잘 이야기를 나누었다. 그러자 내가 그녀에게 좀 불쾌한 말을 해야 할 순간이 왔다. 그녀는 화가 나서 펄쩍 뛰고는 나를 때릴 듯이 위협했다. 나도 의자를 박차고 일어나서 그녀에게 말했다. "좋소. 당신은 부인이오. 당신이 먼저 치시오. 레이디 퍼스트! 그러나 다음엔 내가 치겠소!" 나는 정말 그렇게 할 생각이었다. 그녀는 의자에 풀썩 주저앉고 말았다. "아무도 아직 내게 그런 말을 안 했어요." 그녀는 하소연했다. 이 순간부터 치료는 성공적인 것이 되었다.

이 환자에게 필요했던 것은 남자다운 반응이었다. 이 경우에서는 환자와 "함께 간다"는 것이 전혀 잘못이었던 것이다. 그건 그녀에게 아무 도움도 주지 못했다. 그녀는 도덕적으로 자제할 수 없었기 때문에 강박신경증을 가지고 있었던 것이다. 그런 사람들은 타고난 제약을 받고 있다. 바로 강박 증상에 의해서.

여러 해 전에 나는 나의 치료 성과에 관한 통계를 한번 내본 일이 있다. 정확한 수치는 이제 잘 생각나지 않지만 조심스럽게 말해서 3분의 1은 진짜로 치유되었고 3분의 1은 현저한 호전을, 그리고 나머지 3분의 1은 별로 영향을 주지 못했다. 그러나 즉시 호전되지 않은 증례들을 판단하기는 어렵다. 그것은 이 경우에 많은 것들이 여러 해가 지난 뒤에 비로소 환자에 의해서 인식되고 이해되는 수가 있고 그때가 되어서야 비로소 치료효과를 내기 때문이다. 나는 이전의 환자로부터 이런 편지를 받은 일이 한두 번이 아니다. "내가 당신에게 치료받으러 다닌 뒤 10년이 지나서야 비로소 저는 그 당시 문제가 무엇이었는지를 알게 되었습니다."

나로부터 도망친 환자들은 별로 많지 않았다. 아주 드물게 나는 환자를 내쫓아야 했다. 그러나 그런 사람들 중에서도 뒤에 나에게 긍정적인 편지를 보내온 몇몇 사람들이 있었다. 그러므로 치료 성과란 판단하기 어려운 경우가 많다.

의사는 일생 동안 그의 진료활동 가운데서 그에게 중요한 영향을 끼치는 사람들을 만나게 되는데 이것은 당연한 일이다. 그는 다행이든 불행이든 사회의 관심을 한 번도 끌어 본 일이 없는데도, 혹은 바로 그 때문에 비상한 부분을 가지고 있는 사람들, 혹은 그런 사람들이 찾는 발전과 몰락을 두루 겪은 사람들을 만나게 된다. 이들은 흔히 비상한 재능을 가지고 있다. 그것은 다른 사람들이 이런 그의 재능에 끝없이 감격하여 이를 위해 자기의 모든 삶을 바치기라도 할 만한 재능인데, 그러나 그것은 너무나 특이하고 부적합한 정신적 소인에 뿌리박고 있어서 그것이 천재와 관계되는 것인지 단편적으로 진행된 성장과정과 관계되는 것인지 모를 정도이다. 사회적 평지에서 우리가 만나게 되리라고는 상상조차 하지 않았을, 도저히 그럴 법하지 않은 상황에서 영혼의 보배들이 꽃피는 경우가 드물지 않게 있다. 정신치료적인 효과를 얻는 데 의사와 환자 사이의 공감 있는 의사소통은 필수적인 것이다. 이를 통하여 앓는 사람들이 지닌 마음의 깊이와 높이에서 의사가 얻는 커다란 감명을 그는 외면할 수가 없다. 의사소통이란 끊임없는 비교와 동화, 서로 대면하고 있는 정신적 사실의 변증법적 대결 속에서 이루어진 것이 아닌가. 이러한 상호 간의 인상들이 어느 한쪽에서 어떤 이유에서든 효과가 없으면 정신치료 과정도 효과가 없고 아무런 인격의 변화도 일어나지 않게 된다. 의사든 환자든 어느 한쪽이 다른 한쪽에게 문제가 되지 않는다면 아무런 해결책도 발견될 수 없다.

오늘날의 이른바 노이로제 환자 가운데는 예전 같으면 노이로제가 안 되었을 사람, 즉 자기 자신으로부터의 분열이 일어나지 않았을 사람들도 적지 않다. 인간이 아직 신화를 통해서 조상의 세계와 연결되어, 그로써 단지 밖에서 본 자연이 아닌 체험된 자연과 결합되어 있던 그런 시대, 그런 환경에서 그들이 살았더라면 자신과의 불일치는 일어나지 않은 채 있었을 것이다. 이들은 신화의 상실을 참지 못하고 그저 외적이기만한 세계, 즉 자연과학의 세계상으로 향한 길을 찾을 수도 없고 지혜와는 털끝만큼도 관계없는 언어의 지적인 환상적 유희에 만족할 수도 없는 인간인 것이다.

우리 시대의 마음의 분열이 탄생시킨 이와 같은 희생자는 단지 "임의의 노이로제 환자"에 지나지 않으며 표면상 병적인 것은 자아와 무의식 사이에 입을 벌리고 있는 간극이 닫혀지는 순간 사라진다. 이 분열을 스스로 깊이 경험한 사람은 또한 무의식의 심적 과정을 더 잘 이해하게 되고 심리학자가 겪기 쉬운 저 전형적인 자아팽창의 위협을 피할 수 있는 상황에 남보다 먼저 도달할 수 있게 된다.

원형이 지닌 누미노제의 작용을 스스로의 체험으로 알지 못하는 자는 그가 실제 임상에서 그것과 대면하였을 때 원형이 지닌 부정적 영향을 거의 피하기 어려울 것이다. 원형은 과대평가되거나 과소평가될 것이다. 왜냐하면 경험적인 척도를 지니지 못하고 다만 지적인 개념만을 가지고 있기 때문이다. 의사에게만 국한되지 않고 누구나 빠질 수 있는 심각한 샛된 길이 여기서 시작된다. 그리고 그 첫째가 지적인 정복 시도이다. 이런 시도는 암암리에 스스로 원형의 작용과 그 진정한 체험을 박탈하려는 숨은 목적에 이바지하고 있다. 그리하여 표면상 확고하고 인위적인, 그러나 다만 2차원적인 개념세계에 지나지 않는 것을 떠받들어 생의 진실을 이른바 명료한 개념으로 은폐하려는 것이다. 개념적인 것으로 옮기는 일은 체험으로부터 실체를 빼앗고 체험에 단순한 이름을 부여하여 이제 그것이 진실에 대치되고 마는 것이다. 개념에 대하여는 아무도 책임을 지지 않는다. 바로 이것이 사람들이 바라던, 체험하지 않아도 되게끔 보호해 주는 안일함이다. 심혼心魂이란 개념 속에 있지 않고 행위와 사실 속에 살아 있다. 단어의 나열만으로 사람들은 개를 난로가에서 나오도록 유도할 수는 없다. 그럼에도 불구하고 사람들은 이 과정을 끝없이 반복하고 있다.

그러므로 가장 힘들고 고맙지 않은 환자들은 나의 경험으로는 습관성 거짓말쟁이와 소위 지성인이다. 왜냐하면 그들은 그야말로 다른 손이 무엇을 하고 있는지 한 손이 전혀 모르고 있기 때문이다. 그들은 구획심리학을 키우고 있다. 아무런 감정으로도 조절되지 않은 지성을 가지고 모든 것을 해결하려 든다. — 그런데도 그들은 노이로제를 가지고 있다.

나의 피분석자들과의 만남과 그칠 줄 모르는 수많은 심상心像들을 나에게 보여준 정신현상과의 대면에서 나는 끝없이 많은 것을 배웠다. 학문을 배웠다기보다 무엇보다 나 자신의 본실에 대한 통찰을 얻었으며 잘못과 패배를 통해서 얻은 바가 결코 적지 않았다. 내게는 주로 여성피분석자가 많이 있었는데 흔히 이들은 무척 양심적이고 이해성 깊고 지적으로 작업에 참여하고 있었다. 그들은 내가 치료에서 새로운 길로 갈 수 있도록 참다운 공헌을 하였다.

몇몇 피분석자는 진정한 의미의 나의 제자가 되었으며 나의 생각을 세상에 실어 날랐다. 그들 가운데서 나는 수십 년을 지탱하는 우정을 맺은 사람들을 발견하였다.

나의 환자와 피분석자들은 나로 하여금 인간적 삶의 진실에 그토록 가까이 데려다 주어서 그 본질적인 것들을 체험화하지 않을 수 없었다. 여러 종류의 그리고 서로 다른 심리학적 수준의 인간과의 만남은 유명인과의 단편적인 대화에 비길 수 없는 훨씬 큰 뜻을 나에게 주었다. 나의 생에서 가장 아름답고 의의있던 대화는 모두 이름 없는 사람들과의 대화였다.

제6장

지그문트 프로이트Sigmund Freud[1)]

나의 정신적 성장을 위한 모험은 내가 정신과 의사가 되었다는 사실에서 시작하였다. 아무것도 모르는 채 나는 임상적으로 정신병 환자를 밖에서 관찰하기 시작하였다. 나는 이때 기묘한 정신과정을 목격하게 되어 이를 기록하고 분류하였다. "병리학적으로는" 충분히 평가될 직하였지만 그 내용은 조금도 이해할 수 없었다. 시간이 경과함에 따라 나는 더욱 그런 환자에 관심을 집중하였다. 그것은 망상증, 조울증, 심인성 장애 등이었는데 나는 거기에 어떤 이해 가능한 것이 있다는 사실을 경험했다. 내가 정신의학적 경력을 쌓아 가는 시초부터 나는 피에르 자네Pierre Janet 이외에도 브로이에르와 프로이트의 연구로부터 많은 자극과 시사를 받았다. 무엇보다도 꿈의 분석방법과 꿈의 해석에 관한 프로이트의 기법이 정신분열증의 표현형태를 이해하는 데 도움이 되었다. 이미 1900년에 나는 프로이트의 ≪꿈의 해석≫을 읽었다.[2)] 당시에는 그것을 아직 이해하지 못

1) 이 장은 인간 프로이트와 그의 저작에 관한 융의 수많은 글을 보충하는 글에 불과하다. 그의 이에 관한 글은 주로 ≪전집≫ IV, 1969에 있다. 또한 다음 논문도 참조할 것. 〈문화사적 현상으로서의 지그문트 프로이트(Sigmund Freud als Kulturhistorische Erscheinung)〉, 1932, 〈지그문트 프로이트, 추도의 말(Sigmund Freud: Ein Nachruf)〉, 1939, ≪전집≫ XV, 1971.

2) 융은 그의 프로이트에 대한 추도사(바젤 통신, 1939년 10월 1일, ≪전집≫ XV, 1971)에서 이 저술을 "세기적인", "지금까지 시도된 것 가운데 일찍이 유례가 없는 가장 대담한 시도로써 경험의 확고한 기반에 입각해서 무의식 정신의 수수께끼를 풀고자 했다. … 당시 그것은 우리들 젊은 정신과 의사에게

하였으므로 그 책은 제쳐 놓고 있었다. 25세의 나이로는 프로이트의 학설을 검증할 만한 경험이 결여되어 있었다. 그런 검증은 좀 시일이 지난 뒤에야 비로소 하게 되었다. 1903년 나는 ≪꿈의 해석≫을 다시 한번 살펴보고 거기서 내 자신의 생각과 관련이 있는 것을 발견했다. 이 책에서 내가 무엇보다 관심을 가졌던 것은 노이로제 심리학에서 나온 개념인 "억압기제"를 꿈의 분야에 응용한 점이었다. 내가 실시하던 단어연상시험에서 나는 흔히 그러한 억압이 나타나는 것을 보았기 때문이다. 어떤 자극어에 대해서 환자들은 연상되는 대답을 못하거나 현저하게 긴 반응시간을 두고 대답했던 것이다. 뒤에 밝혀진 바로는 그런 연상의 장애는 자극어가 마음의 괴로움이나 갈등을 건드릴 때마다 생기는 것이었다. 그러나 환자들은 대개 이런 사실을 모르고 있었고 연상장애의 원인을 물었을 때 그들은 대개 무척 어색하게 대답을 했다. 프로이트의 ≪꿈의 해석≫에 관한 강좌는 바로 이 연상장애에 억압기제가 작용하고 있고 내가 관찰해 온 사실이 그의 학설과 일치한다는 사실을 가르쳐 주었다. 그의 설명을 나는 다만 뒷받침해 줄 수 있었다.

억압되는 것의 내용에 관해서는 문제가 좀 달랐다. 나는 이 점에서는 프로이트에 동의할 수 없었다. 그는 억압의 원인으로 성적인 주제를 보았으나 그것만으로는 나를 만족시키지 못했다. 나의 실세 임상경험에서 볼 때 성性이 그저 부차적인 역할만 하고 다른 요인, 즉 사회적응, 비극적 생활상황 때문에 일어난 억제, 이권에의 요구 등이 두드러지게 나타나는 수많은 노이로제 환자들을 알고 있었다. 후에 나는 프로이트에게 그런 증례를 제시했으나 성性 이외의 다른 요인을 그는 원인으로 삼지 않았다. 그것은 무척 불만스러운 일이었다.

처음에 나는 프로이트를 나의 인생 속에 어떤 위치로 받아들여야 할지, 다시 말해서 내가 그에 대해 어떤 태도를 취하는 것이 바른 태도인지 잘 몰랐다. 내가 그의 저술을 알게 될 무렵, 내 앞에는 대학의 출셋길이 펼쳐져 있었고 나의 대학

는 깨우침을 주는 샘이었고 나이 든 동료들에게는 조소의 대상이었다"라고 하였다.

에서의 위치를 한 걸음 더 전진시킬 나의 학위논문이 종결되기 바로 전이었다. 그러나 프로이트는 그 당시 대학세계에서 전혀 "고맙지 않은 인물"이었으며 그러니까 그와 교제한다는 것은 어떤 학문적인 명성을 얻는 데도 해로운 것이었다. "높은 사람들"은 남이 눈치채지 않게 그에 관해 살짝 언급하는 것이 고작이었다. 학술회의에서 그는 복도에서나 토론의 대상이 될 뿐, 한 번도 전체회의에서 토의된 적이 없었다. 그러므로 내가 나의 연상검사와 프로이트 학설이 일치된다는 것을 확인해야 할 때 그것은 나에게 결코 유쾌한 일이 아니었다.

내가 어느 날 실험실에서 이런 문제에 골몰하고 있을 때 나의 실험의 결과와 그 결론을 프로이트의 이름을 언급함이 없이 출판해도 옳다는 "마귀의 속삭임"이 있었다. 나는 프로이트 학설을 이해하기 오래전부터 나의 실험을 면밀히 검토해 오지 않았는가. 그러나 이때 나는 나의 두 번째 인격의 소리를 들었다. "네가 마치 프로이트를 모르고 있었던 것처럼 행동한다면 그것은 거짓말이다. 인간이란 자기의 인생을 거짓 위에 구축해 놓을 수는 없는 것이다." 이로써 문제는 해결되었다. 그때부터 나는 공개적으로 프로이트 편에 서서 그를 위해 싸웠다.

첫 번째 그를 위해 싸운 것은 뮌헨에서의 어느 학회에서 강박신경증에 관한 보고를 하면서 그의 이름이 고의적으로 묵살되었을 때이다. 1906년 나는 그 학회가 끝나자 ≪뮌헨 의학주보≫에 강박신경증을 이해하는 데 본질적인 기여를 한 프로이트의 노이로제 학설에 관한 논문을 써서 보냈다.[3] 이 논문에 대하여 두 사람의 독일인 교수가 경고의 편지를 보내기를, 내가 프로이트 편에 서서 계속 그를 옹호하고 나선다면 나의 대학에서의 장래가 위태로워질 것이라 했다. 나는 이렇게 회답했다. "만일 프로이트가 말하는 것이 진리라면 나는 그의 편에 있겠다. 출세가 연구를 제약하고 진리를 묵살하는 것을 전제로 한다면 출세 같은 것은 거들떠보지도 않겠다." 그리하여 나는 프로이트와 그의 생각을 대변하는 일을 계속했다. 단지 내 자신의 경험을 근거로 할 때 모든 노이로제가 성적인 억압이

3) 〈프로이트의 히스테리학설, 아샤펜부르크의 비판에 대한 응답(Die Hysterielehre Freuds, eine Erwiderung auf die Aschaffenburgsche Kritik)〉, ≪전집≫ IV, 1969.

나 성적인 외상으로 생기는 것이라는 설은 아직 시인할 수 없었다. 어떤 환자에게 그것이 맞고 어떤 경우는 그렇지 않았다. 어쨌든 프로이트는 새로운 연구방향의 문을 열었고 그 당시 사람들의 그에 대한 분노는 내게는 모순처럼 보였다.[4]

내가 〈조발성 치매의 심리학〉이라는 논문에서 발표한 생각들은 별로 호응을 받지 못했다. 나의 동료들은 나를 조소했다. 그러나 이 논문을 통해서 나는 프로이트를 만나게 되었다. 그는 나를 자기가 있는 곳으로 초대했다. 1907년 2월 우리의 첫 만남이 빈에서 이루어졌다. 우리는 오후 한 시에 만났다. 13시간 동안 우리는 정말 쉴 새 없이 이야기했다. 프로이트는 내가 만난 최초의 진정으로 중요한 사람이었다. 그 당시의 나의 경험으로는 아무도 그와 견줄 만한 사람이 없었다. 그의 태도에는 전혀 진부한 것이 없었다. 나는 그가 무척 머리 좋고 예리하고 어느 면에서나 두드러진 사람임을 발견했다. 그러면서도 나의 그에 관한 첫인상은 어딘가 불투명한, 알 수 없는 구석을 남기고 있었다.

그가 나에게 성性학설을 말할 때 그는 나에게 깊은 감명을 주었다. 그럼에도 불구하고 그의 말은 나의 회의를 깨끗이 씻어 주지 못했다. 나는 나의 의견을 여러 번 그에게 말했다. 그러나 그때마다 그는 나의 경험부족을 내세웠다. 그 당시 나는 나의 반론의 근기를 제시하기에는 아직 충분한 경험을 갖고 있지 못했으니 그의 말도 옳았다. 나는 그의 성학설이 개인적으로나 철학적인 의미에서나 그에게 굉장히 중요한 것이었음을 알게 되었다. 그것은 나에게 깊은 인상을 주었다. 그러나 이와 같은 긍정적인 평가가 어느 만큼 그의 주관적인 전제와 관련되고, 어느 만큼 증명할 수 있는 경험과 관련되는지 석연치 않았다.

무엇보다도 심령心靈, Geist에 대한 프로이트의 태도는 무척 이상했다. 한 인간에서나 혹은 예술작품에서 언제나 심령성의 표현이 나타날 때면 그는 그것을 의

---

4) 융이 〈진단적 연상연구〉에 관한 연구논문(1906)을 프로이트에게 보낸 뒤에 두 연구자 사이에 편지 왕래가 시작되었다. 편지 교환은 1913년까지 계속되었다. 1907년 융은 〈조발성 치매의 심리학에 관하여〉라는 논문을 프로이트에게 보냈다. A. J.

아하게 보았고 "억압된 성욕"이 그 속에 작용하고 있는 듯한 시사를 했다. 직접 성욕으로 해석되지 않는 것은 정신성 성욕이라 규정지었다. 나는 그의 가설을 논리적으로 추구하면 결국 문화에 대한 파괴적인 판단에 도달되지 않겠느냐 하는 반론을 제기했다. 문화란 마치 억압된 성욕의 병적인 결과로서 단순한 광대에 지나지 않는 것처럼 보인다고. "그렇습니다." 그는 이렇게 확언했다. "그렇고말고요. 그건 운명의 저주입니다. 거기에 대항할 힘이 우리에게는 없습니다." 나는 결코 그의 의견이 옳다고 한다든가, 그런 것으로 접어둘 작정은 아니었다. 그러나 나는 아직 내가 그와 함께 어떤 토론을 할 만하지 못하다는 느낌을 가지고 있었다.

첫 번 만남에는 그 밖에 또 한 가지 중요한 것이 있었다. 나는 그것을 우리의 우정이 끝장난 뒤에 비로소 곰곰이 생각해 보고 이해할 수 있었다. 성학설이 프로이트에게 이상하리만치 강하게 그의 마음속에 자리를 잡고 있었음은 간과될 수 없는 사실이었다. 그가 거기에 관해 말할 때 그의 말투는 급해지고 거의 초조해지며, 그가 평소에 지닌 비판적이고 회의적인 태도는 전혀 볼 수 없게 된다. 이상하게 감동적인 표현이 그의 얼굴에 생기를 불러일으켰는데, 그 까닭을 나는 설명할 수 없다. 이것이 나에게 강력한 인상을 주었다. 성욕이란 그에게 하나의 신성성을 의미했다. 나의 이런 인상은 3년 쯤 뒤에1910 다시 빈에서 있었던 그와의 대화로써 증명되었다.

나는 아직도 프로이트가 내게 다음과 같이 말한 것을 생생하게 기억하고 있다. "친애하는 융, 성학설을 결코 포기하지 않는다고 약속해 주게. 그것은 가장 근본적인 것이네. 보게나, 우리는 이것으로 도그마를 만들어야 하네. 흔들리지 않는 방파제를 말일세." 그는 이것을 나에게 열정에 넘쳐서, 마치 아버지가 아들에게 말을 할 때의 어조로 말했다 — "내 사랑하는 아들아, 이제 내게 한 가지를 약속해라, 일요일마다 교회에 나가거라!" — 나는 좀 놀라서 그에게 물었다. "방파제라니요, 무엇에 대항해서 말입니까?" "검은 … 흙탕물 홍수에 대항해서 … " 그는 대답하면서 잠깐 주저하더니 "심령술의 홍수"라고 덧붙였다. 내가 놀란 것은 무엇보다 "방파제"니 "도그마"니 하는 말이었다. 왜냐하면 도그마, 즉 논란의 여지없는 신앙고백이란 의혹을 단번에 누르려고 할 때 그곳에 사람이 내세우는 것이기 때문이다. 그것은 이미 학문적 판단과는 아무 관계가 없으며 사적인 권력충동과 관계할 따름이다.

그것은 우리의 우정의 핵심에 일격을 가했다. 나는 내가 그의 의견을 결코 인정할 수 없으리라는 것을 알고 있었다. 프로이트가 "비밀교학"의 이름으로 이해한 것이란 그저 철학, 종교, 그 당시에 나온 심령술이 영혼에 관해 설명한 것 전부를 말한 듯했다. 나에게는 성욕설이 마찬가지로 "비교적秘敎的"이었다. 즉, 그것은 많은 그 밖의 추리적 견해처럼 단지 그저 가능성을 가진, 증명되지 않는 가설에 불과한 것이다. 학문적인 진실이란 나에게는 순간을 충족하는 가정이지 결코 전 시대에 걸친 신앙개조가 아니었다.

이런 것을 당시에는 제대로 이해하지 못했지만 나는 프로이트에게서 무의식적·종교적 요인의 침습을 관찰하였다. 그는 분명 위협적인 무의식의 내용에 대항할 공동의 방어를 목적으로 나를 채용하고자 했던 것이다.

이 대화에서 얻은 인상은 나에게 혼란을 가져다주었다. 왜냐하면 그때까지만 해도 나는 성性이 상실될까봐 그것에 충실해야 할 만큼 중요한 것이라고 생각하고 있지 않았기 때문이다. 프로이트에게 성은 다른 사람들이 생각하는 것 이상인 듯했다. 그것은 그에게 하나의 "종교적으로 관찰된 어떤 것"이었다. 그런 물음과 그런 생각이 주는 깊은 충격의 분위기에서 사람들은 부끄러워하고 주저하게 되는 법이다. 그래서 대화는 몇 번 더듬거리며 계속 시도되다가 곧 내편에서 끝내고 말았다.

나는 깊은 충격을 받고 당황했으며 혼란에 빠졌다. 어떤 새로운 미지의 나라를 살짝 들여다본 것 같은 느낌이 들었으며 한 무리의 생각들이 거기서 나에게 날아드는 것이었다. 한 가지는 분명했다. 그 자신의 비종교성을 항상 강조해 온 프로이트가 도그마를 마련했다는 것이다. 혹은 그에게서 상실되어가는 질투에 찬 신 대신에 다른 강박적인 상, 즉 성의 상像을 슬쩍 밀어 넣었다고 하는 것이 더 좋은 표현일 것이다. 그 성의 상은 신에 못지않게 요구가 많고 위협적이고 지배적이고 도덕적으로 양가적이었던 것이다. 정신적으로 보다 강하고 그래서 공포의 대상이 되는 것에 대하여 "신적神的" 또는 "마적魔的"인 속성을 부여하는 것처럼 "성적 리비도"는 그에게 숨은 신의 역할을 받아들였던 것이다. 아마 프로이트는 이러한 변신이 다음과 같은 이점을 가지고 있다고 생각한 듯하다. 즉 이 새로운 누미노제적인 원리가 학문적으로 이론의 여지가 없는 듯 보인다는 점, 그리고 온갖 종교적 부담에서 해방된다는 점이다. 그러나 엄밀하게 말해서 합리적으로 비교할 수 없는 대극 — 야훼와 성— 의 심리학적 성질로서의 신성성은 결국 같은 것이다. 단지 이름만 바뀌었을 뿐이고 물론 그로써 관점도 달라졌다. 잃어버린 신은 위에서 찾을 것이 아니라 아래에서 찾아야 한다는 것이다. 그러나 보다 강한 것에 대하여 이렇게 부르든 저렇게 부르든 결국 무슨 상관이 있는가? 만일 심리학이라는 것이 없고 오직 구체적인 사물만 있다면 사람들은 실제로 하나를 파괴하고 다른 것을 그 대신에 갖다 놓았을 것이다. 그런데 실제로는, 다시 말해서 심리학적 경험의 영역에서 보면 긴급성, 소심증, 강박증 등이 하나도 없어지지 않고 있음을 할 수 있다. 우리가 불안이나 양심의 가책, 죄책감, 강박증, 무의식성과 충동성을 어떻게 이겨내고 어떻게 피할 수 있는가 하는 물음이 여전히 남아 있다. 그것이 밝고 이상주의적인 측면에서 이루어지지 않는다면 아마 어두운 생리학적인 측면에서 될지 모른다.

한순간 타오르는 불길처럼 이런 생각이 내 머리를 스치고 지나갔다. 훨씬 뒤에 내가 프로이트의 성격을 곰곰이 생각하였을 때 이 생각이 중요한 생각임을 알게 되었고 그 진정한 의미가 분명해졌다. 무엇보다도 그것은 내가 골똘히 생각해 온 성격 특성으로서 프로이트의 성격의 신랄함이다. 이미 처음 만났을 때 그것이 내 눈에 띄었다. 그 성격을 그의 성에 대한 태도와 결부시켜 볼 수 있게 되기까지 나는 그것을 오래도록 이해하지 못했다. 프로이트에게 성이 신성력을 의미하기는 했지만 그의 용어나 이론에서는 예외없이 생물학적 기능으로서 표현되어 있다. 성에 관해서 말할 때의 그의 감동 어린 표현만이 무엇인가 그의 마음 깊은 곳에 있는 것이 공명하였음을 추측할 수 있게 할 뿐이었다. 결국 그는 나에게 이렇게 가르치고자 했다. — 적어도 당시에는 그렇게 보였다. — 즉, 내면에서 보면 성이란 또한 정신성을 포괄한다는 것, 혹은 의지를 내포하고 있다는 것을 가르치고자 한 것이다. 그러나 그의 구상주의적 용어는 이런 사상을 묘사하기에는 너무나 좁았다. 그래서 나는 그가 결국 자기 고유의 목적과 자기 자신에 반해서 일하고 있다는 인상을 받았다. 자기 자신을 최악의 적으로 삼아야 하는 사람의 신랄함, 혹은 씁쓸함보다 더한 씁쓸함이란 없을 것이다. 그 자신의 말대로 그는 "검은 흙탕물 홍수"로부터 위협받고 있음을 나는 느꼈다. 누구보다도 먼저 검은 마음의 심연을 퍼내려고 시도한 그가 말이다.

프로이트는 그가 왜 성에 관해 말해야 했고 왜 이 생각이 그를 그렇게 사로잡았는지 한 번도 자문한 일이 없다. 그의 "해석의 단조로움"에서 그가 자기 자신으로부터의 도피, 혹은 아마도 "신비주의적"이라고 규정되는 그의 마음속의 측면으로부터의 도피를 표현한다는 사실을 그는 한 번도 의식하지 못했다. 이러한 측면을 인정하지 않고는 그는 자기 자신과의 일치에 도달되지 못할 것이다. 그는 무의식의 내용이 지닌 역설과 이중해석 가능성을 볼 줄 몰랐고 무의식에서 출현한 모든 것은 위와 아래, 안과 밖이 있음을 몰랐다. 사람들이 밖에 관해 말하면 — 그것을 프로이트는 행하였다 — 사람들은 오직 한쪽만을 고려하기 때문에 결과적으로는 무의식에서 반작용이 생기게 된다.

프로이트의 일방성에 대해서는 손을 쓸 도리가 없었다. 자기 자신의 내적인 경험이 그의 눈을 뜨게 할 수 있었을지 모른다. 그러나 그의 지성이 그런 내적 경험조차도 "단지 성욕" 혹은 "정신성욕"으로 환원하였을 것이다. 그는 하나의 측면에 사로잡힌 채 있었고 그랬기 때문에 나는 그의 속에서 비극적 모습을 보았다. 왜냐하면 그는 위대한 인간이었다. 그리고 더 나아가 혼에 사로잡힌 자였던 것이다.

빈에서 프로이트와의 두 번째 대화를 하고 나서 나는 또한 내가 그동안 별로 큰 관심을 두지 못한 알프레드 아들러Alfred Adler의 권력가설을 이해할 수 있었다.

아들러는 "아버지"의 많은 아들들처럼 아버지가 하신 **말씀**을 배우지 않고 **그가 행**하는 것을 배운 사람이었다. 그러자 사랑 — 혹은 에로스의 — 과 권력의 문제가 마치 무거운 돌처럼 내 가슴에 걸렸다. 프로이트는 그가 내게 한 말에 의하면 니체를 읽은 적이 한 번도 없다고 했다. 이제 나는 그의 심리학이 니체가 권력원리를 신성시하는 데 대항하여 이를 대상하고 있는 정신사의 장기판 위의 움직임이라는 것을 알게 되었다. 이 문제는 분명 "프로이트 대 아들러"가 아니라 "프로이트 대 니체"임을 말해 주고 있다. 그것은 정신병리 영역에서의 집안싸움 이상의 것을 의미하는 것 같았다. 에로스와 권력충동은 하나의 아버지의 양분된 형제처럼 하나의 동인動因을 지닌 힘의 양분으로서 — 마치 음극과 양극처럼 — 대극의 양식으로 경험 속에 표현되는 것으로 하나는 인내로서 에로스, 다른 하나는 작인作因으로서 권력충동, 혹은 그 역도 가능하다는 생각이 차츰 내게 어렴풋이나마 형성되기 시작했다. 에로스는 권력충동을 후자가 전자에게 그런 것과 똑같이 요구한다. 하나의 충동이 다른 하나의 충동 없이 있을 곳이 어디에 있겠는가? 인간은 한편으로는 충동에 지배받고 있고 다른 한편으로는 그것을 극복하려고 한다. 프로이트는 객체가 어떻게 충동에 제압당하는가를 제시했고 아들러는 어떻게 그가 이 충동을 객체를 정복하기 위해서 이용하는지를 제시하였다. 그 자신의 숙명의 손에 넘겨져 어쩔 수 없게 된 니체는 스스로 "초인"을 만들지 않으면 안 되었다. 그리하여 나는 프로이트가 에로스의 힘이라는 것의 영향력 속에 너무나 깊이 들어 있어서 그것을 마치 종교적 누멘처럼, 심지어는 도그마 — 청동보다도 영속적인 — 로 높이고자 할 정도였다고 단정했다. 차라투스트라가 복음전달자임은 아무런 비밀도 아니다. 그리고 프로이트는 교의를 거룩한 반열에 넣기 위한 의도 아래 심지어 교화와 경쟁하고 있었던 것이다. 그는 이것을 물론 그렇게 요란하게 하지는 않았지만 스스로 예언자가 되고자 하지 않았나 하는 의심을 나에게 품게 하였던 것이다. 그는 비극적인 요청을 하고는 그 자리에서 이것을 말살한다. 누미노제적인 것이란 이런 경과를 밟는 법이고 그건 그것대로 옳다. 왜냐하면 누미노제적인 것이란 한쪽 면에서는 진실이고 다른 면에서는 비진실이기 때문이다. 누미노제의 체험은 높이면서 동시에 낮추기도 한다. 만일 프로이트가 성이 누미노제적인 것이라는 심리학적 진리를 — 그것은 신이며 동시에 마귀이다 — 좀 더 고려했더라면 그것을 협소한 생물학적 개념에 한정시키지 않았을 것이다. 그리고 니체가 인간존재의 토대를 좀 더 파악하고 있었다면 그는 아마 그의 과도한 감정으로 세계의 변두리 밖으로 나가떨어지게 되지는 않았을 것이다.

인간의 마음이 이 누미노제의 체험으로 강렬하게 흔들릴 때 사람들이 의지하고 있는 일관된 유대가 끊어질 위험이 있다. 그렇게 되면 한 사람은 절대 긍정에, 그리고 다른 한 사람은 이와 마찬가지로 절대적인 부정에 빠지게 된다. 동양에서는 무쟁無諍(이분二分으로부터의 자유)이라고 말한다. 나는 이것을 알고 있었다. 정신적인 진자振子는 바른 것과 그릇된 것 사이가 아니라 의미와 무의미 사이를 진동한다. 누미노제의 위험은 극단적인 방향으로 사람들을 잘못 인도하여 작은 진실을 진리라고 생각하고 작은 잘못을 절망적인 오류처럼 생각하게 한다는 데 있다. 지나간 모든 것 — 어제의 진실이 오늘의 착각이 되며, 그저께 잘못된 결론이 내일은 하나의 계시가 된다. 하물며 우리가 아는 것이 실상 너무나 적은 심리학적인 사실에 있어서는 말할 것도 없을 것이다. 하나의 작은 — 아, 그렇게도 속절없는 — 의식이 무엇인가를 인식하지 않는다면 아무것도 존재하지 않는다는 사실이 무엇을 뜻하는지 우리는 아직 분명히 밝히지 못하고 있는 것이다.

프로이트와의 대화를 통하여 나는 그가 성인식이 지니고 있는 누미노제적인 빛이 "검은 흙탕물 홍수"로 꺼져 버리지 않을까 두려워하고 있음을 알게 되었다. 이로써 하나의 신화적 상황, 즉 **빛과 어둠 사이의 싸움**이라는 상황이 발생했다. 이런 사태가 보여 주는 누미노제와 도그마라는 종교적 방어수단을 즉각 구원자로 요청하는 현상이 이것으로 설명된다. 그 다음에 간행된 나의 책[5]에서 나는 프로이트의 희한한 반응의 신화적 배경을 다루었다.

---

5) ≪리비도의 변환과 상징(*Wandlungen und Symbole der Libido*)≫, 1912, 개정판 ≪변환의 상징(*Symbole der Wandlung*)≫, 1952.

한편으로는 성적인 해석, 그리고 다른 한편으로는 "도그마"의 권력의지, 이 두 가지의 견해는 그 뒤 몇 해 안에 나로 하여금 유형론적 문제와 마음의 대극성과 에네르기론을 생각하게 하였다. 그 뒤 수십 년 넘게 계속된 저 "심령술의 검은 흙탕물 홍수"의 연구가 뒤따랐다. 나는 우리의 현재 심리학의 의식적인, 그리고 무의식적인 전제들을 이해하고자 시도하였다.

나는 일반적인 심령심리학Parapsychologie과 선인지先認知, Praekognition에 관한 프로이트의 견해에 관심이 있었다. 1909년 빈에서 그를 방문했을 때 나는 그에게 이에 관해서 어떻게 생각하는지 물었다. 그는 유물론적 편견에 입각하여 이런 질문 자체를 난센스라고 하면서 대답하기를 거절하고 너무나도 피상적인 실증주의를 내세웠다. 너무 예리한 말로 대응하지 않으려고 나는 무척 애를 썼다. 프로이트가 심령심리학과 "심령성" 현상의 진실성을 인정한 것은 몇 해가 더 지난 다음의 일이었다.

프로이트가 논평을 하는 동안 나는 이상한 감각을 느꼈다. 마치 나의 횡격막이 쇠로 되어 있어 그것이 빨갛게 달아오르는 느낌 — 달아오르는 횡격막의 둥근 천장 — 이었다. 이 순간 바로 우리 옆에 있던 책장에서 커다란 소리가 났다. 그 소리가 너무 커서 우리는 무척 놀랐다. 그 책장이 우리 쪽으로 넘어진다고 생각할 정도로 소리가 났던 것이다. 나는 프로이트에게 말했다. "이것이 이른바 촉매적 외면화 현상입니다." 그는 말했다. "하! 그건 정말 난센스요!" 나는 곧 응답했다. "그렇지 않습니다. 교수님, 교수님이 잘못 보셨습니다. 제가 옳다는 증거로 한 가지 예고하지요. 이제 곧 또 한 번 그런 소리가 날것입니다!" 그런데 정말 내가 말을 끝내자마자 책장에서 또 한 번 같은 소리가 나기 시작했던 것이다!

나는 그때 내가 어디서 그런 확신을 얻었는지 아직도 모른다. 그러나 나는 분명히 소리가 되풀이될 것이라는 것을 알고 있었다. 프로이트는 나를 멀거니 바라볼 뿐이었다. 나는 그가 무엇을 생각했는지, 그가 무엇을 바라보았는지도 잘 모른다. 어쨌든 이 경험은 나에 대한 그의 불신을 일으켰고 나는 그에게 무엇인가 잘못한 것 같은 느낌이었다. 나는 다시는 더 이상 거기에 관해서 그에게 말

하지 않았다.[6)]

1909년은 우리의 관계에서 결정적인 해가 되었다. 나는 연상검사에 관한 강의를 하기 위해서 클라크 대학에 초청되었다. 나와는 별도로 프로이트도 초대받았다. 그래서 우리는 함께 여행하기로 하였다.[7)] 우리는 브레멘에서 만났다. 페렌치Ferenczi가 우리를 수행하고 있었다. 브레멘에서 사건이 생겼다. 여러 사람 입에 오르내리던 프로이트의 기절이었다. 그 사건은 간접적으로 "늪지대 시체"에 관한 나의 호기심에 의하여 유발되었다. 나는 독일의 북부 어떤 지방에서 이른바 "늪지대 시체"가 발견되었다는 사실을 알고 있었다. 그것은 일부 선사시대에 유래된 시체로서 늪에 빠져 죽었거나 거기 묻힌 사람들의 시체였다. 늪의 물은 부식산을 포함하고 있었다. 이것은 뼈를 파괴하고 동시에 가죽을 무두질하므로 피부와 머리카락이 완전히 보존된 채 남아 있게 된다. 그러니까 천연의 미라 형성과정을 밟게 된다. 그러나 시체는 늪의 무게 때문에 완전히 납작 눌리게 된다. 사람들은 때로 독일 홀슈타인 주나 덴마크, 스웨덴의 진흙탄 채굴 시에 발견하는 수가 있다.

우리가 브레멘에 있을 때 내가 읽은 일이 있는 이 "늪지대 시체"가 내 머리에 떠오른 것이다. 그러나 나는 그때 좀 산란해져서 늪의 신체를 브레멘의 지하실에 있는 납으로 만든 미라와 혼동하고 있었다. 나의 호기심은 프로이트의 신경을 건드렸다. "그 시체에 뭘 그리 관심이 많소?" 그는 여러 차례 나에게 물었다. 그는 이상할 정도로 짜증을 내고 있었고 그 이야기를 하고 있는 도중 책상 옆에서 기절했다. 그 뒤에 그는 말하기를, 이런 시체에 관한 수다스런 지껄임을 내가 그의 죽음을 원하기 때문임을 확신했다고 했다. 그의 이런 의견은 전혀 뜻밖이었다. 나는 깜짝 놀랐다. 그것도 그의 환상의 강도가 그를 기절하게 만들 정도로 컸다는 데 놀랐다.

---

6) 부록, p. 458 참조.
7) 부록, p. 449 참조.

비슷한 상황에서 프로이트는 내 앞에서 또 한 번 기절했다. 그것은 1912년 뮌헨에서 정신분석학회를 하는 동안이었다. 누군가가 이집트의 왕 아메노피스 4세를 화제로 끌어들였다. 그가 아버지에 대해서 부정적인 태도를 가지고 있었기 때문에 돌 기둥 위의 그의 카르투슈를 파괴하였다는 사실이 강조되었다. 그리고 그의 유일신교적 종교의 위대한 창조 뒤에는 부성콤플렉스가 있다고 하였다. 그것은 내 신경을 건드렸다. 그래서 나는 그 의견과 대결하고자 했다. 즉, 아메노피스는 창조적이고 깊은 종교적 심성을 지닌 사람이었다는 것, 그의 행위는 결코 아버지에 대한 개인적인 반항으로 설명될 수 없다, 반대로 그는 그의 아버지를 영광 속에 추모하고 있으며 그의 파괴열은 다만 아몬신의 이름에 대한 것이다. 그 이름을 그는 모두 없애게 했고 그래서 그의 아버지 아몬 호텝Amon hotep의 장식틀 카르투슈 속에 있는 이름도 없앴다. 더 나아가 다른 파라오들도 기념비나 조각상에 있는 그들의 조상, 실제적 조상이든 신의 조상이든 그 이름을 자기의 이름으로 대치했다. 그들은 여기에 대해서 그들이 같은 신의 육화이므로 그렇게 하는 것은 당연한 일이라고 느꼈던 것이다. 그러나 그들은 새로운 양식이나 어떤 새로운 종교도 만들지 않았다. 이것이 나의 대응이었다. 이 순간 프로이드가 기절하여 의자에서 쓰러졌다. 모두 어찌 줄 모르고 그 옆에 둘러서 있었다. 나는 그를 안고 옆방으로 옮겨서 소파 위에 눕혔다. 내가 그를 안고 갈 무렵 그는 반쯤 의식이 회복되었다. 그때 그가 나에게 던진 시선, 그 시선을 나는 영원히 잊지 못할 것이다. 절망 속에서 그는 나를, 마치 내가 그의 아버지인듯 그렇게 쳐다보았던 것이다. 무엇이 이런 기절을 일으키게 하는 요인이었든지간에 — 그 분위기는 아주 긴장되어 있었다 — 두 경우는 모두 부성 살해의 환상으로서 공통점을 지니고 있었다.

프로이트는 여러 번 나를 그의 후계자로 보고 있다는 암시를 준 일이 있다. 이런 암시는 내게는 괴로운 것이었다. 왜냐하면 결코 내가 그의 견해를 이를테면 정확하게, 즉 그의 뜻대로 대변할 수 없으리라는 것을 알고 있었기 때문이다. 또한 그 당시 나는 아직 프로이트가 인정할 수 있을 만큼 나의 이견을 충분히 검토하는 데 성공하지 못했고 그에게 나의 견해와의 결정적인 대결을 요청하기에는 그를 너무나 존경하고 있었다. 무턱대고 집단의 지도력 때문에 부담을 걸머져야 한다는 생각은 여러 가지 이유 때문에 불쾌한 일이었다. 이런 것은 내 관심사가 아니었다. 나는 나의 정신적 자주성을 희생시킬 수 없었다. 이런 이권의 증대는 내 비위에 맞지 않았다. 왜냐하면 그것은 나에게 진정한 목표로부터 빗나가는 것 이외에 아무것도 아니기 때문이다. 내게 중요한 것은 진실을 추구하는 것이지 개인적인 이권이 아니었다.

1909년 브레멘에서 출발한 우리들의 미국여행은 7주일이 걸렸다. 우리는 매일 만나서 우리들의 꿈을 분석했다. 당시 나는 몇 가지 중요한 꿈을 꾸었는데, 프로이트는 이 꿈을 어떻게 보아야 할지 몰랐다. 나는 그것 때문에 그를 비난하지는 않았다. 왜냐하면 아무리 최고의 분석가라 할지라도 꿈의 수수께끼를 풀 수 없는 경우가 있을 수 있기 때문이다. 그것은 인간적인 무능이다. 그 때문에 우리가 꿈의 분석을 중단한 일은 한 번도 없었다. 오히려 그것은 나에게 중요한 일이었으며 우리의 관계는 무척 소중한 것이었다. 나는 프로이트를 연상의 성숙한 경험 많은 인격으로, 그리고 나 자신은 마치 그의 아들처럼 느꼈다. 그러나 당시 우리의 관계에 심각한 충격을 준 한 사건이 일어났다.

프로이트가 어떤 꿈을 꾸었다. 그 꿈이 지닌 문제를 여기에 보고할 권한을 나는 가지고 있지 않다. 어쨌든 나는 그 꿈을 내가 할 수 있는 만큼 해석했다. 그러나 덧붙여 말하기를, 그가 만일 그의 개인생활에서 몇 가지를 내게 좀 더 자세히 말해 준다면 그 꿈에 대해서 더 많은 것을 말할 수 있게 되리라고 했다. 이 말에 프로이트는 나를 이상한 눈초리로 바라보았다. — 그의 눈초리에는 의심이 가득 차 있었다 — 그리고 말했다. "내 권위의 손상을 무릅쓸 수는 없지 않은가?" 이 순간 그는 바로 그 권위를 잃었다. 그의 이 말은 내 뇌리에 박혔다. 나로서는 그 말 속에 우리의 교분의 종말이 이미 결정되어 있었다. 프로이트는 개인적인 권위를 진실보다 위에 세우고 있었다.

프로이트는 이미 말한 것처럼 나의 그 당시의 꿈을 불충분하게 해석하거나 전혀 해석하지 못했다. 그 꿈은 모두 상징적인 자료로 가득 찬 집단적 내용을 지닌 것들이었다. 특히 한 꿈은 내게 중요했다. 왜냐하면 그 꿈이 처음으로 "집단적 무의식"의 개념을 나에게 가져다주었고 나의 책 ≪리비도의 상징과 변환≫의 일종의 서곡을 이루었기 때문이다.

그 꿈은 다음과 같다. 나는 미지의 이층집 안에 있었다. 그것은 "내 집"이었다. 나는 2층에 있었다. 그곳은 일종의 거실이었는데 로코코식의 아름다운 옛 가구가 있었다. 벽에는 값진 옛날 그림들이 걸려 있었다. 나는 이 집이 내 집이라는 데 경탄하며 생각했다. '나쁘지 않은데.' 그러나 아래층이 어떻게 생겼는지 아직 아무것도 모르고 있다는 사실이 머리에 떠올랐다. 나는 계단을 내려가 1층에 다다랐다. 그곳은 모든 것이 훨씬 더 고풍스러웠다. 이 부분은 15세기나 16세기에서 유래함을 나는 알았다. 방의 꾸밈새는 중세풍이고 바닥은 붉은 벽돌로 되어 있었다. 모든 게 약간 어두웠다. 나는 이 방에서 저 방으로 가면서 생각했다. 이제 이 집을 완전히 살펴보아야겠다! 나는 한 무거운 문에 다가가 그 문을 열었다. 그 뒤에서 돌층계를 발견했다. 그것은 지하실로 통하고 있었다. 나는 밑으로 내려가 둥근 아치가 있는 아주 고풍스런 방에 들어섰다. 벽을 살펴보니 보통 울타리에 쓰는 돌 사이의 벽돌층이 발견되었다. 몰타르에 벽돌조각이 들어 있었다. 그것으로 미루어 그 울타리가 로마시대에서 유래되는 것임을 알 수 있었다. 내 호기심이 최고로 고조되었다. 또한 나는 석판으로 이루어진 바닥을 조사해 보았다. 그 돌판 가운데 하나에서 고리를 발견했다. 내가 그것을 잡아끌자 석판이 들어올려졌고 다시금 그곳에서 층계가 발견되었다. 그것은 좁은 돌층계였는데 아래로 깊게 나 있었다. 나는 내려가 어떤 나지막한 석실에 다다랐다. 바닥은 먼지가 두껍게 앉아 있었고 그 속에 뼛조각이나 깨어진 그릇들이 원시문화의 유적처럼 놓여 있었다. 나는 분명 무척 오래된 반쯤 삭아 버린 두 개의 인간의 두개골을 발견했다. 그러자 나는 잠에서 깨었다.

이 꿈에서 프로이트가 무엇보다도 관심을 가졌던 것은 두 개의 두개골이었다. 그는 거듭하여 그 두개골 이야기를 하면서 그것과 "욕망"과의 관련성에서 무엇을 찾아내도록 내게 시사하였다. 내가 그 두개골에 관해서 무엇을 생각했는지, 누구의 두개골인지, 나는 물론 그가 나를 어디로 몰아가고자 하는지 잘 알고 있었다. 즉, 여기 남몰래 누가 죽기를 원하는 욕망이 숨어 있다는 것이다 — 그는 대체 어쩌자는 것인가? 나는 생각했다. 누구의 죽음을 내가 원해야 한단 말인가? — 나는 그런 해석에 세찬 반발을 느꼈다. 그리고 그 꿈이 사실 무엇을 의미하는지도 추측하고 있었다. 그러나 당시 나는 아직 내 판단을 감히 주장하고자 하지 않고 그의 의견을 듣고자 했다. 나는 그로부터 배우고자 했다. 그래서 나는 그의 의도에 따라 말했다. "나의 아내와 나의 처제" — 내가 죽음을 바라기에 합당한 그 누군가의 이름을 대야 했던 것이다!

나는 당시 아직 신혼이었다. 그래서 내 속에 그런 욕망을 나타낼 만한 것은 아무것도 없다는 것을 분명히 알고 있었다. 그러나 나는 그의 몰이해와 강한 저항에 부딪침이 없이 꿈의 해석을 위해 나 자신의 연상을 프로이트에게 제시할 수는 없었을 것이다. 나는 그렇게 할 만큼 되어 있지 않다고 느꼈다. 그리고 나는 또한 나의 입장을 고집함으로써 그의 우정을 잃게 될 것이 두려웠다. 다른 한편 나는 만약 내가 그의 주의에 좇아서 속일 때 나의 대답으로 어떤 결과가 나오고, 어떻게 그가 반응할지를 알고 싶었다. 그래서 나는 그에게 거짓말을 했다.

나는 나의 그러한 행위가 도덕적으로 결코 정당한 행동이 아님을 충분히 알고 있었다. 그러나 그에게 나의 사고세계를 들여다보도록 허용하는 것은 내게는 아마 불가능한 일이었을 것이다. 나의 세계와 그의 세계 사이의 틈새는 너무나 컸다. 실상 프로이트는 나의 대답으로 마치 해방된 듯했다. 나는 그것으로 미루어 그가 그런 꿈에 대해서는 어떻게 해야 할지 전혀 몰랐으므로 그의 교설敎說 속으로 피해 버리고 만 것임을 알게 되었다. 그러나 나에게 중요한 것은 꿈의 진정한 의미를 찾아내는 일이었다.

나에게는 그 꿈에 나오는 집이 일종의 마음의 상像을 표현하고 있음이 분명했다. 즉, 그것은 그때까지 무의식적이던 것을 포함한 나의 당시의 의식 상황을 표현하였던 것이다. 의식은 거실의 특징 속에 나타난다. 그것은 고풍스럽기는 하나 사람이 늘 살고 있는 분위기를 지니고 있었다.

지층에서 벌써 무의식이 시작된다. 내가 깊이 내려가면 내려갈수록 더욱 낯설고 어두웠다. 석실石室에서 나는 원시문화의 유물을 발견한다. 그것은 나의 마음속에 있는 원시인류의 세계, 즉 의식이 거의 도달하지 못했고 의식에 의해서 밝혀지지 못한 세계이다. 인간의 원시심성은 동물령動物靈의 삶의 영역에 접하여 있다. 마치 태고적 석실이 인간이 자기 소유로 요구하기 전까지는 동물들이 서식하던 곳이었던 것과 같다.

그 당시 나는 프로이트의 정신적 자세와 나의 자세 사이의 차이가 얼마나 큰가를 새삼스럽게 깨달았다. 나는 지나간 세기말의 바젤 시가 지녔던 강렬한 역사적 분위기 속에서 자랐고 옛 철학자들의 강의 덕분에 심리학사의 지식을 얼마간 지녔었다. 내가 꿈이나 무의식의 내용에 관해 생각할 때 한 번도 역사적인 비교를 하지 않고 생각한 일이 없다. 학창시절에는 그때마다 옛날 크루그의 철학사전을 이용하곤 했었다. 나는 특히 18세기와 19세기 초의 저자들을 알고 있었다. 이 세계는 1층에 있는 나의 거실의 분위기를 이루고 있었다. 이에 대하여 프로이트의 "정신세계"는 부흐너, 몰쇼, 듀보아, 레이몽, 그리고 다윈에서 시작하는 듯한 인상을 받았다.

이상에 기술한 의식상황에 꿈은 이제 또 하나의 의식의 층을 부가하고 있다. 즉, 오랫동안 사람이 살지 않던 중세풍의 지층 그리고 로마식 지하실, 마지막에는 선사시대의 석굴. 이들은 흘러간 시대와 살아남은 의식의 단계를 표현하고 있다.

그 꿈을 꾸기 전날 많은 의문이 나를 엄습하여 그 생각에 열중하고 있었다. 프로이트의 심리학은 어떤 전제의 근거를 두고 있는가? 그것은 인간 사고의 어느 범주에 속하는가? 그것의 절대적인 인격주의는 일반적인 역사적 전제와 어떤 관계를 지니고 있는가? 나의 꿈이 이에 대한 회답을 준 것이다. 그 꿈은 분명 문화사의 기저에까지 되돌아가 그 위에 연속되는 의식의 상황을 표현했던 것이다. 그것은 인간정신의 구성도면과 같은 것을 표시하고 있다. 그리고 그것은 전혀 **비개인적**인 성질의 것이다. 이 생각이 영국식 표현대로 "**딱 들어맞았다.**" 그리고 그 꿈은 나를 이끌어 주는 상이 되었는데, 그것은 내가 미처 생각지도 못할 정도로 그 뒤에 입증되었다. 이 꿈은 개인적인 정신에 선행하는 집단적인 것이 존재한다는 첫 예측을 나에게 준 꿈이었다. 처음에 나는 고대 기능양식의 흔적으로만 파악하고 있었다. 경험을 쌓고 확실한 지식을 얻은 뒤에 비로소 나는 그 기능양식을 본능의 형태로서, 즉 원형으로서 인식할 수 있었다.

나는 꿈이 하나의 "가면"이고 그 뒤에 뜻을 숨기고 있다는 프로이트의 견해를 인정할 수 없었다. 그에 의하면 그 뜻은 이미 의식된 바 있으나 이를테면 악의로 의식에 넘겨 주지 않은 것이라는 것이다. 나에게는 꿈이란 아무런 가식적 의도가 없는 자연이다. 그것은 마치 자라나는 식물이나, 먹을 것을 찾는 동물이 최선을 다하는 것처럼 그렇게 무언가를 표명하는 성질을 지닌 것이다. 그러므로 꿈은 우리의 눈을 속이려고 하지 않는다. 그러나 우리가 우리 자신을 기만하고 있을지 모른다. 왜냐하면 우리의 눈이 근시안이기 때문이다. 혹은 우리가 잘못 들을지도 모른다. 왜냐하면 귀가 약간 먹었기 때문이다. 그러나 귀가 우리를 속이고자 하는 것은 아니다. 내가 프로이트를 알기 훨씬 전에 나는 무의식과 꿈의 직접표현을 자연 그대로의 과정으로 간주하였다. 어떤 인공적인 것도, 더구나 어떤 요술 같은 의도도 그에 어울리지 않는다고 생각했다. 나는 의식의 꾀가 무의식의 자연과정에도 확대된다는 가정을 믿어야 할 아무런 이유도 알고 있지 않았다. 오히려 그 반대로 일상적인 나의 경험은 얼마나 끈질긴 저항으로 무의식이 의식의 경향에 맞서고 있는가를 가르쳐 주었다.

저 "집의 꿈"은 나에게 묘한 영향을 주었다. 그것은 나의 옛날 고고학적 관심을 일깨웠다. 취리히로 돌아와서 나는 바빌로니아 문화유적의 발굴물에 관한 책을 꺼내서 신화에 관한 여러 가지 논문을 읽었다. 그때 프리드리히 크로이처[8)]의

8) 라이프치히와 다름슈타트, 1810~1823.

〈고대 민족의 상징과 신화〉가 우연히 손에 들어왔는데, 이것이 내 마음에 불을 당겼다! 나는 신들린 듯이 읽었다. 그리고 불타는 관심 속에 신화의 산을, 마침내는 그노시스 파 문헌의 산더미를 두루 공부하였고 결국 완전한 혼란에 빠져 버렸다. 나는 내가 당시 병원에서 정신병의 정신상태를 이해하고자 시도하였을 때와 비슷한 속수무책의 상태에 있었다. 나는 마치 어떤 가상의 정신병원에 있는 것 같았고 크로이처의 책 속에 나오는 반인반수半人半獸의 켄타우로스, 님프들, 제신과 여신들을 마치 그들이 내 환자이기나 한 것처럼 **치료하고** 분석하기 시작하였다. 이런 작업을 하면서 나는 고대 그리스·로마 신화와 원시인심리의 밀접한 관계를 발견하지 않을 수 없었다. 이것이 후기 나의 이 방면의 철저한 연구의 계기가 되었다. 같은 시기에 프로이트가 보인 이 방면의 관심은 내게는 좀 거북했다. 그의 관심 속에서 나는 이 사실보다도 이론이 더 지배적이라는 인상을 받았기 때문이다.

이 연구를 한참 하고 있다가 나는 직접 알지 못하는 어떤 젊은 미국인 여성, 밀러 양의 환상자료에 접하게 되었다. 그 자료는 내가 존경하는 아버지 같은 친우인 테오도르 플루르누아가 ≪심리학지*Archives de Psychologie*≫에 출간한 것이다.[9] 나는 즉시 그 환상이 지닌 정신적 성격에 깊은 인상을 받았다. 그것은 마치 촉매처럼 내 속에 쌓여 있던 아직 정리되지 않은 생각에 작용했다. 차츰 그러한 생각에서부터, 그리고 내가 얻은 신화에 관한 지식으로부터 ≪리비도의 변환과 상징*Wandlungen und Symbole der Libido*≫에 관한 책이 형성되었다. 내가 이 책을 쓰고 있을 때 나는 나와 프로이트와의 단교를 암시하는 중요한 꿈을 꾸었다. 그 가운데서도 가장 인상 깊었던 꿈은 스위스와 오스트리아 경계 근처의 산악지대에서 시작되었다. 저녁 무렵이었다. 나는 오스트리아 제국의 세관 관리의 제복을 입은 나이 든 남자를 보았다. 다소 꾸부정한 자세로 나를 거들떠보지도 않고 내 옆

9) T. Flournoy에 대하여 부록 p. 468ff 참조.

을 지나쳤다. 그의 얼굴 표정은 씁쓸하고 약간 우울했으며 짜증스러웠다. 거기에는 또 다른 사람들이 있었는데 누군가가 내게 알려 주기를, 저 노인은 진짜가 아니고 여러 해 전에 죽은 세관관리의 혼령이라고 했다. "그것은 죽을 수 없었던 사람들 가운데 하나"라고 했다.

이것은 꿈의 앞부분이다. 내가 이 부분의 꿈을 분석하고자 했을 때 곧 세관에 대한 "검열"이 연상되었다. 경계에 대해서는 한편으로는 의식과 무의식 사이, 다른 한편으로는 프로이트의 의견과 나의 의견 사이가 생각났다. 국경에서의 무척 괴로운 세관의 조사는 분석을 암시하는 듯 느껴졌다. 국경에서는 가방을 열고 밀수품을 조사하게 마련이다. 이때 무의식의 전제가 발견된다. 그 늙은 세관관리는 분명 그의 직업활동에 만족과 즐거움을 별로 느끼지 못하고 있었으므로 그의 세계관이 씁쓸한 표정을 짓도록 하였던 것이다. 나는 프로이트와의 유추를 부인할 수 없었다.

당시1911 프로이트는 나에 대한 권위를 어떤 의미로는 상실하고 있기는 하였다. 그러나 그는 나에게 여전히 우월한 인격을 의미했으며 나는 그에게 부성父性을 투사했고 이 투사는 그 꿈을 꾸었을 시기에도 전혀 지양되고 있지 않았다. 그러한 투사가 있을 때 사람들은 객관적일 수 없고 분열된 판단을 가지게 된다. 한편으로 사람들은 의지하고 다른 한편으로는 저항을 느낀다. 그 꿈이 있을 당시 나는 프로이트를 아직 높이 평가하고 있었으나 다른 한편으로는 그에게 비판적이었다. 이런 분열된 태도는 내가 이러한 상황을 아직 의식하지 못하고 있었고 그것을 성찰하지 않았기 때문이다. 그것은 모든 투사의 특징이다. 꿈은 여기에 관해 분명히 깨우치는 데 도움을 주었다.

프로이트의 인격에 감명을 받은 나머지 나는 될 수 있는 대로 내 자신의 판단을 포기하고 나의 비판을 보류하였다. 이것이 내가 그와 함께 일할 수 있었던 전제조건이었다. 나는 스스로에게 말했다. '프로이트는 너보다 훨씬 더 영리하고 경험이 많단다. 지금은 그저 그가 말하는 것을 듣기만 해라. 그래서 그로부터 배워라.' 그리고는 나는 놀랍게도 그가 오스트리아 제국의 씁쓸한 관리로서 이미 죽었으나 아직도 "배회하는" 세관검열관으로 나타난 꿈을 꾸었던 것이다. 이것이 프로이트가 암시했던 죽음에의 욕망이어야 할 것인가? 나는 누구에게도 내 속에 이런 욕망을 일으킬 수 있었으리라는 것을 증명할 수 없었다. 왜냐하면 나는 이를테면 온갖 정성을 다해서 협력하고 오직 이기적으로 그의 경험의 보고에 참여하고자 했고 우리의 우정은 나에게 중요한 것이었다. 그러므로 그가 죽었으면 좋겠다고 원할 아무런 계기도 나는 갖고 있지 않았다. 그러나 이 꿈은 하나의 교정, 하나의 보상일 수 있었다. 즉 내게는 별로 달갑지 않은, 분명히 너무 지나친 의식의 경탄과 존중을 대상하는 꿈이었을 수 있는 것이다. 꿈은 나에게 어떤 비판적인 자세를 갖도록 권하고 있다. 꿈의 끝 부분의 문맥이 불사不死의 암시를 내포하고 있는 듯 여겨지기는 했지만 나는 여기에 대해 큰 충격을 받았다.

이 꿈은 세관관리에 관한 이야기로 끝난 것이 아니라 간격을 두고 두 번째 주목할 만한 부분으로 이어졌다. 나는 이탈리아의 어느 도시에 있었다. 열두 시와 한 시 사이의 낮 시간이었다. 뜨거운 태양이 길거리로 내리쬐고 있었다. 그 도시는 언덕에 세워져 있었고 내게는 바젤의 어느 장소, 콜렌산을 연상케 하였다. 여기서부터 도시 한가운데를 가로지르며 비르지계곡으로 내려가는 작은 골목길은 더러는 층계로 이루어진 골목길이었다. 그런 층계가 바르휴서 광장으로 내려가고 있었다. 그것은 바젤 시이면서도 베르가모 시 같은 이탈리아 도시였다. 여름이었다. 빛나는 태양이 머리 위에 있고 모든 것은 강렬한 빛에 충만해 있었다. 많은 사람들이 내가 있는 쪽으로 오고 있었다. 그리고 나는 이제 상점들의 문을 닫고 사람들이 점심을 먹으러 집으로 가고 있다는 것을 알고 있었다. 이 인파 한가운데 완전히 장비를 갖춘 기사가 가고 있었다. 그는 내가 있는 쪽으로 계단을 올라왔다. 그는 눈 있는 곳만 옆으로 구멍을 뚫은 철모를 썼고 쇠사슬로 만든 갑옷을 걸치고 있었다. 그 위에 흰 상의를 입었는데 그 가슴과 등에 커다란 적십자가 수놓여 있었다.

한 현대도시의 대낮 러시아워에 갑자기 십자군 기사가 내게로 다가왔을 때 그것이 나에게 어떤 이상을 주었겠는지 여러분은 상상할 수 있을 것이다! 무엇보다 눈에 띈 것은 거기 걸어가고 있는 많은 사람들 가운데 이 기사의 모습을 인지하는 사람이 하나도 없는 것 같았다는 사실이었다. 아무도 그가 있는 쪽으로 고개를 돌리거나 그를 쳐다보는 사람이 없었다. 마치 다른 사람들에게는 그가 전혀 보이지 않는 존재처럼 여겨졌다. 나는 이 현상이 무슨 의미가 있는 것인지 자문하고 있었다. 그런데 이때 누군가가 내게 대답하듯 — 그러나 사실은 아무도 그 자리에 없었지만 — 말했다. "그래, 저것은 통상적인 현상이야. 언제나 열두 시와 한 시 사이에는 저 기사가 여기를 지나가네. 오랜 세월을 그렇게 하고 있지(내 느낌으로는 수백 년을). 다들 그걸 알고 있네."

이 꿈은 나에게 깊은 인상을 주었다. 그러나 그 당시 나는 그것을 이해할 수 없었다. 나는 울적해지고 충격을 받아 어찌할 바를 몰랐다.

그 기사와 세관관리는 서로 대립되는 모습이었다. 세관관리는 그림자 같은 존재로서 아직 죽을 수 없었던 어떤 사람 — 하나의 소멸해 가는 현상이었다. 기사는 이에 반하여 생명에 찬, 실로 살아 있는 존재였다. 꿈의 두 번째 장면은 고도의 누미노제에 차 있었다. 국경에서의 장면은 무미건조하고 별로 감명을 주지 못한 것으로 내가 거기서 충격을 받은 것은 거기에 관해 심사숙고한 끝에 비로소 나온 것에 불과했다.

수수께끼 같은 기사의 모습에 관하여 나는 그 뒤에 많은 생각을 했지만 그 뜻을 충분히 파악하지 못했다. 훨씬 뒤에, 내가 그 꿈을 오랜 시간 성찰한 뒤에 비로소 나는 그 꿈의 뜻을 어느 정도 이해할 수 있었다. 꿈 속에서 나는 이미 그 기사가 12세기에 속함을 알고 있었다. 그것은 연금술이 시작되었고 성배에의 탐구가 시작된 시기였다. 성배의 전설은 소년시절부터 나에게는 큰 역할을 하였다. 나는 열다섯 살 때 그것을 처음으로 읽었고 그것은 잊을 수 없는 체험, 늘 내 마음에서 떠난 일이 없는 깊은 감명을 주었다. 나는 거기에 아직도 어떤 비밀이 숨겨져 있다는 것을 어렴풋이 알고 있었다. 그러므로 그 꿈이 그랄성배 기사의 세계와 그의 탐구를 호출해 낸 것이라는 인상을 준 것은 당연한 일이었다. 왜냐하면 그것은 깊은 내적 의미에서 프로이트의 세계와는 거의 관계없는 나의 세계였기 때문이다. 내 속에 있는 모든 것은 진부한 생에 어떤 의미를 부여할 수 있는 아직 미지의 어떤 것을 추구하고 있었다.

나는 우리가 온갖 탐구심을 동원하여 노력해도 영혼의 심층에서 그저 너무나 알려진, "너무나 인간적인" 것 말고는 발견할 수 없다는 사실에 깊이 실망하였다. 나는 시골에서 농부들과 함께 자랐다. 내가 마구간에서 배우지 못한 것을 나는 라블레(프랑소와 라블레, 프랑스의 풍자작가: 역주) 식의 속된 익살이나 우리 농부들의 옛 전설이 지닌 꾸밈없는 환상들을 통해서 알게 되었다. 근친상간이나 도착증 등은 나에게 조금도 주목할 만큼 새로운 것도, 특별히 설명을 붙일 만한 가치가 있는 것도 아니었다. 그런 것들은 인간의 범죄성과 더불어 나에게 인간 존재의 추악함과 무의미성을 바로 눈앞에 보여줌으로써 나로 하여금 인생의 진미를 망쳐 놓은 저 검은 침전물에 속하는 것들이었다. 캐비지가 인분으로 자란다는 사실은 내게는 당연한 일이었다. 자연과 인간 마구간에 관해 모르고 있는 것은 모두 도시사람들이다. 나는 이런 혐오스런 것들에 싫증날 대로 싫증난 채 이렇게 생각하였다.

물론 인간의 본질, 즉 본능에 관해 아무것도 모르는 사람들은 신경증적인 사람들이다. 왜냐하면 이들은 현실에 적응하지 않고 있기 때문이다. 그들은 아직 어린아이처럼 순진하여 다른 사람과 똑같은 인간이라는 사실을 알도록 교육 받아야 할 것이다. 물론 이것으로는 아직 노이로제 환자가 치료되지 않는다. 이들이 건강해지려면 일상생활의 수렁에서 다시금 빠져나와야 한다. 그러나 이들은 이전의 억압된 것에 머물러 있기를 너무나 좋아한다. 분석이 이들에게 억압된 것 이외의 보다 나은 것을 깨우쳐 주지 못한다면 어떻게 거기서 헤어나올 수 있겠는가? 만일 이론 그 자체로 이들을 구속해 놓고 어린애 같은 것을 마침내 버리도록, 단지 합리적이거나 이성적인 결정으로 문제를 해결지으려 한다면 어떻게 이들이 거기서 빠져나올 수 있겠는가? 바로 그것을 할 수 없는 게 노이로제 환자들이다. 그러니 그들이 설 수 있는 어떤 것을 발견하지 않고서 어떻게 이들이 그것을 할 수 있겠는가? 인간은 다른 것을 그 대신 교환하지 않고는 어떤 삶의 양식도 버릴 수 없다. 경험에 의하면 완전히 이성적인 생의 영위란 대개 불가능하며 노이로제 환자처럼 본래 그토록 비이성적인 경우에는 특히 더욱 그러하다.

이제 내게는 어째서 프로이트 개인의 심리가 나에게 관심의 초점이 되었는지 분명해졌다. 나는 무슨 일이 있어도 그의 "이성적인 해결"의 실체를 알고자 하였다. 그것에 관한 해답을 얻기까지 많은 것을 희생할 만큼 사활이 걸린 문제였다. 이제 내게는 그것이 분명해졌다. 그는 자신이 노이로제를 가지고 있었다. 그것도 우리의 미국여행에서 내가 발견한 바에 의하면 무척 고통스러운 증세를 지닌, 쉽게 진단을 내릴 만한 노이로제였다. 당시 그는 나에게 "온 세계가 다소 노이로제적이다. 그러므로 우리는 관대해야 한다"고 가르쳤다. 그러나 나는 그것으로 만족할 생각이 없었다. 그보다 더 많이 알고 싶었다. 즉 우리가 어떻게 노이로제를 피할 수 있는가가 알고 싶었다. 나는 프로이트 자신이 자기의 노이로제를 극복하지 못한 상황에서, 그나 그의 제자들에게 정신분석의 이론과 실제가 무엇을 의미하는지를 이해할 수 없었다. 그가 이론과 방법을 동일시하고 독단화할 의도임을 말했을 때 나는 더 이상 그와 함께 일할 수 없었다. 그리고 내가 물러서는 수밖에 다른 길이 없었다.

내가 나의 저술 ≪리비도의 상징과 변환≫의 말미의 〈희생〉에 관한 장을 집필하기에 이르자 나는 이것이 프로이트와의 친교를 희생하게 되리라는 점을 예측하고 있었다. 그 속에서 근친상간에 대한 나 개인의 견해, 리비도 개념의 결정적인 변화, 그리고 프로이트와는 구별되는 그 밖의 생각들이 언급될 예정이었던 것이다. 내가 보기로는 근친상간이 개인적으로 얽혀들게 되는 것은 극히 드문 경우이다. 대부분 그것은 고도로 종교적인 내용을 표현한다. 그러니까 그것은 거의 모든 창세신화와 수많은 신화에서 결정적인 역할을 하고 있다. 그러나 프로이트는 이것을 글자 그대로의 해석에 집착해서 상징으로서의 근친상간의 정신적인 의미를 파악할 수 없었다. 나는 그가 이 모든 것을 결코 받아들이지 않으리라는 것을 알고 있었다.

나는 아내에게 이를 말했다. 그리고 나의 두려움을 전했다. 그녀는 나를 안

1930년의 사진.

심시키려고 했다. 왜냐하면 그녀의 생각으로는 프로이트가 비록 자기는 그것을 받아들이지 않아도 관대하게 나의 견해를 가치있는 것으로 인정할 것이라 믿었기 때문이다. 나 자신은 그가 그럴 수 없을 것이라 확신하고 있었다. 2개월 동안 나는 펜을 들지 못했다. 그리고 갈등으로 고민했다. 내가 생각하는 바를 침묵할 것인가, 친분을 위협하는 모험을 할 것인가? 결국 나는 쓰기로 결심했고 그것은 프로이트와의 친분을 희생시켰다.

프로이트와의 절교 이후 나의 모든 친구와 친지들은 내게서 떨어져 나갔다. 나의 저서는 졸작이라고 평가되었다. 나는 신비가로 통했고 이것으로 문제는 끝장이 났다. 오직 리클린Riklin과 매더Maeder 두 사람만이 내 곁에 머물렀다. 그러나 나는 나의 고독을 미리 알고 있었다. 그리고 나의 이른바 친우의 반응에 대하여 아무런 환상도 갖고 있지 않았다. 그것은 이미 내가 철저히 숙고한 점이었다. 나는 이 일이 일체의 것에 관계한다는 것을 알았고, 나의 확신에 책임을 져야 한다는 것을 알았다. 나는 〈희생〉의 장이 나의 희생을 의미함을 알게 되었다. 이런 통찰 끝에 나는 다시 쓰기 시작할 수 있었다. 물론 아무도 나의 견해를 이해하지 못하리라는 것을 예상했다.

돌이켜 보면 사실 나는 프로이트가 가장 관심을 지녔던 두 가지 문제를 의미상으로 발전시킨 유일한 사람이라고 말할 수 있다. 즉 그것은 "고태적 잔재"와 "성性"이다. 널리 퍼진 잘못된 생각은 내가 성의 가치를 인정하지 않는다는 견해이다. 오히려 그 반대로 성은 나의 심리학에서 큰 역할을 한다. 즉 정신 전체의 한 본질적인 — 유일한 것은 아니라 하더라도 — 표현으로서 큰 역할을 한다. 그러나 나의 주된 관심사는 성의 개인적인 의미와 생물학적인 기능을 넘어서서 그것이 지닌 정신적 측면과 누미노제적인 의미를 탐구하고 설명하는 데 있었다. 그러니까 바로 프로이트가 매혹을 느꼈으면서도 파악하지 못했던 것을 묘사하고자 한 것이다. 나의 저서 ≪전이轉移의 심리학*Die Psychologie der Übertragung*≫과 ≪융합의 비의秘儀, *Mysterium Coniunctionis*≫는 이런 주제에 관한 나의 사상을 내포하고 있다. 지하계적 심령心靈, Geist의 표현으로서 성性은 가장 중요한 의미를 지니고 있다. 왜냐하면 그 심령은 신의 다른 얼굴 즉, 신상神像의 어두운 측면이기 때문이다. 내가 연금술의 사고세계와 접촉하면서부터 나는 지하계적 심령의 문제에 골몰해 왔다. 근본을 말하자면 그 문제는 프로이트와의 초기의 대화에서 내가 성을 통한 그의 감동을 느꼈을 때 나의 주의를 환기시켰지만 당시는 그것을 설명할 수가 없었다.

프로이트의 가장 위대한 업적은 물론 그가 노이로제 환자를 중히 여기고 그들 특유의 개인적인 심리 속으로 탐구해 들어갔다는 데 있다. 그는 증례로 하여금 말하게 하는 용기를 가지고 있었다. 그리하여 그는 개별적인 환자의 심리 속에 들어갈 수 있었다. 그는 말하자면 환자의 눈으로 보았고 이렇게 하여 그가 그때까지 할 수 있는 한 병에 대한 깊은 이해에 도달했다. 이 점에서 그는 용기와 선입관에 사로잡히지 않은 불편성不偏性을 가지고 있었다. 이것이 그로 하여금 수많은 선입관을 극복하도록 하였다. 마치 구약의 예언자처럼 그는 거짓신들을 쓰러뜨리고 숱한 불성실과 아첨을 가리고 있던 커튼을 열어젖히고 무자비하게 그 시대의 마음의 나태함을 백주에 폭로하는 작업을 했다. 그는 많은 사람의 흥밋거리가 못 되는 그런 작업에 몰두하고 있는 것을 두려워하지 않았다. 우리의 문화에 기여한 그의 충동은 무의식에의 통로를 발견하였다. 무의식의 과정에 대한 가장 중요한 정보원으로서 꿈을 인정함으로써 그는 어찌할 수 없이 잃어버린 하나의 가치를 과거와 망각으로부터 탈취하였다. 그는 경험적으로 무의식적 정신이 존재함을 증명하였다. 그것은 이전에는 다만 철학적인 요청으로서만 존재해 왔던 것인데 이를테면 칼 구스타브 카루스Carl Gustav Carus나 에드아르트 하르트만Eduard Hartmann의 철학에서 그러했다.

반세기가 넘는 그 이전부터 사람들이 그것과 씨름해 오고 있는데도 오늘의 문화의식은 철학적으로 성찰해 본다면 무의식의 관념과 그 결과를 아직 받아들이지 않고 있다고 할 수 있을 것이다. 우리의 정신적 존재가 두 개의 극을 가지고 있다는 사실을 모든 사람이 철저하게 통찰한다는 것은 아직 미래의 과제로 남아 있다.

제7장
무의식과의 대면

프로이드와 헤어진 뒤 나는 한동안 마음이 편하지 않았다. 일종의 방향상실이라고 말해도 좋을 만한 시기가 시작된 것이다. 완전히 정지된 느낌이었다. 왜냐하면 아직 내 고유의 입장을 갖지 못하고 있었기 때문이다. 당시 나에게 무엇보다도 중요했던 것은 환자에 대한 내 나름의 새로운 입장을 얻는 것이었다. 그래서 나는 먼저 선입관 없이 환자들이 자발적으로 이야기하는 것을 기다리기로 결심했다. 즉, 나는 우연이 나에게 무엇을 가져다 주는가를 노렸다. 곧 환자들이 자발적으로 꿈과 환상을 보고하기 시작했고 나는 단지 몇 가지 질문만 던졌다. "거기 대해서 무엇이 머리에 떠오릅니까?" 또는 "당신은 그것을 어떻게 이해합니까?", "왜 그럴까요?" 등. 대답과 연상에서 해석이 저절로 나오는 듯했다. 이론적 관점을 나는 잠깐 제쳐 놓았다. 나는 환자가 꿈의 상像을 자기 스스로 이해하는 것을 거들어 줄 뿐이었다.

나는 곧 꿈을 이런 식으로 다루는 것은 꿈을 해석하는 기본으로서 옳은 일임을 인식했다. 왜냐하면 그것이 바로 꿈이 의도하고 있는 바이기 때문이다. 꿈은 바로 거기서 우리가 출발해야 할 사실이다. 나의 방법을 쓴 결과 꿈이 지니고 있는 끝이 없을 정도로 넓고 다양한 측면이 나오게 된 것은 당연하다. 그래서 날이 갈수록 어떤 일정한 규준, 최초의 시작을 위한 지남력이라고 할 만한 것의 필요성이 절실해졌다.

당시 나는 한순간 이상하리만치 맑은 정신상태를 경험하면서 나의 지금까지의 삶을 바라보았다. 나는 생각했다. 지금 너는 신화에 대한 열쇠를 가지고 있다. 그리고 너는 무의식적인 인간정신의 모든 문을 그것으로 열 수 있는 가능성을 가지고 있다. 그러나 이때 내 속에서 속삭이는 소리가 있었다. '왜 모든 문을 열어야 할까?' 그러자 곧 내가 도대체 무엇을 성취했는지에 관한 의문이 떠올랐다. 나는 과거의 민족들의 신화를 설명하였다. 나는 영웅에 관한 책을 썼다. 인류가 아득한 옛날부터 그 속에서 살아 온 신화에 관해서 썼다. "그러나 어떤 신화 속에서 오늘의 인간은 살고 있는가?" — "기독교적 신화라고 할 수 있겠지" — "**너**는 그 속에서 살고 있느냐?" 그 소리는 이렇게 물었다. "솔직히 말한다면 아니오! 내 속에 살고 있는 것은 그 신화가 아니오." "그럼 우리는 신화를 이제는 안 가지고 있군?" "그래요, 분명 우리는 이제는 아무런 신화도 가지고 있지 않아요." "그럼, 도대체 무엇이 당신의 신화요? 당신이 그 속에서 살고 있는 신화란?" — 그러자 내 마음은 거북해지기 시작했다. 그래서 나는 생각하는 것을 중단했다. 나는 한계점에 다다랐던 것이다.

1912년 크리스마스 무렵 나는 꿈을 꾸었다. 나는 어느 기둥과 대리석 바닥과 대리석 난간이 있는 화려한 이탈리아식 발코니에 있었다. 나는 거기 황금의 르네상스식 의자에 앉아 있었고 내 앞에는 뛰어나게 아름다운 탁자가 있었다. 그것은 에메랄드처럼 초록색의 돌로 이루어져 있었다. 나는 앉아서 먼 곳을 바라보았다. 발코니는 한 성탑의 아주 높은 곳에 있었기 때문에 멀리까지 볼 수 있었다. 내 아이들 또한 탁자 옆에 있었다.

별안간 한 하얀 새가 탁자로 내려왔다. 그것은 작은 갈매기 혹은 비둘기였다. 귀엽게도 그것은 탁자 위에 앉았고 나는 아이들에게 눈짓으로 조용히 하도록 일렀다. 이 예쁜 하얀 새가 겁을 내지 않도록 하기 위해서였다. 그러자 갑자기 비둘기가 한 조그만 여덟 살 가량의 금발머리 소녀로 변하였다. 그것은 아이들과 함께 달아났다. 그들은 함께 그 성의 멋진 주랑柱廊 속에서 놀고 있었다.

나는 생각에 잠겨 방금 겪은 일을 생각하고 있었다. 그러자 그 소녀가 다시 돌아와 그녀의 팔을 다정하게 내 목에 얹었다. 그리고 갑자기 사라졌다. 비둘기가 다시 거기 있어서 사람의 목소리로 천천히 말했다. "오직 밤의 첫 시간에만 나는 사람으로 변할 수 있어요. 그동안 수비둘기가 열두 구의 시체를 처치하는 데 바쁘지요." 그러고는 그녀는 푸른 공중으로 날아가 버렸고 나는 잠에서 깨었다.

내가 이 꿈에 관해서 설명할 수 있는 유일한 것은 그 꿈이 무의식의 이상한 활성화를 나타내고 있다는 것뿐이었다. 그러나 나는 이 내적인 과정의 밑바닥까지 내려갈 만한 기술을 알고 있지 못했다. 수비둘기가 열두 구의 시체와 함께 무엇을 만들 수 있단 말인가? 에메랄드 탁자에 대해서는 헤르메스 트리스메기스토스Hermes Trismegistos의 연금술적 전설인 "스마라그디나Smaragdina"의 탁자이야기가 생각났다. 그는 그 위에 그리스어로 연금술의 지혜의 정수를 새긴 탁자를 남겨 놓았다고 한다. 나는 열두 복음자, 열두 달, 열두 천궁을 생각해 보았다. 그러나 나는 이 수수께끼를 풀 재간이 없었다. 결국 포기하는 수밖에 없었다. 내게는 기다리고 더 계속 살아서 나의 환상을 주목하는 것 이외에 다른 도리가 없었다.

당시 끔찍한 환상이 반복되었다. 즉, 무언가 죽은 것이 거기 있었는데, 그것이 아직 살아 있다는 환상이었다. 예컨대 시체를 소각하려 화덕에 넣었는데 그것이 아직 살아 있다는 것이 판명된다는 내용이었다. 이런 환상이 최고로 고조되자 그것이 한 꿈 속에 한꺼번에 풀려 나왔다.

나는 아알레스 지방의 알리스 막사를 연상케 하는 어느 지역에 있었다. 그곳에는 시대적으로 고대 프랑켄의 왕조로 거슬러 올라가는 석관의 도로가 있었다. 꿈속에서 나는 시내에서 이쪽으로 왔는데 내 앞의 양 옆에 무덤들이 나란히 있는 비슷한 길이 보였다. 석판이 있는 대좌들이 있었는데 거기에 죽은 이들이 고대의 의상을 입고 손을 마주잡은 채 누워 있었는데 옛날 교회 지하묘소에 있는 정장한 기사 같았다. 단지 이와 다른 것은 내 꿈에 나온 죽은 자는 돌에 새긴 모습이 아니고 이상하게도 미라로 만든 것이었다. 첫 번째 무덤 앞에서 나는 멈춰

섰다. 그리고 죽은 이를 바라보았다. 그것은 19세기의 30대 남자였다. 나는 그의 의상을 흥미 있게 보고 있었다. 갑자기 그가 움직이더니 살아났다. 그는 손을 풀었다. 그리고 나는 그것이 내가 그를 바라보았기 때문에 생긴 것임을 알았다. 불쾌한 기분에 사로잡힌 채 나는 계속 걸어가 다른 죽은 이 앞으로 왔는데 18세기에 속하는 사람이었다. 내가 그를 바라보자 거기서도 똑같은 일이 생겼다. 그는 생기를 얻고 손을 움직였다. 이렇게 나는 모든 무덤을 거쳐서 12세기까지 왔는데, 그는 쇠사슬 갑옷을 입은 십자군이었는데 손을 마주 잡은 채 누워 있었다. 그는 마치 나무에 새긴 모습처럼 보였다. 나는 오랫동안 그를 바라보았다. 그리고 그가 정말 죽었음을 확신할 수 있었다. 그러나 갑자기 그의 왼쪽 손가락이 가볍게 움직이는 것이 보였다.

나는 이 꿈을 오랫동안 골똘히 생각했다. 물론 나는 본래 프로이트의 견해를 나누어 가지고 있었다. 즉, 무의식에는 고대의 경험의 유물이 남아 있다는 견해를 말이다. 이 꿈과 유사한 다른 꿈과 무의식의 실제체험은 나에게 이 유물이 결코 죽은 형태가 아니고 살아 있는 정신에 속한다는 통찰을 주었다. 나의 후기의 연구는 이 가정을 증명했고 여러 해가 경과되면서 여기서부터 원형설이 발전하게 된 것이다.

꿈은 나에게 깊은 인상을 남겼다. 그러나 방향상실의 느낌은 없애 주지 못했다. 오히려 나는 어떤 내적인 압박감을 느끼며 살고 있었다. 때때로 이 압박감은 너무나 강해서 내가 어떤 정신적인 장애를 앓고 있지 않나 추정할 정도였다. 그래서 나는 두 번씩이나 내 전 생애를 낱낱이 조사해 보았다. 특히 어린 시절의 추억을 살폈다. 왜냐하면 나는 이 장애의 원인으로 간주할 만한 것이 나의 과거에 있는 어떤 것 때문일지 모른다고 생각했기 때문이다. 그러나 그러한 회고는 별 성과가 없었고 나는 그저 나의 무지를 받아들이는 수밖에 없었다. 그리하여 나는 내 자신에게 말했다. "이렇게 아는 게 아무것도 없으니 그저 덮어놓고 나의 머리에 떠오르는 것을 생각하지." 이로써 내 자신을 의식적으로 무의식의 충동에 내맡기기로 했다.

제일 처음 머리에 떠오른 것은 어린 시절의 추억이었다. 아마 열셋, 혹은 열한 살 때였을 것이다. 당시 나는 건축용 돌을 가지고 노는 데 열중했었다. 내가 작은 집과 성을 세우고 도르래 위로 아치가 있는 문을 만든 생각이 분명히 났다. 조금 뒤에 나는 다듬지 않은 보통 돌과 모르타르라는 진흙을 사용하였다. 이런 건축물들은 오랫동안 나를 매혹시켰었다. 놀랍게도 이런 기억이 일종의 감흥을 동반하며 떠올랐던 것이다.

'아하.' 나는 이렇게 생각했다. '여기 삶이 있다! 그 작은 소년은 아직도 여기에 있다. 그리고 창조적인 삶을 지니고 있다. 그것이 내게는 결여되어 있다. 그러나 어떻게 나는 거기에 도달할 수 있을까?' 현재의 성인이 된 남자와 나의 열한 살 사이를 연결하는 것은 불가능한 듯 보였다. 내가 그 당시의 시간과 다시 접촉을 하려면 다시 그곳으로 돌아가서 모든 것을 운수에 맡기고 그의 어린이 같은 놀이를 다시 해보는 수밖에 다른 도리가 없었다.

이 순간이 나의 숙명의 전환점이었다. 끝없는 주저 끝에 결국 나는 그렇게 하기로 작정했던 것이다. 놀이를 하는 것 말고는 정말 아무것도 할 수 없게 되는 데는 결코 적지 않은 체념과 자기 비하의 괴로운 체험이 따랐다.

그리하여 나는 적당한 돌을 모으기 시작했다. 더러는 호수 기슭에서, 더러는 물 속에 있는 돌을. 그리곤 짓기 시작했다. 오막살이 집, 성, 마을 전체를. 교회가 아직 부족했다. 그래서 나는 6각형의 북을 그 위에 얹고 정방형 지붕을 한 정방형 건물을 지었다. 교회에는 제단이 있어야 할 것이다. 그러나 나는 그것을 설치하는 것을 주저했다.

내가 이 과제를 어떻게 풀어야 할 것인가 하는 의문에 골몰하면서 나는 어느 날 보통 때처럼 호숫가를 따라 모래사장에서 돌을 모으고 있었다. 별안간 나는 한 개의 붉은 돌을 보았다. 사면피라미드, 4센티미터가량 높이의 것이었다. 그것은 물결과 파도에 굴러 그런 모양으로 깎인 돌조각이었다. 순수한 우연의 산물이었다. 그것이 제단이구나! 하는 것을 나는 알았다. 그래서 나는 그것을 교회 지붕 밑의 중앙에 놓았다. 그렇게 하는 동안 나의 어린 시절의 꿈에 나온 지하의 음경이 머리에 떠올랐다. 이 연관은 내 속에 만족감을 일으켰다.

매일 점심식사 후에 날씨만 허락하면 나는 집을 지었다. 식사가 끝나자마자 나는 환자가 올 때까지 지었다. 그리고 저녁에 일이 일찍 끝났을 때는 다시 나의 공사장으로 갔다. 그럴 때 나의 생각이 맑아지고 나는 어렴풋이 느끼는 나의 환상을 붙잡을 수 있었다.

물론 나는 나의 놀이의 의미에 대하여 생각해 보며 스스로 자문하였다. '도대체 너는 무엇을 하고 있느냐? 너는 작은 마을을 세워서 그것을 마치 종교의식처럼 완성하고 있다!' 나는 대답할 바를 몰랐다. 그러나 나는 나의 신화에 이르는 길을 가는 도중이라는 확신을 안으로 느끼고 있었다. 건축은 그러니까 그저 시작에 불과했다. 그것은 한 줄기 환상을 유발했다. 나는 그것을 뒤에 면밀히 기록했다.

이런 종류의 일을 나는 늘 계속했다. 언제나 나의 후기 인생에서 막히는 일이 있을 때 나는 그림을 그리거나 돌을 다루거나 했다. 그것은 언제나 그 다음에 뒤따르는 생각과 일을 위한 통과의례였다. 내가 그해[1]에 쓴 것, 그러니까 〈현재와 미래〉, 〈현대의 신화〉, 〈양심에 관하여〉는 나의 아내가 죽은 뒤[2]에 실시한 돌의 작업에서 나온 것이다. 나의 아내의 인생의 완결, 종말, 그리고 그때 그것이 내게 가져다 준 명확한 인식은 나를 무섭도록 내 자신으로부터 떼어 버렸다. 그래서 나는 나를 다시금 안정시킬 필요를 무척 강하게 느끼고 있었고 돌과의 접촉은 나를 도와주었다.

1913년 가을 무렵 내 안에서 느껴온 압박감이 밖으로 옮겨간 듯했다. 마치 그것이 공중에 있는 것처럼. 실제로 바깥 분위기는 예전보다도 어두웠다. 마치 이미 정신적 상황이 아니라 구체적인 현실이 문제인 듯 보였다. 이런 인상이 점점 더 강해졌다.

---

1) 1957년.
2) 1955년 11월 27일.

10월에 내가 혼자서 여행하고 있을 때 나는 갑자기 한 환영에 사로잡혔다. 나는 무시무시한 홍수를 보았다. 그것은 북쪽 바다와 알프스산 사이의 지대가 낮은 나라들을 삼켜 버렸다. 홍수는 영국에서 러시아로, 북해의 기슭에서 거의 알프스에 이르고 있었다. 홍수가 스위스에 다다랐을 때 나는 산들이 마치 스위스를 보호하려는 듯이 점점 높이 커지는 것을 보았다. 끔찍한 재앙이 일어나고 있었다. 나는 엄청난 누런 파도와, 물에 떠내려가는 문화유산의 부서진 조각들을 보았고 수를 헤아릴 수 없는 수천의 죽음을 보았다. 그러자 바다는 피로 변했다. 이 환영은 한 시간쯤이나 지속했다. 나는 혼란에 빠지고 기분이 언짢아졌다. 나는 나의 약함이 부끄러웠다.

두 주일이 지났다. 그러자 그 환영은 똑같은 상황에서 다시 생겼다. 피로 바뀌는 것이 더욱 끔찍했다. 내 마음속의 한 소리가 말했다. '보라, 이것은 정말 진실이다. 그리고 그렇게 될 것이다. 의심의 여지가 없다.'

그 겨울에 누군가가 나에게 가까운 장래의 세계정세에 관해 어떻게 생각하는지 물었다. 나는 생각한 일이 없다고 말했다. 그러나 나는 피의 흐름을 보았노라고 하였다. 그 환영幻影은 나를 떠날 줄 몰랐다.

나는 그 환영이 혁명을 가리키는 것인지를 스스로 물었으나 그것을 상상할 수 없었다. 그래서 나는 그것이 내 자신과 관계하는 것이리라는 결론을 내렸다. 따라서 내가 정신병의 위협을 받고 있다고 가정했다. 전쟁에 대한 생각은 들지 않았다.

얼마 안 가서, 1914년 봄과 초여름에 나는 연거푸 한 가지 꿈을 세 번이나 되풀이해서 꾸었다. 한여름에 북극의 추위가 들이닥쳐서 전국이 얼음으로 꽁꽁 얼어붙는 꿈이었다. 그래서 나는 예컨대 로스링lothring 지방과 그 운하가 얼어붙은 것을 보았다. 전국에 사람이 없고 모든 호수와 강이 얼었다. 온갖 싱싱한 푸른 숲도 얼어 버렸다. 이 꿈의 상은 4월과 5월, 그리고 마지막으로 1914년 6월에 나타났다.

세 번째 꿈에서 다시 우주에 무시무시한 추위가 들이닥쳤다. 그러나 이 꿈은 뜻밖의 끝맺음을 지녔다. 거기 잎사귀는 있으나 열매는 열리지 않는 나무(나의 인생의 나무, 나는 그렇게 생각했다)가 서 있었는데 그 잎사귀가 추위의 작용으로 치유력 있는 달콤한 즙을 담뿍 머금은 들딸기로 변했다. 나는 딸기를 따서 수많은 기다리는 사람들에게 나누어 주었다.

1914년 7월 말 나는 영국의학협회로부터 아버딘Aberdeen으로 초대 받았는데 거기서 열리는 학회에서 〈정신병리학에서의 무의식의 의미〉[3]에 관한 강연을 하도록 되었다. 나는 무엇이 일어나리라는 것을 이해하고 있었다. 왜냐하면 그런 환상과 꿈은 운명이기 때문이다. 나의 그 당시의 상황에서 나의 우려에 비추어 볼때 내가 바로 이때 무의식의 의미에 관해 말해야 한다는 것은 심지어 숙명과 같은 것으로 보였다.

8월 1일 세계대전이 발발했다. 이제 나의 과제는 확립되었다. 나는 무엇이 일어났으며 어느 만큼 내 자신의 체험이 집단의 체험과 연관을 가지는지를 이해하도록 시도해야 했다. 그러므로 나는 먼저 내 자신을 성찰해야 했다. 그런 목적으로 시작된 첫 작업은 건축놀이에서 일어난 환상들을 그리는 일이었다. 이 작업이 우선되었다.

그렇게 생긴 환상은 끝없는 흐름이었다. 나는 나의 방향감각을 잃지 않고 길을 찾기 위해 나의 최선을 다했다. 나는 낯선 세계 속에 아무런 도움도 없이 서 있었다. 그리고 모든 것이 내게는 어렵고 불가해한 것처럼 보였다. 나는 끊임없이 강력한 긴장 속에 살았다. 그리고 마치 거대한 돌이 내게로 무너져 떨어지는 듯한 느낌을 자주 받았다. 천둥과 비바람이 연달아 일어났다. 내가 그것을 참아낸 것은 무자비한 힘을 가진 부분뿐이었다.

그렇지 못한 부분은 그 폭우에 부서졌다. 니체와 횔덜린Hölderlin과 그 밖의 많은 것이 부서졌다. 그러나 내 속에는 마력 같은 것이 있어 처음부터 나를 지탱해 주고 있어서 내가 환상에서 겪은 것의 의미를 찾아야만 했다. 내가 무의식의

3) 이 강연을 영어로 〈On the Importance of the Unconscious in Psychopathology〉, ≪*British Medical Journal*≫, London II, 1914, ≪전집≫ III, 1968에 발간되었다.

노도와 같은 엄습을 지탱했을 때 어떤 보다 높은 의지에 순종하는 느낌이 어쩔 수 없이 들었고 그러한 느낌은 나의 과제를 수행하는 데 방향제시의 역할을 하는 것이었다.[4]

나는 자주 너무나 흥분되어 내 감정을 요가로 정지시켜야 했다. 그러나 나의 목표는 내 속에서 무엇이 일어나고 있는지를 경험하는 것이었기 때문에 요가를 그저 내가 안정되어 무의식과의 작업을 다시 착수할 수 있게 될 때까지만 하였다. 다시 내 자신으로 돌아왔다는 느낌을 갖게 되기가 바쁘게 나는 의식적인 조절을 풀고 무의식의 상과 안에서 나오는 소리로 하여금 다시 새롭게 말하도록 하였다. 인도 사람들은 이와 반대로, 요가를 다양한 정신적인 내용과 상을 완전히 제거하는 목적으로 사용하고 있다.

감정을 상으로 번역하는 것, 즉 감정 속에 숨어 있는 상들을 성공적으로 발견함에 따라 그만큼 내적인 안정이 생겼다. 만일 내가 감정에 자신을 그대로 맡겼더라면 무의식의 내용에 의해서 산산조각이 났을지도 모른다. 아마 나는 그 무의식의 내용을 차단해 버릴 수도 있었을 것이다. 그러나 그랬다면 아마 어쩔 수없이 노이로제에 걸렸을 것이고 결국 그 무의식의 내용을 파괴했을 것이다. 나의 실험은 나에게 치료의 견지에서 감정 뒤에 숨은 상을 의식화시키는 것이 얼마나 크게 도움을 주는 것인가 하는 데 대한 인식을 주었다.

나는 내가 할 수 있는 만큼 충실히 환상을 기록했다. 그리고 그 환상 가운데 떠오른 정신적 전제들도 표현하고자 애썼다. 그러나 나는 그것을 그저 무척 서투른 말로 할 수 있을 뿐이었다. 처음 나는 환상을 내가 지각한 대로 대부분 "장중한 언어"로 꾸몄다. 왜냐하면 그것이 원형原型의 양식에 어울렸기 때문이다. 원형은 열정적으로, 심지어는 과장되게 말한다. 그런 언어의 스타일이 나를 좀 당황하게 했고 마치 누가 못으로 석고벽을, 또는 칼로 접시를 긁는 것처럼 내 기분에 거슬리는 것이었다. 그러나 나는 무엇이 일어나고 있는지 몰랐으니 어쩔 수

---

4) 융이 이 추억을 이야기할 때 흥분이 아직 가시지 않았다. 이 장의 제목으로서 융은 "죽음을 모면했음을 기뻐할지어다"(오딧세이)를 제안했다. A. J.

없는 일이었다. 나는 그저 모든 것을 무의식에서 스스로 선택한 스타일로 받아 쓰는 수밖에 별도리가 없었다. 흔히 나는 그것을 귀로 듣는 것 같았다. 나는 그것을 마치 나의 혀가 말을 꾸미는 듯이 느꼈다. 그리고는 내 자신이 말을 중얼거리는 것을 듣는 일이 일어났다. 의식의 문턱 아래서는 모든 것이 생생하게 살아 있었다.

처음부터 나는 무의식과의 대면을 내가 내 자신에게 부과한 학문적인 실험이라고 파악하고 있었고 그 결과에 대해 무척 관심을 가지고 있었다. 물론 나는 지금도 그것은 나에게 부과된 실험이었다고 말할 수 있다. 가장 큰 난관 중의 하나는 나의 부정적 감정을 극복하는 일이었다. 나는 내가 받아들일 수 없었던 감정에 내 자신을 자유롭게 내맡겼다. 흔히 난센스처럼 보이고 저항감을 느낀 환상을 나는 적었다. 사람들이 그 뜻을 이해하지 못하는 한 그것은 우스꽝스럽고 고상한 것의 엄청난 뒤범벅이라 할 수 있다. 나는 그것을 견디어 내는 데 큰 희생을 치루었다. 그러나 운명이 나에게 그렇게 하도록 촉구하였다. 나는 오직 최대의 노력으로서만 나를 그 미로에서 해방시킬 수 있었다.

마음속으로 움직이던 환상을 붙잡기 위해서는 내가 그 환상 속으로 빠져 들어가야 했다. 이에 대해서 나는 저항을 느꼈을 뿐 아니라 또한 무척 불안했다. 나의 자가조정능력을 잃어서 무의식의 제물이 되지나 않을까 두려웠고 그렇게 되는 것이 무엇을 의미하는지는 정신과 의사로서 너무나 분명히 알고 있었다. 그러나 나는 스스로 이 상들을 내 것으로 하려는 시도를 감행하는 수밖에 없었다. 만약 내가 그렇게 하지 않았더라면 그 무의식의 상이 나를 자기들 것으로 만들 위험을 무릅써야 했다. 이러한 시도를 생각하게 된 한 가지 중요한 동기는 내가 감히 나 스스로 행할 수 없는 것을 나의 환자에게 기대할 수는 없다는 확신이었다. 환자 옆에는 돕는 사람이 있다는 변명은 내게는 소용없는 일이었다. 그 이른바 돕는 자, 즉 나는 아직 환자가 내놓는 소견을 스스로의 견지를 통해서 알고 있지 못하다는 것, 기껏해야 거기 대하여 좀 그 가치가 의심쩍은 이론적 편견을 가지고 있을 뿐이라는 것을 알고 있었다. 내가 스스로 관련을 맺게 된 모험이 결국 나 개인을 위해서일 뿐 아니라 또한 나의 환자를 위해서도 감행하는 것이라는 생각이 위험한 고비를 여러 차례 넘겨주었다.

내가 결정적인 한 걸음을 내딛기로 결심한 것은 1913년의 강림절(12월 12일)이었다. 나는 책상 앞에 앉아서 또다시 나의 두려움을 깊이 생각하고 있었다. 그러자 나는 쓰러졌다. 마치 바닥이 글자 그대로 내 발 밑으로 무너지는 듯한 느낌이었다. 그래서 캄캄한 심연으로 떨어져 내려가는 느낌이었다. 나는 공포감을 누를 길이 없었다. 그러나 갑자기, 그리고 그리 깊지 않은 곳에 부드럽고 끈적이는 덩어리에 다다라 나는 발을 딛고 서게 되었다. 나는 크게 안도의 한숨을 쉬었다. 그러나 나는 아직도 거의 캄캄한 어둠 속에 있었다. 얼마 안 있어 내 눈이 그 어둠에 익숙해 졌고 그것은 이제 어렴풋한 새벽과도 같았다. 나의 앞에는 어두운 동굴로 가는 입구가 있었고 거기 한 난쟁이가 서 있었다. 그는 마치 가죽으로 만든 것 같기도 하고 미라로 만든 것처럼 보였다. 나는 그 옆을 지나 좁은 입구를 통과해서 무릎까지 차는 찬물을 거쳐 굴의 다른 끝에 이르렀다. 거기에는 암벽 위에 한 붉은 빛을 발하는 결정이 있었다. 나는 그 돌을 들어 올렸는데 그 밑에 빈 공간이 있는 것을 발견하였다. 처음에 나는 아무것도 보지 못했지만 결국 깊은 곳을 흐르는 물이 눈에 띄었다. 한 시체가 흘러 들었다. 그것은 금발의 젊은이인데 머리에 상처를 입고 있었다. 그 뒤를 한 거대한 새까만 갑충Skarabäus이 따랐고 그리고는 깊은 물속에서 붉은, 새로 태어난 태양이 떠오르는 것이 보였다. 빛에 눈이 부셔서 나는 그 돌을 다시 그 구멍에 얹으려고 했지만 이때 그 구멍으로부터 액체가 뿜어 나왔다. 그것은 피였다. 진한 광선이 분출하여 나는 구역질이 났다. 혈류는 참을 수 없을 만큼 오래 계속되는 것 같았다. 드디어 그것이 정지되고 환상은 이로써 끝났다.

나는 이 이미지로부터 심각하게 충격을 받았다. 물론 이 주제가 영웅과 태양신화이며 죽음과 재생의 드라마임을 나는 알고 있었다. 재생은 이집트의 갑충으로 명시되어 있었다. 끝부분에서 새로운 날이 나타나는 대목이 뒤따라야 했을 것이다. 그대신 참을 수 없는 피의 흐름, 내가 보기에는 철저히 비정상적인 현상이 나타났다. 이때 그해 가을에 본 나의 피의 환상이 생각났고 나는 그 이상 이해하고자 하는 시도를 포기했다.

6일 뒤에(1913년 12월 18일) 나는 다음과 같은 꿈을 꾸었다.

나는 낯선 갈색머리를 지닌 원시종족의 청년과 어느 외로운 바위산 속에 있었다. 그것은 동이 틀 무렵이었다. 동쪽 하늘이 이미 훤했고 별은 빛을 잃었다. 그때 산 너머로 지그프리드의 호른笛소리가 울렸다. 나는 우리가 그를 죽여야 한다는 것을 알고 있었다. 우리는 총으로 무장하고 좁은 바윗길로 그에게 몰래 다가갔다.

갑자기 지그프리드가 떠오르는 해의 첫 햇살 속에 바위산 등성이 높은 곳에 나타났다. 죽은 자의 해골로 만든 수레 위에서 그는 무서운 속도로 바위절벽을 달려 내려오고 있었다. 그가 한쪽 모퉁이를 돌때 우리는 총을 쏘았다. 그리고 그는 총에 맞아 아래로 떨어져 죽었다.

그렇게 큰 것, 그렇게 아름다운 것을 파괴했다는 데서 온 회한과 불쾌감에 가득 찬 채 나는 사람들이 이런 암살을 발견하리라는 불안에 쫓겨 도망가기 시작했다. 이때 세찬 비가 내리치기 시작했다. 나는 이 비가 온갖 범행의 흔적을 지울 것임을 알고 있었다. 들키지 않을까 하는 위험은 벗어났고 삶은 다시 계속될 수 있을 것이지만 그러나 참기 힘든 가책이 마음속에 남아 있었다.

꿈에서 깨어났을 때 나는 그 꿈에 관해 깊이 생각해 보았으나 그것을 이해한다는 것은 불가능한 일이었다. 그래서 나는 다시 잠들고자 했다. 그러나 어떤 소리가 말하기를 "너는 꿈을 이해해야 한다, 그것도 즉시!"라고 했다. 내적인 촉구는 엄청난 순간까지 상승해서 소리는 "만일 네가 이 꿈을 이해하지 못하면 너 자신을 쏘아야 한다!"라고 말했다. 나의 침대 옆 상에는 장탄된 권총이 있었고 나는 불안해지기 시작했다. 그때 나는 또 한 번 숙고하기 시작했다. 별안간 꿈의 뜻이 떠올랐다. "그것은 이 세계에서 일어나고 있는 바로 그 문제가 아닌가!" 지그프리드는 독일 사람들이 실현하고자 하는, 즉 자기의 의지를 영웅적으로 관철하고자 하는 것을 표현한 것이다. "의지 있는 곳에 길이 있다!" 나도 그와 같은 것을 하고자 했다. 그러나 그것은 이제는 그 이상 가능하지 않다. 꿈은 지그프리드로서 구체화된 영웅의 태도는 나에게 더 이상 맞지 않는다는 사실을 가르쳐 주고 있다. 그러므로 그는 살해되어야 했던 것이다.

살해행위 뒤에 나는 거센 동정심을 느꼈다. 마치 내 자신이 총에 맞은 것처럼. 이 속에 나의 영웅과의 남 모르는 동일시와 인간이 그의 이상과 자기 의식의 태도를 희생시키도록 강요될 때 경험하는 고통과의 동일시가 표현되고 있다. 그러나 이런 영웅적 이상과의 동일시는 종지부를 찍어야 한다. 왜냐하면 인간이 거기에 순종해야 할 자아 — 의지보다도 높은 것이 존재하기 때문이다. 우선은 이런 생각으로 족했다. 그래서 다시 잠들었다.

갈색머리의 원시인, 나를 수행하고 그 행위를 주도한 사람은 원시적 "그림자"의 화신이었다. 비는 의식과 무의식 사이의 긴장이 풀어지는 것을 가리킨다.

물론 그 당시 나는 이 꿈의 뜻을 몇 가지 암시를 넘어서 이해할 수 없었지만 새로운 힘이 풀려나와 그 힘이 무의식과의 실험을 끝까지 수행하도록 나를 도왔다.

환상을 붙들기 위해서 나는 흔히 하강을 상상했다. 한 번 깊은 곳에 다다르기 위해서 심지어 여러 번 시도할 필요가 있었다. 처음으로 나는 이른바 300미터 깊이에 다다랐다. 다음번에는 이미 우주적인 깊이였다. 그것은 마치 달나라로의 항해나 공간으로의 하강과 같은 것이었다. 처음에는 분화구의 상이 나타났고 죽음의 나라에 있는 느낌이었다. 높은 암벽의 발 밑에 두 개의 모습을 보았는데 한 사람은 흰 수염을 한 노인이며 다른 한 사람은 젊고 아름다운 소녀였다. 나는 용기를 내서 그들 앞으로, 마치 실제 인간에게 하듯 다가갔다. 나는 주의 깊게 그들이 내게 하는 말을 들었다. 그 노인은 그가 엘리야Elias라고 말했다. 그 말에 나는 충격을 들었다. 그 소녀는 더욱 나를 당황하게 만들었다. 왜냐하면 그는 자기를 살로메라 불렀기 때문이다. 그녀는 장님이었다. 살로메와 엘리야 — 무슨 기묘한 짝이냐! 그러나 엘리야는 확언하기를 그와 살로메는 아득한 영원으로부터 함께 속해 있었다고 하였는데 그것이 나를 완전히 혼란에 빠뜨렸다. 이들과 함께 한 검은 뱀이 살고 있었는데 그 뱀은 분명 내게 호의를 표명하고 있었다. 나는 엘리야에게 의지하고자 했다. 왜냐하면 그가 이 셋 중에서 가장 이성적인 듯했고 좋은 이해력을 부여받고 있는 듯했기 때문이다. 살로메에 대해서는 좀 의심쩍었다. 엘리야와 나는 오랫동안 대화를 나누었으나 나는 그 뜻을 파악할 수 없었다.

물론 나는 나의 환상 속에 성서에 있는 모습이 나타난 이유를 내 아버지가 목사였다는 사실로 설명해 보려고 하였다. 그러나 이것으로는 아직 아무것도 설명될 수 없었다. 그러면 그 노인은 무엇을 의미하는가? 살로메는 무엇을 뜻하는가? 왜 그들은 함께 있는가? 여러 해가 지난 뒤에 내가 더 많이 알게 되었을 때 비로소 노인과 소녀와의 결합이 나에게 자연스럽게 여겨졌다.

그러한 꿈 속의 방황에서 사람들은 곧잘 젊은 소녀를 수반하고 있는 노인을 보게 된다. 신화적인 이야기들에서 그런 쌍의 예가 발견된다. 그노시스 파(신지학파)의 전승에 따르면 시몬 마그누스Simon Magnus는 그가 창가에서 우연히 만난 한 젊은 소녀와 함께 다녔다고 한다. 그녀는 헬레나라고 불렸고 트로이의 헬레나의 재현이라고 간주되었다. 클링소르Klingsor와 쿤드리Kundry, 노자와 무녀舞女는 마찬가지로 이에 속한다.

나의 환상 속에는 이미 언급된 것처럼 엘리야와 살로메 이외에 또 하나의 제3의 모습, 크고 검은 뱀이 있었다. 신화에서 뱀은 흔히 영웅의 대역이다. 영웅과 뱀의 동류성에 관해서는 수많은 근거가 있다. 예컨대 영웅은 뱀의 눈을 가지고 있다든가, 또는 그는 죽은 뒤에 뱀으로 변한다든가 하여 그는 뱀으로서 숭상된다. 혹은 뱀이 그의 어머니라든가 등등. 나의 환상에서 뱀의 존재는 그것이 영웅신화임을 뜻하고 있다.

살로메는 하나의 아니마상이다. 그녀는 장님이다. 왜냐하면 그녀는 사물의 의미를 인식하지 못하기 때문이다. 엘리야는 늙은 지혜로운 예언자의 모습이고 인식하는 요소를 묘사하지만 살로메는 에로틱한 것이다. 두 가지 상은 로고스logos와 에로스Eros의 인격화라고 해도 좋을 것이다. 그러나 그러한 정의는 이미 너무나 지적이다. 그 상은 먼저 있는 그 자체로 나에게 그 당시 보인 그대로, 즉 무의식적인 배경의 과정을 명시한 것으로 두는 것이 훨씬 더 의미 있는 것일 것이다.

이 환상이 있은 얼마 뒤에 곧 다른 상이 무의식에서 떠올랐다. 그것은 엘리야의 모습에서 발전한 것이다. 나는 그를 필레몬Philemon이라 불렀다. 필레몬은 이교도였다. 그노시스 파의 색채가 가미된 이집트적 헬레니즘의 분위기를 지니고 있었다. 그의 상은 먼저 한 꿈속에 처음 나타났다.

푸른 하늘이 있었다. 그러나 그것은 바다 같았다. 그것은 구름이 아니고 흙덩이로 덮여 있었다. 마치 그 흙덩이가 흩어져 부서져서 푸른 바닷물이 그 사이로 보이는 듯했다. 물은 그러나 푸른 하늘이었다. 갑자기 오른쪽에서 날개 달린 것이 지나갔다. 그것은 황소의 뿔을 단 한 노인이었다. 그는 네 개의 열쇠가 있는 뭉치를 지니고 있었는데 그중 하나를 들고 마치 금방 자물쇠를 열고자 하는 것 같았다. 그는 날개가 돋쳐 있었고 그의 날개는 물총새와 같았는데 그 새 특유의 색깔을 하고 있었다.

나는 그 꿈의 뜻을 이해할 수 없었기 때문에 좀 더 그 모습이 잘 드러나도록 그 새를 그렸다. 내가 그런 작업에 몰두하던 날, 나는 나의 정원의 호숫가에서 죽은 물총새를 발견했다! 물총새를 취리히 근방에서 보기란 매우 드문 일이다. 그러므로 나는 이 겉보기에 우연한 일치에 무척 충격을 받았다. 새의 시체는 아직 생생해서 기껏해야 이틀 또는 사흘 정도 지난 것이었다. 그리고 아무런 외상도 보이지 않았다.

필레몬과 다른 환상은 나에게 인간의 마음속에는 내가 만드는 것이 아니라 스스로 만들어 내는, 그 스스로의 고유한 삶을 지니고 있는 것이 존재한다는 인식을 가져다 주었다. 필레몬은 내가 아닌 다른 힘을 표현하고 있었다. 나는 환상의 대화를 그와 나누었고 그는 내가 의식에서 생각하지 않은 것들을 말하였다. 나는 말하고 있는 것이 내가 아니라 그였음을 정확하게 지각했다. 그는 내게 설명하기를 내가 마치 나의 생각을 내가 만들어 내는 것같이 여기지만 그 생각들은 그의 의견으로는 숲 속의 짐승, 방 안에 있는 사람들, 또는 공중의 새처럼 자기 고유의 삶을 지니고 있다고 했다. "만일 그대가 방안에서 사람들을 보았으면 그대는 그대가 그 사람들을 만들어 냈다거나 그대가 그 사람들에게 책임이 있다는 등의 말을 하지 않을 것이다." 그는 이렇게 나를 가르쳤다. 이리하여 그는 차츰 나에게 정신적인 객체성, "마음Seele의 진실"을 인식하도록 해 주었다.

필레몬과의 대화에서 나와 나의 사고의 객체와의 차이가 분명해졌다. 또한 그는 나에게 이를테면 객관적인 자세를 취했다. 나는 내 속에 내가 알지 못하고 내가 생각지 않은 것들을 말할 수 있고 심지어 나에게 적대적인 것들까지 말할 수 있는 어떤 것이 존재함을 이해했다.

심리학적으로 필레몬은 탁월한 통찰을 표현했다. 그는 나에게 신비로운 상이었다. 어떤 때는 그가 거의 신체를 지닌 실체처럼 여겨졌다. 나는 그와 뜰을 오르내렸다. 그는 나에게 인도인이 구루라 부른 것과 같은 존재였다. 언제나 새로운 인격화된 상이 뚜렷이 나타날 때마다 나는 거의 개인적인 패배를 느꼈다. 즉 '그것도 그동안 몰랐구나!' 그리고 그런 일련의 상이 아마 끝없이 많을 것이고 내가 스스로 끝없는 무지의 수렁 속에 빠져들게 되지 않을까 두려웠다. 나의 자아Ich는 자기Selbst의 가치가 무시당했다고 느꼈다. 물론 나의 외부적 성공이 나의 몽매함을 지적해 줄 수 있었을 텐데도 나는 당시 나의 "암흑(우리 영혼의 끔찍한 어둠을 정화하라고 Aurora Consurgens(떠오르는 새벽)[5]에서 말한다)" 속에서 나의 환상의 어쩔 수 없는 산물의 수수께끼를 풀어 줄 진정한, 실질적인 구루Guru, 한 탁월한 지자智者이며 능력자보다 더 좋은 것을 원했을 리가 없다. 이러한 과제를 맡은 것이 필레몬이었다. 나는 그를 이런 점에서 어쩔 수 없이 나의 스승으로서 인정하지 않을 수 없었다. 그는 사실 나를 깨우치게 하는 생각을 전달하였다.

15년도 더 지난 뒤에 한 나이 든, 최고의 지성을 지닌 인도인인 간디의 친구가 나를 방문했다. 우리는 인도의 교육, 특히 구루와 켈라Chelah의 관계에 관하여

---

5) 토마스 폰 아퀸(Thomas von Aquin)이 썼다고 하는 연금술서, ≪우리 영혼의 끔찍한 어둠을 정화하라에 관하여≫.

이야기를 나누었다. 나는 주저하며 그 자신의 구루의 특질에 관해 이야기해 줄 수 없겠느냐고 물었다. 여기 대해 그는 당연한 듯한 어조로 대답했다.

"아, 네, 그건 샹카라샤리아Chankaracharya 였어요."

"베다Veda의 주석자란 말입니까?" 내가 물었다. "그는 수백 년 전에 죽지 않았습니까?"

"네, 그 사람 말입니다." 그가 이렇게 말할 때 나는 크게 놀랐다.

"그러니까 혼魂을 말하는 겁니까?" 내가 물었다.

"물론 혼이었지요." 그가 증명했다. 바로 이 순간 내 머리에 필레몬이 떠올랐다.

"영혼의 구루도 있지요." 그는 덧붙여 말했다. "대부분 사람들은 살아 있는 사람을 구루로 삼지만 언제나 혼을 구루로 삼는 사람들이 있지요."

이 소식은 나에게 위로가 됐을 뿐 아니라 새로운 통찰을 주는 것이었다. 나는 그러니까 결코 인간세계에서 쫓겨난 존재가 아니었다. 비슷한 노력에 전념하는 사람들을 만날 수 있음을 알게 되었던 것이다.

뒤에 필레몬은 내가 카Ka라고 규정한 다른 형상의 출현으로써 상대화되었다. 고대 이집트에서 "왕의 카Ka"는 왕의 현세적 형태, 즉 형상혼Gestaltseele으로 간주되었다. 나의 환상 속에서 카Ka, 魂는 땅 밑에서, 마치 심연 같은 곳에서 나왔다. 나는 그를 헤르메스Hermes로서 대지적인 모습으로 그렸는데 대좌는 돌로서 그 윗부분은 청동으로 이루어진 형상이었다. 그림의 맨 위쪽에는 물총새의 날개가 보이고 카Ka의 머리와 물총새 사이에 한 둥근, 빛나는 별구름이 떠 있다. 카Ka의 묘사에는 귀기鬼氣가 서려있다. 메피스토펠레스적이라고도 할 수 있을 것이다. 한 손에는 색깔이 있는 탑, 혹은 사리상자 같은 것을 다른 손에는 뾰족한 펜을 가지고 일하고 있었다. 그는 주장했다. "나는 여러 신이 황금과 보석 속에 숨기고 있는 바로 그것이다."

필레몬은 마비된 발을 지녔지만 날개 달린 혼이고 반면 카Ka는 일종의 토귀土鬼, 혹은 금속귀를 묘사하고 있었다. 필레몬은 영적靈的 측면, 의미뜻, Sinn지만 카

Ka는 이와 반대로 그리스 연금술의 안트로파리온Antroparion 같은 자연령이었는데 이것을 나는 물론 당시에는 잘 몰랐다.[6)] 카Ka는 모든 것을 현실화하는 바로 그것이지만 물총새의 영, 즉 의미뜻, Sinn를 베일로 둘러싸거나 그것을 아름다움, "영원한 반사광反射光"으로 대치하는 것이다.

나는 차츰 이 두 가지 형상을 통합할 수 있었다. 연금술의 연구가 이때 나에게 도움을 주었다.

내가 나의 환상을 적을 무렵 나는 한 번 이렇게 자문하였다. "도대체 나는 지금 무엇을 하고 있나? 내가 하는 일이 학문과 아무 상관이 없다는 것은 확실하다. 그럼 그것은 무엇이냐?" 이때 내 속에서 하나의 소리가 말했다. "이것은 예술이다." 나는 무척 놀랐다. 나의 환상이 예술과 무슨 관계가 된다고는 생각지 못한 까닭이다. 그러나 나는 스스로 이렇게 말했다. "아마 나의 무의식이 내가 아닌 어떤 하나의 인격을 형성했고 그것이 그 자신의 고유의 의견을 표명하고자 하는가 보다." 나는 그 소리가 한 부인의 목소리에서 유래함을 알고 있었고 그것이 한 여자 환자의 목소리임을 알아차렸다. 그 환자는 재능 있는 정신병질자였는데 나에게 강한 전이轉移를 가지고 있었다. 그녀는 나의 내부에서 하나의 살아있는 상이 되었다.

물론 내가 한 것은 학문이 아니었다. 그럼 예술 이외에 무엇이 될 수 있었겠는가? 전 세계에 오직 이 두 가지 가능성만이 있는 것 같다! 이런 식의 논란은 여성적인 논란방식의 전형적인 것이다. 나는 그 목소리를 향하여 무척 반발적으로 힘있게 설명했다. 나의 환상은 예술과 관계없다고, 그러자 그녀는 말이 없었다. 나는 계속 적어 나갔다. 그러자 다음 차례의 공격이 왔다. 즉 똑같은 이런 주장이었다. "그건 예술이오." 나는 다시 항의했다. "아니오, 그것이 아니오. 반대로 그

6) 안드로파리온(Anthroparion)은 "난쟁이", 일종의 Homunculus이다. Anthroparion 무리에 속하는 것에 고대 그리스의 소인, 구리쇠난쟁이(Erzmännchen), 연금술사들의 Homunculus가 있다. 연금술의 Mercurius도 수은의 정(精)으로서 하나의 Anthroparion이었다. A. J.

것은 자연입니다." 나는 새로운 항변과 싸움을 결심하고 있었다. 그러나 아무 일도 그 뒤에 일어나지 않았으므로 나는 "내 속의 여인"이 아무런 언어중추도 가지고 있지 않은 것이 아닌가 생각하게 되었다. 그래서 그녀에게 내 말에 시중을 들도록 제안했다. 그녀는 이 제안을 받아들이고 곧 그녀의 입장을 길게 설명했다.

내 속에 있는 여인이 나의 생각에 간섭한다는 것은 무척 흥미있는 일이었다. 아마 원시적인 의미의 "혼Seele"이 여기에 관계하리라 나는 생각했다. 그리고 나는 "혼Seele"이 왜 "아니마anima"라고 불리게 되었는지 자문했다. 사람들은 왜 그것을 여성적인 것으로 상상하는가? 뒤에 나는 내 속에 있는 여성상이 남성의 무의식 속에 있는 전형적인 원형적 상임을 알게 되었고 이를 "아니마Anima"라고 불렀다.

나에게 인상을 남긴 것은 먼저 아니마의 부정적 측면이었다. 나는 그녀 앞에서 마치 어떤 보이지는 않지만 거기 있는 존재 앞에서처럼 머뭇거렸다. 그리고는 나는 그녀와의 관계를 지금과는 다르게 맺으려고 시도하여 나의 환상의 기록을 그녀를 향한 나의 편지라고 간주했다. 이를테면 나의 의식과는 다른 입장을 취하는 내 자신의 어떤 부분을 향해 썼다. 그리고 나는 이에 대해 뜻밖의 비범한 회답을 받았다. 나는 내가 마치 한 여성적인 혼에 의해서 분석을 받는 환자처럼 여겨졌다. 매일 저녁 나는 기록하는 일에 착수했다. 왜냐하면 내가 만일 아니마에게 편지하지 않으면 그녀는 나의 환상을 파악할 수 없을 것이라 생각했기 때문이다. 그렇게 성실하게 써 내려가는 데는 또 다른 이유가 있었다. 이미 적은 것은 아니마가 왜곡할 수 없을 것이다. 그녀는 거기서 아무런 책략도 쓰지 못할 것이라고 생각했기 때문이다. 이에 관련해서 볼 때 어떤 것을 이야기하고자 마음먹고 있는 것과 우리가 그것을 실제로 적는 것과는 엄청난 차이가 있다. 나의 편지에서 나는 가능한 한 정직하고자 노력했다. 옛 그리스의 교시를 따른 것이다. 즉 "네가 가지고 있는 것을 버려라. 그러면 너는 환영받으리라."

나는 나의 생각과 그 소리의 내용 사이를 구별하는 법을 천천히 배워나갔다. 예컨대 그녀가 나에게 진부한 것을 슬쩍 떠넘기려고 하면 나는 이렇게 말했다.

"그건 옳아요. 나도 예전에는 그렇게 생각했고 그렇게 느꼈소. 그러나 나는 평생을 거기에 집착하고 있어야 할 의무가 없어요. 무엇 때문에 그런 굴욕을?"

무엇보다도 문제되는 것은 의식과 무의식의 내용 사이를 구별하는 일이다. 무의식의 내용은 말하자면 고립시켜야 한다. 그리고 이것이 가장 쉽게 일어나도록 하는 길은 우리가 그 내용을 인격화하고 그리고 나서는 의식이 그 인격들과 관계를 형성하는 일이다. 오직 그렇게 함으로써 우리는 무의식의 내용에서 힘을 제거할 수 있다. 그렇지 않을 때는 무의식은 그의 힘을 의식에 행사한다. 무의식의 내용은 어느 정도 자율성을 지니고 있으므로 이런 기술은 별로 어렵지 않다. 스스로 무의식적 내용의 자율성이라는 사실에 전적으로 친숙해지는 것은 전혀 다른 작업이지만 바로 여기에 무의식과 더불어 일해 갈 수 있는 가능성이 있다.

나의 마음속의 목소리의 주인공이던 그 여자 환자는 현실에서는 남성들에게 치명적인 영향을 끼치고 있었다. 그녀는 나의 동료 중의 한 사람에게 그가 다른 사람들로부터 잘못 이해된 예술가라고 설복하는 데 성공했다. 그는 그렇게 믿었다가 그 때문에 좌절되고 말았다. 그의 좌절의 원인은? 그는 자기 자신의 평가에 의하여 살지 않고 남의 평가로 살았다. 이것은 위험한 일이다. 그것은 그의 확신을 흔들어 놓았으며 아니마의 속삭임에 솔깃해지게 만들었다. 아니마의 말은 흔히 유혹적인 힘과 깊이를 알 수 없는 간교함을 지니고 있다.

무의식의 환상들이 내게 예술로 보였더라면 나는 그 환상을 나의 내면의 눈으로 보았거나 마치 필름이 돌아가는 것처럼 볼 수 있었을 것이다. 그렇게 했더라면 어떤 감각적 인식으로서 그 환상에는 더 이상 설득력이 내재하지 않았을 것이며 그런 환상에 대한 윤리적 의무는 나에게 일어나지 않았을 것이다. 아니마는 또한 나에게 내가 잘못 이해된 예술가라고 믿게 해줄 수 있었을 것이고, 나의 이른바 예술성이 나에게 현실을 소홀히 할 수 있는 특권을 주었다고 설복할 수 있었을 것이다. 그러나 만약 내가 그녀의 소리에 따랐다면 그녀는 나에게 어느날 이렇게 말했을 것이다. "네가 하는 무의미한 일이 무슨 예술이나 되는 줄 믿고 있느냐? 천만에." 무의식의 대변자인 아니마의 이중성은 한 남자를 철저하게 파멸시킬 수 있다. 결국 결정적인 것은 언제나 의식이다. 의식이 무의식의 표현을 이해하고 그에 대해 자기의 태도를 취할 수 있는 것이다.

그러나 아니마는 또한 긍정적인 측면을 지니고 있다. 무의식의 상을 의식에 전달하는 것이 바로 아니마이다. 그리고 이것이 내게는 중요했다. 10년 동안 나는 기분이 상하고 안절부절못하게 되었다고 느끼면 나는 늘 아니마에게 눈을 돌렸다. 그러면 무의식에 무엇인가가 배열되었다. 그런 순간 나는 아니마에게 물었다. "넌 지금 또 무엇을 어쩌자는 거냐? 너는 뭘 보고 있는 거냐? 나는 그걸 알고 싶다." 조금 저항을 한 뒤 그녀는 항상 그녀가 본 상을 어김없이 산출해 냈다. 그 상이 나타나자 불안이나 우울은 사라졌다. 나의 감정의 전체 에너지는 그 상의 내용에 대한 관심과 호기심으로 전환되었다. 그러면 나는 아니마와 그 상들에 관해 이야기를 나누었다. 왜냐하면 나는 그 상을 꿈을 이해하듯 가능한 한 잘 이해해야 했기 때문이다.

오늘날 나는 아니마와의 대화를 더 이상 할 필요가 없다. 나는 그런 감정을 가지고 있지 않다. 그러나 내가 그런 감정을 가지게 된다면 아마 마찬가지로 그 일을 했을 것이다. 오늘날 내게는 그 관념들이 직접 의식되고 있다. 왜냐하면 나는 무의식의 내용을 받아들이고 이해하는 것을 배웠기 때문이다. 나는 내면의 상들에 대하여 내가 어떤 태도를 취해야 하는지를 알고 있다. 나는 그 상들의 의미를 직접 나의 꿈에서 해독할 수 있기 때문에 아무런 중매녀도 필요로 하지 않는다.

당시 내게 나타난 환상들을 나는 처음에는 "검은 책"에 기록했고 뒤에 "붉은 책"에 옮겨 썼다. 이 책은 그 상들로 장식했다.[7] 거기에는 대부분의 나의 만다라 그림이 들어 있다. 나는 "붉은 책" 속에서 나의 환상을 미적으로 손질하고자

7) "검은 책"은 검은 양피지로 씌운 여섯 권의 작은 책들이고 "붉은 책"은 붉은 가죽표지의 2절판의 책이다. 그 속에는 같은 환상이 다듬어진 문체와 언어로 들어 있는데 중세의 손글씨체 양식으로 고딕글씨체로 쓰여 있다. A. J.

하는 쓸데없는 짓에 착수했었는데 그것은 결코 완결되는 일이 없었다.[8] 내가 아직 올바른 언어를 쓰고 있지 않다는 것, 내가 그것을 더 번역해야 된다는 것을 나는 알고 있었다. 그래서 나는 아름답게 꾸미는 일을 적시에 포기하고 진지하게 이해하는 데 주력하였다. 나는 그 많은 환상이 굳건한 토대를 필요로 하며 내가 먼저 인간적인 현실로 돌아와야 한다는 사실을 인식하게 되었다. 무의식이 내게 전달해 준 통찰에서 나는 구체적인 결론을 내려야 했다. 그리고 그것은 나의 전 생애에 걸친 과제가 되었다.

"붉은 책"에서의 미화작업은 나를 무척 짜증스럽게 했지만 꼭 필요한 것이기도 했다. 왜냐하면 그렇게 함으로써 비로소 상에 대한 윤리적 의무의 중요성을 깨달을 수 있게 되었기 때문이다. 그것은 나의 삶의 양식에 결정적인 영향을 주었다. 삶을 대치할 만큼 완전한 언어는 없다는 사실이 내게는 분명해졌다. 만약 언어가 삶을 대치하고자 시도한다면 언어뿐 아니라 삶도 파멸될 것이다. 무의식적인 전제의 횡포에서 자유를 얻으려면 두 가지가 필요하다. 하나는 지적인 것의 해소이고 또 하나는 윤리적 의무를 갖는 일이다.

내가 정신과 의사이면서 나의 심리적 실험에서 정신병의 구성요소를 제공하며, 그래서 정신병원에서나 발견되는 심리적 내용을 그대로 추적하게 된 것은 하나의 아이러니였다. 그것은 정신병자를 숙명적인 혼란에 빠뜨리게 하는 무의식적 상의 세계이다. 그러나 그것은 동시에 우리의 합리적 시대에 사라져 버린 신화를 형성하는 환상의 모체이기도 하다. 신화적 환상은 어디에나 존재하지만 그것은 금지되거나 두려움의 대상이 되고 있고, 스스로 무의식의 깊은 곳으로 가는 불확실한 길에 자신을 맡기는 일은 위험스런 실험이거나 의심쩍은 모험으로 보이기조차 한다. 그것은 오류의 길, 이중의미성 그리고 오해의 길이라고들 보고 있다. 나는 괴테의 다음과 같은 말을 생각한다. "스스로 외람될지어다. 저 문을 열어 젖히기 위하여. 모두가 그 옆을 몰래 지나쳐버리고자 하는 저 문을 …" 파우

8) 부록 p. 479f 참조.

스트 제2부는 문학적 시도 이상의 것이다. 그것은 황금 쇠사슬Aurea Catena[9])의 한 고리이다. 철학적 연금술과 그노시스 파의 사상에서 니체의 차라투스트라에 이르기까지 — 대부분 인기 없는, 애매모호한 그리고 위험한 — 세계의 다른 극을 향한 하나의 탐험여행이다.

물론 나는 내가 환상에 관한 작업을 했던 바로 그때 "이승"에 하나의 거점을 가지고 있었다. 나는 그것이 가족이며 직업생활이었다고 말할 수 있다. 나는 그 낯선 내면세계를 조정하는 반대극의 무게로서, 말할 것도 없이 당연한 합리적인 생활을 영위하는 것을 가장 절실히 필요로 했다. 가족과 직업은 나에게 내가 그곳으로 언제나 되돌아올 수 있는 기반으로 남아 있었고 그것은 나에게 내가 정말 현존하는 평범한 인간임을 증명하였다. 무의식의 내용은 때로는 나를 정상궤도에서 벗어나게 할 수 있었다. 그러나 가족과 내가 알고 있는 다음의 사실 — 나는 의사면허를 가지고 있고, 내 환자를 도와주어야 하고 내게는 처와 다섯 아이가 있으며 나는 퀴스나흐트 제슈트라세 228번지에 살고 있다는 사실 — 이 나에게 촉구하고 있었다. 그것들은 매일매일 내가 정말 존재하고 있고 니체처럼 귀신바람에 쫓긴 잎사귀가 아님을 증명해 주고 있었다. 니체는 그의 사상의 내면세계 이외에는 아무것도 소유하고 있지 않았기 때문에 — 사실 이 내면세계는 그가 그것을 소유하고 있는 것보다 그를 더 많이 소유하고 있었지만 — 발을 딛고 설 토대를 잃었던 것이다. 그는 뿌리가 뽑혔었고 땅 위를 떠돌았다. 그러므로 그는 과장과 비현실성에 빠졌다. 이런 비현실성은 나에게는 혐오 그 자체였다. 왜냐하면 나는 전 세계가 아닌 **이** 세계, **이** 생활을 원했던 것이다. 비록 내가 그토록 방황하고 침체되어 있었음에도 나는 언제나 내가 경험한 모든 것은 나의 이 현실적 삶임을 알고 있었다. 나는 그 생의 의미와 폭을 충족시키고자 노력했다.

---

9) "Aurea Catena(황금의 사슬)"는 연금술의 문헌 ≪*Aurea Catena Homeri*≫(1723)를 암시한다. 그것은 현자(賢者)들의 유대를 의미한다. 그 유대는 Hermes Trismegistos, 땅과 하늘의 결합에서 시작한다. A. J.

나의 금언은 "도전에 맞서 싸워라!*Hic Rhodus, hic salta!*"였다.

그러므로 나의 가족과 직업은 언제나 하나의 다행스런 현실이며 내가 정상이며 진정으로 존재한다는 보증이었다.

내 속에서 하나의 변화가 무척 느리게 그 윤곽을 드러내기 시작했다. 1916년 나는 이것을 형상화하고 싶은 충동을 감득하였다. 말하자면 나는 필레몬 자신이 말했을 만한 것들을 내가 설명하고 표출하도록 안으로부터의 강요를 받았던 것이다. 그렇게 하여 ≪죽은 자를 향한 일곱 가지 설법*Septem Sermones ad Mortuos*≫이 특이한 언어를 지니고 나오게 된 것이다.[10)]

이런 작업은 마음의 불안정을 동반했다. 그 불안은 내 마음속에 있었으나 나는 그것이 무엇을 의미하는지를 알지 못했다. 혹은 사람들이 나에게 무엇을 원하는지를 몰랐다. 나의 주변에는 이상하게 긴장된 분위기가 감돌았다. 그리고 나는 마치 공기가 유령 같은 실체로 가득 찬 듯한 느낌을 받았다. 그러자 집 안에 유령이 나오기 시작했다. 나의 맏딸이 밤에 흰 물체가 방을 가로질러 가는 것을 보았다. 다른 딸은 — 맏딸과는 전혀 관계없이 — 밤에 이불이 두 번이나 젖혀졌다고 말했다. 그리고 나의 아홉 살 난 아들은 악몽을 꾸었다. 보통 그림을 그리지 않던 그가 아침에 엄마에게 색연필을 달라고 하더니 꿈을 그렸다. 그는 그것을 "어부의 그림"이라 불렀다. 그림의 가운데 강이 흐르고 있었고 한 어부가 강기슭에 낚시대를 든 채 서 있다. 그는 물고기를 낚았다. 어부의 머리 위에 난로가 있고 거기서 불길이 일고 연기가 올라가고 있었다. 강의 다른 기슭에서 마귀가 하늘로 날아오고 있었다. 그는 물고기를 도둑맞았다고 저주하고 있었다. 그러나 어부 위에는 천사가 떠 있어 말하기를 "너는 이 사람을 건드려서는 안 된다! 그는 다만 나쁜 물고기만 낚으니까!" 이 그림을 나의 아들은 어느 토요일 아침에 그렸다.

10) 부록 p. 480ff 참조.

일요일 오후 다섯 시경 현관문에서 경보가 울렸다. 그날은 맑게 개인 여름날이었다. 두 딸은 부엌에 있었는데 거기서는 현관 앞의 터를 내다볼 수 있었다. 나는 종이 있는 근처에 있어서 그 소리도 들었고 종의 추가 움직이는 것도 보았다. 모두 즉시 문으로 달려 나가 누가 거기 있는지 살펴보았다. 그러나 거기에는 아무도 없었다! 우린 그저 서로의 얼굴을 멀뚱히 쳐다볼 뿐이었다! 공기가 아주 탁했다. 이건 정말이다! 그때 나는 이제 무슨 일이 일어나리라는 것을 알아차렸다. 온 집안이 많은 무리들로 가득 차 있었다. 빽빽히 귀신들로 차 있었던 것이다. 그들은 문 아래까지 서 있어서 우린 숨이 막힐 지경이었다. 물론 화급한 의문이 내 속에서 생겼다. '도대체 이게 웬일인가?' 그러자 그들은 합창으로 크게 외쳤다. "우리는 우리가 찾던 것을 거기서 못 찾은 채 예루살렘에서 돌아왔다." 이 말은 ≪죽은 자를 향한 일곱 가지 설법≫의 첫 구절에 해당된다.

그러자 내 마음속에서 상념들이 솟아나오기 시작했다. 사흘 저녁 동안에 나는 그것을 모두 적어내렸다. 내가 펜대를 쥐자마자 모든 귀신의 무리는 사라지고 말았다. 유령사건은 끝이 났다. 방은 조용해지고 대기는 맑았다. 다음 날 저녁까지 다시 그 무리들이 조금 모였다간 또 그렇게 사라졌다. 그것은 1916년의 일이었다.

이 체험은 그저 그대로, 혹은 각자의 눈에 비치는 대로 받아들이는 수밖에 없다. 아마 그것은 내가 당시 처했던 감정, 혹은 심령 · 심리현상이 일어날 만한 감정상태와 관계를 가지고 있었을지 모른다. 그것은 무의식적인 배정Konstellation이었다. 그리고 그런 배정의 특이한 분위기는 원형原型의 누멘Numen으로서 나에게는 잘 알려졌던 것이다. "어떤 목적에 적합하면 그것이 나타난다!" 이지적인 측면에서는 물론 주제넘게 거기에 관한 자연과학적 인식을 들먹일 것이고 심지어 그 모든 체험을 변칙적인 것이라며 말살할 것이다. 변칙적인 것이 없는 세계란 얼마나 황량한 것이랴!

이 체험이 있기 조금 전에 나는 한 가지 환상을 기록하였는데 영혼이 내게서 날아가 버렸다는 것이다. 그것은 나에게는 중요한 사건이었다. 영혼, 즉 아니마는 무의식과의 관계를 마련하는 것이다. 어떤 의미로는 그것은 죽은 자의 집단과의 관계라고도 할 수 있다. 왜냐하면 무의식은 신화적인 "죽음의 나라", 즉 조상의 나라에 해당되기 때문이다. 그러니까 만약 환상 속에서 영혼이 사라졌다면 이것은 그 영혼이 무의식으로, 혹은 "죽은 자의 나라"로 되돌아갔다는 이야기가 된다. 이것은 이른바 영혼의 일실, 즉 원시 종족에서 비교적 자주 볼 수 있는 현상에 해당된다. "죽은 자의 나라"에서 영혼은 하나의 은밀한 활기를 띠고 무의식의 집단적 내용인 조상의 발자취를 형상화한다. 영매처럼 영혼은 죽은 자에게 스스로를 나타내는 가능성을 부여한다. 그러므로 영혼이 사라진 직후에 "죽은 자가 내게 나타났고 그리하여 ≪죽은 자를 향한 일곱 가지 설법≫이 생기게 된 것이다.

당시, 그리고 그때부터 내게는 죽은 자가 미해답의, 미해결의 그리고 구원되지 못할 자의 목소리로서 더욱 뚜렷해졌다. 내가 숙명적으로 대답해야 했던 의문이나 요구는 밖에서부터 내게로 온 것이 아니라 안의 세계로부터 온 것이다. 그리하여 죽은 자와의 대화, 즉 "일곱 가지 설법"은 내가 세계를 향하여 무의식에 관해 전해 줄 것에 대한 일종의 서곡과 같은 것, 무의식의 일반적인 내용에 관한 일종의 해석과 정렬공식Ordnungsschema을 이루고 있었다.

오늘 내가 과거를 돌이켜보면, 그리고 내가 환상에 관해 작업하던 시절에 경험한 것을 생각해 보면 그것이 마치 나에게 소명처럼 지극히 큰 힘으로 다가왔던 것으로 느껴진다. 그 환상의 이미지 속에는 나에게만 관계되는 것이 아니라 다른 많은 사람에게도 관계되는 것들이 내포되어 있었다. 이로써 내가 내 자신에게만 속해 있지 않으리라는 사실이 명백해지기 시작했다. 이때부터 나의 인생은 보편성에 속하게 되었다. 나에게 중요했고 내가 찾던 인식들은 당시의 학문에서는 아직 만날 수 없었다. 나는 원초적 체험을 몸소 겪어야 했고 게다가 내가 체험한 것을 현실의 토대 위에 확립해야 했다. 그렇게 안 했더라면 그 체험은 생명력이 없는 주관적 전제의 상태에 머물러 있었을 것이다. 당시 나는 영혼에 봉사하는 것을 나의 역할로 삼았다. 나는 그것을 사랑했고 또한 미워했다. 그러나 그것은 나의 커다란 보배였다. 내가 그 영혼의 말을 적은 것은 나의 존재를 비교적 전체성으로서 살고 견디어 내는 유일한 가능성이었다.

나는 오늘도 이렇게 말할 수 있다. 나는 결코 나의 이러한 시초의 체험에서 멀리 떠나 있지 않다. 나의 저작, 내가 정신적으로 이루어 놓은 모든 것은 모두 시초의 명상Imagination과 꿈에서 나온 것이다. 1912년 그러한 명상이 시작되었는데 이제 거의 50년이 되었다. 나의 만년에 이루어 놓은 모든 것은 물론 감정이나 영상의 형태라 할지라도 벌써 그 시초의 체험 속에 들어 있었다.

나의 학문은 나로 하여금 나를 혼돈상태에서 끄집어내는 유일한 가능성이며 수단이었다. 그렇지 않았더라면 그 환상의 자료가 마치 늪 속의 식물이나 쇠사슬같이 나를 얽어매고 달라붙어 있었을 것이다. 나는 하나하나의 상과 내용을 이해하고 — 될 수 있는 한 — 합리적으로 정리하고 무엇보다도 인생 속에서 그것을 인식하기 위하여 온갖 정성을 다했다. 사람들이 흔히 소홀히 하는 것이 바로 이런 노력이다. 사람들은 그 상을 떠오르게 하고 그것을 보고 감탄할지 모른다. 그러나 그것으로 그만이다. 사람들은 그것을 이해하고자 노력하지 않는다. 거기에서 윤리적 결론을 끌어내는 일이란 더구나 없는 일이다. 그래서 사람들은 결국 무의식의 부정적 작용을 불러일으키는 결과가 된다.

또한 이미지들Bilder은 어느 정도 이해하면서도 그 이해가 앎으로써 이루어졌다고 믿는 사람이 있다면 그는 위험한 오류를 범하고 있다. 왜냐하면 그의 인식을 윤리적 책무로서 관조하지 않는 자는 권력원리에 빠지게 되기 때문이다. 이로써 파괴적인 작용이 일어나 다른 사람뿐 아니라 그 아는 자 자신도 상처를 입게 될 것이다. 무의식의 이미지는 인간에게 무거운 책무를 지워 주고 있다. 몰이해나 윤리적 책무의 결핍은 그 전체성의 존재를 박탈하여 많은 개인 개인의 인생에 고통스러운 해리적 성격을 부여한다.

무의식의 이미지에 한참 몰두하고 있던 시기에 나는 내가 8년간 사강사(1905년 이래)로 강의를 맡아 온 대학을 그만두기로 결심하게 되었다. 무의식에 관한 나의 실험과 경험은 나의 지적 작업을 억제시켰다. ≪리비도의 변환과 상징≫1911[11]의 저술을 끝낸 뒤에 나는 3년간 학술서적을 전혀 읽을 수 없었다. 나는 내가 지적인 세계의 작업을 더 이상 계속할 수 없다고 느꼈다. 그렇다고 나를 사로잡고 있던 것에 관해서 이야기할 능력도 없었다. 무의식에서부터 드러난 내용들은 글자 그대로 나를 멍청하게 만들었다. 나는 그것을 이해할 수도 없었고 그것에 어떤 형태를 부여하지도 못했다. 대학에서 나는 남의 눈에 띄는 위치에 있었다. 그래서 거기서 강의를 계속하려면 먼저 전혀 새로운 별개의 방향감각을 발견해야 할 것이라 생각했다. 내 자신의 지적 상황이 의혹 덩어리 이외의 아무것도 아닌 상태에서 젊은 학생들을 계속 가르친다는 것은 온당치 못한 일일 것이라는 생각이 들었다.[12] 그리하여 나는 평탄하게 내 앞에 펼쳐져 있는 학문적인 출세의 길을 택할 것인가 아니면 나의 내적 인격의 법칙, 보다 높은 이성의 원리를 좇아서 무의식과 직면해 나가는 이 실험, 그 흥미로운 나의 과제를 서서히 추진해야 할 것인가 하는 선택에 직면하고 있음을 느꼈다.

그리하여 심사숙고한 끝에 나는 나의 학문적 출세의 길을 포기하기로 결심했다. 왜냐하면 나의 무의식과의 실험이 끝나기까지는 공중 앞에 나설 수가 없었기 때문이다.[13] 무언가 엄청난 것이 내 속에서 일어나고 있다고 나는 느꼈다. 나는 내가 더 중요하다고 느낀 것을 믿기로 한 것이다. 그것이 내 인생을 충만하게 채울 것임을 알고 있었고 이 목표를 위해서 나는 어떤 종류의 위험도 받아들일 준비가 되어 있었다.

---

11) 개정판 ≪*Symbole der Wandlung*≫, 1952, ≪전집≫ V, 1973.

12) 이 쉬는 시기에 융은 극히 소수의 논문을 썼을 뿐이다. 영어로 쓴 몇몇의 논문과 ≪정상과 이상정신생활에서의 무의식(*Das Unbewuβte im normalen und kranken Seelenleben*)≫(보완한 뒤에 ≪무의식의 심리학(*Über die Psychologie des Unbewuβten*)≫의 이름으로 1960년 1판이 발행), ≪전집≫ Ⅶ, 2판, 1974. 이 시기는 1921년 ≪*Psychologische Typen*≫의 출판과 함께 끝난다. A. J.

13) 1933년에야 융은 그의 대학에서의 교육활동을 재개하였다. 그것은 취리히의 연방공과대학에서였다. 1935년 그는 명의교수로 명명되었고 1942년 이 자리를 건강상의 이유로 물러났다. 그러나 그뒤 1944년 바젤 대학에서 그를 위해서 설치한 의학심리학 주임자리를 위한 정교수로 부름을 받았다. 그러나 첫 강의 뒤에 그는 심한 신병으로 교직을 포기해야 했고 1년 뒤에는 사직했다. A. J.

퀴스나흐트의 서재에서 분석 장면. 1960년.

그러니 내가 뒤에 정교수가 되든 안 되든 그것이 무슨 문제이겠는가? 물론 교수직을 버린다는 건 괴로운 일이었다. 나는 내가 누구나 이해할 수 있는 일반적인 사상事象에 나를 제한시킬 수 없었던 것을 여러 면에서 후회하고 있었다. 숙명에 거역하려는 세찬 충동이 일었던 순간도 있었다. 그러나 이런 종류의 감정은 일시적인 것이었고 하찮은 것이었다. 다른 것은 이에 반해서 중요한 것이다. 만약 우리가 내적인 인격이 무엇을 원하며 무엇을 말하고 있는가에 주의를 기울인다면 마음의 쓰라림은 사라져 버린다. 이건 내가 학문적 출세를 포기했을 때뿐 아니라 그 밖의 경우에도 여러 차례 반복해서 겪어 온 체험이다. 사실 나는 이런 체험을 어렸을 때 처음으로 겪었다. 소년시절에 나는 성미가 급했다. 그러나 언제나 감정이 절정에 달했을 때면 갑자기 감정이 동요되다가 우주적인 고요가 뒤따랐다. 그럴 때면 나는 온갖 것에서 멀리 떠나 있었다. 바로 한 순간 전에 나를 흥분시킨 것은 이미 아득한 과거에 속한 듯 보였다.

내가 교수직을 그만두기로 한 결정과 내 자신이나 그 이외의 아무도 아직은 전혀 이해할 수 없는 대상을 두고 작업하게 된 결과가 나에게 가져다 준 것은 극도의 외로움이었다. 나는 아무에게도 말할 수 없는 생각들에 골몰하고 있어야 했다. 말해본들 사람들은 잘못 이해했을 것이다.

나는 외부세계와 내면의 이미지 세계 사이의 깊은 틈바구니를 가장 뼈아프게 느꼈다. 나는 당시에 지금 내가 이해하듯 이 두 개의 세계 사이의 상호작용을 인식할 수 없었다. 나는 다만 "안"과 "밖" 사이의 화해할 수 없는 모순을 보았을 뿐이다.

그러나 첫 출발 때부터 나는 내가 만일에 심적 체험의 내용은 진실이며 그 진실성은 내 자신의 개인적인 체험으로서의 진실일 뿐 아니라 다른 사람도 역시 지니고 있는 집단적 체험으로서 진실이라는 사실을 남에게 제시해 줄 수만 있다면 — 그리고 이것이야말로 가장 철저한 노력을 요할 것이나 — 바깥세계와 다른 사람과 접촉할 수 있는 길을 찾게 되리라는 것을 분명히 알고 있었다. 뒤에 나는 이것을 나의 연구저술에서 제시했고 온갖 힘을 다 기울여서 나의 가까운 벗들에게 사물을 보는 새로운 방법을 전달하였다. 만일에 내가 그것에 성공하지 못했다면 나는 절대적인 고독에서 헤어나지 못했을 것이다.

제1차 세계 대전이 끝날 무렵이 되어서야 비로소 나는 차츰 미지의 어둠으로부터 빠져나오기 시작했다. 그렇게 된 데는 두 가지 사건이 계기가 되었다. 첫째는 나의 환상이 예술적 가치를 지니고 있다고 내게 확신시키기로 마음먹은 한 부인과 절교한 일이다. 그러나 무엇보다도 중요한 사건은 내가 만다라 그림을 이해하기 시작했다는 사실이었다. 이것은 1918년과 1919년 사이에 일어났다. 나는 첫 번 만다라를 1916년 ≪죽은 자를 향한 일곱 가지 설법≫을 쓴 뒤에 그렸지만 물론 그 당시는 그것을 이해하지 못했다.

1918년과 1919년에 나는 피억류 영국인수용소의 지휘자로서 샤또 드외 Châtteau d'Oex에 있었다. 거기에 있는 동안 나는 매일 아침 노트에 작은 도형, 즉 만다라를 그렸는데 그것은 나의 그 당시의 내면적 상황과 연관되는 듯 보였다. 이 그림 덕분에 나는 나의 정신적 변환을 매일매일 관찰할 수 있었다. 이를테면 어느 날 나는 저 미학적인 여인으로부터 편지를 받았는데 그 속에서 그녀는 또한 번 내 무의식에서 일어나고 있는 환상이 예술적 가치를 지니고 있으며 예술이라고 간주되어야 한다고 고집스럽게 주장하고 있었다. 이 편지는 내 신경을 건드렸다. 그것은 바보스러운 정도를 훨씬 넘는 그래서 위험스러울 정도의 설득력을 지닌 것이었다. 어쨌든 현대예술은 무의식으로부터 예술을 창조해 내려고 탐구하고 있다. 이런 주장 뒤에 숨은 공리주의와 자기도취는 내 마음속의 의혹을 자극하였다. 즉, 내가 만들어 내는 환상이 정말 자연 발생적인 것인지 궁극적으로 내 자신의 인위적인 발명품인지에 대한 불확실성을 자극한 것이다. 나는 어떤 그럴 듯한 영감은 자신의 공적인 양 믿고 싶어 하고 이에 반해서 열등한 반응은 우연히 일어났거나 낯선 원천에서 나온다고 말하는 의식의 오만과 일반적인 편견에서 결코 자유로워지지 못했었다. 내 마음속의 이런 부조화와 짜증스러움에서 다음날 변화된 만다라가 나타났다. 주변의 일부가 터져 나와 균형이 깨어져 있었다.

만다라가 정말 무엇인가를 나는 서서히 발견하게 되었다. 즉 그것은 "형성, 변환, 영원한 심성의 영원한 재창조"였다. 그리고 그것이 바로 자기 자신, 인격의 전체성이며 모든 것이 잘 되어가면 조화롭고, 그러나 자기기만을 결코 용납할 수 없는 것이다.

나의 만다라 그림들은 매일매일 새롭게 나에게 나타나는 자기Selbst의 상태에 연관되는 암호와 같은 것이었다. 그 속에서 나는 자기를 즉, 나의 전 존재가 활발히 작동하고 있음을 보았다. 물론 처음에는 만다라의 상들을 그저 어렴풋이 이해할 수 있을 뿐이었다. 그러나 그것은 무척 중요하게 여겨졌고 나는 그것을 마치 값진 진주처럼 조심스럽게 다루었다. 나는 그것이 어떤 핵심적인 것을 의미한다는 사실을 분명히 느끼고 있었고 그러는 동안 그것들을 통해서 "자기"의 생생한 개념을 터득하였다. 자기는 내 생각에 내가 그것이며 동시에 나의 세계인 단자單子와 같은 것이라고 생각했다. 만다라는 이 단자를 표시하며 정신의 소우주적 성질에 해당되는 것이다.

그 무렵에 내가 얼마나 많은 만다라를 그렸는지 이제는 기억이 안 난다. 만다라 그림을 그리면서 내 마음속에는 되풀이해서 의문이 솟았다. 이 과정이 인도하는 목적이 무엇인가? 어디에 그 목표가 있는가? 나의 경험에 비추어 볼 때 나는 이제까지 내가 믿을 만한 가치가 있는 목표를 내 스스로 선택할 수 있었던 것이 없음을 알고 있었다. 나는 자아가 최고의 위치에 있다는 생각을 포기해야 한다는 사실을 경험했다. 나는 그런 생각을 하다가 좌절되었던 것이다. 나는 ≪리비도의 변환과 상징*Wandlungen und Symbole der Libido*≫에서 시작한 것과 같은 신화의 학문적 연구를 계속하고 싶었다. 그것은 나의 목표였다. 그러나 그건 문제가 되지 않았다. 나는 무의식의 과정을 스스로 거쳐 지나가도록 강요되었다. 나는 먼저 내 자신을 이 무의식의 흐름에 내맡기는 도리밖에 없었고 그것이 나를 어디로 데려가게 될지 알 수가 없었다. 내가 만다라를 그리기 시작하자 나는 그 모든 것, 내가 따라온 모든 길, 내가 취한 모든 발걸음이 하나의 점, 즉 중심점으로 되돌아간다는 것을 알게 되었다. 만다라가 중심임이 내게 더욱 분명해졌다. 그것은 모든 길의 표현이다. 그것은 중심을 향한 길, 개성화를 향한 길이다.

1918년과 1920년 사이의 여러 해 동안 나는 정신적 발전의 목표는 자기Selbst임을 이해하기 시작했다. 여기에는 직선적 변화가 없다. 단지 자기의 순환이 있을 뿐이다. 단일형의 발전도 있지만 그것은 기껏해야 처음 단계에서나 볼 수 있다. 그 뒤에는 모든 발전이 중심을 향한다. 이와 같은 인식은 내 마음에 확신을 주었고 차츰 나의 마음의 내적 평안이 회복되었다. 만다라가 자기의 표현임을 발견함으로써 나는 이제 나에게 궁극적인 어떤 것에 다다랐다는 것을 알았다. 아마 다른 사람은 더 알고 있을지 모른다. 그러나 나는 그렇지 않다.

내가 중심과 자기의 생각을 확증하게 된 것은 몇 년 뒤(1927년)에 꿈을 통해서였다. 그 정수를 나는 한 개의 만다라 그림으로 표현했는데 이것을 "영원에 이르는 창"이라 명명했다. 이 그림은 ≪태을금화종지太乙金華宗旨≫에 재현되었다.[14] 1년 뒤 나는 두 번째 그림을 그렸는데 만다라와 같은 것으로 중심에 황금의 성이 있는 그림이다.[15] 내가 이 그림을 그리기를 마쳤을 때 나는 "이것이 어째서 그리도 중국풍인가" 하고 자문하였다. 나는 색깔의 선택이나 형태가 중국풍인 것에 깊은 인상을 받았다. 사실 겉으로 볼 때 이 그림에 중국적인 것은 전혀 없었는데도 나는 그런 느낌을 받은 것이다. 바로 그 얼마 뒤에 리하르트 빌헬름Richard Wilhelm이 ≪태을금화종지≫라 제목이 붙은 도교 — 연금술서의 원고를 보내면서 내게 거기 관한 논평을 써줄 것을 요청한 것은 참으로 이상한 우연의 일치였다. 나는 그 원고를 즉시 탐독했다. 이 경서는 나의 만다라의 생각과 중심으로의 주행周行이라는 생각을 뜻밖에도 증명해 주었던 것이다. 이것은 나의 고독을 깨뜨리는 첫 사건이었다. 그곳에서 나는 동류의식을 느꼈고 그곳에 나를 결속시킬 수 있었다.[16] 이와 같은 만남, 저 동시성을 기억하기 위하여 나는 그 만다라 그

14) 그림 3 참조. 1950년 간행 ≪무의식의 형상성(*Gestaltungen des Unbewußten*)≫, ≪전집≫ IX/1, 1976, 그림 6 참조.

15) ≪태을금화종지(太乙金華宗旨, *Das Geheimnis der Goldenen Blüte*)≫, 1948, 그림 10 참조, ≪*Gestaltungen des Unbewußten*≫, 1950, 그림 36 참조.

림 밑에 다음과 같이 적었다. "1928년 내가 잘 방어된 황금의 성이 있는 이 그림을 그렸을 때 프랑크푸르트의 리하르트 빌헬름이 내게 황색의 성, 불사신의 싹에 관한 천 년이 된 오랜 중국의 경서를 보내오다."

전에 이미 말한 1927년의 꿈은 또한 만다라를 묘사하고 있다. 그 꿈은 다음과 같다.

나는 어떤 더러운 연기에 그을린 도시에 있다. 밤이었다. 겨울날, 어둡고 비가 내렸다. 나는 리버풀에 있었다. 스위스 사람들 — 아마 6명 정도 — 과 함께 어두운 거리를 걸어갔다. 내 느낌으로는 우리는 항구에서 올라오는 중이고 도시는 사실 절벽 위에 있었다. 우리는 그곳으로 올라갔다. 그것은 내게 바젤을 회상케 했는데 시장이 밑에 있고 "죽은 자의 작은 길"을 통하여 위로 올라오면 거기에 베드로 광장, 베드로 교회가 있는 그런 정경이었다. 꼭대기에 도달하자 우리는 넓은 사각의 광장이 가로등에 어렴풋이 모습을 드러낸 채 있고 그곳으로 많은 거리가 합쳐짐을 보았다. 도시의 여러 지역이 그 광장 주변에 방사형으로 배열되어 있었다. 중앙에는 둥근 못이 있고 그 한가운데는 작은 섬이 있었다. 모든 주위가 비, 안개, 연기에 싸여 어렴풋이 어둠 속에서 모습을 드러낼 뿐이었지만 그 작은 섬만은 햇빛에 빛나고 있었다. 그 섬 위에 단 한 그루의 나무가 서 있었는데 불그스름한 꽃들이 쏟아질 정도로 달린 목련나무였다. 그것은 마치 그 나무가 햇살을 받고 서 있으면서 동시에 빛의 원천인 것 같았다. 내 동반자들은 지긋지긋한 날씨를 탓하였다. 아마 그 나무를 못본 것임에 틀림없었다. 그들은 리버풀에 살고 있는 다른 스위스사람 이야기를 하고 있었다. 그가 어떻게 여기에 정주하게 되었는지 놀라움을 표시하고 있었다. 나는 저 꽃핀 나무와 태양, 빛나는 섬에 넋을 잃고 있었다. 그리고 생각했다. '그가 왜 여기에 정착하게 되었는지 알 만하구나'라고 생각했다. 그러자 잠에서 깨었다.

꿈의 한 세부에 대해서 한마디만 더 보충해야겠다. 이 도시의 하나하나의 구역

---

16) 리하르트 빌헬름에 관해서는 부록 p. 470 이하 참조.

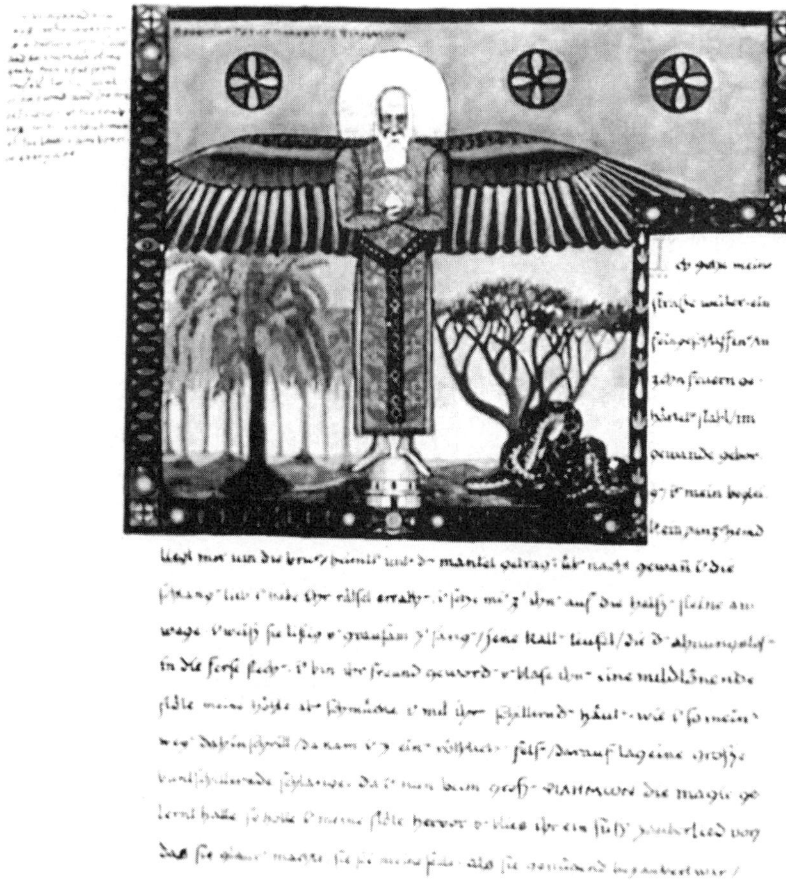

〈붉은 책〉 필레몬의 페이지.

자체에도 중심점이 있고 거기서 방사형으로 집들이 배열되어 있었다. 이 중심점은 커다란 가로등으로 비쳐진 작은 도면이었는데 그것은 그 큰 빛나는 섬의 축소형을 이루고 있었다. 나는 "다른 스위스사람"은 이러한 이차적인 중심 가운데 한 인접지역에 살고 있다는 것을 알고 있었다.

이 꿈은 그 당시의 나의 상황을 표시하고 있었다. 아직도 내게는 비에 젖어서 번질번질하는 회황색의 비옷이 눈에 선하다. 모든 것이 극도로 불쾌했고 깜깜하고 불투명했다. 꼭 그 당시의 내 기분과 같았다. 그러나 나는 초속적인 아름다움의 환상을 보았고 비로소 나는 살 수가 있었던 것이다. 리버풀은 "삶의 못"이다. "간Liver"은 옛날 관점에 따르면 생명이 자리하고 있는 곳이다.

이 꿈의 체험은 나로 하여금 구극의 느낌을 갖게 하였다. 나는 이곳에 삶의 목표가 묘사되고 있음을 보았다. 중앙이 그 목표이다. 인간은 중앙을 넘어서 갈 수 없다. 이 꿈을 통해서 나는 자기가 질서와 의미의 원리이며 원형임을 이해했다. 그 속에 병을 치유하는 기능이 들어 있다. 이러한 통찰을 통해서 나는 나의 개인적 신화의 첫 힌트를 얻었다.

이 꿈을 꾼 뒤에 나는 만다라 그림을 그리기를 그쳤다. 꿈은 모든 의식의 발달과정의 절정을 묘사하는 것이었다. 그것은 나를 여지없이 충족시켰다. 왜냐하면 그것은 나의 상황에 관하여 그 전체상을 부여하였기 때문이다. 물론 나는 당시 내가 몰두하고 있는 것이 매우 중요한 것임을 알고 있었다. 그러나 내게는 아직 그것을 이해할 능력이 없었다. 나의 주위에는 누구도 그것을 이해할 만한 사람이 없었다. 꿈에 의해서 이루어진 명증성은 나로 하여금 나의 존재를 채우고 있는 것들을 보다 객관적으로 볼 수 있는 관점을 가능하게 하였다.

그러한 환상 없이 나는 아마 나의 방향감각을 잃었을 것이며 나의 작업을 포기할 수밖에 없었을지 모른다. 그러나 여기에 의미가 뚜렷이 묘출된 것이다. 프로이트와 헤어졌을 때 나는 내가 미지와 무지의 세계 속에 빠져 버릴 것임을 알고 있었다. 그 당시 프로이트를 넘어서 내가 아는 것이란 없었던 것이다. 그러나 나는 감히 어둠 속으로 발자국을 내딛었다. 그럴 때 그런 꿈이 나타날 경우 사람들은 이것을 은혜의 작용이라 느끼게 마련이다.

내가 그 당시 경험했고 기술한 것을 나의 과학적 작업의 그릇 속에서 증류하기까지 실로 45년이 걸렸다. 이로써 나의 목표는 나의 학문에서 무엇을 성취하는 것이었다. 그러나 나는 그 뒤에 우연히도 용암의 흐름을 만났고 그 불 속에 내포된 열정은 나의 생을 개조하고 그 방향을 조정하였다. 그것은 바로 나로 하여금 그렇게 하지 않을 수 없게 한 원료였다.

그리고 나의 작업은 이 백열하는 물질을 나의 시대의 세계관 속에 장치하기 위한, 어느 정도 성공한 시도였다. 그 최초의 환상과 꿈은 마치 불에 녹은 현무암과 같은 것이었다. 그것으로부터 돌이 결정화되었고 나는 이것을 다듬어 갈 수 있었던 것이다.

내가 나의 내적인 상을 추적하던 그 몇 해는 나의 인생의 가장 중요한 시기였다. 그 속에서 온갖 본질적인 것이 결정되었다. 모든 것이 그때 시작되었다. 뒤의 세부적인 것은 다만 보충하거나 보다 더 분명히 한 것에 지나지 않는다. 나의 후기의 작업은 모두 그 당시 무의식에서 터져나와 나를 휩쓸었던 자료들을 보다 더 철저하게 다듬는 데 있었다. 그것은 일생을 두고 하여야 할 작업의 원질료原質料, prima materia였다.

제8장

나의 저작이 이루어지기까지

인생의 후반기가 시작되면서 나는 무의식과의 대면에 착수하였다. 무의식에 관한 나의 작업은 오랜 시간을 끌었다. 20년쯤 지나서야 비로소 나는 나의 환상의 내용을 조금이나마 이해할 수 있게 되었다.

먼저 나는 나의 내적 체험의 역사적 예시의 증거를 찾아내야 했다. 다시 말해서 나는 다음의 물음에 답해야 했다. "나의 가정이 역사 속의 어디에 나타나고 있는가?" 만약 그런 증거를 찾는 데 성공하지 못한다면 내 생각을 실증할 길이 결코 없을 것이다. 그런 의미에서 나와 연금술과의 만남은 나에게 결정적인 경험이 되었다. 왜냐하면 그것은 그동안 부족했던 역사적 기반을 나에게 마련해 주었기 때문이다.

분석심리학은 본질적으로 자연과학Naturwissenschaft에 속한다. 그러나 그것은 어느 다른 과학에 비해서도 훨씬, 관찰자의 개인적인 가정에 영향받을 가능성을 가지고 있다. 그러므로 최소한 아주 대략적인 판단착오만이라도 제거하려면 심리학은 역사적, 문헌적 비교에 고도로 의존해야 한다.

1918년과 1926년 사이에 나는 그노시스Gnosis 파의 저술을 진지하게 탐구하였다. 그들 또한 무의식의 원초적 세계와 직면해서 분명 충동의 세계에 오염된 내용을 처리했다. 이에 관한 정보를 얻게 된 것은 주로 그노시스 파의 반대자인 교부敎父들의 기술 덕분이지만 그나마 기술된 것이 적어서 그들이 무의식의 이러한 상들을 어떤 식으로 이해했는지는 말하기 어렵다. 그러나 그들이 그 상들에 관한 심리학적 견해를 가지고 있었다고 보기는 거의 힘들다. 그노시스 파 사람들은 내가 직면하고 있던 의문과 그들을 연결 짓기에는 시간적으로 너무 멀리 떨어져 있었다. 내가 보기에는 그노시스와 현재 사이의 전통은 단절된 것 같았고 나는 오랫동안 그노시스설 — 혹은 신플라톤주의와 현재 사이를 잇는 다리를 발견하기 어려웠다. 그러나 내가 연금술을 이해하기 시작하자 비로소 그것을 통해서 그노시스설에 대한 역사적인 연결이 성립됨을 알게 되었다. 즉, 연금술로써 과거와 현재 사이의 연속성이 이루어짐을 알게 된 것이다. 중세의 자연철학을 바탕으로 하여 연금술은 한편으로는 과거의 그노시스에, 다른 한편으로는 미래를 현대의 무의식의 심리학에 걸치는 다리를 형성하고 있었다.

무의식의 심리학은 프로이트에 의해서 한편으로는 전형적인 그노시스적 성性 주제와, 다른 한편으로는 악한 아버지의 권위의 주제와 함께 도입되었다. 그노시스의 야훼와 창조주 하나님의 주제는 원부原父와 여기에서 유도된 음산한 초자아에 관한 프로이트 학파의 신화로 재현되었다. 프로이트의 신화에서 야훼는 실망과 착각과 고통의 세계를 창조해 낸 데몬이 되었다. 그러나 물질의 신비에 골몰하던 연금술사들 가운데서 그 징조가 나타난 물질주의적 경향은 프로이트로 하여금 그노시스의 다른 본질적 측면, 즉 보다 높은 신으로서의 심혼心魂의 원초상을 간과하게 했다. 그노시스의 전설에 의하면 인류에게 크라터Kratēr, 혼합용기, 정신적 변환의 용기容器를 부여한 것은 바로 그 높은 신이었다.[1] 크라터는 여성원리로서 프로이트의 가부장적 세계 속에 수용될 자리가 없었다. 물론 프로이트만이 이런 편견을 가진 것은 아니었다. 가톨릭사상의 영역에서 신의 어머니, 그리스도의 신부新婦가 성스러운 신방으로 받아들여져 최소한 그 일부가 수용된 것은

---

1) 이교 그노시스인 포이만드레스(Poimandres)의 저술에는 크라터(Kratēr)는 영혼으로 채워진 그릇인데 창조주 하나님이 땅으로 내려보내신 것으로, 보다 높은 의식의 경지를 지향하는 사람들이 그 속에서 세례를 받도록 되었던 것이다. 그것은 일종의 영적인 재생과 개신(改新)의 자궁이었다. A. J.

극히 최근의 일로서 교회는 그렇게 되기까지 수 세기를 주저해 온 것이다.[2] 신교나 유태교의 영역에서 부父는 여전히 지배적이다. 이에 반해서 연금술철학에서는 여성원리가 성性의 그것과 대등한 역할을 하고 있었다. 연금술에서의 가장 중요한 여성상징의 하나는 그 안에서 물질의 변화가 완수될 그릇이라는 것이다. 나의 심리학적 발견의 핵심도 이와 마찬가지로 내적인 변환과정, 즉 개성화였다.

내가 연금술을 발견하기 전에 나는 같은 주제의 꿈을 되풀이해서 꾸었다. 나의 집 옆에 매우 낯선 다른 것, 말하자면 다른 부대건물이 서 있었다. 그때마다 나는 이 집채가 분명 늘 거기에 있었던 것 같은데 왜 내가 지금껏 모르고 지내왔는지 놀라곤 했다. 드디어 내가 그 다른 채에 도달한 꿈이 나타났다. 나는 거기서 훌륭한 서재를 발견하였다. 그곳에는 주로 16세기와 17세기 것이 있었다. 커다란 돼지가죽으로 제본된 두꺼운 이절지판의 서책들이 벽에 죽 꽂혀 있었던 것이다. 그 가운데 동판의 이상한 글씨로 장식된 성서가 있었다. 그 책 속의 그림들은 내가 예전에 한 번도 본 일이 없는 흥미로운 상징들을 내포하고 있었다. 그 당시 나는 그것이 무엇에 관계되는지 몰랐다. 훨씬 뒤에야 나는 그것이 연금술의 상징들임을 알게 되었다. 꿈속에서 나는 다만 오직 그 책과 서재 전체에서 풍기는 말할 수 없는 것에 매료되었다. 그것은 중세의 옛 판본과 16세기의 인쇄물 장서였다.

꿈에 나온 그 집의, 내게 알려지지 않은 부대건물은 나의 인격의 일부, 즉 내 자신의 한 측면이었다. 그것은 내게 속해 있었으나 내가 아직 의식하지 못했던 어떤 것을 표시하고 있었다. 그 건물, 특히 서재는 몰랐으나 내가 곧 배우게 될 연금술을 표현하고 있었다. 15년쯤 뒤에 나는 그 꿈에 나온 것과 무척 비슷한 장

---

2) 이것은 비오 12세의 교황칙령, 성모승천의 도그마(1950)를 말한다. 새로운 도그마는 마리아가 신부로, 아들과 더불어 소피아(지혜)로서 신격과 함께 하늘의 신방에서 결합한다고 되어 있다. 이리하여 여성원리는 남성적 삼위일체에 인접하게 된 것이다. 융, ≪욥에의 회답(*Autwort auf Hiob*)≫, ≪융 전집≫ II, 1973, p. 458ff 참조.

서를 실제로 보았다.

1926년 무렵 나와 연금술과의 만남을 예측하는 결정적인 꿈이 있었다. 나는 꿈속에서 남부 티롤 지방에 있었다. 전쟁 중이었는데 나는 이탈리아 전선에 있었고 전선에서 한 키가 작은 농부와 함께 그의 마차에 타고 일선에서 후퇴하는 길이었다. 사방에 포탄이 작열하고 있었다. 무척 위험하기 때문에 가능한 한 빨리 서둘러야 했다.[3)]

우리는 다리를 건너고 터널을 통과해야 했는데 터널 천정이 일부 포탄으로 부서져 있었다. 터널 끝에 도달하자 우리는 우리 앞에 펼쳐진 화창한 풍경을 보았으며 나는 그것이 베로나Verona 주위의 지역임을 직감했다. 내 발 밑에 그 도시가 놓여 있었는데 그 도시는 창창한 햇살에 빛나고 있었다. 나는 마음이 놓였다. 우리는 그 푸른 풍성한 롬바르드 평원으로 달려들어 갔다. 길은 아름다운 봄철의 시골 정경을 뚫고 지나가고 있었다. 우리는 논과 올리브나무와 포도밭을 보았다. 그러자 그 길을 가로질러 한 커다란 건물이 내 눈에 들어왔다. 큰 규모의 장원이었는데 마치 북이탈리아 공작의 성 같았다. 그것은 많은 부대건물과 외곽건물이 있는 전형적인 장원이었다. 길은 꼭 루브르궁처럼 넓은 뜰을 통하여 성을 지나가고 있었다. 그 작은 마부와 나는 문을 통과하여 마차를 몰았다. 여기서 우리는 멀리 떨어진 두 번째 문 너머로 태양에 빛나는 풍경을 볼 수 있었다. 나는 주변을 둘러보았다. 내 오른쪽에는 장원 저택의 정면이, 왼쪽에는 하인들 숙소와 마구간, 건초창고, 그 밖의 외곽 건물들이 무척 길게 뻗쳐 있었다.

우리가 그 정원 한가운데 출입구 앞에 다다랐을 때 예기치 못한 일이 생겼다. 둔탁한 소리와 함께 양측 문이 닫힌 것이다. 농부는 자리에서 뛰어내리며 소리쳤다. "이제 우리는 17세기에 갇혔습니다." 나는 체념하면서 생각하기를 '그

3) 하늘에서 떨어지는 포탄은 심리적으로 "다른 쪽", 즉 적으로부터 탄환이 오고 있다고 해석된다. 그러므로 그것들은 무의식으로부터, 그림자로부터 나오는 작용이다. 꿈속의 사건은 바깥세계에서 수 년 전 일어났던 전쟁이 아직 끝난 것이 아니라 마음속에서 계속되고 있다는 것을 암시한다. 분명 여기 내면세계에, 바깥세계에서는 발견될 수 없는 문재해결이 있을 것이다. A. J.

래, 그렇구나! 그런데 여기서 무얼 한담? 이제 우린 여러 해를 여기서 잡혀 있어야겠군!' 그러나 언젠가, 이제부터 몇 년 뒤에 다시 나갈 수 있겠지 하는 위로의 마음도 생겼다.

이 꿈을 꾼 뒤에 나는 세계사와 종교사, 철학사에 관한 수많은 책을 인내력 있게 훑어보았지만 나의 꿈을 설명할 만한 것을 발견하지 못했다. 훨씬 뒤에 이르러서야 나는 그것이 연금술과 관계가 있음을 깨달았다. 왜냐하면 그 학문은 17세기에 이르러 절정에 도달했기 때문이다. 이상하게도 나는 헤르베르트 질버러Herbert Silberer가 연금술에 관해서 쓴 것을 완전히 잊고 있었다.[4] 그의 책이 간행되었을 때 나는 그의 신비상징적 관점과 건설적인 관점을 좋게 평가하기는 했지만 연금술을 상도에서 벗어난 것이며 어리석은 것으로 보았었다. 나는 당시 그와 편지를 교환하고 있었고 그의 견해에 대한 공감을 써 보냈다. 그의 비극적 죽음이 보여 주듯이 질버러의 견해는 문제의 통찰을 수반하지 못했다.[5] 그는 주로 후기의 연금술 자료를 사용했는데 나는 그 자료로는 무엇을 시작할 수 없었다. 후기 연금술 문헌은 환상적이며 바로크적이다. 우리가 그것들을 어떻게 해석할 것인지를 배운 뒤에 비로소 우리는 그것이 얼마나 값진 것을 숨기고 있는지를 깨닫게 된다.

내가 연금술의 본질에 좀 더 가까이 접근할 수 있게 된 것은 빌헬름R. Wilhelm이 1928년 내게 보내 준 중국 연금술에 속하는 ≪태을금화종지太乙金華宗旨≫를 읽고 나서였다. 내 마음속에 연금술을 좀 더 자세히 알고 싶은 욕망이 일었다. 나는 뮌헨의 한 서점상에 부탁해서 그의 수중에 들어오는 연금술에 관한 책은 무엇이든지 내게 알려달라고 부탁했다. 얼마 안 가서 나는 그 가운데 첫 번째 책을 얻었다. 그것은 ≪연금술 제2권≫*Artis Auriferae Volumina*, 1593으로 라틴어로 쓴 논문의 방대한 총서였는데 이 가운데 연금술의 "고전"들이 몇 편 있었다.

나는 이 책을 손대지 않은 채 거의 2년간이나 방치해 두었다. 때때로 나는

4) ≪비교(祕敎)와 그 상징성의 제문제(*Probleme der Mystik und ihre symbolik*)≫, 1914.
5) Silberer는 자살했다.

그림을 들여다보고는 그때마다 '무슨 황당무계한 꼴들이람! 이 쓰레기는 도저히 이해할 수 없겠어!' 하고 생각했다. 그러나 그것은 끈질기게 나를 유혹했다. 나는 그 문헌을 좀 더 철저하게 살펴보기로 결심하였다. 다음 해 겨울에 그 작업을 시작했고 곧 나는 그 내용이 흥미진진하여 흥분할 만한 것임을 알게 되었다. 물론 그 문헌의 내용은 그 당시의 내게는 명백한 헛소리처럼 보였으나 여기저기에 뜻이 있어 보이는 줄거리들이 있었고 때로는 심지어 내가 이해할 수 있다고 느낀 문장도 몇 개 발견되었다. 결국 나는 연금술사들이 말하고 있는 것은 바로 상징이었다는 것을 깨달았다. 그것은 내게 잘 알려진 화법이었다. '야, 멋지다. 이 모든 것을 이해하는 법을 배워야지' 하고 나는 생각했다. 그러고 나서는 완전히 거기에 매료되어 시간이 있기만 하면 그 문헌에 파묻혔다. 어느 날 밤, 그 내용을 공부하고 있을 때 별안간 나는 내가 17세기에 갇혔던 꿈이 생각났다. 드디어 나는 그 뜻을 파악했다. "아, 그랬구나! 이제 나는 연금술을 처음부터 연구해야 될 숙명에 사로잡혔구나!"

내가 연금술적 사고과정의 미로에서 나의 길을 찾기까지는 오랜 시간이 걸렸다. 내 손에 실을 쥐어 줄 아리아드네Ariadne(그리스 신화에 나오는 여신)가 없었기 때문이다. 16세기의 문헌, ≪현자의 장미원*Rosarium Philosophorum*≫을 읽으면서 나는 몇 가지 기이한 표현과 이구의 구사가 되풀이되는 것에 주목하였다.[6] 예를 들면 "solve et coagula용해와 응고", "unum vas하나의 그릇", "lapis돌", "prima materia 원질료", "메르쿠리우스Mercurius" 등이다. 나는 이런 표현들이 특별한 의미로 되풀이 사용됨을 알아차렸으나 그 뜻이 무엇인지 알아낼 수 없었다. 그래서 나는 중요 어구의 전후참조가 붙은 사전을 만들기 시작했다. 시간이 감에 따라 수천 개의 중요 어구를 모았고 발췌만으로 채워진 사전이 여러 권 나오게 되었다. 나는 순전히 문헌학적인 방법에 따라 작업했다. 마치 미지의 언어의 수수께끼를 해명하려는 듯이. 이런 식으로 차츰 연금술의 표현방식의 의미가 나에게 전달되기

6) ≪현자의 장미원(*Rosarium Philosophorum*)≫, 익명의 저술, 1550, ≪연금술(*Artis Auriferae*)≫ II권, 1593년에 포함되어 있다.

시작했다. 그것은 내가 10년 이상이나 몰두했던 과제였다.

나는 곧 흥미롭게도 분석심리학이 연금술과 일치한다는 것을 알게 되었다. 연금술사들의 경험은 나의 경험이기도 했다. 그들의 세계는 어떤 의미로는 나의 세계였다. 이것은 나에게는 물론 가장 이상적인 발견이었다. 나의 무의식의 심리학에 대한 역사적 대응자를 만나게 되었기 때문이다. 이제 나의 심리학은 역사적 토대를 획득한 것이다. 연금술과의 비교, 그노시스설에 거슬러 올라가는 정신적인 연속성은 나의 심리학에 실체성을 부여하였다. 고대문헌을 깊이 고찰해 감으로써 내가 나의 진료실에서 수집한 모든 환상상幻想像의 세계, 경험적 자료와 거기서 도출한 결론들이 모두 제자리를 찾게 되었다. 이제야 나는 이런 정신적 내용이 역사적 관점에서 무엇을 의미하는지를 이해하기 시작했다. 그것이 내포하고 있는 전형적인 성격의 이해는 나의 신화연구에서 이미 시작되었지만 연금술의 연구로 더욱 심화되었다. 원초적 상과 원형의 본체가 나의 연구의 핵심을 이루게 되었고 역사 없이는 심리학이 없으며, 또한 무엇보다도 무의식의 심리학이 있을 수 없다는 것을 인식했다. 의식의 심리학은 물론 개인적인 생활에서 끄집어낸 자료로 족하다. 그러나 우리가 노이로제를 이해하고자 하면, 역사를 필요로 하며, 그것은 의식을 아는 것보다 더 깊이 들어가야 되는 것이다. 그리고 치료과정에서 비일상적인 결단이 요청될 때 꿈이 나타나는데 이것을 해석하려면 개인적인 기억 이상의 것을 필요로 하는 것이다.

나는 나의 연금술에 대한 작업을 괴테에 대한 내적인 관계의 징표로 간주한다. 괴테의 비밀은 그가 수 세기 동안 지속된 원형적 전환의 과정에 사로잡혀 있었다는 사실이다. 그는 ≪파우스트≫를 대업大業, opus magnum 또는 성업聖業, divinum 이라 보았다. 그는 ≪파우스트≫를 그의 "주요 사업"이라 불렀다. 그래서 그의 전 생애는 이 드라마의 테두리 속에서 행하여졌다. 감명 깊게도 우리는 그의 속에서 살고 작용하는 것이 생동하는 실체, 하나의 초개인적인 과정이며 원형의 세계의 위대한 꿈이었음을 발견한다.

나 자신 역시 같은 꿈에 사로잡혀 있었다. 그리고 열한 살 때부터 나는 나의 "주요 사업"에 착수해 왔다. 인격의 비밀을 파고들고자 하는 오직 하나의 생각, 하나의 목표가 나의 인생을 꽉 채우고 또한 통합하였다. 모든 것은 이 핵심적인 중심에서 설명되며 나의 모든 이념들은 바로 이 하나의 주제에 연관된다.

나의 고유의 과학적인 연구는 1903년의 연상실험과 더불어 시작되었다. 나는 그것을 자연과학 분야에서의 작업으로는 나의 첫 연구라고 본다. 당시 나는 내 고유의 생각을 표현하기 시작했다. "진단적 연상시험" 연구 뒤에 두 개의 정신의학적 연구논문이 나왔는데 그것은 〈조발성 치매의 심리학에 관하여Über die Psychologie der Dementia praecox〉와 〈정신병의 내용〉이다. 1912년 나의 저서 ≪리비도의 변환과 상징≫이 간행되었고 이로 말미암아 나와 프로이트와의 친교가 끊어졌다. 그 당시에 나의 독자적인 길이 — 싫든 좋든 — 시작되었다. 나는 그 출발점을 내 자신의 무의식의 이미지에 철저하게 몰두하는 데 두었다. 이 시기는 1913년에서 1917년까지 지속되었다. 그러자 환상의 흐름이 퇴조되었다. 그것이 완전히 사라지고 더 이상 주술의 산 안에 붙잡혀 있지 않게 되자 나는 그 모든 경험을 객관적으로 보고 거기에 관해 사색할 수 있었다. 당시 내 자신에게 던진 첫 번 물음은 "우리는 무의식과 더불어 무엇을 하고 있는가?"였다. 그 회답으로 생긴 것이 ≪자아와 무의식과의 관계≫라는 저술이다. 1916년에 나는 파리에서 이 주제에 관한 강의를 하였다.[7] 그러나 그것은 12년이 지나서야 독일어로, 상당히 확대된 형태로 출간되었다. 그 속에서 나는 무의식의 몇 가지 전형적인 내용을 기술하였고 그것이 결코 의식이 무의식의 내용에 대하여 취하는 태도와 무관하지 않음을 제시하였다.

동시에 나는 심리학적 유형에 관한 저술[8]의 준비에 바빴다. 이것은 1921년

7) "La Structure de l'inconscient", ≪*Archives de Psychologie de la Suisse Romandes*≫ XVI, 제네바, 1916, 62, pp. 152~179.

8) ≪심리학적 유형(*Psychologische Typen*)≫, 1921, ≪전집≫ VI권, 1971.

에 발간되었다. 이 저술이 나온 데는 내가 프로이트나 아들러와 어떻게 다른가, 우리의 견해 차이는 무엇인가 하는 물음이 매우 중요한 역할을 했다. 내가 거기 관해 생각하였을 때 부딪친 것이 유형의 문제였다. 왜냐하면 그 사람의 판단을 처음부터 결정하고 제약하는 것은 심리학적 유형이기 때문이다. 그러므로 나의 저서는 개인과 세계, 개인과 타인과 사물과의 관계를 다루고자 하는 하나의 노력이었다. 그것은 의식의 여러 가지 측면, 의식이 세계에 대하여 취할 수 있는 여러 가지 태도를 논하고 있으며, 말하자면 임상적 각도에서 본 의식의 심리학을 이루고 있었다. 나는 수많은 문헌을 이 책에서 다루었다. 슈피텔러Spitteler의 저술, 그 가운데서도 ≪프로메테우스와 에피메테우스≫가 특별히 지면을 차지했다. 그러나 쉴러와 니체, 그리고 고전주의 시대나 중세의 지성의 역사 역시 논의의 대상이 되었다. 내가 감히 내 책을 슈피텔러에게 보냈을 때 그는 아무 회답도 보내지 않았다. 그러나 그는 바로 그 얼마 뒤에 강의를 했는데 그 자리에서 그의 ≪프로메테우스와 에피메테우스≫는 아무런 뜻도 없다고 확실하게 공언을 했다. "5월이 왔어요. 랄랄라 …" 그는 이렇게 노래 불러도 좋았을 걸 그랬다.

유형에 관한 책은 나에게 한 인간의 모든 판단은 그의 유형에 의하여 제약되며 모든 관점은 상대적이라는 통찰을 갖게 하였다. 이런 통찰은 이런 다양성을 대상하는 단일성에의 물음을 제기했다. 그런 물음은 나를 직접 중국의 도道개념으로 인도하였다. 나의 내적 발전과 리하르트 빌헬름이 내게 도교경전을 보낸 사실 사이의 합동작용에 관해서는 이미 다른 곳에서 언급되었다. 1929년 그와 함께 ≪태을금화종지≫가 출간되었다. 그 당시 나는 나의 연구와 사색에서 나의 심리학의 핵심, 즉 자기의 관념에 도달하였다. 그 뒤에 비로소 나는 다시금 세계로 돌아가는 길을 발견하였다.

나는 여러 가지 강연을 하게 되었고 몇 번의 짧은 여행을 하였다. 수많은 에세이나 강연은 여러 해에 걸친 내면적 탐구에 대한 일종의 반작용이었다. 그것들은 또한 나의 독자나 환자들에 의해서 내게 던져진 질문에 대한 회답을 내포하고 있었다.[9)]

내가 저서 ≪리비도의 변환과 상징≫을 낸 이래 줄곧 깊이 관심을 두어 온 학문적 주제는 리비도의 이론이었다. 나는 리비도를 물리적 에너지의 정신적인 대비라고 생각했었다. 그런 까닭에 그것은 비교적 양적인 개념이라고 생각했고 따라서 리비도에 관한 모든 질적인 본질규정을 배격했다. 내게는 그 당시까지 우세했던 리비도학설의 구체주의에서 빠져나오는 것이 중요했다. 다시 말해서 나는 이제 더 이상 굶주림의 본능, 공격본능, 성본능 따위로 말하고 싶지 않았다. 다만 모든 이 현상을 정신적 에너지의 여러 가지 표현으로 보고자 했다.

물리학에서도 우리는 에너지와 그것의 여러 가지 표현, 즉 전력, 빛, 열 등에 관해 말한다. 심리학에서의 상황도 이와 같다. 심리학에서도 우리는 일차적으로 에너지를 취급한다. 말하자면 강도의 측정, 많고 적은 양을 다룬다. 그리고 그 나타나는 형태는 다양할 수 있는 것이다. 만약 우리가 리비도를 에너지로 본다면 우리는 총체적이고 통일된 관점을 갖게 된다. 그렇게 될 때 리비도의 성질에 관한 질적인 질문, 그것이 성이냐 권력이냐, 배고픔이냐, 그 밖의 어떤 것이냐 하는 질문의 중요성은 뒷전으로 물러나게 된다. 내가 심리학을 위해서 하고자 한 것은 자연과학 영역에서 일반적인 에너지론이 성립되듯 그러한 통일성을 심리학에서도 형성하는 것이었다. 나의 저술 ≪정신적 에너지에 대하여≫1928에서 내가 추구한 것이 바로 그것이다.[10] 예컨대 나는 인간의 충동을 에너지 과정의 여러 가지 표현으로 보며 열, 빛 등과 동류의 힘으로 본다. 이를테면 현대 물리학자가 모든 힘을 열에서만 유출할 수 없는 것과 마찬가지로 심리학자 역시 모든 본능을 성이나 권력의 개념 아래서만 분류할 수 없다. 이것은 프로이트가 초기에 행한 오류였다. 그는 뒤에 이를 자아본능이라는 가정으로 수정했고 더 뒤에 그는 초자아에 실질적인 최고의 힘을 부여했다. ≪자아와 무의식과의 관계≫에서는 다만 자아의 무의식과의 관계와 그 관계양식만을 논하였을 뿐 아직

9) 이 저술은 ≪현재의 정신적 문제(*Seelenproblem der Gegenwart*)≫(1931)와 ≪심혼의 진실(*Wirklichkeit der Seele*)≫(1934)에 내포되었다.

10) ≪정신적 에너지론과 꿈의 본체(*Über psychische Energetik und das Wesen der Träume*)≫, 2판, 1948.

무의식 그 자체에 관해서는 아무것도 말하지 않았다. 나의 환상과 더불어 일하면서 나는 무의식이 변화를 입고 한편 변환을 자극한다는 사실을 알게 되었다. 연금술을 잘 알게 된 뒤에야 비로소 나는 무의식이 하나의 "과정"이라는 것, 자아의 무의식의 내용에 대한 관계에 의해서 정신의 변환과 발전이 이루어진다는 것을 깨달았다. 개인 개인의 경우에 그 변환은 꿈이나 환상에서 읽을 수 있다. 집단적인 세계에서는 그 침전물이 주로 여러 가지의 종교체계와 그것이 지닌 상징의 변환 속에서 발견된다. 개인적인 또는 집단적인 변환과정의 연구를 통해서, 그리고 연금술의 상징을 이해함으로써 나는 나의 심리학의 중심개념 "개성화個性化 과정"을 정립하기에 이르렀다.

나의 연구의 본질적인 점은 그것이 일찍부터 세계관의 문제에 간여하고, 심리학과 종교적 문제와의 대결을 다루어 왔다는 것이다. 그러나 나는 ≪심리학과 종교≫1940와 ≪파라셀시카*Paracelsica*≫1942에서 처음으로 그 문제를 자세히 다루었다. 이 책의 두 번째 에세이인 〈영적 현상으로서의 파라셀수스〉는 이 관점에서 볼 때 특히 중요한 것이다. 파라셀수스의 문헌은 독창적인 생각으로 가득 차 있고 연금술사에 의해서 제기된 문제가 후기의 바로크식 표현이기는 하지만 분명히 표명되어 있다. 파라셀수스를 통해서 나는 결국 연금술의 성질과 그 종교와 심리학과의 관계를 논하기에 이르렀다. 다른 말로 하자면, 연금술을 종교철학의 형태로 논하게 되었다. 이것을 나는 ≪심리학과 연금술≫1944에서 설명한 것이다. 이리하여 나는 드디어 1913년에서 1917년 사이의 내 자신의 경험의 기초를 이룬 마음의 밑바탕에 도달할 수 있었다. 내가 그 당시 거쳐 지나간 과정은 이 책에서 논한 연금술의 전환의 과정과 일치했던 것이다.

내가 무의식의 상징성과 기독교나 다른 종교와의 관계에 대해서 항상 생각해 온 것은 지극히 당연한 일이다. 나는 기독교의 복음에 문호를 개방하고 있을 뿐 아니라 그것이 서구인의 마음의 핵심을 이루고 있다고 생각한다. 그러나 그것이 현대의 시대정신의 세기적 변화에 부응하려면 새로운 관점을 필요로 한다. 그렇지 않으면 그것은 시대와 동떨어진 것이 되고 인간의 전체성에 도움이 안 된다. 나는 내 저술에서 이 사실을 제시하느라 무척 애썼다. 나는 삼위일체의 도그마[11]와 미사의 경본을 심리학적으로 해석하였는데 미사에 관한 것은 3세기의 연금술사요, 그노시스파였던 파노포리스Panopolis의 조시모스Zosimos의 환상과 비교하였다.[12] 기독교와 분석심리학을 연결하려는 시도 끝에 나는 결국 심리적 상으로서의 그리스도라는 문제에 이르렀다. ≪심리학과 연금술≫1944에서 나는 이미 그리스도와 연금술의 중심개념인 돌lapis 사이의 유비성類比性을 제시할 수 있었다.

1939년 나는 이그나티우스 로욜라Ignatius Loyola의 "영성훈련"에 관한 세미나를 열었다. 같은 시기에 나는 ≪심리학과 연금술≫ 연구에 몰두하고 있었다. 어느 날 밤 잠에서 깨어나 나는 내 침대 밑에 환한 빛을 흠뻑 받고 있는 십자가상의 그리스도의 모습을 보았다. 그것은 실물크기는 아니었지만 매우 뚜렷한 모습이었다. 나는 그의 몸이 초록빛 금으로 만들어진 것을 보았다. 이 환상은 기막히게 아름다웠지만 동시에 매우 충격적이었다. 환상을 보는 그 자체는 내게 이상한 일이 아니었다. 왜냐하면 나는 생생한 장면성 환상(잠들 무렵의 환상: 역주)을 자주 보았기 때문이다.

나는 "영성훈련"에 나오는 명상의 하나인 "그리스도의 아니마Anima Christ"에 관해 무척 많이 생각하고 있었다. 그 환상은 마치 나의 성찰 속에서 무언가 간파하고 있는 것을 지적하고 있는 것 같았다. 즉, 나는 그리스도와 연금술의 "범상치 않은 금aurum non vulgi," 그리고 "녹색의 금aurum viriditas"과의 유비를 간과했던 것이다. 나는 나의 환상이 연금술의 이와 같은 핵심적인 상징을 가리키고 있고 그것이 본질적으로 연금술의 그리스도 환상임을 깨달았을 때 비로소 마음을 놓

---

11) ≪심령(心靈)의 상징성(*Symbolik des Geistes*)≫, 1948.
역주: 더 진지한 연금술사들은 그들의 작업의 목적이 금속의 황금으로의 변질이 아니라 평범하지 않은 금 또는 철학적 금의 생산임을 알고 있었다. 다른 말로 그들은 영적인 가치에 관심을 갖고 정신적 관점의 문제에 간여했던 것이다. A. J.

12) ≪의식의 뿌리(*Von den Wurzeln des Bewuβtseins*)≫, 1954.

았다. 녹색의 황금은 연금술사들이 인간뿐 아니라 무기물에도 존재한다고 본, 생동하는 성질이다. 그것은 삶의 령靈, "세계혼世界魂, anima mundi" 또는 "대우주의 아들filius macrocosmi," 전 우주를 생동케 하는 "안드로포스Anthropos"이다. 이 삶의 령은 어디에나 흘러들어가며 심지어 무기물에도 들어간다. 그것은 글 속에도, 돌에도 존재한다. 그러므로 나의 환상은 그리스도상과 그의 동류인 물질 속에 있는 것, 즉 "대우주의 아들"과의 합일이었다. 만약 그 초록빛 황금이 나의 눈에 들어오지 않았다면 나는 나의 기독교적 관점에서 무엇인가 본질적인 것이 일실되었다는 가정을 하게 되었을 것이다. 다시 말해서 나의 전통적인 그리스도상이 어딘가 불충분하므로 나는 아직도 기독교 발전을 얼마간 계속 쫓아가야 한다고 생각했을 것이다. 그러나 환상 속의 금속이 강조됨으로써 영적으로 살아 있으며 신체적으로 죽은 물질의 합일로서의 왜곡되지 않은 연금술의 그리스도 개념이 나에게 제시되었다.

나는 ≪아이온Aion≫1951에서 그리스도의 문제를 다시 한 번 다루었다. 여기서는 정신사적 유비의 문제를 다루지 않고 그리스도상을 심리학과 대면시키는 문제를 다루었다. 나는 그리스도를 온갖 외부적인 것에서 벗어난 상으로서 보고자 한 것도 아니다. 오히려 수백 년에 걸쳐 발전하면서 그리스도를 통하여 표현된 종교적 내용을 보여 주고자 했다. 내게는 또한 그리스도의 출현이 어떻게 점성학적으로 예언될 수 있었는지, 그가 그의 시대의 정신에 비추어 또한 기독교 문명의 2,000년의 경과 속에서 어떻게 이해되었는지를 제시하는 것도 내게는 중요했다. 이것이 내가 묘사하고 싶었던 것들이며 그를 중심으로 수 세기 동안 축적된 온갖 흥미로운 주석들도 함께 제시하고자 했다.

내가 이 모든 것을 탐색했을 때 이 역사적 인물, 인간 예수의 의문이 또한 제기되었다. 그의 시대의 집단적 심성이 그 당시 이미 배정된 원형, 안드로포스의 원초적 상이라 할 수 있을지도 모른다. 거의 알려지지 않은 유태의 예언자에게 응축되었으므로, 그것은 중요한 의미를 갖게 된 것이다. 한편으로는 유태의 전통 속에 그 뿌리를 지니며 다른 한편으로는 이집트의 호루스Horus 신화에 그 기원을 둔 안드로포스의 고대적 관념은 기독교시대의 시초에 사람들의 마음을 사로잡았다. 왜냐하면 그것은 시대정신Zeitgeist의 일부였기 때문이다. 그는 본질적으로 사람의 아들, 하나님 자신의 아들이며 이 세계의 통치자인 신격화된 아우구스투스Augustus에 대립하여 서 있었다. 이 관념이 본래 유태인의 구세주의 문제를 세계의 문제로 만들었던 것이다.

목수의 아들, 예수가 복음을 전하고 세상의 구원자가 된 것을 단순한 우연으로 보는 것은 큰 오해다. 그는 그 시대에 보편적이며, 비록 무의식적인 기대이기는 하나 그 기대를 그토록 완전히 표현하고 묘사할 수 있을 만큼 비범하고 재능 있는 인격의 소유자였음에 틀림없다. 그 이외의 아무도 그와 같은 메시지의 소유자가 될 수 없었다. 그것은 오직 예수에게만 가능했던 것이다.

이 시대에, 신성한 케사르에 의해 주체적으로 표현된 로마제국의 압도적 권력은 수없이 많은 개인들뿐 아니라 실로 모든 민족들의 문화적 자주성과 영적 자율성을 박탈하는 분위기를 만들어 냈다. 오늘날의 개인이나 문화 공동체도 비슷한 위협, 즉 집단 속에 삼켜질 위협을 받고 있다. 그러므로 많은 곳에서 그리스도의 재현에 대한 희망이 물결치게 되었고 환상을 보았다는 소문까지 일어났는데 그것은 바로 구원에의 기대였던 것이다. 그러나 그것이 취한 형태는 과거와 비교할 만한 것은 찾을 수 없고 전형적인 기술문명시대의 의견, 즉 전 세계에 널리 퍼져 있는 유 에프 오UFO, 미확인 비행체[13]의 현상이다.

나의 심리학이 어느 만큼 연금술에 필적하는지, 혹은 그 역의 경우는 어떤지를 최대한으로 제시하는 것이 나의 본래 목적이었으므로 나는 종교적인 문제들과 병행해서 정신치료의 특수한 문제들이 연금술사들의 작업에서 어떻게 처리되었는가를 살펴보고자 했다. 의학적 정신치료의 주된 문제는 전이Übertragung이다.

---

13) ≪현대의 신화(*Ein moderner Mythus*)≫, 1958 참조.
역주: ≪날으는 접시: 하늘에서 보이는 것들의 현대적 신화(*Flying saucers: A Modern Myth of Things seen in the skies*)≫(뉴욕, 런던 1959) 또한 ≪전환기의 문명(*Civilization in Transition*)≫(전집 10) 참조(역주: 국역, 삼성출판, 이부영).

1958년 볼링겐에서.

이 점에서 프로이트와 나는 완전히 의견이 일치한다. 나는 연금술에도 전이에 해당되는 것이 있음을 발견했고 이를 제시할 수 있었다. 즉, 그것은 융합의 개념으로서 그것이 큰 뜻을 지닌 것이라는 점은 이미 질버러H. Silberer에 의해서 지적되었다. 이와 같은 일치점은 이미 나의 책 ≪심리학과 연금술≫ 속에서 증명되었다.

2년 뒤에 나는 이것을 ≪전이의 심리학*Die Psychologie der Übertragung*≫1946에서 추적했고 나의 연구는 결국 ≪융합의 비의秘儀, *Mysterium Coniunctionis*≫1955~1956를 낳게 하였다.

나와 개인적으로나 학문적으로 관계되는 모든 문제와 마찬가지로 전이의 문제도 꿈을 수반했고 꿈의 예고를 받았다. 그 가운데 한 꿈은 그리스도의 문제와 함께 특이한, 예기치 않은 상으로서 암시되었다.

나는 다시 한 번 나의 집이 내가 일찍이 가보지 못한 커다란 부대건물을 가지고 있다는 꿈을 꾸었다. 나는 그것을 들여다보기로 결정하고 드디어 그 건물로 들어섰다. 나는 한 커다란 이중문 앞에 왔다. 그것을 열자 나는 어느덧 실험실같이 설치된 방 안에 있었다. 창 앞에는 많은 유리병과 동물실험실의 온갖 기구로 덮인 탁자가 있었다. 이것은 나의 아버지의 작업실이었다. 그러나 아버지는 그곳에 없었다. 작업실 벽을 따라 장이 있는데 거기에 수백 개의 병이 있고 그 속에 상상할 수 있는 온갖 종류의 물고기가 담겨져 있었다. 나는 놀랐다. 그럼 이제 내 아버지가 어류학에 손을 대고 있단 말인가!

내가 거기에 서서 주위를 둘러보았을 때 커튼이 때때로 마치 강한 바람이 불 때처럼 불룩해지는 것을 보았다. 갑자기 시골태생의 젊은이인 한스가 나타났다. 나는 그에게 그 커튼 뒤의 창문이 열렸는지 살펴보라고 말했다. 그는 그곳에 간 후 얼마 동안 사라졌다. 그가 돌아왔을 때 나는 공포에 질린 표정을 보았다. 그는 그저 이렇게 말했을 뿐이었다. "그래, 거기에 뭐가 있어. 거기에 뭔가 출몰하고 있어!"

그러자 내가 몸소 그리로 갔다. 나는 거기서 나의 어머니의 방으로 가는 문을 발견했다. 그 속에는 아무도 없었다. 분위기는 섬뜩했다. 방은 굉장히 컸고 천정에서 각각 다섯 개의 상자가 두 줄로 매달려 바닥에서 약 2피트 높이까지 걸려 있었다. 그것들은 마치 작은 정원의 분관 같았고 각기 약 6피트가량의 면적을 차지했고 두 개의 침상이 있었다. 나는 이것이 실제로는 오래전에 돌아가신 나의 어머니가 방문하는 방임을 알고 있었다. 그리고 그녀가 이 침대들을 영혼들이 찾아와서 잘 자도록 마련해 놓았다는 것을 알고 있었다. 그들은 영혼들로, 쌍을 이루어 왔다. 이를테면 영혼결혼을 한 배우자들로서 밤을 지내거나 심지어는 낮에도 거기에서 지내는 것이었다.[14)]

나의 어머니의 방 건너편에 문이 있었다. 나는 그것을 열고 엄청나게 큰 방으로 들어갔다. 그것은 마치 큰 호텔의 로비를 연상시켰다. 안락의자, 작은 탁자, 기둥, 화려한 벽걸이 등으로 꾸며져 있었고 취주악이 요란하게 울려퍼지고 있었다. 나는 그 음악소리를 들었지만 그것이 어디서 나오는지는 알 수 없었다. 이 홀 속에는 취주악단 말고는 아무도 없었다. 다만 취주악단만이 무용곡과 행진곡을 연주하고 있었다.

호텔 로비의 취주악단은 과시하려는 듯한 즐거움과 세속성을 풍기고 있었다. 이 요란한 표면 뒤에 다른 세계가 같은 건물 안에 있다는 것을 아무도 짐작하지 못했다. 로비의 꿈의 이미지는 말하자면 나의 세속적 쾌활성 또는 친절의 희화였다. 그러나 이것은 다만 표면에 불과하다. 그 뒤에 음악소리 속에서는 찾을 수 없는 전혀 다른 것이 놓여 있었다. 즉 물고기 실험실과 영혼들을 위한 공중에 매달린 누각이 그것이다. 둘 다 무서운 장소였고 그 속에 신비로운 고요가

14) 여기서 나는 "영혼의 함정"이라는 생각이 났다. 나는 그것을 케냐에서 보았다. 그것은 작은 집인데 그 속에 사람들이 작은 침대를 놓고 또한 양식 "posho"를 조금 놓아두었다. 흔히 그 침대에 심지어 흙으로 빚은 치료되어야 할 환자의 초상이 놓여 있는 수가 많다. 매우 예술적으로 작은 돌을 깐 길은 보도에서 이 오막살이 집으로 인도되었는데 그래서 영혼들이 그곳에 돌아가도록 되어 있고 그리하여 그 영혼들이 데려가려고 하는 환자가 누워 있는 오막살이 집으로 가지 말도록 하고 있는 것이다. "영혼의 함정"에서 영혼들은 밤을 지내며 새벽이 오기 전 다시 그들 고유의 주거지인 침대숲으로 되돌아간다. C. G. J.

감돌고 있었다. 나는 여기에 밤의 주거지가 있다는 생각이 들었다. 반면에 호텔의 로비는 대낮의 세계와 그 피상성을 대변하고 있었다.

꿈속의 가장 중요한 이미지는 "영혼들의 응접실"과 물고기의 실험실이었다. 전자는 약간 우스꽝스럽게 **융합** 또는 전이를 표현하고 있고 후자는 그 자신 물고기ichthys인 그리스도에 대한 나의 몰두를 표시하고 있다. 두 가지가 다 10년 이상이나 내가 생각해 온 주제였다.

물고기의 연구가 꿈에서는 나의 아버지의 연구로 되어 있는 것은 주목할 만한 일이다. 꿈속에서 그는 기독교의 영혼들을 돌보는 사람이었다. 고대의 관념에 의하면 이 영혼들은 베드로의 그물에 잡힌 물고기였던 것이다. 마찬가지로 주목되는 것은 같은 꿈에서 내 어머니가 저승으로 간 넋들의 보호자라는 점이다. 이리하여 나의 양친은 "영혼의 치료"의 문제라는 부담을 안고 나타나고 있다. 그것은 사실은 나의 과제였다. 무엇인가 아직 미진한 것이 있어 아직은 내 부모에게 남아 있을 뿐이었다. 다시 말해서, 그 과제는 아직 잠재적으로 나의 무의식에 남아 있어 미래를 기다리고 있었다. 나는 내가 아직 "철학적" 연금술의 주요 관심사인 **융합**을 아직 처리하지 못했고 기독교적 정신이 내게 던진 물음에 아직 대답하지 못했음을 상기하였다. 또한 나의 아내가 필생의 과업으로 한 그랄성배聖杯전설에 관한 작업도 아직 완수하지 못한 채였다.[15] 내가 ≪아이온≫에서 물고기ichthys로서의 그리스도의 상징을 연구하면서 "성배의 호소"와 어부의 왕에 관한 생각을 얼마나 자주 했는지 모른다. 내 아내의 영역을 침범하지 않으려는 마음이 없었던들 나는 말할 것도 없이 성배전설을 나의 연금술 연구 속에 포함시켰을 것이다.

---

15) 1955년 나의 아내가 죽은 뒤에 마리 루이제 폰 프란츠 박사가 성배의 연구를 넘겨받고 1958년 좋은 결실을 얻게 되었다. E. Jung und M. L. V. Franz, ≪*Die Graalslegende in psychologischer Sicht*≫, Studien aus dem C. G. Jung Institut, Ⅻ권, 취히리, 1960 참조.
영문판: 전집 14 참조. 1956년 Jung 부인의 사망, Marie Louise von Franz 박사가 성배에 대한 이 작업을 착수, 1958년 무사히 완성했다. Emma Jung and Marie Louise von Franz. The Gral legend, Andreas Dykertrsl. New York & London, 1930, A. J. 참조.

나의 아버지를 회상하면 나는 암포르타스(중세독일의 전설적 영웅: 역주)의 상처에 괴로워하는 자, 그 상처가 잘 아물지 않은 "어부의 왕"이 생각난다. 이것은 기독교적인 고통이며 연금술사들은 바로 이 고통을 치유할 묘약을 찾고 있었던 것이다. 나는 벙어리 파르치팔Parzival로서 나의 소년시절의 여러 해 동안 이런 병의 증인이었다. 파르치팔처럼 나도 말을 할 수 없었다. 다만 막연히 예감하고 있었을 뿐이다. 나의 아버지는 현실에서는 결코 그리스도의 동물상징에 관심을 가진 적이 없었다. 그 대신 그는 죽을 때까지 그리스도에 의해서 약속되고 예상된 고통을 글자 그대로 체험했다. 그러면서 그것이 **그리스도모방**의 결과임을 전혀 알아차리지 못했다. 그는 그의 고통을 의사의 조언을 받아야 할 사적인 괴로움이라고 보고 있었다. 그는 그것이 일반적인 기독교인의 고통임을 알지 못했다. 〈갈라디아서〉 2장 20절의 말씀, 즉 "내가 살되 이제는 내가 아니고 내 안에 있는 그리스도가 살고 있다"는 말의 깊은 뜻이 충분히 그의 마음에 와 닿지 않았다. 왜냐하면 그는 종교적 문제에 대해서는 생각하기를 꺼려했던 것이다. 그는 믿음만으로 만족하며 믿음 속에 안주하고 싶어했다. 그러나 신앙은 그에 대한 신의를 저버렸다. "지성의 희생"은 흔히 이렇게 보상되기 마련이다. "누구나 다 이 게戒를 받는 것이 아니다. 다만 그것이 주어진 사람만이 … 하늘의 왕국을 위해서 스스로 고자가 된 사람들이 있다. 이 말을 받아들일 수 있는 사람이 그것을 받을지어다(마태복음 19장 11절)." 맹목적인 수용은 결코 해결을 가져다주지 않는다. 기껏해야 정지시킬 뿐이며 그 때문에 다음 세대에 심각한 보상을 지불하지 않으면 안 된다.

신들이 동물적 속성을 지닌다는 것은 신들이 초인간적 영역뿐 아니라 또한 인간 이하의 생명영역에까지 그 힘이 미친다는 것을 말해 주는 것이다. 말하자면 동물들은 신들의 그림자이며 자연은 그것을 밝은 이미지와 연결시킨다. "그리스도의 작은 물고기pisciculi Christianorum"는 그리스도를 따르는 사람들 자신이 물고기임을 제시하고 있다. 즉, 혼의 치유를 요하는 무의식적인 성질의 심혼들이다. 꿈속에 나타난 물고기의 실험실은 교회의 영혼구제와 같은 뜻의 말이다.

그리고 상처 입는 자가 스스로 상처 입히듯 구원자가 그 자신을 구원한다. 특기할 일은 꿈에서 결정적인 활동이 죽은 자에서 죽은 자에게, 즉 의식 너머의 세계, 무의식에서 이루어지고 있다는 사실이다.

사실 그 당시는 나의 과업의 본질적 측면을 의식하지 못했고 꿈에 관해서도 만족할 만한 해석을 내릴 수 없었다. 나는 다만 그 뜻을 감지할 수 있었을 뿐이었고 ≪욥에의 회답≫을 쓰기까지 나는 아직 최대의 내적 저항을 이겨내야 했다.

이 책의 내적인 뿌리는 이미 ≪아이온Aion≫에 들어 있었다. ≪아이온≫에서 나는 기독교심리학을 다루었고, 욥은 일종의 그리스도의 선행형이었다. 그리스도와 욥은 고뇌의 관념으로 연결된다. 그리스도는 고통받는 신의 종이며 욥 역시 그랬다. 그리스도의 경우 이 세상의 죄악이 고통의 원인이며 기독교인의 고뇌는 그리스도의 고통의 일반적인 응답이다. 이것은 어쩔 수 없이 다음과 같은 물음을 제기한다. 이 죄악은 누구의 책임인가? 궁극적으로 그것은 이 세상과 죄를 창조하였으며 그리스도가 되어 인간의 숙명적 고뇌를 스스로 짊어진 하나님이다.

≪아이온≫ 속에서는 신의 상의 밝고 어두운 측면에 관한 언급이 있다. 나는 신의 분노, 신을 두려워할 줄 아는 계율, 그리고 "우리로 하여금 유혹에 빠지지 말게 하옵소서"라는 기도를 인용하였다. 양면적인 신상神像은 욥기의 핵심을 이룬다. 욥은 신이 어떤 의미에서 신에 반해서 그의 편에 있어 주기를 기대한다. 여기서 신의 비극적 모순의 상이 묘사된다. 이것이 ≪욥에의 회답≫의 주제이다. 물론 이 책을 쓰지 않고는 못 배길 외부적인 근거도 있었다. 일반 대중들과 환자로부터 온 많은 질문들이 나로 하여금 현대인의 종교적 문제에 관한 내 자신의 생각을 보다 분명히 제시해야 한다는 느낌을 주었다. 여러 해 동안 나는 그렇게 하는 것을 주저해 왔다. 왜냐하면 나는 그렇게 할 때 내가 일으키게 될 물의를 충분히 알고 있었기 때문이다. 그러나 드디어 나는 이 어렵고 위급한 문제에 사로잡혔고 이에 대한 회답을 스스로 내리지 않을 수 없게 되었다. 나는 그

문제가 나에게 부닥친 형태대로, 즉 체험의 양식으로 썼으며 따라서 감정을 억제하지 않았다. 나는 일부러 이런 양식을 취했다. 내가 어떤 영원한 진리를 선포하는 것 같은 인상을 주고 싶지 않았던 것이다. 나의 ≪욥에의 회답≫은 대중들이 보다 깊이 생각하기를 기대하고 바라는 한 개인의 발언일 뿐이다. 내가 형이상학적 진리를 선포한다고 다른 사람들이 생각하리라고는 전혀 생각치 못했다. 그러나 신학자들은 내가 바로 그러한 진리를 선포했다고 비난하고 있다. 왜냐하면 신학사상가들은 항상 영원한 진리를 다루는 것에 익숙해 있기 때문이다. 만약 물리학자가 원자는 어떤 구성을 하고 있다고 말하거나 그가 그 모형을 그린다고 해서 그가 영원한 진리 같은 것을 표현하고자 의도한 것은 아니다. 그러나 신학자들은 자연과학적 사고, 특히 심리학적 사고를 알지 못한다. 분석심리학의 자료, 그 주된 사실들은 사람들의 진술, 그것도 장소와 시간을 달리하여 여러 곳에서, 여러 시대에 흔히 일치된 의견으로 나타나고 있는 진술들인 것이다.

욥의 문제도 그 문제가 제기한 모든 결과에 이르기까지 하나의 꿈속에서 예시되었다. 그 꿈은 나의 이미 오래전에 돌아가신 아버지를 방문하는 것으로 시작되었다. 그는 시골에 살고 있었다. 나는 그곳이 어딘지 몰랐다. 나는 18세기 풍의 집을 보았다. 방이 무척 많고 몇 개의 비교적 커다란 별채를 지니고 있었다. 내가 듣기로는 그것은 본래 온천장의 여관이었으며 많은 위대한 인물, 유명한 사람과 왕자 등이 거기에 묵었다고 한다. 게다가 몇 사람이 죽은 뒤 그들의 석관들이 이 집에 있는 납골당에 있었다. 나의 아버지는 이것들을 관리인으로서 지키고 있었다.

그러나 나의 아버지는 관리인일 뿐 아니라 생시와는 반대로 본래 탁월한 학자라는 것을 알게 되었다. 나는 아버지를 그의 서재에서 보았다. 그런데 이상하게도 Y박사 — 내 나이 또래의 — 와 그의 아들, 둘 다 정신과 의사인데 이들이 거기 있었다. 내가 무슨 질문을 했는지, 내 아버지가 자발적으로 무엇을 설명하고자 했는지 잘 모르겠지만 어쨌든 아버지는 커다란 성경책을 서가에서 꺼내 왔는데 나의 서재에 있는 메리안판 성서의 무거운 이절지의 책이었다. 나의 아버지가 들고 있던 성경책은 빛나는 생선껍질로 제본된 것이었다. 그는 구약이 있는 곳을 폈다 — 내 짐작으로는 모세 서를 들추는 것 같았다 — 그리고 어떤 구절을 해석하기 시작했다. 그는 이것을 너무도 빠르게 숙달된 솜씨로 했으므로 나는 따라 들을 수가 없었다. 다만 아버지가 말한 것은 방대한 양의 지식을 노출하고 있었는데 그 중요성을 나는 어렴풋이 알고 있기는 했지만 적절하게 판단하거나 파악할 수는 없었다. Y박사는 전혀 아무것도 이해하지 못한 듯했고 그의 아들은 웃음을 터뜨리기 시작했다. 그들 생각으로는 나의 아버지가 노망이 든 사람의 흥분상태에 있어 의미 없는 헛소리를 늘어놓는다고 생각하고 있었다. 그러나 내게는 그것이 결코 병적인 흥분으로 나온 헛소리가 아니고 너무나 유식하고 현명한 논란이어서 우리의 둔한 머리로는 따라갈 수 없을 뿐이라는 것이 분명했다. 화제가 대단히 중요한 것이므로 아버지는 거기에 매료되어 있었다. 그래서 그런 강력한 열정으로 말했고 그의 마음은 심오한 이념들로 넘쳐흐르고 있었던 것이다. 나는 짜증이 났다. 그리고 아버지가 우리와 같은 세 사람의 바보들 앞에서 이야기해야 한다는 것이 유감이라고 생각했다.

두 정신과 의사들은 제약된 의학적 관점을 대변하고 있다. 물론 그런 제약된 관점이 의사인 나에게도 있을 것이다. 정신과 의사들은 나의 그림자를 대변하고 있는데 이를테면 부父와 자子로서 그림자의 첫 판 그리고 제2판이라 할 수 있을 것이다.

그러자 장면이 바뀌었다. 아버지와 내가 집 앞에, 아마 장작을 쌓아 놓는 작은 헛간 같은 것을 향해 서 있었다. 우리는 크게 쿵하는 소리를 들었다. 마치 큰 뭉치의 나무가 잘려서 쓰러졌거나 던져진 듯한 소리였다. 나는 거기서 최소한 두 사람의 노동자가 바쁘게 일하고 있는 듯한 인상을 받았다. 그러나 아버지는 내게 그 장소에는 귀신이 잘 출몰함을 지적해 주었다. 일종의 도깨비 떼들이 그 요란한 소리를 내고 있는 게 분명했다.

우리는 그 뒤에 그 집으로 들어갔고 나는 그 집이 아주 두터운 벽을 지니고 있음을 보았다. 우리는 좁은 계단을 통해 2층으로 올라갔다. 거기에서는 이상한 광경이 펼쳐지고 있었다. 커다란 홀인데, 그것은 파테푸르 시크리Fatehpur Sikri에 있는 회교군주, 아크바Akbar 왕의 회의실Diwân-i-kaas을 그대로 복제한 것이었다. 그것은 천정이 높은 둥근 방인데 벽을 따라 주랑柱廊이 있었다. 거기서 네 개의 다리가 물항아리 모양의 중심으로 인도되고 있었다. 물항아리는 거대한 기둥 위에 얹혀 있는데 황제의 원형 왕좌를 이루고 있었다. 이 높은 장소에서 그는 그의 평의원들과 철학자들에게 말하고 있었는데 이 사람들은 주랑의 벽을 따라 앉아 있었다. 그 전체는 엄청난 크기의 만다라였다. 그것은 진정 내가 인도에서 본 디반-이-카스Diwân- i-kaas에 꼭 들어맞았다.

꿈속에서 나는 별안간 중심에 가파른 계단이 있어 높은 벽 위의 지점에까지 얹혀졌음을 보았다. 현실에는 전혀 부합되지 않는 일이었다. 계단 꼭대기에 작은 문이 있었다. 아버지가 말하기를 "자, 이제 너를 가장 높은 현존現存 속으로 인도하겠다!" 그러자 아버지는 무릎을 꿇고 이마를 마룻바닥에 대었다. 나도 흉내를 냈다. 마찬가지로 무릎 꿇고 벅찬 감정으로. 무슨 이유 때문인지 나는 앞이마를 마루에 깊이 구부려 댈 수가 없었다 — 이마와 마루 사이에는 아마 1밀리미터의 여유밖에 없었던 것 같다. 그러나 나는 최소한 아버지와 같은 자세를 취했다. 갑자기 나는 — 아마 아버지가 내게 말한 것 같다 — 문 뒤 위쪽의 호젓한 방에 다윗 왕의 장군 우리아Uriah가 살았었다는 것을 알았다. 다윗은 그의 아내 밧세바Bathseba 때문에 비열하게도 그를 배반했다. 그는 병사에게 명하여 우리아를 바로 적진에 버리라고 하였던 것이다.

이 꿈에 대해서 나는 몇 가지 해명의 주해를 달아야겠다. 첫 번째 장면은 내가 아버지에게, 즉 무의식의 어떤 측면에 맡긴 과제가 어떻게 수행되고 있는가를 기술하고 있다. 그는 분명 성경에 몰두하여 — 창세기였던가 — 그의 통찰한 바를 우리에게 알리는 데 열중하고 있었다. 물고기가 죽은 그 책이 무의식의 내용임을 표시하고 있다. 왜냐하면 물고기는 벙어리이며 또한 무의식적이기 때문이다. 나의 가엾은 아버지는 의사전달에 성공하지 못했다. 왜냐하면 청중은 일부는 이해할 능력이 없고 일부는 마음이 삐뚤어진 데다가 멍청했다.

이러한 실패작 뒤에 우리는 가로街路를 건너 다른 쪽의 도깨비들이 작업하고 있는 곳으로 갔다. 도깨비현상은 보통 사춘기 전의 젊은이들에게서 일어난다. 이것으로 미루어 나는 아직 미성숙하고 너무도 무의식적인 상태에 있다고 할 것이다. 인도의 광경은 이 "다른 쪽"을 묘사하고 있다. 내가 인도에 있을 때 디반이 카스Diwân-i-kaas의 만다라 구조는 나에게 중심과 관계되는 내용의 표현으로써 강력한 인상을 주었다. 중심은 아크바 대왕의 자리다. 그는 인도대륙을 지배하였으며 다윗처럼 "이승의 왕"이다. 그러나 그의 죄없는 희생자, 그가 적의 수중에 내버린 그의 충실한 우리아 장군은 그보다도 더욱 높은 곳에 서 있었다. 우리아는 신인神人 그리스도의 선행형(예표)이었는데 그 역시 하나님으로부터 버림받았다. "나의 하나님, 나의 하나님, 왜 나를 버리셨나이까?" 게다가 다윗은 우리아의 아내를 자기의 것으로 만들었다. 우리아에 대한 이 비유가 무엇을 의미하는지 알게 된 것은 훨씬 뒤의 일이었다. 나는 내게 대단히 손해가 될 것을 감수하고 공적으로 구약에 나타난 신상神像의 양가성과 그것이 가져다주는 결과를 말하지 않을 수 없었을 뿐 아니라 그를 통하여 나의 아내를 죽음으로 잃게 되었다.

이것이 무의식에 숨은 채 나를 기다리던 것들이었다. 나는 이 숙명을 감수해야 했다. 그리고 나의 복종이 완전한 것이 되기 위해서는 나의 이마를 정말 바닥에 대어야 했을 것이다. 그러나 무엇인가가 완전히 그렇게 하는 것을 막고 바로 1밀리미터 떨어져 있게 했다. 내 속에 있는 어떤 것이 말하고 있었다. "그래 좋다. 그러나 전적으로 그렇진 않다"고. 내 속에 있는 어떤 것이 반항했다. 그리고 벙어리 물고기처럼 되지 않기로 결심하고 있었다. 그리고 만약 그런 유의 것이 자유인 속에 존재하지 않았던들 욥기는 그리스도 탄생 수백 년 전에 기술되지 않았을 것이다. 인간은 심지어 거룩한 소명 앞에서일지라도 약간의 정신적 유보를 갖게 마련이다. 그렇지 않다면 어디에 인간의 자유가 있겠는가? 자유를 위협하는 자를 위협할 수 없다면 그 자유가 무슨 소용이 있겠는가?

그러니까 우리아는 아크바보다 더 높은 곳에서 살았다. 그는 꿈이 말하듯 심지어 "최고의 현존"이다. 이런 표현은 비잔틴문화를 제외하고는 오직 신에게만 사용하는 말이다. 여기서 나는 붓다와 그 여러 신과의 관계를 생각하지 않을 수 없다. 신심 깊은 아세아사람에게 타타가타Tathagata, 진여眞如는 가장 높은 것이다. 그래서 사람들은 소승불교가 무신론이 아닌가 의심했지만 이건 큰 잘못이었다. 제신의 힘 덕분에 인간은 그의 창조주에 관한 통찰을 얻을 수 있게 되었다. 심지어 인간은 창조의 본질적 측면을 파멸시킬 힘, 즉 인간의 세계의식을 파멸시킬 힘을 부여받고 있다. 오늘날 인간은 지상에서 방사능에 의하여 모든 고등한 생명을 감소시킬 수 있다. 세계파멸의 관념은 이미 붓다에 의해 암시되었다. 어쩔 수 없는 노쇠, 질병, 그리고 죽음으로 유도되는 — 인연의 사슬 — 인과의 관련은 "깨달음"으로써 끊어지며 존재의 착각이 종식된다는 것을. 쇼펜하우어의 의지의 부인은 이미 위협적으로 가까이 다가온 미래의 문제를 예언적으로 지적하고 있었다. 인간세계에 오래전부터 있어 온 생각이나 예상을 노출시키고 있다. 피조물이 그의 창조주를 작으면서도, 결정적으로 넘어선다는 생각이 노출되고 있다.

주제가 꿈의 세계로 빗나갔다. 이제 다시 나의 저술로 되돌아와야겠다. ≪아이온Aion≫을 쓰다 보니 따로 세심하게 다루어야 할 일련의 문제에 부딪쳤다. 나는 그리스도의 출현과 새로운 기원, 즉 "물고기"시대의 시작과의 동일성을 설명하고자 했다. 그리스도의 삶과 객관적인 천문학적 사건, 즉 춘분이 물고기좌에 들어가는 것 사이에는 동시성이 존재한다. 그러므로 그리스도는 "물고기(마치 함무라비(Hammurabi)가 숫양좌 시대의 왕이었듯이)"이며 새로운 기원의 통치자로서 나타난다. 이런 사실에서 동시성의 문제가 대두되는데 이런 동시성론을 나는 나의 저술 ≪비인과적 관련원리≫에서 논하였다.[16)]

16) Jung & Pauli, ≪자연해석과 정신(*Naturerklärung und Psyche*)≫, 취리히, 1952.
역주: C. G. Jung and W. Pauli, ≪*The Interpretation of Nature and Psyche*≫(New York and London, 1954) 또한 ≪*The Structure and Dynamics of the Psyche*≫(전집 8) 참조.

저서 ≪아이온Aion≫에서의 그리스도의 문제는 대인大人, Anthropos — 심리학적 용어로는 "자기Selbst" — 의 현상이 개인의 체험 속에서 어떻게 나타나고 있는가 하는 문제로 귀착되었다. 나는 ≪의식의 뿌리에 관하여*Von den Wurzeln des Bewu-ßtseins*≫1954에서 이에 대한 회답을 주고자 시도하였다. 거기서 나는 의식과 무의식 사이의 상호작용, 무의식으로부터의 의식의 발전, 그리고 보다 큰 인격, 내적 인간이 모든 개인의 생에 미치는 작용을 다루었다.

연금술과 나의 심리학과의 대비의 결론으로서 ≪융합의 비의秘儀, *Mysterium Coniunctionis*≫가 완성되었다. 거기서 나는 다시금 전이轉移의 문제를 다루었다. 그러나 무엇보다도 내가 원래 의도한 것은 연금술을 연금술심리학으로서, 또는 심층 심리학의 연금술적 기초로서 연금술의 전체 범위를 묘사하는 데 있었다. ≪융합의 비의≫에서 나의 심리학은 결정적으로 현실 속의 자리를 얻었고 또한 역사적 토대가 이루어졌다. 이리하여 나의 과업은 끝났고 작업은 완수되었으며 이제 그것은 스스로 설 수가 있다. 밑바닥에 도달한 순간, 나는 학문적으로 파악할 수 있는 것의 마지막 한계에 부딪쳤다. 그것은 저 초월적인 것, 원형原型 그 자체의 본질, 거기에 관해 우리는 더 이상 아무런 학문적 설명도 할 수 없는 것이었다.

나의 저술에 관해서 내가 여기에 소개한 개관은 단지 요약에 불과하다. 사실 말하려면 더 많이 이야기하든가 아니면 훨씬 적게 이야기하는 것이 좋았을지 모른다. 이 장의 글은 내가 당신에게 이야기하는 이 밖의 모든 것처럼 즉흥적으로 말한 것이며 순간에서 태어난 것이다.

나의 저술은 나의 인생길에 속한 여러 개의 역이라 간주될 수 있을 것이다. 그것들은 나의 내적인 발전의 표현이다. 왜냐하면 무의식의 내용을 생각해 가는 작업이 사람됨을 형성하고 그의 변환을 일으키기 때문이다. 나의 생은 내가 행한 것, 나의 정신적인 작업이다. 하나는 다른 하나와 끊을 수 없다.

모든 나의 저술은 안에서부터 부과된 과제라고 생각될 수 있다. 그것은 숙명적인 강요 아래 이루어졌다. 내가 쓴 것은 내 자신 속에서 내게 엄습해 온 것들이었다. 나는 나를 움직이게 한 심령Geist으로 하여금 말하도록 허용하였다. 나는 나의 저술에 대해서 어떤 강력한 공명, 어떤 강한 반응을 계산에 넣은 적이 없다. 그 글들은 나의 시대에 대한 보상을 표명하고 있다. 나는 아무도 듣기를 원하지 않는 것을 말하지 않을 수 없었다. 그런 까닭에 특히 나의 연구의 초기에 무척 외로웠다. 나는 사람들이 내가 말하는 것을 싫어하리라는 것을 알고 있었다. 왜냐하면 의식의 세계에 대한 보상을 받아들이는 것이 쉬운 일이 아니기 때문이다. 오늘날 나는 이렇게 말할 수 있다. 내가 일찍이 기대한 것 이상의 성공을 거둔 것이 정말 놀라운 일이라고. 그러나 중요한 것은 내가 말해야 했던 것이 말해졌다는 것이다. 나는 내가 가능한 모든 것을 했다고 느끼고 있다.

물론 더 많이 더 잘할 수도 있었을 것이다. 그러나 그 이상은 나의 능력이 미치지 못했다.

제9장

성탑

학문적 탐구를 통하여 나는 점차 나의 환상과 무의식의 내용을 단단한 발판 위에 놓을 수 있게 되었다. 그러나 단어나 종이는 그리 충분한 실감을 주지 못했다. 내게는 그 이상의 것이 필요했다. 나는 마음속 가장 깊은 곳에 있는 생각과 내가 얻은 인식들을 돌에 표현해야 했다. 다른 말로 해서 나는 돌 속에 신앙고백을 해야 했다. 내 스스로 볼링겐Bollingen에서 지은 〈성탑城塔〉은 그 시작이었다. 이것이 허황한 생각처럼 보일지 모른다. 그러나 나는 그것을 하였고 그것은 나를 흡족하게 했을 뿐 아니라 나에게 의미충족을 가져다 주었다.[1)]

첫 출발부터 그 집은 물가에 짓는 것으로 정해져 있었다. 나는 기묘하게도 늘 취리히 호수 상부의 풍경에 매력을 느끼고 있었다. 그래서 1922년 나는 볼링겐에 약간의 땅을 샀다. 그것은 성 마인라트 지역에 위치하고 있었다. 옛날 교회 땅인데 성 갈Gall의 수도원에 속해 있었다.

처음에는 격식을 차린 정식 집을 계획하고 있지 않았다. 그저 일종의 원시적

1) 볼링겐의 탑은 융에게 별장이었을 뿐 아니라 융은 일 년의 반쯤은 그곳에서 일도 하고 쉬기도 하면서 생활했다. "나의 땅이 없었다면 나의 저술은 생겨날 수 없었을 것이다." 고령에 이르도록 융은 그곳에서 장작을 패고 곡식을 심고 거둬들이면서 마음의 여유를 찾았다. 그는 젊었을 때는 열렬한 요트 주자였고 온갖 수상스포츠를 했다. A. J.

인 단층집을 생각했다. 그것은 중앙에 벽난로를 지닌 둥근 구조를 가져야 했고 벽을 따라 침상이 있어야 했다. 나는 마음속으로 아프리카의 오막살이집 같은 것을 생각하고 있었다. 둥글게 돌로 둘러싸인 곳에 물이 있고 모든 가족생활이 이 중심 주위에서 운행되는 그런 곳을 상상했다. 원시인의 오막살이집은 전체성, 온갖 종류의 작은 가축도 마찬가지로 참여하는 가족적 전체성의 관념을 구상화하고 있다. 그런 집을 나는 지으려 했다. 인간의 원초적인 감정에 어울리는 주거 — 그것은 신체적으로나 정신적으로 아늑한 느낌을 전달하는 것이어야 했다. 그러나 나는 이 계획을 첫 건축단계부터 변경시켰다. 왜냐하면 그것이 너무나 원시적이라 느꼈기 때문이다. 나는 그것이 땅에 웅크리고 있는 오막살이가 아니고 제대로 된 2층집이어야 한다는 사실을 깨달았다. 그리하여 1923년 첫 번째 둥근 탑이 되어가고 있음을 알게 되었다.

이 탑에서 내가 느낀 휴식이나 재생의 느낌은 처음부터 매우 강력했다. 그것은 나에게 모성적인 장소 같은 의미가 있었다. 그러나 차츰 그것이 아직 말해야 할 모든 것을 표현하고 있지 않으며 무언가 부족하다는 인상을 갖게 되었다. 그래서 4년 뒤에 1927년 탑 비슷한 부속건물과 함께 중앙의 구조물이 추가되었다.

얼마 정도 지난 뒤 나는 또 한 번 뭔가 아직 완전치 못하다는 느낌을 받았다. 건물은 아직 내게 너무나 원시적인 것 같았다. 그래서 1931년 — 다시 4년이 지난 뒤에 — 탑 같은 부대건물을 주탑에 붙여 세웠다. 나는 이 두 번째 탑에 나 혼자 있을 수 있는 방을 정했다. 내 머릿속에는 인도의 집에서 본 것들이 떠오르고 있었다. 그곳에는 비록 방 한구석에서 커튼으로 칸을 나눈 공간이긴 했지만 사람들이 혼자 있을 만한 공간이 있었다. 거기서 그들은 15분 또는 30분쯤 명상하거나 요가연습을 했다.

나의 은거하는 방에서 나는 내 자신과 더불어 혼자 있다. 나는 언제나 열쇠를 지니고 있다. 아무도 나의 허락 없이 이 방에 들어올 수 없다. 여러 해가 경과하는 동안에 나는 벽에다 그림을 그렸다. 그래서 현재로부터 격리된 시간, 현재에서 영원으로 들어간 시간에 나를 사로잡은 것들을 묘사하였다. 그것은 사색과 명상의 장소, 흔히는 매우 불쾌한 환상과 고통에 찬 사색이었고 그곳은 또한 영적인 집중의 터전이 되었다.

1935년은 울타리를 친 땅을 갖고 싶다는 욕망이 일어났다. 나는 하늘과 자연을 향하여 탁 트인 좀 더 넓은 공간을 필요로 했다. 그리하여 — 다시금 4년 간격에 — 나는 안뜰과 열린 회랑을 호숫가에 덧붙였다. 이것은 전체의 네 번째 부분으로 그 집의 삼위성三位性 단일가옥군과 나누어져 있었다. 그리하여 사위四位가 생겨났다. 네 개의 상이한 건물의 부분, 그리고 그것도 12년 동안에.

1955년, 아내가 죽은 뒤에 나는 내 자신의 존재가 되어야 한다는 내적 의무를 느꼈다. 볼링겐 집의 언어로 말한다면 나는 갑자기 양측 건물 사이에 기는 듯 낮게 드리운 작은 가운데 부분이 내 자신을, 나의 자아를 표시하고 있다는 것을 발견했다. 그래서 그 당시 나는 이 부분에 2층을 추가하여 이를 높였다. 그전 같으면 나는 이렇게 할 수 없었을 것이다. 나는 그것을 건방진 자기과장이라고 보았을 것이다. 그러나 이제 그것은 노년에 획득된 의식의 확장이라는 뜻을 표시하고 있었다. 그것으로서 나의 아내가 죽은 1년 뒤에 모든 건물이 완성되었다. 나는 1923년 첫 탑을 나의 어머니가 돌아가신 지 2개월 뒤에 시작했다. 이 두 개의 날짜는 뜻이 있다. 왜냐하면 우리가 다음에 보게 되듯이 탑은 죽은 자들과 연결되고 있기 때문이다.

처음 시작할 때부터 탑은 나에게 성숙의 장소였다. 그곳은 현재와 과거와 미래의 내가 될 수 있는 자궁, 하나의 모성적 상과 같은 것으로 느꼈다. 탑은 마치 내가 돌 속에서 다시 태어나는 것 같은 느낌을 주었다. 그리하여 그것은 마치 미리 예상했던 것의 실현, 하나의 개성화를 묘사하는 듯했다. 그것은 청동보다는 영속적인 추억할 만한 징표였다. 그것은 나의 존재를 긍정하도록 좋은 영향을 나에게 주었다. 물론 건축작업을 하는 동안에는 이런 것들을 전혀 생각하지 않았다. 나는 집을 하나하나 지어 나갔고 그때마다 구체적으로 필요한 것에 따랐다. 그러므로 내적인 관련을 깊이 생각하지 못했다. 마치 꿈속에서 집을 지었다고 할 수 있다. 나중에야 비로소 나는 모든 부분이 어떻게 그렇게 서로 어울리는

가, 그것도 의미 있는 형태, 정신적 전체의 상징이 되었는가를 알 수 있었다. 마치 오래전 뿌린 씨가 싹튼 것처럼 모든 것이 진전되었다.

볼링겐에서 나는 내 자신에 가장 어울리는 나의 진정한 본체일 수 있었다. 여기에서 나는 이를테면 "어머니의 태초의 아들"이다. 매우 현명하게도 연금술에서는 이렇게 말하고 있다. 연금술에서 말하는 "노인"이니 "태고太古"를 나는 어린 시절에 이미 경험한 제2의 성격, 언제나 살아 왔고 또한 언제나 그러할 나의 성격이었다. 그는 시간 밖에 존재하며 모성적 무의식의 아들이다. 나의 환상 속에서 그 "태고"는 필레몬Philemon의 형태를 취했고 그는 볼링겐에서 생동하고 있었다.

때때로 나는 마치 내가 자연의 풍경과 사물 속으로 퍼져들어가 모든 나무 속에 살며, 출렁이는 파도 속에, 구름 속에, 오고 가는 동물들 속에 그리고 그 밖의 모든 사물 속에 살고 있다는 느낌을 갖는다. 탑에는 10년이 경과되는 동안 생성되고 성장하지 않은 것이 없고 나와 맺어져 있지 않은 것이 없다. 모든 것은 그의 역사, 나의 역사를 가지고 있다. 여기에 세계와 정신의 오지에 있는 무한한 왕국의 공간이 있다.

나는 전기를 쓰지 않기로 했다. 벽난로와 화덕에 손수 불을 지폈다. 저녁에는 옛날 등잔에 불을 붙였다. 수돗물도 없었다. 나는 펌프로 물을 길었다. 장작을 패고 밥을 짓는다. 이와 같은 단순한 작업은 사람을 단순하게 만든다. 그런데 단순해지는 것이 얼마나 어려운 일이랴!

볼링겐에서는, 고요함이 나를 에워싸고 있다. 이곳에서 사람은 "가장 겸허한 자연과의 조화"[2] 속에 산다. 수 세기를 거슬러 올라가며, 그만큼 미래를 내다보는 생각들이 머리에 떠오른다. 여기에서 창조의 고뇌는 완화되며 창조성과 놀이가 거의 하나로 어울리게 된다.

1950년 나는 돌로 기념비라고 할 만한 것을 만들어 탑이 나에게 의미하는 것이 무엇인지 표현하고자 했다. 내가 어떻게 이런 돌의 생각을 하게 되었는지

---

2) 웅장한 풍경 속에 있는 한 작은 노인을 그린 중국판화의 제목. A.J

에 관해서는 특이한 이야기가 있다. 나는 뜰을 둘러쌀 담을 만드는 데 돌이 필요했다. 그래서 볼링겐 근처의 채석장에 돌을 주문했다. 석공이 자기가 측정한 것을 전부 채석장 주인에게 주고 그가 그것을 공책에 옮겨쓸 때 나는 옆에 서 있었다. 돌이 배로 운송되고 땅에 내려졌을 때 초석이 모두 잘못 측정되었음이 판명되었다. 삼각형 대신에 사각형 덩어리가 실려온 것이다. 그것은 주문된 것보다 더 큰 면적의 완전한 정사각형짜리로 20인치가 두꺼웠다. 석공石工은 화를 내고 뱃사람들에게 당장 그 돌을 도로 가져오라고 했다.

그러나 그 돌을 보았을 때 나는 말했다. "아니오, 그건 내 돌이오. 그 돌은 내가 가져야겠소!" 나는 곧 그것이 내게 가장 적합하다는 것을 알았고 그것으로 무엇을 하기를 원했던 것이다. 다만 나는 내가 원하는 것이 무엇인지 아직 잘 몰랐을 뿐이다.

내게 떠오른 첫 번째는 연금술사 아르날두스 드 빌라노바Arnaldus de Villanova(1313년 죽음)의 라틴어 시구절이었다. 그것은 내가 돌을 쪼아 만든 최초의 내용이기도 했다. 그것을 번역하면,

여기 그 돌이 있네. 하잘것없는 것.
그건 아주 값싼 것이긴 해도 …
바보들로부터 경멸당할수록
어진 이로부터 더욱 사랑받는다.

이 시는 무지한 사람들로부터 배척되고 경멸당한 연금술사의 돌lapis을 말한다.

곧 다른 것이 거기서 생겨났다. 돌 앞면의 자연 그대로의 구조 속에서 나는 작은 원, 일종의 눈이 나를 보고 있는 모습을 보았다. 나는 그것을 돌에 새겼다. 그리고 중앙에 아주 작은 남자를 만들었다. 이것은 눈 속의 동공에 해당하는 작은 인형(다른 사람의 눈동자 속에서 보는 자신의 모습: 역주), 일종의 카비르Kabir 또는 아스클레피오스 신의 텔레스포로스Telesphoros에 일치되는 모습이었다. 고대 그리스의 많은 조각상에서 볼 수 있는 것처럼 텔레스포로스는 두건을 쓰고 외투를

입었으며 손에서 등을 들고 있는 모습을 하고 있다. 그는 길을 안내하는 자이기도 한 것이다. 일을 하면서 몇 줄의 말이 머리에 떠올라 나는 그 말을 그에게 봉헌했다. 그리스어로 된 이 비문의 번역은 다음과 같다.

> 시간은 어린이 — 어린이처럼 놀고 — 서양장기를 두는 — 어린이의 왕국. 여기 텔레스포로스가 이 우주의 어두운 지역을 거치면서, 소요하며 병처럼 깊은 곳에서 빛나는 것. 그는 태양의 문에 이르는, 꿈의 나리에 이르는 길을 가리키고 있다.[3)]

내가 돌을 다루며 일하는 동안, 이런 어구가 내 뇌리에 계속 떠올랐다. 세 번째 면, 호수로 향한 면에 나는 말하자면 돌로 하여금 스스로 라틴어로 말하게 하였다. 이 말들은 모두 연금술에서 인용한 것이다. 다음이 그 번역문이다.

> 나는 고아, 혼자서 있소: 그런데도 어디서나 발견되오. 나는 하나. 그러나 내 자신에 대립된 존재이오. 나는 젊은이인 동시에 늙은 사람. 나는 아버지도 어머니도 모르오. 물고기처럼 깊은 곳에서 꺼내와야 하므로 — 아니면 마치 하얀 돌처럼 하늘에서 떨어지므로 — 숲과 산에서 나는 헤매고 있소. 그러나 나는 인간의 가장 깊은 내면에 숨어 있소. 나는 누구를 위해서도 죽지만 시간의 순환과 변화가 나를 손대지 못하오.

결론적으로 아르날두스 드 빌라노바Arnaldus de Villanova의 말 아래 나는 라틴어로 "C. G. 융의 75회 탄생일을 기념하며 1950년 감사의 봉헌으로서 이것을 만들고 여기에 세우다"라고 새겼다.

돌이 완성되었을 때 나는 그것을 되풀이해 보면서 스스로 감탄하였다. 그리고 이런 것을 만드는 것을 무엇이라 불러야 하는지를 반문했다.

---

3) 첫 문장은 헤라클릿의 글의 단장이다(H. Diels, ≪소크라테스 전(前) 철학자들의 단장(斷章)(*Die Fragmente der Vorsokratiker*)≫, 1903, 52편). 두 번째 문장은 미트라스 제의를 암시한다(A. Dieterich, ≪*Eine Mithraslitugie*≫, Leipzig und Berlin, 1923, P. 9). 마지막 문장은 호머(Homer)에 의거한 것이다≪*Odyssee*≫, 24장 12절). 다른 비명에 관해서는 용어해석 〈Alchemie〉를 참조. A.J.

볼링겐 별장의 돌.

그 돌은 탑 밖에 서 있어서 마치 그 탑에 관해서 설명하고 있는 것 같았다. 그것은 아직 남에게 불가해한 존재로 있는 거주자의 발언이었다. 내가 그 돌의 뒷면에 무엇을 새기고 싶었는지 알겠는가? "메를린의 외침!Le Cri de Merlin"이었다. 왜냐하면 그 돌이 말한 것을 보고 나는 그가 탑에서 사라진 뒤 숲 속에서 외친 메를린의 선언을 연상했으니까. 사람들은 아직 그의 외침을 듣는다고 한다. 그러나 사람들은 그 뜻을 이해하지 못하든가 해석하지 못한다고 전설은 말하고 있다.

메를린은 파르치팔Parzival에 비등한 인간상을 만들고자 한 중세인의 무의식적 시도를 나타내고 있다. 파르치팔은 기독교의 영웅이다. 그리고 메를린은 마귀와 성처녀의 아들로서 파르치팔의 어두운 형제이다. 이 전설이 생긴 12세기에는 메를린이 표현하고 있는 것이 이해될 만한 아무런 전제조건도 아직 없었다. 그러므로 그는 끝내 추방되어야 했고 그가 죽은 뒤에도 숲 속에서 아직도 "메릴린의 외침"이 울리고 있는 것이다. 아무도 이해하지 못하는 이 외침은 그가 구제받지 못한 채 살고 있다는 것을 의미한다. 엄격하게 말해서 그의 이야기는 아직 오늘날에도 끝나지 않았다. 그는 아직도 방황하고 있다. 메를린의 비밀은 연금술에서 무엇보다도 메르쿠리우스Mercurius의 모습으로 계승되고 있다고도 말할 수 있을 것이다. 그 다음에는 다시 나의 무의식의 심리학에서 다루어졌지만 이날까지 이해되지 못한 채 있는 것이다. 대부분의 사람들에게 무의식은 이해하기 힘든 것이기 때문이다. 사람들에게 무의식이 얼마나 낯선 것인지, 그건 내가 경험한 것 가운데서도 가장 인상적인 경험이다.

첫 번째 탑이 완성된 직후 나는 마침 볼링겐에 머물러 있었다. 그것은 1923년과 1924년 사이의 겨울이었다. 내가 기억하는 한 눈이 덮여 있지는 않았다. 아마 이른 봄이었을 것이다. 나는 일주일 또는 좀 더 오랫동안 혼자 있었다. 형용할 수 없는 고요가 지배하고 있었다. 그렇게 깊은 체험을 한 적이 없었다.

어느 날 저녁, 아직도 생생하게 기억이 나는데 나는 벽난로가에 앉아 있었다. 그리고 커다란 가마솥을 불 위에 놓고 설거지할 물을 끓이고 있었다. 물이 끓기 시작하고 솥이 노래하기 시작했다. 그것은 마치 여러 종류의 사람 목소리 같기도 하고, 현악기 소리 같기도 하고 혹은 심지어 수많은 소리의 교향곡 같기도 했다. 그것은 마치 다음적多音的 음악 같았다. 실제로 나는 그런 소리를 참을 수가 없지만 이 경우에는 이상스럽게 나의 흥미를 끌었다. 그것은 마치 탑 속에 교향악단이 있고 또 한 개의 교향악단이 탑 밖에 있는 것처럼 여겨졌다. 한 번은 한쪽 소리가 크게 울리고 다른 한 번은 다른 쪽의 소리가 커서 마치 서로 소리를 주고받는 것 같았다.

나는 그 소리에 매료되어 앉아서 듣고 있었다. 한 시간이 훨씬 넘도록 나는 이 콘서트, 자연의 멜로디를 듣고 있었다. 그것은 조용한 음악이었다. 그리고 모든 자연의 불협화음을 포함하고 있었다. 그리고 그건 당연했다. 왜냐하면 자연은 조화롭기만 한 것이 아니기 때문이다. 자연은 무섭도록 모순에 찬 혼돈인 것이다. 음악 역시 그런 식이었다. 쏟아져 나오는 소리들, 물과 바람의 성질을 지니고 있으면서 도무지 말로 표현할 수 없을 정도로 절묘한 소리가 울려나오는 것이었다.

1924년 이른 봄 나는 다시 볼링겐에 머물고 있었다. 나는 홀로 난로에 불을 때고 있었다. 그날도 그렇게 고요한 밤이었다. 밤중에 나는 탑 주위를 돌아다니는 가벼운 발소리에 잠에서 깨었다. 먼 곳에서 음악이 울리더니 점점 가까워졌다. 그러자 웃음소리와 말하는 소리가 들렸다. 나는 '누가 이렇게 돌아다니는가. 이게 무슨 일인가?' 호수를 따라 아주 작은 길밖에 없고 아무도 거기를 걸어다닌 적이 거의 없는데 말이다!' 하고 생각했다. 내가 이런 것들을 생각하고 있는 동안 잠이 완전히 깨었다. 그래서 창가로 갔다. 나는 덧창을 열었다. 그러나 조용했다. 아무도 보이지 않고, 아무 소리도 들리지 않았고, 바람도 없고, 전혀 아무것도 아니었다.

'이건 정말 이상한데' 하고 나는 생각했다. 나는 발소리, 웃음소리, 말소리가 정말 들렸다는 사실을 확신하고 있었다. 그러나 아마 내가 그저 꿈을 꾸었던 모양이다. 나는 다시 침상으로 돌아가서 어떻게 우리가 착각에 빠질 수 있는지, 그런 이상한 꿈의 원인이 무엇인지를 곰곰이 생각하고 있었다. 그런 생각에 빠진 채 나는 다시 잠들었다. 그러자 곧 같은 꿈이 시작되었다. 다시 한 번 나는 발소리, 말소리, 웃음소리, 그리고 음악소리를 들었다. 동시에 나는 수백의 검은 옷차림의 모습들을 보았다. 그들은 주일날 옷을 입고 있는 시골 청년들로서 산에서 돌아와 탑 주변의 양편으로 몰려들어 요란하게 땅을 밟아제끼고 웃고 노래하고 아코디언을 켜는 것이었다. 나는 짜증이 났다. 이게 꿈인 줄 알았더니 이제 보니 현실이구나! 이런 느낌으로 나는 잠을 깨었다. 그런데 모든 게 바로 그전과 꼭 같았다. 죽음처럼 고요한 달밤, 그러자 나는 생각했다. '이건 단순히 도깨비 놀음이구나!'

물론 나는 꿈이 그렇게도 현실임을 강조하고 동시에 깨어나도록 하는 것이 과연 무슨 뜻이겠는지를 자문하고 있었다. 보통 우리는 그것을 유령을 볼 때만 경험한다. 깬다는 것은 현실을 지각한다는 말이다. 그러므로 꿈은 현실에 필적하는 상황을 표현하고 있다. 그 속에서 그것은 일종의 깨어 있는 상태를 만들어낸 것이다. 이런 종류의 꿈에서는 일상적인 꿈에 반해서 꿈을 꾼 사람에게 반복에 의하여 강조된 강력한 현실감각을 전달하려는 무의식의 경향을 노출하는 법이다. 그런 현실의 근원은 한편으로는 신체감각이고 다른 한편으로는 원형상임을 우리는 알고 있다.

그날 밤, 모든 것은 그렇게도 완전히 현실적이거나 최소한 그런 것처럼 보였다. 그래서 나는 두 개의 현실을 거의 구별할 수가 없었다. 꿈 그 자체에서도 나는 아무것도 얻을 수 없었다. 그와 같은 음악을 연주하는 시골 청년들의 긴 행진이 무엇을 의미하는가? 내게는 이들이 탑을 구경하려고 호기심에서 왔던 것 같았다.

나는 그 뒤에 그와 같은 꿈이나 경험을 다시는 하지는 않았다. 그리고 여기에 준하는 이야기를 들어본 일도 없다. 이에 대한 한 가지 뜻을 인식하게 된 것은 훨씬 뒤의 일이었다. 내가 17세기의 렌바르트 치잣트Rennward Cysat가 쓴 ≪루체른luzern 지지地誌≫를 알게 되었을 때 다음과 같은 이야기가 그 속에서 발견된 것이다. 필라투스Pilatus산의 높은 목장지대는 귀신이 나오는 것으로 특히 유명하다. 그곳에서는 보탄Wotan(게르만 민족의 주신)이 오늘도 활약하고 있다! 산을 오르다가 어느 날 밤 치잣트는 남자들의 행진으로 훼방을 받았는데 이들은 그의 오막살이를 사이에 두고 양편으로 밀려나와 음악을 연주하고, 노래하고 — 꼭 내가 나의 탑에서 경험한 것들이 적혀 있었다.

다음날 치잣트는 그와 함께 그날 밤을 지낸 목자에게 그 뜻이 무엇이냐고 물었다. 그 사람은 이미 그 까닭을 알고 있었는데 그 사람들은 저승의 종족임에 틀림없다는 것이었다. 스위스 말로 "잴릭 륏sälig Lüt(천국으로 간 축복받은 사람들이라는 뜻: 역주)"들이었을 것이다. 즉, 이들은 죽은 자의 영혼들인 보탄 신의 군사들이다. 이들은 이런 식으로 빙빙 돌아다니며 자기네들의 존재를 사람들에게 알려주는 버릇을 가지고 있다는 것이다.

나의 체험을 설명하기 위해서 이렇게 말할 수도 있을 것이다. 즉, 그건 고독의 현상이며 외부적인 공백과 고요함을 많은 사람들의 무리의 상으로 보상하는 것이라고. 그것은 은둔자의 환각에 해당될 것이다. 그것 역시 보상적인 현상이기 때문이다. 그러나 그런 이야기들이 어떤 현실에 근거를 두고 있는지 아는가? 내가 외로움 때문에 너무도 감작感作되었으므로 "천국으로 간 축복받은 사람들"의 행진을 감지할 수 있었을 가능성도 생각해 볼 수 있는 것이다.

이런 경험을 심리적 보상이라고 설명하고 일종의 환각이라고 말하는 것은 내게는 충분히 만족할 만한 것이 못 되었다. 17세기의 대비할 만한 이야기가 있는 것으로 미루어 보더라도 나는 그것의 현존성을 또한 생각할 의무를 느꼈다.

그것은 동시성 현상이었을 가능성이 가장 큰 것 같다. 이런 현상은 우리가 내면의 감각으로 지각하거나 예감하는 사건이 외부적인 현실에 부합됨을 보여주고 있는 것이다. 나는 체험에 해당하는 구체적인 일치가 실제로 있는 것이다. 중세에는 바로 그런 젊은이의 행진이 실시되었던 것이다. 이들은 스위스인 용병이었다. 이들은 보통 봄에 모여 중부 스위스에서 로카르노Locarno까지 행진했다. 미누지오Minusio의 카사디 페로Casa di Ferro에 집합해서 함께 밀라노로 행진했다. 이탈리아에서 이들은 군인으로 봉사하고 외국 왕자들을 위해서 싸웠다.

그러니까 나의 환상은 아마 청년들이 노래하고 즐겁게 그의 고향의 나라에서 송별할 때, 봄마다 정기적으로 실시되는 이들 모임의 하나였을 것이다.

우리가 1923년 볼링겐에서 집을 짓기 시작했을 때 나의 장녀가 그곳을 보러 왔다. 그녀는 소리질렀다. "아니, 아빠! 여기 집을 지어요? 여기에는 시체가 널려 있어요!" 물론 나는 생각했다. '바보같이! 그런 게 어디 있어!' 그런데 4년 뒤 부속건물을 공사할 때 우리는 해골을 발견했다. 그것은 7피트 깊이에 묻혀 있었다. 오래된 피스톨의 총알이 팔꿈치에 박혀 있었다. 여러 가지 징후로 보아 시체는 시간이 많이 지난 뒤에 무덤에 던져진 것 같았다. 그것은 1799년 린트Linth에서 익사한 뒤에 호수의 상류로 밀려 올라간 수많은 프랑스 병사들 중에 하나였다. 이 사람들은 오스트리아군이 프랑스군이 쇄도하던 그라나우Grynau의 다리를 폭파시켰을 때 물에 빠져 죽었던 것이다. 해골이 있는 무덤과 그것이 발견된 1927년 8월 22일의 날짜가 적힌 사진이 이 탑에 보존되어 있다.

나는 나의 땅에서 정식 장례의전을 마련하였다. 병사의 무덤 위로 조총을 세 번 쏘았다. 그리고는 나는 그를 위한 비문을 새긴 비명을 세웠다. 나의 딸은 이 시체의 존재를 감지했었던 것이다. 그런 것을 감지할 수 있는 그녀의 능력은 내 외가 쪽의 할머니로부터 이어받은 것이다.[4)]

1955년과 1956년의 겨울에 나는 세 개의 석판에 나의 친가 쪽 조상의 이름을 새겼다. 그래서 그것을 탑의 중정에 세웠다. 그 덮개에는 내 자신과 아내의 문장, 그리고 나의 사위들의 문장에서 따온 소재를 그렸다. 융 가家는 본래 불사조를 문장으로 삼고 있었다. 새는 "젊음", "청년", "회춘"의 뜻과 관계를 가지고 있음이 분명하다. 나의 조부는 문장의 여러 요소들을 바꾸었는데 아마 그의 아버지에 대한 저항심에서 그렇게 한 것 같다. 그는 열렬한 프라이마우러(프리메이

4) 부록 p. 508 참조.

슨)공제비밀결사의 회원이며 그 스위스 지부의 두령이었다. 이것이 그가 문장을 바꾼 것과 많은 관련을 가지고 있다. 이 자체는 대단한 것이 아니지만 내가 그것을 말하는 이유는 그것이 나의 사고와 나의 생의 역사적 관련 안에 속하기 때문이다.

나의 조부의 개작에 따라 나의 문장은 이미 본래의 불사조를 포함하고 있지 않았다. 그 대신 오른쪽 위 측에 청십자, 왼쪽 아래 측에 황금의 별이 그려 있었다. 이와 같은 주제넘은 문양의 상징성은 프라이마우러 식이거나 장미십자회원 식이다. 십자와 장미가 장미십자회의 대극의 문제를 표현하는 것처럼 "십자와 장미를 위하여Per crucern ad rosam," 다시 말해서 기독교적인 것과 디오니소스적인 것의 대극적 문제를 표시하는 것처럼 십자와 포도 역시 천상과 지하의 혼의 상징이다. 대극합일의 상징은 황금의 별로 묘사되었는데 이는 현자의 황금Aurum Philosophorum이다.[5)]

장미십자회는 연금술철학에서 나온 것이다. 그 창시자의 한 사람은 미하엘 마이어Michael Maier, 1568~1622인데 그는 유명한 연금술사이며, 그보다 덜 알려져 있지만 더 중요하고 그보다 나이가 어린 게라르두스 도르네우스Gerardus Dorneus(16세기 말)와 동시대인인데 도르네우스의 논문인 1602년의 ≪화학의 극장*Theatrum Chemicum*≫의 첫 권을 모두 소유하고 있다. 이 두 사람이 살던 프랑크푸르트는 연금술철학의 중심지였던 것 같다. 마하엘 마이어는 팔라틴 영의 백작과 루돌프 2세의 궁정의로서 그 지방의 명성 있는 인사였다. 당시 마인츠Mainz에 이웃에서 의학박사이자 법학박사인 칼 융(1654년 사망)이 살고 있었는데 그에 관해서는 이 밖에 아무것도 알려진 게 없다. 왜냐하면 18세기 초에 살았던 고조부와 함께 가계가 끊어져 있기 때문이다. 이분은 지그문트 융Sigmund Jung인데 마인츠 시민이었다. 가계가 없어지게 된 것은 마인츠 시립도서관이 스페인 왕통계승전 동안에 불타버렸기 때문이다. 칼 융 박사가 두 사람의 연금술사들의 글에 친숙해졌으리라 추측하는 것은 거의 당연한 일이다. 왜냐하면 그 당시의 약물학은 아직 파라

5) 성자, 즉 연금술사의 금. A. J.

셀수스의 영향 아래 있었기 때문이다. 도르네우스는 글자 그대로 파라셀수스 파였고 심지어 파라셀수스의 논문들, 〈장수에 대하여De Vite Longa〉에 대한 수많은 논평을 엮은 일이 있다. 그 역시 다른 모든 연금술사와 마찬가지로 개성화 과정을 다루었다. 내 삶의 작업의 대부분이 대극의 문제, 특히 그들의 연금술적 상징 연구를 중심으로 이루어진 사실을 참조할 때 이 모든 것이 흥미의 대상이 되지 않을 수가 없다.

내가 가계도家系圖를 가지고 일할 때 나는 나와 조상과의 숙명적 연대를 깨닫기 시작했다. 나는 내가 부모나 조부모와 더 먼 조상이 미완성이며 미해결인 채 남긴 문제나 사물의 영향을 받고 있음을 아주 강하게 느끼고 있다. 부모로부터 아이들에게 건네준 가족 내의 비개인적인 카르마Karma가 정말 존재한다는 생각을 자주하게 된다. 나는 늘 나의 조상들에게 숙명적으로 던져졌으며, 아직 해답을 얻지 못한 물음을 내가 대답해야 하며, 지나간 시대가 완성하지 못한 채 남긴 것을 내가 완성하거나 혹은 계속해야 할 것 같았다. 해답해야 될 이런 물음들이 개인적인 것에 더 가까운 것인지 혹은 보편적인 성질에 더 가까운 것인지를 결정하는 것은 어려운 일이다. 내게는 후자의 경우가 더 적절한 듯하다. 집단적인 문제가 집단적인 문제로서 인정되지 않을 때는 언제나 개인적인 문제처럼 보이고 개인적 정신영역에서 뭔가 잘못되었다는 착각을 줄 수 있다. 실제로 개인적인 영역이 정말 장애를 받고 있지만 그런 장애는 반드시 일차적이기보다 아마 이차적일 수 있는 것이다. 즉 사회 분위기의 참을 수 없는 변화의 결과일 수도 있다. 그러므로 장애의 원인은 사적인 환경에서 찾을 게 아니라 집단적 상황에서 찾아야 한다. 정신요법은 지금까지 이 문제를 너무도 고려하지 않았다.

조금이라도 자기반성을 할 수 있는 사람이라면 누구나 그러하듯이 나는 나의 성격상의 이분二分을 순전히 나 개인의 일이며 책임이라는 생각을 당연시하고 있었다. 물론 파우스트는 "아, 두 영혼이 내 가슴에 살고 있다"고 고백함으로써 나에게 위로가 되었지만 그는 이런 이원성의 원인을 해명하지 않았다. 어떤 점에서 그의 통찰은 바로 나의 경우에 맞는 것 같았다. 내가 처음으로 ≪파우스트≫를 읽었을 무렵 괴테의 이상한 영웅신화가 어느 정도로 집단적 경험이며 독일인의 숙명을 예언하고 있었는지를 조금도 짐작하지 못했다. 그래서 나는 은연중에 충격을 받았다. 파우스트가 자기도취에 빠져서 필레몬Philemon과 바우키스Baucis를 죽였을 때 나는 마치 내 자신이 과거에 두 늙은이를 죽이는 것을 도와주기나 한 것처럼 죄책감을 느꼈다. 이 이상한 생각에 나는 깜짝 놀랐다. 그 죄를 속죄하고 혹은 그것의 재현을 막아야 할 책임이 나에게 있다고 보았다. 나의 그릇된 결론은 내가 그 젊은 날에 제삼자로부터 얻어들인 약간의 새로운 정보로 뒷받침되었다. 나의 조부 융이 괴테의 사생아였다는 전설 같은 소문이 내려왔다는 것이다. 이 짜증스런 소문이 나의 ≪파우스트≫에 대한 기묘한 반응을 설명하고 뒷받침하는 것같이 느껴졌으니 그만큼 영향을 준 소문이었다. 나는 전생前生을 믿지는 않았지만 인도 사람들이 카르마라고 부르는 개념에는 본능적으로 친밀감을 느끼고 있었다. 그 무렵 나는 무의식의 존재에 관해서 아무런 생각도 없었으므로 나는 나의 반응을 심리학적으로 이해할 수는 없었다. 또한 나는 미래가 훨씬 이전부터 무의식적으로 준비되어 있으며 그러므로 투시력을 가진 사람에 의해서, 그 일이 일어나기 훨씬 전부터 밝혀질 수 있다는 사실을 모르고 있었다. 물론 지금도 일반 사람들은 그 시실을 잘 모르고 있다. 그리하여 빌헬름 1세가 베르사이유에서 대관식을 한다는 보도를 접하였을 때 야콥 부르크하르트는 외쳤다. "저것은 독일의 몰락이다." 당시 이미 와그너의 원형이 문을 두드리고 있었다. 그리고 이들과 함께 니체의 디오니소스적 경험이 나타났는데 차라리 그것은 엑스타제의 신, 보탄이라고 기술하는 편이 좋겠다. 빌헬름 시대의 오만은 유럽을 낯설게 만들어 버렸고 1914년의 재앙으로 다가가는 길을 열었다.

나는 청년시절(1893년 무렵)에 그 시대의 정신에 무의식적으로 사로잡혀 있었다. 그리고 내 자신을 그것으로부터 해방시킬 방법을 갖고 있지 않았다. 파우스트는 나의 마음을 건드렸고 나에게 충격을 주었으므로 그의 이야기를 개인적인 것으로 이해할 수밖에 없었다. 무엇보다도 그것은 내 마음을 깊이 흔들어 놓은 대극의 문제 선과 악, 정신과 물질, 빛과 어둠의 문제였다. 멍청하고 우둔한 철학자 파우스트는 그의 존재의 어두운 측면, 그의 무시무시한 그림자 메피스토펠레스를 만난다. 메피스토펠레스는 그의 부정적인 소질에도 불구하고 말라 비틀어진 학자, 자살에 면해서 헤매는 학자에 대해서 진정한 생의 혼을 대변하고 있다. 내 자신의 내적인 대극이 여기에 극화된 것이었다. 괴테는 내 자신의 갈등과 해결의 공식과 기초적인 윤곽을 그려낸 셈이다. 파우스트와 메피스토펠레스의 이원성二元性은 함께 내 자신 속에 들어와 하나의 사람이 되었고 내가 바로 그 사람이었다. 바꾸어 말해서 나는 곧장 이런 생각에 충격을 받았다. 그리고 나는 이것이 나의 운명임을 인식했으므로 드라마의 모든 진행이 나에게 개인적인 영향을 주었다. 즉, 한쪽에서 나는 정열적으로 동의하고 다른 한편으로는 반발했다. 무해결이란 나의 관심 밖이었다. 나는 의식적으로 내 작업을 파우스트가 보지 못하고 지나친 방향에 연결시켰다. 즉 영원한 인간권리에 대한 존경, 옛것의 인정 그리고 문화와 지성의 역사의 연속성이 그것이었다.[6)]

우리의 마음은 몸과 마찬가지로 조상대에 이미 존재해 온 것들로 이루어지고 있다. 개별적인 인간의 마음의 "새로운 것"이란 아득한 옛날의 마음의 요소들이 끝없이 변화되어 재결합된 것이다. 그러므로 신체나 마음이나 철저하게 역사적 성격을 가지고 있으며 몸과 마음은 새로운 것 속에, 즉 방금 생거난 것 속에서 적당한 자리를 찾지 못한다. 다시 말해서 우리의 조상의 특징들은 그 새로운 것 속에 다만 부분적으로 존재할 뿐이다. 우리는 아직 우리의 정신이 필요로 하는 만큼 중세, 고대 그리스의 원시성을 완전히 해결짓지 못하고 있다. 그럼에도 불구하고 우리는 발전의 소용돌이로 돌진하여 일찍이 없었던 거친 폭력으로 미래를 향해 밀려가고 있으며 그럴수록 더욱 급속도로 우리의 뿌리는 뽑히고 있다. 한 번 옛것이 파괴되면 그것은 대개 말살되고 만다. 그리고 전진은 그칠 줄

---

6) 융의 입장은 그가 처음에 볼링겐의 집 입구 위에 쓴 명각에서 볼 수 있다. "필레몬의 제단, — 파우스트의 속죄(Philemonis Sacrum — Fausti Poenitentia)." 이 장소가 담으로 둘러싸이게 되자 융은 이것을 두 번째 탑의 입구 상부로 옮겼다. A. J.

볼링겐 별장의 거실이 있는 탑.
1923년.

볼링겐 별장, 거실탑이
탑 같은 부속건물을
갖춘 중간건물로
확대되었다. 1927년

볼링겐의 안마당이 있는 탑들과 회랑. 1935년.

볼링겐, 탑의 최종 모습. 1955년.

을 모른다. 그러나 그것은 바로 과거와 현재와 미래의 관계 상실이며 문화적 근절이며 이러한 문화의 불만과 성급함을 야기시켜 사람들은 전체 진화의 배경에 아직 못 미치고 있는 우리의 현재에 사는 대신에 미래와 황금시기의 정체 모를 약속 가운데서 살게 되었다. 우리는 누적된 결핍감과 불만감과 초조감에 사로잡힌 채, 신기한 것을 향하여 성급하게 돌진하고 있다. 우리는 이미 우리가 현재 소유하고 있는 것으로 살지 않으며, 약속된 것에 따라 살며 현실의 빛 속에서가 아니라 미래의 어둠 속에서 살고 있다. 그리고 거기서 해가 솟아날 것을 기대하고 있다. 우리는 모든 좋은 것들이 어떤 나쁜 것의 대가로 얻어진다는 사실을 보고자 하지 않는다. 보다 큰 자유에의 희망은 국가에의 예속의 증가로 말살되고 있다. 가장 화려한 과학적 발견이 우리에게 노출한 끔찍한 재앙은 말할 것도 없다. 우리의 아버지와 그 아버지들이 찾던 것이 무엇인지 우리가 이해하지 못하면 못할수록 우리는 더욱 우리 자신을 이해하지 못한다. 그리하여 우리는 모든 힘을 다해서 개인으로 하여금 그의 뿌리와 그를 이끄는 본능들을 박탈하여 니체가 중력의 령靈, Geist der Schwere이라 부른 것을 집단의 한 분자로 전락하여 좇아가는 존재가 되고 만다. 앞을 향한 개혁, 즉 새로운 방법 또는 묘책을 통한 개혁은 물론 처음에는 직접적인 확신을 주는 것이지만 긴 안목으로 볼 때 의심쩍은 것이며, 어쨌든 고가로 지불된다. 전체적으로 이것들은 인간의 행복과 만족을 증가시키지 않는다. 대부분의 경우 그것은 일시적으로 실재를 사탕발림으로 호도하고 있는 것에 불과하다. 예컨대 시간을 단축시키는 각종 조치들은 역겹게도 단지 속도만 빠르게 하여 우리는 그전보다 더 시간이 없는 상태가 되고 있다. 그래서 옛날 스승들은 늘 이렇게 말했던 것이다. "Omnis fortinatio exparte diaboli est — 모든 성급함은 마귀에서 나왔다고." 다른 한편 역행을 통한 개혁은 일반적으로 비용이 덜 들고 더 오래 지탱되는 법이다. 왜냐하면 그 개혁은 보다 단순한 과거의 길로 돌아가며 겉보기에 시간을 아낄 만한 쇄신 즉, 신문, 라디오, 텔레비전 등 그리고 그 밖의 온갖 수단을 될수록 적게 이용하기 때문이다.

이 책에서 나는 적지 않은 지면을 나의 주관적 세계관을 피력하는 데 할애하였다. 그러나 그 생각은 결코 이성으로 만들어 낸 생각은 아니다. 그것은 차라리 하나의 관조이다. 우리가 반쯤 감은 눈과 반쯤 닫은 귀로 신중하게 존재의 소리와 형태를 듣고 보고자 할 때 나타나는 것이다. 만약 우리가 보고 듣는 것이 지나치게 뚜렷하면 우리는 오늘의 시각에 제약되어 조상의 넋들이 과연 오늘을 이해하는지, 어떻게 받아들이고 어떻게 이해하는지를, 다른 말로 하자면 무의식이 그것에 어떻게 반응하는지를 알 길이 없다. 이리하여 우리는 우리의 조상의 넋들의 세계가 우리의 현재 삶에 근원적으로 만족하며 참여하고 있는지, 혹은 반대로 혐오감에서 우리의 삶에서 등을 돌리고 있는지를 알 수 없는 상태에 있게 된다. 우리의 내적인 평화와 만족은 전적으로 개체로서 인격화된 역사적 가족이 현재의 덧없는 여러 조건과 조화를 이루고 있는지 없는지에 달렸다.

볼링겐의 탑에서의 삶은 마치 수백 년을 동시에 사는 것과도 같다. 그 장소는 나보다 더 오래 살아남을 것이다. 그리고 그 위치와 양식에서 그것은 아득한 과거를 제시하고 있다.

거기에는 현재를 암시할 만한 것이 아주 적다. 16세기의 사람이 그 집으로 이사 왔다면 그에게 새로운 것은 석유등잔과 성냥불일 것이다. 그 밖의 것은 아무 어려움 없이 다룰 줄 알 것이다. 거기에는 죽은 자들을 괴롭힐 만한 것들은 아무것도 없었다. 전기불도 없고 전화도 없었다. 그 집의 영적인 분위기를 통하여 나의 조상들도 그곳에 머물러 이야기를 나누고 있다. 한때 그들의 삶이 뒤에 남겨 놓은 의문들을 옳든 그르든 내가 할 수 있는 만큼 대답하고 있기 때문이다. 나는 그러한 대답을 심지어 벽에다 화상으로 그렸다. 마치 수 세기에 걸친 이 조용한 대가족이 그 집에 살고 있는 것 같았다. 거기에서 나는 나의 "제2의 성격"으로 살며 생멸하는 생을 전체적으로 바라본다.

제10장

여행

Ⅰ. 북아프리카

1920년 초에 나의 친구가 튀니지로 사업차 여행을 떠나는데 따라가고 싶냐고 나에게 물었고 나는 주저 없이 가겠다고 나섰다. 우리는 3월에 먼저 알지에로 출발했다. 해안을 따라서 우리는 튀니지에 도착했고 거기서 수스로 갔는데 그곳에서 나의 친구는 사업차 나와 헤어졌다.[1)]

마침내 나는 내가 그처럼 그리던 곳에 있을 수 있게 되었다. 즉 유럽이 아닌 나라, 유럽 말을 쓰지 않으며 기독교적 개념이 지배하지 않는 곳, 우리와는 다른 종족이 살며 다른 역사적 전통과 철학이 군중들의 얼굴에 각인된 곳 — 나는 자주 유럽인들을 한번 외부에서 볼 수 있기를 원했다. 어느 모로나 전혀 생소한 환경 속에 조명된 유럽인의 이미지를 보고 싶었다. 아랍어를 모르는 것이 몹시 서운했지만 나는 그만큼 사람들의 행동을 관찰하는 데 더욱 주의를 기울였다. 나는 자주 수 시간을 아라비아 커피집에 앉아서 한 마디도 알아들을 수 없는 아랍말 대화를 듣고 있었다. 이때 나는 사람들의 몸짓, 특히 그들의 감정표현을 연구하였다. 나는 그들이 유럽인과 이야기할 때는 그들의 몸짓에 가벼운 변화가 나

1) 부록 p. 462 참조.

타나며 어느 정도 좀 색다른 눈으로 보는 것을 알게 되었고 또한 백인을 그 자신의 환경 밖에서 아는 법을 배웠다.

유럽인이 동방의 여유와 무감동이라고 간주해 온 것은 내가 보기엔 겉에 쓴 탈처럼 보였다. 그 뒤에서 나는 뭔가 설명할 수 없는 초조함, 얼마간의 마음의 동요를 감지하였다. 이상하게도 내가 무어인의 땅을 밟았을 때 내 자신도 이해할 수 없는 깊은 생각에 사로잡혔다. 그 땅에서는 기묘한 냄새가 났다. 그것은 마치 흙이 피를 빨아들인 것 같은 피비린내였다. 이 작은 덩어리의 땅은 3대문명의 발상지였다. 카르타고와 로마와 기독교문명. 외부적인 시대가 이슬람과 무슨 관계를 갖게 될지는 아직 모르겠지만.

나는 수스를 떠나 남쪽의 스팍스Sfax를 여행했고 그 뒤에 사하라 사막으로 들어가는 오아시스 도시인 토주르Tozeur로 갔다. 도시는 약간 높은 곳에, 고원의 변두리에 놓여 있었는데 그 모퉁이에 미지근한, 약간 짠 샘이 풍부하게 솟아나 수천의 작은 수로를 통해 오아시스를 관개하고 있었다. 치솟은 야자수가 초록빛의 그늘진 지붕을 이루고 있고 그 아래에 배나무, 살구나무, 무화과나무가 무성하게 자라고 있었으며, 그 밑에 믿기 어려운 초록의 알활화풀Alfalfagras이 있다. 보석처럼 반짝이는 몇 마리의 물총새들이 잎사귀 사이를 잽싸게 날았다. 비교적 선선한 그늘 속을 하얀 옷을 입은 사람들이 산책하고 있었고 그 가운데서 서로 꼭 껴안고 다니는 정겨운 쌍이 많이 눈에 띄었는데 분명 동성애적 친교임에 틀림없었다. 나는 별안간 그리스 고전시대의 시간으로 돌아간 것 같이 느꼈다. 그곳에서 이런 경향은 남성사회의 우정의 접착제를 이루었고 그것 속에서 폴리스가 형성된 것이다. 남자는 남자에게, 여자는 여자에게 말하는 것이 분명했다. 나는 오직 소수의, 수녀처럼 두껍게 얼굴을 가린 여성들의 모습을 볼 수 있었다. 그중 몇 사람은 베일을 안 쓰고 있었다. 내 통역의 설명에 의하면 이들은 창녀라고 했다. 중심가에는 남성과 아이들의 모습이 지배적이었다.

나의 통역은 동성애가 많다는 나의 인상을 확인하고 그것을 당연시했다. 그리고는 곧장 내게 이에 해당하는 제의를 해왔다. 그 착한 친구는 갑자기 내 관점을 밝히는, 섬광과 같이 나의 뇌리를 친 생각이 무엇인지 눈치조차 채지 못했다. 나는 문득 내가 끝없이 순진한 인류의 청소년기로, 수 세기를 거슬러 올라간 듯한 느낌을 받았던 것이다. 이들이 그곳에서 약간의 코란의 지식의 도움을 받아, 기억할 수 없는 오랜 세월을 그 속에서 존재해 온 그들의 원초적인 미미한 의식의 상태에서 벗어나 북으로부터 그들을 위협하는 힘에 자기방어를 하며 그들 자신의 존재를 인식하기 시작한 것이다.

내가 아직도 끝없는 시간의 지속과 평정한 존재가 주는 압도적인 감명에 사로잡혀 있을 때 갑자기 내 회중시계가 생각났다. 그리고는 유럽인의 가속화된 시간의 속도를 생각했다. 그건 분명 이들 순진무구한 사람들 머리 위에 위협적으로 드리운 검은 구름이었다. 별안간 나에게는 이 사람들이 마치, 사냥꾼을 아직 보지는 못했지만 막연히 불안을 느끼고 그가 있음을 냄새 맡은 짐승들처럼 여겨졌다. 그 사냥꾼이란 다름아닌 시간의 신으로서 아직 영원을 연상케 하는 이들의 시기를 무자비하게 일 · 시 · 분과 초로 조각조각 잘라내게 될 것이다.

토주르Tozeur에서 나는 네프타Nefta의 오아시스로 갔다. 아침 해가 뜬 직후 통역과 함께 말을 타고 떠났다. 우리가 타고 간 것은 빨리 달리는 커다란 말과 당나귀의 잡종이어서 그걸 타니 빨리 갈 수 있었다. 우리가 오아시스에 가까이 다가가자 온통 하얀 천을 휘감은 한 사람이 말을 타고 우리에게로 왔다. 그는 우리에게 인사도 건네지 않은 채 당당한 자세로 은줄로 감거나 은단추가 여러 곳에 박혀 있는 마구를 갖춘 검은 말등에 탄 채 우리 곁을 지나갔다. 무척 기품 있는 모습으로 매우 인상 깊었다. 분명 그는 아직 회중시계를 가지고 있지 않을 것이다. 손목시계는 더 말할 것도 없을 것이다. 왜냐하면 그는 분명, 그리고 스스로 의식함이 없이 그가 언제나 그래왔던 것과 같은 사람일 것이기 때문이다. 그에게는 또한 유럽인들에게 붙어다니는 경박한 어리석음도 없었다. 유럽인은 그가 결코 수 세기 전의 그가 아니라고 확신하지만 그가 그동안에 무엇이 되어 버리고 말았는지를 아직 모른다. 시계는 그에게 중세의 시간 이래로 시간의 동의어, 전진이 그에게 살며시 들어와서 다시는 돌이킬 수 없이 그로부터 무엇을 빼앗아갔다는 사실을 가르쳐 주고 있다. 그의 불확실한 목표를 향한 여행을 끊임없이 속력을 올리며 재촉하고 있다. 그는 중량의 상실과 이에 해당되는 허전함을 기선, 철도, 항공기, 로켓과 같은 환상적 성과로써 보상하고 있다. 이러한 것들은 그것이 지닌 속력으로 인해 더욱더 유럽인의 지속성을 박탈하고 그를 속도와 폭발적인 가속도로 이루어진 또 하나의 다른 현실로 옮겨 놓는 것이다.

우리가 사하라로 깊숙이 들어가면 갈수록 나는 시간이 더욱 느려지는 느낌을 받았고 심지어 거꾸로 움직이려고 위협하는 듯했다. 아물아물 점점 높아지는 열기는 내가 몽롱한 상태에 빠져들기에 충분했다. 우리가 오아시스의 입구에 있는 살림집과 종려나무 있는 곳에 도착하자 내게는 이곳의 모든 것이 언제나 늘 그래왔던 것처럼 보였다. 다음날 아침 일찍 나는 숙사 앞의 여러 가지 낯선 소음 때문에 잠을 깼다. 그곳에는 넓은 광장이 있었다. 전날 밤은 그곳이 비어 있었는데 지금은 많은 사람과 낙타와 말과 당나귀로 붐볐다. 낙타는 신음하면서 그들의 만성적인 불쾌감을 갖가지 음조로 알리고 있었다. 그리고 당나귀는 질세라 어울리지 않는 소리를 질렀다. 사람들은 무척 흥분해서 소리지르고 몸짓을 하며 뛰어다녔다. 이들은 야만스러워서 별로 신뢰감을 느낄 수 없었다. 나의 통역은 오늘 큰 축제가 열릴 것이라고 설명해 주었다. 간밤에 몇몇 사막의 종족들이 들어왔는데 회교행자를 위해서 이틀 동안 밭일을 하고자 한다고 하였다. 행자行者마라부트란 빈민구제소 관리자와 같은 뜻이기도 한데 그는 오아시스에 많은 땅을 가지고 있었다. 사람들은 새 밭을 일구고 이에 속하는 수로를 만들 것이라고 한다.

광장의 아득한 끝에 갑자기 먼지구름이 일더니 녹색의 기가 펼쳐지고 북소리가 울렸다. 피혁바구니와 짧고 폭이 넓은 삽모양의 괭이를 들고 있는 수백의 야만인 남자들의 긴 행렬이 다가왔다. 그 맨 앞에 흰 수염을 단 기품 있는 노인이 보였는데 아무도 흉내낼 수 없는 몸에 밴 위엄을 갖추고 있어 마치 벌써 오래 전부터 100살이었던 듯싶었다. 그것이 백마를 탄 행자였고 그의 주변을 사나이들이 작은 북을 들고 춤추고 있었다. 사방에 흥분, 거친 부르짖음, 먼지와 열기가 가득 차 있었다. 열광적인 흥분된 의도에서 행렬은 마치 전쟁터에 가듯 오아시스를 떠나갔다. 나는 이 소란한 무리를 적당한 거리를 두고 따라갔다. 나의 통역은 우리가 어떤 "작업"이 수행되는 장소에 도달하기까지는 아주 가까이 가는 것을 결코 권하려 하지 않았다. 그 장소에서는 또 한 번 더 커다란 흥분에 휩쓸렸다. 북과 거친 외침이 사방에서 울렸다. 작업장은 마치 건드려 놓은 개미집 같았다. 모든 것이 엄청나게 서둘고 급하게 진행되었다. 무거운 모래짐을 구럭에 담은 채 많은 사람들이 북의 율동에 맞추어 춤추었고 다른 사람들은 미친 듯이 땅을 파서 도랑을 파고 둑을 세우고 있었다. 이런 시끄러운 혼란 속에서 마라부트는 그의 백마를 타고 기품 있고 온화한 그리고 고령의 피곤한 몸짓으로 여기저기로 돌아다녔는데 분명 사람들에게 지시를 내리고 있는 듯했다. 그가 가는 곳에서는 언제나 성급한 외침과 리듬이 증가하여 성인의 모습이 가장 효과적으로 돋보이게 하도록 배경을 만들어 주고 있었다. 저녁 무렵이 되자 무리들은 눈에 띄게 지치고 잠잠해졌다. 사나이들은 곧 그들의 낙타 곁에서 깊은 잠에 빠졌다. 밤중에, 늘 그렇듯 한 차례 요란한 개들의 교향곡이 있은 뒤로는 숨죽인 듯한 고요가 밤새도록 그곳을 지배하고 있었다. 드디어 아침이 되어 떠오르는 태양의 첫 햇살이 비칠 때 내 마음을 깊이 뒤흔들어 놓은 회교기도사의 아침기도 소리가 울려 퍼졌다.

그것은 나에게는 하나의 교훈이었다. 이 사람들은 그들의 정감으로 살고 있다. 다시 말해서 그 정감에 의하여 그들의 생을 영위하고 있다. 그들의 의식은 한편으로는 공간에서의 방향감각과 밖에서 생긴 인상을 전달하고, 다른 한편으로는 내적인 충동과 정감에 의해서 움직이고 있다. 그러나 그 의식은 반성을 모른다. 그리고 자아에는 독립성이 결여되어 있다. 유럽인도 의식의 태도가 이와 무척 다르게 되어 있는 것은 아니지만 우리는 그래도 약간 더 복잡한 편이다. 어쨌든 우리는 의지와 숙고된 의도를 어느 정도는 마음대로 쓸 수 있다. 우리에게 부족한 것은 오히려 삶의 강렬함이다.

나는 나의 지금까지의 생활을 그러한 강렬한 생활과 바꿀 생각은 없었지만 이미 정신적으로 전염되고 있었다. 그것이 외적으로는 감염성장염으로 나타났다. 그러나 토속적인 방법인 쌀뜨물과 칼로멜로 며칠 뒤에 치유가 되었다.

깊은 인상과 생각에 가득 찬 채 나는 튀니지로 되돌아왔다. 우리가 마르세유로 향하는 배에 올라타기 전날 밤 나는 꿈을 꾸었다. 그 꿈은 내 느낌으로는 나의 모든 경험에 대한 결론을 내려주고 있는 듯 보였다. 그럴 수밖에 없었던 것이 나는 늘 동시에 두 개의 평면에서 사는 데 익숙해져 있었던 것이다. 하나의 의식적인 면으로서 이해하고자 했으나 할 수 없었고, 다른 하나는 무의식적인 면으로 그것을 표현하고 싶어했으나 꿈의 형태 이외로는 달리 더 잘 표현할 길이 없었던 것이다.

나는 꿈에서 아랍의 어느 도시에 있었다. 다른 대부분의 아랍 도시에서처럼 여기서도 아랍 토착민 구역의 성체인 카스바Kasba가 있었다. 도시는 넓은 평원에 놓여 있었고 성의 울타리가 그것을 둘러싸고 있었다. 그 성의 토대는 사각이었고 성에는 네 개의 문이 있었다.

도시의 내부에 있는 카스바는 — 그 지역에서는 실제로 그렇지 않은데도 — 넓은 수구로 둘러싸여 있었다. 나는 나무다리 앞에 서 있었다. 그 다리는 물을 건너 말발굽 모양의 어두운 성문으로 이어져 있었다. 문은 열려 있었다. 성체를 안에서 보고 싶은 욕심에서 나는 그 다리에 발을 들여놓았다. 내가 그 다리의 중앙에 오자 문에서 한 멋있는 검은 피부의 아랍사람으로 귀티가 나는, 마치 군왕과 같은 모습을 한 사람이 나를 향해 왔는데 그는 하얀 부르누스 아랍두건과 옷을 걸친 청년이었다. 나는 그가 그곳에 살고 있는 영주임을 알아차렸다. 그가 나를 향하여 서자, 나를 붙잡고 땅바닥으로 내동댕이치려고 하였다. 우리는 격투를 벌였다. 싸우다가 난간으로 몸이 튕겨 난간이 부러지면서 둘은 수구 속에 빠졌다. 그는 그 속에서 내 머리를 물속에 처넣어서 나는 물속에 빠지게 하려 했다. '안 돼. 이건 너무 심하다.' 나는 생각했다. 그래서 이제는 내 쪽에서 그의 머리를 물속에 처넣었다. 나는 그렇게 하기는 했으나 그에게 커다란 경이의 감정을 느끼고 있었다. 다만 나는 죽임을 당하고 싶지 않았다. 나는 그를 죽이고자 하지 않고 단지 의식을 잃게 하여 싸우지 못하게 하고자 했을 뿐이다.

그러자 꿈의 장면이 바뀌었다. 그는 나와 더불어 성체의 한가운데 있는 커다란 8각형 모양의 원형 천정의 방 안에 있었다. 방은 온통 하얗게 칠해져 있었고 무척 간소하면서도 아주 인상적이었다. 밝은 색의 대리석을 따라 나지막한 소파가 놓여 있었고 내 앞에는 바닥에 펼쳐진 책이 놓여 있었는데 유백색의 양피지에 무척 화려하게 적은 까만 글씨가 보였다. 그것은 아랍어가 아니었고 오히려 위구르나 서부 터키의 글씨 같았는데 나는 투르판Turfan에서 나온 마니종의 유고를 통해서 그것을 알고 있었다. 나는 그 내용이 무엇인지는 몰랐지만 그런데도 그것이 내가 쓴 "내 책"이라는 느낌을 가지고 있었다. 나와 방금 격투를 벌인 젊은 영주는 내 오른편 바닥 위에 앉아 있었다. 나는 그에게 설명하기를 내가 그를 이겼으니 그는 이제 이 책을 읽어야 한다고 했다. 그러나 그는 그것을 주저하였다. 나는 그의 어깨를 감고 그에게 이를테면 부정父情과 인내로써 그 책을 읽도록 재촉하였다. 나는 반드시 그렇게 해야만 할 것이라는 것을 알고 있었고 그는 결국 내 요구를 들어주었다.

꿈은 나에게 깊은 인상을 남겼다. 아랍 청년은 인사도 않고 우리 곁을 말을 타고 스쳐지나간, 저 현실의 오만한 아랍인의 복사판이었다. 그는 카스바의 주민으로서 "자기"의 모습, 혹은 그보다도 자기의 사자, 또는 전령이라고 하는 것이 더 좋을 것이다. 그가 나온 카스바는 완전한 만다라이다. 즉, 성체는 네 개의 문을 한 사각의 성의 울타리로 둘러싸여 있는 것이다. 나를 죽이고자 한 그의 의도 속에 야곱의 천사와의 격투가 암시되고 있다. 그는 — 성서의 말을 빌리자면 — 그가 그를 모르기 때문에 사람을 죽이고자 한 주의 천사, 신의 사자이다.

사실 천사가 내 속에 살고 있었음에 틀림없다. 그러나 그는 오직 천사적 진실만을 이해할 뿐 인간의 진실을 이해하지 못한다. 그러므로 그는 처음에 나의 적으로 등장한다. 그러나 나는 그에게 나를 주장한다. 꿈의 둘째 부분에서 나는 성체의 주인이 된다. 그는 내 발 밑에 앉아 나의 사상과 그것을 통하여 인간이 무엇인가를 알아야 했다.

아랍문화와 나의 만남은 분명 나에게 엄청난 충격을 주었다. 이 정동적이고 기분에 살며 생에 한결 가까이 있는, 반성을 모르는 인간 존재가 우리가 이제 겨우 극복했거나 최소한 극복했다고 믿고 있는 우리 속에 있는 저 역사적 층에 강력한 암시효과를 주었다. 그것은 마치 어린 시절의 낙원과 같은 것, 우리는 그것으로부터 빠져나왔다고 착각하고 있지만 아주 작은 자극으로도 쉽게 무너져 버릴 수 있는 것이다. 그렇다. 우리의 발전에 관한 신봉은 우리의 의식이 과거로부터 떨어져 나오면 나올수록 더욱 유치한 미래의 꿈에 매달릴 위험에 처하게 된다.

어린이다움이란 다른 한편 그것이 지닌 순진성과 무의식성 덕분에 상당히 완벽한 자기Selbst의 상, 꾸밈없는 자기의 개성을 갖춘 전체인간의 상을 그리고 있다. 따라서 어린이나 원시인을 볼 때 어른이 된 문화인의 마음속에 충족되지 않는 욕구와 필요에서 우러나온 그리움이 눈을 뜨는 것이다. 이것은 적응되기 위해서, 즉 페르소나Persona에 맞추다 보니 전체 인격상에서 떨어져 나간 인격 부분에 해당된다.

내가 유럽인 이외의 사람들이 사는 정신적 장소를 찾으려고 아프리카로 여행했을 때는 아마 무의식적으로 유럽인으로서의 존재가 주는 압력과 영향으로 눈에 띄지 않게 되어 버린 저 인격 부분을 찾고 싶었던 것이다. 이 부분은 무의식적으로는 나와 반대입장을 취하고 있다. 왜냐하면 나는 그 아랍 청년을 인정하지 않기 대문이다. 그는 그의 성질대로 나를 무의식화하고자(나를 물속에 누르고자) 하며, 나를 죽이고자 한다. 그러나 나는 그를 인식을 통하여 더욱 의식화하고자 한다. 그렇게 함으로써 그와 공존하며 사는 방법을 찾을 수도 있지 않을까 생각한 것이다. 거의 흑색에 가까운 피부색은 "그림자"의 특징을 지니고 있다. 그러나 이 그림자는 개인적인 그림자가 아니라 민족학적인 것이어서 나의 의식된 인격과 아무 상관이 없고 나의 인격의 전체, 즉, "자기"와 관계를 가지고 있다. 카스바의 주인으로서 그는 일종의 자기의 그림자이다. 대부분 합리적 성향을 갖게 된 유럽인에게 인간적인 것은 매우 낯선 것이 되어 있다. 유럽인은 합리적인 성향에 좀 우쭐대고 있지만, 이것이 그의 생의 강렬함을 희생하여 얻은 것이며 원시적 인격 부분이 그로 말미암아 부분적인 지하존재로 될 수밖에 없게 된 것임을 눈치채지 못하고 있다.

꿈을 보면 나의 북아프리카와의 만남이 어떤 의미로 나에게 작용했는지 분명히 나타나고 있다. 먼저 나의 유럽적인 의식이 미처 생각지 못했던 강력한 무의식적인 정신의 공격에 휩쓸릴 위험에 처하게 되었다. 의식에서는 나는 그러한 상황을 전혀 느끼지 못했다. 오히려 반대로 나는 나의 우월감을 억제할 수 없었다. 내가 한 발자국 내딛을 때마다 나의 서구주의를 회상했으니 오히려 나는 나의 우월감을 억제할 수가 없었던 것이 분명하다. 그러나 그것은 피할 수 없는 일이었다. 그래서 이 다른 종류의 사람들에 대한 얼마간의 일정한 거리감과 낯설음이 유달리 강조되었던 것이다. 그러나 내 속에 무의식의 힘이 있어서 다른 사람의 것을 그렇게 강렬히 받아들여 거기서 세찬 갈등을 일으켰다는 사실을 나는 파악하지 못했었다. 꿈은 그것을 살인적 상황의 상으로 묘사했다.

이런 장애가 지닌 진정한 성격을 알게 된 것은 수년이 지난 뒤 내가 열대 아프리카를 여행다닐 때였다. 그것은 지금까지 무척 경시되어 온 "피부 밑이 검게 될" 정신적 위험을 처음으로 암시해 주었는데 아프리카에 사는 문화적으로 뿌리가 뽑힌 유럽인을 위협하고 있었다. "그러나 위험이 있는 곳에 구원이 또한 자란다"는 횔덜린Hölderlin의 말이 그런 상황에서 자주 내 뇌리에 떠올랐다. 구원자는 우리가 무의식적인 영향을 경고해 주는 꿈의 도움으로 그것을 의식화할 수 있는 바로 그곳에 있다. 그러한 경고의 꿈은 우리 안에 있는 어떤 것이 그저 수동적으로 무의식의 작용의 지배를 받고 있는 것이 아니라 오히려 탐욕스럽게 스스로 그림자와 동일시하려고 달려들고 있음을 가리키고 있다. 마치 어린 시절의 추억이 그토록 강렬한 격정으로 갑자기 의식을 굴복시켜 사람들이 다시 완전히 원초적인 상황으로 회귀된 듯한 느낌을 갖게 하듯, 전혀 다르고 낯선 아랍의 환경이 우리가 그 동안 까맣게 잊어버린 지식으로서는 매우 잘 알려진 선사시대의 원초적인 추억을 눈뜨게 한다. 그것은 문명으로 뒤덮혀졌지만 아직 우리 안에 현존하는 생의 가능성에의 추억이다. 우리가 그 추억들을 순진하게 반복하여 체험한다면 그것은 야만으로의 전락이다. 그러므로 사람들은 즐겨 그것을 잊고자 한다. 그러나 그것이 우리에게 갈등의 형태로 다시금 제기되면 우리는 그것을 의식 속에 붙잡고 두 가지 가능성 — 지금까지 살아온 것과 잊혀진 것 — 을 서로 대면시켜야 할 것이다. 왜냐하면 그 잊어버린 것처럼 보였던 것이 다시 발언을 하게 된 데는 그럴 만한 충분한 이유가 있을 것이기 때문이다. 살아 있는 정신구조에서는 어느 것도 단지 기계적인 방식으로 일어나는 법이란 없고 전체에 관련을 가지고 전체의 관리로서 일어난다. 그 전체는 목적지향적이며 의미를 가지고 있다. 그러나 의식은 전체를 조망한 일이 없으므로 의식은 보통 이 뜻을 이해하지 못한다. 그러므로 우리는 무엇보다 먼저 사실을 확인하는 것으로 만족해야 하며 "자기의 그림자"와의 충돌이 무엇을 의미하는지에 관한 회답은 미래에 기대하고, 앞으로 계속된 탐구에 맡겨 두어야 할 것이다. 어쨌든 나는 당시 이러한 원형적 체험에 대하여 전혀 아무것도 상상하지 못했고 그 역사적인 유비성에 관해서는 더구나 아는 것이 적었다. 그 꿈의 궁극적인 의미를 분명히 알지 못한 채 그 꿈은 나의 기억 속에 오래도록 머물러 있어서 다음 기회에 다시 아프리카로 여행하고 싶은 강렬한 욕구를 남겨 놓았다. 이 욕구는 5년 뒤에 비로소 성취되었다.

II. 푸에블로 인디언

비평의 지렛대를 효과적으로 움직이려면 비평하고자 하는 사물의 외부에 자기의 관점을 설정할 필요가 있다. 이 관점은 특히 심리학적인 것들에 통용된다. 심리학적인 것에서는 자연히 어떤 다른 학문분야보다도 더 주관적인 데 사로잡히는 것이 상례이기 때문이다. 예컨대 우리의 국가를 밖에서 볼 기회를 한 번도 가지지 않은 채 어떻게 우리가 국가적 특성을 의식할 수 있겠는가? 밖에서 본다 함은 다른 국가의 입장에서 본다는 말이다. 그렇게 하기 위해서는 우리는 외국의 집단정신에 관한 충분한 지식을 획득해야 하며 이러한 동화의 과정에서 모든 소화시키기 어려운 것들, 국가의 편견과 국가의 특질, 고유성을 이루고 있는 것들에 부딪치게 된다. 다른 사람으로 인해서 나의 신경을 건드리는 모든 것은 내 자신에의 인식이 될 것이다. 내가 영국을 이해할 수 있으려면 내가 스위스인으로서 순응하기 힘든 것이 어디에 있는가를 인식할 때 비로소 가능한 것이다. 우리의 가장 커다란 문제, 유럽을 이해하려면 내가 유럽인으로서 이 세계에 순응하지 못하는 것이 어디에 있는가를 알 수 있게 될 때 가능하다. 내가 유럽의 본체를 비판하고 이에 대한 통찰을 얻는 데는 나의 많은 미국 사람과의 친교와 미국으로의 여행이 크게 이바지했고 나는 이것을 매우 고맙게 여기고 있다. 내가 보기로는 유럽인에게는 자기 자신을 한 번 마천루 꼭대기에서 바라보는 것 이상으로 유익한 일이 없을 듯하다. 이제 나는 처음으로 유럽의 무대를 사하라 사막 쪽에서 관찰하였다. 사하라의 정경과 우리들 것과의 관계는 고대 로마와 현대와의 관계와도 같았는데 그러한 문명에 둘러싸인 채 나는 유럽을 볼 수 있었다. 그때 나는 미국에서도 그랬지만 내가 얼마나 백인의 문화의식 속에 사로 잡히거나 갇혀 있었던가를 절실히 깨달았다. 당시 내 마음속에 내가 좀 더 깊은 문화수준으로 내려감으로써 역사적 비교를 계속하리라는 욕구가 무르익었다.

나의 다음 여행은 몇몇 미국인 친구들과 단체로 뉴멕시코의 인디언 주거지로 정해졌다. 그것도 "도시"를 구축할 줄 아는 푸에블로 인디언이 있는 곳으로. 도시라고 하니 좀 지나친 말이긴 하다. 사실은 마을에 지나지 않았지만 그 밀집된, 서로 중첩하여 세워 놓은 집들이 도시라는 말을 암시하였고 이와 마찬가지로 그들의 언어나 전체 생활양식이 도시를 연상시켰다. 거기서 나는 처음으로 비非유럽인, 즉 비非백인과 말할 행운을 가졌다. 상대는 타오스Taos 푸에블로의 추장인데 40세에서 50세 사이의 머리 좋은 사람이었다. 그는 옥호비에 비아노 Ochwiä Biano, 산(山) —호(湖)라 불렸다. 나는 유럽인과는 거의 나누기 어려운 이야기를 그와 더불어 나눌 수 있었다. 그는 유럽인이 자기의 세계에 사로잡혀 있듯이 그 자신의 세계에 사로잡혀 있었다. 그러나 그것이 어떤 세계였던가! 유럽인과 말할 때는 언제나 오래전부터 서로 잘 아는 무미건조한 모래사장에 당도하면서도 하나도 이해된 적이 없는데, 이 인디언과 말할 때는 마치 낯선 깊은 바다 위를 배가 자유로이 헤엄치고 있는 것과도 같았다. 그리고 그때는 새로운 바닷가를 바라보는 것이 더 매력있는 것인지 태고적부터 알려진, 그리고 거의 잊혀진 것에의 통로를 발견하는 것이 더 황홀한 일인지조차 알지 못한다.

옥호비에 비아노는 말했다. "보시오, 백인이 얼마나 잔인하게 생겼는지. 그들의 입술은 얇고, 코는 뾰족하고, 그들의 얼굴은 주름으로 덮여 찌그러졌으며, 그들의 눈은 경직된 눈초리를 하고 있으며 그 눈은 언제나 무엇을 찾고 있소. 무엇을 찾지요? 백인은 언제나 무엇을 원하오. 그들은 언제나 안절부절못하고 불안해 하오. 우리는 그들이 무엇을 원하는지 모르오. 우리는 그들을 이해할 수 없소. 우리가 믿기로는 그들은 미친 사람들이오."

나는 그에게 왜 백인이 모두 미친 사람들이냐고 물었다.

그는 대답했다. "그들은 머리로 생각한 것을 말하기 때문이지요."

"그건 물론이지요. 당신은 어디서 생각하오?"

나는 놀라서 물었다.

"우리는 여기서 생각하오." 그는 자기의 심장을 가리켰다. 나는 오랫동안 생각에 잠겼다. 나의 생애에서 처음으로 누군가가 진정한 백인의 모습을 묘사해 준 것 같았다. 그건 마치 내가 지금까지 다만 감상적으로 미화시킨 유럽인의 색채인쇄만을 보았던 것 같은 느낌이었다. 이 인디언은 우리들의 아픈 곳을 찔렀다. 그리고 우리가 이미 볼 수 없는 어떤 것을 건드렸다. 나는 마치 어떤 미지의 것, 그러나 무척 친밀한 것이 내 속에서 마치 형태 없는 안개처럼 올라오는 것을 느꼈다. 그리고 이 안개 속에서 한 상에서 다른 상으로 상들이 생겨났다. 처음에는 로마군단이 갈리아의 여러 도시를 침입하는 모습, 율리우스 대제의 날카로운 얼굴 모습, 스키피오 아프리카누스, 폼페이우스의 상이 나타났다. 나는 북해와 백색 나일 강가의 해안, 로마의 독수리를 보았다. 그리고는 아우구스티누스가 기독교의 신앙고백을 로마의 창 끝으로 영국인에게 건네 주는 모습을, 그리고 카알 대제의 유명한 이교도로의 개종을 보았다. 그리고는 겁탈하고 죽이는 십자군의 무리들을. 그리하여 남모르게 가슴이 뜨끔한 채 나는 전설적인 십자군 낭만의 공허함을 분명히 깨달았다. 그리고는 콜럼버스와 코르테스, 그리고 그 밖의 스페인 정복자들, 불과 칼과 고문과 기독교를 가지고 이 멀리 떨어진, 평화롭게 그들의 아버지인 태양 속에서 꿈꾸던 푸에블로들을 놀라게 한 이들의 모습을 보았다. 나는 또한 성홍열에 오염된 옷, 화주火酒와 매독으로 인구가 절멸된 남해의 섬들을 보았다.

그것으로 충분했다. 우리가 식민지화, 이교도의 전도, 문명의 전파라고 말하는 것들이 또 하나의 얼굴을, 즉 사나운 맹조의 얼굴을 가지고 있었던 것이다. 그 얼굴은 냉혹한 주의집중으로 먼 곳의 모이를 탐색한다. 그 얼굴은 해적이나 육지의 도둑떼들에게나 어울리는 얼굴이다. 우리의 온갖 문장을 장식하는 독수리는 우리들의 진정한 성질에 잘 어울리는 심리학적 대변자이다.

옥호비에 비아노가 말한 것 가운데 내 마음을 사로잡은 또 다른 것이 있다. 그가 말한 것은 그토록 특유한 분위기와 관련되어 있기 때문에 내가 거기에 관해 설명하지 않는다면 나의 보고가 불충분할 것 같다. 우리의 대화는 5층짜리 주 건물의 지붕 위에서 실시되었다. 그곳에서 우리는 다른 집의 지붕 위에 있는 인디언들이 솜이불에 감싸인 채 매일매일 맑은 하늘로 떠오르고 유전하는 태양을 바라보며 서 있는 모습들을 보았다. 우리 주위에는 나지막한, 말린 벽돌로 세운 사각의 집들이 있었는데 거기에는 땅에서 지붕으로, 혹은 지붕에서 지붕으로 높은 층계로 이어지는 특이한 사다리가 걸쳐 있었다(옛날 불안한 시대에는 입구를 흔히 지붕에 두곤 했다). 우리 앞에는 타오스의 파상 고원(해발 약 2,300미터)이 지평선까지 펼쳐져 있고 그 끝에 수 개의 원추형의 봉우리(오랜 화산)가 4,000미터에 이르기까지 솟아오르고 있었다. 우리 뒷편에는 맑은 물이 집 옆을 흐르고 있었고 강 저쪽 기슭에는 두 번째의 푸에블로 마을의 불그스름한 흙벽돌집들이 서 있었는데, 취락의 중심을 향해서 2중, 3중으로 중첩되어 건축되어 있었다. 그것은 기묘하게도 마천루를 중심에 둔 미국 대도시의 조망을 앞지른 모습이었다. 30분쯤 강을 거슬러 올라가면 홀로 우람하게 서 있는 산이 있는데 그 산은 이름이 없다. 전설에 의하면 산이 구름에 덮이는 날에는 사나이들이 산 쪽으로 비밀의 의식을 거행하기 위해서 사라진다고 한다.

푸에블로 인디언은 무척 폐쇄적이다. 그들은 종교에 관한 일에 대해서는 전혀 말문을 열지 않는다. 그들의 종교행위는 의도적으로 비밀로 되어 있고 그 비밀이 너무도 엄격하게 고수되기 때문에 대답을 얻는다는 것은 거의 가망이 없어 거기 관해 직접 물어보는 것을 포기하고 말았다. 나는 예전에 그토록 비밀스런 분위기를 느껴본 적이 없다. 왜냐하면 오늘날의 문화민족들의 종교는 누구에게나 통할 수 있고 그들의 제의는 비의이기를 그친 지 오래기 때문이다. 그러나 여기서는 대기는 비밀로 가득 차 있었고 그 비밀은 모든 사람에게는 의식되어 있지만 백인에게는 통할 수 없는 것이 되고 있었다. 이런 희귀한 상황은 나에게 한 국가에게 알려져 있었으나 결코 그 비밀이 누설된 일이 없는 엘레우시스의 비의가 어떤 것이었는지를 짐작하게 하였다. 파우사니아스Pausanias나 헤로도트가 "나는 하나님의 이름을 부르는 것을 허락받지 못했다"고 했을 때 느꼈을 감정을 나는 이해할 수 있었다. 그러나 그것을 단순한 숨김이라고 느끼지 않고 살아 있는 비밀이라고 느꼈다. 즉 그것을 폭로한다면 개인에게나 집단에게 위험을 주는 것이라고 본 것이다. 비밀의 보존은 푸에블로에게 막강한 백인 앞에서 스스로의 긍지와 저항력을 부여하는 것이다. 그것이 그들에게 응집력과 단결을 주고 있다. 사람들은 그들의 비의의 신성성이 모독되지 않는 한 푸에블로는 하나의 개별적인 집단으로 존속하리라는 확신을 느끼고 있다.

종교적 관념에 관해 말할 때 인디언의 얼굴표정이 변하는 것을 보고 나는 무척 놀랐다. 일상생활에서 인디언은 엄격한 자기통제와 위엄을, 심지어 거의 무감동적인 침착성까지 보인다. 그러나 그가 그의 비의에 속하는 것들을 말할 때 숨길 수 없는 놀랄 만한 감동이 그를 엄습하는 것이다. 이 사실은 나의 호기심을 만족시키는 데 도움이 되었다. 이미 말했듯이 나는 그 비의에 대한 직접적인 물음을 가망이 없는 것으로 포기해야 했다. 그러나 내가 어떤 본질적인 것을 알고자 했을 때 나는 탐색적인 논평을 가했고 그때 나의 상대의 얼굴에서 내가 이미 잘 알고 있는 감정의 움직임을 살폈다. 내가 본질적인 것을 맞추면 그는 잠자코 있거나 회피하는 대답을 했는데 그러나 깊은 감동의 표시를 하곤 했고 흔히 눈에 눈물이 글썽이기까지 했다. 그의 견해들은 그에게 이론이 아니고(그것이 이론이라면 눈물을 유출할 정도로 아주 기묘하게 구성된 이론임에 틀림없다) 그에 해당되는 외부적 현실과 같은 커다란 감동적 의미를 지닌 하나의 사실이었다.

내가 옥호비에 비아노와 지붕 위에 앉아 있을 때, 그리고 눈부신 태양이 높이 떠오를 때 그는 태양을 가리키며 말했다. "저기 가는 저것이 우리의 아버지가 아니겠소? 어찌 달리 말할 수 있겠소? 어찌 다른 하나님이 있을 수 있겠소? 태양 말고 아무것도 있을 수 없을 것이오." 그의 흥분은 벌써 눈에 띌 정도로 강해졌고 더욱 증가되었다. 그는 적당한 말을 찾으려고 애쓰더니 결국 소리쳤다. "산속에서 한 남자가 혼자서 뭘 하겠소? 태양 없이는 불을 피울 수조차 없을 것이오."

나는 그에게 묻기를 태양이란 보이지 않는 하나님에 의해서 만들어진 불덩어리라고 생각하지 않느냐고 했다. 내 물음은 불쾌감은 말할 것도 없고 놀라움조차 자극하지 않았다. 그는 전혀 아무것도 반응하는 것이 없었다. 그는 또한 내 물음을 바보스럽다고 생각한 것도 아니었다. 그 물음은 그를 아주 냉담하게 만들고 말았다. 내가 얻은 유일한 대답은 "태양은 신이다. 누구나 그것을 알 수 있다"는 것이었다.

물론 아무도 태양이 주는 엄청난 인상을 피할 수 없지만 이 성숙한, 위엄에 찬 사나이들이 태양을 이야기할 때 숨길 수 없는 감동에 사로잡히는 것을 본다는 것은 나에게 새로운 깊은 감명을 안겨준 체험이었다.

한 번은 내가 강가에 서서 고원 위로 거의 2,000미터는 솟아난 산을 바라보고 있었다. 나는 이때 이런 생각에 잠겼었다. 이것이 미국 대륙의 지붕이며 사람들은 이곳에 태양과 마주하며 살고 있었다. 마치 담요에 몸을 감은 채 푸에블로의 높은 지붕 위에 서서 말없이 태양을 마주보며 생각에 잠긴 사나이들처럼. 바로 이때 갑자기 내 등 뒤에서 나의 왼쪽 귀에 저음의, 은근한 감정에 떨리는 목소리가 말했다. "모든 생명이 산에서 온다고 생각지 않소?" 한 나이든 인디언이 가죽구두 때문에 발자국 소리를 들을 수 없게 나에게 다가와서 이러한 끝없이 큰 물음을 던졌다. 산에서 흘러내리는 강을 바라보니 이런 견해가 생겨난 외부의 상이 내게 제시되었다. 분명 여기서는 모든 생명이 산에서 나왔을 것이다. 왜냐하면 물이 있는 곳에 생명이 있기 때문이다. 그 이상 명백한 것은 없다. 나는 그의 물음에서 "산"이라는 말에 팽배하는 감정을 느꼈고 저 산 위에서 축복받는 비밀스러운 의식에 관한 풍문을 생각하고 있었다. 나는 그에게 대답했다. "당신이 진리를 말하고 있음을 모든 사람이 알 것이오."

유감스럽게도 대화가 곧 끊겼다. 그래서 물과 산의 상징성에 관한 보다 깊은 통찰을 얻을 수 없었다.

나는 푸에블로 인디언이 그들의 종교에 관련되는 것은 말하기를 꺼리면서도 그들과 미국인의 관계에 대해서는 무척 강하게 그리고 선뜻 이야기하는 것을 보았다.

산-호 씨옥호비에 비아노는 말했다. "왜 미국인은 우리를 가만히 놔두지 않는 거요? 왜 그들은 우리의 춤을 금지하지요? 우리가 우리의 젊은 사람들을 키와Kiwa, 의식장소로 데려가서 종교를 가르치고자 할 때 그들은 왜 그 젊은이가 학교를 떠나는 것을 허락하지 않지요? 우리는 결코 아무것도 미국인에 대항해서 하고 있지 않는데도 말이오!" 한참 침묵이 흐른 뒤에 그는 계속했다. "미국인은 우리의 종교를 금지하려고 하오. 왜 그들은 우리를 조용히 내버려두려 하지 않는거요? 우리는 우리 자신뿐 아니라 미국인을 위해서도 그것을 하고 있는데도 말이오. 그렇소. 우리는 전 세계를 위해서 하지요. 그건 모든 사람에게 이로우니까요."

나는 그가 흥분하고 있는 것을 눈치챘다. 그리고 그가 분명 그의 종교의 어떤 가장 중요한 내용을 암시하고 있다고 느꼈다. 그래서 나는 그에게 물었다. "당신들의 종교에서 하고 있는 것이 전 세계에 이롭다고 생각하는 거요?" 그는 힘차게 말했다. "물론! 우리가 그것을 하지 않는다면 이 세상에 무엇이 이루어졌겠소?" 그는 의미심장한 몸짓으로 태양을 가리켰다.

나는 우리의 대화가 이제 아주 까다로운 영역에 도달했음을 직감하였다. 즉,

이 종족의 비의에 맞닿는 영역에까지 이야기가 미치고 있는 것이다. 그는 말했다. "우리는 세계의 지붕 위에 사는 민족이오. 우리는 아버지 태양의 아들들이오. 그리고 우리의 종교로 우리는 매일매일 우리의 아버지를 하늘로 갈 수 있도록 도와주고 있소. 우리는 이것을 우리 자신만을 위해서 하는 것이 아니라 전 세계를 위해서 하오. 우리가 우리의 종교를 더 이상 사용치 않으면 그때는 10년 안에 태양이 뜨지 않을 것이오. 그러면 언제나 밤이 될 것이오."

이때 나는 이 한 사람 한 사람의 인디언 사나이들의 여유있는 자명함과 위엄이 어디서 나오는지를 분명히 알게 되었다. 그는 태양의 아들이요, 그의 생명은 우주론적으로 깊은 의미를 지니고 있다. 그는 진정 모든 생명의 보존자이며 아버지인 태양이 매일매일 상승, 또는 하강하는 것을 돕고 있다. 우리가 이것을 우리 자신의 삶에 내리는 우리들의 논거, 즉 우리의 이성을 구성하는 인생의 의미와 비교한다면 우리가 가지고 있는 것이 얼마나 빈곤한 것인지에 깊은 충격을 받지 않을 수 없다. 우리는 오직 질투심에서 그 인디언의 순진함을 웃어넘기고 우리가 그들보다 영리하다고 여길지 모른다. 그러나 그럼으로써 우리는 우리 자신의 빈약함을 보지 않으려는 것이다. 지식은 우리 마음을 풍부하게 하지는 않는다. 오히려 그것은 한때 우리 마음의 고향이던 신화적인 세계에서 우리를 더욱 멀리 있게 한다.

그 세계는 우리가 온갖 유럽의 합리주의에서 잠깐 시선을 돌려서 우리 자신을 저 고독한 고원의 맑은 공기 속, 한쪽은 넓은 대륙의 초원으로, 다른 한쪽은 고요한 대양으로 떨어지는 그 고원으로 옮겨놓을 때, 그리고 동시에 우리가 우리의 세계의식성을 버리고 그 대신 저 의식 너머의 세계무의식성을 끝이 안 보이는 수평선과 함께 바꿔 가질 때, 그때 비로소 우리는 푸에블로 인디언의 견지를 이해하기 시작할 것이다. "모든 생명은 산에서 온다"는 말은 그에게는 바로 직접적인 확신이었다. 그가 헤아릴 수 없이 깊은 세계의 지붕 위에, 신에게서 가장 가까이 살고 있다는 의식 또한 마음속 깊이 우러나온 확신이었다. 모든 사람들 가운데서도 그만이 신성의 귀를 지니고 그의 제의적 행위는 가장 빨리 저 먼 태양에 도달된다. 산악의 신성성, 시나이산 위에서의 야훼의 계시, 니체가 스위스 중남부 엥가딘의 산에서 받은 영감은 모두 같은 바탕 위에서 일어난 것들이다. 우리에게 모순처럼 보이는 관념, 즉 제의적 행위가 태양에 마술적으로 "영향을 끼칠 수 있다"는 생각은 자세히 볼 때 결코 비합리적인 면이 없는 것은 아니지만 처음 추측하는 것보다 훨씬 신뢰감을 주는 생각이다. 우리의 기독교 신앙은 다른 종교들과 마찬가지로 사람들의 특수한 행위, 혹은 행위의 특수한 양식이 신에게 영향을 끼칠 수 있다는 생각에 가득 차 있다. 예컨대 의식을 통해서, 또는 기도로써, 혹은 신을 즐겁게 할 도덕으로써 말이다.

인간의 제의적 행위는 신의 인간에의 작용에 대한 응답이며 반응이다. 그것은 아마 그 이상의 것, 즉 적극적 실현 · 주술적 강제이기도 하다. 인간이 신의 절대적인 작용에 충분히 응답할 수 있으며 신에게조차 본질적인 반작용을 줄 수 있는 능력을 가지고 있다는 느낌은 인간개체를 형이상학적 요소를 지닌 위엄에까지 고양하는 하나의 자랑스러운 자부심이 아닐 수 없다. 신과 우리, — 비록 그것이 하나의 무의식으로 암시된 뜻이라 하더라도 — 이와 같은 동급의 관계가 아마 저 우리가 부러워할 만한 이들의 여유의 밑바닥에 놓여 있는 것이 아닌가 생각된다. 그러한 인간은 진정으로 자기 자리에 있는 사람인 것이다.

Ⅲ. 케냐와 우간다

조물주의 손에서 나온 것은 모두 좋다.

— 루소 —

내가 런던에서 웸블리전람회1925를 관람했을 때 영국 치하에 있는 민족들의 멋진 전시물은 나에게 엄청난 감동을 주었다. 그래서 나는 가까운 장래에 열대 아프리카로 여행하리라 결심했다. 벌써 오래전부터 나는 유럽과 가능한 한 관계가 없는 사람들이 사는 나라에서 되도록 긴 기간을 지내고 싶은 생각에 몰두하고 있었다.

1925년 가을에 나는 두 사람의 친구, 영국인 한 명과 또 한 명의 미국인과 함께 몸바사Mombasa로 갔다. 우리는 뵈르만Woerman 기선을 타고 아프리카 식민지의 여러 곳에 직장을 가지고 있는 많은 영국청년들과 함께 여행하였다. 승객들에게는 즐거운 여행이 아니고 숙명을 향해서 가는 것이라는 것을 분위기로 미루어 알 수 있었다. 물론 떠들썩한 명랑한 분위기가 주위를 지배하는 경우도 자주 있지만 그 밑바닥에는 어쩔 수 없이 심각한 기분이 깔려 있었다. 사실 나는 아프리카에서 귀로에 오르기 전에 그때 나와 함께 여행한 사람들 가운데 많은 사람들이 어떤 운명에 처하여졌는지를 들었다. 몇 사람은 그 뒤 두 달 안에 열대 말라리아, 아메바성 이질, 그리고 폐렴으로 죽었다. 죽은 사람 중에는 늘 내 건너편 식탁에 앉아 있던 젊은 사나이도 끼어 있었다. 또 다른 사람은 아클레이Aklay 박사이다. 그는 고릴라의 보존에 기여한 사람인데 내가 아프리카 여행을 떠나기 직전에 뉴욕에서 만난 일이 있다. 나와 같은 시기에 그는 서쪽으로부터 고릴라 서식지역의 탐험길을 시작했는데 내가 아직 엘곤Elgon산에 머물러 있을 즈음에 그 지역에서 죽은 것이다. 나는 그의 부음을 귀국 뒤에 처음 들었다.

나의 추억 속의 몸바사는 종려나무와 망고나무 숲에 감춰진 뜨겁고 습기찬 서구인, 인도인, 그리고 흑인들의 정착지로서 그것은 천연항구 옆에 정말 그림처럼 아름답게 놓여 있었고, 한 옛날 포르투갈 요새로 인해 매우 돋보였다. 우리는 그곳에 이틀을 묵었다. 그리고는 저녁 무렵 좁은 궤도차로 아프리카 대륙의 나이로비로 갔고 이와 동시에 열대의 밤으로 빨려 들어갔다.

해안을 지나면서 우리는 수많은 흑인 마을을 지나갔다. 그곳에서는 사람들이 모닥불에 둘러앉아 이야기를 나누고 있었다. 열차는 곧 비탈길을 오르기 시작했다. 정착지는 지나갔고 캄캄한 밤이 찾아 들었다. 차츰 서늘해지기 시작하면서 나는 잠이 들었다. 첫 햇살이 하루의 시작을 고했을 때 나는 잠에서 깨었다. 열차는 방금 붉은 먼지구름에 싸인 채 붉은 바위로 이루어진 가파른 절벽으로 돌아서고 있었다. 거기 우리들 머리 위의 바위 끝에 흑갈색의 날씬한 모습이 꼼짝 않고 긴 창에 몸을 의지한 채 차를 내려다보고 있었다. 그의 옆에는 거대한 촉대선인장이 우뚝 서 있었다.

나는 이 순간 마치 마법에 걸린 느낌이었다. 그것은 이색적인, 한 번도 본 일이 없는 모습이었는데도 강렬한 기시감旣視感(처음 보는데도 이미 본 것처럼 느끼는 것: 역주)을 주는 것으로 마치 내가 이런 순간을 이미 한 번 체험했고 비록 시간적으로는 나와 분리되어 있으나 언제나 그 세계를 알고 있었던 것 같은 느낌을 가지고 있었다. 그것은 마치 내가 나의 젊은 시절의 나라로 돌아간 듯한 느낌이며 5,000년 전부터 나를 기다리고 있던 저 검은 사나이를 내가 이미 알고 있었다는 느낌이었다.

이런 진기한 체험이 주는 특이한 감홍이 야생 아프리카를 여행하는 동안 줄곧 나를 따라다녔다. 이와 비슷한 미지의 경험을 아프리카에서의 경험 이외에 한 것은 단 한 번 뿐이다. 그것은 내가 나의 예전 상사인 오이겐 불로일러 교수와 함께 처음으로 심령심리학적 현상을 관찰할 때 일어난 일이다. 처음에 나는 이러한 상상할 수 없는 엄청난 것을 볼 수 있다면 놀랄지도 모르겠다고 생각했다. 그러나 그것이 실제로 일어나자 나는 전혀 놀라지 않고 그 현상이 모두 온전한 현상이며 마치 당연하고 내게는 오래전부터 알려진 것이었던 것처럼 생각되었던 것이다.

나는 그 고독한 검은 사냥꾼을 보았을 때 그것이 나의 마음의 어느 측면에 반향됐는지를 예측하지는 않았다. 나는 다만 그의 세계가 헤아릴 수 없는 수천 년 이래 나의 세계임을 알고 있었다.

약간 몽롱해진 채 점심 때쯤 말할 수 없이 눈부신 햇살 속에서 해발 1,800미터 높이에 있는 나이로비에 도착했다. 그 햇살은 저지대에서 겨울 안개를 헤치고 올라왔을 때의 스위스 엥가딘 지방의 태양을 연상케 했다. 놀랍게도 역에 모인 수많은 일꾼아이들은 고풍스런 회색과 백색의 면으로 만든 스키모자를 쓰고 있었다. 이것은 엥가딘 지방에서 보거나, 내 스스로 쓰고 다니는데 익숙해 있던 것이다. 위로 접힌 모서리를 내려뜨리면 관망경처럼 눈만 나오므로 알프스에서는 얼음 같은 바람을 막고, 이곳에서는 햇볕의 뜨거움을 보호하는 구실을 하고 있어서 사람들이 무척 애용하고 있었다.

나이로비에서 우리는 작은 포드 차로 아티 평원을 방문했는데 그곳은 야생 동물보호지역이었다. 이 광대한 사반느의 나지막한 언덕 위에 서자 특이한 조망이 우리 앞에 펼쳐졌다. 아득히 먼 지평선에 이르기까지 우리는 거대한 짐승의 무리들을 보았다. 가젤라영양, 영양, 그뉴(황소 비슷한 남아프리카 영양), 얼룩말, 사마귀멧돼지 등등. 조용히 앞으로 전진하며 풀을 뜯으면서 고개를 끄덕이며 그 무리들은 움직이고 있었다. 사나운 새의 애조어린 소리 말고는 거의 아무 소리도 들리지 않았다. 그것은 영원한 태초의 고요함이었다. 그것은 언제나 그렇게 비존재의 상태에서 있어 온 세계였다. 왜냐하면 조금 전까지만 해도 그것이 "이 세계"라는 것을 아는 사람은 존재하지 않았다. 나는 나의 동반자가 보이지 않을 만큼 멀리 떨어져 있어 혼자라는 느낌을 맛보았다. 이때 나는 이것이 그 세계이며 이 순간 그 세계를 자기의 지식으로 처음으로 현실에서 만들어 낸 최초의 사람이었다.

따라서 의식의 우주적 의미가 나에게는 확실히 분명해졌다. "Quod natura relinquit imperfectum, ars perficit(자연이 불완전하게 둔 것을 예술이 완전하게 만든다)"라고 연금술에서는 말한다. 인간인 내가 눈에 띄지 않게 창조행위를 하고 있는 이 세계에 비로소 객관적 존재로서의 완성을 부여했다. 사람들은 이 행위를 창조주에게만 귀착시켜 왔다. 그리고 그렇게 생각함으로써 우리가 인생과 존재를 하나의 남김 없이 계산된 기계, 무의미하며, 인간정신과 함께 미리 알고 결정된 법칙에 따라 진행되는 기계라고 보게 됨을 미처 생각하지 못하고 있다. 그와 같은 절망적인 시계공장식 환상에는 인간세계와 신의 드라마가 없다. 아무런 "새로운 날," "새로운 기슭"으로 인도하는 새로운 날이 없다. 다만 계상된 과정을 밟는 황량함이 있을 뿐이다. 나의 늙은 푸에블로 친구가 생각났다. 그는 푸에블로의 존재 이유가 그들의 아버지인 태양을 하늘에 올라가도록 돕는 사명에 있다고 믿었다. 나는 그들 사명의 의미충족을 부러워했었다. 그리고 아무런 기약 없이 우리 자신의 신화를 둘러보았다. 이제 나는 그것이 무엇인지, 아니 그보다도 더 많은 것을 알게 되었다. 인간은 창조의 완성에 필요 불가결의 존재임을 — 아니 그는 두 번째의 세계창조자이며 세계에 객관적 존재를 부여할 사람이다. 객관적 존재 없이 이들은 듣지 못하고 보지 못하며 묵묵히 먹고, 새끼를 배고, 죽고, 고개를 끄덕이며 수억만 년을 깊은 비존재의 밤에 정처 없는 끝을 향하여 지나갈 것이다. 인간의 의식은 처음으로 객관적 존재를 지니게 되었고 의미를 만들었고 이로써 인간은 그의 위대한 존재과정에서 필요 불가결의 자리를 발견한 것이다.

당시 건축 중인 우간다 철도 때문에 우리는 임시 종착역인 지기스티후어(64)로 갔다. 우리들의 짐꾼들은 많은 탐험하물을 차에서 내렸다. 나는 한 상자(생활필수품 상자, 각각 1두중량) 위에 앉아서 파이프를 피워 물고 우리가 이제 이를테면 오이쿠메네oikumene(그리스 사람들이 살고 있는 땅) 변두리에 있다는 것, 그곳에서 길이 끝없이 대륙으로 뻗어 있다는 사실들을 곰곰이 생각하고 있었다. 얼마 뒤 한 나이든, 미개지 이주자인 듯한 영국인이 내게 합류하였다. 그는 내 곁에 앉더니 똑같이 파이프를 꺼냈다. 그는 나에게 어디로 가는 길이냐고 물었다. 내가 우리의 목적지를 대강 설명하자 그는 물었다. "아프리카에 오는 것이 처음입니까? 나는 40년째 이곳에 살고 있소만 …."

"네." 나는 대답했다. "최소한 아프리카의 이쪽 부분은 그렇습니다."

"그럼 내가 당신에게 충고 하나 할까요? 아시겠습니까, 선생! 이곳은 사람의 나라가 아니고 신의 나라요. 그러니 무슨 일이 생기거든 아무 걱정하지 마시오." 그는 그러더니 인사도 없이 이쪽으로 몰려오는 군인들의 무리 속으로 사라져 버렸다.

그의 말에는 일리가 있는 듯 여겨졌다. 나는 그것이 어떤 심리적 상태에 해당되는지를 묘출하려고 시도하였다. 분명 그 말은 그의 체험의 정수인 듯했다. 즉 이곳에는 인간이 아니라 신이 상좌에 있다. 그러니까 의지나 의도가 아니고 헤아릴 수 없는 신의 점지가 중요하다는 뜻인 듯했다.

내가 나의 견해를 마무리 짓기도 전에 우리의 두 대의 자동차의 출발 신호가 울렸다. 우리는 짐 위로 기어 올라가 여덟 사람의 남자가 서로 꼭 붙잡았다. 그 뒤 여러 시간을 흔들리다 보니 생각할 여유가 전혀 없었다. 다음 지역인 카카메가스Kakamegas는 생각보다 훨씬 먼 거리에 있었다. 그곳에는 지방행정관서와 아프리카 소총대의 작은 병영, 병원 하나, 그리고 또 하나의 — 신기하게도 — 작은 정신병원이 있었다. 저녁이 다가오는가 싶더니 갑자기 밤이 되었다. 동시에 열대폭우가 끊임없는 번개와 천둥을 동반하고 세차게 내려서 순식간에 우리를 머리서부터 발끝까지 흠뻑 적셨고 골짜기의 시냇물을 위험스런 장애물로 변하게 하였다.

한밤중이 30분쯤 지난 뒤에 하늘이 개이면서 비로소 우리는 지친 상태에서 카카메가스에 도착하였다. 거기서 지방행정관이 그의 응접실에서 고맙게도 위스키를 대접하며 맞이해 주었다. 벽난로에서는 반가운 — 아, 그리도 반가운 — 불이 타고 있었다. 고상한 그 방 한가운데 커다란 책상이 영국의 잡지들로 덮여 있었다. 서섹스Sussex의 장원에 있다고 생각해도 좋을 것이다. 나는 너무 피곤해서 내가 현실에서 꿈으로 옮겨졌는지 꿈에서 현실로 옮겨졌는지 알 수 없었다. 그 다음에 우리는 천막을 처음으로 설치해야 했다. 다행히도 부족한 것이 없었다.

다음 날 나는 후두염의 열 때문에 깨었다. 하루를 침대에 누워 있어야 했다. 그 덕분에 나는 이른바 뇌열조腦熱鳥와 적지 않은 친교를 맺었다. 그 새는 정확한 음계로 울면서 마지막 음을 생략하고 다시 처음부터 울기 시작하는 것으로 자신을 돋보이게 하고 있었다. 열에 대한 반주로서는 그 이상 더 신경을 건드리는 것을 생각할 수 없을 것이다.

바나나밭의 또 다른 날개 달린 거주자는 두 개의, 사람이 상상할 수 있는 한 아주 달콤한 선율에 찬 6공피리소리를 내고는 세 번째의 아주 거슬리는 불협화음으로 끝낸다. 자연이 불완전한 채 둔 것을Quod nature reinquit imperfectum …. 방울새소리만은 매우 아름다웠다. 그 새가 울면, 마치 종이 수평선을 두루 돌아다니며 울리는 것과 같았다.

다음 날 우리는 지방행정관의 배려로 세 명의 토착민병의 호위로써 보충된 운반대를 모았다. 그리하여 이제 엘곤산으로 향하는 멀고 고된 여행이 시작되었다. 엘곤산의 4,400미터 높이의 분화구 벽을 우리는 곧 지평선에서 볼 수 있었다. 길은 비교적 건조한 우산아카시아로 덮인 나무 없는 대초원을 가로지르고 있었다. 전체 지역은 작고 둥근 2, 3미터 높이의 더미들로 덮여 있었는데 그것은 흰개미집단의 낡은 집들이었다.

여행자를 위해서 길가에 휴게소가 있었는데 그것은 풀로 덮은 둥근 아도베 벽돌집이었다. 문이 열려 있고 안에는 아무것도 없었다. 사람들은 밤의 침입자를 막기 위해서 입구에 등불을 밝혀 놓았다. 그런 등불을 우리 요리사는 가지고 있지 않았다. 그 대신 자기 개인의 소형 오두막집을 가지고 있었는데 그것으로 대만족이었다. 그러나 그것이 그에게 큰 악운이 될 뻔했다. 그는 전날 우리가 5 우간다실링을 주고 산 양을 그의 오막살이집 앞에서 도살해서 우리 저녁식사로 아주 맛있는 무톤촙스를 제공했었다. 우리가 식사 뒤에 불 옆에 둘러앉아 있을 때 우리는 멀리서, 그리고 차츰 가까이 다가오는 이상한 소리를 들었다. 그것은 때로는 곰이 으르렁거리는 소리 같기도 하고 개들이 짖는 소리 같기도 했다. 혹은 날카로운 금속성 소리의 울부짖음과 히스테리성 큰 웃음 같기도 했다. 내 첫 인상은 바르눔과 베일리의 희극과 같은 것이었다. 그러나 차츰 사태가 위급해졌다. 우리는 사방에서 한 무리의 굶주린 하이에나들에 의해 둘러싸인 것이다. 아마 양의 피냄새를 맡은 모양이었다. 이들은 지옥의 콘서트를 연주하고 있었다. 그리고 불빛 속에서 우리는 키가 큰 코끼리 풀 사이로 그들의 눈빛을 보았다.

하이에나는 인간을 공격하지 않는다는 하이에나 고유의 성질에 관한 우리의 탁월한 지식에도 불구하고 우리는 이 일에 그리 안심하고 있을 수만은 없었다. 더구나 갑자기 휴게소 뒤에서 사람의 비명소리가 울려왔을 때 우리는 깜짝 놀랐다. 요리사가 공포에 질려 우리 가운데로 쓰러지며 휘지하이에나 한 마리가 오두막집으로 들어와 그를 거의 죽일 뻔했다고 말했을 때 우리는 총포(9밀리 산탄총)을 움켜쥐고 눈빛이 보이는 방향으로 쏘았다. 온 숙소에 난리가 났다. 이것이 아마

하이에나족을 그토록 놀라게 했는지 그들은 요란하게 항의하면서 그 지역을 떠났다. 그 나머지 밤은 처음에 오래도록 지속된 웃음소리가 대원들 사이에서 퍼지더니 조용하게 아무 문제없이 지나갔다. 다음 날 일찍 그 지역 추장이 닭 두 마리와 바구니 가득히 계란을 담아 선물하면서 하이에나를 쏠 수 있게 하루만 더 있어달라고 빌었다. 하이에나들이 전날 밤 잠자고 있는 한 나이든 남자를 그의 오두막집에서 잡아먹었다고 한다! — 아프리카에 확실한 것이란 없다!de Africa nihil certum!

새벽이 되자 또 한 번 짐꾼들 사이에서 한차례 웃음이 터져 나왔다. 그 까닭은 이들이 전날 밤 사건을 되풀이하는 연극을 행하였기 때문이다. 한 사람은 잠자는 요리사를 묘사하고 병사 중의 한 사람은 살금살금 잠자는 자를 잡아먹을 듯이 다가오는 하이에나를 묘사했다. 이 연극은 관중을 무척 즐겁게 해주었다. 그래서 얼마나 많이 반복되었는지 모른다.

이때부터 요리사는 "휘지"라는 별명을 얻었다. 우리 세 사람의 백인은 벌써 우리들의 "상표"를 가지고 있었다. 나의 친구, 영국인은 "붉은 목" 즉, 붉은 목을 가진 자로 불렸다. 왜냐하면 모든 영국인은 전하는 바에 의하면 붉은 목덜미를 하고 있기 때문이다. 미국인은 우아한 의복을 갖고 있어서 "부와나 마레다디멋쟁이신사"라 불렸다. 나는 이미(나는 50세였다) 흰 머리를 하고 있었으므로 "므제늙은 사람"라 불렸는데 내 나이는 100살이었다. 고령은 이곳에선 드물었다. 나는 흰머리를 한 사람들을 거의 보지 못했다. "므제"는 또한 "부기슈 심리학 탐험대"의 장으로서 나에게 어울리는 명예칭호였다. 그것은 런던의 외무부가 우리를 엉뚱한 억측에서 강요한 칭호였다. 우리는 부기슈를 방문하기는 했지만 가장 긴 시간을 엘곤 지역에서 보냈다.

나의 흑인들은 전적으로 탁월한 성격전문가임이 입증되었다. 그들의 직관적인 인식방법 가운데 하나는 그들이 상대의 얼굴표정, 몸짓, 걸음걸이를 누구못지 않게 흉내낼 줄 알았고 이런 식으로 피부로 감지하고 있었다. 나는 그들이 다른 사람의 감정의 특질을 그토록 잘 알고 있는 데 놀랐다. 나는 주저 없이 그들과 오랜 대화를 나누었는데 그들은 그런 대화를 무척 좋아했다. 이렇게 해서 나는 많은 것을 배웠다.

우리는 우리가 반공식적으로 여행한 것이 짐꾼을 보다 쉽게 고용할 수 있었고 군인들의 보호를 받을 수 있었던 점에서 매우 이로웠다는 사실을 알게 되었다. 그것은 결코 지나친 것이 아니었다. 우리는 아직 백인의 통제하에 있지 않는 지역으로 여행할 생각이었기 때문이다. 그리하여 상병과 두 사람의 병사가 엘곤 산을 향한 우리의 원정대를 수행하였다.

나는 우간다 총독으로부터 편지 한 통을 받았다. 그는 그 편지에서 영국 여인 한 사람을 맡아줄 수 있는지를 청했다. 그녀는 수단을 거쳐 이집트로 돌아가고 있었다. 사람들은 우리가 같은 여행 계획을 갖고 있음을 알고 있었고 그 여성은 이미 나이로비에서 우리와 사귄 터이므로 이 청을 거절할 아무런 이유도 없었다. 게다가 우리는 총독의 여러 가지 도움을 무척 고맙게 여겨온 터였다.

내가 이 이야기를 하는 것은 얼마나 눈에 띄지 않게 원형이 우리의 행위에 영향을 주고 있는가 하는 점을 보여 주기 위해서다. 우리 일행은 세 명의 남자들이었는데 그것은 순전히 우연이었다. 나는 세 번째 친구에게 함께 가자고 청했었다. 그러나 악조건이 그의 긍정적 대답을 불가능하게 만들었다. 이것으로 무의식, 혹은 숙명이 배정되기에 충분했다. 삼위의 원형이 나타났고 그것은 네 번째를 불렀다. 이러한 원형의 역사 속에 언제나 그렇게 반복되어 제시된 것처럼 ….

나는 내게 부닥치는 우연을 받아들이기 좋아하는 경향이 있어서 그 여인이 우리 세 남자 집단에 들어오는 것을 환영하였다. 그녀는 용감하고 발랄하였다. 그래서 우리 그룹의 일방적인 남성성에 대하여 유익한 보상을 해주었다. 나보다 나이가 적은 한 친구가 뒤에 열대 말라리아로 위험한 발작을 일으켰을 때 1차 세계대전 때 얻은 그녀의 간호원 경험은 크게 보탬이 되었다.

하이에나 사건 뒤에 우리는 추장의 간청을 무시하고 계속 전진하였다. 지대는 약간 높아지고 있었다. 삼차 용암층의 표징이 증가하고 있었다. 우리는 멋진 원시림지대를 지나게 되었다. 거기에는 거대한 난디화염나무들이 불길같이 붉은 꽃에 뒤덮인 채 서 있었다. 엄청나게 큰 갑충과 그보다 더 큰 다양한 색채의 나비들이 숲 주변이나 숲 속 공터에 생기를 불어 넣고 있었다. 나뭇가지는 호기심 많은 원숭이에 의해서 흔들거렸다. 우리는 곧 숲 속에 있는 전인미답의 땅으로 들어갔다. 그것은 하나의 낙원이었다. 그 지대는 진한 적색의 땅과 평평한 초원으로 이루어져 있었다. 그리고 주로 토착민들이 만든 길을 갔는데 그 길은 현저하게 가파른 만곡을 이루고 있어 3 내지 6미터의 짧은 곡선반경으로 숲 속을 빙빙 돌고 있었다.

우리의 길은 우리를 난디 지역 속으로, 원시림의 상당한 부분인 난디 삼림을 통과하여 인도하고 있었다. 아무 사고 없이 우리는 벌써 여러 날째 우리의 머리 위에 솟아 있던 엘곤산 모퉁이의 휴게소에 도달하였다. 여기서 좁은 산길로 등산하기 시작했다. 우리는 이 지역의, 메디신맨 "라이본"의 아들이며 추장인 한 사나이의 환영인사를 받았다. 그는 당나귀를 타고 있었는데 우리가 지금껏 오는 도중에 처음 보는 말이었다. 나는 그로부터 그의 종족이 마사이Masai에 속하지만 이 종족에서 분리되어 엘곤산 기슭에서 별개의 존재를 이끌고 있다는 사실을 알았다.

수시간 동안의 등반 뒤에 우리는 아름다운 넓은 공지에 도달하였다. 그곳은 맑고 찬 시냇물이 흐르고 3미터 가량 높이의 폭포가 있었는데 그 폭포를 우리는 우리의 목욕장소로 선택하였다. 우리의 야영장은 거기서 조금 떨어진 부드러운 마른 흙의 산기슭에 정했는데 우산아카시아 그늘에 있었다. 근처에는 흑인 촌락이 있었다. 그것은 몇 채의 오막살이집과 하나의 보마, 즉 가시나무 울타리로 에워싸인 원형의 광장으로 이루어져 있었다. 추장과 더불어 나는 수와헬리Suaheli족과 서로 의사소통을 할 수 있었다.

그는 우리를 위해 물통을 이는 여인들을 정해 주었다. 한 여인은 아직 나이가 차지 않은 두 딸을 거느리고 있었는데 이들은 카우리허리띠[2]까지 발가벗고 있었

---

2) Kauri(혹은 Kowri)는 작은 조개인데 돈으로도 쓰인다.

다. 초콜릿색의 피부를 한 이들은 유난히 예쁘고 날씬한 몸매에 우아하면서도 게으른 듯한 동작을 하고 있었다. 개울 위로 그녀들의 쇠 발찌의 짤랑거리는 소리를 듣고, 그녀들이 곧 머리 위에 물통을 균형 있게 이고서 무게 있는 보조로 키 큰 누런 코끼리풀 사이에서 나타나는 것을 바라보는 일은 매일 아침 내가 갖는 즐거움이었다. 이들은 족륜과 유기로 만든 팔찌와 목걸이, 실패 모양을 한 구리나 목제의 작은 귀걸이로 장시하고 있었고 아랫입술은 뼈나 쇠못으로 뚫려 있었다. 그녀들은 무척 예의바르게 늘 우리에게 수줍은 매력적인 미소로 인사하였다.

나는 보통 짐작하듯이 한 번도 토착민 부인과 이야기한 일이 없었으나 단 한 번 예외가 있었는데 그것을 이야기하고자 한다. 유럽 남부지방 사람들처럼 여기서도 남자는 남자와 이야기하고 여자는 여자에게 이야기한다. 그렇지 않으면 그것은 연애를 의미한다. 후자는 백인에게 그의 권위를 거는 도박일 뿐 아니라 흑인화되는 심각한 위험에 휩쓸리게 한다. 여기 관해서 나는 매우 교훈적인 사례를 많이 관찰했다. 흑인들이 어떤 종류의 백인들을 다음과 같이 판단하는 것을 나는 자주 들었다. "그는 나쁜 사람이오." 왜 그러냐고 물으면 "그는 우리의 여자들과 자기 때문이오" 하고 대답했다.

엘곤산의 종족들은 남자는 대가축을 사육하고 사냥에 종사하며 여자는 "샴바"와 같은 일을 했다. 즉, 바나나, 단감자, 흑인수수 그리고 조를 경작하는 일을 했다. 그녀들은 아이들, 염소, 닭을 거느리고 있었고 모두 한 원형 오막살이집에서 살고 있었다. 그것이 그녀들에게 위엄을 주고 있었고 또한 그렇게 하는 것은 당연한 일이었다. 그녀들은 남자들의 강력한 동업자인 것이다. 여성의 평등권은 그러한 동반관계의 의미를 잃어버린 시대의 산물이다. 그러나 원시사회는 무의식적인 이기주의와 이타주의로써 조절되고 있다. 이 양자는 매우 잘 충족되고 있다. 이러한 무의식적인 질서는 한 번 장애가 일어나면 곧장 무너지고 만다. 그때는 오직 의식의 작용에 의해서만 그 장애가 보상될 수 있고 또한 보상되어야 한다.

엘곤산의 가족에 관해서 나에게 중요한 제보를 한 사람을 나는 즐거운 마음으로 회상한다. 그는 유난히 잘생긴 청년으로 지브로아트라 불렸는데 추장의 아들로서 귀엽고 품위있는 태도를 하고 있었으며 나는 분명 그의 신뢰를 얻고 있었음에 틀림없다. 그는 내 담배를 얻어 피우기를 좋아하기는 했지만 다른 사람들처럼 선물을 얻으려고 안달하지 않았다. 그는 내게 무척 흥미있는 이야기를 들려주었고 때때로 "신사적 방문"을 했다. 나는 그가 무언가 마음속에 의도하는 게 있고 어떤 절망감을 품고 있는 것을 느꼈다. 오랜 친교 뒤에 비로소 그는 내게 전혀 예기치 못했던 청을 꺼내 놓았다. 나를 그의 가족에게 소개하겠다는 것이다. 그러나 나는 그 자신이 아직 결혼하지 않았고 그의 부모는 죽었다는 것을 알고 있었다. 문제는 그의 누이였다. 그녀는 두 번째 부인으로 결혼했고 네 아이를 지니고 있었다. 그는 내가 그녀를 한 번 방문해서 그녀가 나를 알게 될 기회를 갖기를 간절히 원했다. 그녀는 그에게 분명 어머니의 위치를 차지하고 있는 듯했다. 나는 이런 사교적 방법으로 가옥생활을 한 번 보고 싶었으므로 이를 수락했다.

"부인 계십니까?" 우리가 그 집에 도착하자 그녀는 오막살이집에서 나오며 이 세상에서 가장 자연스러운 식으로 내게 인사하였다. 그녀는 30세 정도 되어 보이는 아름다운 젊은 여인이었다. 누구나 필수적으로 하는 카우리허리띠 이외에 그녀는 팔찌와 발찌을 하고 있었고 지나치게 늘어뜨린 귓부리에 몇 개의 구리장식을, 가슴에는 작은 짐승 털가죽을 걸치고 있었다. 그녀의 네 작은 "므토토스(아이들)"를 그녀는 집에 가두어 놓았는데 그곳에서 그들은 문틈으로 내다보며 흥분해서 킬킬거리고 있었다. 내 청으로 그녀는 아이들을 내놓았다. 이들이 안심하고 나오게 하기까지 꽤 많은 시간을 소요했다. 이 젊은 여인은 그녀의 동생처럼 매우 예의바르게 행동했다. 동생은 이제 자기의 멋진 명안이 성공하여 희색은 온 얼굴에 환히 빛났다.

우리는 앉지 않았다. 닭똥과 양의 똥으로 덮인 먼지나는 땅밖에는 앉을 만한 곳이 없었다. 대화는 반가족적인 응접실 대화의 관습적인 범위를 맴돌고 있었다. 즉 가족, 아이, 집 그리고 뜰에 관해 이야기가 펼쳐졌다. 그녀보다 나이가 많은 첫 부인의 소유지는 그녀의 땅에 접해 있었는데 여섯 명의 아이가 있었다. "언니"의 보마 중정中庭은 80미터 떨어진 곳에 있었다. 그러나 두 여인의 오막살이집 사이의 중앙부에는 삼각형의 남자의 작은 집이 있고 그 뒤에 약 50미터 거리에 한 작은 집이 있었는데 그것은 첫 부인의 이미 성장한 아들의 것이었다. 두 여인은 각기 그녀의 샴바를 가지고 있었다. 즉 바나나, 단감자, 소담스럽게 자란 수수와 조를 가지고 있었는데 나의 여주인은 이를 매우 자랑스럽게 여기고 있는 게 분명했다.

나는 그녀의 태도에서 보인 주체의식과 확신이 그녀의 명백한 전체성과의 동일시에 연유한다고 느낌받았다. 즉 그것은 아이, 집, 적은 가축, 샴바, 그리고 끝으로 결코 경시할 수 없는 중요한 것 한 가지를 더 든다면 그녀의 매력적인 몸매를 이루는 전체성이었다. 남편에 대해서는 그저 암시적으로 이야기될 뿐이었다. 그는 잠깐 있다가 없다가 하는 존재 같았다. 현재 그는 어디 미지의 곳을 돌고 있었다. 나의 여주인은 명백히 아무 문제 없이 현존하는 것, 남편의 진정한 "여분의 예비방"이었다. 문제는 그가 여기 있느냐 없느냐가 아니라 오히려 그녀가 그녀의 전체성 속에 존재하느냐, 그녀가 그의 짐승떼들과 함께 방랑하는 그녀 남편의 "자력적 중심"이 되고 있느냐 하는 데 있는 것 같았다. 이 "소박한" 여인의 마음속에 움직이고 있는 것은 무의식적으로 일어나는 것이므로 그녀가 이것을 알지는 못한다. 다만 "발전된" 유럽의 비교자료를 통해서 그 의미가 추론될 수 있을 뿐이다.

나는 백인여성의 남성화가 그녀들의 자연스러운 전체성(샴바, 즉 경작지, 아이들, 가축, 자기집, 그리고 부뚜막의 불)의 상실과 관계하는 것은 아닌가, 남성화는 여성의 빈곤을 보상하는 것으로 그런 결과가 나오지 않았는가, 그리고 백인남성의 여성화가 여성의 남성화의 결과로 야기된 현상이 아닌가 하는 것을 자문하지 않을 수 없었다. 가장 합리주의적인 국가는 성性의 차이를 가장 많이 소멸시키고 있다. 동성애가 현대사회에서 수행하는 역할은 엄청나다. 그것은 부분적으로는 모성콤플렉스의 결과이며 일부는 자연의 합목적적 현상(긴장의 저지)이다.

나와 나의 여행동반자는 복이 많았다. 아프리카의 태초의 세계가 지닌 한없는 아름다움과 또한 깊은 고뇌를 아직 폐문되기 전에 체험했기 때문이다. 우리의 막사생활은 나의 인생의 가장 아름다운 시절의 하나였다 — 사업을 멀리하고, 생에서 타락함이 없이, 또한 죄악감 없이, 나는 아직 태고의 땅으로 남아 있는 곳의 "신의 평화"를 만끽했다. 나는 헤로도토스Herodotos가 말한 "인간과 다른 동물들"을 일찍이 그처럼 분명히 본 적이 없었다. 나와 저 온갖 마귀의 어머니인 유럽 사이에는 수천 마일의 거리가 있었다. 마귀들이 이곳까지는 미칠 수 없는 곳에서 — 전보도, 전화도, 편지도, 아무런 방문도 없는 곳, 그것이 "부기슈 심리학적 탐험"의 본질적인 구성요소였다. 나의 해방된 정신력은 환희에 차서 먼 태고의 광대한 곳으로 되돌아가 흐르고 있었다.

하루 종일 우리 막사에 웅크리고 앉아서 결코 지칠 줄 모르는 호기심으로 온갖 우리의 동작을 추적하는 호기심에 찬 사람들과 매일 아침 대화의 모임, 팔라베르Palaver(백인과 아프리카인과의 교섭)를 개최하는 것은 쉬운 일이었다. 나의 우두머리인 이브라힘이 나에게 팔라베르의 에티켓을 처음으로 가르쳐 주었다. 모든 남자들(여자들은 우리를 방문한 적이 한 번도 없었다)은 땅바닥 위에 앉아야 했다. 이브라힘은 나에게 작은 네 개의 다리가 달린 마호가니로 만든 추장의자를 마련해서 거기에 앉도록 했다. 그리고는 나는 연설을 시작했고 그 다음에는 샤우리, 즉 팔라베르의 협의 내용을 설명했다. 대부분의 참가자는 어느 정도 수아헬리어를 할 수 있었으므로 내가 작은 사전을 열심히 찾으면서 내 뜻을 표현했을 때 이해시키기에 충분했다. 이 작은 책은 결코 지칠 줄 모르는 경이의 대상이었다. 나의 표현수단이 빈곤했으므로 나는 단순한 표현은 하지 않으면 안 되었다. 대화는 흔히 재미있는 수수께끼 알아맞추기와 비슷했다. 그래서 팔라베르는 인기가 있었다. 그러나 팔라베르는 한 시간 이상 걸리는 일이 드물었다. 왜냐하면 사람들이 쉽게 지쳐서 몸을 흔들면서 호소했기 때문이다. "아, 우리는 너무 피곤합니다."

물론 나는 흑인의 꿈에 관심을 가지고 있었다. 그러나 처음에는 아무것도 들을 수 없었다. 나는 사람들이 무척 가지고 싶어하는 담배, 성냥, 안전핀 같은 것을 보상으로 정했다. 그러나 아무런 도움이 되지 않았다. 꿈을 이야기하기를 꺼려하는 이유를 완벽하게 설명할 수는 없었다. 내 추측으로는 아마 공포와 불신 때문이었을 듯하다. 주지하는 바와 같이 흑인은 사진 찍히는 것을 두려워하고 있다. 그들은 사진을 찍음으로써 사람들이 자기의 영혼을 빼앗지 않을까 두려워하고 있다. 아마 그들은 마찬가지로 사람들이 그들의 꿈을 앎으로써 그들에게 해를 끼치지 않을까 두려워한 것 같다. 그러나 소말리 해안과 수아헬리족 출신으로 이루어진 우리 짐꾼들에게는 이런 추측이 적중하지 않았다. 그들은 아라비아의 해석서를 가지고 있었는데 여행하는 동안 매일매일 그 책을 참고하였던 것이다. 이들이 해석에 회의를 느꼈을 때는 심지어 나에게 조언을 구했다.

내가 코란의 지식을 가지고 있었으므로 그들은 나를 "코란의 대가"라 규정했고 숨은 모하메드 신자라 보고 있었다.

한 번은 우리가 늙은 추장 의사인 라이본과 함께 팔라베르를 하였다. 그는 값진 장식물을 단 푸른 원숭이털로 이루어진 훌륭한 망토를 입고 나타났다. 내가 그의 꿈에 관해 물었을 때 그는 눈물을 글썽이면서 내게 설명했다. "예전에 라이본족은 꿈을 가지고 있었고 그 꿈으로 전쟁이 일어날지, 병이 생길지, 비가 올지, 어디로 사람들이 가축떼들을 몰아야 하는지를 알고 있었소." 그렇게 그의 할아버지도 꿈을 꾸었다. 그러나 백인이 아프리카로 온 이후에 아무도 꿈을 갖지 못하게 되었다. 사람들은 꿈을 필요로 하지도 않는다. 왜냐하면 영국인들이 이제는 다 알고 있으니까!

그의 대답은 메디신맨이 그의 존재 이유를 상실했음을 가리키고 있다. 사람들은 그 종족에게 충고하는 신의 목소리를 이미 더 이상 필요로 하지 않았다. 왜냐하면 영국인은 더 잘 알고 있기 때문이다. 예전에 메디신맨은 신들이나 숙명의 힘과 담판하여 그의 종족에게 조언을 주었다. 그는 큰 영향력을 행사했다. 마치 고대 그리스에서 퓌티아Pythia의 말이 최고로 큰 권위를 지니고 있었던 것과 같다. 이제 메디신맨의 권위는 지방행정관에 의해서 소멸되었다. 삶의 모든 가치는 이제 이승에 있다. 흑인이 육체적 힘의 의미를 언제 의식하게 될는지는 시간문제요, 흑색인종의 생동성의 문제에 달려 있는 듯했다.

우리의 라이본은 당당한 인격의 사람이라기보다는 어딘가 울먹이는 늙은이 같았다. 그럼에도 불구하고, 혹은 바로 그 때문에 그는 이미 시대에 뒤떨어진, 다시는 되돌아오지 않을 세계의, 점차 눈에 띄지 않게 확대해가는 몰락을 웅변적으로 묘사하고 있었다.

나는 신성한 힘Numina에 관한 이야기, 특히 제의에 관한 화제를 수없이 꺼냈다. 그러나 나는 그것을 어느 작은 마을에서 한 번 더 관찰했을 뿐 별로 볼 수가 없었다. 그 마을에서는 사람들이 붐비는 활기찬 거리 한가운데, 한 채의 빈 오막살이집이 있었는데 그 앞에는 반경 수 미터가 될 장소를 조심스럽게 말끔히 쓸어 놓았다. 그 장소 중앙에 한 개의 카우리허리띠, 팔찌와 족륜, 귀걸이, 온갖 항아리 조각들, 그리고 한 개의 무덤 막대기가 놓여 있었다. 우리가 여기 관해서 들을 수 있었던 유일한 것은 이 작은 집에서 한 부인이 죽었다는 사실뿐이었다. 장례식에 관해서는 아무런 소문도 돌지 않았다.

팔라베르에서 사람들은 내게 강조하여 확신시키기를 그들의 서쪽에서 사는 사람들은 나쁜 사람들이라 했다. 그곳에서 누가 죽으면 다른 마을에 알려서 저녁에 시체를 두 마을의 중간까지 가져다 놓는다고 한다. 그러면 다른 쪽에서 여러 종류의 선물을 그곳에 가져오는데 다음 날 아침, 시체는 이미 거기 없다는 것이다. 시체가 다른 마을에 의해서 먹혔다는 사실이 분명히 암시되었다. 엘곤족에게는 그런건 결코 일어나지 않는단다. 물론 시체는 숲 속에 갖다 놓는다. 밤중에 하이에나가 장례를 끝내는 장소에. 사실 우리는 시체 매장의 흔적도 찾지 못했다.

그러나 나는 이 기회에 사람이 죽으면 시체를 방 한가운데 놓는다는 말을 들었다. 메디신맨 라이본이 시체 주위를 돌며 "아이크 아디스타, 아디스타 아이크 ayîk adhîsta adhîsta ayîk"라 중얼거리며 접시의 밀크를 바닥에 뿌린다.

이 말의 뜻은 이미 그동안 개최된 일이 있는, 기억해 둘 만한 중요한 팔라베르를 통해서 이미 알고 있었다. 그 팔라베르가 끝날 때 한 노인이 갑자기 소리쳤다. "아침에 해가 뜰 때 우리는 오막살이집에서 나와 손에다 침을 뱉고 그 손을 태양 쪽으로 든다." 나는 그들에게 그 의식을 내 앞에서 해 보이면서 분명히 묘사해 주도록 했다. 그들은 입 앞에 손을 대고 세게 불거나 침을 뱉고는 그 손바닥이 태양 쪽을 향하도록 돌아섰다. 나는 그것이 무슨 뜻이며, 왜 그렇게 하는지, 왜 그들이 손바닥에 입김을 불든가 침을 뱉는지를 물었다. 그러나 아무 소용이 없었다 —"늘 그렇게 해 왔습니다." 그들은 이렇게 말하는 것이었다. 어떤 설명을 얻는다는 것은 불가능한 일이었다. 분명한 것은 그들은 정말 그들이 그것을 하고 있다는 것만 알 뿐, 자기가 무엇을 하고 있는지는 모르고 있다는 사실이었다. 그들은 이런 행위에 아무런 뜻도 인정하지 않는다. 그러나 생각해 보면, 우리도 또한 어떤 의식을 수행하면서 무엇을 하고 있는지 전혀 분명치 않은 체하는 경우가 있다. 예컨대 크리스마스 트리에 촛불을 켠다든가, 부활절 달걀을 숨긴다든가 할 때처럼.

그 노인은 이것이 모든 부족의 진정한 종교라고 말했다. 모든 케비론도스Kevirondos족, 모든 부얀다Buyanda족, 산에서 볼 수 있는 한의 모든 부족, 그 밖에도 끝없이 많은 종족들 모두가 "아디스타adhîsta"를 존경하고 있었다. 아디스타는 처음 떠오른 순간의 태양이다. 오직 그때만이 태양은 "뭉구mungu"신이 된다. 서쪽 하늘의 보라빛 속에 나타난 최초의 섬세한 황금빛 초생달도 신이다. 그러나 오직 그때만 신이고, 그 밖에는 아니다.

엘곤족의 의식에서는 분명 해가 뜨는 순간, 신성시되는 태양에의 봉헌이 중요한 것이다. 봉헌하는 것이 침이라면 원시적 관념에 따라 개인적인 마나Mana, 치유력, 마력과 생명의 힘을 내포하고 있는 물질이다. 그것이 입김이면, 그것은 로호roho, 아랍어로 룩흐ruch, 히브리어로 루악흐ruach, 그리스어로 프네우마pneuma, 바람과 혼Geist이다. 이 행위는 그러니까 "나는 신에게 나의 살아 있는 혼을 제공하노라"라는 것을 뜻한다. 그것은 말없는 행위로 화한 기도로서 이렇게 말할 수도 있는 것일 게다. "주여, 당신의 손에 나의 영혼을 맡기나이다."

아디스타 이외에 우리가 듣기로는 엘곤산의 부족들은 '아이크'를 숭배하는데 이것은 땅 속에 사는 "샤이탄마귀"이다. 그는 불안의 창조주이며 밤에 방랑하는 자에게 일격을 가하는 찬 바람이다. 어떻게 아이크가 높고 신비스런 숲의 풀들을 스쳐 지나가는지를 보여 주기 위해서 노인은 재앙의 신, 로키Loki 주제의 일종의 휘파람을 불어 묘사했다. 대체로 사람들은 창조주가 모든 것을 좋고 아름답게 만들었다는 확신을 고백하고 있었다. 그는 선과 악의 피안에 있다. 그는 음주리m'zuri, 즉 아름답다. 그리고 그가 만든 것은 음주리다.

"그러나 너희 가축을 잡아먹는 나쁜 짐승은 어떻게 하느냐?"라는 나의 물음에 그들은 이렇게 말했다. "라이온은 좋고 아름답다." "너희들의 혐오스런 질병은?"이라는 물음에 그들은 "너는 태양 속에 누워 있다. 그리고 그건 좋다." 이런 낙관주의는 나에게 깊은 인상을 남겼다. 그러나 저녁 여섯 시부터는 이런 철학은 별안간 중단됨을 나는 곧 발견했다. 일몰 후부터는 다른 세계가 지배한다. 저 어두운 세계, 아이크의 세계, 즉 그것은 악이요 위험이며 불안을 일으키는 것이다. 낙관적인 철학은 중지되고 유령의 공포의 철학과 악에 대하여 자기를 지켜야 할 마술적 관습의 철학이 시작된다. 일출과 더불어 아무런 내적 모순없이 낙관주의가 다시 돌아온다.

그것은 나를 깊이 감동시킨 체험이었다. 나일강의 원류에서 오시리스Osiris의 두 시자 호루스Horus와 셋Seth이라는 고대 이집트의 원초적 관념을 알려 주는 사람들을 만나게 된다는 사실이 — 아프리카의 원초적 체험이 동시에 나일강의 거룩한 물과 함께 저 지중해안에 이르기까지 흘러 내려갔다는 것은 더욱 깊은 감동적 체험이 아닐 수 없었다. 아디스타, 떠오르는 태양, 빛은 호루스와 같은 것이며 아이크, 어둠은 불안을 만드는 자이다.

단순한 죽음의 장례에서 메디신맨, 라이본의 주문과 그의 우유공양은 대극을 이룬다. 그는 동시에 빛과 어둠 두 가지 모두에 이 제물을 바치고 있다. 두 가지는 같은 힘과 의미를 지니고 있다. 왜냐하면 그 지배하는 시간이 낮이든 밤이든 각기 열두 시간씩 경과하기 때문이다. 그러나 의미 깊은 것은 어둠 속에서 적도의 돌발사건으로 첫 햇빛이 마치 섬광처럼 뛰쳐나오는 순간이며 밤이 생동하는 빛 속에서 사라지는 순간이다.

이 광활한 평원에서의 일출은 가히 하나의 사건으로 그것은 내 마음을 매일 아침마다 새삼스럽게 사로잡곤 했다. 첫 햇빛의 거창한 분사도 그렇거니와 그보다도 그 뒤에 일어나는 현상이 더욱 감동적이었다. 일출 직후에 나는 늘 나의 야전의자Feldstuhl를 우산아카시아 밑에 갖다 놓고 앉곤 했다. 내 앞의 작은 계곡 깊이에 어두운, 거의 적록색의 밀림지대가 있었고 그 너머 계곡 건너편에 고원의 주변부가 솟아 있었다. 처음에는 밝고 어두운 것이 날카로운 대조를 이루고 있었다. 그리고는 모든 것이 빛 속에서 입체적인 모습을 드러내고 빛은 바로 가득찬 밝음으로 계곡을 채웠던 것이다. 그 너머의 수평선은 하얗게 빛났다. 차츰 떠오르는 빛이 이를테면 사물의 몸 속으로 투입되어, 그것은 안에서부터 밝아지며 급기야는 채색된 유리그릇처럼 번득였다. 모든 것은 빛나는 수정이 되었다. 방울새의 지저귐이 수평선을 맴돌았다. 이 순간 나는 마치 어느 사원 내부에 있는 것처럼 생각되었다. 그것은 하루 중에서도 가장 거룩한 시간이었다. 나는 이 멋진 광경을 결코 그칠 줄 모르는 희열로, 아니 더 좋은 표현을 빌린다면 무궁한 황홀감으로 바라보고 있었다.

내가 있는 장소 가까이에 높은 바위가 있었는데 그것은 비비원숭이들이 사는 곳이었다. 매일 아침 그 원숭이들은 조용히, 거의 움직이지 않은 채 바위 위에서 해가 있는 쪽을 향하여 앉아 있었다. 다른 때, 낮 동안은 숲 속을 끊임없이 꽥꽥 소리치며 설치고 다니는 원숭이들이었다. 아마 이들도 나처럼 일출을 경배하는 모양이었다. 그들은 나로 하여금 이집트의 아부 짐벨Abu Simbel에 있던 경배의 몸짓을 표현하고 있는 비비원숭이를 연상시켰다. 이들은 언제나 다음과 같은 꼭 같은 이야기를 말해주고 있는 것이다. 즉, 아득한 옛날부터 우리는 세계를 구원한 위대한 신을 숭배하였다. 그가 빛나는 하늘의 빛으로서 크나큰 어둠에서 떠오를 적에.

그 당시 나는 이미 태초로부터 마음속에 빛에의 동경이 살아 있었다는 것,

그리고 그 태초의 어둠에서 빠져나오고자 하는 어쩔 수 없는 충동이 있었다는 사실을 이해하였다. 저 크나큰 밤이 오면 모든 것은 하나의 깊은 우수와 말할 수 없는 빛에의 동경을 기조로 한 음조를 띠게 된다. 바로 이것이 원시인의 눈에서 읽을 수 있고 또한 짐승의 눈에서도 볼 수 있는 슬픔의 표정이다. 짐승의 눈에는 슬픔이 고여 있다. 그리고 우리는 그것이 짐승의 혼Seele인지 혹은 저 태초의 존재를 제시하는 가슴 아픈 의미인지 모른다. 이것이 아프리카의 분위기이며 그의 고독의 경험이다. 그것은 태초의 어둠, 모성적 비밀이다. 그러므로 흑인들의 마음을 사로잡는 엄청난 체험이, 아침의 태양의 출생인 것이다. 그것이 빛이 되는 순간, 그것은 신이다. 순간이 구원을 가져다 준다. 그것은 순간의 원초적 체험이며 우리가 태양이 신이라고 생각할 때 그 순간의 체험은 이미 상실되고 망각되는 것이다. "우리는 귀령들이 돌아다니는 밤이 끝난 것이 기쁩니다!"라고 하면 이건 벌써 합리화를 의미할 뿐이다. 사실은 자연의 밤보다도 전혀 다른 어둠이 그 땅을 짓누르고 있다. 그것은 정신적인 원초적 밤이다. 헤아릴 수 없는 수백만 년을 언제나 그랬고 지금 또한 그러한 것과 같은 태초의 정신적 어둠, 빛에의 동경, 의식에의 동경인 것이 된다.

엘곤산 기슭에서의 우리의 즐거운 체류가 끝날 즈음, 우리는 서운한 마음으로 천막을 거두었다. 그리고 다시 올 것을 다짐하였다. 당시 나는 이 예기치 않은 멋진 체험을 다시는 누릴 수 없으리라는 것을 상상도 할 수 없었다. 그 뒤에 카카메가스Kakamegas 근처에서는 금광이 발견되었고 나의 그 먼 나라에서는 백인 배격운동인 마우마우 결사운동이 휩쓸고 있었다. 우리 쪽에서는 또 문명의 꿈을 중단하는 급격한 각성이 있었다.

우리는 짐을 끌고 엘곤산 남쪽 기슭을 따라갔다. 차츰 풍경의 특색이 변했다. 밀림으로 덮인 고산들이 평원에 가까이 다가오고 있었다. 주민의 피부색은 더욱 새까맣고 몸매는 마사이족이 지닌 날씬하고 우아함을 잃어버리고 점점 더 뚱뚱하고 듬직해졌다. 우리는 부기슈Bugishu 지역에 도착하여 얼마 동안 부남발

레Bunambale의 높은 곳에 놓인 휴게소에서 지냈다. 우리는 거기서 넓은 나일 계곡을 향하는 훌륭한 전망을 즐길 수 있었다. 그리고는 또 짐을 끌고 음발라Mbala로 갔고 그곳에서 우리는 두 대의 포드트럭으로 결국 빅토리아 호에 연한 진야Jinya에 도달했다. 우리는 우리의 짐을 협궤도철도에 맡겼는데 14일 만에 한 번씩 기차가 키오가 호로 가고 있었다. 선미에 바퀴가 달린 기선은 나무를 때서 기관을 가열하고 있었는데 우리를 태우고 몇 번 사고를 겪은 뒤에 마신디 항에 데려다 주었다. 그곳에서 우리는 무개차로 바꿔타고 고원에 있는 마신디 시로 들어갔는데 그 고원은 키오가 호를 알버트 니안자Albert nyanza와 구분하고 있었다.

알버트 호에서 수단의 레자흐로 향하는 도중에 있는 한 마을에서 우리는 잊을 수 없는 경험을 했다. 그 지방의 추장, 아직 젊고, 키가 큰 사나이가 그의 수행인들과 함께 나타났다. 이들은 내가 일찍이 본 일이 없는, 가장 새까만 흑인이었다. 이 무리들은 별로 신뢰감이 가지 않는 사람들이었다. 니물의 총독 마무르mamur3) 는 우리에게 세 명의 아프리카 토민군Askaris을 보충원으로 함께 보냈었는데 나는 이들도 우리의 고용인들과 마찬가지로 믿음직스럽지 못함을 발견했다. 이들은 소총에 각기 세 통의 탄약밖에 없었다. 그들이 있다는 것은 그러니까 단지 정부 측의 상징적 제스처에 불과했다.

추장이 내게 저녁에 느고마춤를 개최하자고 제안했을 때 나는 이 생각에 찬성하였다. 나는 이런 식으로 이 종족의 보다 나은 측면에 머물러 있기를 바랐기 때문이다. 밤이 되어 우리가 모두 잠들고 싶어할 때 북소리와 호각의 취주가 울리더니 곧 60명의, 번득이는 창과 곤봉과 칼로 무장한 사나이들이 나타났다. 조금 떨어져서 부인들과 아이들, 갓난아기까지 엄마 등에 업힌 채 따라오고 있었다. 분명 대단히 큰 사회적 사건인 모양이었다. 섭씨 34도의 열기에도 불구하고 이들은 큰 불을 피우고 그 주변에 부인들과 아이들이 둥글게 둘러쌌다. 이들 주위로 남자들이 바깥에 원을 만들었는데 나는 이런 것을 위협을 느낀 코끼리떼들

---

3) El Mamur, 글자 그대로 위임받은 총독, 또는 대관(代官)을 한다.

에게서 목격한 적이 있다. 나는 내가 이런 집단행진을 좋아해야 할지 근심해야 할지 몰랐다. 나는 우리들의 고용인들과 군인들을 둘러보았다. 이들은 흔적도 없이 막사에서 사라졌다! 선의의 수령으로서 나는 담배와 성냥과 안전핀을 나누어 주었다. 사나이들의 합창이 시작되었다. 제법 조화된, 강하고 투쟁적인 멜로디였다. 노래와 함께 발이 움직이기 시작했다. 부인들과 아이들은 종종걸음으로 불 주위를 돌았고 남자들은 무기를 흔들면서 불 쪽으로 향했다가 다시 되돌면서 춤을 추었는데, 그리곤 또다시 새롭게 거친 노래, 북, 호각 취주를 반복하는 것이었다. 그것은 거칠고 열광적인 광경이었다. 불빛과 마법적인 달빛이 그 광경을 흠뻑 적시고 있었다. 나의 친구와 나는 뛰어나가 춤추는 사람 속에 섞였다. 내가 가지고 있는 유일한 무기인 나의 코뿔소 가죽채찍을 흔들며 함께 춤을 추었다. 나는 사람들의 얼굴이 환해지는 것을 보고 우리의 참여가 긍정적으로 받아들여진 것을 알아차렸다. 이들의 열정은 가속되고 온 집단은 발을 구르고, 노래하고, 소리치고, 땀을 철철 흘리고 있었다. 차츰 춤과 북소리의 리듬이 가속되기 시작했다.

이런 춤과 음악으로 흑인들은 쉽게 일종의 혼수상태에 빠진다. 이 경우에도 그랬다. 열한 시쯤 되자 통제력을 잃기 시작했고 사태가 무척 이상해지는 듯 보였다. 춤추는 사람들은 이제 단지 거친 무리였다. 나는 그게 어떤 결말을 가져올지 걱정이 되었다. 나는 추장에게 이제 끝내라는 표시를 했다. 그의 사람들과 함께 잠자러 가라고 하였다. 그러나 그는 "한 번만 더, 한 번만 더"라고 했다.

나는 나와 동향의, 사라센의 종형제 중 한 사람이 셀레베스Celebes의 그녀의 연구여행 중 이런 느고마N'goma 도중 날아들어 온 창에 맞은 사실이 기억났다. 그래서 나는 추장의 간청을 무시하고 사람들을 불러모아 놓고 담배를 나눠주고, 잠자는 시늉을 했다. 그리고는 위협적인 미소를 지으며 나의 코뿔소 채찍을 흔들며, 잘 표현할 말이 부족했으므로 스위스식 독일어로 커다란 소리로 그들을 향해 욕지거리를 했다. "이제 그만하면 됐다. 이제 집에 가서 자라." 사람들은 물론 내가 단지 장난으로 분노를 연출하고 있음을 알고 있었지만, 아마 바로 그것이 옳은 것이었던 듯하다. 모두 웃더니 겅중겅중 뛰면서 흩어져서 사방으로, 어두운 밤 속으로 사라지고 말았다. 그 뒤에도 꽤 오랫동안 멀리서 북소리와 환호성이 들렸다. 그러나 끝내 정적이 찾아와 우리는 지쳐 깊은 잠에 빠졌다.

나일 강가의 레자흐Rejâf에서 우리의 아프리카 탐험기행이 끝났다. 우리는 거기서 바퀴 달린 기선에 실렸는데 레자흐의 수위가 낮아서 겨우 움직일 수 있었다. 그 직후 나는 내가 겪은 많은 경험들로 인해 부담을 느꼈다. 수천의 생각이 나를 감돌았고, 새로운 인상들을 받아들이고 끝없는 생각의 바다를 포괄하는 나의 능력이 쉽게 한계점에 도달했다는 사실은 괴롭지만 분명한 사실이었다. 그래서 나는 나의 모든 관찰과 체험들을 다시 한 번 검증해 보아야 했다. 그래서 그것들의 내적 연관을 확인하고자 했다. 나는 주목할 만한 것은 모두 기록하였다.

전체 여행기간 중 나의 꿈들은 완강하게 아프리카를 부인하는 전략을 고수하고 있었다. 만약 무의식의 과정을 그만큼 인격화하는 것이 허용된다면 꿈은 예외 없이 고향의 풍경을 제시함으로써 마치 꿈이 아프리카 기행을 어떤 진정한 것으로 간주하지 않고 증후적 혹은 상징적 행위로 보고 있는 것 같은 인상을 주었다. 가장 인상 깊었던 사건조차 의도적으로 제외되고 있는 사실이 나의 가정을 뒷받침해 주었다. 전체 기행 중 나는 꼭 한 번 흑인에 관한 꿈을 꾸었다. 그의 얼굴은 이상스럽게 낯이 익었다. 한참 생각한 뒤에야 비로소 나는 그를 실제로 만난 일이 있다는 사실을 발견했다. 그는 미국 테네시 주 챠타누가의 나의 이발사였다. 미국의 흑인! 꿈속에서 그는 한 거대한, 벌겋게 달은 머리인두를 손에 들고 그것을 내 머리에 대면서 내 머리카락을 곱슬로 만들려 하고 있었다. 즉, 그는 내 머리를 흑인 머리카락처럼 만들려는 것이다. 나는 벌써 뜨거운 열에 아픔을 느끼며 불안감에서 꿈이 깨었다.

나는 그 꿈을 무의식의 경고로 받아들였다. 왜냐하면 꿈은 원시적인 것이 나에게 위험한 것임을 말해 주고 있기 때문이다. 당시 나는 아마 분명 "흑인화"에 가장 걸리기 쉬운 상태였다. 나는 모래파리Sand fly열의 발작을 겪었는데 이것이 물론 나의 정신적 저항력을 저하시켰을 것이다. 나에게 위협적인 흑인을 묘사하기 위해서 아메리카의 나의 흑인 이발사에 관한 낡은 추억이 동원됨으로써 결코 현재를 추억하지 않도록 한 것이다.

꿈의 이와 같은 특이한 태도는 제1차 세계대전에서 사람들이 이미 겪은 경험에도 해당되는 것이다. 싸움터의 병사들은 전쟁에 관해서 거의 꿈을 꾸지 않고 고향에 관해 더 많은 꿈을 꾸었다. 정신과 군의관들은 어떤 남자가 전쟁의 광경을 너무 많이 꾸게 되면 그를 전선에서 빼는 것을 원칙으로 삼고 있었다. 왜냐하면 외부로부터 오는 인상들에 대항해서 아무런 정신적 저항력을 갖지 못하기 때문이다.

까다로운 아프리카 환경에서 겪은 사건들에 비해서 나의 꿈속에서는 하나의 선이 성공적으로 고수되어 온 것이다. 그것은 나의 가장 사적인 문제들에 관한 것이었다. 이 사실에서 나는 나의 유럽적 인격을 어떤 경우에도 통합하여 갖추고 있어야 한다는 것 이외에 아무런 다른 결론도 내릴 수 없었다.

나의 놀라움 속에서 나는 내가 아프리카 모험에 남모르는 목적을 결부시키고 있었지 않았는가 하는 의심이 일어났다. 즉 유럽과 그의 문제에서 뛰쳐나오고자 하는 목적, 심지어 나 이전의 많은 사람이나 나와 동시대에 사는 많은 사람들처럼 그곳에 머무를 위험을 무릅쓰고라도 뛰쳐나가고자 하는 의도를 품고 있었지 않았나 하는 의혹이었다. 여행은 B.P.E라고 세관상자 위에 까만 글자로 찍는 것처럼 부기슈 심리학적 탐험Buugishu Psychological Expedition이라는 말이 가리키는 그런 종류의 원시심리학의 탐구라기보다 아프리카 야만인 속에서 심리학자 융에게는 무엇이 일어나는가 하는 까다로운 물음을 대상으로 해야 하는 듯했다. 그 물음을 나는 계속 피하려 했었다. 비록 나는 머리로는 원시세계 조건 속에서 유럽인의 반응을 연구하려는 계획을 가지고 있었는데도 말이다. 그러나 이것은 놀랍게도 객관적이고 학문적인 물음이기보다는 철저하게 개인적인 물음임이 판명되었고 이 물음에 대한 해답은 자신의 심리에 있을 수 있는 온갖 약점에 얽혀 있는 것이었다. 내가 여행하고자 결정하게 된 것은 웸블리 전시 때문이기보다 유럽에서의 공기가 나에게 너무나도 무겁고 답답했다는 상황이었음을 나는 내 자신에 고백해야겠다.

그런 생각에 잠긴 채 나는 나일강의 조용한 물을 따라 북쪽으로 — 유럽으로, 미래를 향해 항해하였다. 여행은 카르툼Khartum에서 끝났다. 그곳에서 이집트가 시작되었다. 비로소 나의 희망과 계획 — 이 문화영역을 서양 쪽에서, 유럽과 그리스에서 접근하지 않고 남쪽에서, 즉 나일강의 원천에서 접근하고자 한 계획이 충족되었다. 복잡한 아세아 문화보다 이집트 문화에 끼친 북아프리카 함Ham족의 공로가 나의 관심을 끌었다. 나는 나일강의 지리학적 경로, 동시에 시간의 흐름을 추적하면서 여기에 관해 경험을 하고 싶었던 것이다. 이 방면에서 내가 얻은 가장 큰 통찰은 엘곤족의 호루스 체험이었다. 이집트의 남쪽 관문인 아부짐벨 신전의 비비원숭이의 경배하는 몸짓에서 나는 너무도 생생하게 엘곤족의 체험을 회상했던 것이다.

호루스의 신화는 새로 일어난 신성한 빛에 관한 이야기다. 선사시대의 원초적 어둠에서 처음으로 문화에 의한 구원, 즉 의식을 통한 구원이 현시되었다고 이야기되어 왔다. 그리하여 아프리카 내륙에서 이집트로 향한 여행은 나에게 마치 빛의 탄생의 드라마와 같은 것이 되었고 그것은 나와 함께, 나의 심리학과 밀접하게 결부되어 있었다. 그것은 내게 명확한 통찰을 주었지만 말로 표현하는 것은 불가능한 감이 든다. 나는 아프리카가 내게 무엇을 가져올 것인지 처음부터 알고 있지는 않았다. 그러나 여기 만족할 만한 대답과 경험이 있었던 것이다. 그것은 내게 어떠한 인류학적인 수집품, 어떤 무기나 장식품, 항아리 혹은 사냥의 선물보다도 더 값진 것이었다. 나는 아프리카가 나에게 어떻게 작용하는가를 알고 싶었고 그것을 나는 경험했다.

IV. 인도

인도기행1938은 내 자신의 의도로 하게 된 것이 아니라 영국령 인도정부의 초청 덕분이었다. 이들은 캘커타 대학 25주년 기념으로 개최된 축제에 참가해 주도록 나를 초청한 것이다.[4)]

당시 나는 이미 인도철학이나 종교사에 관해 많이 읽어, 동양의 지혜가 지닌 가치를 깊이 확신하고 있었다. 그러나 나는 이를테면 자급자족하는 사람으로서 인도로 여행해야 했다. 그리고 나는 증류기 속의 호문쿨루스소인처럼 아직 나 자신 속에 머물러 있었다. 인도는 나에게 마치 꿈처럼 영향을 끼쳤다. 나는 내 자신을 찾는 일, 즉 나의 고유한 진리를 탐색하는 일을 했고 또한 해오고 있기 때문이다. 이리하여 여행은 나의 그 당시의 연금술철학에 관한 철저한 작업의 한 간주곡을 이루고 있었다. 이 연금술철학은 나를 그냥 인도로 보내지 않았다. 1602년의 ≪화학의 극장*Theatrum Chemicum*≫의 첫 권을 들고 가도록 했다. 이 책에는 제라르두스 도르네우스Gerardus Dorneus의 가장 중요한 문헌이 들어 있었다. 여행 도중 나는 이 책을 처음부터 끝까지 세밀히 연구하였다. 유럽사상의 원초적 정신은 이런 식으로 낯선 외국의 문화정신의 인상과 항상 지속적으로 접촉되어 있다. 이 두 가지는 모두 한결같이 무의식의 근원적 체험에서 표출된 것이므로 같은, 또는 비슷한, 혹은 적어도 비교 가능한 통찰을 만들어 낼 수 있었던 것이다.

인도에서 나는 고도로 분화된 이질적인 문화와 처음으로 직접 대하게 되었다. 나의 아프리카 여행에서는 문화와는 전혀 다른 인상들이 결정적인 것이었다. 그리고 북아프리카에서 나는 자기의 문화를 언어로 표현할 수 있는 사람과 이야기를 나눌 기회가 한 번도 없었다. 그러나 이제 나는 인도정신의 대변자들과 말

4) 두 개의 논문 〈인도의 몽환적 세계〉 그리고 〈인도는 우리에게 무엇을 가르쳐 주는가?〉에서 융은 여행의 인상을 보고하고 있다. 이 논문은 그가 여행에서 돌아온 직후에 잡지 ≪*Asia*≫(New York, 1939년 1월과 2월)에 실렸다. A. J.

하고, 이를 유럽의 정신과 비교할 기회가 생긴 것이다. 그것은 내게 매우 의미 있는 일이었다. 나는 미소레Mysore의 통치자의 스승인 구루Guru, 수부라마냐 아이어Subramanya Iyer와 자세히 이야기를 나누었다. 나는 한동안 그의 손님이 되었다. 그 밖의 다른 많은 사람들과도 이야기를 나누었는데 유감스럽게도 그 이름을 잊었다. 반면 나는 그 밖의 이른바 "성자"들과는 만나는 것을 피했다. 내가 이들을 피한 것은 내가 우선 내 자신의 고유한 진리를 가지고 있어야 하기 때문이며, 내 자신이 도달할 수 있었던 것 이외의 것을 받아들여서는 안 되기 때문이었다. 내가 만일 성자로부터 배우고 그의 진리를 나의 것으로 받아들였다면 그건 마치 내게 절도행위처럼 여겨졌을 것이다. 그들의 지혜는 그들에게 속한다. 그리고 내게 속하는 것은 오직 내 자신으로부터 나오는 것일 뿐이다. 유럽에서, 더구나 나는 동방에서 아무것도 빌릴 수 없다. 오직 내 자신으로 살아야 하고— 내 내면이 말하는 것으로, 혹은 본성Natur이 내게 가져다 주는 것으로 살아야 한다.

나는 인도 성자의 인물의 중요성을 결코 과소평가한 것이 아니다. 그러나 나는 감히 그를 개별적인 현상으로서 올바르게 평가할 수 있다고 자만할 수 없다. 예컨대 나는 그가 말하는 지혜가 자기 자신의 신현인지 수천 년 이래 길거리를 돌고 돌아온 격언인지를 모른다. 실론에서의 전형적인 사건이 생각난다. 두 농부가 그들의 이륜마차를 타고 좁은 거리에서 서로 맞부딪쳤다. 싸움이 벌어질 줄 알았는데 그 대신 서로 겸손하고 예의 바른 어조로 "아두칸 안아투만adûkan anâtman"이라고 중얼거렸는데 이것은 "지나가는 장애, 아무런 마음(개인적인)도 없다"라는 뜻이었다. 이것이 일회적인 것이었던가, 아니면 인도적 전형이었던가?

내가 인도에서 주로 생각한 것은 악의 심리학적 성질에 관한 의문이었다. 이 문제가 어떻게 인도의 정신생활에 의해서 통합되는가 하는 것은 내게 무척 인상적이었고 나는 이에 관한 새로운 견해를 얻었다. 교양 있는 중국인과의 대화에서도 나는 "체면을 잃지 않고도" 이른바 악을 통합하는 것이 가능하다는 사실에 깊은 인상을 받았다. 동방의 사람들에게는 도덕적인 문제가 우리처럼 우선적이지 않은 모양이었다. 그에게 선과 악은 의미상으로 본성에 내포되어 있어서 엄밀한 의미에서는 오직 동일한 것의, 정도의 차이에 불과하다.

인도의 정신성Geistigkeit이 선과 악을 함께 가지고 있다는 사실을 알았을 때 그것은 내게 깊은 인상을 주었다. 기독교인은 선을 지향하면서 악에 빠진다. 이에 반하여 인도인은 선과 악의 바깥에서, 자신을 느끼거나 이 상태를 명상이나 요가로써 도달하고자 추구한다. 바로 이 점에 내 반론이 제기된다. 그런 입장에서는 선도 악도 도무지 뚜렷한 윤곽을 지닐 수 없을 것이다. 그리고 이것은 결국 일종의 정체를 야기할 것이다. 사람들이 악을 진정으로 믿지 않는다면 또한 선 역시 진정으로 믿지 않는 것이다. 기껏해야 그것들은 나의 선이 무엇이냐, 혹은 나의 악이 무엇이냐를, 또는 무엇이 내게 선으로서 또는 악으로서 보이느냐를 의미할 뿐이다. 우리는 역설적으로 이렇게 말할 수 있을 것이다. 인도의 정신성에는 악도 선도 결여되어 있다고, 혹은 이들은 그토록 선악 대극에 부담을 갖고 있어서 니르드반드바Nirdvandva, 대극과 만 가지 일로부터의 해방이 필요했다고 말할 수 있을 것이다.

인도인의 목적은 도덕적인 완전성이 아니라 상대성으로부터의 이탈, 니르드반드바의 상태이다. 그는 스스로를 자연으로부터 자유롭게 하여 이에 알맞게 또한 명상 속에서 상이 없는 공의 상태에 도달하고자 한다. 이에 비해서 나는 자연과 정신적인 상의 살아 있는 관점에 집착하고 싶다. 나는 인간으로부터 자유로워지고 싶지도 않으며 나로부터, 자연으로부터 해방되고 싶지도 않다. 왜냐하면 이 모든 것이 내게는 형언할 수 없는 기적Wunder이기 때문이다. 자연, 혼, 그리고 인생은 나에게 마치 개화된 신격entfaltete Gottheit처럼 여겨진다. 무엇을 나는 더 바라겠는가? 존재의 최고의 의미는 나에게 오직 그것이 **존재한다**는 데 있는 것이지, 그것이 아무것도 아니라든가, 옛날에는 그랬지만 이제는 아니라든가 하는 데 있지 않다.

나에게는 해방이란 없다. 나는 내가 소유하며, 저지르며 체험하지 않은 어떤 것에서도 나를 해방시킬 수 없다. 진정한 해방은 오직 내가 할 수 있는 것을 행하였을 때, 내가 전적으로 내 자신을 헌신하여 완전히 참여하였을 때 가능한 것이다. 내가 참여로부터 물러서면 나는 이에 해당되는 심혼의 부분을 절단하는 것이 된다. 물론 나에게 그러한 참여가 너무나 어렵게 느껴지는 경우가 생길 것이고 내가 내 자신을 완전히 헌신할 수 없다는 충분한 이유가 있을 것이다. 그러나 그렇게 되면 나는 무능을 고백하지 않을 수 없게 되며 내가 근본적인 것을 중지하고 하나의 과제를 완수하지 못했다는 통찰을 하지 않으면 안 된다. 나의 무능에 대한 그러한 명확한 앎知은 적극적인 행위의 부족을 대치한다.

자신의 열정의 지옥을 거쳐가지 않은 인간은 그것을 결코 극복하지 못한다. 열정은 그때 집 근처에 있게 되고 그가 그것을 알아차리기도 전에 불길을 일으켜 그 자신의 집을 엄습할 것이다. 사람들이 너무 많이 포기하거나, 쓰지 않고 두거나 또한 잊어버렸다고 생각하면 그 포기한 것, 남겨둔 것은 두 배의 힘으로 되돌아올 가능성과 위험이 있다.

코나라크Konarak, Orissa 주에서 나는 한 힌두교 학자인 팬디트Pandit와 만났는데 그는 친절하게도 내가 커다란 사원을 방문했을 때 동반해 주고, 가르쳐 주었다. 탑은 기단에서 꼭대기까지 무척 기묘한 조각으로 덮여 있었다. 우리는 오랫동안 이 주목할 만한 사실에 관해서 이야기를 나누었는데 그는 이것을 영화靈化, Vergeistigung의 수단이라고 나에게 설명하였다. 나는 입을 떡 벌린 채 이 화려한 모습에 경탄하고 있던 한 무리의 농촌 청년들을 가리키면서 이 젊은 사람들은 영화의 개념이 머리에 서 있는 게 아니고 그들의 머리는 성적性的인 환상으로 가득 차 있을 것이라고 반론을 제기했다. 그는 이에 대응하면서 이렇게 말했다. "아니, 그러니까 말입니다. 당신의 카르마를 먼저 충족시키지 않고 어떻게 당신은 영화시킬 수 있겠습니까? 저 누구나 인정할 만한 볼썽사나운 상들은 사람들이 그들의 달마達魔, Dharma, 법를 회상하도록 하기 위해서 거기에 있는 것입니다. 그렇지 않다면 이 무지한 사람들이 그것을 잊어버릴 것이기 때문입니다!"

나는 그가 젊은 사나이들이 마치 교미기를 벗어난 동물들처럼 그들의 성욕을 잊어버릴 것이라고 믿고 있는 것을 보고 무척 이상하게 생각했다. 나의 성자는 그러나 이들 젊은이들이 동물들처럼 무의식적이며 사실 격렬한 경고를 필요로 한다고 굳게 믿고 있었다. 이런 목적으로 그들은 사원으로 들어가기 전에 그 외부장식으로써 그것을 의식하고 충족하지 않고는 그들이 어떠한 영화의 작위에도 참여할 수 없는 그들의 달마에 주의를 환기하게 된다는 것이다.

사원의 문을 거쳐 발을 내딛자, 나의 동반자는 두 사람의 유혹하는 연인들을 가리켰는데, 두 명의 여자 무용수의 조각은 매혹적으로 궁둥이를 흔들며 들어오는 사람들을 향해 미소 짓고 있었다. "이 두 사람의 무용수를 보세요." 그는 말했다. "이들도 같은 뜻을 지니고 있습니다. 물론 그 뜻은 당신이나 나 같은 사람을 위해서 가치가 있는 것은 아니지요. 왜냐하면 우리는 그 위에 서 있는 하나의 의식성에 도달했지요. 그러나 저 농촌의 젊은이들에게는 그것은 필수적인 교시요, 경고가 됩니다."

우리가 사원을 떠났을 때 그리고 어떤 남근상이 늘어서 있는 곳을 산책할 때 그는 느닷없이 말했다. "이 돌들을 보시오. 이것이 무슨 뜻인지 아시겠습니까? 내가 당신에게 큰 비밀 한 가지를 알려드리지요!" 나는 이 기념비의 남근주제는 어떤 아이들도 잘 알고 있는 것이리라 생각하였으므로 그의 말에 좀 놀랐다. 그는 무척 진지하게 내 귀에 대고 영어로 속삭였다. "이 돌들은 남자의 음부입니다." 나는 그가 그것이 위대한 신, 시바Shiva를 의미한다고 말할 것으로 기대했었다. 나는 맥이 풀려서 그를 멍청하게 쳐다보았다. 그러나 그는 의미심장하게 고개를 끄덕였다. 마치 이렇게 말하려고 했던 것처럼. "그래, 그렇다구. 너의 유럽의 무식한 머리로는 아마 그런 걸 생각못했을 걸!"

내가 하인리히 침머에게 이 이야기를 들려주자 그는 쾌재를 불렀다. "드디어 이제야 살아 있는 소리를 인도사람에게서 듣는군."[5)]

잊을 수 없는 것은 산치Sanchi의 탑들이었다. 그것은 나를 예기치 못한 강렬한 힘으로 사로잡았다. 그것은 어떤 사물이나 사람, 또는 어떤 사상의 의미가 아직

5) Heinrich Zimmer에 관해서는 부록 p. 476f 참조.

1960년 퀴스나흐트에서.

나에게 무의식적일 때, 내가 그것과 직접 대면하면 내게 곧잘 일어나는 정동이었다. 탑은 바위언덕 위에 있었다. 그 언덕 위로 푸른 초지를 커다란 석판이 깔린 쾌적한 길이 이어져 있었다. 그 돌판은 묘비들이거나 반구형태의 사리보존함이었는데 그 모양은 두 개의 밥그릇을 겹쳐 놓은 것 같은(오목凹 위에 볼록凸 모양으로) 것으로 대열반경Mahā Parinibbiāna Sutta 속에서 붓다가 내린 지시에 따른 것이다. 그것들은 영국인에 의해 무척 경건하게 재건되었다. 이 건물 가운데 가장 큰 건물은 네 개의 매우 예술적으로 장식된 문이 달린 울타리로 둘러싸여 있다. 그곳에 들어서면 길이 왼편으로 시계바늘같이 탑을 중심으로 빙빙 돌아가고 있다. 사방의 방위점에는 불상이 서 있다. 한 개의 순환로를 끝내면 다음에는 두 번째의 좀 더 높은 곳에 위치한 회로에 들어서게 되며 이것 역시 같은 방향을 취하고 있다. 평원으로 펼쳐진 넓은 전망, 탑 그 자체, 사원의 폐허 그리고 이 성지의 고독한 정적은 형언할 수 없는 전체를 이루고 있고, 그것은 내 마음을 완전히 사로잡았다. 일찍이 나는 이토록 어떤 장소에 매혹된 일이 없었다. 나는 나의 동반자와 떨어져서 이 엄청난 분위기에 깊이 잠겼다.

이때 나는 먼 곳에서 가까이 다가오는 규칙적인 징소리를 들었다. 그것은 한 무리의 일본인 순례자들이었다. 이들은 한 줄로 나란히 서서 행진하면서 작은 징을 치고 있었다. 이들은 태고의 기도, "옴 마니 파드메 훔Om mani padme hum"을 음절에 따라서 부르면서 징소리를 "훔"이라는 소리에 맞추어 치고 있었다. 이들은 탑 앞에서 깊이 몸을 굽히고 그리고는 문을 통해 안으로 들어갔다. 그곳에서 그들은 다시 불상 앞에서 몸을 굽히고 합창처럼 노래를 음송하였다. 그리고는 이중의 환상環狀 도로의 순례를 완수하였는데 불상이 있는 곳마다 그 앞에서 찬불가를 불렀다. 그들을 바라보노라니 나의 혼도, 마음도 그들과 함께 가고 있었다. 내 마음속에 있는 어떤 것이 침묵 속에서 이들이 나의 말 못할 감정을 적절하게 도와주러 왔음을 감사하고 있었다.

나의 감동은 그 산치의 언덕이 나에게 어떤 중심적인 것을 묘사하고 있다는 사실을 제시해 주었다. 그것은 그곳에서 나에게 새로운 현실로서 나타난 불교였다. 나는 붓다의 삶을 개인적인 생을 꿰뚫고 스스로를 주장한 "자기Selbst"의 현실로서 이해했다. 붓다에게 자기Selbst는 모든 신을 넘어선 존재다. 그리고 그것은 인간실존과 세계의 정수를 표현하고 있다. 하나의 세계unus mundus로서 그것은 존재 자체의 측면뿐 아니라 그것 없이는 세계가 존재할 수 없는 그 존재의 인식을 함께 포괄하고 있다. 붓다는 아마도 인간 의식의 우주생성론적 위엄을 인식했고 이해했음에 틀림없다. 그러므로 그는 만약 누군가가 의식의 빛을 소멸시키게 된다면 세계는 허무에 침몰되고 만다는 사실을 분명히 알고 있었다. 쇼펜하우어의 불멸의 공적은 이것을 다시금 인식했다는 데 있다.

그리스도 역시 — 붓다와 마찬가지로— "자기"의 구현자이다. 그러나 전혀 다른 뜻에서 그러하다. 둘은 다 세계를 극복한 자이다. 붓다는 이를테면 이성적 통찰로서, 그리스도는 숙명적 희생으로서 이를 성취하였다. 기독교에서는 더 많은 고통을 겪었고 불교에서는 더 많이 보고 행했다. 둘은 모두 옳다. 그러나 인도의 관점에서 붓다는 보다 완전한 인간이다. 그는 하나의 역사적 인격이며, 그래서 인간에게 보다 쉽게 이해될 수 있다. 그리스도는 역사적 인간이요, **그리고** 신이다. 그러므로 훨씬 파악하기가 어렵다. 엄밀한 의미에서 예수는 그 자신도 파악할 수 없었다. 즉, 그는 오직 그가 자신을 희생시켜야 한다는 것과, 그것이 그에게 내부로부터 부과되었다는 사실을 알고 있었을 뿐이다. 그의 희생은 하나의 숙명으로서 그에게 닥쳐왔다. 붓다는 통찰을 통하여 행동하였다. 그는 그의 생을 살았고 늙은 사람으로 죽었다. 그리스도는 아마 무척 짧은 시간을 그의 존재로서 행동했었던 것 같다.[6)]

후기 불교에서도 기독교와 똑같은 일이 일어났다. 붓다는 모방될 자기 실현

6) 그 뒤의 대화에서 융은 붓다와 그리스도를 고통에 대한 그들의 태도에서 비교하였다. 그리스도는 고통에서 긍정적인 가치를 인식하고 고통을 겪는 자로서 그는 붓다보다도 인간적이며 더 현실성이 있었다. 붓다는 고통을 끊는다. 그러나 이로써 희열도 끊는다. 그는 감정이나 정동에서 단절되고 있었다. 그러므로 참으로 인간적이라 할 수 없다. 복음서에서 그리스도는, 물론 그가 한 번도 인간이기를 중단한 일이 없지만 신인(神人) 이외의 아무것으로도 이해될 수 없는 것으로 묘사되고 있다. 이에 비해 붓다는 살아 있을 때 이미 인간이기를 청산하였다. A. J.

의 이마고Imago가 되었다. 인연(니자나 사슬Nidâna-Kette)의 극복으로서만 각 속인俗人이 통찰에 도달될 수 있다. 즉 붓다가 될 수 있다고 붓다 자신이 말했음에도 불구하고. 기독교에서도 비슷한 입장을 취하고 있다. 그리스도는 모범적 상으로서 모든 기독교인 속에 그들의 완전한 인격체로서 살아 있는 것이다. 그러나 역사적 발전은 "그리스도 모방"으로 유도되어 개인이 자기 고유의 전일全一에 이르는 숙명적인 길을 가는 게 아니라 그리스도가 간 길을 흉내내는 것이었다. 이와 마찬가지로 동방에서는 깊은 신앙심으로서 붓다 모방을 하도록 유도되었다. 그는 모방된 모범적 상이 되었고 이로써 붓다 자신의 이념이 약화되었고 마찬가지로 그것은 그리스도 모방으로 기독교 이념 발전에서의 치명적인 정지를 앞질러 가게 된 것이다. 붓다가 그의 통찰 자체 때문에 브라마Brahma의 신들을 능가하고 있듯, 그리스도도 유태인에게 부르짖었다. "그대들은 신들이다!(요한 10:34)" 사람들은 그가 무엇을 말하는지 이해하지 못했다. 그 대신, 소위 기독교적인 서구는 새로운 세계를 창조하는 대신 세계파괴의 가능성으로 거보를 내딛으며 이에 근접하고 있다.[7)]

인도는 나에게 세 가지 박사학위의 영예를 베풀었나.—알라하밧Allahabad, 베나레스Benares 그리고 캘커타에서—첫째는 이슬람교의 학위를 대표하고, 둘째는 힌두교, 그리고 셋째는 영국령 인도의 의학과 자연과학을 대표했다. 이것은 내게 과분한 것이었다. 나는 은거를 하고 싶었다. 내가 이질에 걸렸을 때 그것은 10일 간의 입원기간을 마련해 주었다. 이리하여 끝없는 인상들의 바다에서 나에게 구원의 섬이 생겼고 나는 다시 나의 토대를 찾았다. 즉 내가 만물과 그것들의 혼란된 와류, 인도의 높음과 낮음, 훌륭함과 말할 수 없는 곤궁, 인도의 아름다움과 어둠을 바라볼 수 있는 하나의 기회를 찾은 것이다.

---

7) "모방"의 문제에 대해서 C. G. Jung의 ≪연금술의 종교심리학적 문제성 서론(*Einleitung in die religionspsychologische Problematik der Alchemie*)≫, ≪심리학과 종교(*Psychologie und Alchemie*)≫, 1952, 2판에 포함되어 있다.

내가 다시 그럭저럭 회복되어 호텔로 돌아갔을 때 나는 꿈을 꾸었다. 그것이 너무도 특징적이어서 여기에 이야기하고 싶다.

나는 몇몇 취리히의 친구들과 친지와 함께 어느 낯선 섬에 있었다. 그 섬은 아마 남부 영국 해안 근처에 있는 섬인 듯했다. 섬은 작았고 거의 아무도 살지 않았다. 섬은 좁고 남북으로 30킬로미터쯤 뻗쳐 있었다. 남쪽 부근에는 바위가 많은 해안에 중세의 성이 있었는데 우리는 한 무리의 관광객으로서 그 성의 가운데 뜰에 서 있었다. 우리 앞에는 위압적인 망루가 솟아 있었고 그 문을 통하여 넓은 돌계단이 보였다. 우리는 그 계단이 촛불에 어렴풋이 비치는 원주圓柱가 있는 넓은 홀로 연결되어 있는 것을 볼 수 있었다. 이것은 성배의 성이라고들 했다. 그리고 오늘 저녁 성배가 축성된다는 것이었다. 이런 정보는 비밀인 듯했다. 왜냐하면 우리 가운데 있는 눈에 띄게 늙은, 몸젠(독일의 역사가)을 닮은 한 독일 교수는 거기 관해 아무것도 모르고 있었다. 나는 이 교수와 가장 활발한 대화를 나누었다. 그리고 그의 학식과 번득이는 지성에 깊은 인상을 받았다. 다만 한 가지가 내 기분을 상하게 했다. 그는 계속 죽은 과거에 관해서만 말하고 무척 풍부한 지식을 가지고 성배의 전설에 관한 프랑스 기원의 영국과 프랑스사의 관계를 강의하였던 것이다. 아마 그는 전설의 의미도 모르고 그것이 현재에 살아 있다는 것도 알지 못하는 듯했다. 그러나 나는 이 두 가지에 깊이 감명을 받고 있었던 것이나. 그는 또한 직접적인 현실의 환경을 지각하고 있는 것 같지 않았다. 왜냐하면 그는 마치 강단에 서서 학생에게 말하는 것과 같은 태도를 취했기 때문이다. 나는 그에게 상황의 특이성에 주의를 환기시키려 하였으나 소용이 없었다. 그는 계단도 보지 못했고 홀의 축제 기분에 감도는 어슴푸레한 빛도 보지 못했다.

나는 어쩔 줄 모르는 채 주변을 둘러보면서 내가 어떤 높은 성의 울타리에 기대 서 있음을 발견했다. 이 건물의 아랫부분은 마치 일종의 격자 울타리로 덮여 있는 것 같았다. 그것은 목제가 아니고 검은 철로 만들어져 있었는데 잎사귀와 줄기와 포도 등이 있는 포도덩쿨 같은 모양을 하고 있었다. 수평으로 뻗쳐 있는 가지 위에, 각각 2미터 거리에 철제의 작은 집이 있었는데 마치 새집 같은 것이었다. 별안간 나는 잎새에서 어떤 움직임을 보았다. 처음에는 그것이 생쥐 때문이라 생각했다. 잠시 뒤에 나는 쇠로 만든 모자를 쓴 한 난쟁이, 큐클라투스 Cucullatus를 분명히 보았다. 그는 한 집에서 다른 집으로 질주하였다. "아니!" 나는 놀라서 교수에게 외쳤다. "저것 보세요, 저기 …."

이 순간 꿈이 끊어지고 장면이 바뀌었다. 우리는 — 전과 같은 집단이었다. 그러나 교수를 빼놓고 — 성 밖에 나무 한 그루 없는, 바위 많은 풍경 속에 있었다. 나는 무엇이 일어나리라는 것을 알고 있었다. 왜냐하면 성배는 아직 성 속에 있지 않은데 그것은 같은 날 저녁에 축성되어야 하기 때문이다. 그 성배는 섬의 북쪽 부근의 사람이 살지 않는 한 작은 집에 숨겨져 있다고들 한다. 그리고 그 집은 그곳에 있는 유일한 집이란다. 나는 그 성배를 그곳에서 가져오는 것이 우리의 과제임을 알고 있었다. 그곳으로 출발하여 북쪽으로 걸어간 것은 우리 중 여섯 명쯤이었다.

여러 시간의 힘든 행진 뒤에 우리는 이 섬의 가장 좁은 장소에 당도하였다. 그리고 나는 이 장소가 해만海灣 해변으로 섬을 이분하고 있는 것을 발견하였다. 가장 좁은 장소는 물의 폭이 100미터 정도였다. 태양은 지고 밤이 왔다. 피곤하여 우리는 그 장소에서 야영을 하였다. 그 지역은 인적이 드문 황막한 곳이었다. 나무도 없고 숲도 없고 그저 풀과 바위뿐이었다. 아득히 먼 곳까지 다리도 배도 보이지 않았다. 무척 추웠다. 그리고 나의 동행인들은 차례로 잠이 들었다. 나는 무엇을 할 것인지를 골똘히 생각하다가 결론에 도달하기를 혼자서 해협을 헤엄쳐 성배를 가져와야 한다는 것이었다. 나는 이미 옷을 벗고 있었는데, 이때 꿈에서 깨었다.

내가 엄청나게 다양한 인도의 인상들로부터 겨우 빠져나왔을 때 근원적인 유럽의 꿈이 떠올랐다. 이미 10년 전에 영국의 여러 곳에서 성배에 관한 온갖 전설이나 시의 지식을 많이 축적했음에도 불구하고 성배의 꿈이 아직 완전히 끝나지 않았음을 확인할 수 있었다. 이런 사실은 이 시적인 신화가 연금술의 "하나의 그릇Unum Vas", "하나의 약Una Medicina", "하나의 돌Unus Lapis"에 관해서 말하고 있는 것과 일치한다는 것을 분명히 알게 되었을 때 더욱 깊은 감명을 주었다. 낮이 잊어버린 신화는 밤에 계속 이야기되며, 의식이 진부하게 만들어 놓고 우스꽝스럽게 왜곡한 것으로 깎아내리던 모습들은 시인에 의해서 다시금 환기되어 선견지명으로 되살아나는 것이다. 그러므로 그것들은 또한 "다른 모습"으로 사색적인 사람에 의해서 다시금 인식되는 것이다. 위대한 과거의 것은 우리가 억측하듯 아직 죽지 않았다. 다만 그 이름이 바뀌었을 뿐이다. 작은 형상이지만 힘은 강대한, 숨은 카비르 신이 새집으로 옮겨 온다.

꿈은 힘센 손으로, 아직 그토록 강렬한 인도의 낮의 인상들을 일소하고, 나를 너무도 오랫동안 소홀히 했던 서양의 문제로 옮겨 놓았다. 한때 성배의 탐색이나 "철인의 돌"에의 탐구에서 표현되었던 문제로, 나는 인도의 세계에서부터 끌어내려져 인도가 나의 과제가 아니고 단지 하나의 과정에 지나지 않음이 상기되었다. 그 과정도 역시 중요한 것이기는 하나 나로 하여금 나의 목표에 근접하도록 하는 하나의 도정일 뿐이라는 사실을 상기하게 했던 것이다. 마치 꿈은 나에게 이렇게 묻고 있었던 것 같았다. "넌 인도에서 무엇을 하고 있느냐? 차라리 너와 동류의 것으로 성스러운 그릇, 세계의 구원자salvator mundi, 너희들이 긴급하게 필요로 할 거룩한 그릇聖器을 찾아라. 그대들은 수백 년 동안 세워 온 모든 것을 파괴시키려 하고 있지 않느냐"라고.

나의 여행에서 마지막 인상을 준 실론Ceylon은 이미 인도가 아니었다. 그곳은 벌써 어딘가 남해의 낙원 그 자체 같은 것들을 지니고 있어 오래 머물러 있을 수 없는 그런 곳이었다. 콜롬보Colombo는 국제적인 상업 항구도시로서 저녁 다섯 시와 여섯 시 사이에 맑은 하늘에서 비가 쏟아지는 곳으로, 우리는 내륙의 구릉지대에 가기 위해 곧 그곳을 떠나야 했다. 거기에는 캔디Kandy라는 고대 왕도가 엷은 안개에 덮여 있었는데 그 안개의 온습한 기후 덕분에 식물이 언제나 푸르고 풍성하게 자라는 곳이었다. 성스러운 이빨(붓다의)의 유골이 들어 있는 다라다 — 말리가와Dalada Maligawa 사원은 작기는 했지만 특히 매력적인 사원이었다. 나는 서실에 머무르면서 승려들과 이야기를 나누고 은판지에 새긴 불교의 경전을 구경하는 데 오랜 시간을 소비했다.

나는 그곳에서 잊을 수 없는 저녁 제의를 체험하였다. 젊은 청년과 소녀들이 산더미 같은 야스민꽃을 제단 앞에 쏟아 놓으며 낮은 목소리로 기도문, 즉 만트라주문를 중얼거리고 있었다. 나는 이들이 붓다에게 기도하는 것이라 생각했다. 그러나 나를 그곳에 인도한 스님은 내게 이렇게 설명했다. "아닙니다. 그것은 이제는 붓다가 아닙니다. 그는 니르바나열반에 있으니 그에게는 기도할 수 없지요. 그들은 이렇게 노래하고 있는 것입니다. '이 꽃의 아름다움처럼 생명이란 속절없는 것입니다. 나의 하나님이여, 나와 더불어 이 헌화의 은공을 나누어 주소서.'"[8] 젊은이들이 그렇게 읊는다는 것은 진짜 인도적인 현상이다.

의식은 만다팜Mandapam에서, 혹은 인도사원에서 대기실이라고 부르는 방에서 한 시간의 북 연주로 시작되었다. 다섯 명의 고수 가운데서 한 고수씩 사각四角의 방의 네 구석에, 다섯 번째 고수 — 그는 멋진 젊은 청년이었는데 — 는 방 중앙에 섰다. 그는 독주자로, 진정한 전문예술인이었다. 벌거벗은 암갈색의 번득이는 상체, 붉은 복대, 흰 쇼카Shoka(발 끝까지 닿는 긴 하의)와 흰 터번Turban, 팔은 번쩍번쩍하는 팔찌로 덮여 있는데 그는 그의 쌍북을 가지고 "음향을 봉헌하기 위하여" 황금빛 불상 앞에 나섰다. 그곳에서 그는 혼자 완벽한 예술의 기막힌 멜로디를 몸과 손을 극도로 아름답게 움직이며 북을 울리고 있었다. 나는 그를 등 뒤에서 보았는데, 그는 작은 기름등잔으로 둘러싼 만다팜에 이르는 입구 앞에 서 있었다. 북은 복부나 태양총plexus solaris에 호소하는 태고의 언어로서 말하고 있다. 복부나 태양총은 "빌지" 않는다. "공덕이 많은" 주문, 만트라Mantra나 명상적 "표명"을 만들어 낼 뿐이다. 그러므로 그것은 존재하지 않는 붓다의 경배가 아니라 깨달은 자의 많은 자기구제의 행위 가운데 하나이다.

봄이 시작될 무렵 나는 귀향길에 올랐다. 나는 너무도 많은 인상들에 압도되었으므로 뭄바이에서는 더 이상 내륙으로 들어가지 않고 내 라틴어 연금술서에

8) 하나님이란 여기서 산스크리트어로 "데바(deva, 수호천사)"라는 말을 쓰고 있다.

파묻혀 있었다. 그러나 인도는 말하자면 흔적도 없이 나를 스쳐 지나간 것은 아니다. 정반대로 그것은 영원에서 다른 영원으로 옮겨 가는 흔적들을 내게 남겨 놓았다.

V. 라벤나Ravenna와 로마Rom

내가 처음으로(1913) 라벤나에 갔을 때 갈라 플라키디아Galla Placidia의 묘비는 이미 나에게 깊은 감명을 주었었다. 그것은 깊은 의미를 지닌 것으로 보였으며 나는 거기서 묘한 매력을 느꼈다. 내가 두 번째로 그곳을 방문했을 때, 아마 20년쯤 지난 뒤였는데도 나는 처음과 꼭 같은 체험을 했다. 그 묘비 앞에서 특이하게 감동적인 기분에 사로잡혔다. 나는 그곳에 한 친분 있는 여인과 함께 있었는데 우리는 여기를 거쳐 마지막에 그리스정교의 침례당으로 갔다.

여기서 무엇보다도 내 눈에 띈 것은 실내를 가득 채우고 있는 부드러운 푸른 빛이었다. 나는 그것을 별로 이상하게 생각하지 않았으며 빛이 어디서 오는지도 개의치 않았다. 그래서 빛의 근원이 없이도 빛이 있다는 놀랄 만한 사실이 전혀 내 머리에 떠오르지 않았다. 그러나 놀랍게도 내가 창이 있었던 것으로 기억되는 그 장소에서 굉장히 아름다운 네 개의 커다란 모자이크벽화를 보았다. 나는 이것이 있는 것을 잊었던 것 같았다. 나의 기억력이 조금도 신용할 만한 것이 못된다는 사실에 나는 화가 났다. 남쪽에 있는 그 그림은 요르단 강의 세례를 묘사하고 있었다. 북쪽의 두 번째 그림은 이스라엘 백성들의 홍해 도항, 동쪽의 세 번째 그림은 곧 기억에서 퇴색되고 말았다. 아마 요르단 강에서 나에만Naeman의 문둥이를 씻는 장면을 나타내고 있었던 것 같다. 나의 서재에 있는 옛날 메리안의 성서에는 이와 아주 비슷한 그림이 있다. 가장 감명을 준 것은 우리가 마지막으로 본 침례당 서쪽의 네 번째 모자이크였다. 그것은 그리스도가 바다에 빠진 베드로에게 손을 내미는 장면을 묘사하고 있었다. 이 모자이크 앞에서 우리는 최소한 20분을 멈춰서서, 본래의 세례의식, 특히 실제적인 죽음의 위험과 결부되어 있는 성인과정Initiation으로서의 특이한 세례관에 관해서 토론하였다. 이런 종류의 이니시에이션은 흔히 생명의 위험과 결부되어 있어 원형적인 죽음과 재생의 사상이 이를 통해 표현되어 있다. 세례 역시 본래는 "물 속에 잠김"의 뜻으로 익사의 위험을 암시했던 것이다.

나는 물 속에 빠진 베드로의 모자이크에 관해서는 뚜렷이 기억하고 있고 오늘도 그 자세한 부분까지를 생생하게 볼 수 있다. 즉 바다의 푸르름, 모자이크의 하나하나의 돌, 그리스도와 베드로의 입에서 나오는 말을 쓴 띠가 눈 앞에 생생하고 그 뜻을 해독하려 애썼던 기억이 난다. 우리가 이 침례당을 떠난 뒤 나는 곧 알리나리Alinari로 가서 모자이크의 사진을 구입하고자 했으나 어느 것도 찾지 못했다. 시간이 촉박해서 — 그것은 그저 잠깐 들린 방문이었으므로 — 나는 그 그림을 취리히에서 주문하리라 마음먹었다.

내가 다시 집에 돌아왔을 때 나는 곧 라벤나로 여행할 친지에게 그 그림을 구해 오도록 부탁했었다. 물론 그는 그것을 얻어낼 수 없었다. 왜냐하면 그는 내가 설명한 모자이크가 전혀 존재하지 않는다는 사실을 확인했던 것이다.

그동안에 나는 이미 한 세미나에서 성인식成人式으로서의 원래의 세례관에 관하여 말했고 이 기회에 내가 그리스정교 침례당에서 본 모자이크에 관해서도 설명하였다.[9] 그 그림이 묘사했던 추억은 오늘도 생생하다. 나와 당시 함께 갔던 여인도 그녀가 "자기 눈으로 본" 것이 실재하지 않는다는 사실을 오랫동안 믿을 수 없었다.

두 사람이 동시에 똑같은 것을 볼 수 있는지, 어느 만큼 똑같은 것을 보느냐 하는 것은 아는 바와 마찬가지로 아주 어려운 일이다. 그러나 이 경우에는 우리 둘이 그림의 주요 특징에서는 최소한 똑같은 것을 보았다고 충분히 보증할 수 있었다.

---

9) Tantra Yoga Seminar, 1932.

라벤나에서의 체험은 과거 내게 일어난 일 중에서도 가장 특이한 것이었다. 그것을 설명하기란 거의 불가능하다. 갈라 플라키디아 황후(기원전 450년 사망)에 관한 이야기에서 나온 한 사건이 아마 한 가닥 해면의 실마리가 될지 모른다. 한겨울 비잔츠Byzanz에서 라벤나로 향하던 폭풍 속의 배에서 그녀는 그녀가 이 폭풍에서 구출된다면 교회를 세우고 바다의 위험을 그곳에 묘사하도록 하겠다는 맹세를 하였다. 그녀는 이 서약을 라벤나에 산 죠반니 대성당을 세움으로써 성취했는데 그녀는 이 성당을 모자이크로 장식하도록 했다. 중세 전기에 산 죠반니 대성당의 모자이크는 송두리째 화재로 파괴되었다. 그러나 밀라노의 암브로시아나에서는 갈라 플라키디아가 배를 타고 있는 그림의 소묘가 발견됐다.

갈라 플라키디아의 모습에서 나는 곧 충격을 받았다. 그리고 이 고도의 교육을 받았고 가장 섬세한 교양을 지닌 이 여인이 야만스런 군주 곁에서 산다는 것이 도대체 무엇을 의미하는가 하는 의문에 골몰하고 있었다. 그녀의 묘비는 내가 그녀에게 개인적으로 도달할 수 있는 마지막 유물이었다. 그녀의 운명과 삶의 방식이 나를 깊이 감동시켰고 그녀의 강렬한 인격 속에서 나의 아니마Anima가 그것의 적절한 역사적인 표현을 발견했다. 이 투사投射와 함께 무의식의 시한을 넘은 영원한 요소가 있었고 환상의 기적이 일어날 수 있는 분위기에 도달된 것이다.[10)]

남자의 아니마는 뛰어난 역사적인 성격을 띠고 있다. 아니마는 무의식의 인격화로서 역사와 선사의 물에 침습되고 있다. 아니마는 과거의 내용을 내포하고 있고 남성이 그의 선사에서 알아야 할 것을 남성의 마음속에 구비한다. 이미 있었던 삶으로서 남성 속에 아직 살아 있는 것, 그것이 아니마이다. 아니마에 대한 관계에서 나는 늘 내가 야만인같이 느껴졌다. 마치 아무것도 없는 데서 생겨난 자, 이전도 이후도 없이 생겨난 자 같았다.

아니마와의 대결에서 나는 정말 내가 모자이크 속에 묘사된 것이라고 본 그

10) 융은 이 환상을 동시성 환상으로 설명하지 않고 성인과정에 대한 원형적 사고와 관련한 무의식의 순간적인 창조로서 설명했다. 구체화의 직접적인 원인은 갈라 플라키디아에 대한 아니마 관계와 그로써 환기된 감정에 있었다. A. J.

런 위험에 부딪쳤다. 나는 거의 익사할 뻔했다. 내게도 마치 구조를 요청하여 예수로부터 구출된 베드로가 겪은 것 같은 일이 일어났었다. 나도 마치 이집트의 제왕 파라오의 군사같이 될 수 있었다, 베드로처럼. 그리고 나에만Naeman처럼 나는 상처 입지 않고 도망나올 수 있었고 무의식의 내용의 결합이 나의 인격의 완성에 본질적으로 기여하였다.

사람들이 그전에 무의식적이었던 내용을 의식에 통합할 때 그에게 무엇이 일어나고 있느냐 하는 것을 말로 설명하기는 아마 거의 불가능할 것이다. 우리는 그것을 경험할 수 있을 뿐이다. 그것은 왈가왈부할 수 없는 주관적인 사건이다. 나는 나를 어떤 일정한 양식으로 감득한다. 그리고 이것은 나에게는 하나의 사실이며, 이것을 의심한다는 것은 가능하지도 않고 의미 있는 일도 아니다. 마찬가지로 나는 다른 사람에게 일정한 양식으로 나를 나타내게 된다. 이것 또한 의심할 바 없는 사실이다. 우리가 아는 한 인상이나 견해의 있을 법한 모순을 제거할 수 있는 최고의 권위란 없다. 통합으로써 변화가 일어났는지 아닌지, 혹은 어떤 종류의 변화가 일어났는지 하는 것은 주관적 확신의 문제로 남아 있는 것이다. 이런 주관적 확신은 물론 학문적으로 인정될 만한 아무런 사실도 표현하지 않고, 그렇게 함으로써 "공적으로 인정된 세계상"에서 탈락될지도 모르지만, 실제로는 엄청나게 중요하고 많은 성과를 거둘 수 있는 사실임에 틀림없다. 어쨌든 현실적인 정신치료자는 물론 치료에 관심 있는 심리학자는 이런 사실을 결코 간과해서는 안 될 것이다.

라벤나의 침례당에서의 경험은 나에게 깊은 감명을 남겼다. 그때부터 나는 내적인 것이 마치 외적인 것처럼, 그리고 외적인 것이 마치 내적인 것처럼 보일 수 있다는 사실을 알고 있다. 나의 육안이 보았음에 틀림없는 침례당의 실제 벽면은 마치 변함없는 세례반처럼 실재하는 하나의 환상으로 덮이고 변하였다. 그 순간에 어느 것이 진실이었을까?

그런 종류의 경험으로서 결코 나의 경우만이 유일의 것은 아니다. 그러나 어떤 사람이 그런 경험에 직접 부닥치게 되면 그는 책에서 읽었거나 어디서 들은 경우보다 더 진지하게 그런 경험을 받아들이게 된다. 대체로 사람들은 그런 이야기를 들으면 즉시 온갖 설명을 하기 시작한다. 어쨌든 나는 무의식에 관해서는 우리가 이론을 확립하기 전에 더 많은 경험을 할 필요가 있다는 결론에 도달하였다.

나는 나의 인생에서 무척 많은 여행을 다녔고, 로마에도 가고 싶었다. 그러나 나는 이 도시가 주는 인상을 소화할 만한 힘이 없다고 느꼈다. 벌써 폼페이만 해도 벅찼다. 그 인상들은 거의 나의 수용능력을 넘어섰다. 내가 폼페이를 처음 방문한 것은 1910년에서 1912년 동안의 나의 연구를 통하여 고대 그리스 고전 시대의 심리학의 몇 가지 측면을 살펴보았을 무렵이었다. 1912년 나는 제노아에서 배로 나폴리까지 갔다. 우리가 해안을 따라 로마의 위도로 항해할 때 나는 배의 난간에 기대 서 있었다. 저 뒤에 로마가 놓여 있었다! 저 뒤에 서양 중세 기독교의 얽힌 뿌리에 에워싸인 채 옛 문화의 화상이 연기를 내며 벌겋게 타고 있었다. 그곳에는 아직 고전시대가 그 영광과 신에 대한 모독을 모두 지닌 채 살아 있었다.

나는 마치 파리나 런던에 가듯 로마로 여행하는 사람들을 보며 놀라움을 금치 못한다. 물론 이 도시나 저 도시나 미적으로 즐길 수는 있을 것이다. 그러나 사람이 이곳을 지배한 정신에 의해서 한 걸음 한 걸음 그의 마음 가장 깊은 곳이 감화를 받을 때 여기 서 있는 하나의 울타리의 잔해, 대형의 한 개인 원주가 이제 막 재인식된 모습으로 나를 바라볼 때 문제는 달라진다. 이미 폼페이에서 뜻밖의 사물이 의식되었고 나의 능력에 부치는 물음이 제기되었다.

1949년, 이미 고령에 이른 내가 예전에 소홀히 했던 것을 뒤늦게나마 채우려고 했으나 차표를 살 때 나는 기절해 버렸다. 그리고는 로마 여행의 계획은 영원히 수포로 돌아갔다.

제11장

환상들

1944년 초 나는 발에 골절상을 입었고 이어서 심근경색을 일으켰다. 의식이 없는 상태에서 나는 섬망과 환상을 경험했는데 그것은 아마 내가 직접 죽음의 위험 속에서 헤매고 있을 때, 그리고 사람들이 내게 산소와 캠퍼, 강심제를 공급하고 있었을 무렵에 시작되었음에 틀림없다. 환상의 이미지들은 너무도 강력해서 내 자신도 이제 죽음에 가까워졌다고 결론을 내릴 정도였다. 나의 간병인은 후에 내게 말했다. "당신은 마치 환한 빛에 둘러싸인 것 같았어요!" 그것은 그녀가 죽어 가는 사람들에게서 흔히 목격되는 현상이라는 것이다. 나는 한계점에 다다랐었고 내가 꿈을 꾸었는지 황홀경에 있었는지 모르겠다. 어쨌든 극도로 인상 깊은 일들이 내게 일어나기 시작했던 것이다.

나는 마치 우주공간의 아주 높은 곳에 있는 것 같았다. 아득히 밑에 지구가 멋진 푸른 빛 속에서 떠올라 있는 것이 보였다. 나는 그 심청색의 바다와 대륙을 보았다. 내 발 밑으로 깊은 곳에 실론이 있었고 내 앞쪽에는 인도의 대륙이 놓여 있었다. 나의 시야는 전체 지구를 포괄하지 못했지만 그것이 구형球形이라는 것은 분명히 인식할 수 있었다. 그리고 지구의 윤곽은 그 놀랄 만한 푸른 빛에 의하여 은빛으로 빛나고 있었다. 지구는 여러 가지 색깔이 있는 듯했다. 혹은 산화된 은처럼 암갈색의 반점이 있었다. "왼쪽" 멀리에 하나의 넓은 표면이 보였는데 그것은 적갈색의 아라비아 사막이었다. 그곳은 마치 은색의 대지가 적갈색조를 취한 것처럼 보였다. 그러자 홍해가 나타났고 그리고 아주 멀리 밑으로 "왼쪽 위"와 마찬가지로 지중해의 끝부분까지 내 눈에 들어왔다. 나의 시선은 무엇보다도 그곳에 향해졌다. 다른 것은 그저 흐릿하게 보일 뿐이었다. 나는 히말라야의 눈 덮인 산들을 보기는 했지만 그곳은 습기에 찬 구름이 모여 있었다. "오른쪽"으로는 보고 있지 않았다. 나는 지구에서 떠나려 하던 참이었다.

그 후에 나는 사람이 그렇게 멀리서 보려면 얼마나 우주 속으로 높이 올라가야 하는지를 알아보았다. 그것은 약 1,500킬로미터라고 한다. 이 높이에서 보는 지구의 모습은 내가 일찍이 경험한 것 중에서 가장 멋지고 매혹적인 것이었다.

얼마 동안 바라본 뒤에 나는 몸을 돌렸다. 나는 그러니까 인도양에 등을 돌리고서 얼굴을 북쪽으로 향해 있는 셈이었다. 그러자 마치 내가 남쪽으로 선회하는 것 같았다. 새로운 것이 내 시야에 들어왔다. 얼마 떨어지지 않은 곳에서 나는 우주공간 속에 하나의 거대한 검은 돌덩어리를 보았다. 그것은 운석 같았는데 내 집만한 크기거나 아마 더 큰 것 같았다. 우주에 돌이 떠 있고, 그리고 내 자신이 우주 속에 떠 있었다.

비슷한 돌을 나는 벵갈 해변 기슭에서 보았다. 그 돌은 흑갈색의 화강암 덩어리로서 그 속에 때로는 절이 조각되어 있기도 하다. 그런 거대한 검은 덩이리는 또한 내 돌이기도 하다. 입구는 작은 전실로 인도된다. 오른편으로 석제의 긴 의자에 검은 피부의 인도인이 연꽃좌위로 앉아 있었다. 그는 흰 옷을 입고 있었고 완전히 긴장을 푼 편안한 자세로 있었다. 그렇게 앉아서 그는 나를 말없이 기다리고 있었다. 두 계단이 이 전실로 향하고 있었는데 전실의 왼편 내측에 사원으로 들어가는 문이 있었다. 수없이 많은 작은 벽감壁龕, Nische의 움푹 파인 곳에 야자기름이 채워져 있고 작은 촛불이 타고 있었는데 그것들이 밝은 불꽃의 관으로 문을 둘러싸고 있었다. 나는 이것을 실제로 한 번 본 일이 있다. 내가 실론의 캔디에서 성치聖齒의 사원을 방문했을 때 그런 모양의 여러 줄의 타오르는 기름 등잔이 문을 에워싸고 있었다.

내가 바위 속의 입구에 이르는 계단에 가까이 갔을 때 나에게 기묘한 일이 일어났다. 나는 마치 지금까지의 모든 것이 나로부터 떨어져 나가는 것같이 느꼈다. 모든 내가 느꼈던 것, 지금 원했던 것, 아니면 생각했던 것, 이 모든 세속적 현종의 환영들이 나로부터 떨어져 나가거나 박탈당했다. — 그것은 극도로 고통스러운 과정이었다. 그러나 그 가운데서도 어떤 것은 남아 있었다. 그것은 마치 내가 일찍이 살면서 행한 것, 모든 내 주변에 일어난 것들은 내게 남아 있다는 느낌이었다. 이렇게도 말할 수 있었던 것이다. 나에게 무엇이 남아 있었다. 그리고 그것은 "나Ich"였다고 — 나는 이를테면 그것으로 이루어지고 있었다. 나는 나의 역사로 이루어졌으며 그것이 이제 "나"라는 느낌을 철저하게 지니고 있었다. "나는 지금까지 있었던 것과 완성된 것의, 바로 이와 같은 것의 묶음이다" — 이 체험은 나에게 극도의 빈곤감을 가져다 주었지만 동시에 커다란 만족을 주었다. 내가 요구하거나 원하는 것은 이제 없었다. 나는 말하자면 객관적으로 이루어져 있었다. 나는 내가 살아온 그 모든 것이었다. 처음에는 파괴되고 빼앗기거나 강탈되었다는 느낌이 지배적이기는 했으나 갑자기 그것도 사소한 것이 되고 말았다. 모든 것이 지나간 듯했다. 이제까지 있어온 것에 거꾸로 연관됨이 없이 하나의 기정사실이 남아 있었다. 어떤 것이 떨어져 나갔다든가 빼앗겼다는 유감은 이제 없었다. 오히려 반대로 나는 내게 있었던 모든 것을 가지고 있었다. 그리고 나는 오직 그것만을 가지고 있었다.

그 밖에도 또 다른 생각에 나는 골몰하고 있었다. 사원에 가까이 가면서 나는 내가 밝게 비치는 공간으로 들어가며, 내가 실제로 속하고 있는 모든 사람들을 만나게 되리라는 확신을 가지고 있었다. 그곳에서 나는 — 이것 또한 나의 확신이었다 — 드디어 어떤 역사적 관련에 나, 또는 나의 생이 속했는지를 이해하리라 믿었다. 나는 무엇이 내 앞에 있었고 왜 내가 되었으며 그리고 어디로 내 생이 계속 흘러갈 것인지를 알게 될 것이다. 내가 살아온 생은 마치 시작도 끝도 없는 하나의 역사처럼 보였다. 나는 하나의 역사적 단편, 앞서거나 뒤따르는 문구가 결여된 단면과 같은 느낌을 받았다. 마치 가위로 자르듯, 나의 생은 길다란 고리에서 잘려 나온 듯했고 많은 물음은 해답 없이 남아 있었다. 어째서 그것이 그러한 경과를 취하게 되었을까? 왜 내가 이런 특수한 전제들을 가져왔는가? 나는 그것으로 무엇을 만들었는가? 무엇이 그 결과로 일어난 것인가? 나는 이 모든 것에 대해 이 돌사원에 들어가기만 하면 곧 해답을 얻으리라고 확신하고 있었다. 그곳에서 나는 모든 것이 왜 그렇게 되었고 달리 되지 않았는가를 인식할 수 있게 될 것이다. 나는 그곳에서 나의 이전과 이후에 대한 물음에의 회답을 알고 있는 사람들을 만나게 될 것이다.

내가 아직 이런 것들을 생각하고 있는 동안에 나의 주위를 환기시킨 일이 일어났다. 밑에서, 즉 유럽에서 하나의 상이 올라왔다. 그것은 나의 의사, 엄밀히 말해서 황금의 고리줄이나 황금의 월계관으로 테두리를 만든 그 의사의 그림이었다. 나는 즉시 알아차렸다. 아, 그건 내 의사군. 나를 치료했던 의사. 그러나 이제 그는 그의 태고적 모습, 코스Kos의 왕[1]으로서 나타나고 있다. 생전에 그는 이 왕의 화신Avatar, 아득한 옛부터 존재하였던 원초적 상의 시대적 화신이었다.

아마도 나 역시 원초적 상으로 나타났던 것 같다. 나는 그것을 지각하지는 못했지만 그렇게 되어 있었으리라 상상할 뿐이다. 그 의사가 심연에서 떠오른 그림처럼 나에게 가까이 떠오르고 내 앞에 서자 우리 사이에는 말없는 생각의 전달이 실시되었다. 나의 의사는 내게 어떤 메시지를 가져오기 위해서 지구를 대표해서 온 것이었다. 그 메시지란, 내가 가버리려고 하는 것에 대해 항의가 일어났다는 것이다. 나는 지구를 떠나서는 안 되며, 되돌아와야 한다는 것이다. 내가 이 메시지를 들은 순간, 나의 환상은 끝났다.

나는 매우 실망했다. 왜냐하면 이제 모든 것은 소용없게 되었기 때문이었다. "탈피"의 고통스러운 과정은 쓸모없게 되었고 나는 저 사원 속으로, 나에게 속하는 사람들에게 가서는 안 되는 것이었다.

---

1) Basileus = 왕. 코스(Kos)는 고대에 아스클레피우스 사원으로 유명했고, 의사인 히포크라테스의 출생지였다(기원전 5세기).

사실은 내가 다시 살기로 결심하기까지 넉넉히 3주도 넘게 걸렸다. 나는 온갖 음식에 구토감을 느꼈기 때문에 먹지 못했다. 내 병상에서 보이던 도시와 산의 조망은 마치 까만 구멍들이 뚫린 색칠한 커튼이나 사진이 있는 구멍 뚫린 신문지처럼 보였고 나에게 아무 감동도 주지 못했다. 실망에 잠겨 나는 생각했다. '이제 나는 다시 저 '상자곽－체계' 속으로 들어가야 한다!' 우주의 수평 뒤에 삼차원의 한 세계가 인공적으로 세워진 듯했던 것이다. 그 속에 모든 사람이 작은 상자 속에 혼자 앉아 있는 듯이 보였다. 그리고 이제 나는 다시 그것이 뜻 있는 일이라고 상상해야 했다! 인생과 모든 세계가 나에게는 마치 감옥처럼 보였고 나는 내가 다시 건강을 회복하리라는 사실에 끝없이 화를 내고 있었다. 그러니 모든 것이 자신으로부터 떨어져 나갔다면 기뻐했을 것이다. 그런데 이제 다시금 다른 모든 사람과 마찬가지로 내가 작은 상자 속에 들어간 채 줄에 매달려 있게 된 것이다. 내가 우주에 서 있었을 때 나는 무중력 상태에 있었으므로 나를 잡아당기는 것이 아무것도 없었다. 그런데 이제 그건 다 지나가 버렸다!

나는 나의 의사에게 저항감을 느꼈다. 왜냐하면 그가 나를 다시 삶으로 되돌려 놓았기 때문이다. 다른 한편 나는 그를 염려했다. 즉 "큰일났다. 그가 위험하구나! 그는 내게 태고의 모습으로 나타나지 않았던가! 그리고 그가 그런 모습에 도달했다면 그는 이제 죽을 때가 되었다는 말이다." 그러면 이미 그는 "그의 사람들(그와 비슷한 태고의 사람들, 주검)"의 사회에 속한다. 별안간 그가 죽어야 한다는 끔직한 생각이 내게 떠올랐다. 내 대신에! 나는 그와 거기에 관해서 말하려고 무척 애를 썼다. 그러나 그는 나를 이해하지 못했다. 그러자 나는 그에게 화를 냈다. "당신은 왜 언제나 마치 자신이 코스의 왕이라는 것을 모르는 것처럼 행동하느냐? 그리고 자신이 벌써 원초적인 모습을 취하게 된 것을 모르는 척하느냐? 당신은 그걸 모른다는 것을 내게 믿게 하려 든다!" 그것이 나를 화나게 했다. 나의 아내는 내가 그에게 불친절하다고 비난했다. 그녀 말이 옳았다. 그러나 나는 그가 내 환상 속에서 그와 함께 체험한 모든 것을 말하고자 하지 않는 것을 대단히 좋지 않게 생각했다. '내 참, 그는 조심해야 하는데도! 그렇게 경솔해서는 안

퀴스나흐트 집 입구의 문. 문 위의 각명(刻銘): "소명을 받았든 안 받았든 신은 거기에 있다"는 스파르타인들이 아테네와 전쟁을 하려 했을 때 그들에게 내려진 델피의 신탁이다.

되는데! 그가 그 자신을 위해서 뭔가 해야 한다는 것을 그에게 말하고 싶다.' 나는 그가 그의 원초적 상의 상태로 나를 만났기 때문에 그의 목숨이 위험하다고 굳게 확신했다.

실제로 나는 그의 마지막 환자였다. 1944년 4월 4일 — 나는 그 날짜를 지금도 정확하게 기억하고 있다 — 나는 처음으로 침대 끝에 앉아있도록 허용되었다. 그리고 그날 그는 침대에 누웠고 다시는 일어나지 못했다. 나는 그가 때때로 발작적인 고열에 시달렸다는 말을 들었다. 바로 그 뒤에 그는 폐혈병으로 죽었다. 그는 좋은 의사였고 어떤 천재적인 면을 가지고 있었다. 그렇지 않았다면 그가 내게 코스의 왕으로 보였을 리 없다.

그 무렵의 여러 주간을 나는 기묘한 리듬 속에서 살고 있었다. 낮에는 주로 우울했다. 나는 우울하고 기운이 없었으며 거의 몸을 움직이려 하지 않았다. 비통하게 나는 이런 생각을 했다. '이제 난 다시 이 회색의 세계로 들어와야 한다.' 저녁 무렵에 나는 잠들었고 나의 수면은 대개 자정까지 지속되었다. 그리고는 잠에서 깨어나 아마 한 시간 정도 깬 채 누워 있었다. 그러나 이때는 전혀 상태가 달랐다. 나는 마치 황홀경에, 큰 축복을 받은 듯한 마음의 상태에 있었다. 나는 내가 마치 우주공간을 떠다니며 우주의 성 속에 감싸인 듯 느꼈다. — 하나의 엄청난 허공, 그러나 가능한 모든 행복감으로 충만된 — 그건 영원한 행복감이었다. 사람이 이걸 어떻게 묘사하랴. 너무도 멋있다! 나는 이렇게 생각했다.

주위 또한 매혹적이었다. 그 밤에 나를 위해 간병인이 음식을 덥혀 왔다. 왜냐하면 나는 그때만 무엇을 먹을 수 있었고 또한 맛있게 먹었기 때문이다. 한동안 그 간병인은 유대여인처럼 보였는데 실제보다 훨씬 늙어 보였고 그녀는 마치 나에게 의식적인 유대교의 식사규칙에 따른 음식을 준비하는 것처럼 느껴졌다. 내가 그녀를 쳐다보았을 때 마치 그녀는 머리 주위에 푸른 빛의 후광을 지닌 듯 보였다. 내 자신은 — 나의 느낌으로는 — 파르데스 리모님Pardes rimmonim, 즉 석류밭에 있었고 티훼렛Tifereth과 말쿳Malchuth의 결혼이 거행되고 있었다.[2] 혹은 나는 마치 랍비 시몬 벤 요카이Simon ben Jochai와도 같았고 그의 저승에서의 결혼이 거행되었다. 그것은 신비적 결혼이며 카발라적 전통에서 나타나는 바와 같다. 그게 얼마나 아름다웠는지를 말로 다 설명할 수가 없다. 나는 그저 마냥 이런 생각에 잠겨 있었을 뿐이다. '저건 지금 석류밭이다! 그리고 말쿳과 티훼렛의 결혼식이다!' 나는 내가 거기서 어떤 역할을 했는지 확실히 모른다. 필경 내가 그것 자체였다. 내가 결혼식이었다. 그리고 나의 축복감은 환희에 찬 결혼식의 축복감 바로 그것이었다.

차츰 석류밭의 체험이 소실되었고 변화되었다. 그 뒤에는 축제처럼 장식된 예루살렘에서의 "작은 양의 결혼식"이 뒤따랐다. 세부적으로 어떻게 했는지 나는 기술할 수 없다. 그것은 형언할 수 없는 환희의 상태였다. 천사들이 거기 있었고 또한 빛이 있었다. 내 자신이 "작은 양의 결혼식"이었다.

그것도 사라졌다. 그리고 다른 새로운 상념, 마지막 환상이 나타났다. 나는 넓은 계곡을 끝까지 걸어가 부드러운 언덕의 모서리에 다다랐다. 계곡이 끝나는 곳은 고대의 원형극장을 이루고 있었다. 그 극장은 푸른 풍경 속에 아름답게 놓여 있었다. 그리고 그곳 극장에서 신성한 결혼이 거행되었다. 남녀 무용수가 나타났다. 꽃으로 장식된 한 침소에서 제우스신과 헤라신이 신성한 결혼을 일리아스에 적힌 대로 올리고 있있다.

이 모든 체험들은 장엄했다. 나는 밤마다 최고의 환희에 젖었는데 모든 창조물의 상들이 내 주위에 떠돌고 있었다. 점차 환상의 주제들이 섞이고 퇴색되었다. 환상은 대부분 한 시간 정도 계속되었다. 그리고는 나는 다시 잠들었고 아침이 되면 나는 '이제 다시 그 잿빛 아침이 찾아오는구나!' 하고 느꼈다. '이제 그 회색의 세계가, 그 형무소의 독방조직과 함께 찾아오는구나! 바보 같으니라구, 얼마나 끔직한 난센스냐!' 왜냐하면 내적인 상태는 너무도 기발해서 거기 비하

2) "Pardes rimmonim"은 16세기의 카발라(Kabbala, 유대 신비설)의 Traktates des Mose Cordovero의 표제이다. Malchuth과 Tifereth은 유대 신비설에 의하면 신의 현시의 10개 영역 중 두 개이다. 그때 신이 그의 은거에서 나온다. 그들은 신격 속에 있는 남성적, 여성적 원리를 표시한다. A. J.

면 이승은 너무 유치하게 보였던 것이다. 내가 생에 다시 접근해 가는 만큼 환상은 사라지면서 첫 환상 뒤에 3주가 조금 못 되는 기간에 환상상태가 종식되었다.

환상을 보는 동안의 그 아름다움과 감동의 강도를 사람들은 결코 상상할 수 없을 것이다. 그것은 내가 일찍이 체험한 것 중에서 가장 엄청난 것이었다. 그리곤 그 뒤의 밤과 낮의 대비! 나는 낮에는 괴로워했고 완전히 신경이 지쳐있었다. 온갖 것이 내 신경을 건드렸다. 모든 것이 너무도 물질적이고 너무도 거칠고 너무도 정체되고 공간적으로나 정신적으로 제약되어 있고 인식할 수 없는 목적을 위해 인위적으로 좁아져 있었다. 그런데도 무언가 최면력 같은 것이 있어 사람이 그 현실의 무가치성Nichtigkeit을 분명히 인식했는데도 그것이 마치 진실인 듯이 믿게 만드는 힘을 가지고 있었다. 결국 그때부터 나는 비록 이 세계에 대한 믿음이 돌아오기는 했지만, 인생이란 하나의 존재단면으로서 그것을 위해 이미 마련된 삼차원의 세계체계에서 진행되는 것이다.

내가 아직 생생하게 기억하고 있는 것이 또 한 가지 있다. 처음에 석류밭의 환상을 보던 시기에 나는 간호원에게 그녀가 상처를 입게 된다면 나를 용서해 달라고 말한 일이 있다. 이 방에는 위대한 성스러움이 깃들어 있다고 나는 말했다. 그것은 위험하고 그녀에게 해로울 수도 있다고 했다. 그녀는 물론 내 말을 못 알아들었다. 나에게는 성자의 존재가 신비로운 것이었으나 나는 그것이 다른 사람들에게는 참을 수 없는 일이 아닐까 두려워하고 있었다. 그래서 나는 해명을 했던 것이다. 나로서도 어쩔 도리가 없었기 때문이다. 그때 나는 사람들이 왜 공간을 채우는 "성령의 향기"를 말하는지를 이해했다. 바로 이것이었다. 말할 수 없이 거룩한 기가 방에 있었다. 그 거룩함을 명확하게 한 것이 융합의 비의였다.

나는 사람이 이런 것을 체험할 수 있으리라고는 일찍이 생각한 일이 없다. 그 많은 환상들과 체험은 완전히 실재하는 것이다. 어떤 것도 모방된 것이 아니었고 모든 것은 궁극적인 객관성을 지닌 것이었다.

"영원"이라는 표현을 사람들은 꺼려한다. 그러나 나는 그 체험을 오직 비시간적 상태의 대환희라고 밖에는 묘사할 수 없다. 그 상태 속에서 현재와 과거와 미래가 하나가 되는 것이다. 시간 속에서 일어난 모든 것은 그곳에서 하나의 객체적 전체성으로 통합된다. 아무것도 시간 속에서 더 이상 분해할 수는 없었고 시간의 개념에 따라 측정될 수도 없었다. 그 체험은 하나의 감정상태라고 정의될 수 있겠지만 그러나 그것은 결코 상상될 수 있는 상태가 아니다. 어떻게 내가 어제도, 오늘도, 내일도 동시에 존재한다고 상상할 수 있겠는가? 어떤 것은 아직 시작되지 않은 것이고 다른 것은 가장 분명한 현재이며 그리고 또 다른 어떤 것은 이미 끝난 것인데 어떻게 모든 것은 하나라고 상상할 수 있겠는가? 감정이 파악할 수 있는 유일한 것은 하나의 총체, 하나의 오색이 영롱한 전체일 것이다. 그 속에서는 시작하는 것에의 기대도, 방금 일어난 것에 대한 놀라움도, 그리고 지나간 것의 결과에 대한 실망이나 만족도 모두 포함되어 있다. 형언할 수 없는 하나의 전체 — 사람은 그 속에 완전히 들어 있고 그러면서도 또한 그것을 완전히 객관적으로 지각하는 것이다.

이런 객관성의 체험을 나는 뒷날 또 한 번 겪었다. 그것은 나의 아내가 죽은 뒤의 일이다. 나는 그녀를 꿈에서 보았다. 그것은 마치 환상과 같은 꿈이었다. 그녀는 얼마간 거리를 둔 채 서서 나를 한참 바라보았다. 그녀는 그녀의 전성기 때 모습이었는데, 나이는 30세쯤 되었고 여러 해 전에 내 영매였던 사촌 여동생이 만들어 준 옷을 입고 있었다. 그것은 아마 그녀가 입었던 옷 중에서 가장 아름다운 옷이었을 것이다. 그녀의 얼굴 표정은 즐겁지도 슬프지도 않은, 객관적으로 알고 인식하며 정동情動의 안개 저편과 같은, 조금도 감정 반응이 없는 얼굴이었다. 나는 그것은 그녀가 아니고 그녀로부터 나에게 제시된, 또는 제시되도록 마련된 그림이라는 것을 알고 있었다. 그것은 우리들의 관계의 시작, 53년간의 우리들의 결혼생활 중에 일어난 것, 그리고 또한 그녀의 생의 마지막을 내포하고 있었다.

내가 이 꿈과 여러 환상에서 경험한 객관성은 완성된 개성화에 속한다. 그것은 가치평가라든가, 우리가 감정적 유대라고 규정하는 것으로부터의 해방을 의미한다. 사람들은 보통 감정적인 유대를 아주 중요시한다. 그러나 이것은 아직 투사를 포함하고 있다. 자기 자신이 되고 객관성에 도달하기 위해서는 이 투사를 되돌려 받아야 한다. 감정관계는 열망熱望의 관계로서 강박성과 예속의 부담을 안고 있다. 사람들은 다른 사람으로부터 무엇을 기대하고 이 때문에 기대 받는 사람이나 기대하는 사람 자신이 부자유스러워진다. 객관적 인식은 감정적인 관계지움 뒤에 숨어 있는 것이다. 그것은 핵심적 신비인 듯하다. 객관적 인식을 통해서만 진정한 융합이 가능하다.

병을 앓은 뒤에 나의 작업의 풍성한 생산기가 시작되었다. 나의 주된 저서의 많은 것이 비로소 그 후에 나왔다. 만물의 종말에 관한 인식과 관조가 나에게 새로운 설명을 하도록 용기를 주었다. 나는 이제는 내 자신의 의견을 관철하려고 하지 않고 생각의 흐름에 나를 맡겼다. 이리하여 한 문제에서 다른 문제로, 여러 문제들이 내게로 모습을 나타내서 형상화되었다.

그런데 나는 병에서 또 다른 것을 얻었다. 나는 그것을 존재에 대한 긍정이라고 표현할 수 있을 것이다. — 아무런 주관적인 반론을 제기함이 없이 존재하고 있는 것에 대한 무조건의 "긍정"이다. 현 존재의 조건을 내가 보는 그대로 — 내가 이해하는 그대로 받아들이는 것, 그리고 내 자신의 본질을 있는 그대로 받아들이는 것이다. 병의 시초에 나는 나의 자세에서 무엇인가 잘못을 저질렀다는 느낌이 있었다. 그래서 사고에 대하여 어느 정도는 자기 탓이라고 느끼고 있었다. 그러나 사람이 개성화의 길을 가면, 즉 사람이 인생을 살면, 그는 실수를 감안해야 할 것이다. 그렇지 않다면 인생은 완전한 것이 아니다. 어떤 순간에도 우리가 죽을 위험에 처하지 않는다든가 잘못을 저지르지 않는다는 보장은 없다. 사람들은 아마 어떤 확실한 길이 있을 것이라 생각할지 모른다. 그러나 그런 길이 있다면 그건 죽은 자의 길일 것이다. 그러면 더 이상 아무 일도 일어나지 않을 것이나 어쨌든 그것은 올바른 길이 아니다. 확실한 길을 가는 자는 죽은 거나 마찬가지다.

병을 앓은 뒤에 나는 비로소 자기의 숙명에 대하여 긍정하는 것이 얼마나 중요한가를 알았다. 왜냐하면 이렇게 함으로써 이해할 수 없는 것이 일어날 때도 좌절하지 않는 하나의 자아가 거기에 있기 때문이다. 하나의 자아Ich, 참을 수 있고 진리를 견디며, 세계와 숙명을 받아들일 수 있는 능력 있는 자아가 거기에 있는 것이다. 그러면 사람은 패배에서도 또한 승리를 체험한다. 아무것에도 장애받지 않는다 — 밖에서든 안에서든. 왜냐하면 자기 고유의 연속성이 인생의 흐름과 시간에서 이겨냈기 때문이다. 그러나 이것은 오직 사람이 숙명의 의도에 주제넘게 참견하지 않을 때라야만 가능하다.

나는 또한 사람이 자기 자신 속에서 일어나는 사고를 온갖 가치평가를 넘어서서 어떤 실제로 존재하는 것으로서 받아들여야 한다는 것을 깨달았다. 옳으냐 그르냐 하는 범주는 언제나 존재하지만 그것은 구속력이 없는 것으로 부차적인 문제일 뿐이다. 사고가 존재한다는 사실이 이에 대한 주관적 판단보다 더 중요하기 때문이다. 그러나 존재하는 사고로서 또한 판단을 억제해서는 안 된다. 왜냐하면 판단도 전체성의 출현에 함께 속하는 것이기 때문이다.

제12장

죽음 뒤의 삶生에 관하여

내가 당신에게 저승과 죽음 뒤의 삶에 관하여 말하는 것은 모두 추억이다. 그것은 그 속에서 내가 살았었고 나의 마음을 흔들어 놓은 생각이요, 상들이다. 어떤 점에서 그것은 나의 저작의 바탕을 이루고 있다. 왜냐하면 이 저작은 결국 이승과 저승 사이의 합동작용에 대한 물음에 답을 주려는, 언제나 새롭게 되풀이되는 시도였다고 할 수 있기 때문이다. 그러나 나는 한 번도 죽음 뒤의 삶에 관하여 발언한 적이 없다. 왜냐하면 그렇게 했다면 나의 생각을 증명해야 했을 것이다. 그렇게는 할 수 없다. 이제 그 생각을 곧장 말해 버리고 말겠다.

그러나 지금도 거기에 관한 나의 이야기를 말하는 것 이외에 달리 할 수가 없다. 즉 신화화할 수밖에 없다. 아마 그 점에 관해서 자유롭게 이야기하려면 죽음에 가까이 있을 필요가 있을 것이다. 나는 우리에게 죽음 뒤에 삶이 있었으면 하고 원하는 것도, 원하지 않는 것도 아니다. 그리고 이런 따위의 생각을 스스로 키워가고 싶지도 않다. 그러나 진실을 표명하기 위해서라도 내가 그것을 원하지도 않고, 그것 때문에 어떤 행동을 하지 않는데도 그런 종류의 생각은 내 마음속에 맴돌고 있다는 사실을 확인하지 않을 수 없다. 그런 생각이 옳은지 그른지 나는 아무것도 모른다. 그러나 나는 다만 그런 생각이 존재한다는 것을 알고 있고, 내가 그 생각을 어떤 편견 때문에 억제하지 않는다면 그것은 표명될 수 있는 것임을 알고 있다. 그러나 선입관념이란 정신적인 삶이 충분히 자신을 나타내지 못하도록 해치거나 방해한다. 또한 내가 아는 것이 많아서 정신적 삶을 교정한다고 하기에는 나의 그에 대한 인식이 너무도 적다. 최근의 비판적 이성은 많은 다른 신화적 관념 이외에 사후의 생에 관한 관념도 없애 버린 듯 하다. 이런 현상이 가능해진 것은 오늘날의 인간이 주로 예외 없이 그들의 의식과 동일시하고 있고 그들이 그들에 관해 알고 있는 의식 세계만이 전부인 양 상상하고 있기 때문이다. 누구든 심리학에 대하여 조금이라도 아는 사람이면 이런 지식이 얼마나 편협한 것인지를 쉽게 설명할 수 있을 것이다. 합리주의와 공리공론주의空理空論主義, Doktrinarismus는 우리들의 시대병이다. 그것들은 모든 것을 알고 있는 척한다. 그러나 사람들은 우리가 오늘날 우리의 좁은 관점에서 불가능하다고 규정하고 있는 것 가운데서 많은 것을 앞으로 발견해 내게 될 것이다. 우리의 시간과 공간의 개념은 그저 대략적으로 타당할 뿐이다. 따라서 상대적이며 절대적 편기偏奇의 한 넓은 장이 열려 있는 것이다. 그러한 가능성을 고려하면서 나는 경이에 찬 심혼의 신화에 주의 깊게 귀를 기울이며 나에게 일어난 일들을 관찰한다. 그것이 나의 이론적인 전제에 맞는지 안 맞는지에 상관함이 없이 ….

유감스럽게도 인간의 신화적 측면은 오늘날 매우 푸대접을 받고 있다. 인간은 이제 더 이상 이야기를 만들어 내지 못한다. 그래서 많은 것을 잃게 된다. 왜냐하면 파악할 수 없는 것에 관해 말하는 것 또한 중요하고 치유적인 것이기 때문이다. 그건 마치 사람들이 화롯가에 앉아 파이프를 피우며 재미있는 유령이야기를 하는 경우와 같은 것이다.

물론 우리는 사후의 삶에 관한 이야기나 신화가 실제로 무엇을 의미하는지, 혹은 어떤 현실이 그 죽음 뒤에 있는지 모른다. 그것들이 의인적擬人的인 투사로서의 가치를 넘어선, 어떤 그 밖의 타당성을 지니고 있는지 우리는 결정지을 수가 없다. 우리는 오히려 우리의 이성을 넘어서는 것에 관하여 확실성을 얻을 만한 아무런 가능성이 없다는 사실을 분명히 해야 할 것이다.

다른 환경을 지닌 세상을 우리는 전혀 상상할 수 없다. 왜냐하면 우리는 하나의 일정한 세계에 살며 그 세계를 통하여 우리의 정신과 우리의 정신적인 전제가 함께 형성되었고, 부여되고 있기 때문이다. 우리는 우리의 선천적인 구조로 말미암아 엄격히 제한되어 있다. 그러므로 우리의 존재와 사고를 가지고 이 우리의 세계와 맺어져 있는 것이다. 신화적인 인간은 "그 너머로 나가는 것"을 요구하지만 학문적인 책임을 느끼는 인간은 그것을 허락할 수 없다. 이성에게는 "신화화하는 것"이란 하나의 불모의 사변이다. 그러나 그것은 감정에 대해서는 하나의 치유적인 생활활동인 것이다. 그것은 인간존재에 하나의 광채를 부여한다. 사람들은 그 광채를 놓치고 싶어하지 않는다. 사람들이 그것을 왜 놓쳐야 하는지, 또한 아무런 이유가 거기에는 없다.

심령심리학은 죽음 뒤의 계속된 삶이 과학적으로 가치 있다는 사실을 다음에서 증명하고 있다. 즉 죽은 자가 — 유령으로 나오든, 영매를 통해서 나오든 자신을 나타내고 그만이 알고 있던 것들을 전한다는 사실이다. 그러한 증거로 내세울 수 있는 사례가 있기는 하지만 물론 그 유령이나 죽은 자의 목소리 같은 것이 죽은 자와 동일하냐, 아니면 심리적인 투사냐 하는 것, 또는 그런 죽은 자의 진술이 죽은 자로부터 나오는지 혹시 무의식 속에 존재하는 시식Wissen에서 나오는지 하는 의문은 아직 해명의 여지가 남아 있는 물음들이다.[1)]

이러한 것들의 확실성에 반대의견을 말하는 온갖 이성적인 생각에도 불구하고 우리는 한 가지 잊어서는 안 될 것이 있다. 대부분의 사람들에게 그들의 인생이 현재를 넘어서 무제한의 연속성을 지니고 있다는 생각을 받아들이는 것이 무척 의미 있는 일이라는 사실이다. 그렇게 생각할 때 그들은 이성적으로 살며 마음 편하게 잘 지내게 된다. 사람은 수백 년을, 상상할 수 없을 정도의 긴 시간을 소비할 수 있다! 그런데 왜 이렇게 부질없이 분망한가?

---

1) 무의식 속에 있는 절대지(絶對知)에 관하여 C. G. Jung의 〈비인과적 관련원리로서의 동시성(Synchronizität als ein Prinzip akausaler Zusammenhänge)〉 Jung & Pauli 공저, ≪자연해석과 정신(*Naturerklärung und Psyche*)≫, 1952년 간행 안에 실려 있다.

물론 이것이 누구에게나 그런 것은 아니다. 불사不死의 필요성을 느끼지 않는 사람들도 있고, 그들에게는 일만 년을 구름 위에 앉아서 하프를 켜고 있어야 한다는 건 생각만 해도 끔찍한 일이다. 또한 인생이 너무 참담했거나 자신의 존재에 너무도 혐오감을 느껴 인생이 완전히 끝나는 것이 계속되는 것보다 더 달콤하게 여겨지는 사람들도 적지 않다. 그러나 대다수 사람들의 경우에 불사에의 필요성은 너무도 화급하고 직접적이며 또한 근절될 수 없는 것이기 때문에 사람들은 거기 관한 어떤 의견을 형성하도록 하는 시도를 감행하지 않을 수 없다. 그런데 어떻게 그런 시도가 가능하단 말인가?

나의 가설은 우리가 무의식, 즉 꿈이 우리에게 보내는 암시의 도움으로 이것이 가능하다는 것이다. 흔히 우리는 무의식의 가리킴을 진지하게 받아들이는 것을 게을리하는 경우가 많다. 왜냐하면 우리는 이 문제에는 해답이 없다고 굳게 믿고 있기 때문이다. 이런 이해할 만한 회의에 대하여 나는 다음의 생각들을 제시하고자 한다. 만약 우리가 어떤 것을 알 수 없는 경우에 우리는 그것을 지적인 문제로 다루는 것을 포기해야 한다. 나는 우주가 무슨 이유에서 생겨났는지를 모른다. 그리고 그것은 앞으로도 결코 모를 것이다. 그러면 나는 이 문제를 학문적인 혹은 지적인 문제에서 제외시키지 않을 수 없다. 그러나 거기 관해서 어떤 관념이 내게 제공된다면 — 예긴대 꿈이나 신화적인 전승에서 — 나는 그것들을 잘 기억해 둘 것이다. 심지어 그것으로 하나의 견해를 만들려고 시도할 지도 모른다. 비록 그것이 언제나 하나의 가설로 남고 그런 견해가 증명될 수 없다는 것을 내가 알고 있다고 할지라도.

인간은 그가 사후의 생에 관한 의견을 만드는 데 혹은 거기 관한 서술을 하는 데 최선을 다했다는 것을 비록 자기의 무능력을 고백하면서라도 증명할 수 있어야 한다. 그것을 하지 않는 사람은 무엇인가 잃은 사람이다. 왜냐하면 그에게 묻는 자로서 해답을 요구하며 다가온 것은 인류의 태고로부터의 유산이다. 그것은 신비스런 삶으로 가득 찬 하나의 원형이며 그 신비의 삶은 전체가 되기 위해 우리 것에 보태어지기를 바라고 있는 것이다. 이성은 우리를 훨씬 좁은 한계에 고착시키며 그것은 우리에게 오직 이미 알고 있는 것을 — 그리고 이것 또한 제약된 — 마치 사람들이 진정한 삶의 폭을 알고 있기나 한 것처럼, 이미 알고 있는 범위 안에서 살도록 요구한다. 그러나 실제로는 우리는 매일매일을 우리의 의식의 한계를 넘어서 살고 있다. 우리가 모르는 가운데 무의식이 함께 살고 있는 것이다. 비판적 이성이 지배하면 할수록 인생은 그만큼 빈곤해진다. 그러나 무의식과 신화를 우리가 의식화하면 할수록 우리는 더 많은 삶을 통합할 수 있다. 과대평가된 이성은 독재국가와 공통점을 지니고 있다. 그 지배하에서는 개인이 빈곤해진다.

무의식은 우리에게 무엇인가를 전달해 주거나 영상적인 암시를 하면서 하나의 기회를 주고 있다. 무의식은 우리에게 때때로 우리가 어떠한 논리로도 알 수 없는 것들을 전해 줄 수 있다. 예언적인 꿈이나 예감과 같은 동시성 현상을 생각해 보라!

한 번은 볼링겐에서 집으로 기차를 타고 가고 있었다. 2차 세계대전 때였다. 나는 책을 가지고 있었지만 읽을 수 없었다. 왜냐하면 기차가 움직이기 시작하자 익사자의 상이 나를 엄습했던 것이다. 그것은 군복무 때의 사고에 대한 추억이었다. 기차가 달리는 동안 내내 나는 이 상을 떨쳐 버릴 수 없었다. 나는 기분이 나빴다. 그리고 생각했다. 대체 무슨 일이 일어났을까? 무슨 사고라도 났단 말인가?

나는 에를렌바하Erlenbach에 내려서 집으로 갔다. 아직도 이 추억에 잠긴 채, 그리고 근심하면서. 우리 집 정원에 내 둘째 딸의 아이들이 여기저기 서 있었다. 그녀는 그녀의 가족과 함께 우리 집에 와 있었다. 그녀는 전쟁 때문에 파리에서 스위스로 돌아와야 했던 것이다. 모두 멀뚱멀뚱 바라보고만 있었다. "어떻게 된 일이냐?" 내가 물었을 때 그들은 이렇게 설명했다. 당시 막내였던 아드리안이 물에 빠졌다는 것이다. 그곳은 꽤 깊은 곳이었다. 아드리안이 아직 헤엄칠 줄 몰랐기 때문에 거의 익사할 뻔했다. 큰형이 그때 건져 올렸다고 한다. 이런 일이 바로 내가 기차에서 익사자를 추억하던 시간과 일치하였다. 무의식이, 그러니까 나에게 눈짓을 한 것이다. 그런데 무의식이 왜 그 밖의 다른 정보를 나에게 제공하지 않겠는가?

비슷한 일을 나는 내 처가의 한 사람이 죽을 때 겪었다. 당시 나는 꿈을 꾸었는데 내 아내의 침대가 벽으로 울타리를 친 구덩이라고 했다. 그건 어딘가 고풍스런 무덤이었다. 이때 나는 어떤 사람이 마치 혼을 내뿜는 것 같은 깊은 한숨을 쉬는 소리를 들었다. 내 아내와 비슷하게 생긴 부인의 모습이 구덩이에서 몸을 일으키고 위로 떠올랐다. 그녀는 흰 옷을 입었는데 그 위에 이상하게도 눈에 띄게 까만 표지가 찍혀 있었다. 나는 깨어나 아내를 깨우고 시간을 보았다. 새벽 세 시였다. 꿈이 너무도 이상해서 나는 그것이 죽음을 예고하는 것이라고 생각했다. 일곱 시에 아내의 종매가 세 시에 죽었다는 소식이 들어왔다!

흔히 미리 인식하는 것이기보다 단지 미리 아는 것일 경우가 많다. 나는 그런 종류의 꿈을 꾸었는데 꿈에서 가든 파티에 참석하고 있었다. 나는 내 여동생을 보고 몹시 놀랐다. 왜냐하면 그녀는 이미 여러 해 전에 죽었기 때문이다. 또한 나의 죽은 친구도 거기에 있었다. 나머지는 아직 생존해 있는 나의 친지들이었다. 나의 누이동생은 내가 잘 아는 여인과 함께 있었다. 나는 벌써 꿈속에서 이 여인이 죽음에 임하리라고 추정했다. 그녀는 예정되어 있다고 생각했다. 나는 꿈속에서 그녀가 누군지 알고 있었고 그녀가 바젤에 살고 있다는 것을 알고 있었다. 그러나 내가 꿈에서 깨자 아무리 해도 그녀가 누구였는지 기억이 나지 않았다. 그 꿈 전체가 아직도 생생하게 눈앞에 선한데도 말이다. 나는 나의 바젤에 사는 친지를 모두 상상하면서 기억상을 회상하는 가운데 누군가가 집히는 사람이 생기지 않을까 주의를 기울여 보았지만 아무 소용이 없었다!

수주 뒤에 나는 나와 가까이 지내던 여인의 사고사 소식을 받았다. 나는 즉시 그것이 바로 꿈에서 보고 기억이 나지 않던 여인이었다는 것을 알았다. 나는 그녀에 관해서 아주 자세한 추억상을 가지고 있었다. 그녀는 오랫동안, 그녀가 죽기 전 해까지 나의 환자였던 것이다. 그녀를 기억에 불러내려는 시도로 내가 바젤의 친지를 줄줄이 열거할 때도 하필 그녀의 상은 나타나지 않았다. 그녀는 분명 제일 먼저 열거될 법했는데도 말이다.

이런 경험을 하면 사람은 무의식의 가능성과 능력에 대한 일종의 경외의 마음을 갖게 된다. 다만 사람은 비평적인 눈을 잃어서는 안 되고 그러한 무의식적 전언이 언제나 객관적인 타당성 이외에 주관적인 의미도 가지고 있다는 것을 알아야 한다. 그것은 현실에 일치하는 수도 있지만 아닐 수도 있다. 그러나 나는 무의식의 암시에 근거해서 얻을 수 있었던 견해가 나에게 무지를 깨우쳐 주었고 예감을 알아채는 길을 열어 준다는 사실을 경험했다. 물론 나는 거기 관한 계시록을 쓰지는 않을 것이다. 그러나 나는 나에게 관심을 가지고 있으며 나로 하여금 문제제기를 하도록 한 하나의 "신화"를 지니고 있음을 인정한다. 신화는 가장 초기 형태의 과학이다. 내가 사후의 것에 관해 말할 때 나는 이를 내적인 감동으로 말하는 것이며, 거기에 관한 꿈과 신화를 이야기하지 않고는 더 무엇을 말할 수가 없는 것이다.

물론 사람들은 처음부터 다음과 같은 반론을 제기할 것이다. 살아 있는 것이 죽은 뒤에도 계속된다는, 꿈의 이야기나 신화는 모든 삶의 영원성을 바라는 우리의 본성 속에 있는 보상적 환상에 지나지 않는다고. 여기 대한 논란에서도 나는 오직 신화를 가지고 말할 수 있을 뿐이다. 게다가 최소한 정신의 일부는 시간·공간의 법칙에 지배를 받지 않는다는 시사가 있다. 유명한 라인Rhine실험[2]이 이에 대한 과학적인 증명을 해 주었다. 내가 내 인생에서 겪은 그런 사례를 당신에게 이야기해 준 일이 있지만 수많은 자연 발생적인 예지, 비공간적인 지각 등의 경우 말고도 이런 현상은 정신이 때때로 시간·공간적인 인과율 너머에서 작용하고 있음을 증명해 주고 있다. 이것으로 미루어 우리의 시간·공간 관념과 또한 인과론이 모두 완전한 것이 아니라는 점이 판명된다. 하나의 완전한 세계상은 이를테면 다른 차원으로 확대되어야 할지도 모른다. 그렇게 될 때 비로소 현상의 전체성에 동일한 설명을 할 수 있을 듯 하다. 그러므로 합리주의자

2) J. B. Rhine(미국 Durham의 Duke 대학)은 카드 실험으로 인간의 초감각적 지각능력을 증명하였다. A. J.

들은 오늘날에도 여전히 심령심리학적 경험이란 존재하지 않는다고 주장하고 있다. 왜냐하면 그들의 세계관이 지탱되느냐 무너지느냐 하는 것이 여기에 달려 있기 때문이다. 그러한 현상이 어쨌든 일어나고 있다면 합리주의적인 세계상은 불완전하므로 타당성이 없다. 그러면 그 현상 뒤에 놓여 있는 다른 현실의 가능성이 거부할 수 없는 문제가 된다. 그리고 우리는 시간, 공간, 인과론을 지닌 우리의 세계가 그 뒤에 또는 그 밑에 있는 사물의 다른 질서에 관련되며, 그곳에서는 "여기와 저기"도 "이전에, 그리고 뒷날에" 라는 구별이 중요치 않은 것이다. 나는 우리의 정신적 실존의, 적어도 일부가 시간·공간의 상대성으로서 특징지어지고 있다는 사실에 이론을 제기할 아무런 가능성도 보지 않는다. 의식으로부터 점점 멀어지면 멀어질수록 그것은 절대성인 무시간성·무공간성에까지 다다르게 되는 것 같다.

사후의 삶에 관한 나의 의견을 형성하거나 수정하거나 증명하는 것은 내 자신의 꿈이었을 뿐 아니라 때로는 다른 사람의 꿈들이었다. 특히 내게 중요한 의미를 준 꿈은 방금 60세가 된 나의 제자였던 여인이 죽기 2개월 전에 꾼 꿈이었다. 그녀는 저승으로 갔다. 그곳에는 학교 수업이 있었다. 맨 앞줄에 그녀의 죽은 여자친구가 앉아 있었다. 모두 뭔가 기다리고 있었다. 그녀는 선생이나 연사가 어디에 있는지 둘러보았지만 아무도 없었다. 어떤 사람이 그녀에게 그녀 자신이 연사라고 가르쳐 주었다. 왜냐하면 모든 죽은 자는 죽은 직후에 그들 인생의 종합적인 경험을 보고하도록 되어 있다는 것이다. 죽은 자는 죽은 사람이 가져온 인생경험에 무척이나 관심이 컸다. 마치 지상의 생에서의 행동이나 발전이 결정적인 사건인 것처럼.

어쨌든 이 꿈은 대단히 비일상적 청중을 묘사하고 있다. 그와 비슷한 청중을 지상에서는 거의 찾을 수가 없을 것이다. 사람들은 절실히 인간적 삶의 심리학적 최종결과에 흥미를 느끼고 있다. 이것은 우리의 사고방식으로는 결코 주목할 만한 것이 못 되며 거기서 유도되는 결론을 결코 넘어서는 것이 아니다. 그러나 저승의 "대중"이 비교적 무시간성에 있고 "경과"니 "사건"이니 "발전"이니 하는 개념이 모두 불확실한 개념이 되어 버린 상황에 있다면, 바로 그 때문에 자기네가 처한 상황에서 결핍된 것에 가장 큰 관심을 가지게 되었을 가능성이 있는 것이다.

이 꿈을 꿀 무렵 그 죽은 이는 죽음에 대한 불안을 가지고 있었다. 그래서 이 가능성을 그녀의 의식에서 가능한 한 멀리하려고 하였다. 그러나 바로 이 가능성을 알고자 하는 것이 늙어가는 사람의 가장 중요한 관심사이다. 이를테면 거절할 수 없는 질문자가 그에게 다가오며, 그는 이에 응답해야 한다. 노인이 죽음의 신화를 가져야 할 이유가 여기에 있다. 왜냐하면 이성은 그에게 다만 그가 가는 어두운 도랑 이외에 아무것도 보여주지 못하기 때문이다. 그러나 신화는 그에게 다른 상을, 즉 도움을 주며 마음을 풍성하게 하는 죽음의 나라의 삶의 상들을 보여 줄 것이다. 그가 이 상을 믿거나 조금 신뢰하더라도 그것을 믿지 않는 사람과 마찬가지로 옳을지도 모르고 또 틀릴지도 모른다. 그러나 부인하는 자가 "무"를 향하여 가는 데 비해서 원형을 기꺼이 받는 자는 생명의 발자취를 죽음까지 따라가게 된다. 두 사람은 모두 불확실성 속에 있다. 그러나 전자는 자기의 본능에 반해서 후자는 본능과 더불어 있는데 이것은 현저한 차이이며 후자를 위해서는 큰 이점을 의미한다.

무의식의 형상들도 또한 정보에 어둡다. 그래서 "지知"를 얻기 위해서 인간, 또는 의식과의 접촉을 필요로 한다. 내가 무의식과 더불어 작업하기 시작하였을 때 살로메Salome와 엘리야Elias의 환상상들이 중요한 역할을 하였다. 그리고는 이 상들은 뒷전으로 물러났다가 약 2년 뒤에 다시 나타났다. 놀랍게도 이 상들은 전혀 아무런 변화를 입지 않은 채였다. 마치 그동안에 아무 일도 일어나지 않았던 것 같았다. 그러나 나의 실제 인생에서는 가장 엄청난 일들이 그동안에 일어났던 것이다. 나는 이 두 개의 무의식의 상과 다시 처음으로 돌아가서 이 상들에게 그동안에 일어난 모든 것을 의논하고 설명해야 했다. 그 당시 나는 그런 현상을 겪으며 무척 이상하게 생각했다. 훨씬 뒤에야 나는 그때 일어난 현상이 어떤 것이었는지 비로소 이해할 수 있었다. 즉 그 두 개의 상은 그동안 무의식 속으로, 그 자신 속으로 — 무시간성이라 말해도 좋을 것이다 — 잠겨 버렸던 것이다. 그것들은 자아나 자아의 변조하는 상황과 아무런 접촉 없이 남아 있었으므로 의식의 세계에 무엇이 일어났는지 전혀 무지했던 것이다.

나는 벌써, 일찍이 무의식의 상, 또는 이와 흔히 구별하기 어려운 "죽은 자의 혼령"을 교육해야 하는 경험을 한 적이 있다. 첫 번째 경험은 1911년 친구와 함께 북이탈리아의 자전거여행을 할 때였다. 집에 돌아오는 길에 우리는 파비아Pavia에서 라고 마기오레큰 호수 하부에 있는 아로나Arona로 가서 밤을 지냈다. 우리는 호수를 따라 올라가서 테신Tessin에서 파이도Faido까지 자전거를 타고 갈 작정이었다. 그곳에서 우리는 취리히로 가는 기차를 타고자 했다. 그러나 아로나에서 나는 꿈을 꾸었고 그 꿈은 우리의 계획을 완전히 바꿔 버렸다.

꿈속에서 나는 지나간 세기의 고귀한 신분의 혼령들의 집회에 참여하고 있었다. 그것은 1944년의 검은 돌에서 본 나의 환상인 "고귀한 조상" 앞에서 느꼈던 느낌과 비슷한 것이었다. 대화는 라틴어로 진행되었다. 귀족의 가발을 쓴 한 신사가 내게 어려운 질문을 던졌다. 그 내용이 무엇이었는지 깨고 나서는 더 이상 기억이 안 났나. 나는 그 내용을 이해했지만 그에게 설명하기에는 라틴어를 충분히 구사할 수 없었다. 나는 지독한 수치심에 사로잡혔고 이 감정이 내 잠을 깨웠다.

잠에서 깨는 순간, 나는 당시 진행하던 ≪리비도의 상징과 변환*Wandlungen und Symbole der Libido*≫이 생각났다. 나는 대답하지 못한 질문 때문에 심한 열등감을 느꼈으므로 곧장 기차로 집에 돌아와 작업에 착수했다. 자전거여행을 계속해서 사흘을 더 허비하는 것은 불가능한 일이었다. 나는 해답을 얻기 위해 일해야 했다.

나는 훨씬 지난 뒤에야 그 꿈과 나의 반응을 이해했다. 가발을 쓴 신사는 "조령祖靈 또는 사령死靈"이었고 그것이 나에게 물음을 던졌으며 나는 대답을 못했다! 대답하기에는 너무 이른 시기였고 나는 아직 대답할 만큼 되지 못했었다. 그러나 나는 내 책의 작업을 통해서 내게 던져진 질문에 대답했다는 막연한 예감을 지니고 있었다. 그 질문은 나의 정신적인 선조로부터 내게 제기된 셈이다. 그들은 그들의 시대에 경험할 수 없었던 것을 나로부터 들을 수 있으리라는 기대와 희망을 가지고 있었던 것이다. 그것은 다음 세기에 비로소 만들어져야 할 경험들이었던 것이다. 질문이나 대답이 영원 속에, 아득한 옛날부터 존재해 온 것이라면 나의 노력이 아무런 필요가 없었을 것이고, 그것은 어떤 다른 세기에 발견될 수 있을 뿐이다. 인간 본성에는 제한 없는 지식이 존재하는 것 같기는 하지만 그것은 오직 적합한 시간적 조건에서만 의식에 의해 파악될 수 있다. 추측컨대 그것은 한 개인의 마음속에서도 마찬가지인 듯하다. 한 개인은 아마 여러 해 동안 어떤 것에 대한 예감을 마음에 간직한 채 지내다가 나중의 어떤 순간에 그것이 깨달아지는 것이다.

내가 뒷날 ≪죽은 자를 향한 일곱 가지 설법*Septem Sermones ad Mortuos*≫을 쓸 때 내게 결정적인 물음을 제기한 것은 역시 죽은 자들이었다. 그들은 이르기를 그들이 구하는 것을 그곳에서 찾지 못하였기 때문에 예루살렘에서 돌아왔다고 했다. 나는 그 말에 무척 놀랐다. 왜냐하면 전래의 견해로는 죽은 자는 많은 것을 알고 있다고 보기 때문이다. 죽은 자는 우리보다도 훨씬 많이 알고 있다고 사람들은 생각한다. 기독교의 가르침에서도 우리는 "저쪽"에서 "얼굴을 마주 대듯 바라보고 있다"고 가정하지 않는가. 그러나 아마도 죽은 자들은 그들이 죽음의 순간까지 알고 있던 것만을 알고 그 밖에는 모르는 것 같다. 그러므로 그들은 살아있는 자의 지知에 참여하기 위해서 인생 속으로 밀려나오려고 애쓴다. 흔히 나는 그들이 바로 우리들의 등 뒤에 서서 우리가 어떤 회답을 그들에게, 그리고 어떤 회답을 숙명을 향하여 주고 있는지 엿듣고자 하는 것 같은 느낌을 갖는 때가 많다. 마치 내게는 그들에게 가장 중요한 것은 살아 있는 자, 다시 말해서 그들 뒤에 살아남아서 계속 변화하는 세계 속에 존재하는 사람들로부터 그들의 물음에 대한 회답을 얻는 것인 듯 보인다. 죽은 자는 마치 전지全知 또는 모든 지식을 마음대로 구사할 수 없는 것처럼, 그리고 그들이 다만 육체에 결부된 생자의 넋으로 흘러 들어갈 수 있을 뿐인 것처럼 우리에게 묻고 있다. 그러므로 생자의 혼은 최소한 한 가지 점에서만은 사자에 대해서 유리한 점을 지니고 있다. 즉 생자의 혼이 명석하고 결정적인 인식에 도달할 수 있다는 점이다. 시공時空의 삼차원의 세계는 내게는 좌표계Koordinatensystem처럼 보인다. 그것은 이쪽에서는 종축좌표와 횡축좌표로 서로 분리된 채 놓여 있게 된다. 그러나 저쪽, 즉 무시간성 속에서는 아마도 원천의 여러 측면으로서, 혹은 하나의 원형을 둘러싼 불명료한 "인식의 구름"으로 나타날지 모른다. 그러나 특정한 내용을 구별할 수 있기 위해서는 좌표계가 필요하다. 이런 조작은 불명료한 전지全知나 시간・공간적 한정이 없는 무주관적인 의식의 상태에서는 생각할 수 없는 것처럼 보인다. 인식이란 생성과 마찬가지로 하나의 대극, "이곳"과 "저곳", "위"와 "아래", "이전"과 "이후"의 대극을 전제로 한다.

만약 죽음 뒤에 의식적인 존재가 있다면 인류의 의식과 같은 방향으로 계속 나갈 것 같다. 의식처럼 때로는 변화될 수도 있으나 상한을 지닌 것일 것이다. 많은 사람들이 죽음의 순간에, 그가 가지고 있는 그 자신의 가능성에 미치지 못한 채 미물러 있는 경우가 있을 뿐 아니라 무엇보다도 그들의 생존 시에 다른 사람에 의해서 의식화된 것에 훨씬 미치지 못하는 사람들이 많이 있다. 그리하여 그들이 생전에 얼마 얻지 못한 의식성을 죽음에서 얻으려고 요청이 생기는 것이다.

내가 이런 견해를 갖게 된 것은 죽은 사람에 관한 꿈을 관찰한 데서 얻게 된 것이다. 나는 14일 전에 죽은 나의 친구를 방문하는 꿈을 꾸었다. 그는 생전에 인습적인 세계관 이외의 아무것도 알고 있지 않았고 반성이 결여된 이러한 자세 속에 머물러 있었다. 그의 집은 언덕 위에 있었는데 바젤 시의 튤링거 언덕과 비슷했다. 그곳에는 한 옛 성이 서 있었고 성곽이 작은 교화와 몇 개의 작은 건물이 있는 광장을 둘러싸고 있었다. 그곳은 내게 라퍼스빌 성의 광장을 연상케 했다. 때는 가을이었다. 고목의 잎사귀는 벌써 누렇게 물들었고 부드러운 햇살이

이 모습을 밝게 비추고 있었다. 그곳에 내 친구는 취리히에서 심리학을 공부한 딸과 함께 책상가에 앉아 있었다. 나는 그녀가 그에게 심리학에 대한 꼭 필요한 설명을 해주고 있음을 알았다. 그는 그녀가 말하는 심리학 설명에 매혹되어 나를 향해 그저 잠깐 손짓으로 인사를 할 뿐이었는데, 마치 나에게 "방해하지 말라!"고 양해를 구하는 눈치였다. 인사는 동시에 거절의 손짓이었다.

꿈은 나에게 물론 내가 알 수 없는 방식으로 그가 지금 그의 심리학 존재의 현실을 인식해야 한다는 사실을 말해 주고 있었다. 그는 생전에 한 번도 그것을 할 수 없었던 것이다. 이 꿈의 상에서 나는 ≪파우스트≫의 다음 말이 연상되었다. "거룩한 은자는 산 위에 배당되어 …" ≪파우스트≫의 제2부의 종장에 나오는 은자는 서로 보충하고 서로 높이는 여러 가지 발전단계를 묘사하는 것이다.

나의 아내가 죽은 지 1년쯤 뒤에 나는 죽음 뒤의 심혼의 발전에 관한 다른 경험을 했다. 어느 날 밤 나는 갑자기 잠에서 깨었으며 내가 남쪽 프랑스의 프로방스 지방에서 온종일을 그녀와 보냈다는 사실을 알고 있었다. 그녀는 그곳에서 성배의 연구를 하고 있었다. 이것은 내게 의미 있는 일로 여겨졌다. 왜냐하면 그녀는 이 테마에 대한 연구를 끝내기 전에 죽은 것이다.

주관단계에서의 해석 — 나는 아니마가 그녀가 부과한 일을 아직 끝내지 않았다 — 은 내게 아무 의미가 없었다. 왜냐하면 나는 내가 그것을 완성하지 못한 것을 알고 있기 때문이다. 그러나 아내가 죽은 뒤에도 그녀의 정신적인 발전에 종사하고 있다는 생각 — 정신적인 발전을 두고 무엇을 상상하든 간에 — 은 내게 의미 깊은 것이었다. 그러므로 꿈은 나를 안심시키는 어떤 것을 지니고 있었던 것이다.

이런 종류의 생각은 물론 부정확하며 불충분한 상을 제공하다. 마치 평면에 투사된 입체, 또는 반대로 하나의 입체에서 사차원의 구조를 구성하는 것과도 같은 것이다. 그것은 스스로를 나타내기 위하여 이차원의 세계를 결정하는 데 이바지한다. 수학이 경험을 넘어서는 관련에 관한 표현을 만들어 내는 것을 개의치 않은 것처럼, 보이지 않는 상들이 논리적인 원리와 경험적인 자료들, 예컨

1958년, 볼링겐에서.

대 꿈의 진술에 근거하여 그려내는 일은 훈련된 상상의 본질에 속하는 일이다. 이때 이용된 방법은 내가 명명하였듯이 "필수적인 진술"의 방법이다. 그것은 꿈의 해석에서 사용하는 확충Amplification의 원리인데 단순한 자연수의 표명으로써 쉽게 제시될 수 있다.

1은 첫째 셈수로서 하나의 단위이다. 그것은 그러나 또한 "단일성", 하나인 것, 전일全一, 유일무이 — 결코 셈수가 아니라 철학적 이념이거나 원형이며 신의 속성, 단자單子, Monas이다. 인간의 지성이 이런 설명을 하는 것은 적절한 일이지만 지성은 또한 "하나"의 관념과 그 함축된 의미에 의해서 한정되고 이에 결부되어 있다. 다시 말해서 그것은 결코 인위적인 설명이 아니라 하나로서 결정되어 있고 그러므로 필수적인 진실인 것이다. 이론적으로는 꼭 같은 논리적인 조작이 모든, 그 다음에 계속되는 개별적인 수數관념에서 수행될 수 있다. 그러나 실제로는 수가 증가함에 따라 급격히 복잡해져서 그런 조작을 계속할 수 없게 된다.

그 밖의 모든 단위는 새로운 성질과 보완Modifikation을 가져다준다. 예컨대 수 4는 4차 방정식은 풀 수 있지만 5차 방정식은 안 된다는 성질을 가지고 있다. 수 4의 "필수적인 진술"이란 그러니까 그 수가 정점인 동시에 그때까지의 상승의 종말이라는 것이다. 모든 그 밖의 단위에서 하나 또는 그 이상의 새로운 수학적 성질이 생기므로 더 이상 공식화해서 설명할 수 없을 만큼 복잡해진다.

끝없는 수의 계열은 개별적인 피조물에서의 무수한 수에 해당된다. 마찬가지로 수의 계열은 개체로서 이루어지고 있다. 벌써 수열의 첫 10의 성질은 — 그것이 어쨌든 무엇인가를 표시하고 있다면 — 단자에서 나온 추상적 천지창성론을 묘사하고 있다. 그러나 수의 성질은 또한 물질의 성질이기도 하므로 어떤 방정식은 물질의 상태를 예측할 수 있다.

그러므로 나는 우리의 지성의 수학적 진술(본래부터 존재하는) 이외의 다른 진술도 그 자신을 넘어서서 눈에 보이지 않는 현실을 가리키고 있음을 인정하고 싶다. 나는 그런 표현의 예로서 일반적인 동의를 누리거나 무척 빈번히 출현되는 것을 특성으로 하는 상상형성이나 원형적 주제를 들고 싶다. 수학적 방정식에는 어떤 물리적 현실에 해당되는지 우리가 모르는 것들이 있듯이 신화적 현실 또한 어떤 정신적 현실에 관련되는지 처음에는 잘 알 수 없는 경우가 있다. 예컨대 사람들은 가열된 가스의 교란을 다스리는 수식은 이미 그것을 면밀하게 조사하기 이전에 만들어 놓았던 것이다. 무척 오랜 옛날부터 어떤 잠재적 과정을 표현하는 신화소神話素가 있었지만 오늘에 이르러서야 우리는 그것을 그것으로서 인식할 수 있는 것이다.

이 세상 어딘가에서 이미 이루어진 의식성은 내가 보기로는 죽은 자가 도달할 수 있는 인식의 상한을 이루고 있는 듯하다. 그래서 아마 지상의 생이 그들에게 그렇게도 중요한 뜻을 지니며, 사람이 죽을 때 그것을 "저승으로 가져가는 것"이 그리도 중요한 모양이다. 오직 이곳, 대극이 서로 충돌하는 지상의 생에서만이 일반적인 의식은 고양될 수 있다. 이것은 인간의 형이상학적 과제인 듯하거니와 신화화함이 없이는 그것을 다만 부분적으로 충족시킬 수 있을 뿐이다. 신화는 피할 수 없는, 그리고 필요 불가결의 의식적인 인식과 무의식 사이의 중간단계이다. 무의식이 의식보다 더 많이 알고 있음은 기정사실이다. 그러나 그것은 특이한 앎知이며, 영원 속의 앎知, 흔히 여기, 지금과 아무 관계가 없는, 우리의 지성의 언어를 고려치 않은 앎知이다. 오직 우리가 그 무의식의 표현에 스스로 확충되도록 기회를 줄 때만이 앞의 수의 예에서 제시하였듯이, 그것은 우리가 이해할 수 있는 거리 안에 들어와 한 새로운 측면이 우리에게 지각될 수 있게 된다. 이 과정은 늘 성공한 꿈의 분석에서 우리가 확신할 만큼 항상 반복된다. 그러므로 꿈의 말에 결코 선입관에 찬 공론적空論的 견해를 가져서는 안 되는 이유가 여기에 있다. "해석의 단조로움"이 눈에 띌 때 우리는 그 해석이 공론적이며 따라서 비생산적임을 알 수 있다.

죽음 뒤에도 영혼이 계속 살아남는다는 효율적인 증명을 내리는 것은 불가능하다 할지라도, 그러나 사람들로 하여금 이에 대해 생각하도록 하는 여러 체험들이 있다. 나는 불손하게 대담해짐이 없이 여러 가지 인식의 의미를 여러분에게 전달하기 위하여, 하나의 참조로 나의 체험들을 적는다.

어느 날 나는 밤중에 깨어, 누운 채 그 전날 장례를 치른 친구의 갑작스런 죽음을 생각하고 있었다. 그의 죽음이 나의 마음을 사로잡고 있었던 것이다. 문득 나는 그가 방 안에 있는 것 같은 느낌이 들었다. 마치 그가 내 침상 옆에 서서 내게 그와 함께 가주기를 요구하는 듯했다. 어떤 모습을 본 것 같지는 않고 나의 마음속의 상이라는 느낌이어서 나는 그것이 환상이라고 스스로에게 설명했다. 그러나 솔직히 말해서 나는 스스로 반문해야 했다. 그것이 환상이라는 증명을 할 수 있는가 하고 — 그것이 환상이 아니라면, 그러니깐 나의 친구가 정말 거기 있는데도 내가 그것을 환상이라 여긴다면 그건 염치없는 짓이 아니겠는가? 그러나 나는 그가 실제 현상으로서 정말 내 앞에 서 있다는 증거는 가질 수 없었다. 이때 나는 스스로 말하기를, 증거가 있든 없든 상관없다! 그를 환상이라고 설명하는 대신에 나는 그를 똑같은 권리로 현상으로 받아들이고 시험 삼아 그를 최소한 현실이라고 인정해 보자. 내가 그 생각을 한 순간 그는 문 쪽으로 가서 내게 따라오라는 눈짓을 보냈다. 나더러 그와 함께 행동하라는 것이었다. 그건 물론 예측 못한 일이었다! 그래서 나의 논란은 다시 한 번 되풀이했다. 그리고 나서 나는 비로서 나의 환상 속에서 그를 따랐다.

그는 나를 집 밖의 정원으로, 길거리로, 그리고는 마침내 그의 집으로 데려갔다(실제로 그의 집은 내 집에서 수백 미터 떨어져 있다). 나는 집으로 들어갔다. 그리고 그는 그의 서재로 이끌었다. 그는 발판 위에 올라서더니 다섯 권의 적색포장의 책 가운데 두 번째를 가리켰다. 그것은 책장의 위에서 두 번째 칸에 있었다. 그러자 환상은 끝났다. 나는 그의 서재를 몰랐고 어떤 책을 가지고 있는지 알지 못했다. 게다가 나는 그가 가리킨 책의 제목을 밑에서 알아볼 수 없었다. 그 책은 서가의 두 번째 칸 높이에 있었기 때문이다.

너무도 이상한 체험이어서 나는 다음 날 나의 친구의 미망인에게 가서 죽은 친구의 서재에서 무엇을 좀 찾아보아도 되겠느냐고 물었다. 정말로 그 환상에서 본 서가 밑에 발판이 있었고, 멀리서도 다섯 권의 적색포장의 책이 보였다. 나는 그 책의 제목을 보려고 발판에 올라갔다. 그것은 에밀 졸라의 소설이었다. 두 번째 권의 제목은 "죽은 자의 유산"이었다. 내용은 내게는 별로 흥미가 없었지만 그 제목은 체험과 무척 관련을 지니고 있었다.

나로 하여금 생각하게 한 또 하나의 체험을 나는 어머니가 돌아가시기 전에 경험했다. 어머니가 돌아가셨을 때 나는 남쪽 스위스의 테신에 있었다. 나는 그녀의 부음에 큰 충격을 받았다. 너무도 갑작스런 일이었기 때문이다. 그녀가 돌아가시기 전날 밤 나는 충격적인 꿈을 꾸었다. 나는 한 울창한 어두운 숲 속에 있었다. 환상적인 거대한 바위덩어리가 거창한 원시림 같은 나무 사이에 놓여 있었다. 그것은 웅장한 태고의 세계와 같은 정경이었다. 나는 갑자기 울려 퍼지는 날카로운 휘파람 소리를 들었다. 너무나 놀라서 무릎의 힘이 빠졌다. 그러자 숲 속에서 우지끈 소리가 나더니 한 엄청나게 큰 늑대가 무시무시한 아가리를 열고 나왔다. 그 모습을 보고 나는 혈관의 모든 피가 얼어붙는 느낌이었다. 늑대는 내 옆을 지나 쏜살같이 달려갔다. 그리고 나는 알고 있었다. — 이제 저 "거친 사냥꾼(보탄신)"이 한 인간을 잡아먹도록 명령했다는 것을 — 너무도 무서워 잠에서 깨어났는데 다음 날 아침 나는 어머니의 부음을 접했다.

꿈이 내게 이토록 큰 충격을 준 일은 거의 없었다. 겉보기에는 그 꿈은 마귀가 내 어머니를 채 갔다고 나에게 말하는 듯했기 때문이다. 그러나 사실 그것은 그날 밤, 저 정월의 "푄Föhn, 알프스 산에서 산넘어로 불어내리는 세찬 남풍" 날씨에 그의 늑대와 더불어 사냥하던 야생사냥꾼 그륜휘틀Grünhütl(초록색 모자의 사나이)이었다. 그것은 알레만족의 조상신, 보탄Wotan이었다. 그는 나의 어머니를 그들의 조상들에게 합류시켰다. 부정적으로 말한다면 거친 무리 속에, 그러나 긍정적으로 말한다면 축복받은 사람들에 합류시켰다. 기독교 선교사에 의해서 처음으로 보탄이 마귀가 되었다. 보탄은 사실은 중요한 신이다. 로마 사람들이 바르게 인식했던 것처럼 메르쿠리우스Mercurius 또는 헤르메스Hermes이다. 그것은 하나의 자유영혼으로서 성배전설의 메를린Merlin으로서 다시금 부활했으며 "메르쿠리우스의 정精, Spiritus Mercurius"으로서 연금술사가 찾던 비밀이 되었다. 그러므로 꿈은 나의 어머니의 영혼이 기독교적 도덕 측면 너머에 있는, 다시 말해서 대극의 갈등을 포괄하는 자연과 영혼의 전일성 속에서 보다 큰 자기의 관련 속에 수용되었음을 말하고 있다.

나는 기차를 타고 곧 집으로 달려갔다. 밤에 기차 속에 앉아 있으려니 커다란 비탄을 느꼈다. 그러나 나의 가장 깊은 가슴속에서 나는 슬퍼할 수 없었다. 그리고 그것도 기묘한 이유에서였다. 기차로 오는 도중 끊임없이 무도곡, 홍소哄笑, 즐거운 소란 등의 마치 결혼식을 올리는 것 같은 소리를 들었던 것이다. 이 체험은 저 무시무시한 꿈의 인상과는 완연한 대조를 이루고 있었다. 이곳에서는 명랑한 무도음악, 들뜬 웃음이 있어 나는 내 자신을 슬픔에 내맡길 수만은 없었다. 슬픔은 나를 지배하려고 언제나 다시금 들이닥쳤으나 다음 순간 나는 다시 즐거운 멜로디의 한가운데로 들어갔다. 그것은 한편으로는 따뜻함과 기쁨을, 다른 한편으로는 충격과 슬픔, 끝없는 상반된 감정의 변화였다.

이 대극은 죽음이 한 번은 자아의식의 측면에서, 다른 때는 영혼 쪽에서 묘사되는 것으로 설명될 수 있다. 전자의 경우 그것은 재앙으로 나타나고 마치 나쁜, 무정한 힘으로 한 인간을 때려눕힌 것처럼 보였던 것이다.

죽음은 물론 무섭게 잔인한 것임은 말할 것도 없다. 이 사실을 못본 척 할 수는 없을 것이다. 신체적인 사건으로뿐 아니라 정신적인 사건으로서 더욱 그러하다. 한 인간을 빼앗기고, 남은 것은 죽음의 정적뿐이다. 어떻게든 관계를 맺을 아무런 희망도 없다. 왜냐하면 온갖 다리가 파괴되었기 때문이다. 오래 살았으면 하고 기대했던 인간이 삶의 한가운데서 저승으로 강제로 끌려간다. 그리고 쓸모없는 사람이 고령에 도달한다. 그것은 숨길 수 없는 잔인한 현실이다. 죽음의 야만성과 전횡성은 사람의 마음을 그토록 화나게 만들므로 사람들은 이 세상에는 자비로운 하나님도 없고 정의도 선도 없다고 단정한다.

그러나 다른 관점에서는 죽음은 하나의 즐거운 사건이다. 그는 영원의 관점에서 보면 하나의 결혼이며 융합의 비의이다. 영혼은 그에게 결여된 반쪽에 다다르게 된다. 그는 전일全一을 획득한다. 그리스도의 관 위에는 죽음의 희열이 춤추는 사람으로 묘사되고 있다. 에트루리아인의 무덤은 향연으로 표현된다. 경건한 철학자, 유대의 랍비Rabbi, 시몬 벤 요카이Simon ben Jochai가 죽었을 때 그의 친구들은 그가 결혼식을 올린다고 말했다. 오늘날에도 많은 지방에서 망령절Allerseelen에 무덤으로 "소풍"을 가는 관습이 있다. 이 모든 것에 죽음은 축제라는 느낌이 묘사되고 있다.

나의 어머니가 돌아가시기 벌써 몇 달 전인, 1922년 9월 나는 그녀의 죽음을 암시하는 꿈을 꾸었었다. 그 꿈은 나의 아버지에 관한 것이었는데 내게 깊은 인상을 주었다. 그의 사후 그러니까 1896년 이래로 나는 그에 관해 꿈을 꾼 일이 없다. 그는 다시금 내 꿈에 나타났는데 마치 먼 여행에서 돌아온 듯했다. 그는 평상시보다 젊어 보였고, 별로 아버지로서의 권위적인 모습이 아니었다. 나는 그와 함께 나의 서재로 갔다. 그동안 어떻게 지내셨는지 듣기 위해서였다. 무엇보다도 기뻤던 것은 아버지에게 나의 처와 아이들을 소개하는 일이었고, 내 집을 보여 주고 그동안 내가 한 일과 내가 무엇이 되었는지를 이야기하는 일이었다. 또한 나는 아버지에게 벌써 오래전에 출간된 유령론 책을 보고하고자 했다. 그러나 나는 이 모든 것이 불가능함을 알아차렸다. 왜냐하면 나의 아버지는 무언가 생각에 잠겨 있었던 것이다. 나는 이것을 분명히 느꼈으므로 그에게 말하는 것을 삼갔다. 그랬더니 아버지가 내게 말하기를, 내가 심리학자이니까 상담하고 싶은데, 그것도 결혼심리학에 관해 상담하겠다는 것이었다. 나는 그에게 결혼의 갈등에 관한 설들을 길게 말할 준비를 했다. 그러다가 깨었다. 나는 이 꿈을 잘 이해할 수 없었다. 이 꿈이 나의 어머니의 죽음과 관계가 될 수 있으리라고는 생각도 못했던 것이다. 그러나 그녀가 정월에 죽자 이 뜻이 분명해졌다.

나의 부모의 결혼생활은 화목한 것이 못되었다. 그것은 여러 가지 어려움에 짓눌린 인내의 시련이었다. 두 사람이 모두, 많은 부부들 간의 전형적인 잘못을 저지르고 있었다. 26년이나 나타나지 않다가 내 아버지가 꿈에서 심리학자에게 결혼문제에 관한 최신 지견을 물어왔으니 이 꿈에서 어머니의 죽음을 예측할 수 있어야 했다. 그것은 이 문제를 다시 받아들여야 할 시간이 왔기 때문이었던 것이다. 아버지는 그의 무시간적인 상태에서 아마도 더 좋은 통찰을 얻지 못했던 모양이었고 그래서 살아 있는 자에게 물어야 했던 것이다. 그는 변화하는 시간 조건하에서 몇 가지 새로운 관점을 얻을 수 있었던 것이다.

꿈은 이렇게 말하고 있는 것이다. 물론 나는 그 꿈의 주관적인 의미에 대해 통찰로써 더 많은 것을 얻을 수 있었을 것이다 — 그러나 나는 왜 그를 나의 어머니의 죽음 전에 보았을까? 게다가 어머니가 돌아가실 것을 예측하지 않았는데 나타났을까? 꿈은 분명히 나와는 해를 거듭하면서 깊어진, 공감으로 맺어진 나의 아버지에 관련하고 있었다.

무의식은 그 시간・공간의 상대성 때문에 지각에 관해서만 처리할 수 있는 의식보다도 더 나은 정보원을 가지고 있으므로 우리는 사후의 생에 관한 우리의 신화에 관해서 꿈이 주는 약간의 암시나 이와 비슷한 무의식의 자연발생적인 현상에 의지하고 있다. 우리는 지금까지 말했듯이 이런 암시에 인식의 가치는 물론 증거로서의 가치를 부여할 수는 없다. 그러나 이런 현상들은 신화적인 확충Amplification의 적절한 기초로서 이바지할 수 있게 될 것이다. 이 현상들을 탐구하는 지성에게 그 생명력에 불가결한 여러 가지 주변의 가능성들을 조성하고 있다. 신화적 상상에 중간 세계가 없다면 정신Geist은 교조주의 속에 경화될 위험이 있다. 그러나 반대로 신화적인 것을 고려하는 것 또한 피암시적인 약한 마음을 가진 사람들에게는 예감을 인식이라고 생각하고 환상을 실체라고 생각할 위험이 될 수 있다.

저승의 신화로서 널리 퍼져 있는 관념은 재생설이다.

우리보다도 역사가 오래되었고 무척 분화된 정신문화를 지닌 인도와 같은 나라에서는 재생의 관념은, 우리가 하나님이 세상을 만드셨고 하나의 주님의 계시다고 생각하는 것만큼 당연한 생각이다. 교양 있는 인도인은 우리가 그들처럼 생각하고 있지 않다는 것을 알고 있지만 이에 개의치 않는다. 동방적 존재의 정신적 특이성에 걸맞게 출생과 죽음의 연속은 끝없는 현상이며 영원한 순례로 아무 목표 없이 계속 굴러가는 것이다. 사람은 살고, 인식하고, 죽고 그리고 다시 처음부터 시작한다. 오직 붓다에 이르러 하나의 목표에 관한 생각이 출현하는데 이는 다시 말하면 지상적인 존재의 극복이다.

서양인의 신화에의 갈구는 "시작"과 "목표"를 지닌 진화론적 세계상을 요청한다. 이러한 상은 시초가 있고 단순한 "끝"을 가진 세계라든가 그 자체 안에 폐쇄된 정적인 영원한 순환경과를 비난한다. 이에 반해서 동양인은 이런 순환적 관념을 잘 포용할 수 있는 듯하다. 세계의 본체에 대해서는 물론 보편타당한 합의가 이루어지지 않는 것이 분명하고 마찬가지로 천문학자들이 이 문제에서 의견의 일치를 보지 못하고 있다. 서양인은 단지 정적靜的인 세계의 무의미성을 참지 못한다. 세계에는 의미가 있다고 전제해야 한다. 동양인은 이런 전제를 필요로 하지 않는다. 그 자신이 그 전제의 화신이다. 전자가 세계의 의미를 완성하고자 할 때 후자는 인간 속에서의 의미의 충족을 지향하여 그로부터 세계나 존재를 제거한다.

나는 양쪽이 모두 옳다고 생각한다. 서양인은 주로 외향적이고 동양인은 주로 내향적인 듯하다. 전자는 의미를 투사하여 그것이 객체에 있는 듯이 추측한다. 동양인은 그 의미를 자기 자신 속에서 느낀다. 그러나 의미는 밖에도 있고 안에도 있다.

재생의 관념과 뗄 수 없는 것은 카르마Karma의 관념이다. 결정적인 문제는 한 인간의 카르마가 개인적인 것이냐 아니냐 하는 것이다. 한 인간이 그의 인생에 발을 들여놓는 운명의 결정이 과거의 삶의 행위나 업적의 결과라면 여기에는 개인적인 연속성이 있다. 그러나 다른 경우에는 그렇지 않다. 카르마는 출생에 의해서 그 사람을 사로잡아서 아무런 개인적인 연속성 없이 육화肉化된다.

붓다는 인간의 카르마가 개인적인 것이냐 비개인적인 것이냐는 질문을 제자에게 두 번이나 받았다. 두 번 다 그는 이 물음을 피하고, 응답하려 하지 않았다. 이 물음은 존재의 착각에서 자기를 해방시키는 데 도움을 주지 않는다. 붓다는 그보다도 그의 제자가 니다나(인연) 사슬Nidâna kette을 명상하는 것, 그러니까 출생, 삶, 노쇠와 죽음, 고통스런 사건들의 작용과 원인을 명상하는 것이 그들에게 유익하리라 생각하였다.

내가 살고 있는 카르마가 나의 과거 인생의 결과인지, 혹은 그보다도 내 속에 그 유산이 주입된 내 조상의 소산인지 나도 이 물음에는 어떻게 답해야 할지 모르겠다. 내가 내 조상의 인생의 결합으로서 그 인생을 다시 육화하고 있을까? 나는 어떤 일정한 인격으로 옛날에 한 번 살았고 저 인생에서 내가 이제 해결을 시도할 수 있을 만큼 된 것인가? 나는 그것을 모른다. 붓다는 이 물음을 그냥 해답 없이 남겨 놓았다. 그리고 내가 짐작하기로는 그도 확실히 몰랐다.

나는 내가 아득한 세기에 한 번 살았었고 그곳에서 내가 아직껏 대답할 수 없는 어떤 물음에 부닥쳤고 내게 제기된 그 과제를 충족시키지 못했으므로 나는 다시 태어나야 했다고 충분히 상상할 수 있다. 내가 죽는다면 — 내 추측으로는 — 내가 한 일들은 나와 함께 계속될 것이다. 나는 내가 한 것을 함께 가지고 갈 것이다. 그러나 그러는 동안에 중요한 것은 내가 나의 생의 마지막에 빈손으로서 있지 않을 것이라는 점이다. 붓다는 젊은 제자들이 쓸모없는 사변으로 그를 막아섰을 때 그도 이 생각을 했을 것 같다.

나의 실존의 의미는 인생이 나에게 하나의 물음을 가지고 있다는 데 있다. 바꾸어 말해서 내 자신이 하나의 물음이며, 이를 세계를 향하여 제기하고 있고 나는 나의 해답을 제시해야 한다. 그렇지 않으면 나는 단지 세계의 대답에 의지할 뿐이다. 그것은 내가 힘겹게 노력한 끝에 인식하는 초개인적인 인생의 과제이다. 아마도 그것은 나의 조상이 이미 생각해 보았지만 대답할 수 없었던 것을 표현하고 있을지 모른다. 그래서 내가 파우스트의 종말에 아무런 해결도 내포되지 않는 것에 깊이 감명을 받았었던가? 혹은 니체가 좌초되었던 문제, 즉 기독교적 인간에서 놓치고 만 디오니소스적 체험에 깊은 감명을 받았었던가? 혹은 나를 재촉하는 물음을 던진 것은 나의 알레만계, 프랭크계 조상의 참을성 없는 보탄 — 헤르메스신이었던가? 혹은 나는 내 전생에 반항적인 중국인이었으며 중

벌로서 나의 동양의 영혼을 유럽에서 발견해야 했다는 리하르트 빌헬름R. Wilhelm의 농담 섞인 추측이 옳은 것이었던가?

내가 나의 조상의 생의 결과로서, 나의 개인적인 전생에서 얻은 카르마로서 느끼고 있는 것은 동시에 오늘날 전 세계를 숨가쁘게 몰아대고 있고 나를 특히 사로잡은 하나의 비개인적 원형일 수도 있을 것이다. 예컨대 신성한 삼위의 세속적 발전과 여성원리와의 대결, 혹은 아직도 미결상태로 있는 악의 근원에 대한 그노시스 파 신학자들의 물음, 다시 말해서 기독교적 신상의 불완전성인지도 모른다.

나는 또한 다음의 가능성을 생각해 볼 수 있다. 즉 개인적인 성취로써 하나의 물음이 세계 속에 생겨나고 그 대답이 촉구된다고. 예를 들면 나의 물음과 나의 대답이 불만족스러운 것이 될지 모른다. 이 경우에는 누군가 내 카르마를 가진 사람이 — 그러니까 아마 내 자신 — 다시 태어나서 보다 완전에 가까운 해답을 구해야 할 것이다. 그러니까 세계가 어떤 물음을 필요로 하지 않는 한 나는 다시 태어나지 않을 것이라고 상상할 수 있다. 또한 나는 수백 년을 휴식할 수 있는 자격을 가지고 있다가 사람들이 이런 것에 흥미를 느끼는 누군가를 필요로 할 때 새롭게 과제에 임하여 무엇을 얻을 수 있게 될 것이라고 추측된다. 사람들이 내가 내 생애에 이루어 놓은 지금까지의 과제를 다 끝낼 때까지 이제 얼마간의 휴식을 나에게 줄 수 있을지 모르겠다는 생각을 한다.

카르마의 문제는 개인적인 재생이나 영혼의 유희의 문제와 마찬가지로 내게는 불분명하다. "자유롭고 빈 마음으로" — 나는 재생에 대한 인도인의 신앙고백을 존경의 마음으로 들으며 나의 경험세계에 어디선가, 어떻게든, 공정하게 영혼의 육화Reinkarnation의 방향을 가리킬 수 있는 것들이 일어나는지를 둘러볼 따름이다. 물론 나는 우리 주변에 비교적 많이 이야기되는 재생신앙의 수많은 증언들을 고려치 않는다. 하나의 믿음은 나에게는 오직 믿음의 현상을 증명할 뿐 그 믿는 내용을 증명하지는 않는다. 그 내용이 나에게 받아들여지기 위해서는 그것이 경험적으로 현시되어야 한다. 수년 전까지만 해도 나는 이 방면에 기울인 나의 관심에도 불구하고 이에 관련한 확신할 만한 어떤 것도 발견할 수 없었다. 그러나 최근에 나는 나의 친지인 한 죽은 사람에게서 재생의 과정을 묘사하는 일련의 꿈을 관찰하였다. 어떤 면들은 심지어 부인할 수 없는 개연성에서 경험적인 진실성에 이르기까지 추적되었다. 그러나 이와 비슷한 것을 나는 다시는 더 관찰하거나 들은 일이 없으므로 아무런 비교자료를 갖고 있지 않다. 나의 관찰이 주관적이며 일회적이므로 나는 오직 그런 현상이 존재한다는 것을 전할 뿐 그 내용을 말할 수는 없다. 그러나 나는 내가 이와 같은 경험 뒤에 재생의 문제를 좀 다른 눈으로 보게 되었음을 고백하지 않으면 안 되겠다. 그렇다고 해서 물론 내가 어떤 확정된 의견을 대변할 수 있는 입장에 있지는 않다.

우리가 "저곳"에서의 계속된 삶을 가정한다면 우리는 정신적인 것 이외에 어떤 다른 존재를 생각할 수 없다. 왜냐하면 정신적인 삶은 어떤 시간도, 어떤 공간도 필요로 하지 않기 때문이다. 정신적인 존재, 그중에서도 우리가 지금 이미 몰두하고 있는 내적인 상들은 저승의 존재에 관하여 온갖 신화적인 숙고의 자료를 제공하고 있고, 저승의 존재를 나는 상의 세계에서의 계속적 전진이라고 상상해 본다. 그러니 정신이란 "저승"이나 "죽은 자의 나라"가 그 안에서 발견되는 존재일 수 있을 것이다. 무의식과 "죽은 자의 나라"는 뜻을 같이한다.

심리학적 견지에서 "저승의 삶"은 노년의 정신생활의 필연적인 논리적 연속인 듯 보인다. 나이를 먹어감에 따라 정관靜觀, 성찰, 그리고 내면의 상들이 당연히 더욱 중요한 역할을 하게 된다. "너의 늙은이들은 꿈을 가지게 될 것이다."[3] 이것은 물론 노인의 영혼이 목석처럼 되지 않았을 경우를 전제로 한다 — sero medician paratur cum mala per longas convaluere moras.[4] 노년에 인간은 여러 가지 추억들을 그의 내면의 눈으로 두루 살피고 과거의 내적, 외적 상들을

3) Apostelgesch II, 17, Joel, III, 1.
4) 재앙이 오랜 시간 심화되었을 때, 너무도 늦게 의약이 마련되었다.

생각하면서 인식하기 시작한다. 이것은 마치 저승에서의 실존을 준비하는 일이거나 또는 그 전 단계와도 같은 것이며 플라톤Plato의 견해에 따르면 마치 철학이 죽음을 준비하는 것과도 같다.

내적인 상들은 내가 개인적인 회고를 하는 가운데 내 자신을 잃어버리는 것을 막아 준다. 외부적인 사건의 추억에만 사로잡혀 있는 노인들이 많다. 이들은 그 속에 갇혀 있다. 그러나 회고가 반성되고 상으로 번역되면 그것은 하나의 "전진을 위한 후진reculer pour mieux sauter"을 의미하게 된다. 나는 나의 삶을 통하여 나를 이 세계로 유도하였고 이 세계로부터 다시금 밖으로 인도하는 선線을 보고자 시도한다.

일반적으로 인류가 저승에 관해 만들어 내는 관념들은 그들의 욕구나 그들의 선입견이 그 형성과정에 참여한다. 그러므로 대부분은 저승이 밝은 관념에만 결부되어 있다. 그러나 내게는 이것이 석연치 않다. 나는 우리가 죽은 뒤에 아리따운 꽃으로 덮인 들판에 도착하리라고는 거의 생각할 수 없다. 만일 저승이 모두 밝고 좋기만 하다면 우리와 축복받은 영혼들 사이에 즐거운 대화가 있어야 할 것이며 출생 전 상태에서부터 아름답고 좋은 결과만이 우리에게 흘러들어올 수 있었을 것이다. 그러나 그런 말은 없다. 죽은 자와 산 자 사이는 어째서 그렇게 극복할 수 없을 정도로 분리되어야 했을까? 죽은 혼과의 만남에 관한 보고의 최소한 반은 어두운 영혼과의 불안에 찬 체험들이며 죽은 자의 나라는 고독한 사자의 고통도 아랑곳없이 얼음같이 찬 침묵에 잠겨 있는 것이 관찰되는 경우가 보통이다.

내 마음속에서 내 의지와 무관하게 생각하고 있는 것에 내가 따른다면, 내게는 대극적 성질이 완전히 결여된 저승이 있기에는 이 세계가 너무나 고도로 일원적이라고 느껴진다. 그곳에도 "자연"이 있으며 이것은 그 자체의 양식에 따라 또한 신의 성질이기도 하다. 죽음 뒤에 우리가 가는 세계는 신격과 우리가 잘 아는 자연처럼 위대하며 또한 무시무시한 곳일 것이다. 또한 그 세계에서 고통이 완전히 소실된다고는 상상할 수 없다. 물론 내가 1944년의 환상에서 경험했듯이 육체의 짐을 벗어 버리고 의미를 지각할 때 그것은 깊은 희열을 일으킨다. 그러나 여기에도 어둠은 있고 인간적 체온의 기묘한 정지가 있다. 내가 도달했던 새까만 바위를 상상해보라! 그것은 음산하고 가장 딱딱한 화강암이었다. 이것은 무엇을 뜻하는 것인가? 창조의 근본에 아무런 근원적 결함이나 불완전함이 없다면 왜 창조에의 의욕, 충족되어야 할 것에의 동경이 생기겠는가? 신들에게 왜 인간과 창조가 중요했던가? 그리고 니쟈나 사슬Nidâna kette의 영원으로서의 연속은 무엇인가? 붓다가 존재의 고통에 찬 착각에 대하여 그의 "존재하지 않는 것quod non"을 내보이고, 기독교인이 세계의 종말이 가까워오기를 희구하는 곳에서인가?

나는 저승에서도 역시 어떤 제약이 있을 가능성이 있다고 생각한다. 그러나 사령은 해방된 상태의 경계가 어디에 있는지를 그저 점진적으로 알아낼 수 있을 뿐이다. "그곳" 어딘가에 사후의 상태에 종지부를 찍고자 하는 세계를 규정하는 당위성이 존재한다. 이와 같은 창조적인 당위성은 — 내 생각으로는 — 어떤 영혼을 이 세상으로 다시 태어나게 하느냐를 결정할 것이다. 어떤 영혼은 삼차원적 실존의 상태를 "영원한" 존재보다 더 축복받은 존재로 느낄 것이라는 상상을 할 수 있다. 그러나 그것은 아마 그 영혼이 얼마나 그의 인간실존의 완진성 또는 불완전성을 저승으로 가지고 갔느냐에 달린 듯하다.

삼차원의 인생을 계속하는 것은 만약 영혼이 어떤 단계의 통찰에 도달되기만 했다면 아무 뜻도 없을 것이다. 그 영혼은 이때 이승으로 다시 돌아올 필요가 없을 것이며 높은 단계에 이른 통찰은 재육화에의 욕망을 저지할 것이다. 그러나 삼차원의 세계의 영혼은 사라지고 불교도들이 니르바나Nirvana라고 하는 상태에 도달할 것이다. 그러나 아직도 카르마Karma가 남아 있어 처리되어야 한다면 영혼은 다시 돌아오고 싶은 욕구에 빠지고 새로이 삶을 취하게 된다. 아마도 심지어 무엇인가 더 완성해야 한다는 통찰에서 말이다.

내 경우는 무엇보다도 나의 출생을 작동시킨 것을 이해하려는 열정적인 충동이 있었을 것이다. 이 충동은 나의 본질의 가장 강한 요소이기 때문이다. 이해하고자 하는 지칠 줄 모르는 충동은 이를테면 하나의 의식을 만들었다고 할 수 있다. 그것은 무엇이 존재하며 무엇이 일어나는가를 인식하고자 하며 이를 넘어서 인식할 수 없는 것의 얼마 안 되는 암시에 근거하여 신화적 관념을 발견하고자 한다.

우리는 결코 우리가 가진 어떤 것이 영원히 보존되는지를 증명할 수 있는 상황에 있지 않다. 우리는 고작 이렇게 말할 수 있을 뿐이다. 우리의 정신의 어떤 것이 신체적인 죽음을 넘어서 계속 존재한다는 하나의 가능성이 있다고. 이와 마찬가지로 그 계속 존재하는 것이 스스로를 의식하고 있는지 우리는 잘 모른다. 이 물음에 관해 의견을 만들 필요성이 있을 때 사람들은 아마도 정신적인 분열현상들과 더불어 경험되는 많은 경험들을 고려할 수 있을 것이다. 분리된 콤플렉스가 나타나는 대부분의 경우에 마치 콤플렉스가 자기 자신을 의식하고 있는 것같이 하나의 인격체의 형태로 일어나고 있다. 그러므로 예컨대 정신병자의 환청은 인격화되고 있다. 인격화된 콤플렉스의 현상을 나는 이미 나의 논문에서 다루었다. 우리는 그것을 의식의 연속성을 증명하는 자료로 동원할 수도 있을 것이다. 급성 뇌손상이나 급성 쇠약상태에서 할 수 있는 놀란 말한 관찰들 또한 이런 가정을 뒷받침한다. 이 두 가지 경우에도 심한 의식상실하에서 외부세계의 지각이나 강렬한 꿈의 체험이 일어날 수 있다. 의식의 자리인 대뇌피질이 의식상실 동안에 차단되어 있으므로 그런 체험은 오늘날에도 설명되지 않는다. 이것은 의식할 수 있는 능력이 최소한 주관적으로 보존되고 있음을 — 표면적인 의식상실의 상태에서도 — 말해 주고 있다.[5]

"무시간적 인간," 즉 자기Selbst와 시간, 공간 속의 세속적 인간과의 관계에 관한 문제는 어려운 문제를 제기하고 있다. 두 개의 꿈이 이 물음에 관해 나를 깨

5) 이에 관해서는 Jung-Pauli 공저, ≪자연해석과 정신(*Naturerklärung und Psyche*)≫, 1952, p. 92f 중 〈비인과적 관련원리로서의 동시성(Synchronizität als ein Prizip akausaler Zusammenhänge)〉 참조.

우쳐 주었다.

1958년 10월에 꾼 꿈에선 나는 내 집에서 가파른 고弧를 그리며 호수로 소리 내어 치닫는 편두모양의 금속성의 번득이는 원반을 바라보고 있었다. 그것은 두 개의 미확인비행체UFO였다. 그때 다른 하나의 비행체가 직접 내 쪽으로 날아왔다. 그것은 원형의 편두, 마치 망원경의 대물렌즈 같았다. 그것은 4, 5백 미터쯤 떨어진 거리에 한 순간 정지하더니 날아가 버렸다. 바로 그 뒤에 비행체는 다시 날아왔다. 통에 이어져 있는 금속부품이 있는 대물렌즈인데, 하나의 마술램프였다. 60~70미터 거리에서 그것은 공중에 정지하더니 직접 나를 겨냥했다. 나는 놀라움을 느끼며 깨어났다.

비몽사몽간에 내 머리를 스치는 생각이 있었다. 우리는 언제나 UFO가 우리의 투사投射라고 생각한다. 그러나 이제 우리 자신이 그들의 투사임을 나타내고 있다. 나는 마술램프로부터 C. G. Jung으로서 투사되고 있다. 그러나 누가 그 장치를 조작하고 있는가?

자기Selbst와 자아의Ich의 관계에 대한 문제에 관하여 나는 이미 그 전에 꿈을 꾼 일이 있다. 그 꿈에서 나는 여행 중이었다. 나는 어떤 작은 거리의 언덕진 곳을 통과하고 있었다. 햇빛이 비치고 있었고 내 주위로 넓은 시야가 펼쳐져 있었다. 그때 길가의 어느 작은 교회당에 이르렀다. 문이 반쯤 열려 있었다. 그래서 나는 안으로 들어갔다. 놀랍게도 제단 위에는 성모상도 십자가상도 없었고 단지 화려한 꽃들이 배치되어 있을 뿐이었다. 그런데 나는 제단 앞의 바닥 위에 나를 향하여 한 요가 수도사가 연꽃 자세로 앉아서 깊은 명상에 잠겨 있는 것을 보았다. 좀 더 가까이 가서 살펴보자 그가 내 얼굴을 하고 있었다. 나는 깊은 충격을 받고 잠에서 깨어서 이런 생각을 했다. '아, 그래. 나를 명상하고 있는 것이 그였구나.' 그가 하나의 꿈을 꾸었다. 그것이 나다. 만약 그가 명상에서 깬다면 나는 이미 있을 수 없으리라는 것을 나는 알고 있었다.

이 꿈은 1944년 내가 앓고 난 후에 꾸었다. 그 꿈은 다음과 같은 비유를 나타내고 있다. 나의 자기Selbst가 마치 요가도사처럼 깊은 생각에 잠겨 있다. 그리고 나의 세속적인 형상을 명상하고 있다고. 우리는 이렇게도 말할 수 있을 것이다. 삼차원의 존재가 되기 위하여 그것은 인간의 모습을 띤다. 마치 누군가가 바다 속으로 들어가기 위하여 잠수복을 입는 것처럼 자기는 종교적 자세로서 저승의 실존을 포기한다. 꿈의 상에 나타난 작은 교회당이 암시하고 있듯이 세속적인 모습으로 그것은 삼차원의 세계를 경험할 수 있을 것이고, 보다 큰 의식성으로써 좀 더 자기를 실현할 수 있게 된다.

요기요기수도자의 모습은 어떤 점으로는 나의 무의식적인 출생 전의 전일성을 묘사할지도 모른다. 극동은 꿈에서 자주 그렇듯이 우리에게 낯선 것, 의식에 대립되는 정신상태를 말한다. 마술적인 등Laterna magica과 같이 요기의 명상 역시 나의 경험적 진실을 투사하고 있다. 그러나 우리는 보통 이 인과관련을 반대방향으로 인식하고 있다. 우리는 무의식의 산물에서 만다라상징, 즉 전일성을 묘사하는 원과 4위상을 발견한다. 그리고 우리가 전일성을 묘사할 때 우리는 바로 원과 4위상을 사용한다. 우리의 기초는 자아의식, 자아 점을 중심으로 한 빛의 장이고 그것은 우리의 세계를 표현한다. 여기서 우리는 수수께끼와 같은 어둠의 세계를 바라보고 있으며 얼마나 그 그림자 같은 흔적들이 우리의 의식에서 연유되는 것인지를 모른다. 혹은 얼마나 그것이 그 고유의 현실을 소유하고 있는지 모른다. 피상적인 관찰은 그것의 원인이 된 의식의 가정을 만족시키는 듯하다. 그러나 자세히 보면 무의식의 상들은 의식에서 만들어진 것이 아니라 그들 고유의 현실과 자발성을 지니고 있다. 그런데도 우리는 그것을 단지 일종의 주변 현상 정도로만 보고 있다.

두 개의 꿈의 특징적 경향은 자아의식과 무의식의 관계가 도치될 수 있으며 무의식이 경험적 인간을 만들어 내는 것으로서 묘사됨을 가리키고 있다. 이러한 도치는 "다른 쪽"에서의 견해에 따르면 우리의 무의식적인 존재가 참다운 것이며 우리의 의식세계는 일종의 착각이거나 하나의 가상적인 일정한 목적을 위해서 만들어진 현실을 묘사함을 가리키고 있고, 이것은 마치 꿈과 같은 현실로서 우리가 그 속에 있는 동안만 현실인 듯 보이는 것이다. 이러한 사정은 동양의 세

계관과 무척 비슷한 것을 지니고 있는데 특히 동양의 미망迷妄에 대한 믿음과 비슷하다.[6)]

그러므로 무의식의 전일성은 나에게는 온갖 생물학적, 정신적 형상의 고유한 혼의 지도자spiritus rector로 보인다. 그것은 총체적인 실현, 그러니까 인간의 경우 전적인 의식화를 지향한다. 의식화는 넓은 의미에서의 문화이며 그러므로 자기인식은 이 과정의 정수이며 핵심이다. 동양은 의심할 바 없이 자기Selbst에 신적인 의미를 부여하고, 고대 기독교의 관점에 따르면 자기인식은 신을 인식하는 길이다.

인류에게 던져진 결정적인 물음이란 그대는 무한한 것에 연계되어 있는가 하는 것이다. 이것이 그의 인생의 시금석이다. 무한한 것이 본질적인 것임을 내가 알 때라야만 나는 결정적으로 중요한 것이 아닌 쓸데없는 일에 관심을 두는 일이 없을 것이다. 내가 그것을 모를 때 나는 개인적으로 소유하고 있다고 생각하는 것들의 이런 저런 성격들 때문에 무엇인가를 이 세상이 인정하도록 고집할 것이다. 그러니까 그렇게 고집하게 되는 것은 아마도 "나의" 재능이나 "나의" 멋 때문일지 모른다. 인간이 그릇된 소유를 고집하면 할수록 그리고 본질적인 것을 느낄 수 없으면 없을수록 그의 삶은 더욱 불만족스러운 것이 된다. 그는 제약된 것처럼 느낀다. 그러나 그것은 그가 제약된 의도를 갖고 있기 때문이다. 그리고 이것은 선망과 질투를 만든다. 우리가 이미 이승의 삶에서 무한한 것에 결속되어 있다는 것을 느끼고 이해할 때 우리의 욕구와 자세가 바뀌게 된다. 결국 인간에게 합당한 것은 오직 본질적인 것이다. 그리고 우리가 그것을 갖지 않았다면 인생은 낭비된 것이다. 또한 다른 사람들과의 관계에서도 무한한 것이 그 속에

6) 누가, 그리고 "어떤 곳"이 진실이라고 할 수 있느냐 하는 불확실성이 이미 융의 생애에서 어떤 역할을 한 적이 있다. 그가 어릴 때 돌 위에 앉아서 그 돌이 "나"인가, 누가 나인가 하는 생각에 잠겼었다. 또한 유명한 장자(莊子)의 나비의 꿈과 비교할 것. A. J.

융의 부인,
Emma Jung Rauschenbach(1882~1955)의 1954년 사진.

표현되는지 안 되는지가 결정적인 것이다.

무한한 것의 느낌은 다만 내가 극단적으로 유한할 때 도달할 수 있다. 인간의 가장 최대의 제약은 자기이다. 그것은 "나는 **다만** 그것일 뿐이다"라는 체험 속에 나타난다. 내가 자기 안에서 가장 제약되어 있다는 의식만이 무의식의 무한성에 연결될 수 있다. 이러한 깨달음에서 나는 나를 유한하면서도 영원하며, 이것이면서도 다른 것으로서 경험한다. 내가 나를 고유한 일회적 존재로서 나의 개인적인 결합 속에서 궁극적으로 제약되어 있음을 알게 되면서 나는 또한 무한함을 의식할 수 있는 가능성을 가진다. 그러나 다만 그럴 때만 이것이 가능하다.

인생의 공간을 넓히고 합리적인 지식을 어떤 경우에도 증가시키는 시기에서는 자기의 일회성과 유한함을 의식하는 것이 가장 강하게 요구된다. 일회성과 유한성은 동의어이다. 이것을 인식하지 않고 무한을 지각할 수 없다. —그러니 또한 의식화라는 것도 없다. 단지 다수 군중의 열광과 정치적인 권력의 위세에서 표현되는 것과의 망상적인 동일시가 있을 뿐이다.

우리의 시대는 모든 중요성을 현세적 인간에 미루어 왔다. 이로써 인간과 그의 세계의 마력화가 초래되었다. 독재자들의 출현과 그들이 가져다 준 온갖 재앙은 너무도 영리한 지성인들이 지닌 근시안 때문에 인간에게서 내세적인 것을 박탈한 사실에 그 원인이 있다. 인간은 그런 근시적인 사람들처럼 무의식성의 제물이 되어 버렸다. 인간의 과제란 전혀 그 반대일 것이다. 무의식에서 엄습해 오는 것에 관해서 무의식인 채 있거나 동일시하지 않고 그것을 의식화하는 것이 그의 과제이다. 무의식적인 상태에 머무르거나 무의식과 동일시하는 것은 의식을 만들어 가야 할 그의 사명에 불충실한 것이다. 우리가 인식할 수 있는 한, 단순한 현존의 어둠에 불을 붙이는 것은 인간실존의 유일한 의미이다. 심지어 무의식이 우리에게 작용하듯 우리의 의식의 증가가 무의식에 작용하고 있음을 가정할 수 있다.

제13장

만년의 사상

내 자신을 전기의 형태로 밝혀나가는 데 덧붙여 이 장의 설명이 없어서는 안 될 것 같다. 물론 독자에게는 이것이 아마 너무 이론적인 것으로 보일 것이다. 그러나 이 이론들은 나의 생에 속하는 존재형태이며, 하나의 생의 양식을 묘사하고 있으며 그것은 마치 먹고 마시는 것만큼이나 내게 필요한 것이다.

I

기독교에 있어서 주목할 만한 것은 그 도그마 속에 신격의 변화과정이 예상되고 있다는 사실, 즉 "다른 측면"에서의 역사적 변환이 예상된다는 사실이다. 이것은 하늘에서의 분단이라는 새로운 신화의 형태로 일어나고 있다. 이런 분단의 신화는 뱀의 모양을 한 창조주의 적이 나타나 최초의 인간에게 의식성을 증대시켜 준다고 약속하면서 창조주에게 순종하지 않도록 유혹하는 창조신화에서 처음으로 시사되고 있다. 두 번째로 시사된 것은 천사의 추락, 무의식의 내용의 인간세계로의 "너무나 성급한" 침범이다. 천사들은 특이한 족속이다. 이들은 바로 그들이 생긴 그대로일 뿐 다른 아무것도 될 수 없는, 영혼이 없는 존재로서 그들의 주인의 생각이나 직관을 그대로 표현하는 것 이외에 아무것도 할 수 없다. 천사의 추락의 경우에는 그러니까 예외 없이 "나쁜" 천사의 경우이다. 이들은 잘 알려진 **팽창**의 작용을 일으키는데 우리는 오늘날에도 그것을 독재자의 망상 속에서 관찰할 수 있다. 땅에 떨어진 천사들은 인간과 함께 **거인족**을 낳고 이것은 결국 인류를 잡아먹을 준비를 하고 있다고 헤녹서에 보고되고 있다.

그런데 이러한 신화의 세 번째 결정적인 단계는 구약의 **신혼**神婚의 관념과 그 결과를 충족시키기 위한 인간적 형상으로의 신의 자기실현이다. 이미 기독교의 시원기에서 육화의 관념은 "우리 속의 그리스도Christus in nobis"의 관점으로 고양되었다. 이로써 무의식의 전일성은 내적인 체험의 심리적 영역으로 밀려들었다. 그리고 인간에게 그의 전일의 모습을 예감하게 하였다. 그것은 인간에게뿐 아니라 창조주에게도 결정적인 사건이었다. 어둠에서 해방된 자의 눈으로 볼 때 창조주는 그의 어두운 성질을 벗어 버리고 선의 총화가 되었다. 이와 같은 신화는 천 년 동안, 11세기에 또 하나의 의식의 변환의 첫 징표가 눈에 띄게 되기까지 깨뜨려지지 않은 채 존속하였다.[1)]

그 뒤부터 초조와 회의의 증후가 증대하기 시작하다가 두 번째 천 년 말에 세계 몰락의 상이 떠오르기 시작했는 바, 이것은 먼저 의식의 위협으로 나타났다. 이것은 거인의 현상으로 이루어지고 있는데 의식의 오만 —"인간과 그의 행위보다 더 위대한 것은 없다"는 생각이다. 기독교 신화의 피안성彼岸性은 상실되었으며 이로써 저승에서의 충족된 전일성이라는 기독교적 관점 또한 상실되었다.

빛에는 그림자가 따른다. 즉 창조주의 다른 측면이. 이와 같은 발전은 20세기에 절정에 달했다. 지금 기독교의 세계는 진정으로 악의 원리와 대결하고 있다. 다시 말해서 공공연한 부정, 횡포, 허위, 굴종과 양심의 압박과 대결하고 있다. 적나라한 악의 현상은 러시아 민족에서 영원한 형상을 취하게 된 듯이 보이지만 그 최초의 강렬한 발화는 독일 민족에게서 일어났다. 그것은 20세기 기독

1) 융은 이 주제를 ≪아이온Aion≫에서 다루었다.

교가 얼마나 침식되어 빈껍데기로 남게 되었는지를 철저하게 입증하였던 것이다. 이에 직면하여 악은 이제는 더 이상 선의 결여privatio boni라는 완곡한 말투로 과소평가할 수 없는 것이 되었다. 악은 결정권을 가진 현실이 되었다. 그것은 이름을 바꿔 부르는 것으로는 이 세상에서 제거될 수 없는 존재가 되었다. 우리는 그것을 다루는 법을 배워야 할 것이다. 왜냐하면 그것은 **함께 살고자** 하기 때문이다. 그것이 커다란 피해 없이 가능할는지 현재로는 예측할 수 없다.

어쨌든 우리는 하나의 새로운 방향설정, 즉 메타노이아Metanoia를 필요로 한다. 우리가 악과 접촉하면 거기에 빠져들 심각한 위험이 개재하고 있다. 그러니 우리는 이제는 빠져들어서는 안 되며 선에도 빠져들면 안 된다. 이른바 사람들이 선에 빠져 버리면 그 선은 도덕적인 성질을 잃게 된다. 그 자체가 나빠지기 때문이 아니라 우리가 그것에 빠져 버렸으므로, 그것이 나쁜 결과로 발전하기 때문이다. 어떤 형태의 중독성도, 중독되는 대상이 알콜이든 아편이든 혹은 이상주의든 간에 악에서 나온 것이다. 우리는 선악의 대극에 더 이상 빠져들도록 해서는 안 된다.

윤리적 행위의 판정 기준은 우리가 "선"이라고 인식하는 것이 절대적인 지상명령의 성질을 갖추는 데 있는 것도 아니고 이른바 악이 반드시 피할 수 있는 것이라는 사실에 있는 것도 아니다. 악의 현실성을 인정함으로써 선은 필연적으로 대극의 반쪽으로서 상대화된다. 악에 대해서도 마찬가지다. 둘이 합쳐서 하나의 모순된 전체를 이루고 있다. 실제적인 측면에서 이것은 선악이 그 절대적 성질을 잃는다는 뜻이고 선이니 악이니 하는 것은 하나의 **판단**을 나타내고 있음을 깨닫지 않을 수 없다는 말이다.

인간이 판단하는 모든 것이 완전치 못하다는 사실은 우리로 하여금 우리의 견해가 늘 옳은 것이냐에 대한 회의를 갖게 한다. 우리도 잘못된 판단에 사로잡힐 수 있다. 윤리적 문제는 다만 우리가 도덕적인 평가에 불확실하게 느끼는 한 영향을 입는다. 그러나 그렇다 하더라도 우리는 결단을 내려야 한다. 선과 악이 상대적이라 해서 결코 이 선악의 범주가 유효하지 않다거나 존재하지 않는다는 말을 의미하지는 않는다. 도덕적 판단은 언제나 어디서나 존재하며 특유한 심리적 결과를 수반한다. 다른 곳에서 내가 이미 강조한 것처럼 과거에 일어났거나 미래에 일어날 온갖 의도되거나 행해진 잘못은 우리의 마음을 벌줄 것이다. 세계가 우리를 위해 돌아가든 아니든 상관없다. 시간적, 공간적 조건에 지배되고 이에 따라 변화하는 것은 오직 판단의 내용들일 뿐이다. 도덕적 평가는 언제나 우리에게 확실한 것처럼 보이는 예의범절에 근거를 두고 있는데 이것은 무엇이 좋고 무엇이 나쁜지를 정확하게 아는 것처럼 내세우고 있다. 그런데 이제 우리는 이러한 도덕적 평가의 토대가 얼마나 불확실한가를 알기 때문에 우리의 윤리적 결단은 오직 신에 따를 때concedente Deo만이 보장할 수 있는 주관적이며 창조적인 행위가 된다. 다시 말해서 무의식의 측면으로부터의 하나의 자발적이며 결정적인 충격을 필요로 한다. 선과 악 사이를 결정하는 윤리Ethik 그 자체는 이런 충격에 의해서 아무런 영향을 입지 않으며 다만 일을 어렵게 만들 뿐이다. 어떤 것도 윤리적 결단의 괴로움을 덜어 줄 수는 없다. 그러나 우리는 아무리 이 말이 냉혹하게 들린다 하더라도, 만약 윤리적 결단이 그것을 요구한다면 도덕적으로 선하다고 알려진 것을 경우에 따라 피하고 악한 것이라 인정되고 있는 것을 행할 자유를 가져야 한다. 바꾸어 말해서 우리는 선악의 대극에 빠져들어서는 안 된다. 그러한 일방성에 대하여 우리는 도덕적 형태를 띤 인도철학의 neti-neti의 본보기를 가지고 있다. 이로써 예의범절은 필요한 경우에는 어쩔 수 없이 지양되고 윤리적 결단은 개인에게 맡겨진다. 이런 생각은 사실 결코 새로운 것이 아니다. 심리학이 발달하기 이전의 시대에 이미 언제나 "의무의 알력"이라는 이름 아래 일어나고 있었던 것이다.

개인은 보통 자신의 결단능력을 알지 못할 만큼 자신에 대해 무의식적이어서 언제나 소심하게 외부적인 규칙이나 법률을 살피면서 절망적으로 매달릴 것을 찾고 있다. 인간의 불완전성 이외에도 그 책임의 큰 부분은 교육에 있다. 교육은 예외 없이 사람들이 일반적으로 알고 있는 것에만 집중하고 개인의 사적인 경험에 관해 말하지 않는다. 이리하여 사람들이 결코 충족시킬 수 없을 것을 확실히 알고 있는 이상들이 교육되고 이런 이상적인 관념들이 자기들 자신도 결코 충족시킨 일이 없고 일찍이 한 번도 충족시킬 수 없었음을 알고 있으면서 다만 직무상 이를 설교하고 있다. 이런 상황이 잘 음미되지 않은 채 받아들여지고 있다.

그러므로 오늘날 제기된 악의 문제에 해답을 얻고자 하는 사람은 무엇보다도 철저한 **자기인식**Selbsterkenntnis, 즉 자신의 전체를 가능한 한 최대한 인식할 필요가 있다. 그는 그가 얼마나 선을 행할 수 있으며, 어떤 파렴치한 행위를 할 수 있는지를 가차 없이 인식해야 한다. 그리고 그는 전자를 사실로, 후자를 착각이라고 간주하지 않도록 조심해야 할 것이다. 가능성으로서 두 가지가 다 진실이다. 사람은 만약 그가 그의 본래의 책무인 — 자기기만과 자기착각에 빠지지 않는 삶을 살고자 한다면, 어느 하나의 가능성에서도 도피할 수 없다.

그러나 사람들은 이 정도의 인식을 하기에도 까마득히 먼 곳에 있어 거의 가망이 없을 정도이다. 많은 현대인이 더욱 깊게 자기를 인식할 수 있는 가능성을 분명히 가지고 있는데도 말이다. 이러한 자기인식이 필요한 이유는 오직 자기인식의 바탕 위에서 우리가 본능과 만날 수 있고, 인간 존재의 핵이며 기층에 접근할 수 있다는 데 있다. 본능이란 선험적으로 존재하는 동적인 요소로서 우리의 의식의 윤리적 결단이 궁극적으로 여기에 의존해 있다. 그것은 무의식과 그 내용으로서 이에 관해서는 결정적인 최후의 판단이란 없다. 우리는 이에 관해 선입견을 가질 수 있을 뿐이다. 왜냐하면 그 존재를 인식하면서 포괄할 수 없고 그것에 합리적인 경계를 그을 수가 없기 때문이다. 우리는 오직 의식을 넓히는 학문을 통해서만이 자연인식에 도달할 수 있다. 그러므로 심화된 자기인식 또한 학문, 즉 심리학을 필요로 한다. 말하자면 아무도 망원경이나 현미경을 광학의 지식 없이 손쉽게, 좋은 의지만으로 만들지는 않는다.

우리는 오늘날 심리학을 어느 때보다 절실히 필요로 하고 있다. 국가 사회주의(나치)와 볼셰비즘(러시아)의 현상을 앞에 두고 우리는 당황하여 말문이 막혀 어쩔 줄을 모르고 있다. 왜냐하면 우리는 인간에 관해 아무것도 모르고 있기 때문이다. 안다고 하더라도 인간에 관해 그저 왜곡된 일면의 상을 가지고 있을 뿐이다. 우리가 자기인식을 가졌던들 그렇지 않았을 것이다. 지금 우리는 악에 대한 엄청난 문제에 직면하고 있으나 우리는 그것이 무엇인지도 모르고 있다. 하물며 해답을 얻을 수가 있겠는가. 우리가 그것이 무엇인지 안다고 하더라도 "이 모든 것이 어떻게 현재 우리가 본 것처럼 그렇게 일어나게 되는지"를 이해하지 못한다. 천부적인 순진성에서 어느 정치가는 선언하기를, 자기는 "악의 상상"조차 가지고 있지 않다고 했다. 대단히 옳은 말이다. **인간들**은 악의 상상을 가지고 있지 않다. 그러나 **악의 상상이 그들을 가지고 있다**. 어떤 사람은 그것을 알고자 하지 않으며 다른 사람은 그와 동일시되고 있다. 그것이 오늘날의 세계 정황이다. 어떤 사람은 자신이 아직 기독교인이라고 억단하면서 그들이 이른바 악을 정복할 수 있으며 다른 사람은 악에 빠져서 선을 보지 못한다고 믿는다. 악은 오늘날 눈으로 볼 수 있는 큰 권력이 되었다. 인류의 반은 인간의 간교한 머리를 쥐어 짜서 생산해 낸 신조에 의지하며, 나머지 반은 현재의 상황에 적합한 신화의 결핍에 시달리고 있다. 기독교를 신봉하는 민족들에게서 기독교는 잠들었으며 수백 년을 경과하는 동안에 그의 신화를 계속 세워 나가는 일을 게을리했다. 신화적 표상의 은밀한 성장 충동을 보고 이를 표현했던 사람들이 있었으나 아무도 그들의 말에 귀를 기울이는 사람이 없었다. 조아키노 다 피오레Gioacchino da Fiore, 에크하르트 사Meister Eckart, 야곱 뵈메Jacob Boehme, 그리고 많은 그러한 사람들은 대중에게는 비개화주의자Dunkelmänner로 남아 있었다. 유일한 희망의 빛은 비오 12세와 그의 도그마이다.[2] 그러나 사람들은 내가 이런 말을 할 때 무엇에 관해 말하고 있는지조차 모른다. 사람들은 신화가 계속 발전되지 않으면 신화는 죽어 있는 것이라는 사실을 알지 못한다. 우리의 신화는 벙어리가 되었고 아무런 해답도 주지 않는다. 잘못은 성서에 기록되어 있는 대로의 신화에 있는 것이 아니라 오직 그것을 계속 발전시키지 못했으며 심지어 발전을 시키기 위한 온갖 기도를 억압한 우리 자신에게 있다. 신화의 본래적인 이야기에는 여러 가지 발

2) p. 257 주) 2 참조.

전 가능성을 뒷받침하는 점들이 얼마든지 발견된다. 예컨대 그리스도는 말씀하셨다: "뱀처럼 영리하라. 그리고 비둘기처럼 온유하라." 뱀의 영리함을 어디다 쓸 것인가? 그리고 그것은 비둘기의 온유함과 어떤 관계에 있는가? "그대들이 어린이처럼 되지 않는다면 …" — 어린이가 실제로 어떤 것인지 누가 생각하고 있는가? 승리자로서 예루살렘 성에 필요한 나귀의 찬탈을 주님은 무슨 도덕을 근거로 정당화했는가? 그리고 그 뒤에 어린애처럼 기분이 나빠져서 무화과나무를 저주한 것은 누구였는가? 부당한 관리인Haushalter의 비유에서 어떤 도덕이 생겨나는가? 그리고 묵시록의 다음과 같은 주의 말씀에서 우리의 현 상황에 중요한 어떤 깊은 인식이 표출되고 있는가? "인간들아, 네가 무엇을 하는지 안다면 축복받을 것이며, 그러나 네가 그것을 모르면 저주받을 것이요, 법률을 위반한 자가 되리라."[3] "내가 원치 않는 악을 내가 행한다"고 바울이 고백했을 때 이것은 결국 무엇을 말하는가? 일반적으로 어렵게 여기는 묵시록의 명백한 예언들은 보통 신용을 하지 않으니 아예 언급하지도 않겠다.

그노시스 파에서 일찍이 던진 물음, "어디서 악이 나오는가?"라는 것은 기독교 세계에서는 아무런 해답도 발견되지 못했고, 마귀의 구원이 가능할 것이라는 오리게네스Origenes의 조심스러운 암시는 이단으로 간주되었다. 그러나 오늘날 우리는 이에 대하여 답변을 해야 하는데도 다만 빈손으로 서서 그저 놀란 채 어찌할 바를 모른다. 그리하여 우리가 그렇게도 긴급히 필요로 하는 신화의 도움이 없다는 사실조차 스스로 깨우치지 못하고 있다. 사람들은 정치적 상황과 무시무시한, 심지어 마력적이기까지 한 과학의 성과에서 남모르는 전율과 숨막히는 예감을 느끼고 있지만 속수무책이다. 다만 최소한 극소수의 사람들만이 이번에는 오랫동안 잊혀진 **인간의 넋**이 중요한 문제라는 결론을 내리고 있다.

신화의 계속적 발전은 성령이 사도들에게 내려진 것에서부터 시작될 수 있을 것 같다. 성령은 이들을 하나님의 아들로 만들었다. 이들뿐 아니라 사도들을

3) Codex Bezae ad Lucam 6, 4.

통해서 그들 뒤에 많은 이들이 성령을 받고 휠리아치오filiatio, 신의 아들의 자리를 맞이하고 있다. 이들은 자생적이며 토착적인 동물에 그치지 않고 두번 태어난 자로서 신격에 뿌리박고 있다는 확신을 얻게 된 것이다. 이들의 눈에 보이는 신체적인 삶은 이 세상의 것이지만 이들의 보이지 않는 내적 인간은 기독교적 구원의 역사의 신화가 말해 주듯이 전일全一의 원상原像, 영원한 아버지에서 나오고, 그리로 돌아가는 것이다.

창조주가 전일의 존재이듯 그의 피조물, 그러니까 그의 아들도 전일의 존재여야 할 것이다. 신적인 전일성의 관념에서 탈각해야 할 것은 아무것도 없다. 그러나 무엇이 일어났는지에 대한 의식성의 결여 때문에 그 전일성의 분열이 일어났다. 하나의 어두운 왕국과 밝은 왕국이 생겨났다. 이 결과는 그리스도가 세상에 나오기 전에도 분명히 준비되고 있었다. 그것은 무엇보다도 욥의 체험에서 인지할 수 있고 더 나아가 바로 전 기독시대에 널리 보급되었던 헤녹서에서 볼 수 있다. 기독교에서도 이러한 형이상학적 분열이 분명히 계속 존재하고 있었다. 즉, 구약성서에서 아직 야훼의 직접 수행자로 나타난 사탄은 이제는 영원한 신의 세계와 전적인 대극을 이루었다. 그는 근절될 수 없는 것이다. 그러니까 11세기 초에 이미 세계를 창조한 것은 신이 아니라 마귀라는 신앙이 출현한 것은 놀랄 일이 아니다. 그것은 인간에게 위험한 학문과 예술을 가르친 것은 하늘에서 추락한 천사라는 천사추락의 신화가 이야기된 이후에, 다가올 기독시대의 제2반기의 서곡이었다. 이 옛 이야기꾼은 히로시마 원폭장면을 보고 뭐라고 말했겠는가?

야곱 뵈메Jacob Boehme의 천부적인 환상은 신상神像의 대극적 성질을 지니고 있고 이로써 그는 신화를 재구축하는 작업을 하였다. 뵈메에 의해서 구상된 만다라 상징은 분열된 신을 묘사하고 있는데 그 내면의 원이 두 개의 반원으로 분리되어 있으며 그들은 서로 등을 맞대고 있다.[4]

---

4) ≪무의식의 형상성(*Gestaltungen des Unbewußten*)≫, 1950, 그림 3에 모사되었다.

기독교 도그마의 전제에 따른다면 신은 삼위적 각각의 인격에 있어서 전체이므로, 또한 흘러드는 성령의 어느 부분에서도 전체이다. 이렇게 모든 인간은 누구나 전일적인 신과 함께 신의 아들을 공유하고 있다. 이렇게 하여 신상의 대극복합complexio oppositorum이 인간 속에 들어오게 된다. 그러나 그것은 통일성으로서 나타나지 않고 갈등으로 나타난다. 신이 "밝은" 것이라는 이미 수용된 관념에 신상의 어두운 반쪽이 부딪치게 되는 것이다. 오늘의 우리 시대에서 일어나고 있는 것이 바로 이 유물이다. 그러나 이런 사실을 인식하는 것이 그들의 과제일 것임에도 불구하고 인류사회의 지도자들은 이를 이해하지 못하고 있다. 사람들은 우리가 중요한 시대적 전환점에 서 있음을 확신하고 있지만 그 전환기는 핵의 융합이나 분열, 우주로켓 때문에 생긴 것이라 생각하고 있다. 사람들은 늘 그렇듯이 그것이 동시에 인간의 마음Seele속에 일어나고 있음을 간과하고 있다.

심리학적 입장에서 볼 때 신상은 심적 토대에서 현시된 것이며 그것은 이제 심각한 분열의 형태로 의식되기 시작하고 있다. 그리하여 신상의 분열이 세계정치에까지 확대되는 한 벌써 이에 대한 하나의 심리적 대상이 눈에 띄게 나타나고 있다. 그것은 자연발생적으로 출현되는 원형의 통일상의 형태로 나타나고 있는데 이것은 정신 내부에서의 대극의 합성을 묘사하는 것이다. 또한 이에 속하는 것으로 "미확인비행체UFO"에 관한 전 세계에 퍼진 소문인데 그것은 이미 1945년에 시작되었다. 미확인비행체들은 나는 기계라고 해석되며, 사람들은 그것이 다른 별이나 심지어 "4차원"의 세계에서 기원된 것이라고 가정하고 있다.

50년도 넘은 과거에(1918) 나는 핵심적인 상징으로 보이는 이와 비슷한 종류의 것을 나의 집단적 무의식의 연구에서 발견하였는데 그것이 만다라의 상징이다. 내가 발견한 것을 좀 더 확실히 하기 위해서 1929년 나의 발견을 시론적으로 처음 출간[5]하기까지 10년 이상이나 계속 나의 관찰을 수집했다. 만다라는 원형상이며 그 존재는 수천 년에 걸쳐 증명되는 것이다. 그것은 **자기Selbst의 전**

---

5) ≪태을금화종지(太乙金華宗旨, *Das Geheimnis der Goldenen Blüte*)≫, Jung & Wilhelm.

체를 표시하거나 심적 토대의 전체성을 보여 주는 것이다 — 신화적으로 표현해서 인간 안에 육화된 신성의 출현이다. 뵈메의 만다라에 대해서 현대인의 만다라는 통일을 지향하고 있다. 즉 이것은 분열에 대한 보상을 묘사하거나 예기된 분열의 극복을 묘사하고 있다. 이 과정이 집단적 무의식에서 일어나고 있으므로 그것은 어디에서나 나타난다. 미확인비행체UFO에 대한 소문 또한 이를 알려주고 있다. 그것은 보편적으로 존재하는 소인의 증후이다.

분석적 치료가 "그림자"를 의식화하는 것인 한 그것은 하나의 분열과 대극의 긴장을 만들어 내고 그 긴장은 또한 하나 속에서의 평형을 구하게 된다. 이 평형의 중개는 상징을 통하여 이루어진다. 대극 사이의 대결은 사람들이 그것을 중요시하거나 그것이 그 사람을 중요하게 보았을 때 견딜 수 있는 한계점까지 다다르게 된다. 논리학의 배중원리排中原理, tertium non datur가 그 진실을 증명한다. 사람들은 어떤 해결도 예측할 수 없다. 모든 것이 잘되면 해결은 저절로 나타난다. 이때 — 오직 이때에만 — 그것은 확신에 찬 것이 된다. 해결은 사람들이 "은혜"라고 말하는 것으로 느껴진다. 해결은 대극 사이의 싸움과 충돌에서 나오므로 그것은 대개 의식적인 소여와 무의식적인 소여 사이의 헤아릴 수 없는 혼융이며 그러길래 하나의 상징 — 쪼개진 화폐, 그 조각들이 꼭 들어맞는 — 이다.[6] 그것은 의식과 무의식의 협동의 결과를 묘사하며 만다라형의 신상神像의 비유에 다다른다. 이런 신상은 물론 전일의 관념의 가장 단순한 구성일 것이며 대극의 쟁투와 그 화해를 우리에게 보여 주도록, 저절로 마음속에 일어나는 상일 것이다. 처음에는 순전히 개인적인 성질의 대극의 대결이지만 우리는 곧 주관적인 대극이 단지 세계대극의 개별사례에 불과하다는 통찰을 얻게 된다. 우리의 정신Psyche은 세계구조에서 꾸며진 것이다. 큰 것에서 일어나는 것은 심혼Seele의 가장 작은 것, 가장 주관적인 것에서도 일어난다. 그러므로 신의 상은 언제나 강력한 대자對者에 대한 내적인 경험의 투사이다. 이 강력한 대자는 내적 경험의 출발점이

6) "상징(Symbolon)"의 뜻 가운데 한 가지는 "후대의 표지(tessera hospitalitatis)"로서 고대 그리스의 풍습으로는 두 친구가 헤어질 때 반쪽씩을 가지는 쪼개진 동전이다.

되는 대상들을 통해서 눈에 보이는 형태로 드러난다. 그 대상들은 이때부터 누미노제신성력의 의미를 내포하게 된다. 혹은 그 대자는 누미노제와 그 누미노제의 엄청난 힘의 특징을 갖추게 된다. 이 경우에 사람들의 상상은 단순한 구체성에서 해방되어 보이지 않는 것의 상, 현상 뒤에 숨어 있는 것의 상을 구상하고자 한다. 나는 이 경우 가장 단순한 만다라의 기본 형인 원형圓形과 가장 단순한(사고상으로) 원의 분할, 4각 또는 십자를 생각한다.

그러한 경험들은 인간에게 도움을 주거나 파괴적인 영향을 준다. 그는 이것을 이해하거나 파악하거나 지배하지 못한다. 그는 그 체험에서 빠져나올 수 없기 때문에 그것을 상대적으로 압도적인 힘이라고 느낀다. 그 체험이 그의 의식의 인격에서 나온 것이 아니라는 올바른 인식을 할 때 그는 그 체험을 마나Mana, 데몬Dämon, 혹은 신이라는 이름으로 부른다. 과학적인 인식은 "무의식"이라는 용어를 제공하고 이 용어를 씀으로써 그것에 관해 아무것도 모른다는 사실을 시인한다. 왜냐하면 과학은 정신의 실체에 관해서 아무것도 알 수가 없는 것이다. 그것은 다만 정신을 수단으로 해서 알 수 있을 뿐이기 때문이다. 그러니까 우리는 마나, 데몬, 신이라는 이름의 타당성을 논박할 수도 긍정할 수도 없다. 그러나 우리는 어떤 객관적인 것을 체험할 때 수반되는 이질감이 정말 존재한다는 사실은 확인할 수 있을 것이다.

우리는 미지의 것, 낯선 것이 우리에게 일어난다는 사실을 알고 있다. 또한 우리는 꿈이나 어떤 착상을 우리가 **만들어 내는** 것이 아니라 저절로 생겨난다는 것을 알고 있다. 이렇게 우리에게 닥쳐오는 것들을 사람들은 마나, 데몬, 신으로부터 나오는, 혹은 무의식에서 나오는 작용이라고 규정할 수 있다. 처음 세 가지 — 마나, 데몬, 신이라는 이름들은 누미노제적인 것의 감정적 성질을 내포하고 이를 자극하는 말이라는 점에서 그 말을 사용하는 데 큰 이점을 가지고 있는 반면 후자, 즉 무의식은 평범한 말이므로 현실에 더 가까이 있다. 이 개념은 경험 가능한 것, 즉 우리에게 알려져 있고 우리가 가까이 할 수 있는 일상적인 현실을 내포하고 있다. 무의식은 상상과정에 실제적인 도움을 주기에는 너무도 중립적이며 합리적인 개념이다. 이 개념은 학문적인 사용을 위해 만들어 놓은 것이고 냉정한 관찰을 위한 것이다. 이것은 아무런 형이상학적 요청을 제기하지 않으며 논박의 여지가 많아서 광신주의로 치달을 수 있는 어떤 초월적 개념들보다 훨씬 적합한 개념이다.

나는 그래서 "무의식"이라는 용어를 더 좋아한다. 물론 나는 내가 신화적으로 표현하고자 할 때 신이니 데몬이니 하는 말을 쓰게 될 것임을 잘 알고 있지만—그러나 내가 신화적으로 표현할 때에도 나는 "마나," "데몬" 그리고 "신"은 무의식의 동의어라는 사실을 의식하며 쓰고 있는 것이며 우리는 전자에 대해서나 후자에 대해서나 한결같이 아는 만큼만 알고 모르는 것을 모르기는 마찬가지인 것이다. 사람들은 전자에 대해서 더 많이 알고 있다고 **믿고** 있다. 어떤 특정한 목적을 위해서는 물론 이로울 것이고 학문적인 개념보다 효과적일 것이다.

데몬이니 신이니 하는 개념의 이점은 그 개념들이 대자의 훨씬 더 나은 객관화, 즉 **인격화**를 가능하게 할 수 있다는 데 있다. 그 개념이 지닌 감정적인 성질이 그것에 생명과 효력을 부여한다. 미움과 사랑, 공포와 숭배는 대결의 무대에 들어서서 그 대결을 고도로 극화시킨다. 이로써 단순히 "예시되었던 것"이 "행위된 것"이 되는 것이다.[7] 인간 전체가 도전 받고 그는 그의 전 현실을 가지고 싸움에 임한다. 오직 이렇게 하여 그는 전체가 될 수 있고 그의 안에 ≪신을 태어나게≫ 할 수가 있다. 즉 신은 인간적인 현실에 들어서며 인간의 형상 속에서 인간과 보조를 같이 할 수 있게 된다. 이러한 육화의 행위로써 인간, 즉 그의 자아는 내적으로 ≪신≫에 의해서 대치되며 신은 외부적으로 인간이 된다. 그것은 바로 예수의 다음과 같은 말, "나를 보는 자는 아버지를 보는 자이다"와 일치한다.

이러한 사실을 확인하다 보면 신화적 용어의 단점이 드러난다. 신에 대한 평균적인 기독교인의 관념은 이 세상의 전지전능하며 자애 깊은 아버지요, 창조주

7) ≪의식의 뿌리에 관하여(*Von den Wurzeln des Bewuβtseins*)≫, 1954, p. 284에 있는 〈미사에서의 변환의 상징(*Das Wandlungssymbol in der Messe*)〉.

이다. 이 신이 인간이 되려고 한다면 물론 극도의 케노시스Kenosis(자기를 비우는 것)[8]를 필요로 할 것이다. 그러한 비움에서 보편성Allheit은 무한히 작은 인간으로 환원된다. 그렇게 될 경우에도 우리는 어째서 인간이 신의 육화로써 폭파되지 않았는지를 통찰하기 어렵다. 그러므로 신학자들의 교의적 사변이 예수를 평범한 인간 이상의 특질을 가진 존재로 꾸미게 된 것은 이해할 만한 일이다. 그에게는 무엇보다도 마쿨라 페카티macula peccati(원죄의 오점)가 없다. 그러므로 그는 적어도 신인神人이거나 반신半神이다. 경험적인 인간에서 기독교적 신의 상은 결코 모순 없이 육화될 수 없을 것이다. 인간의 외부적 특성이 신을 눈에 보이듯 명시하기에는 너무나 적합치 않다는 사실을 덮어두고라도.

우리의 신화는 결국 유일신교를 진지하게 다루어야 할 것이고, 공적으로 부인된 이원론을 포기해야 할 것이다. 그러나 전능한 선 옆에 또 하나의 영원히 어두운 적수를 두고 있던 이원신은 지금껏 존재해 온 터이다. 우리의 신화 속에서 쿠자누스Cusanus의 대극의 복합complexio oppositorum과 뵈메의 도덕적 양가성이 발언할 기회를 주어야 할 것이다. 오직 이렇게 함으로써만 하나의 신에게도 그에게 마땅한 전체성이 보증될 수 있고, 대극의 합성이 보장될 수 있을 것이다. 본래부터 상징을 통하여 대극이 서로 다투고 상반된 방향으로 지향하지 아니하고 서로 보완하여 인생을 의미 깊게 형성할 수 있는 것이 된다는 사실을 경험한 자에게는 하나의 자연 및 창조신의 상 속의 양가성이 아무런 어려움도 일으키지 않을 것이다. 오히려 그는 신의 필수적인 인간화의 신화, 본질적인 기독교적 복음의 신화를 인간의 대극과의 창조적 대결, 그리고 자기, 즉 그의 인격의 전체성 안에서의 합성으로서 이해할 것이다. 창조신의 상像 속에서의 필수적인 내적 대극은 자기의 통일성과 전일성 속에서 연금술의 대극의 융합, 아니면 신비적 융합unio mystica의 형태로 화해될 것이다. 자기Selbst를 체험하는 데 있어서는 그전처

8) *phil.* 2, 6.

럼 "신과 인간"이라는 대극 사이를 연결시키는 것이 아니라 신의 상 속에 있는 대극을 연결짓는 것이다. 그것이 신성한 예배의 의미다. 즉, 빛이 어둠 속에서 생기며 창조주는 그의 창조를, 인간은 자기 자신을 의식하도록 인간이 신에 예배하는 의미이다.

그것이 인간으로 하여금 의미 깊은 창조과정에 참여하고 그로써 그 의미를 부여받도록 하는 목적, 또는 여러 목적 가운데의 하나의 목적이다. 그것은 수십 년 동안 서서히 나의 마음속에서 자라난 해명의 신화이다. 그것은 내가 인식하고 그 가치를 인정할 수 있고 그래서 나를 만족시킬 수 있는 하나의 목표이다.

인류는 그가 지니고 있는 성찰의 정신 덕분에 동물의 세계에서 두드러지게 고양된다. 인간의 본성이 바로 의식의 발전에 높은 가치를 두고 있음을 제시하고 있다. 의식의 발전을 통해서 그가 세계의 현존함을 인식하고 어떤 면에서는 창조주에게 이를 증명하면서 자연을 자기의 것으로 소유하고 있다. 이로써 세계는 하나의 현상이 된다. 왜냐하면 의식적인 반성 없이 세계는 그렇게 될 수 없는 것이다. 창조주가 그 자신을 의식했다면 그는 결코 의식된 피조물을 필요로 하지 않았을 것이다. 또한 수백만 년을 수없이 많은 종족과 피조물들을 산출하는데 소비한 고도로 우회적인 창조의 과정이 목적지향적인 의도에서 나왔을 가능성도 없다. 자연의 역사는 우리에게 수백만 년을 먹고 먹히는 과정을 통해서 종의 우연한 변화가 이루어졌음을 이야기해 주고 있다. 약육강식에 대해서는 생물학적, 정치적 인류사에 너무나 많이 보고되고 있다. 그러나 정신의 역사는 다른 면을 보인다. 여기서는 성찰하는 의식의 기적, 제2의 우주창생Kosmogonie이 끼어든다. 의식의 의미는 너무나 커서 모든 무시무시한, 겉보기에 의미 없는 것처럼 보이는 생물학적 사건 속의 어딘가에 의미의 요소가 숨어 있어서 마침내 이것이 온혈동물과 분화된 뇌의 단계로 이르는 길을 우연처럼 발견했으리라는 추측을 하지 않을 수 없고 이는 의도되거나 예견된 것이 아니라 "어두운 충동"에서 예감되고, 감득되고 탐지된 것이라 추측된다.[9)]

나는 인류의 신화와 의미에 관한 나의 이와 같은 생각으로 궁극적인 것을 모두 말했다고 여기지는 않는다. 그러나 우리는 앞으로 다가오는 사람의 모습을 한 수병좌水甁座, 물항아리의 시대에 직면하여 현재의 물고기 시대의 종국에서 언급될 수 있고 아마도 말해야 될 것이 바로 이것임을 믿고 있다. 물항아리를 나르는 자는 두 개의 대립되는 물고기(하나의 대극의 융합)를 뒤따르면서 아마도 "자기"를 묘사하고 있는 듯하다. 그는 당당하게 그의 항아리를 남쪽 물고기Piscis austrinus10) 의 입 속에 퍼 넣는다. 그 물고기는 하나의 아들, 즉 아직 무의식적인 것을 묘사하고 있다. 여기에서 마갈磨羯, Capricornus(알프스 산 산양山羊)의 상징으로서 암시된 미래가 2,000년 이상의 시간 경과 뒤에 출현한다. 마갈 또는 아이고케로스Aigokeros는 산양어山羊魚11) 모습의 괴물로서 그것은 두 개의 공생된, 즉 구별 불가능한 동물적 요소로 이루어진 대극이며 산과 깊은 바다를 하나로 결합하고 있다. 이 특이한 존재는 인류에 대항하는 하나의 창조주의 원초적 상일 가능성이 있다. 여기에 관해서는 나의 마음속에서나 내게 준비된 경험자료, 즉 내게 알려진 다른 사람들의 무의식적 산물이나 역사적 기록에 아무런 응답도 발견되지 않는다. 통찰이 일어나지 않는데 추론은 무의미한 것이다. 추론은 예컨대 수병시대의 경우처럼 객관적 자료가 있는 곳에서만 의미가 있다.

의식화의 과정이 어디까지 미치게 될지, 그것이 어디로 인간을 데려다 놓을지 모른다. 그 과정은 창세의 이야기 가운데 새로운 요소이며 여기 대해서는 비교할 만한 것이 어디에도 없는 것이다. 그러므로 우리는 어떤 가능성이 그 속에 내재하고 있는지 모른다. 또한 인류homo sapiens의 종이 고대의 동물들과 비슷한 성쇠의 과정을 그대로 밟으리라 예언할 수 있는 것인지 알 수가 없다. 그런 가능성에 관하여 생물학은 아무런 반대 이유를 제시할 수 없는 것이다.

---

9) 부록 p. 466ff 참조.

10) "남쪽 물고기"의 성상(星像), 그의 아가리는 수병좌 아래쪽의 포말하우트(아랍 = 물고기 아가리)로써 이루어져 있다.

11) 산양(山羊, Steinbock)의 별 표식은 본래 "산양어(山羊魚)"라 불렸다. 그것은 율리우스 카이사르가 속한 율리어 집안의 문장(紋章) 동물이었다.

우리는 우주 속에서의 인간 실존의 의미를 충분히 설명하는 하나의 관觀을 가진다면, 즉 마음의 전체, 의식과 무의식의 협동에서 솟아난 관을 가진다면 신화적인 발언에의 욕구는 충족된 것이다. 무의미함은 생의 충일을 저해한다. 그러므로 이는 병을 뜻한다. 의미는 사람으로 하여금 많은 것을 참을 수 있도록 한다. 어떤 학문도 신화를 대치하지 못한다. 어떤 학문으로도 신화를 만들어 낼 수 없다. 왜냐하면 신이 신화인 것이 아니라 신화가 인간 속의 신적인 삶의 계시이기 때문이다. 우리가 신화를 생각하는 것이 아니라 신화가 우리에게 "신의 말"로서 말하고 있는 것이다. "신의 말"이 우리에게 오는 것이며 우리는 그것이 신과 다른 것인지 어떻게 다른 것인지 구별할 아무런 수단도 가지고 있지 않다. 이 "말"에는 그것이 우리에게 자동적으로 다가와서 무엇을 강요하는 경우를 빼고는 우리가 모르는, 인간적이 아니라고 생각될 만한 것은 하나도 없다. 신의 말은 우리 마음대로 할 수 없는 것이다. "영감Inspiration"은 설명할 수 없는 것이다. 우리는 "착상"이 우리가 고안한 결과가 아님을 알고 있다. 그것은 어디선가에서 우리에게 떨어진 생각이다. 하물며 선인지先認知된 꿈을 우리는 어떻게 자기 자신의 이성에 귀착시킬 수 있겠는가? 그런 경우에 사람들은 상당한 시간이 경과될 때까지도 그 꿈이 예지적豫知的인 꿈인지 먼 곳에서 일어난 것에 관한 앎知를 묘사하는지조차 모르고 있다.

그 (신의) "말"은 우리 속에서 일어나는 것이다. 우리는 그것을 견뎌내야 한다. 왜냐하면 우리는 심한 동요에 내맡겨져 있기 때문이다. 대극의 복합complexio oppositorum으로서의 신에 있어서는 글자 그대로 "모든 것이 가능하다," 즉 진실과 허구, 선과 악이 모두 포괄된다. 신화는 델피Delphi의 신탁이나 꿈처럼 이중의 의미를 지니고 있거나 그럴 가능성이 있을 것이다. 우리는 이성을 사용하는 것을 포기할 수도 없고 포기해서도 안 된다. 또한 구약시대의 욥이 이미 터득하였듯이 본능이 우리를 도와주러 오고 신이 신에 대항하여 우리를 지지해 주리라는 희망을 버려서는 안 된다. "타자의 의지"가 표현되고 있는 모든 것은 결국 인간에 의하여 형성된 재료, 즉 그의 생각, 그의 언어, 그의 상들과 온갖 그의 제약들이다. 그러므로 그는 그가 좀 서투른 심리학적 사고를 하기 시작할 때면 모든 것을 자기에게 관련짓고 모든 것은 그의 의도와 그 자신으로부터 나온 것이라고 믿는다. 어린애 같은 순진한 마음에서 그는 이때 그가 그의 분야의 모든 것을 알고 있고 "그 자신"이 무엇인지도 잘 알고 있다고 전제한다. 그러나 그는 그것이 그의 의식의 약점이며 이에 걸맞는 무의식에 대한 불안이며 그가 의도적으로 고찰해 낸 것과 마음의 다른 원천에서 그에게 저절로 흘러들어온 것 사이의 구별을 짓지 못하도록 방해하는 것이 바로 이런 불안이라는 점을 짐작하지 못하고 있다. 그는 자기 자신에 대한 어떤 객관성도 갖고 있지 못하다. 그가 존재 속에 발견하며 그것과 좋든 싫든 동일한 현상으로서 바라볼 수는 없다. 모든 것은 먼저 그에게 밀려들고 일어나고 그에게 부딪친다. 그저 힘들여 노력한 끝에 그는 자신에 관한 비교적 자유로운 영역을 정복하고 이를 견지할 수 있게 된다.

이와 같은 것을 확고히 성취한 뒤에 그는 비로소 자기에게 선천적으로 주어진, 그래서 자기 마음대로 할 수 없는 마음의 본능적인 토대이며 시원을 대면하게 되며 이를 결코 제거할 수 없음을 인식할 수 있는 위치에 있게 된다. 그의 시작은 결코 단순한 과거가 아니다. 그것은 그와 더불어 항상 그의 존재의 끊임없는 토대로서 함께 살고 있으며 그의 의식은 최소한 의식이 물리적 환경에 의존하고 있는 것만큼 이런 마음의 토대의 공동 작업에 의존하고 있다.

인간에게 밖에서, 그리고 안에서 강력하게 다가오는 이런 사실들을 인간은 신의 관조 아래 종합하고 그 여러 작용을 신화의 도움으로 기술하였고 이를 "신의 말씀," 다시 말해서 "저 다른 쪽"의 누멘의 영감이며 현시라고 해석하는 것이다.

II

개인이 남들과 휩쓸리지 않도록 하는 데는 비밀을 소유하는 일 이외에 더 좋은 방법이 없다. 이미 사회형성의 초창기에 비밀결사의 필요성이 있었음이 인지

된다. 그럴 만한 충분한 이유가 있어, 지켜야 할 비밀이 존재하지 못한 곳에서는 비밀이 날조되거나 적당히 꾸며지고 이것은 비결을 전수받은 특권을 지닌 사람들에 의하여 숙지되고 이해된다. 장미 십자결사나 그 밖의 많은 경우에서 그 예를 볼 수 있다. 이런 가짜 비밀 가운데는 공교롭게도 그 비결을 전수받은 축복된 사람들도 전혀 모르는 진짜 비밀이 있다. 그들의 비밀을 주로 연금술의 전통에서 취해 온 결사들에게서 그 예를 볼 수 있다.

그럴듯한 비밀은 원시적 단계에서 절실히 필요로 하고 또한 중요성을 지닌다. 공동의 비밀은 결속을 가능하게 하는 시멘트의 역할을 하고 있는 것이다. 사회적인 단계에서의 비밀은 개별적인 인격 사이의 응집 결여를 보상하는 데 의미가 있다. 개인의 인격은 항상 다른 근원적인 타인과의 무의식적 동체성으로 되돌아감으로써 늘 부서지게 되는 것이다. 그러므로 자신의 특이성을 의식한 개체가 되려는 목표에 도달한다는 것은 무척 오랜, 거의 가망이 없는 수련작업이 된다. 왜냐하면 성인화Iuitiation를 거쳐서 특정지어진 개체로써 하나의 공동체가 이루어진다 하더라도 이 과정이 다시금 무의식적인 그 개체와 공동체와의 동체성에 의해서 실시되고 있기 때문이다. 물론 이 집단이 사회적인 면에서는 보다 분화된 것이기는 하지만.

비밀결사는 개성화에 이르는 중간단계이다. 자신을 분화시키는 작업을 아직 집단적 조직체에 맡기고 있다. 다시 말해서 사람들은 개인의 고유한 과제는 모든 다른 것과 구별하여 자기 자신의 발로 서는 것임을 아직 인식하지 못하고 있다. 온갖 집단적 동체성, 예컨대 어느 조직체에 소속된다든가, 주의나 그런 것들의 신앙고백을 하는 것 등은 이 과제를 수행하는 데 방해가 될 수 있다. 그러나 집단사회에는 여러 가지가 마련되어 있다. 다리가 마비된 사람에게는 지팡이가 있고, 불안한 사람에게 방패가, 게으른 사람에 휴게소, 스스로 책임질 수 없는 아기를 위한 탁아소, 마찬가지로 가난하고 약한 사람을 위한 숙소, 난파선을 보호하는 항구, 고아를 위한 가족의 품, 실망하고 방황하는 자, 그리고 피곤한 순례자에게는 간절히 바라는 영광스러운 내일의 목표가, 그리고 길잃은 양에게는 가축의 무리와 확실한 울타리가 마련되며 양식과 성장을 주는 어머니가 있다. 그러므로 이 중간단계를 방해요소라고 보는 것은 잘못인지도 모르겠다. 오히려 그것은 극히 오랜기간 개인의 유일한 존재 가능성이 되고 있다. 오늘날 개인은 어느 때보다도 무명을 두려워하고 있는 것 같다. 우리 시대에 이 중간단계의 집단은 여전히 본질적인 것이어서 많은 사람들이 그것을 최종 목표로 평가하고 있다. 이들에게는 인간을 가능한 한 독립된 길로 전진하도록 하는 시도가 교만이라든가 주제넘은 것, 가상, 혹은 불가능한 것으로 보인다. 그러나 그럼에도 불구하고 어떤 충분한 이유에서 더 넓고 먼 곳으로 향하는 길을 자기의 힘으로 걸어가야겠다고 느끼는 사람이 있을 수 있다. 그것은 그가 그에게 제공하는 온갖 외피(덮개), 형식, 울타리, 생활양식, 분위기에서 그가 필요로 하는 것을 찾지 못하기 때문이다. 그는 혼자 가게 될 것이며 그 자신이 그의 반려자이다. 그 자신이 다양성 그 자체이다. 그리고 이 다양성은 여러 가지의 의견과 경향으로 이루어진다. 그런데 이런 여러 가지 경향들은 반드시 같은 방향으로 나가고 있는 것이 아니다. 오히려 그는 자신에게 회의를 느끼고 그 자신의 다양성으로 하여금 공동의 행동으로 통합하는 데 큰 어려움을 겪을 것이다. 아무리 그가 겉으로는 중간단계의 사회형식으로 보호받고 있다고 하더라도 그는 그것만으로는 아직 내부의 다양성에 대항하여 자기를 지켜줄 방패를 갖고 있지 않다. 내부의 복잡성은 그를 자기 자신과 부지不知하게 만들고 결국 그는 외부세계와의 동체성을 향하여 본래의 길과는 다른 딴 길로 빠져들게 된다.

마치 공동체의 비밀을 전수받아 그 사회의 일원으로 축복받은 사람이 미분화된 집단성에서 다른 길을 취하듯, 개인 역시 그의 외로운 길목에서 비밀을 필요로 한다. 이것을 우리는 어떤 이유로도 포기해서는 안 되고 포기할 수도 없는 것이다. 이러한 비밀은 그에게 그의 개성적인 목표 속에 고립하기를 강요한다. 많은 개인이 이 고립을 참지 못한다. 이들은 신경증 환자들이다. 이들은 어쩔 수 없이 다른 사람들이나 자기 자신과 숨바꼭질을 하면서 어느 하나도 진정으로 진지하게 받아들일 수 없다. 보통 이들은 개인적인 목표를 집단적으로 동화하고 싶은 욕구 때문에 희생시키며 그런 목적으로 주위환경의 온갖 견해, 확신, 이상을 치켜세운다. 그들은 게다가 이와 같은 주위의 견해나 확신에 대항하는 아무런 이성적인 논박을 갖지 못한다. 오직 비밀만이, 우리가 누설할 수 없는 비밀, 즉 사람들이 두려워하는, 혹은 우리가 기술하는 언어로써는 이해시킬 수 없는 (그래서 "미친 사람"의 범주에 속할지도 모르는) 비밀이 그렇지 않으면 피할 수 없는 퇴보를 막아 줄 수 있는 것이다.

이와 같은 비밀을 가질 필요성이 여러 경우에 너무나 크기 때문에 우리가 더 이상 책임질 수 없는 생각과 생동이 여기서 생겨난다. 흔히 그 뒤에는 어떤 의도적인 것이나 오만도 전혀 없다. 다만 그 개인에게 설명될 수 없는 운명의 저주dira necessitas가 있다. 이것은 인간으로 하여금 가차 없는 숙명성에 휩쓸리게 하여, 아마도 그의 생애에서 처음으로 그가 주인이라고 생각할 만한 가장 고유의 영역에서 보다 강하고 낯선 것의 존재를 눈앞에 보게 된다.

구체적인 생생한 예가 야곱의 이야기다. 야곱은 천사와 겨룬 뒤 좌골이 탈구되지만 이 격투 때문에 살인을 면하였다. 그 당시의 야곱은 누구나 그의 이야기를 믿었던 만큼 유리한 입장에 있었다. 그러나 오늘날의 야곱에게 사람들은 그저 뜻 있는 미소를 지어보일 것이다. 오늘날의 야곱은 그런 상황에서는 차라리 아무 말도 안 하는 방법을 택할 것이다. 더구나 그가 야훼의 사자에 관한 사적인 견해를 만들어야 할 경우에는 더욱 그랬을 것이다. 이렇게 그는 본의 아니게 토론되지 않은 하나의 비밀을 갖게 되고 집단사회와 결별할 것이다. 물론 그의 "마음의 유보reservatio mentalis"는 그가 그의 전 생애 동안 아무것도 없는 것처럼 꾸미는 데 성공하지 못한다면 드러나게 될 것이다. 그러나 누구나 동시에 두 가지를 다 하려는 사람, 즉 개인적인 목표를 따르면서 동시에 집단성에 적응하고자 하는 사람은 신경증적인 사람이 된다. 그러한 현대의 야곱은 천사가 그보다 더 강하다는 것을 인정하지 않으려 들 것이다. 천사가 야곱과의 격투 끝에 다리를 절었다는 말은 어디에도 없었던 것이다.

그러니 그의 다이몬Daimon, 혼魂에 따라 감히 중간단계의 경계를 넘어서고자 하는 사람은 "아직 아무도 발을 들여놓지 않았고 발 들여놓을 수 없는 곳"에 다가오는 것이다. 그곳은 그를 확실하게 인도할 길도 없고 그를 보호할 집도 지붕도 없는 곳이다. 그곳에는 또한 법이나 규칙도 없다. 그가 미처 예측하지 못했던 상황에 부딪칠 때, 이를테면 서둘러 해결할 수 없는 의무와의 알력이 있을 경우에도 이를 해결할 아무런 처방도 존재하지 않는다. 보통 무인지경에의 여행은 그와 같은 의무와의 알력이 나타나지 않는 한 계속된다. 그리고 그것이 먼 발치에 보일 눈치만 있어도 급히 종식한다. 그가 그때 도망친다 하더라도 나는 그를 나쁘게 보지 않을 것이다. 그러나 그가 자신의 유약함과 비겁에서도 가치를 찾으려 한다면 나는 이를 옳다고 볼 수 없다. 나의 경멸이 그에게 아무런 해도 되지 않을 것이므로 나는 그에 대한 나의 경멸감을 표명할 수 있다.

그러나 어떤 사람이 의무의 알력을 자기 자신의 책임으로 받아들이고 이를 해결하고자 하며 밤낮을 심판하고 있는 심판관 앞에서 그 모험을 감행할 때 그는 "단 하나의 사람"이라는 상황에 놓여 있게 된다. 그는 비밀을 지니고 있고 그는 이것을 공개적으로 토론하는 것을 결코 참지 못한다. 그것은 이미 그가 자기 자신을 가차 없이 고발하고 끈질기게 변호해 왔기 때문에 어떤 세속의 재판관이나 영적인 심판관도 그를 잠들 수 있도록 하지 못하기 때문이다. 그가 이런 세속의 심판관들의 결정을 이미 식상할 정도로 알고 있지 않다면 그는 의무의 알력에 이르지도 못했을 것이다. 의무의 알력은 늘 고도의 책임의식을 전제로 한다. 그러나 바로 이 미덕이 그에게 집단적 척도의 인정을 금하고 있다. 그러므로 외부세계의 재판소가 내면세계로 옮겨져 잠긴 문 뒤에서 결정이 내려지게 된다.

그러나 이와 같은 변화가 생기면 그 개인은 일찍이 몰랐던 중요한 의미를 얻게 된다. 이제 그 개체는 그가 잘 알고 있는 사회적으로 정의된 자아일 뿐 아니라 무엇이 가치 있는 것인지를 가늠하는 심리기관이 된다. 이와 같은 내적인 대극과의 직면만큼 의식화를 고양시키는 것은 아무것도 없다. 아직까지 예측하지 못한 사실들이 고발되는가 하면 변론 또한 아무도 일찍이 생각한 일 없는 논박을 생각해 내야 한다. 이렇게 함으로써 한편으로 외부세계의 상당한 부분이 내면에 도달되지만 그뿐 아니라 외부세계도 그만큼 약화되고 그 부담을 덜게 된다. 그러나 다른 한편 내부세계의 무게가 그만큼 증가하여 윤리적 결단의 최고재판의 급으로 높아진다. 그전에는 분명하다고 할 만했던 자아는 고소인의 특권을 잃고 그 대신 피고의 불리한 위치로 내려앉게 된다. 자아는 양가적인 이중의미를 갖게 되며 궁지에 빠지는 경우조차 있다. **그를 초월한 대극성이 그에게 인식된다.**

모든 의무의 알력이 해결되는 것은 아니다. 최후의 심판일까지 거기에 관해 계속 논란되고 토론되겠지만, 아마 전혀 해결될 수 없을지도 모른다. 그러나 어느날 갑자기 성급하게 결단이 내려지고 만다. 실제생활이 영원한 모순에 매달리게 둘 수는 없는 것이다. 그런데 대극의 쌍과 그 모순은 사라지는 것이 아니다. 물론 그것은 잠시 행동의 충동 뒤로 물러서기도 한다. 그러나 그것은 끊임없이 인격의 통일성을 위협하며 인생을 또한 다시 되풀이해서 모순에 얽히게 한다.

이러한 사정을 인식한다면 집에 머물러 있는 것, 즉 집단의 울타리와 집들을 결코 떠나지 않는 것이 바람직한 일처럼 보인다. 왜냐하면 오직 이것들만이 내적인 갈등에 대한 방어를 약속하기 때문이다. 아버지나 어머니를 **떠나야 하지** 않는 사람은 부모 곁에서 분명 가장 잘 보호받을 것이다. 그러나 적지 않은 사람이 개성적인 길을 행하도록 내던져졌다. 이들은 짧을 기간 내에 인간 본성의 긍정과 부정의 측면을 터득하게 될 것이다.

모든 에너지가 대극에서 생성되듯, 마음도 역시 그 내적인 **양극성**을 그 마음의 생동성의 어길 수 없는 절대적인 전제로서 갖추고 있고, 이는 이미 헤라클릿 Heraklit에 의해서 인식된 바이다. 이론적으로나 실제적으로나 이 양극성은 모든 생명체에 내재해 있다. 이와 같은 강력한 조건 앞에 깨지기 쉬운 자아의 통일체가 존재한다. 이것은 수를 헤아릴 수 없는 보호조치의 도움으로 서서히 수천 년이 경과하면서 출현된 것이다. 자아라는 것이 존재 가능해진 것은 모든 대극들이 서로 균형을 이루고자 하는 데서 비롯된 것 같다. 이런 대극의 균형은 에너지 교류과정에서 일어나고 그 시작을 우리는 뜨겁고 찬 것, 높고 낮은 것 등의 충돌에서 볼 수 있다. 의식된 정신생활의 저류를 이루는 에너지는 그의 식생활보다도 먼저 존재하며, 그러므로 처음에는 무의식적이다. 그러나 이것이 의식화되기 시작하면 그것은 먼저 마나Mana, 여러 신들, 데몬 등과 같은 상에 투사된다. 이것들이 지닌 누멘(신성한 힘)은 생을 결정하는 힘의 원천인 듯하다. 그것들이 그런 형태로 관조되는 동안은 실제로 그렇다. 그러나 이런 형태가 퇴색하고 그 효력이 사라지는 정도 만큼 자아, 즉 경험적 인간은 이 힘의 원천을 소유하게 된다. 그러나 소유라는 말에는 이중적인 의미가 있다. 즉, 한편으로 사람은 이 에너지를 지배하거나 소유하고자 시도하며 심지어 그것을 소유했다고 착각한다. 다른 한편, 사람은 그 힘에 의해서 사로잡히는 것이다.

물론 이런 우스꽝스러운 상황은 오직 의식의 내용만이 정신적 존재형태라고 간주되는 곳에서 생길 수 있다. 이런 경우에는 자아 역행적인 투사로써 자아의 팽창을 일으키는 것을 피할 수가 없다. 그러나 사람들이 무의식적인 정신의 존재를 시인할 때 투사 내용들은 의식을 선행하는 생래적인 본능적 형태로 수용될 수 있다. 이로써 그 객관성과 자율성이 보존되고 자아팽창이 방지된다. 의식보다도 먼저 존재하며 의식의 조건을 규정하는 원형들Achetypen은 현실에서 실제적인 역할을 하며 본능적인 의식의 토대의 선험적 구조형태로서 나타난다. 원형들은 결코 물物, 그 사체를 표현하기보다 형태를 표현한다. 그 형태 속에서 원형은 관조되고 파악되는 것이다. 물론 여러 가지 관조의 특정한 성질이 원형의 유일한 근거는 아니다. 그것은 다만 관조의 집단적 부분을 뒷받침하는 근거일 따름이다. 본능의 한 성질로서 원형은 본능의 동적인 성질에 참여하며 이에 따라 하나의 특수한 에너지를 소유하게 된다. 이 에너지는 일정한 행동양식이나 여러 충동을 일으키게 하든가 또한 이를 강요한다. 즉, 그것은 경우에 따라 집착하고 강박적인 힘, 누미노제의 성격Numinosität을 지니고 있다. 그러므로 원형은 그의 성질로 미루어 다이모니아Daimonia라고 파악될 만한 것이다.

이와 같은 설명을 함으로써 사물의 **성질**이 조금이라도 변화된다고 믿는 사람이 있다면 그건 지나친 언어맹신이다. 어떤 사실에 다른 이름을 붙였다고 해서 진정한 사실들이 변하는 것은 아니다. 다만 우리 자신이 거기에 자극될 뿐이다. 어떤 사람이 신을 "순수한 무"라고 파악한다고 할 때 그것은 초월적 원리의 사실과 아무 관계도 없다.

우리는 전과 꼭 마찬가지로 사로잡히고 있다. 즉, 우리는 이름의 변화로써 진실로부터 아무것도 제거하지 못한다. 그 새로운 이름이 진실의 부인을 내포할 때 기껏해야 거기에 대한 전도된 자세를 취했고 반대로 그 인식할 수 없는 것을 긍정적으로 명명할 때 우리는 거기 알맞게 긍정적인 자세를 취하는 성과를 거둘 뿐이다. 그러므로 우리가 신을 원형이라 규정한다고 해도 그 고유의 본체에 관해 진술된 것은 아무것도 없다. 그러나 그렇게 함으로써 신이 우리들의 의식보다 먼저 존재하는, 마음속에 기명되어 있으며 결코 의식의 발명품이라고 할 수 없다는 인식을 표명한 것이다. 신은 이로써 제거되거나 극복되지 않았을 뿐 아니라 오히려 경험 가능한 것에 접근하게 된다. 경험 가능성이 없는 사물은 마치 존재하지 않는 것인 양 의심되는 것으로 미루어 볼 때 이러한 사실은 무시 못할 중요성을 지니고 있다.

원시적, 무의식적 정신을 재구성하려는 나의 시도를 신을 믿는다는 사람들이 즉각 무신론이라 추정하거나 아니면 그노시스이며, 결코 무의식과 같은 정신적 현실일 수는 없다고 생각하는 데서 그런 의심이 얼마나 쉽게 일어날 수 있는지를 알 수 있다. 무의식이 아무것도 아닌 것이 아니라면 그것은 우리들의 의식적 정신의 조기 발달사적 단계로 형성되어 있음에 틀림없다. 사람들은 인간이 여섯 번째 창조의 날에 선행하는 단계를 전혀 거치지 않고 영광을 한몸에 받아 만들어졌다는 가정이 너무 단순하고 너무 고태적이어서 우리를 충족시키기에는 미흡하다는 사실에 상당한 의견의 일치를 보이고 있다. 그러나 정신에 관해서는 고태적 견해가 아직 끈질기게 남아 있다. 정신은 아무런 원형적 전제를 갖고 있지 않으며 하나의 백지이고, 출생 시 새로 생기며, 정신이란 다만 사람들이 스스로 상상하고 있는 것일 뿐이라는 생각이 남아 있다.

의식은 계통발생학적으로나 개체발생학적으로 이차적인 것이다. 이 분명한 사실을 이제는 깨달아야 할 것이다. 신체가 수백만 년의 해부학적 역사를 가진 것처럼 정신체계도 그런 전력을 가지고 있다. 그리고 현대의 인체가 어느 부분도 이런 발전의 결과를 표현하고 있으며 도처에 아직 그것의 현재가 있기까지의 전 단계를 엿보이게 하는 것처럼 정신도 또한 그러하다. 의식이 발전사적으로 우리에게 알려지지 않은 짐승과 비슷한 상태에서 시작되었듯이 모든 어린이는 이런 분화과정을 되풀이한다. 어린이의 정신은 그들의 전 의식적 상태에서는 결코 백지가 아니다. 그들은 이미 눈에 띄게 개별적 특성이 미리 형성되어 있고 게다가 온갖 특수한 인간적 본능으로 무장되었으며 또한 보다 고급한 여러 기능들의 선험적인 토대를 갖추고 있다.

이런 복잡한 바탕 위에서 자아가 생성되고 자아는 이 바탕에 의해서 일생 동안 지탱되는 것이다. 이 본능적 토대가 기능을 발휘하지 않으면 공전과 죽음이 온다. 그것의 삶과 현실은 생사에 관계되는 중요성을 지니고 있다. 그것에 비한다면 외부세계는 이차적인 중요성을 지니고 있을 뿐이다. 왜냐하면 내게 그것을 붙잡아야 할 내인성 자극이 결여되어 있다면 외부세계인들 무슨 소용이 있겠는가? 어떤 의식적인 의지도 생의 충동을 오랫동안 대치하지 못할 것이다. 이 충동은 마음 안에서 하나의 당위, 의지 또는 명령으로서 다가온다. 만약 우리가 그 충동을, 언제나 그렇게 해온 것처럼 개인적인 다이모니온들의 이름으로 규정짓는다면 우리는 최소한 심리학적인 정황을 적합하게 묘사한 것이다. 그리고 우리가 더 나가 감히 그 다이모니온이 우리를 사로잡은 곳을 원형의 개념으로 더 자세히 묘사하려 시도한다면 우리는 아무것도 제거한 것이 아니라 스스로 생명의 원천에 가까이 옮겨갔을 따름이다.

내가 **정신과의사**("마음의 의사(Selenarzt)"를 의미하는 것)로서 이와 같은 견해를 밝히는 것은 지극히 당연한 일이다. 왜냐하면 나의 관심은 무엇보다 어떻게 나의 환자를 도울 수 있는가 하는 것이다. 그들의 건강한 바탕을 발견함으로써 내 경험으로는 그렇게 하기 위해 많은 지식이 필요하다. 의학 일반에 있어서도 그 발전경로는 마찬가지였다. 의학은 어느 날 마침내 치료 계략을 찾아내어 그 방법을 사람들이 놀랄 만큼 단순화시킴으로써 발전된 것이 아니다. 반대로 그것은 간과할 수 없이 복잡한 학문으로 성장되어 온 것이며, 있을 수 있는 온갖 영역에서 지식을 빌려옴으로써 적지 않게 발전되어 왔다. 그렇다고 내가 남의 학문에서 무엇을 증명하자는 것은 결코 아니다. 다만 다른 분야의 지식을 나의 영역을 위해 유용한 것으로 만들고자 기도할 따름이다. 물론 나는 나의 영역에서의 그 지식의 응용과 결과에 관해서 보고하는 일에 전념하고 있다. 우리는 하나의 영역에서 인식한 것들을 실제로 응용하기 위해서 다른 영역으로 옮길 때 여러 가지 발견을 하게 되는 것이다. X광선이 물리학적 발견이라 하여 그것을 의학에서 이용하지 않았다면 우리가 모르는 것이 얼마나 많았겠는가? 방사선치료가 경우에 따라 위험한 결과를 낳을 수 있다면 의사에게는 흥미를 끄는 사실이지만 반드시 물리학자의 관심을 끈다고 할 수 없다. 그는 방사선을 전혀 다른 방식으로, 그리고 다른 목적으로 이용하고 있는 것이다. 그는 또한 의학자가 그에게 방사선 투시의 해롭고 유익한 성질에 주의를 환기한다고 해서 그의 의복을 꿰매듯 그의 일에 쓸데없이 간여한다고 생각지도 않을 것이다.

예컨대 내가 역사적, 신학적 통찰을 정신요법 영역에 이용한다면 그것은 그것이 다른 목적을 가진 전문 분야에 국한된 채 있을 때보다는 물론 다른 조명 속에 제시될 것이며 다른 결론으로 유도될 것이다.

마음의 역동적 과정의 밑바닥에 양극성이 존재한다는 사실 자체가 넓은 의미의 대극문제를 종교적, 철학적 측면을 모두 포괄한 심리학적인 토론에 관여하도록 하는 것이다. 양극성의 종교적, 철학적 측면들은 이때 그 전문분야의 독자적 특징을 잃게 되는데 그것은 피할 수 없는 일이다. 왜냐하면 그것이 심리적인 문제제기에 밀접하게 관련되기 때문이다. 다시 말해서 그런 측면들은 여기서는 더 이상 종교적, 철학적 진리라는 관점에서 고찰되는 것이 아니라 오히려 그 진리의 심리학적 논증이나 의미로 고찰 되는 것이다. 즉, 그런 학문의 독자적인 진리에의 요청에 상관없이 그것이 경험적으로, 다시 말해서 자연과학적으로 볼 때 무엇보다 먼저 **심리현상**이라는 사실이 성립되는 것이다. 내게는 이 사실이 이론의 여지가 없는 것으로 보인다. 종교나 철학이 그 자체의 논증을 요구한다는 사실은 그대로 심리학적 관찰방법에 포함되며 후자는 그것을 부당하다고 배제하지는 않을 뿐 아니라 오히려 특별한 관심을 기울여 그것을 다루어 나간다. 심리학은 "단지 종교적일 뿐," 또는" 단지 철학적일 뿐"이라는 판단을 모른다. 신학 쪽에서 너무나도 자주 듣게 되는 "단지 심리학적일 뿐"이라는 비난과는 정반대이다.

생각해 낼 수 있는 모든 이야기된 것들은 정신에 의해서 만들어진 것이다. 정신은 무엇보다도 역동적인 과정으로 나타난다. 이 역동적인 과정은 정신의 대극성과 그 내용의 토대에 기인하며 양극 간의 격차를 묘사하고 있다. 설명원리는 필요 이상으로 증가되어서는 안 될 것이고 에너지론적 고찰 방법은 자연과학의 일반적인 설명원리로써 실증된 것인 만큼 우리도 심리학에서 같은 원리에 한정해야 할 것이다. 지금 이보다 더 적합한 견해가 있다는 확증은 없는 데다가 정신의 대극성이나 양극성과 그 내용은 심리학적인 경험의 매우 본질적으로 중요한 성과로서 증명되었던 것이다.

만일 정신의 에너지론적 파악이 옳은 것이라면 양극성에 의해서 그어진 한계를 뛰어넘고자 시도하는 주장들 — 예컨대 형이상학적 진실에 관한 주장들 — 은 그것이 어떤 타당성을 요구하려면 오직 역설로서 가능할 뿐이다.

정신은 결코 자신을 뛰어넘지 못한다. 다시 말해서 그것은 절대적 진리를 설정할 수 없다. 왜냐하면 그에 고유한 양극성이 그의 주장의 상대성을 결정하기 때문이다. 정신이 절대적 진리를 선언할 때는 — 그러니까 예컨대 "영원한 실체는 운동이다," 혹은 "영원한 실체는 하나인 것" 등 — 어쩔 수 없이 대극의 어느 하나에 빠지게 된다. 마찬가지로 이렇게도 말할 수 있을 것이다. "영원한 실체는 정지이다," "영원한 실체는 모든 것"이라고 — 이와 같은 일방성 때문에 정신은 분해되고 인식능력을 잃게 된다. 그것은 성찰되지 못한(성찰될 수 없는 까닭에) 정신상태를 지속시키고 그가 다른 한쪽을 못보고 있거나 아직 보지 못하였으므로 그런 상태가 이치에 맞는다고 억측한다.

이렇게 말한다고 해서 내가 어떤 가치평가를 한 것은 물론 아니다. 오히려 양극성으로 그어진 경계를 넘어서는 경우가 아주 흔하게 있고, 심지어는 그것이 피할 수 없는 것이라는 사실을 설명할 뿐이다. 왜냐하면 모든 것은 예행과정이기 때문이다. 명제에는 반대명제가 따르고 둘 사이에는 해결이라는 세 번째의 것이 생겨나는데 이는 그전에는 지각될 수 없었던 것이다. 이와 같은 과정으로 정신은 또 한 번 그의 대극성을 증언하고 어디서도 진정으로 그 자신 밖으로 빠져나오지 못한다.

정신의 제약성을 설명하고자 노력하는 과정에서 내가 정신만이 존재한다는 견해를 말하고 있는 것은 아니다. 우리가 지각하고 인식하는 한 우리는 정신을 넘어서서 볼 수 없을 뿐이다. 비정신적인, 초원적인 객체가 존재한다는 것에 관하여 자연과학은 말없이 확신하고 있다. 동시에 자연과학은 그 객체의 진정한 성질을 인식하는 것이 얼마나 어려운가도 알고 있다. 특히 지각기관이 작용하지 않거나 결여될 때, 거기 알맞는 사고형태가 존재하지 않을 때, 혹은 앞으로 그것이 창출되어야 할 때 그 인식은 어려움에 부닥치는 것이다. 우리의 감각기관이나 인공적인 보조기구로써도 어떤 실재하는 객체를 보증할 수 없는 경우에 어려움은 점점 증대하여 실재하는 진정한 객체란 없다고 주장하고 싶어진다. 나는 이런 성급한 결론을 내린 적이 없다. 그 까닭은 내가 한 번도 우리가 인지하는 것에서 모든 존재형태를 파악할 수 있다는 생각을 가진 적이 없기 때문이다. 그러므로 나는 원형형성의 현상, 즉 그처럼 특출한 사건은 정신양(정신 비슷한) 토대(精神樣土台, Psychoide Basis)가 있음으로써 생겨난다는 입장을 제창하기조차 하였다. 이 정신양토대란 부분적으로만 정신적이며, 혹은 다른 존재형태를 지닌 것이라 볼 수 있다. 경험적인 자료의 부족으로 나는 사람들이 통상적으로 "정신적(영적)geistig"이라 부르는 그런 존재형태의 지식도, 인식도 가지고 있지 못하다. 과학의 입장에서 보자면 내가 거기 관해 **믿는다**는 것은 부적절한 것이다. 나는 나의 무지에 만족하는 수밖에 없다. 그러나 원형이 **효력있게 작용하고** 있음이 증명되는 한, 비록 내가 그 진정한 성질을 모른다 하더라도 그것들은 나에게 **진실**

이며 실재하는 것이다. 이것은 물론 원형에 관해서만 해당되는 말이 아니라 정신의 성질 자체에 관해서도 해당되는 말이다. 정신은 언제나 자신에 관해 말하고 있지만 아무리 그렇게 해도 정신은 결코 그 자체를 뛰어넘을 수는 없다. 모든 이해와, 모든 이해된 것은 정신적인 것이며, 그만큼 우리는 예외 없이 하나의 정신적인 세계에 갇혀 있어 그것을 빠져나올 가망이 없다. 그럼에도 불구하고 우리는 이 베일 뒤에서 우리에게 작용해 오고 영향을 주고 있으나 파악되지 않은 절대적 객체가 존재한다고 전제할 만한 충분한 이유를 가지고 있다. 아무런 현실적인 확인이 이루어질 수 없는 경우, 특히 정신현상에서 그런 전제는 가능하다. 가능성과 불가능성에 관한 언급은 오직 전문분야 안에서 그 가치가 있는 것이다. 그 분야 밖에서는 그런 언급은 단지 건방진 추측에 불과하다.

지향없이 말한다는 것, 즉 충분한 근거 없이 진술한다는 것은 객관적인 입장에서는 금지되어 있지만 그러나 객관적인 근거 없이도 진술되어야 할 것이 있다. 그러나 이 경우에는 정신역동적 논거란 것이 있는데 사람들은 보통 이것을 주관적이라 규정하고 단지 개인적인 것에 불과한 것이라고 간주하고 있다. 사람들은 그 진술이 진정으로 소수의 주체에서 나왔고 예외 없이 개인적인 동기에서 야기된 것인지 일반적으로 나타나며 집단적으로 존재하는 역동적 "유형"에서 솟아나는 것인지를 구별하지 않음으로써 실수를 저지르고 있다. 그러니까 후자의 경우, 그것은 주관적인 것이 아니라 심리학적으로 객관적인 것으로 파악되어야 한다. 미정의 수의 개인이 내적인 충동에서 똑같은 진술을 하거나 어떤 관觀이 절실히 필요하다고 느낄 때 심리학적으로 객관적이라 할 수 있다. 원형은 결코 비활동적인 형에 불과한 것이 아니라 특수한 에너지를 갖추고 있는 것이기도 한다. 그러므로 그와 같은 진술의 동력인動力因, causa efficiens으로 간주될 수 있고 그 진술의 주체라고 이해될 수 있다. 개인적인 인간이 그 진술을 하는 것이 아니라 원형이 그를 통해 자기를 표현하고 있는 것이다. 그 진실이 저지되거나 무시되면 의사로서의 경험이나 일상적 상식이 보여 주듯 정신적인 결핍현상이 생긴다. 개인의 경우에 그것은 노이로제 증상으로 나타나고 노이로제가 될 수 없는 사람들에 있어서는 집단적인 망상형성이 된다.

원형적 진술은 그 근거가 본능적인 조건에 있으며 이성과는 아무 관계가 없다. 그 진술은 이성적으로 논증된 것도 아니고 이성적인 논박으로 제거될 수도 없는 것이다. 그것들은 일찍부터 세계상의 일부이며 레비브륄Lévy-Bruhl이 적절하게 명명한 것처럼 "집단표상représentations collectives"이었다. 물론 자아와 그의 의지가 커다란 역할을 한다. 그러나 자아가 하고자 하는 것은 그도 모르게 원형적 과정의 누미노제와 자율성에 의해서 고도로 간섭받고 있다. 원형적 과정을 실제적으로 고려하는 것은 종교가 심리학적인 견지에서 접근할 수 있는 것인 한, 종교의 본질이다.

III

여기서 나는 다음과 같은 사실에 주목하지 않을 수 없다. 그것은 이성적 반성 이외에 그만큼 넓은 또 하나의 영역이 존재한다는 사실이다. 이 영역에서는 이성에 따른 이해나 묘사로는 파악될 만한 것을 거의 찾을 수 없다. 그것은 에로스, 사랑의 장場이다. 고대 그리스의 에로스는 의미심장하게도 신이었으며 그 신성은 인간적인 한계를 뛰어넘는다. 그래서 그것은 이해되거나 기술될 수 없는 것이다. 나는 나보다 먼저 시도한 많은 사람들처럼, 그 작용이 끝없는 천공에서 캄캄한 지옥의 심연까지 뻗치는 이 다이몬에 감히 접근하고자 시도해 볼 수도 있을 것이다. 그러나 사랑의 헤아릴 수 없는 모순들을 표현할 수 있는 언어를 찾을 용기가 내게는 없다. 에로스는 우주의 생성원kosmogonos, 즉 창조자이며 모든 의식성의 부모이다. 내게는 마치 바울의 말: "비록 내가 사람과 천사의 혀로 말하되 사랑을 갖지 않는다면"은 모든 인식 가운데서 최초의 인식이며 신격神格, Gottheit 그 자체의 정수가 아니었던가 생각된다. "하나님은 사랑이다"라는 글에 관한 학식 있는 사람들의 해석이 어떤 것이든 간에 이 문구는 신격이 "대극의 복합complexio oppositorum"임을 증명하고 있다.

의사로서의 나의 경험과 내 자신의 생활은 끊임없이 나에게 사랑의 문제를 제시하였다. 그러나 나는 한 번도 거기 대하여 가치 있는 해답을 줄 수 없었다. 욥처럼 나도 "나의 손을 나의 입에 얹어야 했다. 한 번 말했다가 그 뒤에 더 이상 대답하지 않으리라(욥 39:34f)." 여기에 문제되는 것은 가장 큰 것과 가장 작은 것, 가장 먼 것과 가장 가까운 것, 가장 높은 것과 가장 낮은 것이며 한 번도 하나는 다른 하나 없이 언급될 수 없는 것이다. 어떤 언어도 이 모순을 설명할 능력이 없다. 무슨 말을 하든 간에 그 전체를 표현하는 말은 없다. 부분적인 측면에 관해 말하기는 늘 너무 과하거나 너무 부족하다. 왜냐하면 오직 전체만이 의미 있는 것이기 때문이다. "사랑은 모든 것을 거느리며, 모든 것을 용납한다(고린도전서 13:7)." 이 글귀가 사랑의 모든 것을 말해 주고 있다. 우리는 여기에 더 보탤 것이 없다. 우리는 가장 깊은 뜻에서 우주 창조주의 사랑의 수단과 도구이며 그 희생물이다. 내가 이 사랑이라는 말에 인용부를 찍는 것은 내가 그로써 단지 욕정, 기호, 만족, 욕구 등과 같은 것을 의미하지 않으며 개체보다 우월한 전체, 하나인 것, 나눌 수 없는 것을 의미한다는 사실을 암시하기 위해서이다. 부분으로서의 인간은 전체를 파악하지 못한다. 그는 그 전체의 지배를 받고 있다. 그는 물론 말할 수 있고 혹은 역정을 낼 수도 있다. 그러나 언제나 그는 그 속에 갇혀 있고 폐쇄되어 있다. 언제나 그는 거기 의존하며 그것에 의해서 밑받침되어 있다. 사랑은 그의 빛이며 그의 어둠이며 그는 그 끝을 예측할 수 없다. "사랑은 언제나 중단되지 않는다." 그가 "천사의 혀로 말할지라도" 혹은 과학적인 정밀성으로 세포의 생명을 가장 밑바닥까지 추적한다고 하더라도, 그는 사랑에 대하여 온갖 이름을 마음대로 붙일 수 있을 것이다. 그러나 그는 다만 끝없는 자기기만에 빠질 뿐이다. 그가 한 그램의 지혜라도 가지고 있다면 그는 무기를 내뻗어 "아직 모르는 것에 대하여 더욱 모르는 것으로써ignotum per ignotius," 즉, 신의 이름으로 명명할 것이다. 그것은 인간의 무력, 그의 불완전성, 의존성의 고백이며, 그러나 동시에 진실과 오류 사이의 그의 선택의 자유를 증명하는 것이다.

제14장

회고[1)]

사람들이 나를 현자賢者라거나 지자知者, Wissende라고 한다면 나는 이것을 받아들일 수 없다. 어떤 사람이 어느 날 강물에서 모자 하나에 가득히 물을 퍼냈다고 하자. 그게 뭐 그리 대단한 일인가? 나는 그 강물이 아니다. 나는 강에 있지만 아무것도 만들지 않는다. 다른 사람들도 같은 강가에 있다. 그러나 대부분의 사람들은 그들 자신이 그 강물을 가지고 무엇인가를 해야 한다고 느끼고 있다. 나는 아무것도 하지 않는다. 나는 한 번도 버찌가 줄기 위에 달리도록 보살펴야 할 사람이라고 생각해 본 적이 없다. 나는 그저 거기에 서서 자연이 이룰 수 있는 것을 놀라운 마음으로 바라볼 뿐이다.

랍비(유태교 법률박사의 존칭)에 관한 아주 훌륭한 옛이야기가 있다. 하루는 그의 제자가 그를 방문하여 이렇게 물었다. "옛날에는 하나님을 직접 본 사람들이 있었습니다. 왜 요즘은 그런 사람들이 없습니까?" 랍비는 이렇게 대답했다. "오늘날 아무도 허리를 그렇게 깊이 굽힐 줄 모르기 때문이지." 강물을 퍼 올리려면 조금이라도 굽혀야 하는 것이다.

대부분의 다른 사람과 나와의 차이점은 내게는 "칸막이 벽"이 투명하다는 데

1) 부록 p. 464f 참조.

있다. 그건 내 고유의 특성이다. 다른 사람에게서는 그 벽이 너무도 두꺼워서 그 뒤를 보지 못하므로 거기에는 아무것도 없다고 생각한다. 나는 어느 정도 그 배경의 과정을 지각한다. 그래서 내적인 확신을 지니고 있다. 아무것도 보지 못하면 또한 아무런 확신도 갖지 못하며, 아무런 결론도 내릴 수 없다. 나는 나로 하여금 삶의 흐름을 인지할 수 있도록 한 것이 무엇인지 모른다. 아마 그건 무의식 그 자체였을지 모른다. 또 아마 그것은 어릴 때의 꿈이었을지도 모른다. 그것들은 나의 삶의 방향을 처음부터 결정지었던 것이다.

뒷면面의 과정을 알고 있다는 것이 세계에 대한 나의 관계를 일찍부터 형성했다. 그 형성단계는 이미 나의 소년시절에 오늘까지도 가지고 있는 그대로 있었던 것이다. 어릴 때 나는 외로웠다. 그건 지금도 그렇다. 왜냐하면 내가 어떤 것을 알고 있고, 그것을 다른 사람에게 알려주어야 하는데도 다른 사람들은 그것을 하나도 모르고, 전혀 알고자 하지도 않기 때문이다. 고독이란 그의 주변에 사람들이 없기 때문에 생기는 것이기보다 남에게 자기가 중요하다고 여기는 것을 전달할 수 없거나, 자기는 어떤 생각이 가치가 있다고 생각하는데 그것이 다른 사람에게는 전혀 그렇지 않다고 간주될 때 생기는 것이다. 나의 고독은 나의 어린 시절의 꿈과 더불어 시작되었고 내가 무의식과 작업을 할 시기에 최고에 달했다. 어떤 사람이 다른 사람보다 더 많이 알면 그는 외로워진다. 그러나 고독은 반드시 공동체에 대립하는 것은 아니다. 왜냐하면 아무도 고독한 사람보다 공동체를 더 예민하게 느끼지 않기 때문이다. 공동체는 오직 모든 개체가 자기의 고유성을 기억하고 다른 사람과 동일시하지 않는 곳에서만 꽃피울 수가 있다.

우리가 비밀을 갖고 알 수 없는 어떤 것을 예감한다는 것은 중요한 일이다. 그것은 인생을 어떤 비개인적인 누미노즘으로 가득 채운다. 이것을 한 번도 경험해 보지 않은 사람은 중요한 것을 놓친 셈이다. 사람은 자기가 어떤 면에서는 신비에 찬 세계에서 살고 있다는 것을 느껴야 한다. 그리고 그의 마음속으로 설명할 수도 없고, 예기할 수 있는 범위의 사건뿐 아니라 그 밖의 일들이 일어나고 있고 경험될 수 있다는 것을 감지하여야 한다. 예기치 못한 것, 그리고 일찍이 들어보지 못한 것은 이러한 세계에 속한다. 오직 그럴 때라야만 삶은 완전해지는 것이다. 나에게 세계는 처음부터 끝없이 크고 파악하기 어려운 것이었다.

나는 나의 사고를 넘는 것을 주장하느라고 온갖 노력을 다했다. 나의 마음속에서는 데몬이 있었고 그것이 결국 결정적인 것이었다. 그것은 나를 압도하였다. 내가 앞뒤를 가리지 않았을 때는 이 데몬에 내가 엄습된 때문이었다. 나는 내가 한 번 도달한 곳에 멈춰 있을 수 없었다. 환상을 붙잡아 오기 위해서 서둘러 앞을 가야 했다. 물론 나의 동시대인은 나의 환상을 지각할 수 없었다. 그들은 다만 쓸데없이 도망치는 사람을 보았을 뿐이다.

나는 많은 사람에게 타격을 가했다. 왜냐하면 그들이 나를 이해하지 못한다고 느끼는 순간, 그 일에 관한 한 내게는 끝장이었다. 나는 계속 가야 했다. 나는 — 나의 환자말고는 — 사람들과의 관계에서 참을성이 없었다. 나는 항상 내게 부과되었고 내게 선택의 자유를 주지 않는 나의 내적인 법에 따라야 했다. 어떻게 모순 없이 해나갈 수 있었겠는가?

사람들이 내적인 세계와 접촉하고 있는 한 나는 많은 사람들과 함께 있었다. 그러나 그러다간 갑자기 내가 그들 앞에서 사라지는 경우가 있었다. 왜냐하면 나를 그들에게 연결짓는 것이 더 이상 없기 때문이다. 나는 사람들이 내게 아무것도 말할 것이 없어도 그들이 거기 있다는 사실을 배우는 데 무척 애를 먹었다. 많은 사람들이 내 마음속에 생동감 넘치는 인간성을 불러일으켰다. 그러나 그것은 그들이 심리학의 마술권에 나타났을 때 뿐이다. 다음 순간, 조명등이 그 빛을 다른 곳으로 향하게 했을 때 거기에는 아무것도 존재하지 않았다. 많은 이들이 나의 강력한 관심의 대상이 되지만 내가 그들의 정체를 속속들이 알고 난 뒤에는 마술은 사라진다. 그리하여 나는 많은 적을 만들었다. 그러나 창조적 인간으로서 사람은 내맡겨진 존재이다. 그는 자유롭지 못하며, 묶여 있으며 데몬에 쫓기고 있다. "염치도 없이 / 거친 힘이 우리의 마음을 앗아간다 / 제물을 하늘은 요구하므로 / 그러나 이를 게을리할 때 / 한 번도 좋은 결실을 맺은 일은 없었다

Hölderlin."

이런 구속감은 내게 큰 슬픔을 안겨 주었다. 나는 자주 내가 마치 싸움터에 있는 것처럼 느꼈다. 나의 친애하는 전우여, 이제 너는 쓰러졌다. 그러나 나는 계속 나가야겠다! 나는 정말 여기 머물러 있을 수 없다. 왜냐하면 염치도 없이 어떤 힘이 우리에게서 마음을 앗아가므로. 나는 너를 좋아한다. 너를 사랑한다. 그러나 나는 여기 멈춰 **있을 수 없다**! — 그것은 가슴이 찢어질 듯한 순간이다. 내 자신이 제물이 아니었던가. 나는 여기 머물러 있을 수 없다. 그러나 데몬은 사람이 드디어 어려움을 뚫고 통과해 나가도록 해준다. 그리고 그와 더불어 축복된 모순을 가져다준다. 다시 말해서 "불순종"과는 정반대로 상상할 수 없을 정도의 충실성을 유지할 수 있게 되는 것이다.

아마 이렇게 말할 수도 있을 것이다. 나는 다른 사람보다도 사람들을 더 필요로 하고 동시에 훨씬 덜 필요로 한다고. 다이모니온이 작용하고 있는 곳에서는 사람들은 너무 가깝거나 너무 멀다. 다이모니온이 침묵을 지킬 경우에만 사람은 중용을 보존할 수 있다.

데몬과 창조적인 것이 무조건, 가차 없이 나를 사로잡았다. 내가 계획한 통상적인 일은 언제나 어디서나 그랬던 것은 아니지만, 대개 손해를 보았다. 그러므로 내게는 내가 골수 보수주의자인 듯 보인다. 나는 나의 친할아버지의 담배상자에서 담배를 꺼내 파이프에 재우고 아직도 그의 알프스 영양의 뿔로 관을 씌운 등산 단장을 소중히 간직하고 있다. 나의 조부는 이것을 폰테레지나의 첫 번째 요양객의 한 사람으로서 가져온 것이었다.

나는 나의 인생이 그렇게 지나간 것에 만족한다. 그것은 풍족했으며 내게 많은 것을 가져다주었다. 어찌 내가 그리도 많은 것을 기대할 수 있었겠는가? 그동안 일어난 것들은 온통 기대 밖의 것들뿐이었다. 아마 내 자신이 달랐더라면 많은 일이 달리 되었을 수 있었을 것이다. 그러나 되어야 하는 대로 되었다. 내가 생긴 대로의 나로 있음으로써 그렇게 된 것이다. 많은 삶의 부분이 나의 의도한 바에 따라 이루어졌다. 그러나 그것은 항상 내게 이로운 것은 아니었다. 그런

1960년 퀴스나흐트에서.

데 거의 모든 것이 저절로, 숙명적으로 전개되었다. 나는 나의 고집에서 비롯된 많은 어리석은 일들을 후회한다. 그러나 내가 그 어리석음을 갖지 않았다면 나는 나의 목표에 도달할 수 없었을 것이다. 그리하여 나는 실망하면서도 실망하지 않았던 것이다. 나는 사람들에 대하여, 그리고 내 자신에 대하여 실망했다. 나는 인간에게서 놀라운 것들을 경험했고 내 스스로도 내게 기대했던 것보다 더 많이 일을 하였다. 그러나 나는 아무런 결정적인 판단을 이룰 수가 없다. 왜냐하면 인생이라는 현상, 인간이라는 현상은 너무도 큰 것이기 때문이다. 나이를 먹을수록 나는 내 자신을 이해하거나 인식할 수가 없게 되었고 나를 더욱 모르게 되었다.

나는 나에 관해서 놀라고 실망하고 또한 기뻐했다. 슬프고 좌절하고 또한 감격했다. 나는 또한 이 모든 것이기도 하다. 그러면서도 그 합계를 헤아릴 수 없다. 나는 어떤 가치, 혹은 무가치를 결정적으로 확정할 수 없다. 나는 나와 나의 인생에 대하여 아무런 판단도 내릴 수 없다. 내가 확신을 가지고 말할 만한 것은 어디에도 없다. 나는 아무런 분명한 확신을 어디에 관해서도 갖고 있지 않다. 나는 다만 내가 태어났으며 존재하면 그것은 마치 내가 무엇에 실려다니는 듯한 것임을 알고 있을 뿐이다. 나는 내가 모르는 어떤 것의 토대 위에 존재하고 있다. 온갖 불확실성에도 불구하고 나는 나의 현존재의 연속성과 나의 존립의 굳건함을 느끼고 있다.

우리가 태어난 이 세계는 거칠고 잔인하며 동시에 신성한 아름다움을 지니고 있다. 무의미냐 의미냐, 어느 쪽이 더 우세하다고 믿느냐 하는 것은 그 사람의 기질에 달렸다. 만약 무의미성이 절대적으로 우세하다면 우리의 정신적 발달과정에서 인생의 의미충족이 점점 사라지고 말 것이라고 가정할 수 있을지 모른다. 그러나 그것은 그렇지 않다. — 적어도 내게는 그렇지 않은 것처럼 보인다. 모든 형이상학적 문제에서 볼 수 있듯이 십중팔구 양쪽이 다 진실이다. 즉 일생은 의미가 있기도 하고 없기도 하다. 나는 의미가 우세하며 전투에서 이기리라는 애타는 희망을 가지고 있다.

노자가 "모든 사람들이 분명한데 다만 나만이 우매하구나" 했다면 그것이 바로 내가 지금의 고령에 느끼고 있는 것이다. 노자는 높은 통찰을 지닌 사람의 본보기였다. 그는 가치와 무가치를 보았고 이를 겪었으며 인생의 마지막에 그 자신의 고유한 존재로, 그 인식할 수 없는 영원한 의미 속으로 되돌아가고자 했던 사람이었다. 인생을 충분히 겪은 노인의 원형은 영원히 진실이다. 지능의 어떤 단계에도 이 유형이 등장하며 그것은 늙은 농부이든 노자와 같은 위대한 철인이든, 그 유형은 일정하다. 노년이란 그런 것 — 즉 하나의 제약이다. 그러나 그럼에도 불구하고 나를 충족시켜 주는 것이 그렇게도 많다. 식물, 동물, 구름, 낮과 밤, 그리고 인간 속에 있는 영원한 것 — 내가 나에 관해서 불확실해지면 질수록 온갖 사물과의 친밀감이 더욱 커진다. 그렇다. 내게는 마치 나를 이 세계에서 그토록 오래 유리했던 저 낯설음이 나의 내면세계로 옮겨와서 내 자신과의 예기치 않은 생소함을 나에게 현시한 것처럼 생각된다.

부록

미국에서 부인에게 보낸 융의 편지 가운데서

1909년 9월 6일 월요일
스탠리 홀 교수 방
클라크 대학, 워세스터

… 이제 우린[1] 워세스터에 무사히 도착했습니다! 그동안의 여행에 대해 당신에게 이야기해야겠어요. 지난 토요일, 뉴욕은 흐린 날씨였지요. 우리 셋은 모두 설사를 앓았고 위의 통증이 좀 있었답니다. 나는 몸이 괴롭고 식사도 못했지만 그래도 고생대 박물관에 갔지요. 그곳에서 온갖 괴물, 창세기 악몽을 보았습니다. 그 수집품은 제3기 포유동물의 계통 발생을 보는 데는 한 마디로 유일한 곳이었지요. 내가 그곳에서 본 것을 당신에게 다 묘사하기는 불가능한 일이오. 그리고는 방금 유럽에서 이곳에 온 존스Jones를 만났지요. 그 뒤에 3시 반쯤 우리는 고가철도로 42번가에서 부두로 갔고 거기서 희한하게 거창한 구조를 한 기선을 탔는데 갑판이 다섯 개나 되었습니다. 우리는 그 곳에 선실을 얻고, 웨스트 리버에서 온갖 마천루들이 치솟아 있는 맨해튼의 첨단을 돌아 이스트 리버로 브루클린과 맨해튼 다리 밑을 거쳐 예인선과 나룻배들이 무수히 널려 있는 한가운데를 지나 사운드를 통해 롱아일랜드 뒤로 갔습니다. 날씨가 축축하고 선선해서 우리 모두 배탈이 나서 설사를 하고는 배가 고파서 침대 속에 기어들어갔지요.

1) 프로이트, 페렌치와 융.

일요일 아침 일찍 우리는 이미 폴 리버의 육지에 당도해 있었습니다. 그곳에서 우리는 비가 오는 가운데 보스턴으로 가는 기차를 탔습니다. 우리는 곧장 계속해서 워세스터로 갔습니다. 가는 도중에 날씨는 벌써 개었습니다. 바깥 풍경이 무척이나 매력적이더군요. 나지막한 언덕, 많은 숲과 늪과 작은 호수, 수없이 깔려 있는 거대한 표석들, 붉은색, 초록색, 혹은 회색으로 칠하고 하얀 창틀을 한 (네덜란드처럼!) 목조가옥이 커다란 멋진 나무들 사이에 숨어 있는 작은 마을들! 열한 시 반에 워세스터에 도착, 우리는 스탠디쉬 호텔에 참한 숙소를 얻었습니다. 미국식 셈법, 즉 숙식비를 일괄해서 하숙비처럼 받는 것이어서 값도 쌉니다. 저녁 여섯 시, 적당한 휴식 후에 스탠리 홀을 방문, 그는 곧 70세를 앞둔 무척이나 섬세하고 점잖은 노신사였는데 우리를 최대로 환대해 주었습니다. 그의 부인은 뚱뚱하고 쾌활하며, 무척 못생겼지만 아주 맛있는 음식을 대접할 줄 아는 분이었습니다. 그녀는 프로이트와 나를 그녀의 "아들들"이라고 부르면서 맛있는 음식과 귀한 포도주로 보살펴 주어서 우리는 여행의 피로에서 현저하게 회복되었습니다. 그날 밤은 호텔에서 잘 자고 오늘 아침 우리는 홀의 집으로 옮겼습니다. 그의 집은 아주 재미있게 꾸며져 있었습니다. 모든 게 넓고 편리했습니다. 그는 훌륭한 연구실을 가지고 있었는데 그곳에는 수천 권의 책과 잎담배가 있었습니다. 매우 새까만 흑인 두 사람이 굉장히 괴기스럽게 화려한 예복을 입고 봉사하고 있었습니다. 사방에 양탄자, 모든 문은 열려 있고, 심지어 화장실과 대문까지 열려 있어 사람들은 어디로나 드나들고 창문은 모두 바닥까지 내려와 있습니다. 집 주변은 영국식 잔디밭으로 울타리가 없습니다. 도시의 반(인구 약 18만)이 고목으로 이루어진 숲에 가려져 있고 그것이 모든 거리에 그늘을 만들어 줍니다. 집들은 모두 스위스의 집보다도 작고, 화초와 꽃핀 관목들로 예쁘게 둘러싸여 있고 동정녀덩굴과 등나무로 뒤덮여 있습니다. 모든 게 잘 가꾸어져 있고, 깨끗하고 세련되었으며 평화스럽고 명랑합니다. 전혀 다른 아메리카! 이것이 이른바 뉴잉글랜드입니다. 이 도시는 이미 1690년에 세워졌으니 무척 오래된 도시지요. 게다가 무척 번영을 누리고 있습니다. 풍부한 자산을 가진 대학은 작지만 품위가 있으며 정말 단순하면서도 우아합니다. 오늘 아침은 개회 첫 모임이 있었습니다. X교수가 처음 순서인데 지루한 것이었습니다. 우리는 곧 뒷전으로 물러가서 도시를 산책했습니다. 도시는 사방에 작은 호수가 있고 서늘한 숲으로 우거져 있었습니다. 우리는 이 평화스럽고 아름다운 정경에 황홀했습니다. 그것은 뉴욕의 생활에서 우리의 기분을 새롭게 해주고 원기를 회복시켜 주는 것이었습니다.

클라크 대학
워세스터, 매사추세츠
1909년 9월 8일 수요일

… 사람들은 너무도 다정하고 교양이 있어 마음이 편합니다. 우리는 홀집에서 융숭하게 대접받아서 날마다 뉴욕에서의 과로에서 회복되고 있습니다. 뱃속도 지금은 거의 괜찮습니다. 가끔 땅기는 때가 있지만 그 밖의 신체상태는 최상입니다. 프로이트는 어제 강의를 시작했고 큰 수확을 거두었습니다. 우리는 이곳에서 지반을 얻고 있습니다. 우리 학문은 천천히, 그러나 확실히 성장하고 있습니다. 나는 오늘 두 사람의 좀 나이가 든 매우 교양 있는 부인들과 정신분석에 대한 이야기를 나누었는데 이들은 무척 거기에 관해 통달하고 있는데다 개방적인 생각의 소유자들이더군요. 나는 반대로 부딪칠 것을 예상하고 있었는데 뜻밖이었습니다. 최근 우리는 50명 정도가 모인 큰 가든파티를 열었는데 나는 다섯 명의 여인들에게 둘러싸였습니다. 나는 심지어 영국식 농담마저 할 수 있었지요. — 물론 그 영어라니! 내일은 내가 강의를 시작할 차례지요. 청중들이 무난하고, 단지 새로운 것을 듣기를 갈망하고 있으니 이들에게는 원하는 것을 제공해 줄 수 있겠지요. 그간에 품었던 근심이 모두 사라졌습니다. 다음 토요일, 축제의 요란한 소리와 함께 우리는 대학의 명예박사로 추대

된다고 합니다. 저녁에는 공식만찬이 있을 예정입니다. 오늘 편지는 부득이 짧게 끝맺을 수밖에 없겠습니다. 홀 집에서 몇 사람을 다섯 시에 초대했으니까요. 또한 보스턴 석간*Boston Evening Transcript*으로부터 인터뷰를 받게 되어 있습니다. 우리는 이 곳에서 "오늘의 남성들"입니다. 한 번쯤 이런 측면을 철저히 살릴 수 있는 것도 아주 좋은 일이라 생각됩니다. 나는 내 리비도가 그것을 무난히 만끽하고 있다는 것을 느끼고 있습니다 ….

클라크 대학
워세스터, 매사추세츠
1909년 9월 14일

… 어제 저녁은 엄청난 마술과 가장무도회가 온갖 붉고 검은 예복에다 금테 사각모를 걸친 채 개최되었습니다(명예박사수여식을 풍자한 것임: 역주). 사람들은 나를 많은 축하객이 모인 자리에서 명예법학박사로 추대했습니다. 프로이트도 함께 추대되었지요. 이제 나는 내 이름 뒤에 L. L. D를 붙여도 되게 되었습니다. 굉장하지요. 안 그래요? 오늘 M교수가 점심을 초대하여 아름다운 호숫가로 우리를 인도하였습니다. 경치가 무척 좋았습니다. 오늘 저녁엔 홀의 집에서 "성심리학"에 대한 사적인 회의가 있습니다. 시간이 굉장히 꽉 차 있습니다. 이런 면에서 미국인들은 정말 위대합니다. 그들은 숨쉴 틈도 주지 않습니다. 나는 온갖 황당무계한 일들을 겪은 뒤라 좀 지쳐 있습니다. 산속에서의 휴식을 그리워하고 있습니다. 머리가 좀 지끈거립니다. 어제 저녁은 명예박사수여식에서 300명 정도의 사람들 앞에서 즉흥연설을 해야 했습니다.

… 나는 다시 바다로 가게 되는 것을 무척 기뻐하고 있습니다. 혹사당한 영혼이 끝없는 평온과 넓이 앞에서 다시 회복될 수 있을 것이니까요. 여기서는 거의 끊임 없는 선풍 한가운데 있는 거나 다름없습니다. 그러나 다행히 나는 즐길

수 있는 능력을 다시 되찾아서 모든 것을 즐길 수 있게 되었습니다. 이제 나는 이 폭풍 속에서 내게 닥친 것들을 다 받아들이렵니다. 그리고 지칠 만큼 충족되면 편히 쉬겠습니다 ….

P의 캠프
킨 밸리
애디론댁스, 뉴욕 주
1909년 9월 16일, 오전 8시 30분

… 내가 지금 이 무제한의 가능성을 지닌 나라의 어디에 들어박혀 있는지를 보았다면 굉장히 놀랐을 것이오. 나는 지금 방이 하나밖에 없는 커다란 통나무집에 앉아 있소. 내 앞에는 벽돌로 거칠게 둘러친 커다란 벽난로가 있고 그 앞에는 굵은 나무토막이 덩어리로 쌓여 있고 사방의 벽에는 식기, 책과 같은 것들이 엄청나게 많이 놓여 있습니다. 통나무집 주위로 지붕이 있는 베란다가 있는데, 밖으로 나서면 먼저 보이는 건 나무들 — 너도밤나무, 잣나무, 유럽소나무, 찝빵나무 등 — 모두가 조금씩 이국적이고 게다가 그 위에 비가 내리고 있습니다. 나무 사이로 산악 풍경이 보이는데 그 산들은 모두 숲으로 덮여 있지요. 통나무집은 산기슭에 서 있는데 저 멀리 아래쪽에는 열 채 정도의 오막살이집들이 있고 거기에 여인들이, 저곳에는 남자들이, 저기에는 부엌, 여기는 음식점, 그 사이에 젖소와 말들을 키우고 있지요. 그리니까 이곳에는 P씨 일가가 둘, 그리고 X가가 한 집 살고 있습니다. 앞을 흐르는 시내를 따라 상류로 올라가면 숲에 도착하는데 그 숲이 북방의 원시림이라는 것을 곧 알아차리게 됩니다. 바닥은 거대한 빙하기의 암석더미로 되어 있고 거기에 이끼와 양치식물이 푹신할 정도로 겹겹이 덮여 있는데 그 위에 커다란 썩은 나무등걸이나 가지들이 어지럽게 널려 있고 거기서 또 새 가지가 솟아나오고 있습니다. 좀 더 높이 올라서 썩은 나무로 꽉

찬 푹신한 길까지 가면 밀집된 작은 관목 숲 지대에 이르는데 그곳은 이색적인 여러 가지 딸기나무 무리로 온통 엮어져 있습니다. 숲 위로 수천의 커다란 죽은 나무가 벌거벗은 가지를 하늘로 솟구치고 있습니다. 수천의 나무가 쓰러졌고, 쓰러지면서 사람이 통과할 수 없을 만큼 헝클어졌습니다. 사람들은 굵은 나무등걸의 위아래로 기어가야 하고 썩은 나무를 통해 깊은 구멍으로 내려가다 보면 사슴이 그 길을 가로질러간 자국을 보게 됩니다. 딱따구리가 머리만한 크기의 구멍을 나무에다 찍어 놓았던 것이지요. 군데군데 회오리바람이 웰링톤의 숲과 비슷한 수백의 거대한 나무를 쓰러뜨려서 그 뿌리가 아득히 높이 치솟아 있지요. 수년 전 이곳에 산불이 나서 1마일 넓이의 지역이 황야로 변했답니다. 계속 올라서 이제 드디어 해발 1,000미터의 둥근 바위 꼭대기에 오르면 원시적인 빙하기 평원과 호수의 풍경이 내려다보입니다. 그것은 빙하기 이래 사람의 발길이와 닿은 일이 없는 처녀원시림으로 뒤덮여 있습니다. 이 특이한 원시지대는 미국의 북단, 뉴욕 주, 캐나다 접경에 있습니다. 이곳엔 아직도 곰, 늑대, 사슴, 큰사슴, 가시다람쥐가 살고 있습니다. 뱀도 도처에 있답니다. 어제도 우리가 도착했을 때 2피트 길이의 뱀이 마중나왔더군요. 다행히 우리가 있는 지역에는 방울뱀이 없답니다. 그 대신 몇 시간 거리에 떨어진 곳에서는 수온이 비교적 높은 조지 호와 챔플레인 호에는 그런 뱀이 있다고 합니다. 우리는 작은 오막살이집에 있는 조상과 야전침대를 합친 것 같은 침상에서 자고 있습니다 ….

당신과 함께 한 번 이곳에 와야겠어요. 이곳이 너무 좋아요. 친지가 있는 곳에선 어디서든지 풍성하게 대접받아요. 이 여행 중에 가장 아름다운 추억을 남기게 되리라는 데 우리 모두가 같은 의견을 가지고 있습니다. 프로이트는 이 무척 다채로운 세계 속을 그윽한 미소로 지나가고 있습니다. 나도 그렇게 하며 이 세계를 즐기고 있습니다. 만약 내가 할 수 있는 만큼 모든 것을 가지고 가려든다면 두 달 안에 그 일이 끝날 것 같질 않군요. 그러나 아직 무척 아름다운 동안에 가져가는 것이 좋을 듯합니다.

올버니, 뉴욕 주

1909년 9월 18일

… 출발하기 아직 이틀! 모든 게 소용돌이 속에 지나가고 있습니다. 어제는 엄청난 원시림 한가운데의 1,700미터 높이의 벌거벗은 바위 꼭대기에 서서 멀리 펼쳐진 푸른 미대륙의 무한을 바라보며 얼음처럼 찬 바람에 뼛속까지 얼어붙었고 오늘은 뉴욕 주의 수도, 올버니의 대도시의 혼란 속 한가운데 서 있으니! 내가 이 불가사의한 나라에서 가져가는 수많은 인상을 붓으로는 이루 다 묘사할 수 없어요. 모든 것이 너무 넓고, 헤아릴 수도 없습니다. 요 며칠 동안 차츰 내 마음에 싹트는 생각은 삶의 이상이 이곳에서는 현실화되었다는 것입니다. 교양이 허용하는 한, 남성들에게는 이곳이 좋고, 여성에게는 나쁩니다. 우리는 여기서 최고로 우리를 놀라게 하는 것들을 보았고 사회발전에 관하여 우리에게 심각한 반성을 촉구하는 것들을 보았습니다. 우리는 기술문화에 관한 한 미국에 까마득히 뒤져 있습니다. 그러나 이 모든 것에 엄청나게 많은 돈이 들고 종말의 씨앗이 벌써 그 속에서 싹트고 있습니다. 나는 당신에게 많이, 무척 많이 이야기해야겠어요. 이 여행의 체험은 내게는 잊을 수 없는 것이 될 것입니다. 우리는 이제 아메리카에 지쳤습니다. 내일 아침 일찍 뉴욕으로 가고, 9월 21일 바다로 갑니다!

북부 독일, 로이드 브레멘

기선 '빌헬름 대제'

1909년 9월 22일

어제 나는 가벼운 마음으로 지끈거리는 두통과 내 구두창의 미국 먼지를 털어냈습니다. 그것은 Y 집안이 내게 훌륭한 샴페인을 대접했기 때문입니다. … 금주에 관한 확신을 두고 말하자면 지금 매우 그 근거가 흔들리고 있습니다. 그래서 나는 여러 개의 금주동맹에서 명예롭게 탈퇴합니다. 나는 내 자신을 거짓 없는 진짜 죄인임을 고백하며 다만 포도주잔 — 물론 아직 마시지 않은 — 을 볼 때 아무런 감흥 없이 견뎌내기를 희망할 뿐입니다. 그건 언제나 그런 겁니다. 금지된 것만이 매력이 있으니까요. 나는 내 자신에게 너무 많은 것을 금해선 안 된다고 믿습니다.

우리는 어제 아침 열 시에 출발했습니다. 왼쪽으로 높이 치솟은 희고 불그레한 뉴욕 시의 마천루, 오른쪽으로 연기를 뿜고 있는 호보켄 시의 굴뚝, 부두가 있습니다. 뉴욕은 곧 시야에서 사라지고 얼마 되지 않아 바다의 커다란 물결이 시작되었습니다. 등선燈船 옆에 우리는 미국 수로안내인을 내려놓고 "저 바다의 슬픈 황야"로 항해합니다. 그것은 언제나 우주적인 위대함과 단순함으로 우리로 하여금 침묵케 하는 것입니다. 인간이 여기서 무엇을 말할 게 있습니까. 더구나 대양이 밤마다 혼자서 저 별이 빛나는 하늘과 함께 있을 때 말입니다. 우리는 그저 잠자코 온갖 인간의 자만을 버린 채 바라봅니다. 그러면 많은 옛 말과 옛 모습들이 머리를 스쳐지나 갑니다. 잔잔한 목소리가 저 "광활하게 소리내며 일어서는 바다, 바다의 물결과 사랑"이 지닌 태고의 무한함에 관해 무언가를 일러 줍니다. 혹은 파도에서 튕기는 거품 속에서 여로에 지친 오디세우스에게 부드러운 진주의 베일을 마련하여 폭풍에서 구제해 준 사랑스러운 여신, 레우코테아 Leukothea에 관해서 무언인가를 속삭입니다. 바다는 마치 음악과 같습니다. 그것은 온갖 영혼의 꿈을 간직하면서 그것이 드러나게 합니다. 바다의 아름다움과 위대함은 우리를 풍성한 창조성을 지닌 자신의 마음의 밑바닥으로 내려가도록 하여 "바다의 슬픈 황야"에 활기를 불어넣으며, 우리 자신을 직면하게 하고 우리 자신을 재창조하게 합니다. 우리는 아직 이 "마지막 나날의 고뇌"로 피곤합니다. 우리는 미국이 우리에게 불러일으킨 지나간 추억을 반추합니다. 그리고 무의식은 그것들을 정리하기에 바쁩니다 ….

북부 독일, 로이드 브레멘
기선 '빌헴름 대제'
1909년 9월 25일

… 어제 폭풍이 일어 온종일, 한밤중까지 지속되었습니다. 나는 거의 온종일 사령교 밑의 앞쪽, 좀 높고 감싸인 위치에 서서 엄청난 산더미 같은 파도가 밀려오고 소용돌이치는 물거품을 뱃전에 퍼붓는, 위대한 자연의 극을 놀라운 마음으로 지켜보았습니다. 배는 세차게 흔들리기 시작했습니다. 그리고 몇 차례 짠 바닷물의 소나기가 우리 위로 떨어졌습니다. 우리는 한기를 느끼고 차를 마시러 갔습니다. 그러나 그곳에서 나는 뇌가 척수로 내려가서 위 근처에서 다시 올라올 듯한 구토를 느꼈습니다. 그래서 침상에 누워 있었더니 곧 회복되어 저녁식사는 기분 좋게 먹을 수 있었습니다. 때때로 밖에서는 파도가 뱃전을 두드리는 소리가 들려왔습니다. 선실 안의 물건들이 모두 생명을 얻은 듯이 보였습니다. 의자의 쿠션은 어둑어둑 어두운 선실의 바닥 위를 여기저기 굴러다녔습니다. 바닥에 놓여 있는 구두는 발딱 서더니 놀란 듯이 주위를 살피다가 조용히 훌쩍이는 소파 밑으로 갔고, 세워 놓은 구두는 피곤한 듯 옆으로 눕더니 다른 구두를 따라갔습니다. 그러나 연극은 변했습니다. 구두들은 정작 알고 보니 소파 밑에서 내 주머니와 손수건을 가지러 간 것이었습니다. 이제 온갖 무리들이 침상 밑의 커다란 가방 쪽으로 갔습니다. 소파 위에 있는 내 셔츠의 소매가 이들이 그리운 듯이 눈짓을 했고 궤짝과 서랍 속에서 쏴쏴, 덜컹덜컹 소리를 냈습니다. 갑자기 발 밑에서 미친 듯이 날뛰는 소리, 우르르쾅 하는 소리, 파닥파닥 울리는 소리, 짤깍짤깍 하는 소리가 들려왔습니다. 밑에는 주방이었던 것입니다. 그곳에선 일격으로 500개의 접시가 죽은 듯이 수줍음에서 깨어나 용감하게 도약함으로써 그들의 부질없는 노예적 존재를 급속히 청산한 것입니다. 온 선실 주변에서 말할 수 없는 한숨이 메뉴의 비밀을 누설하고 있었습니다. 나는 아주 잘 잤습니다. 그리고 오늘 아침엔 바람이 다른 쪽에서 불기 시작했군요 ….

프로이트로부터 융에게[2)]

1909년 4월 16일
빈, 9구, 베르크 로, 19번지

친애하는 친구여!

… 내가 당신을 정식으로 나의 장남으로 삼고 나의 후계자이며 황태자 — 불신의 무리의 나라에서 — 의 도유례塗油禮(기름 칠하는 예식)를 올린 바로 그날 저녁, 당신이 나에게서 부친의 위엄을 벗기고 이 탈의가 거꾸로 내가 당신에게 착의着衣시킴을 좋아했듯이 당신 마음에 제법 들었다는 것은 매우 주목할 일입니다. 이제 나와 저 시끄러운 요괴와의 관계를 설명하고자 하는데 그러자니 내가 또 한 번 당신의 아버지 노릇을 하게 될까 두렵습니다. 그래도 말을 해야겠습니다. 왜냐하면 내 생각이 당신이 믿고 있는 것과는 다르기 때문이지요. 나는 당신의 보고와 실험이 나에게 깊은 인상을 주었다는 사실을 부인하지는 않습니다. 그러나 당신이 간 뒤에 몇 가지 관찰을 하였습니다. 여기 그 결과를 알려드립니다. 내 첫 번째 방에선 끊임없이 무엇인가 탁탁 빠개지는 소리가 납니다. 그곳에는 서가의 오크나무 널판지 위에 두 개의 무거운 이집트 돌비석이 놓여 있습니다. 그러니 소리가 날 것은 자명한 일입니다. 우리가 함께 소리를 들은 두 번째 방에서는 평소에 소리나는 일이 거의 없습니다. 처음에 나는 만약 그 소리가 당신이 있을 때는 자주 들리고, 없을 때는 소리가 한 번도 나지 않는다면 그것이 어떤 뜻이 있는 증거로 삼으려 했습니다. 그러나 그 소리는 당신이 간 뒤에도 계속 울렸으며 전혀 내 생각과 관계없이 났고 내가 당신에 관해 생각하거나 당신의 문제에 골몰할 때는 한 번도 그 소리가 난 적이 없습니다(여기 대한 도전으로 한 마디 더 추가하거니와 그 소리는 지금도 들리지 않습니다). 나의 관찰은 그런데 곧장 다른 것에 의해서 중요성을 상실하였습니다. 나의 경건성, 최소한 나의 경건한 준비태세는 당신의 개인적인 내왕의 마술과 함께 사라졌습니다. 당신이 말한 그와 같은 현상이 일어날 수 있다는

2) 런던의 에른스트 프로이트의 친절한 승낙으로.

것은 여러 가지 내적인 근거에서 볼 때 매우 믿기 어렵습니다. 혼이 없는 가구는 내 앞에 서 있습니다. 그는 그리스의 제신이 떠난 뒤에 시인 앞에 있는 혼이 없는 자연처럼.

그래서 나는 다시금 아버지의 뿔테 안경을 쓰고 사랑하는 아들에게 머리를 식히라고 경고합니다. 뭘 이해하기 위해서 그렇게 큰 희생을 치르지 말고, 아예 무엇을 이해하고자 하지 말라고 경고합니다. 나는 또한 심리합성Psychosynthese에 대해서도 현명한 머리를 흔들고 이렇게 생각합니다. '그래 젊은이들이란 그렇지. 그들이 정말 즐겁게 느끼는 것은 우리를 데려갈 필요가 없는 바로 그곳에 있고, 그곳에는 우리가 숨이 차고 다리가 아파서 따라갈 수가 없다고.'

그러면 나는 내 나이의 특권을 당연히 말이 많아지고 사람들이 이해 못하는 천지간의 다른 사물에 관해 이야기하게 됩니다. 수년 전 나는 내가 61세와 62세 사이에 죽을 것이라는 확신을 가지고 있음을 발견했습니다. 그 당시는 그 나이가 꽤 긴 시한처럼 여겨졌지요(지금보면 겨우 8년밖에 남지 않았지만). 나는 그 뒤 내 동생과 함께 그리스 여행을 했습니다. 그런데 61, 또는 60이라는 수가 1과 2와 연결되면서 숫자로 헤아릴 수 있는 모든 대상, 특히 교통수단을 지칭하면서 반복되었을 대 나는 그것을 충실히 기록했지만 사실 기분이 언짢았습니다. 아테네의 호텔에서 우울한 기분에 사로잡힌 채 1층의 숙실로 안내되었을 때 나는 비로소 안도의 숨을 내쉴 수 있지 않을까 하는 희망을 가졌습니다. 61이라는 수가 거기에는 없었기 때문이지요. 그러나 나는 적어도 31번이라는 수를 얻었는데(숙명적인 특허로서 결국은 61~62의 반) 이보다 영리하고 약삭빠른 수는 나를 괴롭히는 데 있어 전자보다도 더 끈질긴 데가 있었습니다. 돌아오는 길부터 아주 최근까지 내 머리에는 "31"이라는 수가 늘 그 옆에 "2"라는 수와 함께 충실히 남아 있었습니다. 나는 내 정신체계 속에 오직 지식용 뿐, 전혀 미신적이 아닌 영역을 지니고 있으므로 나는 그때 이후 내가 61~62세에 죽을 것이라는 그와 같은 확신을 분석하고자 했습니다. 여기 그 결과가 있습니다. 그 확신은 1899년에 생겼습니다. 그 당시 두 가지 사건이 동시에 일어났지요. 첫째는 ≪꿈의 해석≫을 썼고

(물론 1900년이라고 선행사여 간행 연도가 기술되어 있지만), 둘째로는 새 전화번호를 받았는데 그것은 지금도 쓰고 있는 번호로 14362입니다. 이 두 사실 사이의 공통점은 쉽사리 발견되지요. 1899년 내가 ≪꿈의 해석≫ 썼을 때 나는 43세였습니다. 그러니 전화번호의 다른 나머지 번호 즉, 61이나 62는 생의 종말을 의미할 것이라는 것을 시사합니다. 갑자기 이 부조리 속에 방법이 생겨났습니다. 내가 61세와 62세 사이에 죽을 것이라는 미신은 내가 ≪꿈의 해석≫으로 나의 필생의 작업을 완수했으므로 더 이상 말할 것이 없으며, 안심하고 죽을 수 있다는 확신에 필적함을 보여 주었습니다. 이와 같은 경험을 하고 나니 이런 일들이 이제는 결코 쓸데없는 일이 아님을 당신도 인정하게 될 것입니다. 어쨌든 훌리스W. Flies의 은밀한 영향도 거기에 숨이 있습니다. 그가 나를 공격했을 때 또한 저 미신이 생겼으니까요.

당신은 여기서 다시금 나의 비교秘教, Mystik 속에 있는 특이한 유태적 성격이 입증되었음을 확인할 것입니다. 그 밖에서 그저 다음과 같이 말하고 싶군요. "61"이라는 수로 내가 행한 모험은 두 개의 동기로 해명될 수 있습니다. 첫째는 모든 여성에게서 헬레나Helena 여신을 발견할 만큼 무의식에서부터 무척 항진된 주의력을 통해서, 둘째로는 부인할 수 없이 존재하는 "우연의 호응" 즉, 망상형성에서나 히스테리성 증상에서의 신체적 호응, 익살에서의 언어적인 호응에서 모두 같은 역할을 하는 것을 통해서 나타납니다.

이제 나는 당신의, 사람들이 그 경험을 함께 나눌 수 없는, 콤플렉스 유령연구나 애교 있는 망상의 연구에 관해서 흥미를 가지고 계속 들을 수 있는 위치에 있게 될 것입니다.

당신과 부인, 그리고 아이들에게 충심으로 안부를 전합니다.

— 당신의 프로이트

1911년 5월 12일
빈, 9구, 베르크 로, 19번지

친애하는 벗이여!

… 나는 당신이 마음 깊이 심령학 연구에 몰두하고 있다는 것을 알고 있고, 당신이 풍성한 수확을 거두고 귀향하리라는 점을 의심치 않습니다. 거기 대해서 아무도 뭐라 할 수 없을 것입니다. 또한 자기의 충동의 연결에 좇아갈 권리가 누구에게나 있습니다. 당신의 치매(조발성 치매, 현 정신분열증) 연구에 관한 명성은 당신에게 향해졌던 신비가Mystiker라는 비판을 상당히 오래 지탱해 줄 것입니다. 다만 우리로부터 멀리 떨어진 열대식민지에 너무 오래 머물러 있지 마십시오. 집안을 다스리는 것이 가치 있는 일입니다 ….

충심으로 안부 전하고 좀 더 자주 편지하시기를 ….

— 당신의 충실한 프로이트

1911년 6월 15일
빈, 9구, 베르크 로, 19번지

친애하는 벗이여,

… 심령학의 문제에서 나는 페렌치의 경험[3]을 통해서 내가 얻은 위대한 교훈 이래로 겸손해졌습니다. 사람들은 이성적으로 만드는 일 같으면 나는 뭐든지 믿는다고 약속하지요. 아시다시피 나는 그런 일을 즐겨하고 있는 건 아닙니다. 그러나 나의 오만은 그 뒤부터 무너졌습니다. 나는 당신들 중 한 사람이 심령학에 관한 것을 공개적으로 발표하는 위험한 발걸음을 내딛는다면 그때 당신과 페렌치의 의견이 서로 합치되어 있기를 바랍니다. 내 생각에는 그것이 연구과정의

3) E. Jones, ≪*Das Leben und Werk von Sigmund Freud*≫, 프랑크푸르트, 1962, p. 447ff 또는 ≪*Freud*≫ III, 뉴욕, 1957, p. 387f 참조.

전적인 독립성과도 합치되는 것이라고 봅니다.

당신과 당신의 아름다운 집에 충심으로 인사를 ….

— 당신의 충실한 프로이트

튀니스Tunis의 수스Sousse에서 그의 부인에게 한 편지

1920년 3월 15일, 월요일
수스, 그랜드 호텔

이 아프리카는 엄청난 곳이오!

… 당신에게 조리있게 이야기할 수 없는 것이 유감이군요. 그러기에는 너무나 많은 경험을 했습니다. 그저 이것 저것 단편적인 조명을 해드리지요. 해상의 무척 추운 일기 뒤에 알제리에서의 신선한 아침, 환한 색의 가옥과 가로, 컴컴한 녹색의 수목군樹木群, 그 사이로 높게 치솟은 종려나무 우듬지, 흰 아라비아 두건, 붉은 터키 모자, 그 사이의 아프리카 저격병의 노란 군복, 붉은 군복의 북아프리카 흑인 출신의 기병들, 그리고는 식물원, 열대지방의 요술의 숲, 인도의 환상, 성스러운 아스바타나무의 괴물같이 공중에 드러난 거대의 뿌리, 광대한 환상적인 제신의 주거가 바닷 바람에 쏴쏴 소리 내는 짙은 초록색 잎사귀에 뒤덮여 있습니다. 그리고는 30시간을 기차로 튀니스로 — 아라비아의 도시는 고대 그리스・로마국과 무어족의 중세국, 그리고 스페인의 도시 그라나다와 바그다드의 동화, 사람들은 이미 자신을 생각하지 못하고 이 평가할 수도 없고 묘사하기는 더 어려운 다양성 속에 해소되고 맙니다. 울타리에는 고대 로마의 기둥, 한 늙고 말할 수 없이 못생긴 유태여인이 흰 펑퍼짐한 바지를 입고 지나가고 한 호객상인은 아라비아 두건이 달린 가운을 잔뜩 짊어지고 군중 속을 헤치며 금방 취리히에서 나온 것 같은 후두에서 나온 소리로 소리 지릅니다. 한 조각 짙은 푸른 빛 하

늘, 눈처럼 하얀 회교사원의 둥근 지붕, 구두장이가 둥글게 파인 자그마한 니쉐 속에서 열심히 구두를 깁고 그의 앞에 놓인 돗자리엔 눈부시게 뜨거운 태양의 빛, 북과 아주 작은 세 개의 현뿐인 라우테를 든 눈먼 악사들, 누더기만으로 이루어진 거지 한 사람, 기름과자의 증기와 윙윙거리는 파리떼, 위에서는 축복의 기운이 넘치는 공중에 솟은 하얀 첨탑 위에서 기도시간을 알리는 사람들이 정오의 찬가를 부르고, 아래쪽에는 마졸리카 풍으로 틀을 만든 말굽형 문이 있는 서늘하고 그늘진 주랑柱廊의 안마당 울타리 위에서 옴에 걸려 딱지투성이인 고양이가 햇볕을 받으며 누워 있고, 오고 가는 붉고, 희고, 노랗고, 푸른, 그리고 갈색의 망또들, 흰 터번, 빨간 터키모, 제복들, 흰 색깔과 엷은 황색에서 짙은 흑색에 이르는 얼굴들, 질질 끌고 다니는 노랑, 빨강 슬리퍼들, 소리 없이 슬쩍 지나가는 까만 맨발 등등 ….

아침에는 위대한 신이 솟아나 양쪽 지평을 환희와 권능으로 가득 채우고 온갖 생물이 그에 순종합니다. 밤에는 달이 그토록 은빛으로 거룩하고 맑게 비추므로 아무도 풍요의 신 아스타르테Astarte(중동아세아의 풍요의 신, Isthar라고도 불림: 역주)의 존재를 의심하지 않습니다.

알제리와 튀니지 사이에 900킬로미터의 아프리카의 땅이 놓여 있습니다. 거기에는 아틀라스 산맥이 광활하고 고귀한 위용을 갖추고 솟아올라 있습니다. 넓은 계곡들과 고원은 포도와 곡식, 짙은 초록색의 코르크 떡갈나무 숲으로 가득 차 있습니다. 오늘 호루스Horus 신은 끝없는 초록빛과 갈색의 평원 너머의 희미한 산맥에서 솟아올랐습니다. 그리고 황야에선 일진의 세찬 바람이 일어 검푸른 바다로 불어나갔습니다. 물결치는 연회색의 언덕에는 로마의 황갈색의 전 도시 유적이 있고 그 주변에는 군데군데 까만 염소떼들이 풀을 뜯고 있습니다. 그 근방에는 까만 천막을 친 베두인족의 막사, 낙타와 나귀가 있고 기차는 철로를 피해 아래로 가기를 주저하는 낙타를 치어 죽이고 맙니다. 옆을 지나쳐 달려가는 사람들, 날카롭게 소리지르고 몸짓하는 흰 모습들, 그러다간 언제나 다시금 나타나는 바다가 때로는 심청색으로, 때로는 눈부시게 태양에 번득입니다. 번득이는 햇살에 찬 공기 속을 헤엄치는 올리브 숲과 종려나무와 거대한 선인장 울타리에서 눈처럼 하얀 도시가 신성한 하얀 돔과 탑과 함께 떠오르면서 언덕 위로 멋지게 펼쳐집니다. 그러자 수스 시가 하얀 성벽과 탑과 함께 나타나는데 밑으로는 항구가, 그 항구의 울타리 너머에는 짙은 남색의 바다가 보이고 항구에는 큰 삼각형 돛을 단 배가 놓여 있는데 언젠가 내가 그린 적이 있는 배와 같습니다!

로마의 유적지에선 발에 뭐가 걸려 넘어지기 일쑤입니다. 나는 지팡이로 땅 속에서 로마의 토기를 파낸 적이 있습니다.

이 모든 것은 그저 허술한 말더듬에 불과합니다. 나는 아프리카가 대체 내게 무엇을 말하는지 모릅니다. 그러나 그것은 말합니다. 거대한 태양, 고산지대같이 맑은 공기, 그리고 당신이 일찍이 보았던 어느 바다 빛보다 더 푸른 바다를 상상해 보십시오. 모든 색깔은 끝없는 힘을 지니고 있고 시장에선 아직도 손잡이가 달린 고대의 단지 같은 것을 살 수 있고 — 그리고 그 달!!!

한 젊은 학자에게 보낸 편지에서(1952)[4]

… 나는 나 자신을 경험론자라고 정의합니다. 왜냐하면 나 역시 예의 바른 사람이어야 하기 때문이지요. 흔히 사람들은 나를 비난하기를 내가 좋지 못한 철학자라고 합니다. 물론 나는 내가 남보다 못하다는 것을 즐거워하지는 않을 것입니다. 경험론자로서는 최소한 어떤 일을 성취했습니다. 사람들은 자기도 그렇다고 알고 있는 좋은 제화공의 묘비에다 그가 한 번 쓸모없는 모자를 만들었다고 해서 그는 좋지 않은 제모공製帽工이었다고 쓰지는 않습니다.

내가 말하는 언어는 정신의 양면성에 충실하기 위하여 이중의미를 지닌 것

4) 독일어판에만 수록되어 있다.

이어야 합니다. 나는 의식적으로, 의도적으로 이중의미를 지닌 표현을 쓰도록 노력합니다. 왜냐하면 그것은 단순명료함보다 우월하고 존재의 본질에 알맞기 때문입니다. 나는 나의 전체 소질에 따른다면 매우 분명할 수 있을 것입니다. 그건 어렵지 않습니다. 그러나 그로써 진실을 희생합니다. 나는 의도적으로 온갖 상음上音・하음下音을 함께 울리게 합니다. 왜냐하면 한편으로는 그 소리들이 어쨌든 존재하고 있기 때문이며 다른 한편으로는 그것이 진실의 보다 전체적인 상을 부여하기 때문입니다. 단순명료성은 다만 사실의 확인에서 의미가 있을 뿐 해석에서는 그렇지 않습니다. "의미"란 결코 단어반복이 아니요, 진실된 것의 구체적 대상보다도 더 많은 것을 파악하고 있는 것입니다.

나는 — 엄밀한 의미에서 — 다만 정신과 의사입니다. 내가 지금까지 노력해 온 나의 본질적인 모든 문제제기는 정신적인 장애이며 그 현상, 원인론과 목적론입니다. 그 밖의 모든 다른 것은 나에게는 하나의 보조적인 역할을 할 따름입니다. 나는 하나의 종교를 창설하도록 소명을 받았다고 느끼지도 않고 그런 신앙고백을 해야 한다고 생각하지도 않습니다. 나는 철학을 하는 것이 아니고 다만 바른 마음의 의사가 되기 위하여 나에게 부과된 특수한 과제의 범위 안에서 생각할 따름입니다. 나는 그렇게 존재해 왔고 인간사회의 일원으로 그렇게 기능을 다하고 있습니다. 나는 다른 사람들이 나보다 더 알고 있다는 사실을 결코 부정하지 않습니다. 예컨대 나는 신이 인간적인 체험에서 이탈된 채 어떻게 경험될 수 있는지를 모릅니다. 내가 그를 체험하지 못한다면 어떻게 그것이 그라고 말하겠습니까? 그러나 내 경험은 매우 좁고 작기 때문에 경험된 것도 그것이 헤아릴 수 없는 크기의 것이 아닐까 하는 예감에도 불구하고 작고 인간다운 것이고, 이런 점은 그것을 표현하고자 시도할 때 가장 잘 발견됩니다. 경험에서는 모든 것이 정신의 이중의미성에 사로잡힙니다. 가장 큰 경험도 가장 작고, 가장 좁은 것이므로 사람들은 거기 관해 크게 소리내어 말하려 하지 않을 뿐 아니라 그것을 철학화할 생각은 아예 하지도 않습니다. 그런 주제넘은 일을 하기에는 사람들이 너무 작고 너무도 부적당합니다. 그러므로 나는 이중의미의 언어를 선호합니다. 왜냐하면 그것은 똑같이 원형적 관념의 주관성과 함께 원형의 자율성에도 적합하기 때문입니다. 예컨대 신은 한편으로는 표현할 수 없는 모든 것을 가능하게 하는 본체이며 다른 한편으로는 인간의 무능과 절정의 표현, 그것에 관한 고착, 부적당한 암시입니다. 그러니까 하나의 모순된 성질의 체험입니다. 심혼Seele의 공간은 헤아릴 수 없이 크고, 살아 있는 진실로 가득 차 있습니다. 그 변두리에 물질의 비밀과 혼, 즉 의미의 비밀이 있습니다. 나에게는 이것이 내가 나의 경험을 표현할 수 있는 범위입니다.

동료에게 보낸 편지에서(1959)[5)]

… 질서의 개념(다시 말하자면 창조에서)은 "의미"의 개념과 같은 것이 아닙니다. 유기물에서도 그 자체 안에 의미 있는 배열에도 불구하고 반드시 총체적 관련해서 의미가 깊다고 할 수는 없습니다. 인간의 반성하는 의식 없이 세계는 거대한 무의식에 불과합니다. 왜냐하면 인간은 우리의 경험으로 미루어볼 때 의미를 확인할 수 있는 유일한 존재이기 때문입니다.

우리는 생물학적 발전의 구성요소가 무엇으로 이루어지는지를 전혀 설명할 줄 모릅니다. 그러나 우리는 온혈성과 뇌의 분화가 의식의 발생에 필수적인 것이었을 것임을 알고 있습니다. 또한 그와 함께 의미의 현시됨이 가능해졌을 것입니다. 어떠한 우연성과 위험들에 의해서 여우 원숭이의 나무주거의 수백만 년에 걸친 구조가 인간으로 침입해 들어왔는지 우리는 꿈도 꾸지 못합니다. 이 우연의 혼돈 가운데는 아마도 동시성 현상이 작용하고 있었을 것입니다. 그것은 이미 알려진 자연의 법칙에 대하여, 또한 그것의 도움으로 원형적 동기에서 우리에게 희한하게 보이는 합성이 완수될 수 있는 것입니다. 인과론과 목적론은

5) 독일어판에만 수록되어 있다.

여기서 그 기능을 발휘하지 못합니다. 왜냐하면 동시성 현상은 마치 우연처럼 작용하기 때문입니다.

자연법칙성의 확률은 우연만으로는 높은 단계의 합성, 즉 정신을 생성시킬 수 있다는 추측을 할 만한 아무런 단서도 주지 않기 때문에 우리는 동시적 현상뿐 아니라 보다 높은 합성을 설명하기 위하여 잠재적 의미의 가설을 필요로 합니다. 의미 함축성Sinnhaftigkeit은 언제나 처음에는 무의식적인 듯하고 그러므로 단지 나중에야 발견될 수 있습니다. 그러니까 언제나 의미가 그와 비슷한 것이 아무것도 존재하지 않은 곳에 투입될 위험성이 있습니다. 우리는 의식으로부터 독립된 잠재적 의미의 가설을 논증할 수 있기 위해서 동시적 경험을 필요로 합니다.

인간의 반성하는 의식 없는 창조는 아무런 **인식가능한** 의미를 지니고 있지 않으므로 **잠재적** 의미의 가설은 인간에게 우주창조론적 의미, 즉 하나의 진정한 존재 이유를 부여하는 것이 됩니다. 이에 반해서 잠재적 의미가 의도된 창조계획으로서 창조주에게 귀착시킨다면 다음과 같은 의문이 생깁니다. 그가 이미 어디에 자신이 반영되어야 할지를 알고 있다면 무엇 때문에 창조주는 이 모든 세계계획을 실행해야 하는가? 그가 이미 그 자신을 의식하고 있다면 무엇 때문에 그는 스스로를 반영시켜야 하는가? 무엇 때문에 그는 그의 만능 이외의 두 번째로 열등한 의식을 만들어야 하는가? 아마도 십억의 희미한 작은 거울들에 관해서 그가 이미 그것이 재현할 수 있는 상이 어떻게 나타날지를 미리 알고 있다면 말입니다.

이와 같은 심사숙고 끝에 나는 다음과 같은 결론에 도달하였습니다.

모상模像, Ebenbildlichkeit이란 인간에게만 중요한 것이 아니라 창조주에게도 중요하다는 것입니다. 그는 인간과 비슷하거나 같습니다. 다시 말해서 그는 인간과 마찬가지로 무의식적이거나 인간보다 더 무의식적입니다. 그는 인간화의 신화에 따라 심지어 인간이 되고 인간에게 희생물로 제공되어야 할 필요를 느꼈기 때문입니다.

테오도르 플루르누아Théodore Flournoy[6)]

내가 프로이트와 교제할 즈음에 나는 테오도르 플루르누아라는 부성적인 친구를 발견했다. 내가 그를 알게 되었을 대 그는 벌써 고령이었다. 유감스럽게도 그는 몇 해 안 되어 돌아가셨다. 내가 아직 부르크휠츨리(취리히 대학 정신과 병원)의 의사였을 때 나는 그의 저서 ≪화성에 있는 인도인*Des Indes à la Planète Mars*≫을 읽었는데 나에게 큰 감명을 주었다. 나는 플루르누아에게 편지하기를 그것을 독일어로 번역하고 싶다고 했다. 반 년 만에 비로소 나는 회답을 받았는데 그는 내 요청을 너무 오랫동안 내버려둔 것을 사과한다고 했다. 유감스럽게도 그는 이미 다른 번역자를 정했었다.

뒤에 나는 그를 주네브로 방문했다. 내가 차츰 프로이트의 한계가 어디에 있는지를 알게 되었을 때 나는 때때로 그와 이야기를 나누기 위해 그에게로 갔다. 그가 프로이트에 관해 생각하고 있는 것을 듣는다는 것은 나에게 매우 중요한 일이었다. 그리고 그는 프로이트에 관해 무척 영리한 것들을 말했다. 그는 무엇보다도 프로이트의 계몽주의를 지적하였다. 그것은 프로이트에 관한 많은 것을 나에게 이해시켰다. 그는 또한 프로이트의 일방성에 관해서도 이야기하였다.

1912년 나는 플루르누아로 하여금 뮌헨의 학회에 동참하도록 했는데 그때 프로이트와의 단교가 이루어졌다. 그가 그곳에 있는 것은 나로서는 일종의 지지를 의미하는 것이었다.

그 여러 해 동안 — 특히 프로이트와의 결별 이후 — 독립하기에는 아직 너무 젊다는 느낌이 있었다. 나는 의지할 곳이 필요했다. 무엇보다도 자유로이 이야기를 나눌 사람이 필요했다. 나는 그것을 플루르누아에게서 찾았고 그래서 그는 내게 곧 프로이트에 대한 대항력을 이루었다. 나는 그와 더불어 모든 문제에 관하여 말할 수 있었다. 그 문제들이란 심령심리학이나 종교심리학, 몽유병과 같은 것에 대한 학문적인 연구에 관한 것이었다. 나는 당시 이에 관련된 나의 관심

6) 독일어판에만 수록되어 있다.

을 함께 나눌 만한 사람을 아무도 갖고 있지 않았다. 플루르누아의 견해는 전적으로 내 편이었고 나에게 많은 자극을 주었다. 그의 개념 "창조적 명상imagination créatrice"은 특히 내 관심을 끌었고 그 말을 나는 그로부터 넘겨받았다.

나는 그에게서 많은 것을 배웠다. 특히 환자의 역사 속으로 다정하게 심화해 들어가면서 환자를 살피는 그의 방식이 내게 도움을 주었다. 그래서 나는 그의 환자 밀러 양을 연구대상으로 붙잡을 수 있었다. ≪리비도의 상징과 변환 *Wandlungen und Symbole der Libido*≫1912에서 나는 그 증례를 면밀하게 분석했다.

이미 오래전부터 나는 정신분열증과 환상의 관련성에 관심을 두고 있었는데 플루르누아가 그것을 더 잘 이해할 수 있도록 도와주었다. 그는 그 문제를 전체로 보았고 무엇보다도 객관적으로 보았다. 그에게는 무엇이 어떻게 진행되고 있는가 하는 사실이 중요했다. 그는 주의 깊게 증례에 접근하면서 결코 전체를 시야에서 잃는 법이 없었다. 플루르누아의 학문적 입장에서 내가 받은 결정적인 감명은 그가 진실로 객관적인 "접근"을 하고 있다는 것이었는데 프로이트와 비교할 때 매우 인상적이었다. 프로이트는 역동적이며 꿰뚫는 식이었다. 그는 그의 증례에서 무엇인가를 기대하고 있었다. 플루르누아는 그렇게 하고자 하지 않았다. 그는 멀리서 보고 또한 분명하게 보았다. 프로이트의 영향으로 나는 지식을 얻었으나 그것을 해명할 수는 없었다. 플루르누아는 객체로부터의 거리를 가르쳐 주었고 넓은 시야에서 정리하는 노력을 내 속에서 지지해 주었으며 그런 태도를 잃지 않게 해주었다. 그의 방식은 추측에 휘말리지 않고 더 많이 기술하는 데 있었다. 그리고 비록 환자에 대한 살아 있는 따뜻한 관심에도 불구하고 그는 언제나 관조의 거리를 유지하고 있었다. 그러나 그렇게 함으로써 그는 전체를 그의 시야에 보존하고 있었다.

플루르누아는 교양 있는 탁월한 인격자로서 매우 세련되었으며, 정신적으로 안정되고, 분화된 조화감을 지니고 있었다. 이 모든 것이 나에게는 하나의 자선이었다. 그는 철학과 심리학의 교수였다. 그는 매우 강하게 제임스의 프래그머티즘에 영향을 받았다. 프래그머티즘은 독일정신에서는 별로 주목받지 못하는 견해이고 따라서 독일에서 인정을 받지 못했었다. 인정을 받았더라면 큰 도움이 되었을 텐데 말이다. 프로그머티즘은 바로 심리학에서는 적지 않은 중요성을 지니고 있다. 내가 플루르누아에게서 특히 높이 평가하는 것은 그의 철학적 고찰법이며 무엇보다도 그의 포괄적인 교육을 바탕으로 한 잘 숙고된 비판이다.

리하르트 빌헬름Richard Wilhelm

나는 리하르트 빌헬름을 다름슈타트 시 카이절링 백작집에서 "지혜학원Schule der Weisheit"의 한 학술집회를 통해 알게 되었다. 그것은 1920년대 초였다. 1923년 우리는 그를 취리히 시로 초대하였고 그는 심리학 클럽에서 ≪역경≫[7]에 관한 강의를 하였다.

그와 교분을 맺기 이전에 나는 이미 동양철학에 관심을 가지고 이를 섭렵하고 있었고 1920년쯤부터 나는 ≪역경≫을 실제로 시험해 보기 시작했었다. 이 책의 비밀을 캐는 데 전력을 다해 도전하기로 결심한 것은 볼링겐에 있었던 어느 여름이었다. 고전적인 방법으로 적용되던 가새풀schafgarbe의 줄기 대신에 나는 갈대줄기를 꺾았다. 그리고는 백 년 넘은 배나무 아래 몇 시간이고 ≪역경≫을 옆에 놓고 앉아서 그 기술을 익혔는데 일종의 문답놀이처럼 그때그때 나온 "신탁"을 서로 연결짓는 식으로 해보았다. 그랬더니 여러 가지의 주목할 만한 결과 즉, 내 자신의 고유한 생각과의 의미 있는 관련성이 나타났는데 나는 그 이유를 설명할 수는 없었다.

이 실험에서 오직 한 가지의 주관적인 간섭이란 실험자가 49개의 줄기다발을 인위적으로, 다시 말해서 전혀 수를 헤아리지 않고 단번에 나눈다는 데 있다. 실험자는 몇 개의 줄기가 양손에 각기 들어 있는지 모른다. 그런데 이 양쪽 손에 든

7) 기원전 4세기로 거슬러 올라가는 고대 중국의 지혜에 관한 책이며 점술서.

Emma Jung Rauschenbach(1882~1955), 융의 부인. 1905년 사진.

수의 관계에 따라 결과가 달라진다. 모든 그 밖의 조작은 기계적으로 정해져 있고 의도적인 것을 허용치 않는다. 심리적 인과관련이 존재한다면 그건 오직 줄기다발의 우연한 분할(혹은 동전이 우연히 굴러떨어지는 것)에 있을 수 있다.

그 여름휴가 내내 나는 이런 물음에 골몰하고 있었다. ≪역경≫의 대답은 의미 있는 것일까, 없는 것일까? 의미 있는 것이라면 어떻게 심리적인 것과 물리적인 사건 사이의 관련이 생겨나는 것일까? 나는 항상 내 물음과 ≪역경≫의 대답 사이에 놀랄 만한 일치에 직면하였다. 그리고 이것은 나로 하여금 비인과적 병행설이라는 생각(뒤에 내가 동시성이라고 명명한)에 접근하게 했다. 나는 이 실험에 너무나 매료되어 있었으므로 그 과정과 내용을 기록해 두는 것을 잊을 정도여서 뒤에 무척 아쉬웠다. 그러나 그 후 나는 물론 내 환자와 더불어 이 실험을 거듭한 결과 분명히 정곡을 찌르는 비교적 의미 있는 수를 확인할 수 있었다. 예컨대 현저한 모성 콤플렉스를 지니고 있던 한 청년의 경우를 들 수 있다. 그는 결혼할 작정으로 한 여자를 사귀었고 그녀는 자기에게 맞는 여자 같았다. 그러나 그는 마음을 잡지 못했다. 그는 모성콤플렉스의 영향 때문에, 실수로 또 한 번 지배적인 모성과 결혼하게 되지 않을까 두려워했다. 나는 그와 역易의 실험을 했다. 그가 얻은 괘卦(결과)가 말하기를 "소녀는 강하다. 그런 여자와 결혼해서는 안 된다"라고 하였다.

1930년대 중반에 나는 중국철학자 후시Hu Shih를 만났다. 내가 그에게 역易에 관해 물었을 때 그는 이렇게 대답했다. "아, 그건 옛날 주언을 모은 것인데 아무 뜻도 없습니다!" 그는 역을 묻는 실제 응용방법을 알고 있지 못하다고 했다. 그런데 오직 한 번 역에 부닥친 일이 있다고 했다. 산책 중에 그의 친구가 불행한 과거의 사랑이야기를 말했다. 그들은 마침 한 도교의 사원을 지나가게 되었다. 농담 삼아 그는 자기의 친구에게 말했다. "여기서 거기에 관한 신탁을 들을 수 있지 않겠나?" 그의 말대로 그렇게 했다. 그들은 함께 절 안으로 들어가서 스님에게 역점易占을 쳐달라고 부탁했다. 그러나 그 자신은 이런 헛된 짓을 믿지 않는다고 했다.

그러면 그 신탁은 전혀 맞지 않았었냐고 나는 그에게 물었다. "아, 맞기는 맞았지요 — 물론 —." 자기가 하고 싶지 않은 일은 모조리 해주는 "좋은 친구"에 관한 잘 알려진 이야기를 생각하면서 나는 그에게 혹시 그때 이 기회를 자기 자신에게는 이용해 보지 않았느냐고 물었다. "그래요." 그는 대답했다. "농담 삼아 나도 질문을 던졌지요."

"그러면 신탁은 그 물음과 상관이 있었나요?" 나는 물었다.

그는 망설였다. "글쎄, 당신이 그렇게 생각하고 싶으시다면 …." 그는 불쾌하게 느낀 게 분명했다. 사적인 것은 때때로 객관성을 장해하는 경우가 있다.

갈대줄기를 가지고 한 첫 시험 뒤 몇 해 안 되어 빌헬름이 주석한 ≪역경≫이 출간되었다. 나는 물론 곧 이것을 구입했고 만족스럽게 나는 거기서 그가 역易의 의미상관성을 내가 생각했던 것과 무척 비슷하게 보고 있음을 알게 되었다. 그러나 그는 전체 문헌에 통달해 있었고 그래서 내게 남아 있던 빈틈을 채워 줄 수 있었다. 그가 취리히로 왔을 때 나는 그와 자세히 이야기를 나눌 기회를 가졌다. 중국의 철학과 종교에 대해서 무척 많은 이야기를 나누었다. 그가 가지고 있던 풍부한 선동 중국정신 가운데서 내게 이야기해 준 것들은 당시 유럽인의 무의식에 제시했던 몇 가지 어려운 문제들을 분명히 밝혀 주었다. 다른 한편 내가 무의식에 관한 나의 연구결과를 그에게 이야기했을 때 그것은 그를 적지 않게 놀라게 했다. 왜냐하면 내가 그에게 이야기한 무의식 속에서 그는 그가 그때까지는 예외 없이 중국철학의 전통이라고만 알아온 것들을 다시 인식할 수 있었기 때문이다.

빌헬름은 젊은 나이에 기독교 선교사업에 이바지하기 위해 중국으로 건너갔다. 그곳에서 동방의 정신세계가 그의 앞에 개진되었다. 빌헬름은 진정으로 넓고도 순수한 시각을 지닌 종교적인 사람이었다. 그는 편견 없이 낯선 나라의 정신적 표방을 주의 깊게 살피고 공감의 기적을 성취할 수 있는 능력을 가지고 있었다. 그리하여 그는 중국의 정신적 보배를 유럽이 소화시킬 수 있는 길을 열어 줄 수 있었던 것이다. 그는 중국문화에 깊은 감명을 받았다. 한 번은 나에게 이런 말을 했다. "내가 크게 만족스럽게 여기는 것은 내가 한 번도 중국인에게 세례를 주지 않았다는 사실입니다." 그가 지닌 기독교적인 사상적 전제에도 불구하고 그는 중국사상의 명징성과 일관성을 인식하지 않을 수 없었다. 그는 그것에 깊은 감명을 받았을 뿐 아니라 그것에 압도되고 동화되었다. 기독교적인 관점은 뒷전으로 물러갔지만 아주 사라지지는 않은 채 하나의 정신적인 유보, 숙명을 결정짓는 중요성을 지닌 도덕적인 유보를 이루고 있었다.

빌헬름은 운 좋게도 중국에서 혁명 때문에 내부에서 쫓겨난 옛 학파의 한 현자를 만날 수 있었다. 이 늙은 도인道人은 라우 나이 쉐안Lau Nai Süan이라는 사람인데 그에게 요가철학, 역易의 심리학에 관한 지식을 전수했다. 두 사람의 공동작업 덕분에 훌륭한 주석이 붙은 ≪역경≫이 간행되었다. 이 책은 동방의 심오한 저작을 서방에 처음으로 생생하고도 이해 가능한 형태로 제시하였다. 나는 이 책의 간행을 빌헬름의 가장 중요한 업적으로 여기고 있다. 역경 주석은 그의 서구적인 정신자세의 명징성뿐 아니라 중국 심리학에 대한 적응을 보여 주었다.

이 책의 마지막 페이지의 번역이 끝나고 첫 교정쇄가 나오자 그 늙은 도인은 세상을 떠났다. 그것은 마치 그가 그의 일생의 과업을 끝내고, 사라져 가는 고대 중국의 사명을 유럽인에게 인도한 것과도 같았다. 빌헬름은 그의 꿈을 충족시키기에 비길 데 없는 제자였다.

내가 빌헬름을 알게 되었을 당시, 그는 그의 얼굴표정, 글과 말에서 완전한 중국인이었다. 그는 동양의 관점을 수용했고, 고대 중국의 문화는 그의 인격 속에 속속들이 침투되어 있었다. 유럽으로 돌아와서 그는 프랑크푸르트 암 마인의 중국학연구소의 교직을 맡았다. 그러나 이곳에서나 혹은 문외한들 앞에서 실시되는 강연에서는 새삼스럽게 서구정신의 필요성이 그를 괴롭혔다. 날이 갈수록 점점 더 기독교적인 측면이나 형식들이 다시금 출현하게 되었다. 후년에 내가 들은 몇몇 그의 강의는 설교와 거의 다를 바 없었다.

빌헬름의 회귀적 변화와 그의 서양에 대한 재동화는 좀 무모했고 내게는 위험스러워 보였다. 나는 그가 그렇게 됨으로써 자신과의 갈등에 말려들지 않을까 두려웠다. 왜냐하면 내가 믿기로는 그것이 수동적인 동화, 즉 환경에 의한 영향의 결과였기 때문에 비교적 무의식적인 갈등, 서양적인 것과 동양적인 마음 사이의 충돌이 일어날 위험성이 있었기 때문이다. 내 추측으로 만약 기독교적인 관점이 본래 중국의 영향에서 빠져나갔다면 이제는 반대로 서구적인 영역이 동양에 대하여 다시 우세해진 것이다. 그런대 이런 과정이 철저한 의식적인 대결을 거치지 않고 일어나면 무의식적인 갈등이 위협을 가해서 신체적인 건강상태마저 해칠 수 있는 것이다.

빌헬름의 강의를 듣고 난 뒤에 나는 그에게 그를 위협하는 위험에 대해 주의를 환기시키고자 했다. 나는 이렇게 말했다. "친애해는 빌헬름, 내가 이렇게 말하는 걸 섭섭하게 여기지 마시오. 그러나 나는 서양이 당신을 다시금 맡게 되었고, 따라서 동양을 서양에 전달하는 당신의 과제를 소홀히 하고 있다고 느끼오."

그는 내게 대답했다. "당신 말이 옳다고 생각합니다. 이곳에는 뭔가 나를 압도하는 것이 있습니다. 그러나 어쩌겠습니까?"

수년 후 빌헬름이 내 집에 손님으로 묵고 있을 무렵 그가 20년 전에 걸렸던 아메바성 이질이 재발되었다. 다음 달 병은 더 악화되었고 나는 그가 병원에 입원했다는 말을 들었다. 나는 그를 방문하고자 프랑크푸르트로 갔는데 그의 병이 위독함을 알았다. 의사들은 희망을 잃지 않고 있었고 빌헬름 자신도 병이 쾌유되면 수행하고자 하는 여러 계획을 말했다. 나도 그와 함께 그러기를 바랐지만 나는 회의적이었다. 그가 당시 나에게 털어놓은 꿈은 내 추측을 증명했다. 그는 꿈에서 다시 끝없는 아시아의 황야 — 버림받은 중국땅 — 에 있었다. 그는 중국이 그에게 던졌고 그 해답을 서구가 방해한 문제를 회상하고 있었다. 그는 이 물음을 의식하고 있기는 했지만 해결할 길이 없었다. 병은 그 뒤에도 여러 달 끌었다.

그가 죽기 수 주 전에, 나는 벌써 오랫동안 그의 소식을 듣지 못했는데 어느 날 밤 잠이 들 무렵 환상을 보고 놀라서 깨었다. 내 침상 옆에 한 중국인이 짙은 남색의 가운을 입고 양손을 옷소매에 낀 채 서 있었다. 그는 나에게 마치 무엇을 알리려는 듯 깊이 허리를 굽혀 절하는 것이었다. 나는 그가 알리고자 하는 것이 무엇인지를 알고 있었다. 이상한 것은 이 환상이 무척 또렷했다는 사실이다. 나는 얼굴의 주름살뿐 아니라 그의 옷감의 실 하나하나까지 또렷이 보았다.

우리는 빌헬름의 문제를 의식과 무의식 사이의 갈등이라고도 볼 수 있을지 모른다. 그리고 그것은 동양과 서양 사이의 갈등이라고 할 수 있을 것이다. 나는 그의 입장을 이해할 수 있다고 확신했다. 왜냐하면 나도 그와 같은 문제를 가졌었고 이런 갈등에 말려드는 것이 어떤 것인지를 알고 있었기 때문이다. 빌헬름은 물론 우리가 마지막 만났던 때조차도 분명히 말하지는 않았다. 그러나 나는 내가 심리학적인 관점을 꺼냈을 때 그가 극도로 흥미를 나타내고 있음을 알아차렸다. 그러나 그의 관심은 다만 객관적인 것, 명상이라든가 종교심리학적인 문제에 관련되는 한 계속되었다. 여기서는 아무 문제가 없었다. 그러나 내가 그의 내부의 갈등을 현실적인 문제에 대해 언급하고자 시도했을 때 나는 그가 즉시 주저하면서 마음의 문을 닫아 버리는 것을 느꼈다. 왜냐하면 그것은 그의 피와 살을 건드리는 것이었기 때문이다. 나는 이런 현상을 많은 유명한 남성들에게서 목격하였다. 그것은 "발길이 닿지 않은, 발을 들여놓아서는 안 되는 것"이며 우리가 강요할 수도 강요해서도 안 되는 것, 인간적인 간섭을 참지 못하는 하나의 숙명이었다.

하인리히 침머Heinrich Zimmer[8)]

1930년대 초에 나는 하인리히 침머를 알게 되었다. 나는 그의 매력적인 저서 ≪예술형식과 요가≫[9)]를 읽었고 벌써 오래전부터 그와 개인적으로 친교를

---

8) 독일어 간행본뿐이다.

9) ≪인도의 종교화에 있어서의 예술형식과 요가(*Kunstform und Yoga im indischen Kultbild*)≫, 베를린, 1926.

맺기를 희망해 왔다. 그를 만나자 나는 그가 매우 활발한 기질의, 천부의 재능을 타고난 사람이라는 것을 발견하였다. 그는 아주 많이 그리고 아주 빠르게 말했다. 그러나 또한 남의 말을 무척 세밀하고 주의 깊게 경청할 줄도 알았다. 우리는 며칠 동안을 무척 풍성하고도 알찬 대화를 나누며 함께 지낸 적이 있다. 우리는 당시 주로 인도신화에 관하여 이야기를 나누었다. 이때 그는 나에게 나와 리하르트 빌헬름이 공동으로 간행한 ≪태을금화종지太乙金華宗旨≫를 보고 그가 어떤 반응을 일으켰는지 이야기해 주었다. 내가 거기에 관해 쓸 무렵에 유감스럽게도 나는 침머의 ≪예술형식과 요가≫를 모르고 있었다. 그래서 나에게 무척 귀중한 그의 자료를 이용할 수 없었다. 나는 그것을 무척 애석해 하였다. 침머가 ≪태을금화종지太乙金華宗旨≫를 손에 넣고 여기저기 페이지를 들춰보다가 — 이건 그의 말이거니와 — 무척 화가 났다. 그것도 나의 심리학적 논평 때문이었다. 그는 책을 벽에다 냅다 던졌다고 한다.

물론 이런 특이한 반응이 나를 놀라게 하지는 않았다. 왜냐하면 그와 비슷한 경우를 나는 다른 데서 이미 오래전부터 듣고 있었기 때문이다.

그러나 모두 간접적으로 들은 이야기에 불과했다. 그러나 침머는 거기 관해 직접 나에게 말한 첫 번째 사람이었다. 그는 다른 많은 사람들처럼 투우가 붉은 천에 대해 반응하듯 "심리학적"이라는 단어에 반응했던 것이다. 오직 역사적인 관심의 대상일 뿐인 그 경전은 영혼과는 관계가 없는 것이다! 그건 순전히 환상이며 비문학적인 것이었다!

얼마 지나서 그가 그의 지각과 학문적인 양심을 다시 회복하자 그는 심리학이 여기에 대해 대체 무슨 말을 할 수 있는지를 경험하고 싶은 약간의 호기심을 느끼게 되었다. 그는 그 책을 다시 방바닥에서 주워 가지고 내용을 읽기 시작했다. 인도문헌의 탁월한 전문가였던 그는 그 책에서 일련의 흥미로운 일치점을 발견하였는데 여기에 그가 지닌 매우 뛰어난 예술적 관조능력과 비상한 직관이 크게 도움을 준 것은 물론이다. 약간 풍자가 섞인 말로 그는 이렇게 말했다. "나는 당시 나의 산스크리트 원문이 문법적인 구문학상의 어려움을 제공하는 데 그치지 않고 그 밖에도 하나의 뜻을 지니고 있는 것이라는 사실을 문득 깨달았습니다."

비록 이 말이 전적으로 믿기가 어렵고 좀 과장되었다고 생각되긴 하지만 침머의 이와 같은 고백을 나는 좋게 평가한다. 어설프게 적개심을 숨긴 채 마치 자기가 이 모든 것을 이미 오래전부터 알고 있었던 것처럼 주장하는 저 하잘것없는 족속들의 신령들을 생각한다면 침머의 고백은 보기 드물게 신선한 솔직함을 지니고 있었다.

불행히도 침머의 이른 죽음은 그의 인도여행을 불가능하게 하였다. 그가 인도와 직접 접촉했다면 그것이 어떤 영향을 그에게 주었을지 나는 자주 자문하곤 했다. 그의 개방적 안목, 포용능력, 심오한 인도문헌에 대한 지견, 그리고 그의 비상한 직관으로 미루어 나는 그에게 커다란 것을 기대했을 것이다. 그러나 그 대신 망령들이 그를 데려갔다.

침머는 총체적으로 볼 때 본성이 "영원한 동자童子"였다. 그는 빛깔 찬란한 언어의 날개를 단 채 인도전설의 정원의 모든 꽃망울을 활짝 피게 만든 영원한 동자이다. 그는 또한 그러한 존재가 지닌 숙명을 나누어 가지고 있다. 왜냐하면 신들이 사랑하는 자는 일찍 죽는 법이기 때문이다. 빌헬름도 일찍 죽었지만 침머처럼 "영원한 동자"의 특질을 나타내지는 않았다. 사람들은 침머에게서 그가 그칠 줄 모르는 충일 속에서 모든 것을 푸르게 하고 꽃피게 하는 느낌을 받았다. 그럼에도 불구하고 나는 빌헬름에게 그가 중국을 — 아니 그보다도 중국이 그를 동화한 양식으로 볼 때 비슷한 것이 숨어 있다고 추측한다. 침머와 빌헬름은 모두 천부의 어린애다움이 있었다. 두 사람은 모두 현실에서는 마치 낯선 세계를 소요하는 듯 보였다. 그러는 동안 그들의 가장 깊은 마음은 해명되지도 손대지도 못한 채 숙명의 어두운 행로를 따랐던 것이다.

≪붉은 책≫[10]에 관한 추가(1959)

1959년 가을, 융은 오랜 와병에서 일어난 뒤 ≪붉은 책≫의 마지막 미완성으로 남은 상을 완결하기 위하여 이 책을 다시 꺼내 들었다. 그러나 그는 그때도 그것을 완성할 수 없었고, 하고자 하지도 않았다. 그의 말로는 그 일은 죽음과 관계된다는 것이었다. 그는 그 대신 새로운 기다란 환상의 대화를 적어 내려갔다. 그것은 이 책의 가장 처음 대화와 연결되는 것이었다. 대화의 상대는 다시 엘리야, 살로메 그리고 뱀이었다. 이때도 그는 세밀하게 까만 먹으로 요약된 고딕 필체로 적어 내려갔는데 이 책의 도판에서 그것을 볼 수 있다. 때때로 첫 째 글자는 그림으로 장식하고 있다.

결론으로 발문이 이어지는데 이 책의 단 한 페이지에 보통 글씨로 내리썼다. 그것은 문장의 중도에서 끊어져 있다. 다음은 그 본문이다.

1959

나는 이 책을 위하여 16년간 작업하였다. 1930년 내가 연금술을 알게 되면서 이 작업은 중단되었다. 그것은 빌헬름이 ≪태을금화종지≫, 연금술경전을 나에게 보냈을 때, 즉 1928년이었다. 그때 이 책의 내용은 진실에 이르는 길임을 발견하게 되었다. 그래서 나는 더 이상 ≪붉은 책≫의 작업을 할 수 없었다. 피상적으로 보는 사람들에게는 이 작업은 마치 광기처럼 보일 것이다. 만약 내가 그 원초적인 체험의 엄청난 힘을 파악할 수 없었던들 정말 그렇게 되었을지도 모른다. 나는 항상 그 체험에는 어떤 귀중한 것이 내포되어 있다는 것을 알고 있었다. 그래서 그것을 값진, 즉, 비싼 책에 기록하고, 재체험에서 나타난 상들을 될 수 있는 대로 그대로 그림 그리는 것 이외에 더 좋은 길을 알지 못했다. 나는 이런 작업이 얼마나 끔찍히도 부정적인 작업인지를 안다. 그러나 아무리 일이 많고 한 곳에 치우쳐 있다 할지라도 나는 이 일을 충실히 수행했다. 비록 내가 결코 한 번도 다른 가능성을 …

10) 독일어본 뿐이다.

죽은 자를 향한 일곱 가지 설법(1916)

융은 ≪죽은 자를 향한 일곱 가지 설법*Septem Sermones ad Mortuos*≫을 개인적으로 인쇄하여 책자 형식으로 내놓았다. 그는 이것을 때때로 친구들에게 선사하였다. 그러나 책방에서는 구할 수 없었다. 뒤에 그는 이런 일을 "청년시절의 잘못"이라고 하면서 후회했다.

언어의 표현형태는 대체로 ≪붉은 책≫의 형식에 해당된다. ≪붉은 책≫에서 볼 수 있는 내면적인 상과의 끝없이 긴 대화에 비해서 ≪죽은 자를 향한 일곱 가지 설법≫은 그 자체로 완결된 전체를 표현하고 있다. 그래서 이것이 한 예로 선택되었다. 이것은 단편적이긴 하지만 1913년에서 1917년 사이에 융의 마음을 사로잡았으며 융이 그 당시 마음속에서 형성해 나간 것이 어떤 것인지 그 인상을 독자들에게 전달해 줄 것이다.

이 글은 융의 학문적 저술에서 훗날 한몫을 담당할 그의 사상을 앞지르고, 비유적으로 암시하는 것들을 내포하고 있다. 그것은 특히 심리적인 표명과 인생이 가지고 있는 정신의 대극성에 관한 것이었다. 모순의 사상은 융이 그노시스파 신학에서 흡수한 것이었다. 그러므로 그는 여기서 신지학자, 바질리데스Basilides(기원후 200년 초)와 동일시하고 있고, 신학으로는 그의 용어, 예컨대 신을 아브락사스ABRAXAS라 부르는 따위에 의거하고 있다. 이것은 유희적이고 의도적인 비교화秘敎化에 해당된다.

융은 이것을 자기의 ≪회상록≫에 수록, 간행하는 것을 주저하다가 겨우 허락을 내렸는데 그건 자신에게 성실하기 위해서였다. 이 책의 결론에 있는 아나그램Anagramms(자모의 전치)의 해석을 그는 밝히지 않았다.

죽은 자를 향한 일곱 가지 설법
VII SERMONES AD MORTUOS

죽은 자를 향한 일곱 가지 설법. 알렉산드리아의 바질리데스에 의하여 기술되었다. 그 도시는 서양과 동양이 만나는 곳에 있다.

설법 I

죽은 이들은 예루살렘에서 돌아왔다. 그들은 그곳에서 그들이 구하던 것을 얻지 못한 것이다. 그들은 나의 문하로 들어오기를 간절히 원했고 내게 가르침을 구했다. 그래서 내가 그들에게 다음과 같이 설법을 한 것이다.

듣거라, 나는 무(無, nichts)에서 시작하겠다. 무란 유(有, 충만, Fülle)와 같은 것이다. 영원한 것 속에서는 충만한 것이 빈 것과 같다. 무란 공(空)이며 충만한 것(有)이다. 그들은 무에 대해서 다르게 말할 수도 있을 것이다. 예컨대 그것이 희다든가, 검다든가 혹은 그렇지 않다든가, 그렇다든가, 끝없는 것과 영원한 것은 아무런 특성도 갖지 않는다. 왜냐하면 그것은 모든 특성을 지니고 있기 때문이다.

무 혹은 유(충만)를 우리는 플레로마(PLEROMA)라 부른다. 그 속에서는 사고와 존재가 정지된다. 왜냐하면 영원하고 무궁한 것은 아무런 특성도 갖고 있지 않기 때문이다. 그 속엔 아무런 특성도 없다. 왜냐하면 어떤 특성이 있다면 그건 플레로마와 구별될 것이고 구별된 만한 특성을 지닌 것이 될 것이다.

플레로마에는 아무것도 없고 또한 모든 것이 있다. 플레로마에 관해서 깊이 생각하는 것은 아무 소용도 없다. 왜냐하면 그것은 스스로 해소되는 것이기 때문이다.

크레아투르(CREATUR, 생물, 창조된 것: 역주)는 플레로마 속에 있지 않고 그 자체에 있다. 플레로마는 크레아투르의 시작이고 끝이다. 마치 태양의 빛이 공기를 온통 투과하듯이 그것은 크레아투르를 꿰뚫고 지나간다. 플레로마는 그렇게 철저하게 통과하지만 크레아투르는 거기 참여하지 않는다. 마치 완전히 투명한 물체가 그것을 투과하는 빛으로 밝아지지도 어두워지지도 않는 것과 같다.

그러나 우리는 플레로마 그 자체이다. 왜냐하면 우리는 영원하며 무한한 것의 일부이기 때문이다. 그러나 우리는 거기에 참여하지 않고 플레로마로부터 끝없이 멀리 떨어져 있다. 공간이나 시간적으로 멀리 떨어져 있는 것이 아니고 본질적으로 거리가 멀다. 우리는 시간·공간적으로 제한된 피조물로서 플레로마와 본질적으로 다른 것이다.

그러나 우리가 플레로마의 일부인 만큼 플레로마는 우리 안에도 있는 것이다. 가장 작은 점에서도 플레로마는 영원하며, 무한하고, 온전하다. 왜냐하면 작고 큰 것은 그 속에 내포된 특성이기 때문이다. 그것은 어디서나 온전하며 그침이 없는 무(無)이다. 그러므로 나는 피조물을 플레로마의 일부로서 오직 상징적으로 말한다. 그것은 플레로마가 무이므로 진실로 결코 나누어진 바가 없는 것이기 때문이다. 우리 역시 전체 플레로마이다. 왜냐하면 상징적으로 플레로마는 우리 속에 있는 오직 가상적인, 실재하지 않는 가장 작은 점이며 우리 주위를 둘러싼 무한한 세계의 지붕이기 때문이다. 플레로마가 전체이며 동시에 무라면 왜 우리는 플레로마를 말하는가?

내가 그것을 말하는 것은 어디서든 시작해야 하기 때문이고 너희들에게 어딘가 바깥이나 아예 처음부터 확고한, 또는 어떤 정해진 것이 존재한다는 잘못된 생각을 거두기 위함이다. 온갖 확고한 것, 또는 분명한 것은 다만 상대적인 것이다. 오직 변화를 입도록 되어 있는 것만이 확고하며 결정적이다.

그러나 변화될 수 있는 것은 크레아투르뿐이다. 그것만이 유일하게 확실하며 결정적인 것이다. 왜냐하면 그것은 특성을 지니고 있으며 그 자체가 특성이기 때문이다.

우리는 묻는다. 크레아투르는 어떻게 생겨났는가 하고. 피조물들은 생겨났지만 그것은 생겨난 게 아니다. 왜냐하면 그것은 플레로마 그 자체의 성질이기 때문이다. 그것은 비창조요. 영원한 죽음이다. 크레아투르는 언제나, 어디에나 있다. 죽음도 언제나, 어디에나 있다. 플레로마는 구별되는 것이든 구별되지 않는 것이든, 모든 것을 지니고 있다.

구별성은 크레아투르이다. 그것은 다른 것과 구별된다. 구별성이 그것의 본체이므로 그것은 또한 사물을 구별한다. 그러므로 인간은 구별한다. 그의 본체는 구별함이기 때문이다. 그러므로 인간의 플레로마의 성질을 그것이 존재하지 않아도 구별한다. 인간의 플레로마의 특성을 그에 본체에 입각해서 구별한다. 그러므로 인간은 플레로마의 특성에 관해 그것이 존재하지 않는다 해도 말해야 한다.

그대들은 말한다. 거기 관해 말한들 무슨 소용이 있느냐고. 플레로마에 관해서 생각해야 소용없다고, 너 자신도 말하지 않았느냐고.

나는 그대들에게 그대들이 플레로마에 관해 생각할 수 있다고 믿는 망상으로부터 해방시키기 위해서 그렇게 말했던 것이다. 만약 우리가 플레로마의 특성들을 구별하면 우리는 우리의 분별성에 입각해서 말하는 것이며, 우리의 분별성에 관해 말하는 것이지 플레로마에 관해서는 아무것도 말한 것이 없다. 그러나 우리의 분별성에 관해 말하는 것은 필수적이다. 이로써 우리는 충분히 구별할 수 있기 때문이다. 우리의 본체는 구별성이다. 만약 우리가 이런 본체에 충실하지 않으면 우리는 우리 자신을 충분히 구별할 수 없다. 그러므로 우리는 여러 특성들의 구별을 해야 한다.

그대들은 묻는다 스스로 타(他)와 구별하지 않는다고 해서 무엇이 나쁘냐고.

만약 우리가 구별치 않으면 우리는 우리의 본체를 떠나게 된다. 크레아투르를 떠나서 플레로마의 다른 성질인 무분별성에 빠지게 된다. 우리는 플레로마 그 자체에 빠지고 피조물임을 포기한다. 우리는 무 속에 해소되어 버린다.

이것은 크레아투르의 죽음이다. 그러니까 우리는 구별하지 않는 만큼 그만큼 죽는다. 그러므로 크레아투르는 자연히 구별, 태초의 위험한 동일성(gleichheit)에 대한 싸움을 지향하게 되는 것이다. 이것을 사람들은 개성화 원리라고 부른다. 이 원리는 크레아투르의 본체이다. 이것으로 미루어 그대들은 왜 무분별성과 구별치 않는 것이 크레아투르(창조물)에게 커다란 위험인가를 알게 되었을 것이다.

그러므로 우리는 플레로마의 특성을 구별해야 한다. 그 특성은 여러 가지 대극의 쌍들이다. 즉,

효력과 효력없음,
충만함과 공허함,
살아 있는 것과 죽은 것,
상이한 것과 동일한 것,

밝음과 어둠,
뜨거움과 차가움,
힘과 물질,
시간과 공간,
선과 악,
미와 추
하나와 다수 등.

대극쌍들은 플레로마의 특성이다. 그것은 스스로를 지양(止揚)하므로 존재치 않는 것이다. 우리는 플레로마 그 자체이므로 우리도 또한 모든 이 특성들을 우리 속에 갖고 있다. 우리의 본체의 바탕이 분별성이므로 우리는 이 특성을 분별성의 이름과 표지로 가지고 있다. 즉,

첫째, 이 특성들은 우리 속에서 서로 다르고 따로따로 떨어져 있으므로 그것들은 스스로를 지양하지 못하고 효력을 발휘한다. 그러므로 우리는 대극쌍들의 희생물이다. 우리 내부에서 플레로마는 산산조각이 된다.

둘째, 이 특성들은 플레로마에 소속된다. 우리는 그것들을 오직 상이성의 이름과 표지로만 소유하거나 체험할 수 있고 그래야만 한다. 우리는 특성과 구별해야 한다. 플레로마 안에서 그것들은 해소된다. 그러나 우리 안에서는 그렇지 못하다. 그 특성들과 구별하는 것만이 해결책이다.

만약 우리가 좋은 것, 아름다운 것을 지향하면 우리는 분별성이라는 우리의 본질을 잊어버리게 된다. 그래서 대극쌍인 플레로마의 특성에 사로잡히게 된다. 우리는 좋은 것과 아름다운 것에 도달하고자 노력한다. 그러나 동시에 악함과 추함을 얻는다. 왜냐하면 이것들은 선과 아름다움과 함께 플레로마 안에서 하나이기 때문이다. 만약 우리가 우리의 본질을 충실히 지킨다면, 다시 말해서 분별성을 충실히 지킨다면, 우리는 선과 미를 구별하며 그러므로 또한 악과 추에서 구별한다. 그리하여 플레로마에 빠지지 않는다. 즉 무에 빠져서 그 속에 소멸되지 않는다.

그대들은 이론을 제기할 것이다. 그대는 차이성과 동일성이 모두 플레로마의 특성이라고 하지 않았느냐고. 우리가 차이성을 지향한다면 어떻게 될까? 그

렇다면 우리는 우리의 본질에 충실한 것이 아느겠느냐? 그리고 만약 우리가 차이성을 지향한다면 우리는 그때도 동일성에 빠져야 하는 건가?

그대들은 플레로마가 아무런 특성도 가지고 있지 않음을 알아야 한다. 우리는 그것을 생각함으로써 만들어 낸다. 그러니까 만약 그대들이 차이성이나 동일성, 혹은 그 밖의 특성을 지향한다면 그대들은 이때 플레로마에서 그대들에게 흘러나오는 생각들을 지향하고 있는 것이다. 다시 말해서 플레로마의 존재하지 않는 성질에 관한 생각을 지향하는 것이다. 그대들이 이런 생각들을 좇아서 달려가는 동안 그대들은 다시금 플레로마 속으로 빠져들어 동시에 차이성과 동일성에 도달한다. 그대들의 생각이 아니라 그대들의 본질이 분별성인 것이다. 그러므로 그대들은 그대들이 생각하는 차이성을 지향할 것이 아니라 그대들의 본질로 향해야 한다. 그러므로 엄밀한 의미에서 오직 하나의 지향적 노력이 있을 뿐이다. 즉 자기 고유의 본질을 향해서 노력하는 것이다. 만일 그대들이 이 노력을 하고 있다면 그대들은 플레로마와 그 성질에 관해서 아무것도 알 필요가 없다. 그리고 그대들 자신의 본질에 의해서 올바른 목표에 도달된다. 그러나 생각이 본질로부터 멀리 떨어지게 되므로 나는 그대들에게 어떻게 하면 그대들의 생각의 고삐를 조일 줄 알게 되는지 그 지식을 그대들에게 가르치겠노라.

설법 II

죽은 자들은 밤중에 바람벽에 연해 서서 소리쳤다.

신에 관해서 우리는 알고 싶다. 어디에 신이 있느냐? 신은 죽었느냐?

신은 죽지 않았다. 그는 여전히 살아 있다. 신은 창조물(creatur)이다. 왜냐하면 그는 정해진 것이며 그러므로 플레로마로부터 구별되기 때문이다. 신은 플레로마의 특성이다. 그리고 내가 창조물에 관해서 말하는 모든 것은 또한 그에게도 해당된다.

신은 그러나 창조물보다 훨씬 불분명하고 불확실하다는 점에서 이와 구별된다. 그는 창조물보다 덜 구별된다. 왜냐하면 그의 본체의 근저는 효력있는 충만이요, 다만 그가 분명하게 구별되는 한 그는 창조물이고, 그러는 한 그는 플레로마의 효력있는 충만의 명료화이다.

우리가 구별하지 않는 모든 것은 플레로마의 소유가 되어 그것의 대극과 함께 폐기된다. 그래서 만약 우리가 신을 다른 것으로부터 구별하지 않으면 신이 우리에게 주는 영향력의 충만함은 없어진다.

신 역시 플레로마 그 자체이다. 마치 창조된 것이든 창조되지 않은 것이든 가장 작은 점 또한 플레로마 그 자체이듯이.

힘 있는 공허는 마귀의 본체이다. 신과 마귀는 우리가 플레로마라 부르는 무의 최초의 표명이다. 그것이 플레로마이든 플레로마가 아니든 상관이 없다. 왜냐하면 모든 것 속에서 그것은 스스로 상쇄되고, 지양되고 말기 때문이다. 그러나 피조물의 경우는 다르다. 신과 마귀가 피조물이라면 그것들은 서로 상쇄되지 않고 서로 효력있는 대극으로서 대립하여 존재할 것이다. 우리는 그들에 관하여 아무런 증명도 필요로 하지 않을 것이다. 우리가 그들에 관하여 항상 되풀이해서 말해야 하는 것으로 족하다. 양자가 그렇지 않다 하더라도 창조물은 그것이 지닌 구별성의 본체로 말미암아 이 양자를 다시 플레로마에서 끌어내서 구별할 것이다.

플레로마에서 구별을 일으키는 모든 것은 대극의 쌍이다. 그러므로 신에는 늘 마귀가 속하게 마련이다.

이러한 공존성은 플레로마 그 자체와 마찬가지로 밀접하고 그대들이 경험한 것처럼 그대들의 인생에서도 그만큼 분해하기 어려운 것이다. 그것은 양자가 그토록 온갖 대극이 그 속에서 해소되고 하나를 이루는 플레로마에 아주 근접해 있는 까닭이다.

신과 마귀는 충만함과 공허함, 생산과 파괴로 구별된다. 이들에게 공통된 점은 "작용한다"는 점이다. "작용하는 것"이 양자를 결속시킨다. 그러므로 작용하는 것은 양자의 위에 있으며 그것은 신 위의 신이다. 왜냐하면 그것은 가득참과 비어 있음을 그것들의 작용 속에 융합하기 때문이다.

이것은 그대들이 모르고 있는 신이다. 인류는 그를 잊어버린 것이다. 우리는 그를 그의 이름, 아브락사스(ABRAXAS)로 부른다. 그는 신과 마귀보다도 아직 불분명한 것이다.

신을 그것과 구별하기 위하여 우리는 신을 헬리오스(Helios), 또는 태양이라 부른다.

아브락사스는 작용이며 작용치 아니하는 것 이외에 그것에 맞서는 것이 없다. 그래서 그의 작용하는 특성이 자유롭게 전개된다. 작용치 않음이란 존재치 않는다. 그리고 저항치 않는다. 아브락사스는 태양 위에 있고 마귀 위에도 있다. 그는 불확정적인 확실성이며 작용치 않으면서 작용하는 것이다. 플레로마가 하나의 본체라면 아브락사스는 그것의 표명이다.

그것은 작용하는 자체이기도 하지만 특정한 작용이 아니고 작용 그 자체이다.

그것은 어떤 특정한 작용도 가지고 있지 않기 때문에 작용치 않으며 작용하는 것이다.

그것은 또한 피조물이다. 그것이 플레로마와 구별되기 때문이다.

태양은 일정한 작용을 지니고 있다. 마귀 또한 그러하다. 그러므로 그들은 우리에게 규정짓기 어려운 아브락사스보다 훨씬 강력하게 보인다.

그는 힘이며 내구성이며 변환이다.

여기서 죽은 자들은 큰 소란을 피웠다. 왜냐하면 그들은 기독교인이었던 것이다.

설법 III

죽은 자들은 마치 안개처럼 늪에서 나와 신에 관해 더 이야기를 계속해 달라고 외쳤다.

아브락사스는 인식하기 힘든 신이다. 그의 힘은 가장 큰 것이다. 왜냐하면 인간은 그것을 볼 수 없기 때문이다. 태양에서 인간은 선의 총화를 보고 마귀에서 영원한 악을 볼 수 있지만 아브락사스에서는 여러모로 보나 불확실한 삶을 발견할 것이다. 그것은 선과 악의 어머니인 것이다.

인생은 선의 총화보다 약하고 작은 것 같다. 그러므로 아브락사스의 힘이 심지어 온갖 생명력의 빛나는 원천인 태양을 능가한다고 생각하기는 어려울 것이다.

아브락사스는 태양이며 동시에 마귀들의 분해와 왜소화와 영원히 빨아들이는 허무의 수령이다.

아브락사스의 힘은 이중적이다. 그대들은 그것을 보지 못한다. 왜냐하면 그대들의 시야에서 그 힘의 서로 엇갈린 방향이 상쇄되기 때문이다.

태양신이 말하는 것은 삶이고 악마가 말하는 것은 죽음이다. 그러나 아브락사스는 존경할 만한 말과 저주의 말, 삶이며 동시에 죽음인 말을 한다.

아브락사스는 진실과 거짓, 선과 악, 빛과 어둠을 같은 말과 같은 행위 속에 생산해 낸다. 그러므로 아브락사스는 무섭다.

그가 그의 먹이를 덮칠 때는 마치 사자처럼 웅장하다. 그런가 하면 그는 봄날처럼 아름답다.

그래서 그는 저 위대한 판(그리스의 공포의 신) 그 자신이고 동시에 작은 자이다. 그것은 프리아포스이다.

그는 지하세계의 거인, 수 개의 팔을 지닌 히드라, 날개 달린 뱀의 작은 고리, 미치광이다.

그는 가장 밑바닥, 시초의 양성이다.

그는 물속에 살면서 땅으로 올라오고 한밤중, 그리고 대낮에 합창하는 두꺼비나 개구리떼의 지배자이다.

그는 공허한 것과 하나가 된, 충만한 것이다.

그는 거룩한 교배이다.

그는 사랑이고 동시에 그것을 죽이는 자이다.

그는 성인이며 그의 배반자이다.

그는 낮의 가장 환한 빛이며, 광기 어린 가장 깊은 밤이다.

그를 본다는 것은 장님을 의미한다.

그를 인식한다는 것은 병을 의미한다.

그를 경배한다는 것은 죽음을 뜻한다.

그를 두려워한다는 것은 지혜로움을 말한다.

그에게 반항하지 않는다는 것은 구원을 말한다.

신은 태양 뒤에 살고 악마는 밤 뒤에 산다. 신이 빛으로부터 태어나게 한 것을 악마는 밤으로 끌고 간다. 그러나 아브락사스는 세계의 생성과 소멸 그 자체이다. 태양신의 모든 선물에 대하여 악마는 그의 저주를 마련해 놓는다.

그대들이 신 — 태양으로부터 바라는 모든 것은 악마의 행위를 일으킨다.

그대들이 신 — 태양과 함께 만드는 것은 악마에게 효과적인 힘을 부여한다.

이것이 저 무서운 아브락사스이다.

그는 가장 강력한 창조물이며 그 속에서 창조물은 자기 자신 앞에서 경악한다.

그는 플레로마와 그의 무에 대항하는 창조물의 현시된 모순이다.

그는 어머니 앞에서의 아들의 경악이다.

그는 어머니의 아들에 대한 사랑이다.

그는 대지의 황홀이요, 하늘의 잔인함이다.

인간은 그의 모습 앞에서 꼼짝없이 굳어지고 만다.

그는 창조물의 생명이다.

그는 분별성의 작용이다.

그는 인간의 사랑이다.

그는 인간의 말이다.

그는 인간의 빛과 그림자이다.

그는 현혹적인 진실이다.

이때 죽은 자들은 울부짖으며 사납게 나뒹굴었다. 그들은 아직 완성되지 못했던 것이다.

설법 IV

죽은 자들은 투덜거리며 방을 가득 채웠다. 그리고는 이렇게 말했다.

우리에게 신들과 악마에 관해 이야기하라, 이 빌어먹을 놈아!

신인 태양은 최고의 선이요, 악마는 그 반대다. 그러니까 그대들은 두 개의 신을 지니고 있는 셈이다.

그러나 많은 높은 선이 있고, 많은 심한 악이 있고 그 가운데는 두 개의 신, 마귀가 있는데 하나는 **불타는 것**, 그리고 다른 하나는 **자라는 것**이다.

불타는 것은 불길의 모양을 한 에로스이다. 그것은 타버리면서 빛을 발한다.

자라는 것은 **생명의 나무**이다. 그것은 자라면서 생명 있는 물질을 증가시키며 푸르게 된다.

에로스는 불타오르며 죽어간다. 그러나 생명의 나무는 헤아릴 수 없는 시간을 천천히, 그리고 항상 자란다.

좋은 것과 나쁜 것은 불길 속에 하나가 된다.

좋은 것과 나쁜 것은 나무의 성장 속에 하나가 된다.

삶과 사랑은 그것의 신성성 속에서 서로 마주보게 된다.

마치 별의 무리처럼 신과 악마의 수는 헤아릴 수 없다.

하나하나의 별이 하나의 신이고, 별이 차지하는 하나하나의 공간이 악마이다. 그러나 전체에 충만한 공허는 플레로마이다.

전체의 작용은 아브락사스이다. 작용하지 않는 것만이 그에 대립한다.

넷은 주신(主神)들의 수이다. 왜냐하면 넷은 세계를 측정하는 수이기 때문이다.

하나는 시작이요, 신 — 태양이다.

둘은 에로스이다. 왜냐하면 그것은 둘을 결합시키고 빛을 발하며 퍼져나가기 때문이다.

셋은 생명의 나무이다. 왜냐하면 그는 공간을 몸으로 채운다.

넷은 악마이다. 왜냐하면 그는 온갖 닫혀 있는 것을 열기 때문이다. 그는 모든 형성된 것, 그리고 신체적인 것을 해소한다. 그는 모든 것을 무로 만드는 파괴자이다.

나에게 여러 신의 다양성과 다수성을 인식할 수 있는 것이 부여되어 있으니 다행스런 일이다. 이런 상용될 수 없는 다수성을 하나의 신으로 대치한 그대들이여, 재앙이 있을지어다. 그로써 그대들은 이해하지 못한 데서 오는 고통과, 그 본체와 목적이 구별에 있는 창조자의 훼손을 만들어 내고 있다. 만약 그대들이 여럿을 하나로 만들고자 한다면 어떻게 그대들의 본체에 충실할 수 있겠느냐? 그대들이 신들에게 하고 있는 것은 그대들에게도 일어나고 있는 것이다. 그대들은 모두 똑같이 만들게 되고 그리하여 그대들의 본체는 훼손되고 있다.

신을 위해서가 아니라 인간을 위해서 동일성이 지배할 것이다. 왜냐하면 신들은 많고 인간은 적기 때문이다. 신들은 강력하고 그들의 다양성을 견딘다. 별처럼 그들은 고독 속에서 서로 엄청나게 떨어져 자리하고 있는 것이다. 인간들은 약하고 그들의 다양성을 견디지 못한다. 왜냐하면 그들은 가까이 살고 그들의 특이성을 지닐 수 있기 위하여 공동체를 필요로 하기 때문이다. 구원을 위해서 나는 너희들에게 그것 때문에 내가 배척받은 혐오스런 것을 가르치노라.

신들의 다수는 인간의 다수에게 해당된다.

헤아릴 수 없이 많은 신들은 인간이 되기를 기다리고 있다. 수없이 많은 신들이 예전에는 인간이었다. 인간은 신의 본체를 나누어 가지고 있다. 그는 신들로부터 나오고 하나님에게로 간다.

플레로마에 관해 깊이 생각하는 것이 소용없는 짓이듯, 신의 다수를 경배하는 것도 소용없는 짓이다. 최초의 하나님, 영향력 있는 충만함, 그리고 신의 총화를 경배하는 것은 더욱 쓸데없는 짓이다. 우리는 우리의 기도로써 거기 대해 아무것도 할 수 없고 거기서 아무것도 얻지 못한다. 왜냐하면 영향력 있는 공허가 모든 것을 자신 속에 삼켜 버리고 말기 때문이다. 밝은 신들은 하늘의 세계를 이루고, 하늘의 세계는 다양하고 끝없이 확장된다. 그것의 가장 높은 주인은 신 — 태양이다.

어두운 신들은 지상의 세계를 이룬다. 그것은 단순하고 끝없이 자신을 축소한다. 그 가장 밑바닥의 주인은 악마이다. 그것은 달의 정령, 지구의 위성, 지구보다 작고 춥고 죽은 정령이다.

천상적이며 지상적인 신들의 권력에는 아무런 차이가 없다. 천상적인 것은 증대시키며 지상적인 것은 축소시킨다. 헤아릴 수 없는 것이 두 가지 방향이다.

설법 V

죽은 자들은 조롱하며 소리쳤다. 이 바보야, 우리에게 교회와 거룩한 공동체에 관해 가르쳐라.

신들의 세계는 영성(靈性)과 성(性)으로 설명된다. 천상적인 것은 영성에서 나타나고 지상적인 것은 성으로 나타난다.

영성은 수용하고 파악한다. 그것은 여성적이며, 그래서 우리는 그것을 **하늘의 어머니**라 부른다. 성욕은 생산하고 만들어 낸다. 그것은 남성적이며 그래서 우리는 그것을 대지적인 아버지라 부른다. 남성의 성욕은 보다 지상적이고 여성은 보다 영적이다. 남성의 영적인 것은 보다 천상적이다. 그는 보다 큰 것을 지향한다.

여성의 영성은 보다 지상적이다. 그것은 보다 작은 것을 지향한다.

거짓과 악마적인 것은 남성의 영성이 보다 작은 것을 향해 가는 경우다. 거짓과 악마적인 것은 여성의 영성이 보다 큰 것을 향하여 갈 경우다.

모두 다 자기 자리로 간다.

남자와 여자는 만약 그들이 영적인 길을 분리하지 않으면 함께 악마가 된다. 왜냐하면 창조물(크레아투르)의 본체는 구별함에 있기 때문이다.

남자의 성욕은 지상적인 것으로 향하고 여자의 성욕은 영적인 것을 향한다. 남자와 여자는 만약 그들이 그들의 성욕을 분리하지 않으면 서로 악마가 된다.

남자는 보다 작은 것들을 인식하고 여자는 보다 큰 것을 인식한다.

인간은 영적인 것과 성적인 것을 구별한다. 그는 영적인 것을 어머니라 부르고 그것을 하늘과 땅 사이에 설치한다. 그는 성(性)을 팔로스(PHALLOS)과 부르고 그를 자신의 땅 사이에 놓는다. 그것은 어머니와 팔로스는 초인적인 데몬이며 신들의 세계를 설명하는 것인 까닭이다. 이들은 우리에게 신들보다도 더욱 큰 영향력을 가졌다. 왜냐하면 이들은 우리의 본체에 가깝기 때문이다. 만약 그대들이 성욕과 영성을 구별짓지 못하고 그것을 그대들 위에 있고 그대들 주위에 있는 것으로 보지 못하면 그대들은 플레로마의 특성으로서 이것에 빠져들고 말 것이다. 영성과 성욕은 그대들의 특성이 아니다. 그대들이 소유하거나 파악하고 있는 것들이 아니라 그들이 그대들을 소유하고 그대들을 포괄하고 있는 것이다. 왜냐하면 그들은 강력한 데몬이며 신들의 출현형태이기 때문이다. 그러므로 그것은 그대들이 미치지 못하는 곳에 있고 스스로 존재하는 것이다. 아무도 영성을 갖추고 있거나 성욕을 갖추고 있지 않다. 그는 오히려 영성과 성욕의 법 아래 있는 것이다. 그러므로 아무도 이 데몬을 피할 수 없다. 그대들은 이것을 데몬으로 보아야 한다. 그리고 인생이 그대들에게 부과한 공동의 위협, 공동의 부담이라고 보아야 한다. 그러므로 인생 또한 그대들에게 공동의 일이고 위협이다. 또한 신들과 무엇보다도 저 무서운 아브락사스가 그러한 것과 마찬가지로.

인간은 약하다. 그러므로 공동체가 필수적이다. 공동체가 어머니의 징표에 있지 않으면 그것은 팔로스의 징표 아래 있게 된다. 어떤 공동체도 고통과 병이 아니다. 모든 공동체는 분열과 해소이다.

구별함은 개별적 존재로 유도된다. 개별적 존재는 공동체에 반한다. 그러나 신들과 데몬에 비하여, 그들의 극복하기 힘든 법에 비해서 인간이 약하기 때문에 공동체는 필요하다. 그러므로 그토록 많은 공동체가 인간을 위해서라기보다 신들 때문에 필요하다고 하는 것이다. 신들이 그대들에게 공동체를 만들도록 강요하는 것이다. 그들이 그대들을 강요하는 만큼 그만큼 많은 공동체가 필요해진다. 그 이상은 좋지 않다.

공동체에서는 누구나 다른 사람 밑에 자리하도록 정리된다. 그래서 공동체가 보존되도록 하는 것이며 그대들은 그것을 필요로 한다.

개별적인 존재에서 개인이 다른 것보다 우월한 자리에 있게 된다. 그래서 모든 사람이 자신으로 돌아오도록 하고 노예습성을 피하게 된다.

공동체에서는 억제하는 것이 통례이다.
개별적 존재에서는 낭비가 통례이다.
혼자 있음은 높은 것,
공동체에서의 바른 척도는 정화하고 보존하는 것.
개별적 존재에서의 바른 척도는 정화하고 이에 가하는 것.
공동체는 우리에게 따뜻함을 준다.
개별적 존재는 우리에게 빛을 준다.

설법 VI

성욕의 데몬은 우리 마음에 뱀으로 다가온다. 그것은 양이 인간 영혼이고 사고 욕구라 한다.

영성의 데몬은 우리 마음에 하얀 새로 내려온다. 그는 양이 인간 영혼이고 사고 욕구라 부른다.

뱀은 대지적인 영혼, 양은 데몬적이고 하나의 혼이며 죽은 자의 혼령들에 가깝다. 죽은 자들처럼 뱀도 대지의 여러 사물 속을 떼지어 다니며 우리로 하여금 그를 두려워하게 만들거나 우리의 욕정을 자극한다. 뱀은 여성적인 속성을 지니고 있고 언제나 죽은 자들과 친구가 되려 한다. 죽은 자들은 마법으로 땅에 매어 있는 자들이며 개별적 존재로서의 길을 찾지 못한 자들이다. 뱀은 창녀이며 마귀와 악귀들과 희롱한다. 뱀은 못된 폭군이고 괴롭히는 귀신이며 언제나 최악의 무리들을 유혹한다. 흰 새는 인간의 천상적인 넋이다. 그것은 어머니 곁을 소요하며 때로는 아래로 내려온다. 새는 남성적이며 영향을 주는 생각이다. 그는 순결하며 외롭다. 그는 어머니의 사자이다. 그는 땅 위를 높이 난다. 그는 개별적 존재를 명령한다. 그는 앞서 간 완성된 손님을 먼 곳에서 데려온다. 그는 우리의 말을 어머니에게 전해 올린다. 어머니는 우리를 대신하여 빌어 주며 경고하나 신들에 대항할 힘은 없다. 그녀는 태양의 그릇이다. 뱀은 밑으로 내려가며 꾀를 부려 남성적 데몬을 마비시키거나 그를 찌른다. 뱀은 대지적인 극도의 간교한 생각을 하고 그것을 모든 구멍을 기어다니고 탐욕스럽게 사방에서 빨아들인다. 뱀이 그렇게 하려고 하는 것이 아니라 그녀는 우리에게 유익해야 하는 것이다. 그녀는 우리의 손아귀를 벗어나 도망치며 우리가 인간의 재간으로 찾지 못한 길을 우리에게 가르쳐 주는 것이다.

죽은 자들은 멸시하듯 쳐다보며 말하였다. 신들과 데몬과 영혼들 이야기는 이제 그만 둬라. 우린 그런 걸 벌써 옛날에 알고 있었다.

설법 VII

그러나 밤이 되자 죽은 자들이 하소연하는 표정으로 다시 와서 말하기를, 우리가 이야기할 것을 잊은 게 한 가지 더 있다. 인간에 관해 가르쳐 달라.

인간은 문이다. 그것을 거쳐 그대들은 제신과 데몬과 영혼의 바깥세계에서 내면세계로, 보다 큰 세계에서 보다 작은 세계로 간다. 작고 하잘것없는 것이 인간이다. 벌써 그대들은 그를 등에 지니고 있고 다시금 그대들은 끝없는 공간, 보다 작은 혹은 내면의 무한 속에 있다.

헤아릴 수 없는 먼 거리에 오직 하나의 별이 하늘 한가운데 있다.

이것은 하나의 인간의, 하나의 신이다. 이것은 그의 세계, 그의 플레로마, 그의 신성이다.

이 세계에서 인간은 그의 세계를 낳거나 혹은 그를 삼켜 버리는 아브락사스다.

이 별은 신이며 인간의 목표이다.

이것은 하나의 지도적인 하나님의 존재이다.

그의 안에서 인간은 휴식을 취한다.

그를 향하여 영혼은 사후의 긴 여행을 하며 그의 안에서 모든 것보다 큰 세계로부터 되돌아오는 모든 것의 빛으로 반짝인다.

이 하나의 하나님에게 인간은 기도한다.

기도는 별빛으로 증가시킨다.

그것은 죽음 위에 다리를 놓는다.

그것은 보다 작은 세계의 삶을 준비한다.

그리고 보다 큰 세계의 절망적인 욕망을 완화시킨다.

보다 큰 세계가 냉각하면 별이 빛난다.

인간과 그의 하나뿐인 하나님 사이에는 인간이 활활 타는 아브락사스의 극에서 눈길을 돌릴 수 있는 한 아무것도 없다.

인간은 여기에, 하나님은 저기에,

여기에 유약함과 무가치함이, 저기에 영원한 창조의 힘이,

여기에 흑암과 축축한 냉기가,

저기에 온 태양이 있다.

그러자 죽은 자는 침묵하였다. 그리고 마치 연기처럼 밤에 그의 양떼들을 기다리던 목자의 모닥불 위 하늘로 올라갔다.

아나그람마: (ANAGRAMMA, 글자 수수께끼)	NAHTRIHECCUNDE GAHINNEVERAHTUNIN ZEHGESSURKLACH ZUNNUS

융의 가족에 관한 몇 가지[11)]
-아니엘라 야훼-

융 집안은 본래 마인츠 출신이다. 1688년 프랑스군에 의하여 마인츠가 공격당했을 때 융이 〈성탑〉의 장에서 이미 언급한 것처럼 문서가 타버렸기 때문에 족보는 18세기 초까지만 추적이 가능하다. 융의 증조부인 의사 프란츠 이그나즈 융1759~1831은 마인츠에서 만하임으로 이사를 갔다. 나폴레옹의 출정 시 그는 위수병원을 이끌고 있었다. 그의 형으로 후에 귀족의 작위를 받은 지그문트 폰 융1745~1824은 바이에른의 재상이었다. 그는 슐라이어마허의 막내 여동생과 결혼했다.

융의 부계父系에서 가장 알려진 사람은 만하임 태생의 그의 조부 칼 구스타브 융1794~1864이다. 그는 특이한 운명에 의해 28세에 스위스로 건너오게 되었다. 그의 조부가 괴테의 사생아였다는 풍문은 이 책에 두 번 이야기되고 있는데 여기 관해 융은 다음과 같이 말하고 있다. "나의 증조부인 프란츠 이그나즈 융의 후처 소피 치글러와 그녀의 여동생은 만하임 극장과 가까운 인연을 지니고 있었고 수많은 시인이 그들의 친구였다. 소피 치글러가 괴테의 사생아를 낳았다고 주장되고 있는데, 그 아이가 나의 조부 칼 구스타브 융이라고 한다. 이것은 이를 테면 결정된 사실로 간주되고 있다. 그러나 나의 조부는 그의 일기에 여기 관해 아무 말도 없었다. 그는 다만 바이마르에서 괴테를 보았다고 말하고 있는데 그것도 맨 뒤에 썼다! 소피 융 치글러는 뒤에 롯데 케스너와 교분을 맺었는데 그녀는 괴테의 조카딸 롯트헨이다. 그녀는 자주 내 조부를 만나려고 — 프란치 리스트도 그랬지만 — 방문을 했다. 후년 롯데 케스너는 바젤에 정착했는데 아마 융 집안

11) 이 내용을 쓰기 위해서 나는 융의 구술 외에도 이른바 ≪족보≫를 이용했다. 그것은 양피지로 제본한 폴리오판인데 거기에는 옛날 편지와 서류가 들어 있고 융에 의해서 계속 보완되었다. 그 밖에 그의 조부 칼 구스타브 융의 일기(그의 아들 에른스트 융에 의해서 간행)와 쾰빙의 두 개의 논문, 〈칼 구스타브 융은 어떻게 바젤 대학의 교수가 되었는가〉(바젤통신, 1954년 9월 26일)와 〈C. G. Jung의 바젤의 선조들〉(바젤통신, 1955년 7월 24일), 그 밖에 1928년에서 1929년까지 위임된 가족연구의 결과가 내게 제공되었다(C. G. Jung의 가족에 관한 장은 독일어판에만 있다).

과의 친교 때문일 것이다. 또한 그녀의 언니, 공사관의 참사관인 케스너가 로마에서 살았고 그 집에 괴테의 아들 칼 아우구스트가 그가 죽기 조금 전까지 머물러 있었는데 그도 나의 조부와 친분을 맺고 있었다."

마인 강변 프랑크푸르트의 괴테 집안의 문서실과 만하임의 대주교의 시 사제관(예수회 성당)의 영세등록부에서는 이런 사실을 증명할 만한 것이 아무것도 없었다. 문제가 되는 시기에 괴테는 만하임에 있지 않았다. 그리고 소피 치글러가 바이마르나 괴테 가까이에 머물러 있었는지는 확인할 수 없다.

융은 끈질기게 주장된 이 풍문에 대하여 이야기할 때 그리 불쾌한 내색을 하지 않았다. 왜냐하면 이 야이기는 괴테의 ≪파우스트≫를 통한 그의 매력의 깊숙한 뒷면을 열어 주었던 까닭이다. 그리고 그것은 소위 그의 "제2호"의 세계에 속했던 것이다. 다른 한편 그는 이 소문을 짜증스런 것이라고 못박았다. 그는 이것을 악취미라고 보았다. "미지의 아버지"에 관한 그런 이야기를 들먹이는 바보가 도대체 그렇게 많단 말인가라고 했다. 그러나 그에게는 무엇보다도 적출의 존속친도 역시 멋있게 여겨진 듯하다. 즉, 학식 있는 가톨릭 신자, 의학박사이며 법학자이고 마인츠 대학 총장인 칼 융(1654년 사망)을 통한 친족 말이다. 그에 관해서는 〈성납〉의 장 끝에 언급되고 있다.

칼 구스타브 융은 하이델베르크에서 자연과학과 의학을 연구하고 그곳에서 박사시험을 최고의 찬사를 받으며 합격했다.

온 하이델베르크 시에 웃음거리가 된 것은 그가 학생 때 돼지새끼를 길렀고, 개 대신 돼지새끼를 데리고 거리를 산책했기 때문이라고 융이 말하고 있다. 24세에 벌써 그는 베를린 자선병원의 안과의사로 루스트의 외과조교가 되었고 동시에 그곳에 있는 왕립 프로이센 군사학교의 화학강사가 되었다. 그 당시는 지금보다 여러 가지 전문분야가 더욱 밀접하게 연결되어 있었던 것이다!

그가 베를린에 체재할 당시에 그는(아마 1817년 말 이후) 서적상이며 출판업자인 게오르그 안드레아스 라이머의 집에서 살았다. 그는 그 집에서 마치 그 집 아

Carl Gustav Jung(1791~1861). 조부.
1818년 벨츠의 초상. 바젤 대학의 대강당에 걸려 있다.

Sophie Jung Frey(1812~1855). 조모.

Samuel Preiswerk(1799~1871). 외조부.

Augusta Preiswerk Faber(1805~1865). 외조모.

이와도 같았고 라이머 부인은 일생 동안 그를 아들처럼 대했다. 여기서 그는 중요한 사람들의 교우권을 접하게 되었다. 그 가운데는 슐레겔 수사, 루드비히 틱, 그리고 프리드리히 슐라이어마허가 있었다. 슐라이어마허의 영향으로 가톨릭 신자였던 그는 신교로 개종했다.

베를린의 문인권은 이 젊은 의사를 처음부터 환영했다. 그 자신도 일종의 시적 재능을 지니고 있었다. 그리고 그의 시 가운데 한 편은 ≪독일가요집≫에 수록되었다.

그의 청년기는 정치적으로 변동이 많은 시기였다. 젊은이로서 그는 체조의 아버지, 얀1778~1852의 체조를 하였고 또한 바르트부르크 대축제[12]에도 참가하였다. 여기서 전체 의학생들은 자유로운, 통일된 독일을 선포하였다. 2년 뒤에 융과 친했던, 신학도이며 학생조합원인 칼 루드비히 잔트Karl Ludwig Sand, 1795년 생가 반동적인 사상을 가졌고 스파이라고 해서 책이 판금된 독일 시인이며 러시아 추밀원 고문관인 아우구스트 고츠뷰August Kotzebue, 1761~1819를 살해하자 모든 학생조합과 체조연맹이 박해를 받았다. 수많은 자유사상을 지닌 학자들이 선동자라고 검거되었다. 그 가운데는 칼 구스타브 융도 끼어 있었는데 경찰은 그의 소지품 가운데서 살인자의 선물을 발견했던 것이다. 그런데 그것은 광물학 조사 때 쓰는 망치였다(유의할 것은 공적인 보고에 언제나 자귀라는 말이 언급되고 있었다!). 그는 베를린 감옥에 구금되었고 13개월 뒤에 아무 재판도 없이 석방되어 프로이센에서 추방되었다. 그는 전신 선동자로서 독일의 다른 지방에서도 일터를 못 얻었기 때문에 1821년 당시 유럽에서 가장 중요한 의학연구의 중심지인 파리로 갔다. 그곳에는 그의 저 위대한 자연연구가 알렉산더 폰 훔볼트Alexander von Humboldt, 1769~1859를 만났고 그는 그를 먼저 파리의 호텔 디우의 외과의사로 천거했다. 거기서 칼 구스타브 융은 외과의로 일하면서 수련을 계속 쌓을 수 있었다.

훔볼트와의 첫 만남은 여러 가지 다른 내용의 이야기로 전해지고 있다. 융

---

12) 1817년 10월 종교개혁(1517)과 라이프치히의 전투(1813)를 기념하는 의식이나 학생조합 주최의 혁명적인 대학축제.

집안의 전승에 따르면 홈볼트가 그 젊은 사람이 굶주린 채 벤치에 앉아 있는 것을 데리고 왔다고 전한다. 융도 내게 그렇게 이야기했다. 쾰빙에 의해서 〈시와 진실〉이라는 표제를 붙인 의사 헤르만 라이머[13]의 묘사에서는 그의 장인인 칼 구스타브 융은 위대한 외과의사 듀푸의트렌이 베푼 잔치에서 그가 잘 모르는 어떤 점잖은 중년신사가 그에게 말을 걸었고 식사 뒤에 그에게 제안을 하고 싶으니 자기 집으로 따라오도록 요청했다. 융은 이 청을 아무 생각 없이 덮어놓고 따랐다. 그의 은인이 그의 서재에서 그에게 사실은 바젤 대학의 해부학과 외과학 교수자리가 있는데 흥미가 있느냐고 말했을 대 비로소 제정신이 들었다. 이제는 더 참을 수가 없어서 정신을 차리고 그가 그런 행운과 은혜에 감사해야 할 사람은 누구냐고 물었다. 그 사람이 대답하기를 "이름이야 뭐든 대수로운 일이 아니오. 나는 알렉산더 폰 홈볼트라고 하오" 했다고 한다. — 라이머는 이에 덧붙여 말하기를 "알렉산더 폰 홈볼트가 융을 알게 된 것은 아마 그가 문필 관계로 나의 아버지와 관련이 있었기 때문인 듯하다. 그러나 또한 1819년 장관자리를 본의 아니게 물러난 그의 동생 빌헬름에게 들어서 알았을 것이다."

이런 일화의 진실이야 어떻든 사실은 홈볼트가 그 젊은 의사에게 먼저1821 베른 한림원으로 추천했고 이 계획이 실패하자 1년 뒤에 바젤 대학에 추천했다는 것이다.

바젤 대학의 상황은 정치적, 행정적 이유로 최악의 상태였다. 1806년에서 1814년 사이에 박사학위 수여가 한 건도 없었다. 해부학자이며 식물학자인 요한 야콥 부르크하르트는 여러 해 동안 의과대학의 유일한 강사였고 오직 한 사람의 의과대학생과 몇몇 이발사 무리들 앞에서 강의를 했다. 1818년 법이 대학의 폭넓은 재구성을 허용했고 의과대학 교수의 수가 넷으로 확정되었다. 융이

---

13) 헤르만 라이머는 베를린의 서적상이며 출판사의 아들이었다. 그는 칼 구스타브 융의 딸과 결혼했는데 그녀는 융의 첫 결혼 시의 부인인 비르기니 드 라쏘와의 소생이다. 융은 슈트트가르트의 라이머 부인을 1900년 국가시험을 치른 뒤에 방문한 사실을 위에 기술하고 있다. 다음의 인용은 이미 언급된 쾰빙의 논문 〈칼 구스타브 융은 어떻게 바젤 대학의 교수가 되었는가〉에서 뽑은 것이다.

족 보

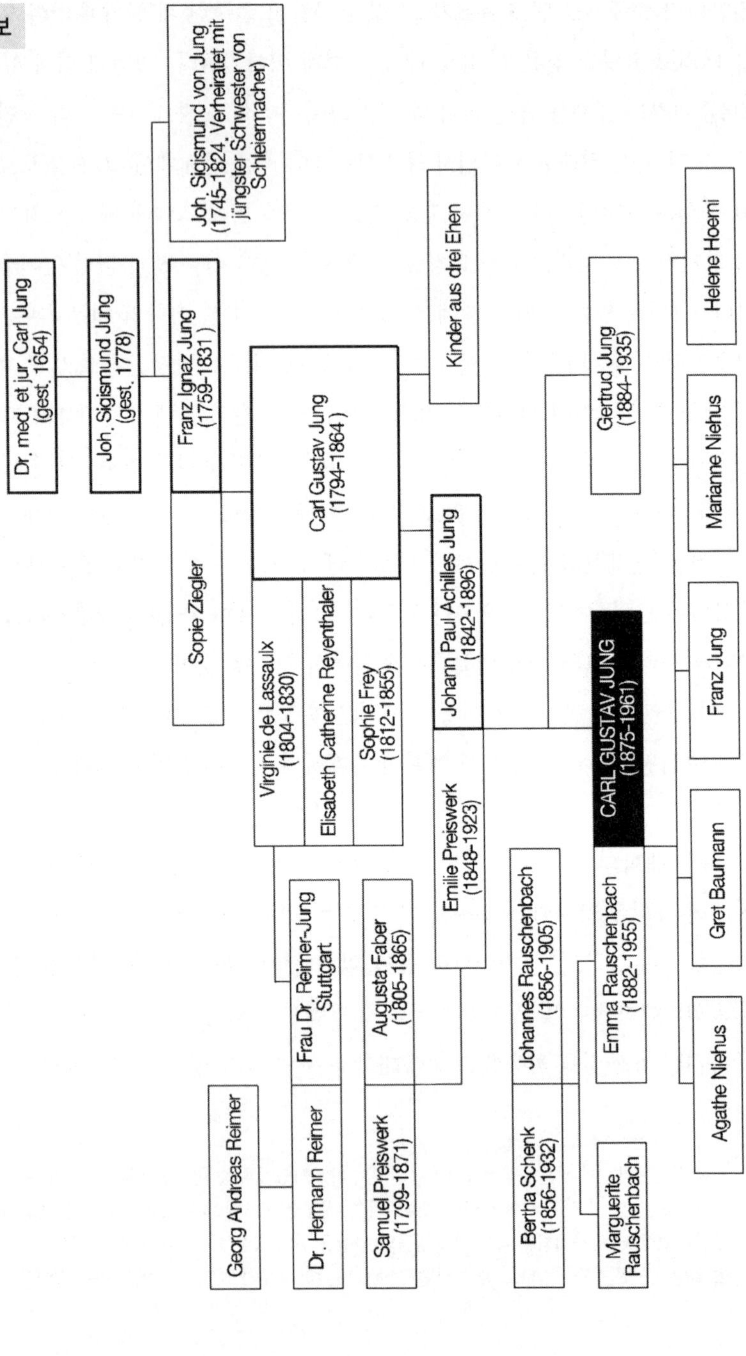
Dr. med. et jur. Carl Jung (gest. 1654)
Joh. Sigismund Jung (gest. 1778)
Joh. Sigismund von Jung (1745-1824, Verheiratet mit jüngster Schwester von Schleiermacher)
Franz Ignaz Jung (1759-1831)
Sopie Ziegler
Carl Gustav Jung (1794-1864)
Kinder aus drei Ehen
Virginie de Lassaulx (1804-1830)
Elisabeth Catherine Reyenthaler
Sophie Frey (1812-1855)
Johann Paul Achilles Jung (1842-1896)
Emilie Preiswerk (1848-1923)
Gertrud Jung (1884-1935)
CARL GUSTAV JUNG (1875-1961)
Emma Rauschenbach (1882-1955)
Helene Hoerni
Marianne Niehus
Franz Jung
Gret Baumann
Agathe Niehus
Frau Dr. Reimer-Jung Stuttgart
Dr. Hermann Reimer
Georg Andreas Reimer
Augusta Faber (1805-1865)
Samuel Preiswerk (1799-1871)
Johannes Rauschenbach (1856-1905)
Bertha Schenk (1856-1932)
Marguerite Rauschenbach

해부학, 화학, 외과학과 산과학의 교직을 신청했을 때 그는 1822년 강사로 부임했고 한 학기 뒤에 주임교수로 선출되었다. 이렇게 해서 융 집안이 스위스로 오게 되었다.

융은 그의 생애 동안 바젤 의과대학과 의료원의 재건을 위해 꾸준히 노력하여 큰 성공을 거두었다. 우선 해부학 강의를 재구성했다. 시민병원의 확장과 준공1842은 대부분 그의 덕분이다. 뒤에 그는 정신박약아를 위한 "희망원"을 설립하였다. 우리에게는 정신과 병원의 설립을 그가 요구한 것이 흥미롭다. 익명으로 뒤에 인쇄된 강연에는 이렇게 적혀 있다. "오늘의 시대는 정신의학이 의사의 관심을 매우 끌고 있어 특수한 학술지들이 전적으로 약물학의 분야를 다루고 있을 정도이다. 그러므로 약물학에 노력을 기울이는 사람에게 선생의 지도 아래 그런 관찰을 할 수 있는 기회를 주는 시설이 있다면 그것은 대학으로서 매우 자랑거리라 할 것이다. 나의 생각으로는 그런 시설 가운데는 주로 치료 불가능한 환자를 보호하여 종래의 정신병원이 아니고, 모든 종류의 환자를 입원시키고 심리적인 방법으로도 치료가 시도되는 병원이어야 할 것이다."

융 자신도 그의 조부에 관해 이렇게 말하고 있다.

"그는 강직하고 주목할 만한 인격의 소유자였다. 탁월한 조직의 명수, 무척 적극적이고, 번뜩이는 두뇌의 소유자로 익살과 말재주가 좋은 사람이었다. 나 자신도 아직 그가 지나간 뱃길 뒷전에서 헤엄치고 있었다. '그래 그래, 그 융 교수, 대단했지!' 바젤에서는 이런 말들을 했다. 그의 제자들은 모두 그에게서 깊은 감명을 받았다. 그들은 그를 존경했을 뿐 아니라 두려워했다. 왜냐하면 그는 좀 폭군적인 아버지였기 때문이다. 점심식사 뒤에 정기적으로 그는 약 15분 가량 낮잠을 잤다. 이때 그의 수많은 가족은 쥐죽은 듯이 식탁 앞에 앉아 있어야 했다."

칼 구스타브 융은 세 번 결혼했다. 파리에서 그는 비르기니 드 라쏘1804년생와 결혼했다. 그녀는 26세의 젊은 나이에 죽었다. 이 결혼에서 태어난 외딸이 이미 말했듯이 출판인 게오르그 안드레아스 라이머의 아들과 결혼했는데 베를린의 그의 집에서 융이 산 적이 있다. 두 번째는 엘리자벳 카타린 라이엔탈러와 혼인했다. 융은 이에 대하여 이렇게 말했다.

"그는 라이엔탈러와 복수심으로 결혼했다! 그녀는 바젤의 학사주점의 여급이었다. 그는 프라이 시장의 딸에게 청혼을 하였으나 퇴짜를 맞았다. 이에 자존심이 꺾이고 절망한 그는 곧장 술집으로 가서 여급과 결혼한 것이다. 그녀는 곧 결핵으로 죽었는데 그녀의 아이도 그렇게 죽었다."

결국 그는 그래도 세 번째 결혼에서 시장의 딸 소피 프라이를 아내로 맞았다. 그녀의 부모의 무덤은 바젤 뮌스터 성당의 십자로에 있다. 소피 융은 1855년 43세로 죽었다. 큰 아들 둘은 어려서 죽었다. 막내 아들, 요한 파울 아킬레스 융 1844~1896이 C. G. 융의 아버지이다. 그에 관한 융의 이야기는 이 책의 첫 장에 자세히 적혀 있다. 다만 외부적인 사항만 여기에 잠깐 되풀이하겠다. 파울 융은 신학자가 되었고 처음에는 케스빌투르가우 주의 목사였는데 1875년 그곳에서 C.G.융이 태어났다. 그 뒤에 그는 4년 동안 샤후하우젠 라인 폭포가의 마을인 라우펜의 목사였다. 1879년 그는 바젤의 클라인 휴닝겐 교구의 목사로 선출되었다.

융의 어머니, 에밀리 융 프라이스베르크는 바젤 출신이다. 그녀는 교양 있고 시적인 재능을 지닌 바젤의 사교, 사뮤엘 프라이스베르크1799~1871와 그의 두 번째 부인 뷰르텐베르크 뉴르팅겐의 아우구스타 화버1805~1862 사이에서 태어난 막내딸이었다. 화버 집안은 프랑스의 신교도였는데 낭트칙령의 폐지1685 후에 독일로 왔다. 본래 사뮤엘 프라이스베르크는 무텐츠의 목사였는데 바젤 시와 바젤 주의 분리1833 후에 바젤 시로 이사왔다. 그는 그곳에서 목사직을 얻을 수 없어 주네브로 가서 그곳 신교복음회의 신학교에서 헤브라이어와 구약신학을 가르쳤다. 그는 헤브라이 문법을 편찬하였는데 이것은 여러 판을 거듭했다. 수년 후 그는 바젤로 부름을 받았고 목사로 성 레온하르트 교구로 왔다. 목사직을 수행하면서 그는 헤브라이어와 헤브라이 대학의 사강사의 자격을 얻었다. 그는 대범한 성격의 관대한 사람이었는데 그가 간행하는 월간지 ≪아침의 나라≫에서 유태인에 의한 팔레스타인의 회복을 옹호하는 말을 한 것으로 보아도 알 수 있다.

지금도 바젤에는 그에 관한 일화가 이렇게 이야기되고 있다. "그의 서재에 사뮤엘 프라이스베르크 사교는 죽은 막달레네 호프의 혼을 위해서 한 특수한 의자가 예비되어 있다. 매주 프라이스베르크는 그의 두 번째 부인 아우구스타 화버가 일정한 시간에 막달레네의 혼과 신뢰에 찬 대화를 나누도록 하느라 몹시 걱정을 했다."[14)]

그에 대해서 융은 다음과 같이 말하고 있다.

"나는 외할아버지를 개인적으로 알지 못했다. 그러나 그에 관해서 내가 들은 모든 것에 따르면 그의 구약식 이름, 사뮤엘이 그에게 잘 어울렸을 것 같다. 그는 하늘에서도 헤브라이어를 사용하고 있다고 믿고 있었다. 그래서 매우 열심히 헤브라이어 공부를 했다. 그는 높은 학식을 지니고 있었을 뿐 아니라 탁월한 시적 감각을 지니고 있었다. 그러나 그는 좀 특이한 사람이어서 항상 귀령들로 둘러싸여 있다고 믿고 있었다. 나의 어머니는 내게 그가 설교문을 쓸 때 그녀가 그의 등 뒤에 앉아 있어야 했다는 것을 자주 이야기했다. 그가 공부할 때 귀신들이 등 뒤에서 지나다니며 훼방놓는 것을 그는 참을 수 없었다. 살아 있는 사람이 그의 등 뒤에 앉아서 귀신들을 쫓아내는 것이었다."

그의 부인, 아우구스타 프라이스베르크, 즉 융의 외할머니에 관해서는 많은 일화가 있다. 18세에 그녀는 성홍열을 앓는 그녀의 형제들을 간호하다가 몹시 앓았고 36시간 동안 가사상태에 있었다. 목수는 벌써 관을 집에 갖다 놓았다. 그때 그녀의 어머니는 그녀의 죽음을 믿을 수 없어 다리미를 목덜미에 대어 소생시켰다고 한다. "구스텔레"라고 불렀던 그녀는 이때부터 두 번째 얼굴을 지녔는데 이를 그녀의 가족은 그녀의 가사 사건과 연관시켰다.

---

14) 한스 옌니, ≪바젤적인 — 너무나 바젤적인 것(*Baslerisches Allzubaslerisches*)≫, 바젤, 1961.

융의 부인 엠마1882~1955는 샤후하우젠의 공업가 집안 라우쉔바허 집안 출신이었다. 소년시절에 관한 장에서 융은 그의 아버지가 라우펜에서 목사직에 있을 때1875~1879 그의 장차의 장모, 뒤의 베르타 라우쉔바허가 속해 있던 쉔크 집안과 친교를 맺고 있었고 그녀는 때때로 — 그는 당시 네 살이었다 — 그를 데리고 산책을 나갔다고 한다.

그의 부인 엠마와의 첫 만남에 관해 융은 이렇게 말하고 있다.

"내게는 학생시절 친구가 하나 있었는데 그의 가족이 샤후하우젠에 살고 있었다. 내가 그를 바젤에서 방문하려 했을 때 — 내 아버지가 돌아가신 뒤, 1896년이었는데 — 내 어머니가 내게 말했다. '네 친구를 샤후하우젠으로 방문하려거든 라우쉔바허 부인에게 가보렴. 그이는 우리가 어린 소녀일 때부터 서로 아는 사이란다.' 나는 그렇게 했다. 내가 그 집에 들어서자 계단 위에 14세 정도 되었을 한 소녀가 서 있었는데 머리를 땋아 올리고 있었다. 이때 나는 이미 알고 있었다. 그녀가 내 아내라는 것을! — 나는 그 생각에 깊은 충격을 받았다. 그것도 그럴 것이 나는 그녀를 잠깐 보았을 뿐인데 곧장 그녀가 내 아내가 되리라는 절대적인 확신을 하였던 것이다. 내가 바로 그 뒤에 그 이야기를 내 친구에게 말했던 기억이 지금도 생생하다. 물론 그는 웃어넘겼다. 나는 그에게 말했다. '웃을 테면 웃어봐. 그렇지만 너는 이제 경험하게 될 것이야.' 6년 뒤 내가 엠마 라우쉔바허에게 청혼했을 때 나도 내 조부처럼 처음에는 퇴짜를 맞았다. 그러나 나의 조부와는 달리 나는 믿을 만한 술집도, 매력적인 여급도 알고 있지 못했고 나의 조부처럼 정교수로서 뚜렷하고 유망한 과제를 미래에 갖고 있지도 못했다. 나는 다만 조무의사로서 미래가 막연할 뿐이었다. 온 세상의 가장 좋은 것들 앞에서 어째서 내가 실망하지 않기를 바랄 수 있겠는가? — 내 속의 제2호가 이렇게 첨가했다. 그러나 수 주 뒤에는 상황이 반전되어 부정에서 긍정이 됨으로써 제1호가 증명되었다. 여기서 내편에서 세계를 향한 긍정이 되었고 제2호는 11년간 내 시야에서 사라졌다.

1902년까지 나는 일종의 비밀일기를 썼다. 이제부터 10년 이상을 열지 않고 서랍 속에 놓여 있을 일기였다. 1913년에 비로소 커다란 예감의 중압 아래 그것이 다시 나의 추억에 떠올랐다."

융은 1903년 결혼했다. 그는 수많은 후손을 가졌다. 그의 다섯 자제, 아가테 니후스 융, 그레트 바우만 융, 프란츠 융 메르커, 마리안네 니후스 융, 헬레네 회르니 융의 결혼에서 19명의 손자가 생겼고 증손자는 계속 늘어날 조짐이다.

내가 추가로 들은 바에 의하면 〈성탑〉의 장에서 융이 언급한 문장이 본래 불사조를 묘사했고 융의 조부가 현재의 형태로 바꾸었다는 이야기에는 또 다른 설이 있다. 즉 그것은 인형에서 기어나오는 나비였다는 것이다. — 가족의 전승에 의하면 마인츠의 "석학, 의학박사, 법학박사 융"(1654년 사거)의 이름은 칼이 아니고 시몬이다.

용어해설

연금술鍊金術, Alchemie

고대의 화학, 현대적 의미의 실험화학과 자연과 인간에 대한 전반적인 표상적・직관적, 때로는 종교적인 사변이 혼재해 있다. 물질이 지닌 미지의 세계에 우리가 무의식의 내용이라고 인식하고 있는 수많은 상징이 투사되었다. 미지의 물질 속에서 연금술사는 "신의 비밀"을 찾고 있었다. 이런 탐구를 통해서 오늘날의 무의식의 심리학과 같은 방법과 과정에 도달했다. 현대의 무의식의 심리학도 미지의 객관적 현상, 즉 무의식을 대상으로 하고 있음은 주지의 사실이다.

중세의 철학적 연금술은 정신사적으로는 무의식에서 우러나온 기독교에 대한 보상적 운동이라고 이해된다. 왜냐하면 연금술의 명상과 기법의 대상 — 자연과 물질의 왕국 — 은 기독교에는 이를 수용할 자리가 없었고 전혀 적절한 평가를 받지 못하고 타파되어야 할 것으로 간주되어 있었다. 이리하여 연금술은 융이 ≪심리학과 종교≫에서 연금술의 핵심개념인 현자賢者의 돌, 라피스lapis와 그리스도와의 비유를 근거로 증명할 수 있었던 것처럼 기독교적 상과 그 사상세계의 어둡고 원시적인 모습이다. 연금술사의 언어의 전형적인 특성은 그 상징적 상과 모순성에 있다. 양자는 파악하기 어려운 삶의 본성과 무의식의 정신에 해당된다. 그러므로 예컨대 돌은 돌이 아니다. "즉, 그것은 동시에 정신적・종교적 개념"이라고 한다든가 연금술의 메리쿠리우스Mercurius 물질 속의 혼은 파악할 수 없는 까닭에 사슴처럼 수줍고 잘 달린다든가, "그는 4개의 이름을 지니고 있다." 아무도 그의 본질을 완전히 묘사할 수 없다. 그것은 마치 정신적 개념의 정의도 결코 그 본체를 분명하게 그려낼 수 없는 것과 같다.

확충擴充, Amplification

일정한 방향의 연상과 인류의 상징 및 정신사(신화, 신비학, 민담, 종교, 민속, 예술 등)에서 나온 이에 상응하는 상으로서 꿈의 상을 확대하고 심화하는 것이며 이로써 꿈의 상의 해석에서 그 의미가 밝혀진다.

Anima와 Animus

남성의 무의식 속에 있는 여성적 성질과 여성의 무의식 속의 남성적 성질이 인격화된 것. 이와 같은 정신적 양성성兩性性은 생물학적 사실에 필적한다. 즉, 남성(여성)의 성을 결정하는 것은 남성(여성)유전자의 상대적인 다수이다. 이성적 유전자는 이성의 성격을 형성하는 듯한데 그것이 열세에 있기 때문에 보통은 무의식 속에 머물러 있다.

C. G. Jung: "모든 남성은 여성의 상을 아득한 옛날부터 지니고 있다. **이** 특정한 여성의 상이 아니고 어떤 **한** 여성의 상을 말이다. 엄격한 의미에서 이 상은 무의식적인, 태고적부터 내려오는 생명체계에 파묻힌 유전소질, 조상의 여성적 존재에서 겪은 모든 경험의 형型,Typus, 원형, 여자에 관한 모든 인상의 침전, 하나의 계승된 정신적 적응체계 …. 마찬가지로 여성도 선천적인 남성상을 가지고 있다. 경험에 의하면 좀 더 명확하게 **남성들**의 상이라고 말하는 게 좋다. 반면에 남성에서는 **그 여성**의 상이라 부르는 게 좋다. 이런 상이 무의식에 있으므로 언제나 사랑하는 상에 무의식 중에 투사되고 그 상에 대한 열정적인 매력을 느끼거나, 혹은 그 반대가 될 근본적인 이유의 하나가 되고 있다(≪현재의 정신적 문제들(*Seelenprobleme der Gegenwart*)≫, 5판, 1950, p. 256f)."

"아니무스(Anima도)의 본래의 기능은 개인적인 의식과 집단적 무의식 사이를 연결하는 데 있다. 이에 상응하게 페르소나Persona는 자아의식과 외부세계의 객체 사이에 있는 영역을 표현한다. 아니무스와 아니마는 집단적 무의식의 상들에 이르는 다리, 또는 입구이며 페르소나는 이 세계로 향한 하나의 다리를 표현한다(미발표 세미나 보고, 1권, 1925, 영어로 번역됨)."

모든 원형적 발견, 그러니까 아니마, 아니무스의 출현은 부정적이면서 긍정적인, 원시적이면서도 분화된 측면을 가지고 있다.

C. G. Jung: "아니무스Animus의 최초의 무의식적 형태는 저절로 일어나는 의도적이 아닌 의견형성이며 감정생활에 영향을 주어 이를 지배한다. 이에 반해서 아니마Anima는 저절로 일어나는 감정형성으로 그것은 뒤이어 이성을 왜곡하거나 그 밖의 영향을 준다('그녀는 그의 머리를 돌려놓았다'). 그러므로 아니무스는 곧잘 정신적인 권위자나 그 밖의 '영웅(테너가수, 예술가, 스포츠 챔피언)'에 투사된다. 아니마는 즐겨 여성의 무의식, 그 이중의미성二重意味性, 어두운 것, 관계상실, 절망, 불감증, 공허함을 지배한다. 그러니까 남성에서는(개성화 과정에서) 자아의식을 향하여 올라오는 심령心靈은 여성적 징후를 가지고 있고 여성에서는 남성적 징후를 지닌다. 남성의 아니마는 하나로 합치고 통일되고자 하고 여성의 아니무스는 구별하고 인식하고자 한다. 이것은 엄격한 대극이다. … 그것은 비록 두 개체의 의식적인 관계가 조화되어 있다 하더라도 의식의 현실에서는 갈등의 상황을 의미한다(〈전이의 심리학(Die Psychologie der Übertragung)〉, ≪정신치료의 실제(*Praxis der Psychoherapie*)≫, 전집 16권, p. 323)."

"아니마는 삶의 원형이다. … 왜냐하면 삶은 남성에게 아니마에 의하여 체험되는 까닭이다. 남자는 삶이 오성Verstand, mind을 통해서 온다는 견해이지만 — 그는 오성悟性, mind으로 그의 삶을 다스리지만 그의 마음속에서 아니마로서 살고 있다. 그리고 여성의 신비는 삶이 아니무스의 정신적인 형상을 통하여 그녀에게 체험된다는 데 있다. 그녀 자신은 그녀에게 삶을 부여하는 것이 에로스라고 가정하고 있지만 — 그녀는 삶을 다스린다.

그녀는 이를테면 습관적으로 에로스를 통하여 살고 있지만 그녀 자신이 그것의 희생이기도 한 진정한 삶은 여성에게 오성Verstand, mind을 통하여 겪어지고 오성은 그녀의 마음속에 아니무스를 통해서 구체화되는 것이다(니체의 차라투스트라에 대한 미간행 세미나 보고, 1937, 영어로 번역됨)."

원형原型, Archetypus

C. G. Jung: 원형의 개념은 … 여러 번 반복된 관찰에서 나온 것이다! 예컨대 세계문학의 신화와 민담이 어떤 일정한, 언제나 어디서나 반복적으로 다루어진 주제를 내포하고 있다는 사실의 관찰에서 유도된 것이다. 이와 똑같은 주제들을 우리는 현대를 사는 사람들의 환상, 꿈, 섬망상태의 헛소리와 망상에서 목격할 수 있다. 이와 같은 전형적인 상들과 상호관련은 원형적 관념이라고 규정된다. 이러 관념들은 그것이 분명하면 할수록 특히 생생한 감정을 색조로 지니고 있는 듯하다. … 그것들은 깊은 감명을 주며 큰 영향력을 끼치고 또한 매혹적이다. 그것들은 본래 관조될 수 없는 원형, 즉 무의식적인 선행형Vorform에서 나온다. 그것은 정신의 상속된 구조에 속하는 듯하고 이에 따라 어디서나 자연발생적인 현상으로 나타날 수 있는 것이다(≪심리학적 관점에서의 양심(*Das Gewissen in psychologischer Sicht*)≫, C. G. Jung연구소 연구총서, 취리히, 1958, p. 199f)."

나는 늘 원형이 내용적으로 결정되었다는, 즉 일종의 무의식적인 "관념"들이라는 오해에 부닥친다. 그러므로 원형이 결코 내용적으로가 아니라 단지 형刑으로 결정되어 있고 후자는 매우 제약된 정도에 있어서만 그렇다는 점을 다시 한 번 강조해야겠다. 내용적으로 결정되기로 한 원상源像, Urbild이 의식적으로, 그러니까 의식적인 경험의 자료로 채워지고 있을 때만이 증명될 수 있다. 이에 비하여 그 형은 한 결정의 축계軸系에 비교될 만한데 이것은 모액母液 속에서 이미 결정형성이 이루어질 수 있도록 선택된 것으로 스스로는 아무런 물질적인 존재를 지니고 있지 않은 것이다. 물질적인 존재란 이온들과 분자의 접속 방식에서 비로소 드러나게 된다. 원형이란 하나의 본래는 비어 잇는 형식적 요소로서 선재적先在的 가능성, 표상형식Vorstellungsfor의 선험적으로 주어진 가능성 이외에 다른 것이 아니다. 상속되는 것은 표상들이 아니라 형식이며 이것은 이런 관점에서는 마찬가지로 형식적으로 결정된 본능에 해당된다. 원형 그 차체의 존재나 본능이나 모두 그것이 구체적으로 작동하지 않는 한 증명되기 어렵다(≪의식의 뿌리에 관하여(*Von den Wurzeln des Bewuβtseins*)≫, 1954, p. 576f)."

"원형 고유의 본체는 의식 불가능한 것, 즉 초월적인 것이리라고 내게는 생각된다. 그래서 나는 그것을 정신 비슷한Psychoid이라고 규정짓는다(≪의식의 뿌리에 관하여(*Von den Wurzeln des Bewuβseins*)≫, 1954, p. 576f)."

"원형이 결국 설명되고 설명됨으로써 해결될 수 있는 것 같은 착각에 결코 잠시라도 빠져서는 안 된다. 아무리 최선의 설명 시도도 얼마간 성공된 다른 표상언어로의 번역에 불과하다(≪어린이 원형의 심리학(*Zur Psychologie des Kind-Archetypus*)≫, Jung & Kerényi, ≪신화학원론(*Einführung in das Wesen der Mythologie*)≫, 1951, p. 119)."

연상聯想, Assoziation

유사성, 접속, 대극, 또는 연계에 따른 관념, 지각 등의 연결. **지그문트 프로이트**S. Freud의 **꿈의 해석에서의 자유연상**: 꿈 꾼 사람의 자연발생적인 연상고리로서 반드시 꿈의 상황에 관계지을 필요가 없는 것.

융의 꿈의 해석에서의 방향을 가진 조절된 연상: 주어진 꿈의 상황에서 나오는 자연발생적인 착상으로 항상 꿈의 상황에 관련된다.

연상검사聯想檢査, Assoziationsexperiment

콤플렉스를 확인하는 심리검사법. 반응시간의 측정과 주어진 자극어에 대한 반응의 해석을 통해서 검사한다. 콤플렉스 증후로는 피검자가 숨기고 싶거나 아직 의식되지 못한 콤플렉스가 자극어로 자극될 때 나타나는 길어진 반응시간, 혹은 응답의 주관적 특유한 성질 등.

의식意識, Bewußtsein

C. G. Jung: "무엇이 도대체 의식이냐고 깊이 생각해 본다면 다음과 같은 최고로 놀랄 만한 사실에 깊은 감명을 받게 된다. 즉 우주에서 일어나고 있는 어떤

사건이 동시에 내적으로도 하나의 상을 산출한다는 사실, 그 사건이 내적으로도 마찬가지로 일어나고 있다는 것, 즉 의식된다는 사실이다(바젤 세미나, 1934, 미간행 세미나 보고)."

"우리의 의식은 스스로 자신을 만들어 내지는 못한다. 그것은 미지의 심층에서 솟아난다. 그것은 어린이에게서 차츰 눈을 뜨고 매일 아침, 무의식적인 상태의 깊은 잠에서 깨어난다. 그것은 마치 무의식의 모성적 원류에서 매일 태어나는 어린이와 같다(≪심혼心魂의 상징성(*Symbolik des Geistes*)≫, 2판, 1953, p. 465)."

▌외향外向, Extraversion

외부적 객체를 향하여 관심을 집중하는 것을 특징으로 하는 전형적 자세. 반대는 내향內向

▌신상神像, Gottesbild

이 개념은 교부들에게서 나온 말이다. 이들에 의하면 신의 이마고신상, 神像는 인간의 영혼에 인각되어 있다. 만약 그런 상이 꿈, 환상, 환영 등에 저절로 나타나면 심리학적 견지의 범위 안에서는 "자기"의 원형이라고 이해된다.

C. G. Jung: "신격이 우리에게 작용을 가하고 있다는 것은 오직 정신이라는 매개를 통해서 알 수 있을 뿐이다. 그러나 이때 우리는 이 작용이 신에게서 나오는지 무의식에서 나오는지를 구별할 수가 없다. 다시 말해서 신성과 무의식이 두 개의 서로 다른 크기의 것인지를 결정될 수가 없다. 둘은 모두 초월적인 내용의 한계개념이다. 그러나 경험적으로는 무의식에 전일의 원형이 출현하며 이것이 저절로 꿈 등에 나타난다는 것, 다른 원형들을 이 중심에 연결지우는 의식의 의지와는 별개의 독자적인 경향이 있다는 사실에 매우 충분한 확률로 증명된다. 그러므로 전자는 또한 신의 상에 접근하는 어떤 핵심적인 자리를 차지한다고 보아도 무방할 것 같다. 양자의 유사성은 더욱이 원형이 이미 전부터 상징을 산출하고 이것은 신성의 특성을 부여하고 이를 상징화해 왔다는 사실로써 특히 뒷받

침된다. … 엄밀하게 말해서 신의 상은 물론 무의식과 일치되는 것이 아니고 신상의 특수한 내용, 즉 자기원형Archetypus des Selbst과 일치된다. 이것은 우리가 경험적으로 신상과 더 이상 분리할 수 없는 것이다(≪욥에의 회답(*Antwort auf Hiob*)≫, 3판, 1961, p. 120)."

우리는 신상을 자기의 반영이라고 설명한다. 혹은 그 반대로 자기가 인간 속의 신의 이마고상像라고 설명한다.(≪심혼의 상징성(*Symbolik des Geistes*)≫, 2판, 1953, p. 431)."

▌신성혼神聖婚, Hierosgamos

성스러운 혹은 종교적인 결혼, 재생의 신화, 고대 그리스 비의, 그리고 연금술에서의 원형적 상의 합일. 전형적인 예는 그리스도와 교회의 신랑과 신부로서의 묘사. 해와 달의 연금술에서의 합일접합, coniunctio이다.

▌개성화個性化, Idividuation

C. G. Jung: "나는 개성화라는 말을 심리학적인 '개체Individuum,' 즉 하나의 선별된 별개로 나눌 수 없는 단일한 것, 하나의 전체를 만들어 내는 과정이라는 뜻에서 사용한다(〈의식, 무의식, 그리고 개성화(Bewuβtsein, Unbewuβtes, und Individuation)〉, 정신요법중앙보, 1939, p. 257)."

"개성화란 단일적 존재가 되는 것이다. 그리고 이 경우 개성이란 우리의 가장 깊은 곳에 있는, 궁극적이며 비교할 수 없는 유일무이의 것이라고 이해되어야 한다. 그런 뜻에서 개성화란 **자기자신이 되는 것이다**. 그러므로 우리는 '개성화'를 '자기화' 혹은 '자기실현Selbstverwirklichung'이라고 번역할 수 있는 것이다(≪자아와 무의식과의 관계(*Die Beziehungen zwischen dem Ich und dem Unbewuβten*)≫, 3판, 1938, p. 91)."

"개성화 과정이 자아의 의식화와 혼동되고 그래서 자아를 자기와 동일시하는 경우를 흔히 본다. 그 때문에 구제할 길 없는 개념의 혼란이 생기는 것은 당연하다. 왜냐하면 이로써 개성화는 단순한 자기중심주의와 자기애에 빠진다. 그러나 자기란 단순한 자아보다도 끝없이 많은 것을 내포하고 있다. … 자기는 자아와 마찬가지로 그 사람, 또는 다른 사람들이다. 개성화는 세계를 배제하지 않고 수용한다(≪의식의 뿌리에 관하여(*Von den Wurzeln des Bewußtseins*)≫, 1954, p. 595)."

▌팽창膨脹, Inflation

원형과의 동일시로써 인격이 개인적인 한계를 넘어서서 확대되는 것, 혹은 병적인 경우에는 역사적인 또는 종교적인 상과의 동일시에서 같은 형상이 일어난다. 정상적인 경우에는 우쭐해지는 상태인데 그만큼 열등감을 대상하고 있다.

▌내향內向, Introversion

내적인 마음의 과정에 관심을 집중시키는 것을 특징으로 하는 자세. 반대는 외향外向.

▌마나Mana

비상하게 강한 영향을 주는 힘에 관한 멜라네시아의 개념. 그 힘은 인간에게서 나오고, 어떤 대상물, 행위, 사건, 초자연적인 실체나 귀령鬼靈으로부터 나온다. 또한 건강, 이권, 치유력, 주력呪力이라는 뜻도 있다. 정신적 에너지의 원시적 개념.

▌만다라Mandala, 산스크리트어

마술적 원.

C. G. Jung: 중앙과 목표의 상징, 그리고 정신적 전체로서의 자기의 상징, 중심을 정하는 과정, 새로운 인격의 중심을 이루게 하는 것의 자가표현. 원. 4라는 수와 4위(Quaternio를 보라)로 균형 있게 배열됨으로써 상징적으로 표현된다. 라

마교에서 그리고 탄트라 요가에서는 만다라는 명상Yantra의 도구, 신들의 자리이며 생성처. **장애된 만다라**: 원, 4각, 그리고 같은 변의 십자의 형에서 빗나가는 형, 혹은 그 기본 수가 4나 8이 아닌 것.

C. G. Jung: "만다라는 원이며 특히 마술적 원이다. 만다라는 동양에만 분포되어 있는 것이 아니라 우리 서양에도 중세에 풍부하게 확인된다. 특히 기독교적인 만다라는 중세 초기에 증명되는데 대개 중앙에 그리스도가, 4복음자나 그들의 상징인 4방에 위치하고 있다. 이 관념은 무척 오래된 것인 듯하다. 이집트의 호루스신과 그의 네 아들도 그렇게 묘사되고 있다(≪현대의 신화(*Ein moderner Mythus*)≫, Von Dingen, die am Himmel gesehen werden, 1958, p. 115)."

▌노이로제Neurose

자기 자신과 일치되지 않은 상태. 충동욕구와 문화의 요청 사이의 대극, 유아적 나태와 적응의지, 집단과 개인의 의무 사이의 대극에서 생긴다. 노이로제는 그릇된 길에 들어서려는 것에 대한 정지신호이며 개인적인 치료과정을 촉구하는 경고이다.

C. G. Jung: "노이로제에서의 정신적 장애, 그리고 노이로제 그 자체는 **빗나간 적응행동**이라고 파악될 수 있다. 이런 설명은 노이로제는 어떤 점에서는 자가치료의 시도를 표현한다고 한 프로이트의 견해에 해당된다(≪정신분석과 노이로제≫, 런던, 1916, 영어로 번역됨)."

"노이로제는 항상 정당한 고통의 대치물이다(≪심리학과 종교≫, 4판, 1962, p. 90)."

("노이로제는 그 의미를 아직 모르는 마음의 고통이다." 노이로제에는 목적의미가 내포되어 있다: 역주)

▌누미노즘Numinosum

말로 다 표현할 수 없는 것, 신비한 것, 충격적인 것에 대한 루돌프 오토Rudolf

Otto의 개념("성스러운 것(Das Heilige)"). 오직 신성한 것에만 상응하는 직접 경험할 수 있는 성질인 절대 타자他者.

페르조나Persona

본래 고대 그리스극에서 배우들이 쓰던 가면.

C. G. Jung: "페르소나는 우리가 세계와 교류하는 적응체계 혹은 태도이다. 그러므로 거의 모든 직업이 거기에 특징적인 페르소나를 가지고 있다. … 위험한 것은 다만 사람들이 페르소나와 동일시하는 것이다. 그것은 마치 교수가 그의 교과서와 동일시하고 혹은 테너가수가 그의 목소리와 동일시하는 것과 같이 … 좀 과장해서 말한다면 페르소나는 본래의 그가 아닌 것인데 그와 다른 사람들이 그것이 그 사람이라고 생각하고 있는 것이다.(≪무의식의 형상성(*Gestaltungen des Unbewußten*)≫, 1950, p. 55)."

정신양(정신 비슷한)精神樣, Psychoid. **"심혼 비슷한**seelenähnlich**", "심혼 모양의", "준 심혼성**準心魂性**".**

이로서 융은 집단적 무의식의 관조할 수 없는 심층과 그 내용, 원형들의 특성을 말하고 있다.

C. G. Jung: "집단적 무의식은 우리에게 알려진 정신적인 것과는 반대로 관조될 수 없는 정신을 표현하고 있다. 그래서 나는 그것을 정신양이라고 규정한 것이다.(〈비인과적 관련원리로서의 동시성(Synchronizität als ein Prinzip akausaler Zusammenhänge)〉, Jung & Pauli, ≪자연 해석과 정신(*Naturerklärung und Psyche*)≫, 1952, p. 20f)."

사위四位, Quaternität

C. G. Jung: "사위四位는 보편적으로 나타난다고 해도 좋을 원형이다. 그것은 모든 **전일적 판단**의 논리적 전제이다. 우리가 그러한 판단에 빠지게 된다면 이

것은 4측면을 가지고 있어야 한다. 예컨대 만약 수평선의 전일성을 규정지으려면 네 가지 하늘의 방향을 언급해야 할 것이다. 인도에는 항상 4요소, 4원시성질, 4색, 4계층이 있다. 그리고 불교에는 정신적으로 발전해 가는 네 가지 길이 있다. 그러므로 정신적인 방향성 정립에도 네 가지 심리적 측면이 있다. 그리고 더 이상의 근본적인 것은 언급될 게 없다. 우리는 방향성을 잡기 위해서 기능을 가져야 하는데 그것은 어떤 것이 있다는 것을 확인하는 기능(감각), 두 번째 기능은 그것이 무엇인지를 확인하는 것(사고), 세 번째 기능은 그것이 나에게 맞는지 안 맞는지, 그것을 받아들이느냐 않느냐를 말한다(감정). 그리고 네 번째 기능은 그것이 어디서 오는지, 어디로 가는지를 제시하는 것(직관), 그 이상 더 할 말이 없다. … 이상적인 원만성Vollständigkeit은 둥근 것, 원이다(만다라 참조). 그러나 그것의 자연스런 최소의 분할은 4위이다(≪정신(심령)의 상징성(*Symbolik des Geistes*)≫, 2판, 1953, p. 399)."

하나의 4위성, 4위은 흔히 3+1의 구조를 가지고 있다. 그래서 넷 중 하나가 예외적 위치에 있고 빗나간 성질을 가지고 있다(예: 복음자의 상징 중 셋은 동물이고 하나는 천사). 셋에 네 번째의 큰 것이 참여하면 "하나의 것"이 생기며 이는 전일성을 상징한다. 분석심리학에서는 네 번째로 구체화된 것이 드물지 않게 열등기능이다(즉, 그 사람에게 의식적으로 이용될 수 없는 상태에 있는 기능). 그 기능을 의식으로 통합하는 것은 개성화 과정의 주 과제를 제기하고 있다.

그림자Schatten

인격의 열등한 부분. 모든 개인적, 집단적, 심리적 요인의 총화로서 의식적으로 선택된 생활형태와 맞지 않기 때문에 살릴 수 없었고 의식과는 대조적인 경향을 갖추고 무의식에 내포된 비교적 자율적인 인격의 부분이다. 그림자는 의식에 대해 대상적으로 작용한다. 그러므로 그림자의 작용은 부정적이기도 하고 긍정적이기도 하다. 꿈의 상으로서는 그림자는 꿈꾼 사람과 같은 성性의 상이다. 개인적 무의식의 부분으로 그림자는 자아에 속한다. 그러나 원형으로는 집단적 무의식에 대한 "반항자"의 원형이다. 그림자의 의식화는 분석의 시초의 작업이다. 그림자를 간과하거나 억압하는 것, 이와 마찬가지로 자아의 그림자와의 동일시는 위험한 정신의 해리로 유도할 수 있다. 그림자는 본능의 세계에 근접하고 있으므로 그것의 지속적인 고려는 필수적인 것이다.

C. G. Jung: "그림자상은 주체가 인정하지 않는 것, 그리고 그에게 항상 되풀이해서 — 직간접적으로 — 들이닥치는 모든 것을 인격화한다. 그러니까 예컨대 그것은 열등한 성격경향과 그 밖의 상용될 수 없는 경향들이다(≪의식, 무의식, 그리고 개성화(*Bewußtsein, Unbewußtes und individuation*)≫, Zentralblatt für Psychotherapie, 1939, p. 265f)."

"그림자는 … 저 감추어진, 억압된, 대개 열등한 그리고 잘못을 저지른 인격이며 그 마지막 분지가 동물의 조상에까지 거슬러 올라간다. 그리하여 무의식의 역사적 측면을 포괄하고 있다. … 인간의 그림자가 모든 악의 원천이라는 생각을 그때까지 가지고 있었다고 한다면 이제는 더 이상 무의식적인 인간, 즉 그림자는 도덕적으로 비난받아야 할 경향을 가지고 있을 뿐 아니라 또한 일련의 좋은 성질을 지니고 있음을 보여 주는데 이를테면 정상적인 본능, 합목적적 반응, 현실에 충실한 지각, 창조적 충동 등이 그것이다(≪Aion≫, 1951, p. 379f)."

심혼心魂, Seele

C. G. Jung: "인간의 정신이 **어떤 무엇**이라면 그것은 끝없이 복잡하고 무제한의 다양성을 지닌 것이며 결코 단지 충동심리학으로 설명될 수 없는 것이다. 나는 다만 깊은 놀라움과 두려움으로 그것을 바라보며 마음의 본질의 높이와 깊이 앞에서 말없이 서 있을 뿐이다. 그 비공간적 세계는 헤아릴 수 없이 충만된 상들로 가득 차 있으며 이것들은 수백만 년의 살아 있는 발전을 축적하였고 유기적으로 압축하였다. 나의 의식은 마치 가장 먼 곳의 공간도 파악할 수 있는 눈과 같은 것이며, 그러나 정신적인 비자아는 이 공간을 비자아로 충만하는 것이다. 그리고 이러한 상들은 결코 창백한 그림자가 아니라 강력하게 작용하는 심

리적 조건으로 우리가 그것을 오해할 수는 있어도 결코 그것을 부인함으로써 그 힘을 뺏을 수는 없는 것이다. 이러한 인상 이외에 나는 또 하나 무수한 별이 빛나는 밤의 하늘의 광경을 제시할 수 있다. 심적 내면의 세계와 비길 만한 것은 다만 외부의 세계이기 때문이며 내가 이 외부의 세계를 신체의 매개를 통해서 도달하듯이 나는 내면의 세계에 마음의 매개로써 도달한다(W. Kranefeld의 ≪정신분석 서론(*Die Psycloanalyse*)≫, Sammlung Göschen, 1930, p. 15)."

"신이 도처에 현시될 수 있지만 인간의 마음속에만은 현시되지 않는다고 말한다면 이는 신에 대한 모독일 것이다. 신과 마음의 관계의 은밀함은 처음부터 마음의 어떠한 과소평가도 배제한다. 양자의 동류관계를 말한다면 그건 지나친 말일지 모르지만 어쨌든 마음은 하나의 관계 가능성, 즉 신의 본체에 대한 하나의 일치를 그 자체 안에 지니고 있다. 이 상응은, **심리학적으로 설명해서 신상의 원형**이다(≪심리학과 연금술(*Psychologie und Alchemie*)≫, 2판, 1952, p. 23)."

▌자기 自己, Selbst

중심적인 원형. 질서의 원형. 인간의 전일성. 상징적으로 원, 4각, 4위, 어린이, 만다라 등으로 묘사된다.

C. G. Jung: "자기 자신은 의식의 자아를 능가하는 크기를 지녔다. 그것은 의식의 정신뿐 아니라 무의식의 정신도 포괄하며 그렇기 때문에 이를테면 우리 **또한** 그것인 하나의 인격이다. 우리가 그저 자기 자신에 근접하는 의식성에 도달될 희망은 없다. 왜냐하면 아무리 우리가 의식화할 수 있다고 하더라도 언제나 미정의, 그리고 막연한 많은 무의식이 존재하며 이것이 자기의 전체성에 속하기 때문이다(≪자아와 무의식과의 관계(*Die Beziehungen zwischen dem Ich und dem Unbewußten*)≫, 3판, 1938, p. 98f)."

"자기란 중심일 뿐 아니라 의식과 무의식을 포괄한 것이기도 하다. 그것은 자아가 의식의 중심인 것처럼 이 전체성의 중심이다(≪심리학과 연금술(*Psychologie und Alchemie*)≫, 2판, 1952, p. 69)."

"자기란 또한 생의 목표이다. 왜냐하면 그것은 우리가 개체라고 말하는 숙명적 결합의 전적인 표현이기 때문이다(≪자아와 무의식과의 관계(*Die Beziehungen zwischen dem Ich und dem Unbewußten*)≫, 3판, 1938, p. 206)."

▌동시성同時性, Synchronizität

첫째, C. G. Jung이 인과적으로 서로 결부되어 있지 않은 정신적 사건과 물질적 사건의 의미 있는 일치, 혹은 상응Entsprechung을 표시하기 위해서 창안한 개념. 그러한 동시적 현상은 예컨대 내적인 사건(꿈, 환상, 예감)이 외부적인 현실에서 상응한 것을 가질 때, 내적인 상 또는 예감이 진실임이 판명된다.

둘째, 비슷한 혹은 같은 꿈, 생각들이 동시에 여러 곳에서 일어난다. 어느 하나도 인과적으로 설명될 수 없다. 그것들은 오히려 무의식에서의 원형적 과정과 상호 관련된다.

C. G. Jung: "나의 무의식의 과정에 대한 심리학 연구는 이미 여러 해 전에 다른(인과론 이외의) 설명원리를 살펴야 할 필요성을 느끼게 되었다. 왜냐하면 인과원리는 내게는 특이한 어떤 무의식적 심리를 설명하는 데는 불충분한 것으로 여겨졌기 때문이다. 나는 먼저 인과적으로 전혀 상관이 없고 다른 발생 관련 속에 있는 것 같은 심리학적 병행형상을 발견했다. 이 관련은 내게는 상대적인 동시간성의 사실에 그 본질이 있는 것으로 보였다. 그래서 '동시성同時性'이라는 표현을 썼다. 그러니까 마치 시간이 전혀 추상적인 것이 아니라 구체적인 연속성인 듯 보인다. 그것은 비교적 동시성을 가지고 여러 다른 장소에서 인과적으로 설명할 수 없는 병행성을 나타낼 수 있는 특징과 기본조건을 내포하고 있는데 예컨대 같은 사상이나 상징, 혹은 심리적 상태의 동시적 출현의 경우와 같은 것이다(R. Wilhelms을 추모하며, ≪태을금화지太乙金華旨의 신비(*Das Geheimnis der Goldenen Blüte*)≫, 5판, 1957, p. 17)."

"내가 '동시성Synchronizität'이라는 용어를 택한 것은 두 가지의 의미상의 비인과적으로 결부된 사건의 동시간성이 본질적인 판단기준이라고 생각되었기 때문이다. 그러니까 나는 여기서 동시성이라는 보편적인 관념을 두 개 혹은 더 많은 비인과적으로 상관된 동일한 또는 비슷한 의미내용을 지닌 사건의 시간적 일치라는 특수한 뜻에서 사용한다. 두 개의 사건의 단순한 동시간성을 묘사하는 동시와는 반대이다(〈비인과적 관련원리로서의 동시성(Synchronizität als ein Prinzip akausaler Zusammenhänge)〉, Jung & Pauli, ≪자연해석과 정신(*Naturerklärung und Psyche*)≫, 1952, p. 26f)."

"동시성은 물리학의 불연속성보다 더 신비롭고 불가사의한 것이 아니다. 이러한 현상의 이해를 어렵게 만들고 원인이 없는 사건이 일어날 수 있고 그런 것이 존재할 수 있다는 사실은 생각할 수도 없는 일인 듯이 보이게 하는 것은 오직 인과론이 전능이라는 오랫동안 내려와 습성이 되어버린 확신 때문일 뿐이다. 의미상의 일치는 순수한 우연으로서 생각해 볼 수 있다. 그러나 그것이 증가되면 될수록, 상응됨이 커지고 정확해질수록 우연의 확률은 감소되고 우연이라고 생각할 수 없는 정도가 증가된다. 즉, 그것은 이제 더 이상 우연이라고 할 수 없고 인과적 설명 가능성의 결여 때문에 하나의 배열Anordnung로 파악되어야 한다. … 설명 가능성의 결여란 그 원인이 불명이라는 사실에서 생기는 것이 아니고 그것이 우리의 이성의 수단으로도 생각할 수 없는 깃이기 때문이다(전게서, p.105f)."

꿈

C. G. Jung: "꿈은 마음의 가장 깊고, 가장 은밀한 곳에 숨어 있는 작은 문이며 그 문은 저 우주의 태고적 밤을 향하여 연다. 그것은 아직 자아의식이 없던 시기의 마음이었고 자아의식이 일찍이 도달할 만한 곳을 훨씬 넘어서 있는 마음이 될 태초의 밤이다. 왜냐하면 모든 자의의식은 분리하고 구별하고 다만 자아에 관련될 수 있는 것만을 볼 수 있으므로 그것은 따로 떨어져 있고 개별적인 것을 인식할 뿐이기 때문이다. 자아의식은 비록 아득히 먼 별 안개에 도달한다 하더라도 매우 제약되어 존재한다. 모든 의식은 분리한다. 그러나 꿈속에서 우리는 보다 깊은, 보다 보편적이며 진실되고 영원한 인간의 상태가 된다. 그것은 아

직 태초의 밤의 어스름 속에 서 있으며 그가 전체이며 전체가 그의 속에 있는 모든 자아성이 없는 자연이다. 이와 같은 모든 것을 연결하는 심연에서 꿈이 나온다. 비록 그 꿈이 아무리 유치하고, 괴기하며, 부도덕하다고 하더라도(≪심혼心魂의 진실(Wirklichkeit der Seele)≫, 3판, 1947, p. 49)."

"꿈은 결코 의도와 자의적인 발명이 아니라 자연의 현상이다. 그것은 그것이 바로 묘사하고 잇는 것 이외의 아무것도 아니다. 꿈은 속이지 않고 거짓말하지 않으며, 그것은 비비꼬거나 얼버무리지 않는다. 단순히 그것이 있는 대로, 그것이 생각하는 바를 고한다. 꿈이 우리를 짜증스럽고 어리둥절하게 만드는 것은 우리가 그것을 이해하지 못하기 때문이다. 그것은 무언가 감추기 위하여 인위적인 조작을 사용하지 않는다. 그것은 그것의 내용을 이루고 있는 것을 꿈의 방식으로 가능한 한 분명하게 말한다. 우리는 꿈이 왜 그렇게 독특하고 이해하기 어려운지를 또한 인식할 수 있다. 경험에 의하면 꿈은 항상 자아가 모르고 이해하지 못하는 것을 표현하고자 애쓴다는 것이다(≪심리학과 교육(*Psychologie und Erziehung*)≫, 4판, 1950, p. 72f)."

외상外傷, 심리적心理的

갑작스럽게 생체를 직접 상처 입힐 수 있는 사건, 놀람, 불안, 수치, 혐오 등.

무의식das Unbewußte

C. G. Jung: "이론적으로는 의식이 무한한 범위로 확대될 수 있기 때문에 그 영역에 아무런 경계도 정할 수 없다. 그러나 경험적으로는 언제나 미지의 영역에 연해서 그것의 경계가 있다. 무의식이란 우리가 모르는 모든 것, 그러니까 의식의 중심인 자아와 관련되지 않은 모든 것으로 이루어진다. 미지의 것은 두 개의 대상군으로 나뉘어진다. 즉, 감관적感官的으로 경험 가능한 외부적인 군, 둘째로는 직접 경험될 수 있는 내적인 사실들이다. 첫째 무리는 외계의 미지의 것을, 둘째 군은 내면세계를 표현한다. 후자의 영역을 우리는 무의식이라 한다(≪*Aion*≫,

1951, p. 15)."

"내가 아는 것이나 일시적으로 생각하고 있지 않은 모든 것, 내게 일찍이 의식되었던 것이나 지금은 잊은 것, 나의 오관五官으로 지각하였으나 나의 의식이 별로 주의를 기울이지 않는 것, 내가 별로 의도함 없이, 또는 주목하지 않은 채, 즉 무의식적으로 느끼고, 생각하고, 회상하고, 의욕과 행동 — 내 마음속에 준비되고 있고 뒤에 비로소 의식에 올라오게 될 모든 미래적인 것 — 이 모든 것은 무의식의 내용이다(≪의식의 뿌리에 관하여(*Von den Wurzeln des Bewußtseins*)≫, 1954, p. 536)."

"이러한 내용에 부가해서 좌우간 의도적으로 억압된 괴로운 생각이나 인상들이 있다. 모든 이런 내용의 총화를 나는 개인적 무의식이라고 규정한다. 그러나 그것을 넘어서 우리는 무의식 속에도 개인적으로 획득된 것이 아니라 상속된 성질들, 즉 본능, 활동에의 충동 등이 있는데 이것들은 아무런 의식적인 동기 없이 필요에서 생긴 것들이다(이러한 보다 깊은 정신층에서 우리는 원형을 발견한다). 본능과 원형은 집단적 무의식을 형성한다. 내가 이 무의식을 집단적이라 부르는 이유는 위에서 정의한 무의식에 반해서 개인적인 것, 즉 얼마간 일회적인 내용을 갖춘 것이 아니고 보편적으로 한결같이 분포되어 있는 내용이기 때문이다(≪정신적 에너지와 꿈의 본체(*Über psychische Energetik und das Wesen der Träume*)≫, 1948, p. 268f).

"앞의 무리의 내용은 개인적인 인격의 통합적인 구성부분에 해당되는 내용을 표시하고, 그러므로 또한 그만큼 의식화할 수 있을 만한 것이다. 후자는 보편적으로 존재하며, 예외 없이 동일한 정신의 **토대 혹은 조건**이다(≪*Aion*≫, 1951, p. 20f)."

"정신의 보다 깊은 층은 그 깊이와 어둠이 더하면 더할수록 개인적인 고유성을 잃는다. 이 층은 **아래**로, 즉 자율적인 기능체계에 가까워질수록 점점 더 집단적이다. 그리고는 신체의 물질화, 즉 화학적 신체에서 보편화되고 동시에 해소된다. 신체의 탄소는 단순히 탄소이다. 가장 깊은 곳에서는 정신은 단순히 '세계'이다.(〈어린이 원형의 심리학(Zur Psycholoie des Kind-Archetypus)〉, Jung & Kerényi, ≪신화학 서론(*Einführung in das Wesen der Mythologie*)≫, 1951, p. 136)."

▌원상原像, Urbild, Jakob Burckhardt

본래 융이 "원형Archetypus"이라는 관념으로 사용하였다.

참고문헌

가장 중요한 융의 저술[1]

≪*Zur Psychologie und Pathologie sogenannter okkulter Phänomene*≫, Eine psychiatrische Studie (Oswald Mutze, Leipzig, 1902).

≪*Diagnosticshe Assoziationsstudien*≫ (Barth, Leipzig, Band I 1906, Band II 1910).

≪*Über die Psychologie der Dementia praecox*≫ (Marhold, Halle, 1907).

≪*Die Frau in Europa*≫ (Jahrbuch für psychoanalytische und psychopathologische Forschungen, Leipzig und Wien, 1909; vierte Auflage: Rascher, Zürich, 1959).

≪*Versuch einer Darstellung der psychoanalytischen Theorie*≫, 1912, Fordham University에서 행한 아홉 번의 강의 (Deuticke, Leipzig, 1913; zweite Auflage: Rascher, Zürich, 1955).

≪*Der Inhalt der Psychose*≫ (Deuticke, Wien, 1914).

≪*Psychologische Typen*≫ (Rascher, Zürich, 1921; 제9개정판, Band 6, Gesammelten Werke, 1960).

≪*Die Bedeutung des Varters für das Schicksal des Einzelnen*≫ (Europ. Revue, Berlin, 1927; 제3개정판, Rascher, Zürich, 1949).

≪*Die Beziehungen zwischen dem Ich und dem Unbewuβten*≫ (Reichel, Darmstadt, 1928; fünfte Auflage: Rascher, Zürich, 1950).

1) 역주: Rascher출판사가 폐업함에 따라 Walter출판사(스위스 Olten)가 ≪융 전집≫을 맡아서 출간해오고 있다. Gesammelte Werke von C. G. Jung(L. Jung-Merker와 Dr. E. Rüf 발행) 총 20권, Walter-Verlag, Olten 참조. 영문판 전집은 Princeton의 Pantheon출판사에서 간행되었다.

≪*Das Geheimnis der goldenen Blüte*≫, R. Wihelm(역), Europäischer Kommentar von C. G. Jung (Dorn-Verlag, München, 1929; 제5개정증보판, Rascher, Zürich, 1957).

≪*Seelenprobleme der Gegenwart*≫, 강연과 논문 (Rascher, Zürich, 1931; 제5개정판, 1950).

≪*Die Beziehungen der Psychotherapie zur Seelsorge*≫ (Rascher, Zürich, 1932; zweite Auflage: 1948).

≪*Wirklichkeit der Seele*≫, 새로운 심리학의 발전과 응용 (Rascher, Zürich, 1934; vierte Auflage: 1947).

≪*Psychologie und Religion*≫, 1937, Yale University에서 행한 Terry Lectures (Rascher, Zürich, 1940; vierte revidierte Auflage: 1962).

≪*Paracelsica*≫, 의사이며 철학자인 Theophrastus에 관한 두 개의 강연 (Rascher, Zürich, 1942).

C. G. Jung und K.Kerényi: ≪*Einführung in das Wesen der Mythologie*≫ (Zusammenfassung von 〈Das Göttliche Kind〉 und 〈Das Göttliche Mädchen〉, Pantheon Akademische VerLagsanstalt, Amsterdam-Leipzig, 1942; vierte, revidierte Auflage: Rhein-Verlag, Zürich, 1951).

≪*Über die Psychologie des Unbewuβten*≫, Erweiterte und verbesserte Auflage von 〈Das Unbewuβte im normalen und kranken Seelenleben〉, (Rascher, Zürich, 1943; siebente Auflage: 1960).

≪*Psychologie und Alchemie*≫ (Rascher, Zürich, 1944; zweite Auflage: 1952).

≪*Psychologie und Erziehung*≫ (Rascher, Zürich, 1946; zweite Auflage: 1950).

≪*Aufsätze zur Zeitgeschichte*≫ (Rascher, Zürich, 1946).

≪*Die Psychologie Übertragung*≫, 연금술의 그림에 따라 의사와 실무에 종사하는 심리학자에게 설명한 것 (Rascher, Zürich, 1946; 〈Praxis der Psychotherapie〉, Gesammelte Werke Band 16, 1958).

≪*Symbolik des Geistes*≫, 정신적 현상학의 연구 (Rascher, Zürich, 1948; zweite Auflage: 1954).

≪*Über psychische Energetik und das Wesen der Träume*≫ (zweite, vermehrte Auflage von <Über die Energetik der Seele>, 1928: Rascher, Zürich, 1948).

≪*Gestaltungen des Unbewnβten*≫ (Rascher, Zürich, 1950).

≪*Aion*≫, 상징의 역사에 관한 연구 (Rascher, Zürich, 1951).

≪*Symbole der Wandlung*≫, Analyse des Vorspiels zu einer Schizophrenie (<Wandlungen und Symbole der Libido>, 1912: Rascher, Zürich, 1952의 개정증보판).

≪*Antwort auf Hiob*≫ (Rascher, Zürich, 1952; dritte, revidierte Auflage: 1961).

≪*Synchronizität als ein Prinzip akausaler Zusammenhänge*≫, In Jung-Pauli: ≪*Naturerklärung und Psyche*≫ (Studien aus dem C. G. Jung-Institut Zürich, Band IV, Rascher, Zürich, 1952).

≪*Von den Wurzeln des Bewuβtseins*≫, Studen über den Archetypus (Rascher, Zürich, 1954).

≪*Mysterium Coniunctionis*≫, 연금술에서의 정신적 대극의 분리화 합성에 관한 연구, Dr. phil. M. L. von Franz와의 협동 아래 (Rascher, Zürich, Band I 1955, Band II 1956, Band III 1957).

≪*Gegenwart und Zukunft*≫ (Rascher, Zürich, 1957; dritte Auflage: 1958).

≪*Ein moderner Mythus*≫, Von Dingen, die am Himmel gesehen werden (Rascher, Zürich, 1958).

▌전집

지금까지 출간된 것:

Band 6: ≪*Psychologische Typen*≫ (Rascher, Zürich, 1960).

Band 11: ≪*Zur Psychologie westlicher und östlicher Religionen*≫ (Rascher, Zürich, 1962).

Band 16: ≪*praxis der Psychotherapie*≫ (Rascher, Zürich, 1959).

≪*Psychologische Betrachtungen*≫, 융 저술에서 선정, 편집한 것, Jolande Jacobi(편) (Rascher, Zürich, 1945; zweite Auflage: 1949).

≪*Welt der Psyche*≫, 융의 저술에서 선정, 종합한 서론적 선집, A. Jaffé und G. P. Zacharias (Rascher, Zürich, 1954).

≪*Bewuβtes und Unbewuβtes*≫, Beiträge zur Psychologie(Fischer Bücherei, Fankfurt a. M., 1957). Zusammengestellt aus den Schriften C. G. Jungs von A. Jaffé.

융 심리학에 관한 몇 가지 저작[2)]

GERHARD ADLER: ≪*Zur analytischen Psychologie*≫ (Rascher, Zürich, 1952).

E. A. BENNET: ≪*C. G. Jung*≫ (Barrie and Rockliff, London, 1961; deustsche Ausgabe: Rascher, Zürich, 1962).

FRIEDA FORDHAM: ≪*An Introduction to Jung's Psychology*≫ (Penguin Books, London, 1953; deutsche Ausgabe: Rascher, Zürich, 1959).

JOLANDE JACOBI: ≪*Die Psychologie von C. G. Jung*≫, 융의 전체 저술에 대한 서론(Rascher, Zürich, 1940; vierte, erweiterte und neubearbeitete Auflage: 1959).

JOLANDE JACOBI: ≪*Komplex, Archetypus, Symbol in der Psychologie C. G. Jungs*≫ (Rascher, Zürich, 1957).

ERICH NEUMANN: ≪*Ursprungsgeschichte des Bewuβtseins*≫ (Rascher, Zürich, 1949).

HANS SCHÄR: ≪*Religion und Seele in der Psychologie C. G. Jungs*≫ (Rascher, Zürich, 1946).

FRANCES G. WICKES: ≪*Von der inneren Welt des Menschen*≫ (Rascher, Zürich, 1953).

TONI WOLFF: ≪*Studien zu C. G. Jungs Psychologie*≫ (Rhein-Verlag, Zürich, 1959).

≪*Die kulturelle Bedeutung der Komplexen Psychologie*≫,[3)] C. G. Jung 60회 탄생기념 논문집, Herausgegeben vom Psychologischen Club, Zürich(Springer, Berlin, 1935).

≪*Studein zur analytischen Psychologie C. G. Jungs*≫, C. G. Jung 80회 탄생 기념 논문집, Herausgegeben vom C. G. Jung-Institut, Zürich (Rascher, Zürich, 1955).

≪*Zum 85, Geburtstag von C. G. Jung*≫, Sir Herbert Read의 논문 (Rascher, Zürich, 1960).

KURT VON SURY: ≪*Wörterbuch der Psychologie und ihrer Grenzgebiete*≫[4)] (Zweite Auflage Benno Schwabe, Basel, 1958).

---

2) 역주: 그 뒤에 융과 그의 심리학에 관한 많은 책이 나왔는데 대표적인 것 하나를 들자면 Marie-Louise von Franz: C. G. Jung, sein Mythos in unserer Zeit, Verlag Huber, Frauenfeld und Stuttgart, 1972.

3) 이 책과 관련하여 융의 친구, Oeri가 〈몇 가지 청년시절의 추억〉이라는 제목으로 쓴 장이 특히 흥미롭다. A. J.

4) 발행인과 출판사의 호의적인 응락으로 나는 용어해설에 이 사전에 기술된 몇 가지 정의를 이용하였다. A. J.

역자의 말

융의 생애와 사상에 관한 저서는 이 책 말고도 많이 있다. 그 가운데는 융의 제자들의 회고담이 그 대부분을 차지하고, 더러는 융 학파 이외의 사람들의 융에 관한 이야기도 있다.

본래 유명한 사람에 관해서는 말이 많은 법이다. 지나치게 높이느라고 좋은 점을 과장하는 수도 있고 개인적인 뒷이야기를 과장해서 흥밋거리로 삼는 수도 있다. 융은 물론 어느 것도 원하지 않았다. 더구나 자서전이라는 것이 지니고 있는 위선을 그는 누구보다도 잘 알고 있었다. 그래서 이 책의 서문에서도 볼 수 있듯이 자서전을 집필하기를 융은 거절했었다. 그래서 그는 개인적인 생활의 역사를 구술하기보다 사상적 체험의 역사를 구전하였다.

이 전편에 흐르는 그의 말은 자신의 심리적 체험과 그것을 통하여 얻은 인간 심성의 깊은 통찰, 정신과 의사로서 고통받는 환자를 이해하고 도와주는 과정에서 얻은 지견, 그리고 그와 친분을 가졌던 많은 역사상의 인물들과의 정신적·사상적 교류의 역사와, 그의 사상이 열매를 맺게 된 의식적·무의식적 동기를 묘사하고 있다.

융C. G. Jung은 1875년에 스위스에서 태어나 1961년에 작고하기까지 인간 무의식의 탐구에 이바지하여 수많은 저서를 세상에 내놓았다. 스위스 바젤에서 의과대학을 나와 취리히 대학에서 정신의학을 연구했고, 퀴스나흐트에서 개업을 하고 그곳에서 영면하기까지 많은 제자를 길러냈다. 정신치료와 정신병리 현상뿐 아니라 종교·문화 현상에 이르기까지 그의 분석심리학설은 신학, 신화학,

인류학, 종교학, 문예비평 그리고 그 밖의 문화과학의 영역을 두루 섭렵하였고 이 방면의 연구에 많은 영향을 주었다. 그의 방대한 사상을 이 한 권의 책으로 남김없이 파악하기는 어려울 것이다. 그러나 이 책은 그 모든 분야에 대한 융의 생생한 증언을 집약하고 있다. 그러므로 그의 사상을 그의 살아 있는 체험을 통해 접근해 가는 데 이 책만큼 적절한 책이 없다고 나는 생각한다.

물론 이 책의 내용은 그의 오랜 비서였고 융 학파의 분석가인 아니엘라 야훼 여사의 손을 통해서 구성되었다는 특성이 있다. 그러나 그녀는 융의 말을 옮겨 쓰고 다시 융에게 보여 수정보완을 구하는 등 융의 말을 충실히 전달하는 데 성의를 다했고 융의 수제자인 마리 루이제 폰 프란츠 여사도 이 책을 인용하는 등 가장 신뢰할 수 있는 이야기를 담고 있고 학술적인 면에서도 두고두고 음미해야 할 내용이 많이 내포되어 있다.

역자는 취리히의 라셔출판사가 1962년 이 책을 출간할 당시, 취리히의 융 연구소를 다니던 터였으므로 그때부터 이 책을 접해 왔는데 그로부터 여러 해 뒤에 한국에 돌아와 분석심리학을 이 땅에 전달하면서 이 책의 내용에 매료되어 일찍부터 이 책의 번역을 생각해 왔다. 여러 가지 다른 사정도 있었지만 이렇게 뒤늦게 햇빛을 보게 된 것은 이 책의 내용을 충실히 옮겨야겠다는 사명감 때문이기도 했다.

역자가 이 책의 번역을 위해 야훼 여사를 취리히로 찾아간 것은 1983년이었는데 융 연구소에서 그녀의 강의를 듣던 시절에 비해 여사는 많이 늙으셨던 기억이 난다. 그러나 정신만은 초롱초롱하고, 나의 계획을 쾌히 응낙해 주었고 몇 가지 책의 내용 가운데 분명치 않은 부분을 해명해 주기도 했으며 그 밖의 융에 관한 이야기도 들려 주었다.

이 책은 Aniella Jaffé 간, ≪*Erinnerungen Träume, Gedanken von C. G. Jung*≫, Rascher Verlag, Zürich, 1962의 번역이다. 대개 독일어 원본을 영역한 것을 중역하고 있으나 이것은 원본에서 직접 옮겨 쓴 것이고 원본의 사진을 실었으며 부록을 전부 번역한 완역본이다. 용어는 우리나라 말로 분석심리학을 소개하기에 가장 적합하다고 생각하는 한국분석심리학회의 상용 학술용어를 적용하였다.

융의 저서가 흔히 그렇듯이 독일어 원본에도 라틴어, 불어, 시언어, 불교용어 같은 것이 여러 군데 출현하고 있어서 오역을 피하기 위해 몇 분의 자문을 받았는데 스위스의 한국사학자 도이힐러 교수의 도움이 컸고 이상일 교수, 이기영 교수의 조언을 참작하였다. 이 밖에도 원고 정리를 도와준 이정희 선생, 그리고 전상미 양의 수고에 감사의 마음을 전한다. 또한 항상 분석심리학 관계 학술저서에 관심을 두시고 출판을 쾌히 맡아주신 집문당의 임경환 사장과 교정과 인쇄 과정에서 수고해 주신 많은 분들께 감사드린다.

1989년 3월

이부영